Cora Stephan (Hg)
Zwischen den Stühlen
oder über die Unvereinbarkeit von Theorie und Praxis
Schriften Rudolf Hilferdings 1904 bis 1940

Verlag
J. H. W. Dietz Nachf.

ISBN 3-8012-1124-X
© 1982 by Verlag J.H.W. Dietz Nachf. GmbH
Berlin · Bonn
Godesberger Allee 143, D-5300 Bonn 2
Lektorat Charles Schüddekopf
Umschlag Karl Debus, Bonn
Satz Elco Satz Riemel, Bonn
Druck und Verarbeitung Courir-Druck, Bonn
Alle Rechte vorbehalten
Printed in Germany 1982

Inhalt

Zu dieser Ausgabe 7

Zur Frage des Generalstreiks (1903) 13

Der deutsche Imperialismus und die innere Politik (1907) 25

Geld und Ware (1912) 43

Mit gesammelter Kraft (1912) 55

Arbeitsgemeinschaft der Klassen? (1915) 63

Europäer, nicht Mitteleuropäer! (1915) 77

Klarheit! (1918) 90

Sozialisierung des Wirtschaftslebens (1918) 96

Die politischen und ökonomischen Machtverhältnisse und
die Sozialisierung (1920) 109

Revolutionäre Politik oder Machtillusionen? (1920) 133

Probleme der Zeit (1924) 166

Realistischer Pazifismus (1924) 182

Krieg, Abrüstung und Milizsystem (1926) 199

Die Aufgaben der Sozialdemokratie in der Republik (1927) 212

Gesellschaftsmacht oder Privatmacht über die Wirtschaft (1931) 237

Zwischen den Entscheidungen (1933) 268

Revolutionärer Sozialismus (1934) 277

Staatskapitalismus oder totalitäre Staatswirtschaft? (1940) 288

Das historische Problem (1940) 297

Bibliographischer Hinweis 329

Personenregister 331

Über die Herausgeberin 335

Zu dieser Ausgabe

Gibt es wissenschaftliche Politik? Gibt es theoriegeleitetes Handeln? Gibt es ein politisches Ethos? Oder paart sich heutzutage wirklich nurmehr Pragmatismus mit „Sekundärtugenden" wie Pflichtgefühl, Berechenbarkeit und Machbarkeit, mit denen man einen Supermarkt ebensogut betreiben könnte wie — so formulierte es kürzlich der SPD-Politiker Oskar Lafontaine — ein KZ?

Die Zeit der heftigen Diskussionen über das richtige Verhältnis von Theorie und Praxis scheint zunächst vorbei zu sein — seit die letzten Veteranen der 68er Studentenbewegung die Suche nach der Revolutionstheorie aufgegeben haben. Und die größte deutsche Partei, die sich auf die Tradition der Arbeiterbewegung beruft, die SPD, versammelt Politiker, die vielleicht noch klassische Bildung zitieren können, aber keine Theorie mehr bemühen müssen. Die „wissenschaftliche Weltanschauung" ist zur leblosen Vergangenheit der Partei geworden.

Höhepunkt und Niedergang des Bündnisses von wissenschaftlicher Weltanschauung und Politik zu studieren, ist offensichtlich kein aktuelles Anliegen mehr. Dabei ist es noch nicht lange her, daß politische Entscheidungen sozialdemokratischer Regierungsmitglieder über theoretisch abgeleitete Zukunftsperspektiven kritisiert und zu Fall gebracht worden sind. So urteilte man am Ende der Weimarer Republik in SPD und in den Freien Gewerkschaften nicht überwiegend nach dem wirtschaftspolitisch Machbaren, sondern danach, ob eine Maßnahme dem Kapitalismus nütze oder dem Sozialismus schade. Nicht aus staatspolitischer Verantwortung, zu der auch die Verantwortung für gewachsene Bereiche wie die Wehrmacht gehörte, lehnte die Partei 1928 den Panzerkreuzerbau ab, sondern aus einer Tradition, in der unmilitärischer Geist und die Sorge für den Lebensstandard der Bevölkerung an erster Stelle standen. Eine Sanierung der Staatsfinanzen gegen den Willen der Gewerkschaften und auf Kosten ihrer Mitglieder konnte noch 1930 kaum ein SPD-Politiker guten Gewissens vertreten. Politik war und blieb von „Werten" und geschichtsphilosophischen Annahmen eingegrenzt. Diesen Prinzipien wurde oft genug die politische Handlungsfähigkeit zum Opfer gebracht.

Das alles ist lange her. In der SPD hat man gelernt, Politik zu machen statt Werte zu propagieren. Man hält sich nicht mehr bei den guten Grundsätzen auf, sondern setzt auf Handlungsfähigkeit. Die Theorie ist dabei auf der

Strecke geblieben. Und zugunsten der Stellung der Nation im Machtgefüge der Welt mußte auch das eine oder andere traditionsreiche soziale Prinzip geopfert werden. Denn: „Sozialistische Innenpolitik tötet jede Außenpolitik."
Dieser Satz, der seinen Autor nachgerade zum Vorläufer Helmut Schmidts macht, wurde 1935 von einem Mann geschrieben, der den Niedergang des Bündnisses von wissenschaftlicher Weltanschauung und Politik schmerzlich erfahren hatte, der verbittert und resigniert auf die Trümmer einer über dreißig Jahre währenden Tätigkeit zurückblickte, die von diesem Bündnis getragen war: von dem sozialdemokratischen Theoretiker und Finanzminister Rudolf Hilferding.

Hilferding wurde am 10. August 1877 in Wien als Sohn eines jüdischen Privatbeamten geboren. Dort schloß er sich im Frühjahr 1893 einem Sozialistischen Studentenbund an, in dem er unter anderen mit Karl Renner, Otto Bauer und Max Adler zusammentraf. Nach dem Medizinstudium praktizierte er einige Jahre als Arzt und ging 1906 nach Berlin — zunächst an die Parteischule der SPD, dann an den „Vorwärts".

1910, mit der Veröffentlichung seines großen Werks „Das Finanzkapital", begründete er seinen Ruf als eine Kapazität für Nationalökonomie. Seine Theorie des Finanzkapitals wurde zwar — insbesondere was seine Geldtheorie betraf — nicht kritiklos hingenommen, aber mit seinen imperialismustheoretischen Schlußfolgerungen erzielte er weitgehend Zustimmung.

Theoretiker zu sein entband damals niemanden von politischer Verantwortung — zumindest für die Einhaltung der „Grundprinzipien". Es sprach daher keineswegs für eine unpolitische Einstellung, wenn Hilferding 1904 erklärte, er wolle seine theoretische Arbeit nicht durch praktisch-politische Betätigung gefährden. Denn Theorie diente der Reduktion einer Vielfalt politischer Möglichkeiten auf diejenigen, welche der Hoffnung auf den Sieg des Sozialismus Nahrung zu geben vermochten. Theorie ermöglichte Politik: nicht in dem Sinn, daß die Entscheidungen der Politiker aus der Theorie „abgeleitet" wurden, sondern vielmehr dadurch, daß die Theorie die Politik geschichtsphilosophisch begründete, ihr eine „Notwendigkeit" und ein Ethos verlieh. Wenn man als Sozialdemokrat 1914 der deutschen Regierung die Kriegskredite bewilligen wollte, mußte man das mindestens mit einer neuen Variante der Imperialismustheorie begründen.

Hilferdings politische Stellung in der Weimarer Republik, seine Haltung als Parteimann und als Regierungsmitglied, seine programmatischen Erklärungen und Thesen wie die vom „organisierten Kapitalismus" sind nicht, wie man bis vor kurzem noch in übergroßem Glauben an die Wirksamkeit von Theorien behauptete, Folgen oder gar „Ableitungen" aus seiner Theorie. Umgekehrt: auch in sein Werk „Finanzkapital", das er selbst als rein theoretisches verstehen wollte, gehen vortheoretische Annahmen ein. Die starke Position des Staates gegenüber den Zirkulationsvorgängen kann Hilferding nur um den Preis erheblicher Unstimmigkeiten im theoretischen System selbst „beweisen" — womit sie nicht bewiesen ist, sondern sich als vorausgesetzt erweist.

Die hervorragende Rolle des Staates verbürgt aber — ganz im Geist der Zeit — zugleich die hervorragende Rolle der Politik. Hilferding war nie Anhänger eines ökonomischen Determinismus. „Tendenzen" mußten durch die „politische Aktion" des Proletariats wirksam werden. Unter politischer Aktion verstand er jedoch bis 1918 die revolutionäre Aktion. In diesem euphemistischen Aktionsbegriff fanden Alltagspolitik, Reformismus, Parlamentarismus keinen Platz. Bis in die Weimarer Republik hinein blieb dieser Radikalismus bei Hilferding eigenartig unpraktisch. 1903 etwa gab er zwar eine ökonomisch und politisch überzeugende Begründung, warum der Massenstreik ein sowohl legitimes als auch wirksames Mittel der Arbeiterschaft sein könnte. Über den Einsatz dieser Waffe mochte er jedoch nicht befinden bzw. verlegte ihn in eine weit entfernte Zukunft. Selbst die 1918 hochaktuelle Frage, wann, was und wie sozialisiert werden solle, war auch für Hilferding vorrangig ein Problem, das nur nach gründlichster theoretischer Erwägung mit Aussicht auf Erfolg angegangen werden konnte. Risikoreiche Vorstöße, Phantasie statt politischer Vorsicht waren seine Sache nicht. In der Weimarer Republik übernahm er vielmehr bald die Rolle, politische Kurswechsel theoretisch abzusichern.

1914 war für Hilferding ein Jahr der Enttäuschung, und das Scheitern des revolutionären Aufbruchs von 1918 bestärkte ihn in der Auffassung, die „Massen" seien noch nicht reif für den Sozialismus. Mehr und mehr gelangte er zu der Überzeugung, vor dem Sozialismus gelte es, den Kampf für Demokratie und Freiheit als Werte für sich zu propagieren. Nicht um einen als Verstaatlichung mißverstandenen Sozialismus ging es mehr, sondern um den politischen — d.h. auch mit Hilfe des Staates geführten — Kampf für den „demokratischen Sozialismus".

In der Phase der „relativen Stabilisierung" nach 1924 entdeckte Hilferding die Politik als besonderen Bereich der Aktion. Ein Bereich, in dem eigene Gesetze herrschten, der nicht unmittelbar „abhängig" oder „abgeleitet" von der ökonomischen Sphäre war. Diesen Bereich auch für die Sozialdemokratie zu erschließen, diente seine zu jener Zeit entwickelte These vom „organisierten Kapitalismus". In dieser These — die in der Tat kaum mehr ist als ein Stützkorsett, das der Politik den Charakter des Pragmatischen nehmen sollte — ist der Staat weder „Organ der Allgemeinheit", das von der Arbeiterklasse in Besitz genommen werden kann (wie noch im „Finanzkapital"), noch bloßes Instrument der herrschenden Klasse. Er ist vielmehr Resultante aus den Interessen aller, er setzt sich zusammen aus den Parteien, und der Kampf der Parteien ist an die Stelle des Klassenkampfs getreten. Diese Staatsauffassung ermöglichte der SPD die neuerliche Legitimation für eine Regierungsbeteiligung, abgesichert durch den neuesten Stand der Erkenntnis, und machte überdies eine Politik der Koalitionen mit anderen, bürgerlichen Parteien nicht nur möglich, sondern geradezu zwingend. Die von Hilferding entwickelte These vom „politischen Lohn" verknüpfte die parlamentarische Aktion überdies eng mit dem Boden der ökonomischen Realität.

Politik durfte, ja mußte nun mit dem „Machbaren" rechnen und konnte sich trotzdem noch sozialdemokratisch nennen. Sie durfte den „Gesetzmäßigkeiten des Kapitalismus" Rechnung tragen, ja mußte sogar diese Gesetzmäßigkeiten hin und wieder gegen die Forderungen der Arbeiterschaft verteidigen. Das theoretische Gerüst erwies sich jedoch zugleich als Käfig: während Hilferding 1931 die Arbeitsbeschaffungspläne von Partei und Gewerkschaften mit klassisch marxistischer Begründung ablehnte — für den Sozialismus seien sie zu reformistisch, innerhalb des Kapitalismus aber nicht zu realisieren — erkannten phantasievollere Politiker, meist vom rechten Flügel der Partei, die politische Dimension solcher Pläne: womöglich hätte man über den Kampf für Arbeitsbeschaffungsmaßnahmen die Massen mobilisieren können — nach links, und nicht nach rechts.

Hilferding flüchtete sich nach 1933 nicht in den gedankenlosen Optimismus, auch der Nationalsozialismus stelle lediglich eine weitere Stufe innerhalb der naturnotwendigen Entwicklung hin zum Sozialismus dar; nachdem man auch den Faschismus hinter sich habe, könne nur noch der Sozialismus kommen. Seine Wirtschaftsberichte, die er allwöchentlich für den „Neuen Vorwärts" verfaßte, wiederholen zwar immer wieder die illusionäre Hoffnung, das Hitler-Regime werde so schnell wieder verschwinden, wie es aufgetaucht sei. Er mußte jedoch bald erkennen, daß Hitler zunächst erfolgreich jene Politik verfolgte, von der Hilferding geglaubt hatte, daß sie mit dem Kapitalismus unvereinbar sei.

Hilferdings Korrespondenz in den Jahren nach 1933 ist getragen von einer quälenden Revision der eigenen Hoffnungen und Überzeugungen. Die Epoche sei bestimmt vom Primat der Politik — jedoch nicht, wie man in der Sozialdemokratie lange Zeit geglaubt hatte, vom Primat der Innenpolitik. Hilferding erkannte nunmehr in der Außenpolitik eine Politikform sui generis. Außenpolitik sei „Machtpolitik", Politik eines totalen Staates, der sich von der Wirtschaft befreit, ja sie dominiert hatte. Sein Satz von 1935, sozialistische Innenpolitik töte jede Außenpolitik, war eine persönliche Bankrotterklärung, eine Absage an die eigene politische Biographie. Der Konnex von Theorie und Politik war zerrissen.

In seinem großen Fragment „Das historische Problem", das unter belastenden Bedingungen wenige Monate vor seinem Tod entstand, versuchte er diesen Konnex wieder herzustellen. Das gesellschaftliche Gefüge war offenkundig nicht nur von ökonomischen Interessengegensätzen bestimmt, Kriege konnten sich auch aus der Eigendynamik von Politik entwickeln. Politik jedoch ist der Bereich von Diplomatie, Verhandlung, von Verantwortung und Entscheidung, von Willkür und Zufall, kurz: sie ist der Bereich, in dem Persönlichkeit und menschliche Eigenheit eine hervorragende Rolle spielen können. Machtpolitik ist die Politik von Personen, daher müsse die Wissenschaft vom Menschen, die Psychologie, in die revidierte wissenschaftliche Weltanschauung der Sozialdemokratie eingebaut werden — die Lehre vom Irrationalen, von Brüchen und Inkongruenzen. Wenn man so will: Am Ende seiner theoretischen wie politischen Laufbahn entdeckte Hilferding — „den Menschen".

Diese Überlegungen sollen den Lektüreerlebnissen des Lesers nicht vorgreifen. Sie deuten jedoch das Prinzip an, nach dem in dieser Auswahl verfahren wurde.

Es gilt gemeinhin als bloße philologische Genauigkeit, wenn theoretische Texte mit Zeit und Ort ihres Entstehens versehen werden. Werk und Theorie sind zweifelsohne nicht auf eine direkte, unmittelbare Weise miteinander verbunden — selbst dem Dichter wird man nicht zumuten, daß seine schöpferische Leistung, die in seiner Elegie zum Ausdruck kommt, auf sein erlittenes Liebesunglück „zurückzuführen" ist. Dennoch geht in Theorien Zeitgeschichte ein, und das gilt insbesondere für Gedankengebäude, die mit einer politischen Intention verfaßt wurden, wie die Rudolf Hilferdings.

Diese Auswahl folgt daher der Chronologie und keinem übergreifenden Thema. Sie soll nicht die Entstehung der These vom „organisierten Kapitalismus" dokumentieren oder die Herausbildung des Staatsbegriffs bei Rudolf Hilferding. Hier finden sich vielmehr tagespolitische, geldtheoretische und programmatische Beiträge; Auseinandersetzungen mit den Kommunisten, Überlegungen zu Krieg und Abrüstung, aktuelle Einschätzungen der politischen Lage. Die Texteinführungen dienen nicht dazu, die Texte gewaltsam an das politische Umfeld zu ketten, in dem sie entstanden sind. Sie sollen allerdings verhindern helfen, daß als allgemeingültige Weisheit gelesen wird, was tatsächlich dem Zeitgeschehen eng verbunden war.

Rudolf Hilferding wollte weder totalitär ganzheitliche Theoriegebäude errichten noch bloßer „Macher" sein. Letztendlich ist er am „Dilemma von Theorie und Praxis" gescheitert — das ist das Drama einer ganzen Generation, nicht nur das Rudolf Hilferdings.

Mein Dank gilt den Mitarbeitern des Archivs für soziale Demokratie, Bonn, und des Internationalen Instituts für Sozialgeschichte, Amsterdam, deren Bestände ich einsehen durfte. Für ihre Diskussionsbereitschaft danke ich auch Matthias Beltz, Nicola Benvenuti, Conny Dietz, Dietrich Stern und Hajo Zerwas.

Frankfurt, im Juli 1982

Zur Frage des Generalstreiks (1903)

„Zur Frage des Generalstreiks" erscheint im November 1903 als erster politischer, nicht ökonomisch-theoretischer Beitrag Hilferdings in der „Neuen Zeit".
Im April 1902 setzen 300 000 belgische Arbeiter das Mittel „Generalstreik" für das allgemeine demokratische Wahlrecht ein. Nach der Niederlage der belgischen Arbeiter und während einer Debatte im Reichstag Ende 1902 über die Zolltarifvorlage, in deren Verlauf mit Hilfe von Manipulationen der Geschäftsordnung die Abgeordnetenrechte der sozialdemokratischen Fraktion massiv beschnitten werden, das Wahlrecht also in Gefahr scheint, schreibt Hilferding den Artikel „Zur Frage des Generalstreiks"; sein erster Eingriff in die deutsche Diskussion. Zugleich erhofft er sich damit einen Beitrag zur Tagesordnung des nächsten Internationalen Sozialisten-Kongresses (im August 1904 in Amsterdam).
Das Echo auf Hilferdings Thesen ist zunächst begrenzt. Die Zeit scheint noch nicht reif zu sein für die Erörterung einer Kampfform, die die Merkmale des ökonomischen Kampfes (den Streik) mit politischen Absichten und Zielen (der Sicherung oder Erringung des allgemeinen Wahlrechts) verbindet: In Deutschland haben sich Partei und Gewerkschaften ihre Aktionsgebiete nach „politischem" bzw. „ökonomischem" Inhalt streng aufgeteilt.
Aus Österreich ist Hilferding hingegen eine enge Zusammenarbeit und personelle Verknüpfung von Partei und Gewerkschaften auch bei der Finanzierung und Organisation von Streiks gewohnt. Sein Eingriff in die deutsche Debatte ist daher mit dem Wunsch verbunden, jenen Leuten (insbesondere in den Gewerkschaften) „ein Fingerzeig" zu geben, die Streiks „nicht wie einen Klassenkampf, sondern wie ein Rechenexempel" behandeln (an Karl Kautsky am 15. November 1903 und am 14. März 1905). Brisant wird die Debatte um den General- oder Massenstreik erst nach den Ereignissen, die in Rußland dem Petersburger Blutsonntag im Januar 1905 folgen. Die strenge Scheidung zwischen ökonomischer und politischer Aktion ist nicht mehr aufrechtzuerhalten: Die russischen Revoltierenden bedienen sich des (traditionell ökonomischen) Mittels des Streiks, und die Streikbewegung im Ruhrgebiet im Januar und Februar 1905 macht sich auch politische Forderungen zu eigen.
Im März 1905 greift Hilferding erneut in die Diskussion ein. Während die Gewerkschaften nach wie vor den Massenstreik ablehnen, plädieren Partei-

linke wie -rechte unter bestimmten Bedingungen dafür: eine revisionistische Position schließt einen Massenstreik etwa dann nicht aus, wenn er „mehr Parlamentarismus" zum Ergebnis habe. Auch Hilferding gibt dem Massenstreik „nur dies beschränkte Geltungsgebiet, die parlamentarische Taktik zu ermöglichen oder sie zu erhalten" (an Kautsky am 31. August 1903) — allerdings könne er kein „besonders eindringliches Demonstrationsmittel" bleiben, da nach dessen Einsatz die bürgerliche Ordnung nicht „ruhig weiter bestehen bleiben werde, als ob nichts geschehen wäre" (an Kautsky am 9. August 1905), denn: „Nicht weil das deutsche Proletariat im Massenstreik eine Entscheidungsschlacht kämpfen *will,* sondern weil die Gegner in jedem Massenstreik, in jeder und sei es noch so friedlichen und legalen Auflehnung gegen ihre Herrschaft ihr nahendes Ende erblicken und ihm deshalb mit all ihrer Macht entgegentreten werden, ist der Massenstreik für Deutschland nur ein letztes entscheidendes Mittel in dem Kampfe zwischen Bourgeoisie und Proletariat" (Parlamentarismus und Massenstreik, in: Die Neue Zeit, 23. Jg., 2. Bd., 1904–1905, S. 815). Massenstreik sei also kein probates Mittel, sondern faktisch „gesellschaftliche Revolution".

Darin ist sich Hilferding mit den Linken in der Partei einig, allerdings nicht, was die zeitliche Dimension betrifft. Einen Demonstrationsstreik läßt er ebensowenig wie sie gelten, das sei „nur Mundspitzen und hier wird gepfiffen werden müssen. Freilich nicht sofort, sondern erst nach langer Vorbereitung, die Massen müssen erst wissen und fühlen, um was es sich handelt" (an Kautsky am 7. Februar 1906).

Diese Radikalität auf Kosten konkreter, zu verwirklichender Empfehlungen trägt ihm den Vorwurf Max Adlers ein, sein Artikel „schwebe in der Luft" (siehe Hilferding an Kautsky am 29. September 1905).

In klassischer Weise hat Friedrich Engels in der Vorrede zu den „Klassenkämpfen in Frankreich" die heutige Taktik des Proletariats und ihre Notwendigkeit gezeichnet. Und immer größer werden die Erfolge, die diese Taktik erzielt. Jawohl, wir gedeihen prächtig, und unsere Gegner rufen verzweifelt: „La légalité nous tue", die Gesetzlichkeit ist unser Tod. Kautsky hat aber einmal bemerkt, Engels habe den ursprünglich geplanten Schluß geändert, weil sein revolutionärer Inhalt den deutschen Freunden inopportun erschien. Und in der Tat bleibt eine Frage offen. Was dann, wenn unsere Gegner ihre Lage unerträglich finden und auf den Gedanken kommen, diese Gesetzlichkeit, die sie tötet, zu beseitigen und umzuwandeln in eine, die sie erhält? Die Antwort auf die Frage ist offenbar die, daß die „Gesetzlichkeit"

nicht ein freiwilliges Geschenk ist, das dem Proletariat in den Schoß gefallen, sondern ein notwendiges Produkt der Verhältnisse, der Machtverteilung in der Gesellschaft. Die Gesetzlichkeit aber, die gemeint ist und von der das Proletariat den beängstigenden Gebrauch macht, sind die politischen Rechte, vor allem das wichtigste — das Wahlrecht. Der Gebrauch des Wahlrechtes durch das Proletariat ist es, welcher der Bourgeoisie solche Todesangst einjagt, und die Furcht vor der Eroberung des Parlamentes beherrscht heute ihr politisches Denken.
Denn das Parlament ist ja das Herrschaftsmittel der Bourgeoisie. Ihr es zu entreißen, erhebt sich die Macht des Proletariats. Soll die Bourgeoisie es ruhig geschehen lassen? Und wie kann sie es verhindern?
Nicht anders als durch die Beseitigung dieser „tödlichen Gesetzlichkeit". Aber hinter dieser steht das Proletariat. Der Macht der Besitzer tritt die Macht der Anwender der Produktionsmittel entgegen. Welches sind aber die Machtmittel des Proletariats?
Auf diese Frage erhält man zunächst wohl die Antwort: Die Macht des Proletariats besteht in seiner Organisation. Aber Organisation ist nicht selbst Macht; sie kann nur Zusammenfassung von Macht sein, wenn auch in dieser Zusammenfassung die vorher latente Macht erst zu einem offensichtlichen, nach außen wirkenden Faktor wird. Die Organisation des Proletariats ist nur deshalb Machtorganisation, weil jeder Proletarier als Proletarier Macht unmittelbar besitzt, die auf seiner Stellung im Produktionsprozeß beruht. Als Arbeiter ist er die notwendige Bedingung des Ablaufs des Lebensprozesses der Gesellschaft. Die Arbeitsverweigerung des Proletariats setzt den Produktionsprozeß still, wie etwa die Weigerung der Besitzer der Produktionsmittel, diese funktionieren zu lassen — eine allgemeine Aussperrung —, die Produktion stillsetzen müßte. Auf dieser Notwendigkeit des Proletariats für die ganze Gesellschaft beruht seine Macht und der Einfluß, den seine verschiedenen Organisationen ausüben. Ist dieser offensichtlich für die gewerkschaftlichen Aktionen, so gilt dies nicht minder für die Geltung, die es sich in politischer Beziehung erzwungen hat. Tritt nun diese Macht in den gewerkschaftlichen Kämpfen unmittelbar in Erscheinung als meßbare Größe und ist der Erfolg des Kampfes hier zunächst unmittelbar abhängig von dieser Größe, so gilt dasselbe nicht von der politischen Aktion. Im Gegenteil. Es ist das Charakteristikum der bürgerlichen Gesellschaft, daß hier wirtschaftliche und politische Macht nicht unmittelbar zusammenfallen, wenn auch in letzter Instanz die politische Macht nur aus der wirtschaftlichen sich herleitet. Im modernen Staate hat sich die politische Macht, die organisierte Zwangsgewalt, über die die Gesellschaft verfügt, gegen ihre Unterlage, die wirtschaftliche Macht, verselbständigt und eine unabhängige Existenz gewonnen.
Anders in der feudalen Gesellschaft. Hier waren wirtschaftliche und politische Macht keineswegs getrennt. Die wirtschaftliche Macht des Feudalherrn, die Größe des Grundbesitzes, entschied über die Anzahl seiner Hintersassen, die Größe seines Gefolges, damit aber auch über die Zwangsgewalt, die ihm zu Gebote stand. Auf seinem Gebiet war er Herr, und die Aus-

dehnung dieses Gebiets zeigte zugleich die Ausdehnung dieser Herrschaft. Soweit es eine staatliche Gewalt gibt, ist es nur die Zusammenfassung der Einzelstaaten, die jeder Feudalherr repräsentiert; l'état c'est moi, der Staat bin ich, kann jeder einzelne auf seinem Gebiet mit vollem Rechte verkünden; l'état sommes nous, der Staat sind wir, können sie erklären, soweit die geringen gesamtstaatlichen Aktionen des Mittelalters zur Blütezeit des Feudalismus in Betracht kommen. Und da es keine Trennung gibt zwischen wirtschaftlicher und politischer Gewalt, so sind beide auch unmittelbar vergleichbar, kommensurabel. Politische Macht hat jeder nach der Größe seiner wirtschaftlichen, die in der Größe des Grundbesitzes ihren offensichtlichen, allen vor Augen liegenden Ausdruck findet. Die Macht jeden einzelnen aber ist — die Grundlage dieser ganzen Gesellschaft einmal gegeben — unabhängig von der des anderen. Sein Gebiet ist sein Staat, in dem er Selbstherrscher ist. Er kann daher auch nicht majorisiert werden. Die einzelnen Angehörigen der Stände unterscheiden sich in der ersten Epoche des Mittelalters nur nach der Größe des Grundbesitzes, rein quantitativ, erst mit dem Eintritt der Städte wird der Unterschied qualitativ; sie sind ein fremdes Element, das auch schließlich die Organisation sprengt.

Solange diese aber besteht, bleibt die Selbstherrlichkeit des einzelnen erhalten. Nirgends tritt dies klarer hervor als gerade dann, wenn die Ständeversammlungen die Formen eines Parlaments annehmen. In der altenglischen Verfassung gilt der Grundsatz, daß derjenige Vertreter, der seine Zustimmung zum Beispiel zu einer neuen Steuer nicht gegeben hat, auch nicht verpflichtet ist. Im polnischen Parlament galt der Grundsatz des Liberum veto und mußte eigentlich logisch gelten, wie er heute auf einer internationalen Staatenkonferenz gilt. Denn war der einzelne nicht einverstanden, so gab es kein rechtliches Mittel, ihn zu zwingen; denn er war souverän auf seinem Gebiet. Die staatliche Macht war nicht unterschieden von seiner Macht, er war vielmehr selbst Bestandteil des Staates, Mitherrscher, Mitsouverän. Das Majoritätsprinzip hatte keine Geltung.

Diese Ohnmacht des Staates und Allmacht des einzelnen entspricht ganz der naturalwirtschaftlichen und agrarischen Struktur der Gesellschaft. Dem Feudalherrn handelt es sich nur um sein Territorium. Dessen Grenze ist zugleich die Grenze seines Interesses; den Anderen steht er feindlich gegenüber, eifersüchtig bedacht, ihren Übergriffen zu begegnen; denn ihre Machtvergrößerung, das heißt Grundbesitzvergrößerung, könne ja nur auf seine Kosten erfolgen.

Diese Verhältnisse erfahren eine radikale Umgestaltung mit dem Siege der Bourgeoisie. Ihr wirtschaftliches Interesse stellt den Nationalstaat her; dessen Politik — Steuer- und Industriepolitik, Kolonial-, Zoll- und Handelspolitik — ausschlaggebend wird für die Bourgeoisie des betreffenden Staates, von dem sie vollständig abhängig ist. Ihr Lebensinteresse ist daher die Beeinflussung dieser staatlichen Politik; sie kann nicht existieren ohne Staatsgewalt.

Diese bildet sich während des Niedergangs des alten Adels und dem Aufkommen des Bürgertums und erhält zuerst den Ausdruck ihrer Selbständigkeit in der Herrschaft des absoluten Monarchen, dem der Kampf zwischen den beiden Klassen seine unabhängige Stellung verschafft. Die Bourgeoisie besitzt nur insoweit politische Macht, als sie Verfügungsgewalt über die staatliche Organisation vermöge ihres wirtschaftlichen Einflusses zu gewinnen vermag. Aber die Benutzung der Staatsgewalt wird der Bourgeoisie nur ermöglicht durch die organisierte Aktion der Klasse. Denn der einzelne Bourgeois hat im Gegensatz zum Feudalherrn mit seinen Hintersassen und Gefolgsleuten keine politische Macht, keine Zwangsgewalt. Wie die Bourgeoisie die Arbeit überhaupt von sich abwälzt, so auch die Arbeit der Verteidigung ihrer Macht. Diese fällt einer selbständigen, von ihr als Klasse nur mittelbar und von den einzelnen Klassenangehörigen gar nicht abhängigen Organisation zu. Mit der physischen Gewalt des einzelnen Bourgeois wäre man ja rasch fertig. Ökonomische und physisch-politische Macht sind getrennt; die politische Macht hat sich verselbständigt. Die einzelnen erscheinen jetzt von ihr abhängig und jeder einzelne in gleicher Weise.

Das Prinzip der Rechtsgleichheit, eine Unmöglichkeit im Feudalismus, ist der logische Ausdruck dieser Entwicklung.

Der einzelne, mag er auch „reich" sein, ist politisch ohnmächtig. Erst der Reichtum der Klasse, der Monopolbesitz der Produktionsmittel und damit die Beherrschung der Produktion, solange es noch kein organisiertes, die Fortführung der Produktion eventuell verweigerndes Proletariat gibt, also die organisierte wirtschaftliche Macht und die Bekundung des Willens, diese zur Aushungerung der politischen Macht zu benutzen, gibt der Bourgeoisie die Verfügung über die staatliche Organisation. Die Aktion der Bourgeoisie muß so im vorhinein Aktion der Klasse, nicht des einzelnen sein wie im Feudalismus, und ihr Herrschaftsinstrument muß ein solches sein, welches diesen von den Einzelwillen unterschiedenen Klassenwillen zum Ausdruck bringt. Es muß also ein Vertretungssystem der Bourgeoisie geschaffen werden, und durch diese Vertreter übt die Bourgeoisie die Herrschaft über die staatliche Organisation aus und benutzt die politische Herrschaft wieder dazu, ihre wirtschaftliche Macht zu befestigen und zu vermehren.

Die Vertretung des Feudalismus war ein bloßes Aggregat, die bloße Summierung der gleichartigen, nur quantitativen, daher unmittelbar kommensurablen Machtmittel und Willensäußerungen der einzelnen. Die Vertreter blieben auch immer einzelne, die ihr eigenes Interesse vertraten, das zusammenfiel mit dem ihrer Standesgenossen. Das bürgerliche Parlament ist kein Aggregat; die einzelnen Kräfte werden nicht summiert; diese Kräfte kämpfen vielmehr oft gegeneinander und das Parlament drückt das Ergebnis dieses Kampfes, die Resultierende des Kräfteparallelogramms aus. Diese Kräfte selbst sind gar nicht unmittelbar kommensurabel. Nicht nur daß die wirtschaftliche Macht hier gar nicht unmittelbar politische Macht bedeutet; anscheinend gleiche wirtschaftliche Macht des einzelnen, etwa ausgedrückt im gleichen Vermögen, ist in Wirklichkeit ganz verschieden, je nachdem, welcher Gruppe der besitzenden Klasse selbst er angehört, ob sein Vermögen Teil des Finanz-, des Handels- oder Industriekapitals oder des landwirtschaftlichen Kapitals bildet. Die Kommensurabilität muß erst künstlich her-

gestellt werden durch die Art, wie die Vertretung gebildet wird, durch die Art des Wahlrechts. Da das Parlament aber Herrschaftsmittel der besitzenden Klasse ist, so kommt für seine Bildung zunächst naturgemäß in Betracht die besitzende Klasse; die Herrschaft der Bourgeoisie findet ihren natürlichen Ausdruck in der Herrschaft des Zensuswahlrechtes. Die wirtschaftliche Macht der einzelnen Gruppen setzt sich hier durch in einer entsprechend größeren Zahl der für die einzelne Gruppe abgegebenen Stimmen; die Majorität drückt zugleich die größere wirtschaftliche Macht aus, weil naturgemäß Überlegenheit der wirtschaftlichen Macht zugleich Überlegenheit im Wahlkampf bedeutet. Denn die größere wirtschaftliche Macht bedeutet gleichzeitig die größere Anzahl der von dieser Macht in irgendeiner Weise Abhängigen. Daran ändert das allgemeine Wahlrecht nichts, solange ein klassenbewußtes Proletariat fehlt, solange also der organisierten Macht der Bourgeoisie keine andere organisierte Klassenmacht entgegentritt. Denn solange der Bourgeoisie nicht die bewußte Gegnerschaft einer anderen Klasse erwächst, solange also das proletarische Interesse nicht selbständig und unabhängig zur Geltung gebracht wird, wird es ja tatsächlich nötig, für die von einer bestimmten Gruppe der Bourgeoisie Abhängigen, für das Interesse dieser Schicht im Gegensatz zu dem Interesse einer anderen sich gebrauchen zu lassen, weil wenigstens mit der Ausdehnung der Machtsphäre dieser Gruppe und der Vergrößerung ihres Wirkungskreises zugleich die Möglichkeit für die von ihr Abhängigen erwächst, auch ihrerseits ihr Beschäftigungsfeld auszudehnen und damit ihre momentane Lage einigermaßen zu verbessern. Daraus erklärt sich die Unterstützung, die einzelne Schichten der Bourgeoisie in ihrem Kampfe gegen andere auch von den von ihr Abhängigen erfahren, solange die momentane Harmonie der Interessen den Klassengegensatz nicht zur Geltung kommen läßt. Diese Gruppe erhält so die große Stimmenanzahl derjenigen, die eigentlich ihre Feinde sein müßten.
Entspricht also die Majorität der Urwähler im großen und ganzen auch der größeren wirtschaftlichen Macht, so zeigt sich ihr Einfluß auch in der Bildung der Majorität der Gewählten, wobei alle Mittel der parlamentarischkapitalistischen Korruption zur Geltung gelangen, in deren Anwendung heute wohl die amerikanischen Trustleute den ersten Preis errungen haben.
Das Parlament erfüllt also zwei Aufgaben. Es macht zunächst die wirtschaftliche Macht der einzelnen Bourgeois kommensurabel, miteinander unmittelbar vergleichbar, indem bei der Wahl der Vertretung der größeren wirtschaftlichen Macht auch die größere Stimmenzahl zufällt. Es bringt zweitens diese Macht einheitlich als organisierte Macht der Klasse zum Ausdruck und bildet das Instrument, durch das die Bourgeoisie ihre wirtschaftliche Macht – parlamentarisch als Budgetbewilligung sich ausdrückend – unmittelbar verwandelt in politische Macht. Aber es hebt natürlich die eigentümliche, nur der modernen Entwicklung entsprungene Trennung der politischen und wirtschaftlichen Gewalt nicht auf.
Diese Trennung aber ist es, welche es möglich macht, das Wesen des Parlamentarismus selbst zu ändern, aus dem bürgerlichen Parlamentarismus, dem

Instrument der Beherrschung des Staates durch die Bourgeoisie, ein Instrument zu machen der Diktatur des Proletariats. „Denn Parlamentarismus", sagte Liebknecht in Erfurt, „heißt einfach System der Vertretung des Volkes. Daß das Proletariat im Reichstag bisher nichts ausgerichtet hat, ist doch nicht die Schuld des Parlamentarismus, sondern daß wir im Lande, im Volke noch nicht die notwendige Macht haben. Stünden hinter uns soviel Stimmen, soviel Macht wie hinter den bürgerlichen Parteien, dann würde der Reichstag für uns so wenig unfruchtbar sein, als er es jetzt für andere ist. Die Klinke der Gesetzgebung würde für uns ebensogut arbeiten wie heute für unsere Gegner."

Dem Wesen des *bürgerlichen* Parlamentarismus aber entspricht — und hierin hat Lassalle unbedingt recht — das Zensuswahlrecht. Soll der Parlamentarismus Herrschaftsmittel der Bourgeoisie sein, so muß er von ihr auch beherrscht werden, und diese Herrschaft ist bedroht, wenn andere Klassen auf das Parlament Einfluß erhalten. Daher die stetige Tendenz zur Aufrechterhaltung oder Wiedereinführung des Zensus. Beispiel: Frankreich. Erst die Junischlächterei gibt Bonaparte, die grausame Unterdrückung der Kommune der dritten Republik den Mut, an das allgemeine Stimmrecht zu appellieren, zudem dadurch, daß die Provinzen Paris im Stich ließen, die konservative Haltung der Majorität verbürgt wurde. Seitdem hat dort auch das allgemeine Wahlrecht vorläufig die Herrschaft der Bourgeoisie nicht in Frage gestellt. Daher auch keine große Neigung zu seiner Abschaffung. Ebenso bildet das Fehlen eines klassenbewußten Proletariats in England und Amerika den Grund zum sicheren Fortbestand des allgemeinen Wahlrechts. Die angelsächsische Demokratie ist noch nicht auf die Probe gestellt worden. Sie wird sich erst zu bewähren haben, wenn eine unabhängige Arbeiterbewegung die demokratischen Institutionen im Klasseninteresse des Proletariats auszunutzen versuchen wird. Anders in den meisten kontinentalen Staaten. Das allgemeine Wahlrecht fehlt überall in den Kommunen und Landtagen. Es besteht für den deutschen Reichstag, aber in einer durch die Wahlkreiseinteilung verfälschten Form und hat mächtige Gegner. Der Grund für dies Verhalten ist klar.

Die Beseitigung des Zensus bedeutet die Möglichkeit der Beseitigung der Bourgeoisherrschaft. Das allgemeine Wahlrecht gibt dem Proletariat, das die Lüge von der Interessenharmonie durchschaut hat und seiner Selbständigkeit bewußt geworden ist, eine stets wachsende Vertretung. Die wirtschaftliche Macht der Bourgeoisie reicht nicht mehr aus, um ihr die Majorität auf die Dauer zu sichern; denn die von ihr im Abhängigen gewähren ihr nicht nur keine Unterstützung, sondern sind ihre schlimmsten Feinde geworden, indem sie gerade diese Abhängigkeit selbst beseitigen wollen. Der Einfluß der Bourgeoisie auf die staatliche Macht droht abzunehmen; diese bekommt auf eine gewisse Zeit wieder eine mehr selbständige Stellung: persönliches Regiment. Doch trotz der großen Unterschiede zwischen dem am Beginn und dem am Ende der Bourgeoisherrschaft auftretenden persönlichen Regiment ist es wie jeder Absolutismus nur aus dem Gleichgewicht, das sich verschiedene Klassen gegenseitig halten, entsprungen und das sicherste An-

zeichen dafür, daß die Alleinherrschaft der einen Klasse vorüber und ein Übergang auf die andere Klasse im Anzug ist. So sieht die Bourgeoisie ihren Parlamentarismus durch das allgemeine Wahlrecht entwertet. Es wird für sie wahr: La légalité nous tue, und weil sie das einsieht, so ist sie leidenschaftlich bemüht, diese légalité so abzuändern, daß sie aufhört, tödlich zu sein für ihren Einfluß und dagegen den Einfluß des Proletariats ertötet.
Denn gerade seitdem ihre wirtschaftliche Macht ihren Höhepunkt überschritten hat, wird die Verfügung, die ausschließliche und rücksichtslose Verfügung über die politische Macht von immer größerem Lebensinteresse für die Bourgeoisie, die diese politische Macht gebrauchen will zur Mehrung und Stützung ihrer wirtschaftlichen. Immer enger werden die Interessen der Bourgeoisie verknüpft mit der Verfügung über den Staat. Die alte Nachtwächteridee vom Staate ist längst aufgegeben, gerade die Bourgeoisie ist wieder fromm ergeben dem Kultus des „Vestafeuers aller Zivilisation", wenn sie auch – und dies der Kern ihrer Religiosität – erwartet, daß das heilige Vestafeuer benutzt wird zur Heizung ihrer Dampfkessel und Schmelzung ihrer Goldbarren. Denn die nationale Wirtschaft, früher nur Interesse der Klasse und wie jedes Klasseninteresse der Bourgeoisie vielfach nur mittelbar und unbewußt vom einzelnen empfunden, wird jetzt direkt persönliches, brennend heiß verfolgtes Interesse der kleinen Klasse mächtigster Bourgeois, die die nationale Wirtschaft zu ihrer Privatsache zu machen verstanden haben in der Organisation der modernen Finanz, der modernen Kartelle und Trusts. Der Kampf um den Weltmarkt wird immer mehr geführt mit Zuhilfenahme der Staatsmacht. Die Bourgeoisie, die einst von einem starken Staate nichts wissen wollte, ihn nur als notwendiges Übel gelten ließ, ist jetzt aufs höchste interessiert an der Vermehrung der staatlichen Machtmittel. Dahin ihr Widerstand gegen den Militarismus, dahin ihre Abneigung gegen die Bürokratie. Errang sich einst das Bürgertum seinen Einfluß im Kampfe gegen die staatliche Organisation, so sucht sie das Errungene gegen das andrängende Proletariat zu erhalten im engsten Bunde mit der Staatsmacht, die sie fortwährend zu vermehren bestrebt ist. Das Interesse für die staatliche Macht ausübenden Schichten, der Bürokratie und des Militärs, nach Ausdehnung ihrer Wirkungssphäre fällt so zusammen mit dem Interesse der Bourgeoisie. Es ist das Lebensinteresse des Proletariats, dieser Ausdehnung der politischen Macht, die heute nur der Befestigung der wirtschaftlichen Macht der Bourgeoisie dient, den schärfsten Widerstand zu leisten.
Wir haben gesehen, daß das Parlament Mittel wird, organisierte Klassenaktion zu ermöglichen und die der Klasse zu Gebote stehende wirtschaftliche Macht zum Ausdruck zu bringen und sie sodann zur Beeinflussung der politischen Macht zu verwenden. Wir haben ferner gesehen, daß diese politische Macht in ihrem Interesse sich mit dem Bourgeoisinteresse berührt und daß sie feindlich gesinnt sein muß dem Proletariat, dessen Sieg die Selbständigkeit der politischen Macht, dieses Produktes der bürgerlichen Gesellschaft, wieder beseitigen wird.
Bourgeoisie und politische Macht haben also das gemeinsame Interesse an der Einflußlosigkeit des Proletariats, an seiner Ausschließung vom Parla-

ment, also an der Beibehaltung oder Wiedereinführung des Zensuswahlrechtes. Denn nur dieses verhindert die Verwandlung des Parlamentarismus aus einem Werkzeug bürgerlicher Herrschaft zu einem Werkzeug proletarischer Diktatur. Der allmähliche und friedliche Übergang, wie er sich durch die Eroberung des Parlamentes vollziehen könnte, ist aber für das Proletariat von größter Bedeutung. Nur die Aufrechterhaltung des allgemeinen Wahlrechtes verbürgt eine stetige, fortschreitende Entwicklung. Denn es bringt die steigende wirtschaftliche Macht des Proletariats, entsprechend seiner Zahl und seinem Bewußtsein und seinem Willen, von ihr Gebrauch zu machen, der in der Wahl von Sozialdemokraten in Erscheinung tritt, zu genauem Ausdruck. Es zwingt die jetzt noch Herrschenden durch stetige Konzessionen, die Majoritätswerdung der Minorität womöglich zu verhindern oder wenigstens zu verlangsamen. Es werden so Errungenschaften gemacht, die dann, wenn die Majorität sich einer durch das Wahlrecht verewigten oder durch Änderung des Wahlrechts stetig neu bewirkten Minorität gegenübersieht, nie erhalten werden. Es sind aber gerade diese Erfolge, welche der damit angeblich zu bekämpfenden Partei, wenn diese sich nur ihr Prinzip ganz und voll zu wahren versteht, zugute kommen müssen, indem sie den Kampfesmut ihrer Anhänger stärken, ihre Macht und ihren Einfluß erhöhen. Ferner ist der Parlamentarismus dadurch, daß er seiner Natur nach dazu zwingt, alle Maßregeln der Gesetzgebung und Verwaltung zu begründen, für jedes einzelne Detail alle Gründe für und wider anzuführen, die eigenen Argumente beständig mit denen der Gegner zu messen, das beste und wichtigste politische Erziehungsmittel des Volkes und bietet dadurch ein unübertroffenes Mittel, das Volk politisch denken und fähig zu machen zu seiner eigenen Herrschaft. Er bietet aber auch die beste Möglichkeit zu Angriff und Abwehr, zur Konzentrierung der gesamten Kraft der Klasse auf einen entscheidenden Punkt. Deswegen ist es für das Proletariat eine Lebensfrage, die Möglichkeit der Erringung der parlamentarischen Herrschaft sich stets zu bewahren. Das allgemeine gleiche Wahlrecht muß unerschütterlich gesichert sein gegen jeden Angriff, seine Eroberung ist wichtigstes Ziel und Vorbedingung des weiteren Fortschritts. Nur auf dem Boden des Parlamentes ist es stets möglich, die wirtschaftliche Macht des Proletariats in politischen Einfluß umzusetzen.
Die ganze parlamentarische Taktik der Arbeiterschaft muß aber mit Notwendigkeit in eine Sackgasse führen, wenn sie gerade dann, wenn sie entscheidende Schritte auszuführen hat, plötzlich angstvoll sehen muß, wie der Boden unter ihren Füßen zu wanken beginnt und gestehen muß, daß die Grundlage selbst, auf die sie sich gestellt hat, ihr entzogen werden kann. Das Wahlrecht wird zu einer unbrauchbaren Waffe, wenn man stetig befürchten muß, daß es bei wirklich entscheidenden Gelegenheiten sofort genommen würde. Diese Grundlage unserer ganzen Position muß geschützt werden, und geschützt werden kann sie nur, wenn der wirtschaftlichen Macht der Bourgeoisie und der von ihr beeinflußten Staatsgewalt die organisierte wirtschaftliche Macht des Proletariats entgegengestellt wird, deren Einfluß sich die Staatsgewalt, da sie ja an sich keine selbständige Quelle der Existenz hat, nicht entziehen kann.

Die wirtschaftliche Macht des Proletariats ist aber begründet in seiner Unentbehrlichkeit für die Produktion, und sie erscheint allein in der Möglichkeit der Stillsetzung dieser Produktion. Denn Stillsetzung der Produktion ist das einzige entscheidende Zwangsmittel, das dem Proletariat gegenüber der Zwangsgewalt des Staates zu Gebote steht, seitdem der unmittelbare Kampf auf den Barrikaden zur Unmöglichkeit geworden ist. Die Stillsetzung der Produktion zeigt die Unentbehrlichkeit des Proletariats in der heutigen Gesellschaft, deren ganzer Lebensprozeß nur von seiner Arbeit abhängt. Es ist aber diese Unentbehrlichkeit des Proletariats, welche seine unwiderstehliche Macht, die Notwendigkeit seines schließlichen Sieges begründet. Sie muß eingesetzt werden, wenn es gilt, die Grundlage, auf dem das moderne Proletariat steht, gegen alle Erschütterung zu bewahren. Soll die parlamentarische Taktik, welche uns bisher von Erfolg zu Erfolg geführt hat, nicht plötzlich einmal von unseren Gegnern uns unmöglich gemacht werden, so muß das Proletariat bereit sein, das allgemeine Wahlrecht mit dem letzten Mittel zu verteidigen, das ihm zu Gebote steht. *Hinter dem allgemeinen Wahlrecht muß stehen der Wille zum Generalstreik.*

Der Generalstreik muß so die regulative Idee der sozialdemokratischen Taktik werden. Regulativ in dem Sinne, daß jeder Proletarier sich dessen bewußt wird, daß alle seine Errungenschaften, alle seine Positionen, alle seine Bestrebungen nur geschützt und durchgeführt werden, wenn er bereit ist, im Ernstfall sie mit seinen Klassengenossen in der einzigen Weise zu verteidigen, die ihm zu Gebote steht, mit seiner Macht über den Lebensprozeß der ganzen Gesellschaft.

Regulativ ferner in dem Sinne, daß der Generalstreik nicht gedacht ist als ein selbständiges, für den gewöhnlichen Kampf bestimmtes Angriffs- oder Abwehrmittel. Nein! Er soll nicht an Stelle einer anderen Taktik treten, als die ist, welche bisher befolgt wurde. Er soll nur diese Taktik, sobald sie durch ihre eigenen Erfolge in Frage gestellt wird, wieder möglich machen. Er soll nicht den Parlamentarismus und die übrigen Aktionen ersetzen, sondern vielmehr die politische Aktionsfreiheit des Proletariats vor einer Einschränkung schützen. Und er ist regulative Idee schließlich in dem Sinne, daß er womöglich bloße Idee bleiben soll, das heißt im Bewußtsein und Willen des Proletariats mit solcher Lebendigkeit und Energie enthalten sei, daß jeder, der einen Angriff auf die Grundlage unserer politischen Tätigkeit im Sinne führt, erschreckt zurückweicht, wenn er sieht, welche Konsequenzen sein Tun für ihn heraufbeschwören würde.

Ein solcher Generalstreik ist allerdings etwas ganz anderes als das Ding, das in der romanisch-revolutionären Phraseologie sein gespenstiges Dasein führt und gegen das erst jüngst Jaures in seinen „Etudes socialistes" zu Felde gezogen ist. Er ist kein Mittel, pseudorevolutionäre Putsche herbeizuführen, die in letzter Instanz die kontrerevolutionäre Gewalt verstärken. Er ist vielmehr das Mittel, eine ununterbrochene Weiterentwicklung zu sichern, den Vormarsch des Proletariats vor gewaltsamen Störungen womöglich zu bewahren. Er ist kein Mittel für alles und jedes, das hier irgendeine wirtschaftliche Forderung einer Proletariergruppe vertreten, dort einen Krieg verhindern, hier die Beseitigung eines Werkführers, dort den Sturz einer Regierung bewirken soll. Er ist ein Mittel für einen begrenzten Zweck: die Grundlage zu erobern oder zu sichern, auf der eine stetige, konsequente, aber energische und erfolgreiche proletarische Aktion möglich ist. Er ist schließlich nicht das Mittel einer plötzlichen Umwälzung von heute auf morgen, das je eher je lieber in Anwendung gebracht werden soll, weil es in sich ein Heilmittel für alle gesellschaftlichen Schäden ist, sondern der Generalstreik ist nur als Verteidigungsmittel gedacht für die Abwehr von Gewalt, die eine friedliche Entwicklung unmöglich machen würde.

Aber ist der Generalstreik möglich? Diese Frage kann hier nicht im einzelnen beantwortet werden. Dies wäre schon unmöglich, weil sie verschieden beantwortet werden muß, je nach den verschiedenen Zeiten und Ländern.[1]

Aber das eine ist klar: Der Generalstreik muß möglich sein, soll anders der Sozialismus selbst, der Sieg des Proletariats möglich sein. Denn der Generalstreik ist das einzige unmittelbar zwingende Machtmittel des Proletariats. Was die Barrikade und die Steuerverweigerung für das Bürgertum waren, das ist der Generalstreik für die Arbeiterschaft. Die ultima ratio, wenn alle anderen Mittel erschöpft sind. Die Verneinung der Möglichkeit des Generalstreiks bedeutet, wenn nicht eine Gedankenlosigkeit, so eine Selbstaufgabe des Proletariats. Alle Positionen des Proletariats, welche man sonst als Machtpositionen bezeichnet, sind es nur abgeleitet und abhängig von seiner Stellung als Produzent. Sie können mehr oder weniger gewaltsam vernichtet werden. Was nicht vernichtet werden kann, ohne die Gesellschaft selbst zu vernichten, ist der Proletarier als Produzent. Dieser Macht muß sich das Proletariat bewußt sein, es muß bereit sein, sie als Warnung und als Zwang wirken zu lassen, wenn es gilt, die Pläne derjenigen zu vereiteln, die damit umgehen, den modernen, klassenbewußten, stolzen Proletarier zum rechtlosen Heloten herabzudrücken.

Der nächste internationale Sozialistenkongreß hat die Diskussion über den Generalstreik auf seine Tagesordnung gestellt. Seine Aufgabe kann unserer Meinung nach nur in zweierlei bestehen. Er wird aufs schärfste Stellung nehmen müssen gegen die pseudorevolutionäre, halb anarchistische Illusion, die Hervorrufung eines Generalstreiks zu erstreben, um in der dadurch hervorgerufenen Verwirrung der kapitalistischen Gesellschaft über den Haufen zu rennen und an ihre Stelle die sozialistische zu setzen. Er wird auch entgegentreten müssen der unnützen Vergeudung der Kräfte, die in den „Generalstreiks" ganzer Städte und Provinzen fast immer erfolglos verbraucht wer-

---

[1] Wir bemerken dies ausdrücklich, damit nicht etwa die Meinung entstehe, wir wollten einer bestimmten Gruppe des internationalen Proletariats, etwa der deutschen, vorschlagen, in einer bestimmten Situation, Abschaffung des allgemeinen Wahlrechts, nun sofort ohne weitere Vorbereitung mit dem Generalstreik zu antworten. Vielmehr fällt eine Untersuchung der konkreten Bedingungen, unter denen ein Generalstreik möglich ist, außerhalb des Rahmens dieses Artikels.

den und nur eine Schädigung einer klugen und konsequenten Gewerkschaftspolitik bedeuten. Er wird aber andererseits sich hüten müssen, die Idee des Generalstreiks, spontan entstanden aus den Bedingungen proletarischen Kampfes, aus der sozialistischen Taktik ausschließen zu wollen. Soll eine unabhängige, energische, die Klasseninteressen des Proletariats stets wahrende, die Herrschaft der Bourgeoisie immer mehr bedrohende Arbeiterpolitik auf der Basis des allgemeinen und gleichen Wahlrechtes möglich sein, dann muß es Freund und Feind klar sein, daß das Proletariat gewillt ist, das Äußerste daranzusetzen an der Erhaltung jener Gesetzlichkeit, welche schließlich seine Gegner töten wird.

(In: Die Neue Zeit, 22. Jg., 1. Bd., Nr. 5, 1903/1904, S. 134–142).

Der deutsche Imperialismus und die innere Politik (1907)

In den strategischen und taktischen Überlegungen der deutschen Sozialdemokratie spielt Außenpolitik bis ins 20. Jahrhundert hinein eine nur geringe Rolle. In den außenpolitischen Vorstößen der wilhelminischen Regierungen sieht die Partei innenpolitische Manöver zur Ausschaltung des inneren Feindes, der Sozialdemokratie. Der wachsende Militarismus und Marinismus wird von der Reichstagsfraktion der SPD vornehmlich in den Budgetdebatten und unter dem Gesichtspunkt der Steuerbelastung wahrgenommen oder mit der altehrwürdigen Forderung nach der Ersetzung des stehenden Heeres durch das Milizsystem beantwortet. Die Versuche, eine deutsche Kolonialpolitik zu installieren, geißelt die Sozialdemokratie überwiegend als wirtschaftlich bedeutungslos und außenpolitisch schädlich.
Auf dem Kongreß der II. Internationale im September 1900 werden zum ersten Mal Militarismus, Kolonialismus und Kriegsgefahr im Zusammenhang diskutiert. In Deutschland beginnt in der Folgezeit insbesondere Karl Liebknecht, den Kampf gegen den Militarismus als Hauptaufgabe sozialdemokratischer Politik zu propagieren. 1906 scheitert jedoch der Versuch, die Partei auf einen Aufruf zum Massenstreik im Kriegsfall festzulegen. Nach der Niederlage der SPD in den „Hottentottenwahlen" 1907 ist selbst August Bebel bemüht, der Parole von der Vaterlandslosigkeit der Sozialdemokratie entgegenzutreten und erklärt jetzt das Milizsystem zu einem Mittel der Erhöhung der Schlagkraft der Armee im Verteidigungsfall. Gustav Noske gibt in seiner ersten großen Rede vor dem Reichstag im April 1907 dem Wunsch Ausdruck, „daß Deutschland möglichst wehrhaft" sei und „daß das ganze deutsche Volk an den militärischen Einrichtungen, die zur Verteidigung unseres Vaterlandes notwendig sind, ein Interesse hat".
Die deutsche Kolonialpolitik wird unterbewertet. Nur die „kolonialistische" Fraktion der Partei (z.B. David, Schippel, Maurenbrecher) propagiert den Siegeszug des Kapitalismus um den ganzen Erdball, der erst den Sozialismus möglich mache. Auch Bebel, der unermüdlich gegen Übergriffe der Kolonialbeamten zu Felde zieht, kann sich eine „kulturelle Mission" des Kapitalismus in den Kolonien vorstellen.
Hilferding beschäftigt sich bereits seit Beginn des Jahres 1907 unter seinem Pseudonym „Karl Emil" in der „Neuen Zeit" mit Militarismus und Kolonialpolitik (so in einer Rezension des Buchs von Karl Liebknecht, Militarismus und Antimilitarismus unter besonderer Berücksichtigung der internationalen

Jugendbewegung, sowie in einer Besprechung der Arbeit von Parvus, über die Kolonialpolitik und ihren Zusammenbruch). Aus der außenpolitisch prekären Lage Deutschlands — seit der ersten Marokkokrise 1905 ist Deutschland isoliert — schließt er in seinem im November erschienenen Aufsatz auf die Unmöglichkeit eines deutschen Imperialismus. Auch er empfiehlt ein innenpolitisches Konzept gegen die vermeintlichen außenpolitischen Ablenkungsmanöver: Kampf für die Demokratie, insbesondere für das preußische Wahlrecht.
Schon 1909 (Der Revisionismus und die Internationale, in: Die Neue Zeit, 27. Jg., 2. Bd., S. 169) geht er jedoch von der Möglichkeit aus, daß sich die latente Kriegsgefahr durch die imperialistische Politik aktualisiert — als weiteren Beweis dafür, daß jede reformistische Politik an der Kompromißlosigkeit einer imperialistisch gesonnenen Bourgeoisie scheitern müsse. 1911 sieht er den Krieg von der Peripherie ins europäische Zentrum des Kapitalismus gerückt, den Weltkrieg nah. Nun, nach dem Ausbau der deutschen Flotte, räumt Hilferding auch einem deutschen Imperialismus Chancen ein — und damit zugleich einem Zusammenprall zwischen Deutschland und England (Der Parteitag und die auswärtige Politik, Die Neue Zeit, 29. Jg., 2. Bd.).

I.

Es ist eine auf den ersten Blick verwunderliche Tatsache: während die entwickelten kapitalistischen Länder Europas über große und zum Teil für die Kapitalisten sehr wertvolle Kolonialreiche verfügen, hat Deutschland, in dem seit der Mitte des vorigen Jahrhunderts die kapitalistische Wirtschaft die größten und intensivsten Fortschritte gemacht hat, keine irgend in Betracht kommenden Kolonien, und selbst das wenige, das es besitzt, stammt erst aus neuester Zeit. Daß dies von der deutschen Kapitalistenklasse als arger Widerspruch empfunden wird, ist klar. Uns interessiert aber zunächst die Frage, warum es so geworden ist; denn die Beantwortung dieser Frage kann vielleicht auf den Charakter und das künftige Schicksal dessen, was man deutschen Imperialismus zu nennen sich gewöhnt hat, einiges Licht werfen.
Von der wirtschaftlichen Entwicklung der südlichen und westlichen Staaten Europas unterscheidet sich die Deutschlands dadurch, daß sie am längsten in naturalwirtschaftlichen Zuständen verharrte. Der letzte Grund dafür ist dieser: während Italien, Spanien, Frankreich und England zum Teil unter dem Einfluß der Römer und dessen Nachwirkungen über eine rein agrarische Kultur hinausgewachsen waren, fand Deutschlands für die agrarischen Produk-

tionsverhältnisse der damaligen Zeit überschüssige Bevölkerung weiten Nahrungsspielraum zuerst durch die Rodung der Urwälder der Heimat und später durch die Kolonisierung im slawischen Gebiet, dessen verstreut und wenig geschlossen wohnende Bewohner gewaltsam zurückgedrängt oder zum Teil assimiliert wurden in jener gewaltigen Kolonisierungsarbeit, die den Deutschen das Land im Osten und Südosten gewann.

Aber die Naturalwirtschaft schließt eine starke einheitliche schlagfertige Zentralgewalt aus. Die Träger staatlicher Funktionen konnten nicht anders für ihre Dienste entschädigt werden als durch Begabungen mit Grund und Boden. Die staatlichen Hoheitsrechte wurden gleichsam zum Zubehör eines bestimmten Grundbesitzes und mit diesem selbst vererbt. Alle Versuche der königlichen Zentralgewalt, eine einheitliche Verwaltungsorganisation zu schaffen, scheiterten an den wirtschaftlichen Bedingungen. Der Staat war kein einheitlicher Organismus, der von *einem* Staatswillen beseelt wurde, sondern ein Aggregat von lauter Diminutivstaaten, die alle ihren eigenen Willen hatten und nur in besonderen Fällen zumeist dem Zwange äußerer Not gehorchend zu einem Willen zusammenflossen.[1]

Erst die Geldwirtschaft erzeugt die Notwendigkeit und zugleich die Möglichkeit einer einheitlichen zentralisierten Staatsmacht. Das Aufkommen der Warenproduktion schafft in den Städten die Träger der Bestrebungen für die Staatseinheit und gibt deren Repräsentanten, der königlichen Gewalt, zu-

---

[1] Die Möglichkeit der Herausbildung eines einheitlichen Staatswillens, der als Resultante der Machtverhältnisse der verschiedenen Klassen der kapitalistischen Gesellschaft alle Klassen dieser Gesellschaft jeweils sich unterwirft, ist die Bedingung, die moderne Verfassungsinstitutionen erfüllen müssen. Das Kurienparlament Österreichs scheiterte in erster Instanz daran, daß es die Sonderinteressen der einzelnen Klassen und Schichten der bürgerlichen Gesellschaft in einer Weise zur Geltung brachte, die die Herausbildung eines solchen allgemeinen Staatswillens unmöglich machte. Dies zeigte sich an der chronischen Obstruktion, die schließlich die Einführung des gleichen Wahlrechts unter dem Drucke der Arbeiterklasse einerseits, der Staatsnotwendigkeit andererseits erzwang. Auch in Deutschland machen sich in neuerer Zeit immer stärker die Mängel seiner verfassungsmäßigen Einrichtungen geltend. Einerseits verfälscht die Wahlkreiseinteilung, die sich immer mehr zuungunsten der städtischen Bevölkerung und insbesondere der Arbeiterschaft verschiebt, im Reichstag den Ausdruck der Kraft der städtischen Bevölkerung und damit die Resultante der Kraftverhältnisse, den Staatswillen; ganz abgesehen von der verkünstelten Teilung der Macht zwischen Bundesrat und Reichstag. Sodann aber entstehen Reibungen aus dem Widerspruch, der sich daraus ergibt, daß dem im Reichstag zum Ausdruck kommenden politischen Machtverhältnis, also dem Willen der deutschen Nation, entgegentritt der Wille Preußens, des größten Teiles der Nation, der wieder ganz anders gebildet wird. Es ist einerseits der Widerspruch zwischen dem politischen Willen Deutschlands und dem Preußens, andererseits der Widerspruch in der Bildung des preußischen Staatswillens selbst, bei dem der Wille von 85 Prozent der Bevölkerung überhaupt in die Bildung der Resultante nicht eingeht, der die Einführung des gleichen Wahlrechtes in Preußen zu einer Notwendigkeit der Entwicklung macht, soll diese friedlich und verfassungsgemäß vor sich gehen können.

gleich die Mittel, sich die Werkzeuge der Staatsgewalt zu schaffen in den nicht mehr mit Grund und Boden und deshalb zur Unabhängigkeit strebenden, sondern in der mit Geld entlohnten und von der Zentralgewalt daher stets abhängigen Bürokratie und im Söldnerheer. Für die Entwicklung dieser Zentralgewalt war aber entscheidend wichtig der Zeitpunkt, in dem die geldwirtschaftliche Entwicklung eintrat, und das Tempo, in dem sie sich entwickelte und ihre Gegentendenzen zur naturalwirtschaftlichen Entwicklung entfaltete. Denn die Auflösung der ursprünglichen Zentralgewalt in eine Reihe von Grundherrschaften und deren Zusammenfassung zu einem landesherrlichen Territorium war ja ein jahrhundertelanger geschichtlicher Prozeß. Die geldwirtschaftliche Entwicklung setzte aber in Süd- und Westeuropa viel früher ein und entwickelte sich viel rascher als in Deutschland. Dies hatte zur Folge, daß es in England und Frankreich gelang, eine zentrale Staatsmacht zu begründen, während Italien, wo einerseits die geldwirtschaftlich-städtische Entwicklung am frühesten und raschesten eingesetzt hatte, andererseits aber auswärtige Einflüsse die Entstehung einer zentralen Gewalt überhaupt verhinderten, in eine Reihe von Stadtstaaten zerfiel, die an ökonomischer und damit politischer Macht den großen Staaten der damaligen Zeit vorauseilten, wie die Geschichte von Venedig, Florenz und Genua beweist.

Die Träger der Expansionspolitik dieser Stadtstaaten aber sind das Handels- und Wucherkapital, das sich sehr früh in den Poren der mittelalterlichen Gesellschaft ausbildet. Während der Binnenhandel zum großen Teile noch „handwerksmäßigen" Charakter sowohl nach Größe des Umsatzes als nach Art des Betriebs beibehält, löst sich von ihm ein Handelsbetrieb ab, der anfangs gelegentlich, später berufsmäßig vor allem als Überseehandel sich entwickelt verbunden mit Seeraub und mit Ausraubung und Versklavung überseeischer Gebiete. Es sind die Interessen dieses Handels, die zur ersten Periode der Kolonialwirtschaft führen. Aber die Kolonialwirtschaft setzt zu ihrer Verwirklichung voraus das Bestehen einer starken zentralisierten Staatsmacht, welche die materiellen und persönlichen Kräfte des ganzen Volkes in den Dienst dieser Kolonialpolitik stellen kann. So entsteht mit der Geldwirtschaft und der Herausbildung des Handelskapitals zugleich das Interesse und die Möglichkeit der Kolonialpolitik. Sie gelingt naturgemäß dort, wo die Entwicklung des Handelskapitals am stärksten ist, in Italien. Genuesen und Venetianer ziehen bereits aus der Beteiligung an den Kreuzzügen den größten Nutzen, nicht nur durch die Vermittlung des Transportes und durch die Finanzierung der Heereszüge, sondern auch durch ausgedehntesten Landerwerb. Seitdem ist ihr ganzes Trachten gerichtet auf Ausdehnung ihrer Gebiete. „Die systematische Ausbeutung der Mittelmeervölker mittels Zwangsarbeit", sagt Sombart[2] mit Recht, „bildet das Fundament, auf dem sich die Machtstellung Venedigs und Genuas erhebt."

---

2 Der moderne Kapitalismus, Band 1, S. 332.

Italiener entdecken im fünfzehnten Jahrhundert die Kanarischen Inseln und suchen zuerst den Seeweg nach Ostindien; auch später sind es zumeist Italiener, die den Völkern am Atlantischen Ozean die Entdeckerfahrten machten: „Christoph Kolumbus ist nur der größte einer ganzen Reihe von Italienern, welche im Dienste der Westvölker in fremde Meere fahren", heißt es bei Burckhardt.

Das Interesse des Handelskapitals ist es auch, das zu jenen Entdeckungen führt, deren Triebkraft vor allem die Auffindung eines direkten Weges nach Ostindien ist, um das Handelsmonopol der Araber, die den europäischen Kaufleuten den Rahm von der Milch abschöpften, zu umgehen und Ersatz für den über Zentralasien gehenden Handelsweg, der durch fortwährende Kämpfe gestört wurde, zu finden.

Auch diese Bestrebungen gehen zunächst von Italien aus. Den Italienern folgen die Portugiesen, die schließlich den Seeweg nach Ostindien finden und zugleich gewaltsam das Handelsmonopol der Araber brechen. Um Indien und später um das neuentdeckte Amerika entbrennt schließlich der Kampf der in die kapitalistische Periode eintretenden Nationen und damit die ersten Entscheidungen um den Besitz der Kolonien. Deutschland aber ist von diesem Kampfe ausgeschlossen. Die Gründe hierfür liegen nicht allein in der Entwicklung des deutschen *Handels.* Zwar hatte sich dieser zunächst als Landhandel entwickelt. Er ist im wesentlichen Zwischenhandel. Der süddeutsche vermittelt den Handel der nordischen Länder mit den italienischen Städten, die die Reichtümer des Ostens nach Europa bringen. Der niederdeutsche Handel vermittelt den Austausch zwischen Ost und West, zwischen England und den Niederlanden einerseits, Skandinavien und dem slawischen Osten andererseits. Es ist ein Handel, der in seiner Entwicklung auf den Fortschritt des italienischen und englischen Handels angewiesen ist, sich von ihm in einer gewissen Abhängigkeit befindet. Aber immerhin hatte sich auf dieser Grundlage ein Handelskapital entwickelt, dessen Interessen weit über die des Zwischenhandels hinausgingen und gebieterisch eine Beteiligung Deutschlands an der Aufteilung der neuen Welt verlangten. Häuser von der Größe und Macht der Fugger oder Welser waren die gegebenen Träger einer deutschen Kolonialpolitik. Aber ihre Bestrebungen mußten scheitern an dem Fehlen einer starken Zentralgewalt, die allein imstande gewesen wäre, die gewaltigen Mittel für eine solche Politik aufzubieten. Diese Zentralgewalt aber war nicht vorhanden, weil die naturalwirtschaftliche Entwicklung unterdes die Reichseinheit längst gesprengt hatte. Die geldwirtschaftliche Entwicklung kam zu spät, als daß ihre Früchte noch die Zentralgewalt pflücken konnte. Bereits hatten die Großen des Reiches alle staatlichen Machtbefugnisse usurpiert, und einmal im Besitz der Macht, waren sie es, die die geldwirtschaftliche Entwicklung für die Begründung und Befestigung ihrer Territorialherrschaften auszunutzen wußten. An den deutschen Fürsten, an diesen waldursprünglichen Überresten der naturalwirtschaftlichen Epoche unserer Geschichte, scheiterte die Anteilnahme Deutschlands an dem neuen Weltreich.

Vergebens suchen die Fugger durch ihre Kommanditeinlage in das Geschäft der deutschen Kaiserwahl wenigstens durch Karl V. eine Personalunion Deutschlands mit der großen Kolonialmacht Spaniens herbeizuführen. Nach anfänglichen Erfolgen machten die großen süddeutschen Handelshäuser im Gefolge Spaniens schließlich Bankrott.[3] Die Finanzierung der Habsburger war eine verfehlte Spekulation.

Für die niederdeutschen Städte aber bildete die geographische Lage das Hindernis. Da die Zentralgewalt versagte, schloß ihre Isolierung im vorhinein eine aktive Beteiligung an der Kolonialpolitik aus; diese war geknüpft an die Beherrschung der neuen Handelswege, vor allem an die Beherrschung des Atlantischen Ozeans, die nach dem Falle Spaniens an die alten Rivalen der Hansa, an die Niederlande und England überging.

Es ist ein eigentümliches Bild: dem äußeren Anschein nach ist kein Reich den Bedingungen für die neue Politik, die die Entdeckungen erforderten, mehr gewachsen als das Reich Karls V., in dem die Sonne nie unterging. Spanien und die Niederlande waren die gegebenen Stützpunkte für die Beherrschung des Ozeans, des neuen Handelswegs. Der deutsche Handel war noch mächtig und bedeutsam, in Italien der Einfluß des Kaisers groß. Alle Bedingungen für die Entstehung eines gewaltigen Weltreiches, in dem der Kapitalismus sich schrankenlos entfalten konnte, scheinen gegeben. Doch dem gewaltigen Bau fehlen die Klammern einer einheitlichen Zentralgewalt. Die territorialen Interessen sind stärker als die Bedürfnisse der deutschen städtischen Entwicklung. Sie siegen, das Reich zerreißt in ohnmächtige Teile, die peripherischen, aber für die Entwicklung einer Kolonialmacht unentbehrlichsten Gebiete fallen ab. Die Niederlande lösen sich los, in Italien schwindet der kaiserliche Einfluß, die kapitalistische Entwicklung rauscht an Deutschland vorüber, es zurücklassend in dem Elend nationaler Zerrissenheit und naturalwirtschaftlicher Rückbildung. An der ersten Teilung der Welt hat Deutschland keinen Anteil. Die kapitalistische Entwicklung Deutschlands wird für Jahrhunderte zurückgeworfen durch die reichsfeindliche Politik der deutschen Fürsten. Die erste Entscheidung über den deutschen Imperialismus war gefallen.

Dies mag imperialistischen Schwärmern als das Tragische in dieser Epoche deutscher Geschichte erscheinen: alle Bedingungen scheinen erfüllt, wie sie in dieser Vollständigkeit nie wieder vereinigt sein konnten. Der ganze Kontinent fast vereint unter der Herrschaft eines einzigen, dem auch der neue Kontinent mit seinen unendlichen Schätzen zum großen Teile zugefallen ist. Und diese äußere Pracht zusammenstürzend in innerer Schwäche, selbst ein Erbteil einer geschichtlichen Entwicklung, die das stolzeste Ruhmesblatt unserer nationalen Entwicklung ausmacht. Denn es ist die Kolonisierung des Ostens, die das lange Verharren in naturalwirtschaftlicher Entwicklung und damit die Unabhängigkeit der Fürsten bedingte, die Herausbildung einer starken Zentralgewalt zur Unmöglichkeit machte.

---

3 Spaniens Staatsbankrott 1575; 1611 Bankrott der Welser; 1643 lösen die Fugger ihr spanisches Geschäft auf.

II.

Die Kolonialpolitik, die Ausraubung der Naturschätze, vor allem auch der edlen Metalle, die Versklavung der Eingeborenen ist der mächtigste Hebel jener ursprünglichen Akkumulation, auf der sich der *industrielle* Kapitalismus in Europa aufbaut. Aber solange der industrielle Kapitalismus in seinen Anfängen ist, dominieren noch die Interessen des Handels- und zinstragenden Kapitals. Es ist das Handelskapital, das zuerst in der Form ländlicher Hausindustrie und der Manufaktur zur kapitalistischen Produktion übergeht, um sich erstens so die Gegenwerte für den überseeischen und Kolonialhandel in genügender Menge zu verschaffen, die die alten Produktionsmethoden nicht gewährleisten konnten, und um zweitens seinen Handelsprofit durch die Aneignung unbezahlter Mehrarbeit aus der Produktion zu steigern. Indem die neuen Methoden gesellschaftlich kombinierter Arbeit zugleich deren Produktivität steigerten, erhielt das Handelskapital die Produkte, die es zum Austausch benötigte, zugleich billiger als vom Handwerk. Die kapitalistische Produktion in der Form der Manufaktur erscheint nur als Hilfsmittel, Zubehör des Handels, vor allem des überseeischen Handels, als eine Vermehrung des Profits, der der Hauptsache nach noch aus dem Handel und aus der Ausbeutung der Kolonien stammt. Es ist die Epoche, der die Wirtschaftspolitik des Merkantilismus entspricht, die nach außen hin charakteristisch ist durch die unaufhörlichen Handelskriege der großen europäischen Nationen, in denen sich ihr Anteil an der Beute schließlich entscheidet. Das zerrissene Deutschland steht abseits von diesen Entscheidungen.

Eine Änderung in der Stellung zu den Kolonien tritt erst ein mit der raschen Entwicklung des industriellen Kapitalismus seit der Einführung der modernen Maschinerie. Jetzt ändern sich die Interessen innerhalb der Kapitalistenklasse. Das industrielle Kapital dominiert immer mehr über das Handelskapital und das zinstragende Kapital, das jetzt die Form des Bankkapitals annimmt. Beide Formen geraten immer mehr unter die Botmäßigkeit des industriellen Kapitals. Für dieses aber ist entscheidend nicht mehr in erster Linie der Handel mit den Kolonien. Die Verbilligung der Produktion durch die Maschinerie schafft ihm nähere, wichtigere und aufnahmsfähigere Absatzwege. Die maschinelle Produktion verdrängt die ländliche Hausindustrie, ruiniert das handwerksmäßige Gewerbe und schafft zunächst einen inneren Markt. Dann aber ergreift die Wirkung der zunächst in England aufblühenden Industrie die übrigen europäischen Länder, macht diese einmal zu Lieferanten agrarischer Produkte an England und sodann zu den wichtigsten Absatzmärkten für das englische Kapital. Demgegenüber treten die Kolonien an Bedeutung zurück. Nicht mehr die Profite, die im *Handel* mit ihnen entstehen, sondern der *industrielle* Profit, der durch die Ausbeutung der einheimischen Lohnarbeit entsteht, tritt an erste Stelle. Und gegenüber der Ausbeutung zu Hause tritt wenigstens vorübergehend die Ausbeutung der Eingeborenen in den Kolonien zurück, eine Entwicklung, die durch die Gestaltung der kolonialen Verhältnisse zum Teil beschleunigt wird. In Amerika ist die einheimische Bevölkerung zur schweren, ausdauernden Sklavenarbeit minder

31

tauglich und wird vernichtet. Ihre Stelle nehmen Neger ein, die aber nur für die Arbeit auf den Plantagen der Südstaaten in Betracht kommen. Die Nordstaaten werden von Europäern eingenommen, die sich in ihren Interessen sehr bald durch die Ausbeutung des Mutterlandes bedroht sehen. Sie werden stark genug, um zum Abfall zu schreiten.

Für das heimische industrielle Kapital aber werden die europäischen Absatzwege immer wichtiger. Ihrer Erweiterung dient die Freihandelspolitik, die den Merkantilismus in England vollständig überwindet, die Schutzzollpolitik des übrigen Europa einschränkt. Gleichzeitig mit der Freihandelsströmung nimmt die Gleichgültigkeit gegen die Kolonien zu.

Die Kolonialfrage wird für das industrielle Kapital eine reine Kostenfrage, und es findet rasch, daß die Gelder besser in der heimischen Industrie als in den unsicheren Anlagen für Kolonien mit ihrem Gefolge von unproduktiven Ausgaben angelegt werden. Es ist die große Expansionsmöglichkeit, die der junge industrielle Kapitalismus im Innern findet, es sind die großen Profite, die die Fabrik macht, solange sie noch in Konkurrenz mit den veralteten Produktionsweisen des europäischen Handwerks und der bäuerlichen Hausindustrie steht, die den Wunsch nach Anlagesphären des Kapitals in überseeischen Ländern so sehr einlullt und schließlich eine Abneigung gegen jede Kolonialpolitik schafft bis zu der Idee, die Kolonien überhaupt aufzugeben.

Jedoch die Entfaltung des Kapitalismus ändert wieder die Stellung der Kapitalistenklasse zur Kolonialpolitik. Der englische industrielle Kapitalismus besiegt völlig die anderen Wirtschaftsformen; die ihm entsprechende Produktivität der Arbeit wird immer mehr zum bestimmenden Faktor des Preises. Die hohen Extraprofite, die die Industriellen einstecken, solange sie noch daheim und im Ausland mit Produkten zu konkurrieren hatten, deren Preis die geringere Produktivkraft rückständiger gewerblicher Technik erhöhte, fanden ihr Ende. Die Profitrate sank. Die englischen Produkte stießen immer mehr auf die Produkte europäischer Industrie, die alten Absatzmärkte wurden weniger aufnahmefähig. Diese Entwicklung wurde noch beschleunigt durch die Schutzzollmauern, mit denen sich die europäischen Länder umgaben und die wieder vor allem den Absatz englischer Waren hinderten, die Profitrate des englischen Kapitals senkten. Der neuentstehende kontinentale Kapitalismus hatte aber im vorhinein geringeren Spielraum. Nur auf dem inneren Markt sah er sich teilweise durch Schutzzölle geschützt; hatte die Industrie aber das Stadium der Exportfähigkeit erreicht, sollte sie auf den Weltmarkt hinaus, so sah sie sich im vorhinein der altentwickelten englischen Industrie als mächtigeren Konkurrentin gegenüber. Das Stadium hoher Profite ging für sie noch rascher vorüber als für das englische Kapital. Bis in die neuere Zeit, wo die ungeheure Erweiterung des Weltmarktes, die Hochschutzzölle und die Kartelle diese Entwicklung modifiziert haben, war die Lage der kontinentalen Industrie, die Akkumulation und Konzentration der aus der Industrie gewonnenen Vermögen im Vergleich mit der englischen Entwicklung eine relativ geringe. Die Extraprofite aus der Konkurrenz mit dem Handwerk hatte ja die englische Industrie auch auf den europäischen Märkten schon eingeheimst. Nicht in Konkurrenz mit dem Handwerk vornehmlich, sondern in Konkurrenz vor allem mit der englischen Fabrik mußte sich der industrielle Kapitalismus in Europa entfalten. Diese Entfaltung aber mußte vor allem in dem englischen Kapital wieder das Streben wachrufen für die Einschränkung in Europa, die ja allerdings eine relative war, aber doch eine Schranke für das Bedürfnis des Kapitals nach absoluter Entfaltung aller Produktionskräfte, sich durch die Erschließung neuer Absatzmärkte zu entschädigen. Daß man aber diese immer mehr in Form von Kolonien zu erwerben suchte, hat besondere Gründe.

Die erste Periode der Kolonialpolitik hat ihre Bedeutung vor allem in der raschen Beschleunigung der ursprünglichen Akkumulation, deren gewaltige Ausdehnung sie erst ermöglichte. Eine geringere Bedeutung hatten da die Kolonien als Absatzmärkte, wenn auch die Versorgung dieses Marktes die Entwicklung der kapitalistischen Manufaktur beschleunigt hat. Seit der Entwicklung der Maschinenindustrie verloren sie aber nicht nur deshalb an Bedeutung, weil die europäischen Absatzmärkte, wie wir gesehen haben, wichtiger wurden. Es war auch nicht mehr so wichtig, daß diese überseeischen Märkte Kolonialcharakter hatten, in politischer Abhängigkeit vom Mutterlande standen. In der kapitalistischen Produktion jener Zeit stehen an der Spitze jene Industrien, die Konsummittel liefern. Der Absatz ihrer Produkte war gesichert durch ihre Billigkeit. Die englische Industrie hatte sowohl durch ihre technische Leistungsfähigkeit wie durch die überragende Entwicklung der Handelsflotte das Monopol des Absatzes gesichert. Ein politischer Zwang erschien überflüssig, kostspielig und gefährlich. Wichtig war nur zweierlei. Einmal, daß die Gebiete aufnahmefähig waren. Hier kamen, von Indien abgesehen, die Stätten alter Kultur, die Mittelmeerländer und Ostasien in Frage, während Afrika keine besonderen Aussichten bot. Sodann aber mußten die Handelsbeziehungen gesichert sein, und dafür sorgte gelegentliches militärisches Eingreifen, das aber mehr den Charakter eines Handelskrieges, als den eines Kolonialkrieges annahm. Die Textilindustrie war nicht kriegerisch.

Ganz anderen Charakter tragen die *modernen Kolonien*. Sie sind weder in erster Linie Ausbeutungskolonien mit großen natürlichen Schätzen, die man ausraubt, und einer arbeitsfähigen Bevölkerung, die man versklavt; sie sind ebensowenig im vorhinein Absatzmärkte für die Konsummittelindustrien des Mutterlandes. In der europäischen Industrie stehen jetzt überhaupt nicht die Interessen der Konsummittelindustrien, sondern die der Produktionsmittelindustrien im Vordergrund, vor allem der schweren Eisenindustrie. Gerade für diese aber bieten moderne Kolonien ein günstiges Feld als Anlagesphären für Kapital. Nicht um Waren zu holen oder zu bringen, sondern um ein Stück Kapitalismus fix und fertig mitsamt dem Kapital aus Europa zu exportieren, dazu braucht man die Kolonien. Und Kolonien müssen es sein, weil heute überall die Technik in den entwickeltsten Staaten annähernd dasselbe leistet und daher nicht Preisunterschiede, sondern die Staatsmacht entscheidet, welchem Land die Möglichkeit geboten werden soll, sein Kapital in fremden Ländern profitabel, zu einer höheren als der europäischen

Profitrate anzulegen. Es sind die Produktionsmittel, die nach den Kolonien in erster Reihe gebracht werden, vor allem die ungeheure Kapitalsummen verschlingenden modernen Transportmittel, die Eisenbahnen. Es ist der Überfluß an Kapital, das heißt an Waren, die ihrer Natur, ihren stofflichen Eigenschaften nach nur als Produktionsmittel, das heißt heute als Ausbeutungsmittel fremder Arbeit dienen können, die die moderne Kolonialpolitik bedingt.

III.

Wir sehen so seit etwa dem letzten Drittel des vorigen Jahrhunderts eine neue Epoche kapitalistischer Kolonialpolitik. Träger dieser Entwicklung ist naturgemäß zunächst England, das entwickeltste kapitalistische Land, in dem sich auch diese Tendenzen am ehesten geltend machen. Im folgte bald Frankreich, besonders energisch nach dem Verlust von Elsaß-Lothringen, während die übrigen Länder des Atlantischen Meeres ihre alten Besitzungen wieder aufs neue schätzen lernen, sie zum Teil erweitern und die Vereinigten Staaten die wertvollsten Teile des spanischen Kolonialreichs an sich reißen. Nur Deutschland macht eine Ausnahme.

Die Gründe dafür sind klar. Die Entwicklung des Kapitalismus war in Deutschland sehr verspätet. Die territoriale Zerrissenheit hindert sein Aufkommen auch dann, als längst alle übrigen Vorbedingungen gegeben waren. Dieses politische Hindernis konnte nur politisch überwunden werden. Die Revolution von 1848 ist der erste Versuch. Der revolutionäre Weg bedeutete die Herstellung eines deutschen Reiches, das auch die deutschen Länder Österreichs in sich begriffen hätte. Deutschland hätte dadurch mit Triest den Zugang zum Adriatischen und Mittelmeer offen gehabt. Wie sehr die Bedeutung Triests dem Frankfurter Parlament klar war, beweist dessen Erklärung, daß ein Angriff auf Triest als ein Angriff auf Deutschland betrachtet würde. Der revolutionäre Sieg aber hätte auch den Sieg der Demokratie bedeutet. Ein so großes mächtiges und dabei freiheitliches Reich im Zentrum Europas hätte die demokratische Entwicklung des ganzen Kontinents bedeutet und hätte auf die kleineren Staaten größte Anziehungskraft ausgeübt. Ein enges Bündnis mit Holland wäre durchaus möglich gewesen. Zum zweitenmal in der Geschichte Deutschlands wären damit die Bedingungen für eine Anteilnahme an der Kolonialpolitik erfüllt gewesen. Denn ohne freien Zugang zum Atlantischen Meer, wie sie die holländischen Häfen, und ohne einen Stützpunkt im Süden, wie ihn Triest dargeboten hätte, ist eine sichere und erfolgreiche Kolonialpolitik nicht möglich. Die Flotte allein ist nutzlos, wenn sie ohne weiteres in der Nordsee eingesperrt werden kann. Nicht die englische Flotte, sondern der freie Zugang zum Meer und der Besitz von Häfen und Kohlenstationen an allen wichtigen Punkten der Seestraßen der Welt begründet die Seeherrschaft Englands und gibt ihm die Möglichkeit, sich seine überseeischen Eroberungen zu sichern. Das wissen auch unsere Alldeutschen sehr gut, die die Flotte nur als ersten Schritt betrachten in der Hoffnung, daß ein

gütiges Geschick, ein siegreicher Krieg für diese Flotte auch die nötigen Häfen liefern werde.
Aber die revolutionäre Bewegung wird von der Reaktion besiegt, die Einigung Großdeutschlands auf demokratischer Basis wird vereitelt, zum zweitenmal scheitert die Möglichkeit des deutschen Imperialismus an dem Widerstand der Fürsten. Indem Bismarck die Notwendigkeit der deutschen Einheit für die dynastischen Interessen der Hohenzollern ausnützt, stellt er diese Einheit her auf Kosten der Ganzheit. Die Einigung unter Preußens Führung bedeutete den Ausschluß Deutschösterreichs und damit den Verlust der österreichischen Küstenländer für Deutschland. Preußens Führung bedeutete ebenso den Ausschluß der Demokratie und seine Annexion Elsaß-Lothringens die Verfeindung mit Westeuropa, die Rußland so lange zum Schiedsrichter auf dem europäischen Kontinent gemacht hat. Der Sieg der Politik Bismarcks bedeutet so die endgültige Niederlage des deutschen Imperialismus. Deutschland ist endgültig von den Meeresstraßen abgedrängt, die ihm zugänglich sein müßten, wollte es sich erfolgreich an der Kolonialpolitik beteiligen, es ist abgedrängt vom Atlantischen Ozean wie vom Mittelländischen Meer. Die Schwäche und Feigheit der deutschen Bourgeoisie auf dem Gebiet der Politik wird so zur Ursache ihres Zurückbleibens auf dem Gebiet der Kolonialpolitik.
Die Unmöglichkeit eines deutschen Imperialismus hat Bismarck mit seinem scharfen Blick für die realen Kraftverhältnisse der europäischen Staaten stets eingesehen. Er wollte die längste Zeit von einer Beteiligung an dem allgemeinen Kolonialdrang, der die kapitalistischen Nationen aufs neue erfaßt hat, nichts wissen. Ja er sah in der Kolonialpolitik Frankreichs, darin allerdings vom Standpunkt kapitalistischer Politik kurzsichtig, nur eine erwünschte Ablenkung der französischen Interessen von Europa. Daß aber Bismarck diese Politik innehalten konnte, ohne im Inland auf Widerstand zu stoßen, erklärt sich leicht daraus, daß das deutsche Kapital, für das endlich die Schranken fielen, die ihm die Zerrissenheit des Wirtschaftsgebiets entgegengestellt hatte, genug im eigenen Lande beschäftigt war. Unterdessen aber teilten sich Engländer und Franzosen, zum Teil auch Russen und Italiener in die wertvollen Stücke, die von der Welt noch übrig waren. Für Deutschland blieb nichts übrig, als was die anderen verschmähten.

IV.

Sieht man von den Vereinigten Staaten ab, so ist die deutsche Kapitalistenklasse heute diejenige, deren Bedürfnis nach Expansion am stärksten ist. Die deutsche Kapitalistenklasse ist von den großen europäischen Staaten die jüngste. In ihr überwiegt der Bereicherungstrieb noch bei weitem den Genußtrieb. Zugleich ist die Profitrate, mit der ihre großen Industrien arbeiten, eine hohe. Die Schutzzölle haben ihr den inneren Markt gesichert, die Kartellierung beschleunigt und die Kartellprofite außerordentlich gesteigert. Zudem hat die Ausdehnung der Industrie einen solchen Grad erreicht, daß sie in Jahren der Prosperität bereits an die Grenze der verfügbaren Arbeiterbevölkerung stößt. Eine weitere Anlage von Kapital im Inland bedroht die Höhe der Profitrate. Soll das neu akkumulierte Kapital ebenso profitabel arbeiten wie das alte, so muß es zum Teil wenigstens exportiert werden. Da aber alle europäischen Länder in derselben Lage sind, begegnet das deutsche Kapital überall der Konkurrenz fremden Kapitals. Diese Konkurrenz muß ebenso ausgeschlossen werden wie die Konkurrenz der fremden Waren auf dem einheimischen Markte. Die überseeischen Länder müssen deutsche Kolonien werden. Dies hat noch den Vorteil, daß der Staat große Ausgaben für Rüstungszwecke hat und außerdem den Ertrag des exportierten Kapitals, das zum Beispiel für Eisenbahnbauten ausgegeben wird, unter Umständen garantiert.

Haben wir so einerseits in den Interessen der deutschen Kapitalistenklasse, zu denen sich die Interessen der Militär- und Bürokratenkreise gesellen, eine gewaltige Triebkraft für die Beteiligung Deutschlands an der Kolonialpolitik, so stellen sich dieser andererseits die größten Hindernisse entgegen, Hindernisse, die durch die geographische Gestaltung des Reiches, in seinen heutigen politischen Grenzen gegeben, sich zunächst nicht überwinden lassen.

Einerseits so zur Kolonialpolitik getrieben, andererseits immer wieder an die Unmöglichkeit erfolgreicher Durchführung gestoßen, verfolgt unsere auswärtige Politik seit dem Sturze Bismarcks notwendigerweise einen Zickzackkurs. Immer erneute Vorstöße, immer erneutes Zurückweichen. Bald schrankenloser Optimismus, fast größenwahnsinnige Renommistereien, bald christlich-bescheidene Resignation und schmeichelnde, fast Furcht bezeugende Freundschaftsumbuhlungen. Alles das beweist nur die Unmöglichkeit des deutschen Imperialismus, solange er nicht diese Unmöglichkeit zu überwinden sucht auf gewaltsame Weise, durch Eroberung der notwendigen Häfen in Europa und wertvollen Kolonialbesitzes anderer Länder.

Viermal hat der deutsche Imperialismus seinen Anlauf genommen. Es ist charakteristisch, daß es das Bankkapital und die mit ihm in Deutschland so eng verbundene schwere Industrie, vor allem die Elektrizitäts-, Waffen- und Eisenindustrie ist, die dabei die Führung haben. Zunächst suchte deutsches Kapital in Südamerika, vor allem in Brasilien, Einfluß zu gewinnen. Hier stieß es auf die überlegene ökonomische und politische Macht der Vereinigten Staaten. Die Monroedoktrin, zur Dragodoktrin erweitert, hat wohl jede Hoffnung auf andere als eine Konkurrenzerfolge in Südamerika ausgeschlossen. Der zweite Vorstoß erfolgte in Ostasien durch die Beteiligung am Chinaabenteuer und die deutsche Intervention gegen die Japaner zugunsten der Russen. Die Folgen sind bekannt. Der russisch-japanische Krieg sicherte die Vorherrschaft Japans, das englisch-japanische Bündnis, dem die französisch-japanischen und japanisch-russischen Verträge folgten, schlossen Deutschland von jedem Einfluß auf die Gestaltung der Dinge in Ostasien aus und machten aus Kiautschou ein Pfandobjekt für deutsches Wohlverhalten in den Händen Japans, hinter dem England steht. Zum drittenmal versuchte Deutschland, aus dem Stillen Ozean vertrieben, Einfluß auf die Länder des Mittelmeers zu gewinnen. Die Marokkoaffäre enthüllte zugleich die großen

Gefahren für den Weltfrieden, die die Kolonialpolitik mit sich bringt. Das Marokkoabenteuer endete mit der Einkreisung Deutschlands. Wenn man von Holland absieht, dessen Sympathien ebenfalls auf der anderen Seite sind, da es sich trotz aller offiziellen und sicher heute aufrichtig gemeinten Versicherungen durch die innere Logik deutscher imperialistischer Möglichkeiten bedroht sieht, dann sind die Mittelmeermächte, zugleich die alten Kolonialmächte, heute vereinigt gegen jedes Expansionsbestreben Deutschlands. Diese Konstellation, die in Algeciras zutage trat, wurde befestigt durch das Bündnis zwischen England, Frankreich und Spanien. Der englisch-russische Vertrag schließlich, der zunächst für Zentralasien von Bedeutung ist, vermehrt auch die Machtstellung Englands in Europa, das heißt aber die Macht Englands gegen Deutschland. Kein Wunder, daß jetzt die auswärtige Politik, worüber sich politische Kinder freuen mögen und womit Fürst Bülow renommieren mag, momentan an einen gewissen Ruhepunkt gelangt ist.
Zuletzt schließlich hat sich das deutsche Kapital unter Führung der Deutschen Bank eine Interessensphäre im Gebiet der anatolischen Eisenbahn geschaffen. Auch hier stößt Deutschland an englische Interessensphären. Zudem kann dieses Gebiet mit Machtmitteln kaum behauptet werden, da seine Operationsbasis von der Heimat zu weit entfernt ist und England den Seeweg beherrscht. Auch hier ist eine Besitzergreifung ausgeschlossen, allerdings auch nicht notwendig, da das fruchtbare Gebiet dem deutschen Kapital genügend Profitmöglichkeiten eröffnet. Damit ist aber die Unmöglichkeit eines deutschen Imperialismus, die allerdings im vorhinein klar war, auch empirisch erwiesen. Ohne einen europäischen Krieg ist eine koloniale Expansion Deutschlands nicht zu haben.

V.

Es ist klar, daß diese Situation auch auf die innere Politik nicht ohne Rückwirkung bleiben konnte. Denn die Zusammenhänge, wie wir sie bisher betrachtet haben, reflektieren sich in den Köpfen der herrschenden Klassen naturgemäß ganz anders. Expansion ist die Lebensbedingung des Kapitals, und die Form, die heute diese Expansion annehmen muß, wenn die Interessen des Kapitals allein entscheiden, ist die der kolonialen Expansion. In kapitalistisch interessierten Köpfen hat deshalb die Idee der Unmöglichkeit dieser Expansion keinen Platz. Sie zugeben hieße ja, daß ein anderer Ausweg aus den Verlegenheiten, die die absolute Steigerung der Produktivkräfte in der kapitalistischen Gesellschaft schafft, gefunden werden müßte, und dieser Ausweg könnte nur der Sozialismus sein. Der Imperialismus ist ja die Lebenslüge des sterbenden Kapitalismus, die letzte, zusammenfassende Ideologie, die er dem Sozialismus entgegenzustellen hat. Allem Anschein nach wird die Entscheidung zwischen Bourgeoisie und Proletariat als Kampf zwischen Imperialismus und Sozialismus ausgefochten werden.
Was uns als Unmöglichkeit, erscheint der Bourgeoisie so als einziger, rettender Ausweg. Die Mißerfolge der deutschen Politik erscheinen ihr daher nicht

als notwendig, sondern als zufällig, bedingt durch die Ungeschicklichkeit ihrer Leiter — dies die Auffassung der bürgerlichen Opposition — oder bedingt durch die mangelnde Opferwilligkeit des Volkes, die allzu geringe Entfaltung der Machtmittel — die Auffassung der Regierung und ihrer Freunde. Je schwieriger aber die Lage nach außen ist, desto empfindlicher wird man gegen Widerstände, die im Innern dieser Politik entgegengestellt werden. Gegner der imperialistischen Politik sind aber nicht nur die Proletarier, für die diese Politik nicht nur momentan neue Lasten, sondern auch die Hinausschiebung ihres endlichen Sieges bedeutet, sondern auch die Mittelschichten. Vor allem der produzierende Mittelstand, die Bauern und Handwerker, haben nicht das geringste Interesse daran, ihre Steuerlast noch vermehrt zu sehen durch eine Politik, die nur dem Großkapital zugute kommt. So unselbständig diese Schichten nun auch sind, können doch Parteien, die auf diese größere Rücksicht nehmen müssen, nur vorsichtig und zögernd die imperialistische Politik unterstützen. Die Haltung des Zentrums, bis zu einem gewissen Grade auch die der Freisinnigen Volkspartei ist dafür ein Beispiel. Dazu kommt noch die traditionelle Opposition, in der sich die Vertreter der großstädtischen Schichten zur Regierung befanden, eine Opposition, die durch die reaktionäre Strömung und ständige Verletzung aller liberalen Ideologien, durch den Ausschluß dieser Schichten von der Verwaltung und durch die Bevorzugung des Adels auf allen Gebieten wachgehalten wurde. War so die Lage der Regierung nach außen stets prekär, so fand sie im Innern nur Unterstützung bei der Vertretung des Junkertums und des Großkapitals, während alter und neuer Mittelstand und deren politische Vertretung nur zaudernd und widerwillig folgten, die der Regierung nötig erscheinenden Mittel verkürzten und so in ihr das Gefühl wachriefen, daß nur die mangelnde Unterstützung im Inland schuld an den Mißerfolgen in der auswärtigen Politik sei.
Diese Gefühle — und um Gefühle und Stimmungen mehr als um klare Einsichten handelt es sich wohl bei den Trägern der deutschen Politik — führten die neueste Phase in der inneren Politik herbei. Die *Blockpolitik* ist nichts anderes als der Wunsch, alle Kräfte des Bürgertums, die der imperialistischen Ideologie zugänglich sind, zur Unterstützung dieser Politik zu sammeln. Dies mußte um so nötiger erscheinen, als in Deutschland diese Politik von der größten und zielbewußtesten Partei unerbittlich bekämpft wurde. Diese Bekämpfung mußte den herrschenden Klassen um so unangenehmer sein, als der deutsche Imperialismus eben wegen seiner Unmöglichkeit von der deutschen Arbeiterklasse bedeutende Opfer fordert, ohne den Massen auch nur jene scheinbaren und illusionären Erfolge zu bieten, die der Imperialismus der Grenzländer des Atlantik immerhin noch gewähren mag. Da es aussichtslos erscheinen mußte, den Acheron zu bewegen, mußten die Oberen aufgerüttelt werden. Dann aber standen einander zwei Momente gegenüber. In der bisherigen Regierungsmajorität von Zentrum und Konservativen wurden der imperialistischen Politik noch Bedenken und Besorgnisse entgegengestellt, und doch fordert diese Politik immer, namentlich aber bei den großen Gefahren, die sie in Deutschland in sich schließt, Schwung, Begeisterung, be-

denkenloses Dahinstürmen. Das Zentrum mußte auf seinen kleinbürgerlichen und kleinbäuerlichen Teil beständig Rücksicht nehmen, und die Leitung benutzte diese Not, um daraus wenn nicht eine Tugend, so doch Profit zu machen und Zugeständnisse aller Art auf legislativem und administrativem Wege (was man „Nebenregierung" nennt) herauszuschlagen. Diese Mitregierung des Zentrums hatte aber für die Regierung noch den weiteren Übelstand, den Liberalismus in Opposition zu erhalten.

Der deutsche Liberalismus ist wie jeder andere entstanden im Kampfe mit dem absoluten Königtum. In anderen Ländern hat er nach Besiegung des Königtums oder nach Abschluß eines leidlichen Kompromisses die Regierung angetreten. Als Träger der Regierungsmacht hat der Liberalismus dort selbstverständlich alle Regierungsnotwendigkeiten, was in Preußen Staatsnotwendigkeiten oder nationale Pflichten usw. getauft wurde, erfüllt und ist auch allmählich Träger des imperialistischen Gedankens geworden. In Deutschland aber siegte nicht der Liberalismus, sondern der Cäsarismus Bismarcks. Der Liberalismus spaltete sich: der eine nahm den Inhalt des Cäsarismus, die Herstellung des einheitlichen Wirtschaftsgebiets und die Entfesselung der kapitalistischen Kräfte, für sein Wesen und wurde die eigentliche Regierungspartei namentlich in den Fragen, die die Ausgestaltung der kapitalistischen Wirtschaftsordnung betrafen: das waren die Nationalliberalen, die Vertreter des Großkapitals. Die anderen stießen sich an der bürokratischen und polizeilichen Form des Cäsarismus. Sie blieben in Opposition, geschwächt einerseits durch den Abfall des Großkapitals, andererseits des Proletariats, auf dessen Kosten sich diese Entwicklung ja vollziehen mußte – das waren die Freisinnigen. Die Konservativen Preußens aber wurden nicht so sehr Regierungspartei als regierende Partei, da sie das Regierungs-, Verwaltungs- und militärische Personal stellten.

Dies wird natürlich durch gelegentliche Reibungen zwischen Regierung und Konservativen nicht widerlegt. Denn sind auch die Konservativen die Regierung, so ist doch der an der Regierung befindliche Konservative an gewisse Notwendigkeiten gebunden, die der Konservative als Parteimann nicht berücksichtigt. *Alle* Klassenforderungen des Großgrundbesitzes lassen sich in Industriestaaten wie Sachsen und Preußen nicht restlos verwirklichen. Der konservative Minister muß daher häufig eine Politik machen, die mehr die der Freikonservativen oder der rechtsstehenden Nationalliberalen ist. Darin sieht er sich durch eine allzu große parlamentarische Vertretung der Konservativen etwas beengt. Es entspricht so einem ministeriellen Bedürfnis, wenn in Sachsen und Preußen von der Regierung die Frage der Wahlreform aufgerollt wird. Natürlich soll die Wahlreform nur so weit gehen, um den unmöglichen Konservatismus durch den möglichen zu ersetzen, eine Reform, die durch die ökonomische Entwicklung sehr erleichtert wird, die auch die Junker immer mehr mit kapitalistischen Interessen erfüllt und den Unterschied zwischen Freikonservativen, Nationalliberalen und reinen Konservativen bereits fast ganz verwischt hat. Dazu kommt das Regierungsbedürfnis, die noch indifferenten, aber durch eine energische Wahlrechtsaktion sehr leicht für die Sozialdemokratie zu gewinnenden Kreise der Arbeiterschaft

durch Einräumung einer ohnmächtigen Scheinvertretung der Arbeiterklasse noch länger zu täuschen.
Neben dem Freisinn gehörte auch das Zentrum anfangs zur Opposition. Später nahm es jedoch seiner sozialen Zusammensetzung entsprechend jene eigentümliche, lavierende Haltung ein, die charakteristisch ist für alle bürgerlichen Parteien, die nicht ausgesprochene Klassenparteien sind, sondern ein Konglomerat von Klassenteilen vertreten, die durch ein ideologisches, allmählich traditionell werdendes Band zusammengehalten werden. Die freisinnige Opposition aber mußte anknüpfen an die für den deutschen Liberalismus einzig nennenswerte Zeit des Kampfes gegen die Bismarckschen Forderungen. In der Konfliktszeit hatten sie gegen die Militärforderungen gekämpft. Diesen Kampf setzten sie fort. Natürlich nicht prinzipiell als Gegner des Militarismus und als Anhänger der proletarisch-demokratischen Heeresorganisation. Das kann keine bürgerliche Partei. Sondern sie kämpften, indem sie den Maßstab des ängstlichen Kleinbürgers anlegten und stets nach der Rentabilität fragten, nicht die Militär- und dann die Marineforderungen verwarfen, sondern etwas abzuhandeln suchten, darin dem Zentrum gleichend, das nur besserer Händler war und die Konjunktur besser ausnutzte. Als die imperialistische Strömung begann, wiederholte sich beim Freisinn aus verwandten Ursachen derselbe Prozeß, den der Sieg des Cäsarismus schon einmal herbeigeführt hatte. In einer neuen Spaltung trennten sich die dem Freisinn noch verbliebenen Reste des Großkapitals, mehr Händler- und Reederkapital als industrielles, und nahmen den Imperialismus und die dazu gehörige Unterstützung der Militär-, Marine- und Kolonialpolitik in ihr Programm auf. Der andere Teil hielt unter Führung Richters die bisherige Tradition langweiliger Nörgelei aufrecht. Mit Richter starb aber jene Tradition und damit das letzte Hindernis für diese Partei, sich dem Imperialismus zu ergeben. Außerdem war die soziale Zusammensetzung dieser Partei dafür immer günstiger geworden. Zu ihr gehören Börsenleute, denen die Gesetzgebung ihr Handwerk ein wenig beschnitten hat, Kleinbürger, kleine Handwerker und Kleinkapitalisten, die sich vom Großkapital und von der Gewerkschaftsbewegung zugleich aufs heftigste bedroht sehen, dann jene Schichten, die die neuere Entwicklung des Kapitalismus so rasch vermehrt, die Angestellten aller Art in Handel und Industrie. Es sind Schichten ohne ausgesprochenes Klasseninteresse, da die einen keine eigene Klassenpolitik mehr treiben können, die anderen ihr wahres Interesse, das sie in die Reihen des Proletariats stellt, noch nicht erkannt haben. Schichten mit verschiedenen Interessen müssen aber zusammengehalten werden durch eine Ideologie. Diese bietet zum Teil der Liberalismus. Aber nur zum Teil. Denn erstens ist der Liberalismus für diese rein städtischen Schichten eine gewisse Gefahr. Die Demokratie in der Stadt hieße den Freisinn zu einem Kampfe mit nicht gerade sicherem Ausgang um die Kommunalherrschaft zwingen. Einen Teil der kleinbürgerlichen Schicht treibt die Angst vor der Sozialdemokratie zu immer größerer Vorsicht auch gegen den Liberalismus. Das liberale Band ist zu schwach, und da bietet sich als willkommene Verstärkung die imperialistische Ideologie.

Nachdem so die soziale Entwicklung die Dinge präpariert hatte, konnte Bülow gelingen, was vor ihm Bismarck und dann Miquel mißlungen war, die Verwandlung der bürgerlichen Opposition in eine Regierungsstütze, ohne die Ziele der Regierung im geringsten zu modifizieren. Es ist charakteristisch, daß die Koalition der Parteien zu dem Block nicht ein Werk dieser Parteien selbst, eine Frucht ihrer eigenen Verständigung ist, sondern auf Befehl von oben vollzogen wurde, ein Vorgang, der in der parlamentarischen Geschichte wohl ohne Beispiel dasteht. Er ist zugleich der Beweis für die außerordentliche Schwäche und Haltlosigkeit der bürgerlichen Parteien in Deutschland, eine Schwäche, die zum Teil auch der Haltlosigkeit der heutigen Parteiformationen entspringt, die sich eben vollkommen überlebt haben. Der Block wurde vor allem deswegen möglich, weil er ein Übergangsstadium darstellt für eine Neuorientierung der bürgerlichen Politik oder besser gesagt für den Ausdruck einer solchen Neuorientierung, die in Wirklichkeit im Innern der Parteien sich längst angekündigt hat.

Der Block bedeutet zunächst für die Regierung einen wichtigen Vorteil: sie gewinnt die großstädtischen, nichtproletarischen Schichten für die imperialistische Politik und damit auch die großstädtische Presse, die „öffentliche Meinung". Sie wird den Widerstand gegen Militär- und Flottenpläne und Kolonialabenteuer innerhalb des Bürgertums los. Die „nationalen", das sind die imperialistischen Aufgaben müssen ohne parlamentarische Entschädigung aus „nationalem Pflichtgefühl" erfüllt werden. Nicht nur alle „Volksrechte", sondern überhaupt jede Rücksicht auf die Wünsche der Parteien kann man sich ersparen, der Regierungsabsolutismus ist fester begründet, das Parlament ohnmächtiger und einflußloser als je. Da aber Regierungsabsolutismus identisch ist mit der Herrschaft der Konservativen, so haben diese alles Interesse daran, eine solche Politik nicht zu stören.

Die Regierung ist von der Rücksichtnahme auf die Wünsche des kleinen Mittelstandes, wie sie das Zentrum vertrat, befreit. Zugleich bricht sie damit die Macht der einzigen bürgerlichen Partei, die noch nennenswert war, die eine Macht außerhalb der Regierung, ja gegen diese darstellt, weil sie sich auf breite Schichten im Volke stützt. Die neue Regierungspolitik verstärkt die sozialen Gegensätze innerhalb des Zentrums; die großkapitalistischen Kreise im Zentrum sind Anhänger der Regierungspolitik, Anhänger des Imperialismus und der Bekämpfung der Sozialdemokratie, sie ertragen die Oppositionsstellung nur schwer. Aber noch gefährlicher kann diese Opposition dem Zentrum gerade wegen der oppositionell gestimmten Kreise in seinen eigenen Reihen werden, vor allem der Arbeiter. Bringt sie diese doch in eine Kampflinie mit der Sozialdemokratie, muß sie ja dann vielfach zugestehen, was wir selbst stets hervorheben. Zudem hat das Zentrum auf seine Arbeiter gerade durch seinen Einfluß auf die Regierung gewirkt, ihnen vorgehalten, was alles es für sie sozialpolitisch tun könne, weil es nicht in unfruchtbarer Opposition verharre wie die Sozialdemokratie, sondern die Regierung unterstütze. Daher das unentschiedene Verhalten des Zentrums, seine Unlust zur Opposition, seine Furcht vor „Entfesselung des Volkssturmes", seine stets

erneuten Anbiederungsversuche an die Regierung, seine Konkurrenzmanöver gegen den Freisinn in der Submission für Flottenbau.
Der Freisinn selbst aber ist gefangen. Er wird nun vollends lächerlich, wenn er aufs neue in die Opposition überginge und eingestünde, er sei geprellt worden. Wenn schon nicht Minister, so sterben doch noch politische Parteien an solcher Lächerlichkeit. Es bleibt ihm nichts anderes übrig, als durch imperialistischen Lärm, durch nationale Demagogie, duch Hetze gegen die Sozialdemokratie zu versuchen, seine Anhänger beisammen zu halten, solange es eben geht. Diese Oppositionspartei muß die entschiedenste, unbedingteste Regierungspartei werden.
So wird es der Regierung gerade durch den Block, der auch für sie bloßer Übergang ist, möglich, ihr Ziel schließlich zu erreichen, die Zusammenfassung aller bürgerlichen Kräfte zur Sicherstellung ihrer Herrschaft vor den Angriffen des Proletariats. Ist der Liberalismus genügend gezähmt, so ist die Stunde gekommen, um das noch jetzt beiseite stehende Zentrum in die Koalition aufzunehmen. Das Zentrum ist aber dann anders geworden. Das Schaukelspiel, das es bisher getrieben, ist ihm verwehrt, seine Angst vor den Verlegenheiten der Opposition gesteigert, seine Demagogie erschwert, sein bürgerlich-kapitalistischer Charakter tritt in dem Bunde mit den anderen Parteien deutlicher hervor. Die gesammelte Kraft der Bourgeoisie aber wird nun gerichtet auf den Imperialismus, das Band, das jetzt alle vereinigt, und gegen das Proletariat, das ihn negiert.
Diese Entwicklung zu beschleunigen, andererseits aber ihre Gefahr für das Proletariat so sehr als möglich zu verringern, ist die selbstverständliche Aufgabe der proletarischen Politik der nächsten Zeit. Dazu genügt es aber nicht, theoretisch die Möglichkeiten politischer Entwicklung darzulegen, dazu bedarf es des politischen Anschauungsunterrichts. Es ist charakteristisch – und obgleich historisch notwendig, steigert es noch die große Schwäche des deutschen Imperialismus – daß er im Innern reaktionär ist, reaktionär sein muß, weil der Widerstand der Arbeiterklasse bereits zu groß ist. Hier muß die sozialdemokratische Gegenwirkung einsetzen. Dem Programm des Imperialismus setzt sie die freie Selbstbestimmung des Volkes im Innern, die Demokratie in Gesetzgebung und Verwaltung entgegen. Dieser Kampf um die Demokratie aber konzentriert sich, wie die Dinge sich nun einmal entwickelt haben, in der Frage der Erringung des gleichen Wahlrechts in Preußen. Nur dadurch, daß sich die Sozialdemokratie an die Spitze dieser Aktion setzt und sie weiterführt mit aller Energie und mit allen Machtmitteln, die einem so entwickelten, glänzend organisierten Proletariat in einem modernen Industriestaat zu Gebote stehen, kann auch den Indifferenten und Zögernden gezeigt werden, daß Demokratie in Deutschland identisch ist mit Sozialdemokratie.

(In: Die Neue Zeit, 26. Jg., 1. Bd., Nr. 5, 1907–08, S. 148–163).

Geld und Ware (1912)

Im April 1902 nimmt der vierundzwanzigjährige Wiener Arzt Rudolf Hilferding mit dem Redakteur des theoretischen Organs der deutschen Sozialdemokratie „Die Neue Zeit", Karl Kautsky, Kontakt auf. Kautsky soll seine Auseinandersetzung mit der Marx-Kritik des Wiener Professors für Nationalökonomie Eugen von Böhm-Bawerk abdrucken. Damit hofft Hilferding seine „Visitkarte in der Welt, in der man politische Ökonomie treibt, abzugeben" (an Karl Kautsky am 21. Mai 1902). Hilferdings „Böhm-Bawerks Marx-Kritik" erscheint jedoch nicht in der „Neuen Zeit", sondern 1904 in den von Hilferding und Max Adler in Wien herausgegebenen „Marx-Studien". Dafür entspinnt sich zwischen ihm und Kautsky ein reger, bis zum Tod des Älteren im Jahre 1938 andauernder Briefwechsel, in dem Rudolf Hilferding die Rolle eines dankbaren Schülers des großen Meisters der Sozialdemokratie übernimmt.

Seit 1902 handelt Hilferding in der „Neuen Zeit" vornehmlich wirtschaftliche Probleme ab. Spätestens seit 1904 plant er eine umfassende Darstellung des „modernen Kapitalismus" (an Kautsky am 14. März 1905). Zugunsten dieser Arbeit verzichtet er darauf, zu seinem Mentor Kautsky nach Berlin zu gehen, da er fürchtet, in die Politik hineingezogen und von seinem theoretischen Anliegen abgehalten zu werden (ebenda).

Unter dem 10. März 1906 berichtet er Karl Kautsky, er habe das I. Kapitel seines Buchs über Geld im wesentlichen fertiggestellt. Im November 1906 jedoch tritt er auf Wunsch des Parteivorstands die Stelle eines Lehrers für Nationalökonomie, Soziologie und materialistische Geschichtsauffassung an der Berliner Parteischule an — „versuchsweise" auf ein halbes Jahr. 1907 muß er, da er von Ausweisung bedroht ist, zurücktreten und wird statt dessen Redakteur des „Vorwärts".

Dadurch zögert sich das Erscheinen des „Finanzkapital" bis Anfang 1910 hinaus. Dieses Werk begründet Hilferdings Ruf als Theoretiker. Karl Kautsky feiert es als „vierten Band des ‚Kapital'". Lediglich Hilferdings Geldtheorie gilt ihm als „bloße akademische Schrulle" (Gold, Papier und Ware, in: Die Neue Zeit, 30. Jg., 1. Bd.).

In der Tat nimmt Hilferding — ohne es zu beabsichtigen — einschneidende Revisionen an den Marxschen Entwürfen zu einer Geld- und Kredittheorie im III. Band des „Kapital" vor. Im vorliegenden Aufsatz erblickt er selbst Folgerungen aus dem „Finanzkapital".

Hilferding bezieht sich hier auf den Aufsatz „Goldproduktion und Teuerung" von Eugen Varga. Dessen Thesen lösen in der „Neuen Zeit" eine lebhafte Debatte aus: den Auffassungen Vargas und Hilferdings widersprechen Otto Bauer (Goldproduktion und Teuerung, in: Die Neue Zeit, 31. Jg., 1. Bd., 1912—1913) und Karl Kautsky (Gold, Papier und Ware, in: Die Neue Zeit, 30. Jg., 1. Bd., 1911—1912). Eine eigene Position nimmt I. van Gelderen ein (Goldproduktion und Preisbewegung, in: Die Neue Zeit, 30. Jg., 1. Bd., 1911—1912).

Hilferding schließt aus seiner Analyse der Papiergeldzirkulation, Geld sei keine Ware mehr, sein Wert deshalb auch nicht mehr durch die Produktionskosten des Goldes bestimmt. Dafür sorge die staatliche Geldpolitik, d.h. die unbeschränkte „Nachfrage" der Zentralbank nach Gold. Der Staat übernimmt durch seine Herrschaft über die Zirkulation so eine übergroße, nach Hilferding sogar entscheidende wirtschaftliche Rolle.

In seinem interessanten Aufsatz „Goldproduktion und Teuerung"[1] verficht Genosse *Eugen Varga* die These, daß „die Veränderungen der Goldproduktion nicht die Ursache der Teuerung sein können". Wir sind nun der gleichen Ansicht, glauben aber, daß die Beweisführung Vargas, um schlüssig zu sein, noch einer wesentlichen Ergänzung bedarf.
Varga beseitigt zunächst die Quantitätstheorie, deren tiefsinnigen Inhalt kürzlich der „Simplicissimus" ebenso richtig wie witzig folgendermaßen wiedergegeben hat: „Durch die kolossale Goldproduktion ist so viel Geld in Umlauf gekommen, daß die Preise so gestiegen sind, daß nicht genug Geld vorhanden ist, die Waren zu bezahlen."
Die Quantitätstheorie ist ebenso primitiv, simplistisch und falsch wie die Bevölkerungstheorie des Malthus, und deshalb ebenso langlebig. Nur daß die Quantitätstheorie durch die Erfahrungen mit der gesperrten Währung einen gewissen Schein der Rechtfertigung, der dem Malthusianismus überhaupt fehlt, erhalten hat — in den Augen der Oberflächlichkeit wenigstens, die gerade das Wesentliche übersieht. Denn gerade die Phänomene der gesperrten oder einer reinen Papierwährung werden nur verständlich, wenn der *Wert* der in Zirkulation befindlichen Warenmasse objektiv bestimmt ist, also nur durch die Arbeitswerttheorie. Denn die Geltung, der Kurs uneinlöslichen Papiergeldes ist bestimmt durch den Wert der zirkulierenden Warensumme, ist Reflex der zirkulierenden Warenwertsumme. Diese muß objektiv gegeben sein, damit überhaupt ein Vergleichsmaßstab zwischen der in Zirkula-

---

[1] „Neue Zeit", 30. Jg., Band 1, S. 212 ff.

tion befindlichen Warensumme — und addieren kann man die Waren ja nur als Werte — und den Geldeinheiten gefunden werden kann. Die Quantitätstheorie wird aber völlig unsinnig bei der freien Goldwährung. „Die Illusion, daß . . . die Warenpreise durch die Masse der Zirkulationsmittel und letztere ihrerseits durch die Masse des in einem Lande befindlichen Geldmaterials bestimmt werden, wurzelt bei ihren ursprünglichen Vertretern in der abgeschmackten Hypothese, daß Waren ohne Preis und Geld ohne Wert in den Zirkulationsprozeß eingehen, wo sich dann ein aliquoter Teil des Warenbreis mit einem aliquoten Teil des Metallberges austausche."[2] Da aber theoretische Beweisführung nicht jedermanns Sache ist, hat sich Varga ein Verdienst erworben, den Unsinn der Quantitätstheorie wieder einmal statistisch aufgezeigt zu haben. Die wirklichen weltwirtschaftlichen Ursachen, die zur Teuerung geführt haben und auf der *Waren*seite, nicht auf der der Goldproduktion zu suchen sind, hat Otto Bauer in seiner Schrift über „Die Teuerung" systematisch dargestellt. Es ist kein Zweifel, daß die dort angeführten Ursachen zur Erklärung der Teuerung vollkommen ausreichen.
Varga geht dann an die Untersuchung der Frage, ob ein Sinken der Produktionskosten des Goldes im Preise des Goldes zum Ausdruck komme. Es handelt sich natürlich nicht um den nominellen Preis. Da aus einem Pfund Feingold stets nach den Vorschriften des Gesetzes 1395 Mark ausgeprägt werden müssen, so ist der „Goldpreis" nichts als der Ausdruck einer bestimmten Goldmenge, Mark nur ein anderer Ausdruck für $1/1395$ Pfund Gold, also zunächst Gewichtsbezeichnung, nicht Preisausdruck. Dieser ist mir erst gegeben, wenn ich einen Preiskatalog, der sämtliche Waren umfassen müßte, rückwärts lese und daraus entnehme, daß 10 Mark Gold gleich a) Meter Leinwand, b) Kilogramm Salz, c) Paar Handschuhe usw.
Vargas Behauptung geht nun dahin, daß, welches immer die Produktionskosten der 10 Mark Gold, diese sich doch *immer* gegen a) Meter Leinwand, b) Kilogramm Salz usw. austauschen würden, vorausgesetzt, daß die Produktionsbedingungen von Salz, Leinwand usw. dieselben blieben. Die These scheint so auf den ersten Blick jeder Werttheorie zu widersprechen, und dieser Besorgnis gibt J.v.G. in seinem Artikel[3] beweglichen Ausdruck. Nun sagt freilich Varga, die Änderungen in den Produktionskosten des Goldes üben deshalb keinen Einfluß auf den Tauschwert aus, weil Gold zu den Waren gehört, für deren Preisbildung die Gesetze der Grundrente maßgebend sind. Für solche Waren ist der Produktionspreis desjenigen Warenquantums bestimmend, das unter den ungünstigsten Bedingungen produziert worden ist, vorausgesetzt, daß die Nachfrage dieses Warenquantum noch erfordert. Verbilligung der Produktion würde höchstens dazu führen, daß die Rente steigt, nicht aber, daß der Preis sinkt. Nun ist es eben die Frage, ob nicht eine solche Verbilligung eingetreten ist, daß die für die Nachfrage erforderliche Menge unter besseren Produktionsbedingungen hergestellt werden kann,

---

2 Marx, Das Kapital, Band 1, S. 87.
3 „Goldproduktion und Preisbewegung", „Neue Zeit", 30. Jg., Band 1, S. 660.

also ob etwa für Gold durch Verbesserung der Technik und Entdeckung der südafrikanischen Minen dasselbe eingetreten ist wie für den Weizen durch die Verbesserung der Transportmittel und die dadurch herbeigeführte amerikanische Konkurrenz oder dasselbe wie für das Silber zur Zeit der Entdeckung der amerikanischen Minen. Denn damals hat, wie kaum bezweifelt werden kann, tatsächlich Teuerung infolge Geldentwertung stattgefunden.
Auf den entscheidenden Punkt hat nun Varga selbst hingewiesen, aber unterlassen, ihn näher auszuführen, weshalb ihn auch J.v.G. völlig übersehen hat. Es ist die „unumschränkte Nachfrage" nach Gold und die eigentümliche Regelung des Geldwesens durch die staatlichen Notenbanken. Im „Finanzkapital" habe ich darauf hingewiesen, daß bei gesperrter oder Papierwährung der Wert des Geldes bestimmt ist durch den „gesellschaftlichen Zirkulationswert". Das heißt, es besteht hier die Wertgleichung:

$$\text{Wert der Geldsumme} = \frac{\text{Wertsumme der Ware}}{\text{Umlaufsgeschwindigkeit des Geldes}} \text{ plus der Summe}$$

der fälligen Zahlungen minus der sich ausgleichenden Zahlungen minus der Anzahl Umläufe, worin dasselbe Geldstück bald als Zirkulations-, bald als Zahlungsmittel fungiert.
Wie steht es nun bei der heutigen freien Goldwährung? Das Gold hat einen bestimmten Eigenwert. Für die zu Zirkulationszwecken tatsächlich verwendete Geldsumme muß aber gleichfalls die vorhin aufgestellte Gleichung gelten. Bei gesperrter oder Papierwährung geht die ganze Masse der Geldzeichen in die Zirkulation ein; denn zu anderen Zwecken ist unterwertiges Metall- oder Papiergeld wenigstens bei den historisch gegebenen Voraussetzungen nicht verwendbar. Solches Geld empfängt seinen Kurs erst durch den gesellschaftlichen Zirkulationswert.
Anders verhält sich die Sache bei freier Goldwährung. Gesetzt, die Gesellschaft verfügt über eine Goldmenge von 2000; ist der Zirkulationswert gleich 1000, so werden Goldstücke im Werte von 1000 in Zirkulation, 1000 als Schatz aufbewahrt sein.[4] Hier ist, da die Goldmenge ihren eigenen Wert hat, der Zirkulationswert für die *Menge* der in Zirkulation befindlichen Goldstücke entscheidend. Bei der gesperrten oder Papierwährung ist die Menge das Gegebene, ihr Wert durch die zirkulierende Warenwertsumme bestimmt, bei Goldwährung ist der Eigenwert des Goldes gegeben, die *Menge* bestimmt durch den Zirkulationswert.
Nun ist aber durch die großen *Zentralbanken* ein bestimmter Mechanismus geschaffen für das Ein- und Austreten des für die Zirkulation jeweils nötigen respektive unnötigen Goldes. Die Notenbanken nehmen *alles* ihnen angebotene Gold auf. Die Nachfrage ist also *unbeschränkt*. Eine Preisänderung vollzieht sich aber immer nur durch Verschiebung des Verhältnisses von An-

---

[4] Als Schatz, als allgemeine Inkarnation und Aufbewahrungsmittel gesellschaftlichen Reichtums kann Gold nur fungieren, weil es *Eigenwert* hat im Gegensatz zum Papiergeld.

gebot und Nachfrage. Die Nachfrage ist zwar nun unbeschränkt. Das heißt zunächst nichts weiter, als daß für 1 Kilogramm Gold stets 1 Kilogramm in Goldmünze gegeben wird. Diese neuen Kilogramme verschwinden zunächst in den Kellern der Bank und werden da als Schatz gehütet. Gesetzt den Fall, der Zirkulationswert stiege von 1000 auf 1500. Wäre kein Goldschatz vorhanden, so würde das Tauschverhältnis der Goldmünze sich ändern müssen; 1 Mark wäre jetzt 1 1/2 wert. Umgekehrt, umgekehrt. Die Bank nimmt aber auch jedes in der Zirkulation überflüssige Goldstück auf und fügt es ihrem Schatz zu; eine Änderung im Wertverhältnis kann also somit gar nicht entstehen.

Denn damit Änderungen im Goldwert sich durchsetzen können, müßte das Gold in der Zirkulation verharren. Denn nur dann, wenn sich Ware und Zirkulationsmittel *unmittelbar* gegenüberstehen, können sie sich in ihrem Werte gegenseitig bestimmen. Geld außerhalb der Zirkulation — als Schatz in den Bankgewölben — steht zur zirkulierenden Warensumme in keinem Verhältnis.

Der tatsächliche Vorgang ist also der: Der Produzent des Goldes bekommt für 1 Kilogramm Gold 1 Kilogramm Goldmünze. Das neue Gold liegt in den Kellern der Bank. Tritt vermehrtes Zirkulationsbedürfnis ein, so fließt Gold aus den Kellern in die Zirkulation. *So bleibt das Austauschverhältnis der Goldmünzen zu den Waren stets dasselbe, das es bei Beginn des Prozesses war.* Änderungen in der Goldproduktion haben auf dieses Verhältnis keinen Einfluß, solange dieser Mechanismus intakt bleibt. Es würde sich sofort ändern, wenn der Mechanismus aufgehoben würde. Gesetzt den Fall, die Goldproduktion stiege so rasch, daß die Banken fänden, der angesammelte Goldschatz genüge für all ihre Zwecke. Sie würden also die Aufnahme des Goldes von einem bestimmten Zeitpunkt an verweigern. Da sie die Zirkulation selbst in derselben Weise wie bisher regelten, alles gemünzte Gold aus der Zirkulation aufnehmen würden und aus ihrem Schatz nötig werdende Münze zur Verfügung stellen, würde sich das Tauschverhältnis des gemünzten Goldes nicht ändern. Anders stünde es dann mit dem Gold als Ware. Die unbeschränkte Nachfrage hätte aufgehört. Gold wäre jetzt vornehmlich zu Luxus- und gewerblichen Zwecken nachgefragt. Das bisherige Angebot erwiese sich der eingeschränkten Nachfrage gegenüber als zu groß. Es würde Konkurrenz unter den Goldproduzenten eintreten, der Preis fallen, die unter ungünstigsten Umständen produzierenden Goldbergwerke müßten die Produktion einstellen, die Goldbergwerksrente würde in ihrer Summe stark fallen. Es sind Vorgänge, die sich in analoger Weise bei der Demonetisierung des Silbers in der Tat abgespielt haben.

Die Goldwährung wäre dann in der Tat eine gesperrte Währung geworden; das Austauschverhältnis der Goldmünze wäre ein anderes als das des ungemünzten Goldes; es bliebe dasselbe trotz des Fallens im Goldpreis — wiederum alles Vorgänge, die bei den gesperrten Silberwährungen eingetreten sind.

Würde aber auch das Austauschverhältnis der Goldmünze dasselbe bleiben, so wäre doch eine andere Funktion des Goldschatzes der Banken gestört.

Marx hat schon darauf aufmerksam gemacht, daß diesem Goldschatz ganz verschiedene Funktionen zukommen, die ganz verschiedenen Gesetzen unterliegen. Der Goldschatz ist nicht nur Reserve für die Zirkulation, Garantie, wenn auch nur virtuelle, für die Konvertibilität der Geldforderungen in Gold, sondern auch Fonds für die Begleichung der internationalen Bilanz und Aufbewahrungsmittel des Reichtums in seiner stets austauschbaren Gestalt. Nun gilt der staatliche Stempel, der aus Gold Münze macht, nur innerhalb der staatlichen Grenzen; zur Ausgleichung internationaler Bilanzen gilt Gold nur nach seinem Metallwert; löst sich dieser von seinem Münzwert, was bei Sperrung der Währung eintreten würde, so würde der Schatz der Banken gleichfalls entwertet werden können, sofern er zur Ausgleichung internationaler Zahlungsdifferenzen dient. Nur eine internationale Regelung der Währung, die also für die Geldzirkulation ein einziges einheitliches Wirtschaftsgebiet schaffen würde, würde diese Folge verhüten. Der internationalen Regelung stehen aber die national-staatlichen Gegensätze gegenüber; wenn nicht früher, so würde in einem Kriegszustand solche internationale Vereinbarung über den Haufen geworfen. Dies ist der Grund, warum eine Änderung in der unbeschränkten Nachfrage nach Gold als ausgeschlossen angesehen werden muß. Dagegen würden die beiden anderen Funktionen des Goldschatzes, falls derselbe nur an sich genügend groß ist, nämlich Reserve für die Zirkulation und Garantiefonds für die Konvertibilität der Geldforderungen in Gold, und zwar in Gold*münze,* zu sein, auch bei einer so beschaffenen gesperrten Goldwährung vollständig erfüllt werden können.

Daß die unmittelbare Geltung des Wertgesetzes für das Gold als Geld aufgehoben ist und dieses nur mittelbar — durch die Vermittlung des gesellschaftlichen Zirkulationswertes — den Kurs (wie wir hier zum Unterschied von Wert oder Preis lieber sagen) des Geldes bestimmt, hat im Grunde genommen, so frappierend die Erscheinung auch auf den ersten Blick sein mag, nichts Wunderbares. Das Wertgesetz hat zu seiner Durchsetzung völlige wirtschaftliche Freiheit nötig. Diese ist durch die Wirksamkeit der Zentralnotenbanken für das Verhältnis von Geld zur Ware modifiziert. Die spezifische Natur des Geldes macht es schwer, ein erläuterndes Beispiel zu geben; doch denke man an folgendes: In einem völlig abgeschlossenen, sich selbst genügenden Wirtschaftsgebiet würde die Staatsmacht ein Petroleumhandelsmonopol einführen. Sie würde ständig einen Vorrat von sage 100 Millionen Litern halten. Sie würde das Petroleum zum Preise von 30 Mark für 100 Liter an jedermann verkaufen, zum Preise von 29 1/2 Mark alles ihr angebotene Petroleum stets kaufen. Die Folge wäre natürlich ein stetiger Petroleumpreis von 30 Mark. Dieser Preis würde entscheiden, welche Fundstellen noch ausgebeutet werden könnten, welche Fundstellen Rente und in welcher Höhe sie diese abwerfen würden. Bei vermehrtem Petroleumbedarf wird die Nachfrage aus dem Vorrat befriedigt, auf dessen stets ausreichende Größe die „Petroleumbankpolitik" bedacht ist. Läßt die Nachfrage nach oder ist die Produktion besonders reichlich, so vermehrt sich der Vorrat weiter, was als besonders günstiger Umstand von den Bankleitern betrachtet würde. Ganz analog sind die Vorgänge beim Golde, nur daß hier das gleichbleibende Aus-

tauschverhältnis mit zwingender Sicherheit nur theoretisch nachgewiesen werden kann.
Sind diese theoretischen Schlüsse aber richtig, so ergibt sich eine weitere Folgerung. Ist das Austauschverhältnis des Goldes zu den Waren ein beständiges, so müßte dieselbe Regelung selbstverständlich bei Silber das gleiche bewirken. Dann würde aber, da es sich um zwei konstante Größen handelt, auch das Verhältnis zwischen Gold und Silber konstant bleiben und die Möglichkeit des Bimetallismus theoretisch erwiesen sein. Ich beeile mich, hinzuzusetzen, daß ich keinen Moment lang an praktische Konsequenzen denke; noch weniger wäre es möglich, wie aus dem Folgenden gleich ersehen werden wird, dieses Verhältnis willkürlich zugunsten des Silbers zu ändern. Aber rein theoretisch wäre eine Doppelwährung unter der Voraussetzung denkbar, daß die Zentralnotenbanken international das Silber ebenso unbeschränkt annehmen und aus der Zirkulation im Bedarfsfall aufschatzen würden, wie sie es mit dem Golde tun.
Wie würde nun, um gleich noch eine andere „Doktorfrage" zu erledigen, ein Trust der Goldproduktion wirken? Er würde überhaupt erst wirksam werden, wenn die Banken fürchten müßten, ihr angesammelter Goldbestand reiche zur Ausgleichung ihrer internationalen Verpflichtungen nicht mehr aus; sie wären dann gezwungen, für 1 Pfund Gold mehr als 1 Pfund Münze zu zahlen, also zum Beispiel mehr als 1395 Mark. Würden sie ihren Mechanismus der Befriedigung der Zirkulationsbedürfnisse nicht ändern, so würden sie in dem Umfang ihrer Goldankäufe Verluste erleiden, und dies könnte die einzige Wirkung sein. Wahrscheinlich würden die Notenbanken, um sich vor Goldabfluß zu schützen, den Zins in die Höhe setzen. Aber die Zinsfußerhöhung als solche hat keine Wirkung, keine direkte wenigstens auf die Höhe der Warenpreise, mag die Vulgärökonomie auch eine solche für selbstverständlich halten, da sie den Zins zu den „Produktionskosten" rechnet. Das einzige Mittel, das die Notenbanken hätten, um den Goldkurs dem Monopolpreis anzupassen, wäre die Weigerung, das Zirkulationsbedürfnis im bisherigen Umfang zu befriedigen – durch Sperrung der Währung, also durch Änderung des ganzen Mechanismus. In Wirklichkeit würde der Goldtrust aber längst an der Macht der Zentralbanken, hinter denen ja die Staaten selbst stehen, gescheitert sein.
Ist bei der freien Goldwährung, also bei der unbeschränkten Aufnahme der Goldproduktion durch die Notenbanken, das Austauschverhältnis des Goldgeldes zu den Waren ein bestimmtes und unveränderliches, wie ist denn dieses Tauschverhältnis überhaupt entstanden? Die Antwort kann nur lauten: es hat sich *historisch* gebildet, in den Zeiten, wo das Gold noch direkt in die Zirkulation eintrat, ohne daß es irgendwelche gesellschaftliche Regelung der Zirkulation gab, wobei zu bemerken ist, daß nicht die Ausmünzung durch den *Staat* für unser Problem das Entscheidende ist, sondern die Fixierung der Münze als bestimmtes Gewicht Goldes und die *Aufnahme allen Goldes durch die Zentralbank* zu diesem fixierten „Goldpreis".
Hier könnte nun ein Einwand erhoben werden, der auf den ersten Blick von großem Gewicht zu sein scheint. Schon vor Errichtung von Zentralnoten-

banken oder, allgemeiner ausgedrückt, der staatlichen Regelung der unbeschränkten Aufnahme alles Goldes, das auf dem Markte angeboten wird, floß Gold in die Zirkulation und aus dieser wieder ab durch Verwandlung von Schatz in Zirkulations- oder Zahlungsmittel und umgekehrt. War also diese Schatzbildung für die Fixierung des Austauschverhältnisses des Goldes zu den Waren nicht von derselben Bedeutung wie die staatliche Regelung der Zirkulation? Jedoch übersieht diese Argumentation einen sehr wesentlichen Unterschied. Die Schatzansammlung der Privaten steht unter ganz anderen Gesetzen als die Schatzbildung der Notenbanken. Der Bankschatz dient unmittelbar als Reserve der Zirkulation, die Notenbank ist verpflichtet und kann gar nicht anders, als irgendwo auftretendes Zirkulationsbedürfnis sofort zu befriedigen. Ganz anders, wenn diese Regelung fehlt. Daß Zirkulationsbedürfnis auftaucht, daß das Gold im Austausch gegen Waren im Werte steigt, ist für Privatleute kein Grund, Gold in die Zirkulation zu werfen. Der Schatz der Klöster, reicher Kaufleute, Kriegsschätze des Staates usw. wurden im fünfzehnten, sechzehnten oder siebzehnten Jahrhundert nicht deshalb vermindert, weil Gold in der Zirkulation fehlte. Und auch heute sind Schätze Privater, wo sie noch bestehen, nicht Reserve für die Zirkulation, sondern Reserve für die eigene Zahlungsfähigkeit. In der modernen Wirtschaft findet solche private Schatzbildung in Geldform ja überhaupt nicht in nennenswertem Maße statt; Schatzbildung, Reichtumsanhäufung geschieht hier in Form von Besitztiteln auf künftige Produktion. Findet sie aber doch statt, so bleibt sie Ausnahme, Folge namentlich kritischer Zirkulationsstockung. Gerade zur Zeit der Geldkrise, die verbunden sein kann mit plötzlicher Erhöhung und Überwertung des Geldes, haben wir zugleich Ansammlung von Bar(Gold-)geld in privater Hand, und gerade diese Ansammlung verschärft die Geldknappheit; umgekehrt dient der Bankschatz dazu, der Zirkulation das nötige Geld zur Verfügung zu halten.

Früher war das Eintreten in die Zirkulation kein so mechanischer Prozeß wie heute. Das Gold hatte eben damals *keine unbeschränkte Nachfrage.* Es mußte gegen Waren ausgetauscht werden, trat also unmittelbar in Zirkulation und blieb darin, sofern nicht private Schatzbildung einsetzte. Diese war aber wieder nicht abhängig von Zirkulationsbedürfnissen, sondern von dem privaten Vermögen des einzelnen zu solcher Schatzbildung. Historisch betrachtet, spielte da die Schatzbildung der Staaten für Kriegszwecke die größte Rolle. Das heißt aber zugleich, daß diese angesammelten Schätze periodisch immer wieder in die Zirkulation zur Bezahlung von Kriegsausgaben aller Art entleert wurden und dann zu einem großen Teil in Zirkulation blieben. Das bedeutet aber wieder, einmal daß das Tauschverhältnis des Goldes durch das wirkliche Gegenübertreten von Gold und Ware in der Zirkulation sich immer wieder bildete, sodann daß damals der Goldwert tatsächlich Schwankungen unterlag, die einerseits aus den beständigen Störungen der Zirkulation entsprangen, andererseits aus dem Wechsel in den Produktionskosten des Goldes.

In der überaus reichhaltigen ökonomischen Literatur über das Verhältnis von Gold und Ware ist der Einfluß, den die Umwälzung in den Produktionsbedingungen des Geldmetalls im sechzehnten Jahrhundert auf die Preiserhöhung ausgeübt hat, unbestritten. Ganz anders aber lautet das Urteil für die spätere Zeit. „Trotz aller Schwankungen in den Produktionsverhältnissen der edlen Metalle, trotzdem daß oft in der neuen Geschichte große geldreiche Staaten ihr Metallgeld in Papiergeld abgelöst und viele Hunderte von Millionen Mark im Verlauf weniger Jahre auf den Weltmarkt geworfen haben, trotz aller Schwankungen im Goldbedarf für die Bedürfnisse des Verkehrs, ist es doch unter den Gelehrten streitig, ob an den Mittelpunkten des Weltverkehrs überhaupt von der Mitte des siebzehnten bis zur Mitte des neunzehnten Jahrhunderts der Geldwert sich geändert habe."5

Von den Anhängern der Quantitätstheorie, aber auch von anderen Ökonomen ist immer wieder der Versuch gemacht worden, Preisänderungen auf Veränderungen der Menge der Goldproduktion oder deren Produktionskosten zurückzuführen. Der Nachweis ist stets völlig mißglückt. Für die ältere Zeit hat Tooke den Gegenbeweis erbracht. Das Sinken der Preise nach der Krise von 1873 bis gegen das Ende der achtziger Jahre, das mit einer Verminderung der Goldproduktion einerseits, mit einem vermehrten Goldbedarf zu Währungszwecken andererseits infolge des Überganges Deutschlands zur Goldwährung und Einstellung der Silberprägungen in anderen Staaten zusammenfiel, regte zu neuen Untersuchungen an. In England wurde 1886 von der „Gold- und Silberkommission" ein großes Material zur Beurteilung dieser Frage aufgebracht. In dem eben zitierten Aufsatz führte Nasse überzeugend den Nachweis, daß die Preisänderungen auf Seite der Waren, nicht auf der des Geldes zu suchen sind. Und der gleichen Ansicht ist im wesentlichen auch W. Lexis.6 Andererseits findet sich in diesen Untersuchungen Material, das beweist, wie stark die Beständigkeit des Austauschverhältnisses von Gold zur Ware ist, und daß solche Änderungen nicht früher eintreten können, als bis das Metall als Münze auch wirklich in der Zirkulation den Waren gegenübertritt. Auf den europäischen Märkten war das Silber bereits gegen Gold im Preise stark gefallen; in Indien aber behielt es noch sein altes Austauschverhältnis gegen Waren lange bei. Lexis sagt in dem zitierten Aufsatz darüber: „Von besonderem Interesse waren die Mitteilungen, welche die Kommission über den Einfluß der Silberentwertung auf den Güteraustausch zwischen England und Ostasien erhielt. Zunächst kann jetzt die Tatsache nicht mehr bestritten werden, die mir selbst lange zweifelhaft gewesen, daß in Indien die Kaufkraft des Silbers gegen Landesprodukte und gewöhnliche Arbeit trotz des schon seit mehreren Jahren gesunkenen Goldpreises desselben sich bisher noch immer nicht merklich vermindert hat und voraussichtlich auch in der nächsten Zukunft sich noch behaupten wird." Lexis gibt auch die zutreffende Erklärung: „Bei genauerer Betrachtung der Tatsachen

---

5 E. Nasse, Das Sinken der Warenpreise während der letzten fünfzehn Jahre. Conrads Jahrbücher für Nationalökonomie, 1888, Neue Folge, XVII, S. 156.
6 Lexis, Die Währungsfrage und die englische Untersuchungskommission. Conrads Jahrbücher, Neue Folge, XVI.

erscheint diese Wertstetigkeit des Silbers nun allerdings weniger überraschend als auf den ersten Blick. Eine Herabdrückung des Silberwertes gegen die indischen Waren wäre doch nur zu erwarten im Gefolge einer bedeutenden Vermehrung der Masse des umlaufenden Silbergeldes. Einer solchen Vermehrung wirkt nun aber in Indien die Sitte der Schatzbildung sehr entschieden entgegen." Die Schatzbildung der Privaten wirkte in diesem speziellen Falle und unter den bestimmten Verhältnissen Indiens ebenso wie die der Zentralbanken; sie verhütete das Eintreten des Silbers in die Zirkulation; da das Zirkulationsbedürfnis dasselbe blieb, so auch der Wert der Silbermünze im Gegensatz zum Barrensilber, der jetzt bestimmt wurde durch den gesellschaftlichen Zirkulationswert. Als der Silberpreis weiter fiel, wurde es irrationell, das Silber aufzuschatzen, an seine Stelle als Schatz trat auch in Indien in steigendem Maße das Gold; das Silber war jetzt nur noch als Zirkulationsmittel zu verwenden, es wurde in die Zirkulation gepreßt, und allmählich stiegen auch in Indien die Warenpreise. Die Einstellung der freien Silberprägungen machte dann der Entwertung der Silber*münze* ein Ende.

Wir kommen zum Schlusse. Die staatliche Regelung des Geldwesens bedeutet also eine *prinzipielle* Änderung in dem Verhältnis von Gold und Ware. Das Austauschverhältnis von Goldmünze und Ware wird durch das staatliche Eingreifen fixiert; aber *nicht* willkürlich; der Staat übernimmt nur ein *historisch-naturwüchsig übernommenes Austauschverhältnis;* er kann auch, solange der Mechanismus derselbe bleibt, daran *nichts ändern*. Änderungen in den Produktionskosten des Goldes wirken nicht auf das Austauschverhältnis der Goldmünze zu den Waren, sondern entscheiden nur über die Frage, welche Goldlager noch mit Aussicht auf Profit in Angriff genommen werden können.

Das Gold erhält durch seine Verwendung als Geldmetall nicht nur einen höheren Preis als ohne solche Verwendung; das wäre nichts Auffallendes, denn die Verwendung als Geld bedeutet Vermehrung der Nachfrage. Es erhält einen *fixen Preis,* und dieser kann theoretisch hinausgehen über den Produktionspreis des unter den ungünstigsten Bedingungen produzierten Goldes. Hier würde dann eine besondere Form von *absoluter Rente* entstehen, wahrscheinlich die einzige Form von absoluter Rente, die wirklich existiert.

Es gilt aber vor einem Mißverständnis auf der Hut zu sein. Die Fixierung des Preises besteht nicht darin, daß ein Pfund Gold gleich 1395 Mark. Das ist, wie schon gesagt, kein Preis-, sondern ein Gewichtsverhältnis. Der Preis wird nur dadurch fixiert, daß aus einem ausreichenden Goldvorrat jedesmal so viel Goldmünzen in die Zirkulation eintreten, als der gesellschaftliche Zirkulationswert erfordert.

Das Wesen der heute bestehenden Goldwährung wird vielleicht am besten klar im Vergleich zu einer reinen Papierwährung.

„Abstrakt genommen ließe sich ein Zustand reiner Papierwährung folgendermaßen konstruieren. Man denke sich einen geschlossenen Handelsstaat, der Staatspapiergeld mit Zwangskurs in einer den durchschnittlichen Zirkulationsbedürfnissen genügenden Menge ausgäbe. Diese Papiergeldsumme sei unvermehrbar. Die Bedürfnisse der Zirkulation werden außer durch dieses

Papiergeld durch Banknoten usw. versorgt, genau so wie bei metallischer Währung. Das Papiergeld diene nach Analogie der meisten heutigen Notenbankgesetzgebungen als Deckung für diese Banknoten, die im übrigen bankmäßig gedeckt seien. Die Unvermehrbarkeit des Papiergeldes würde es vor Entwertung sichern. Das Papiergeld würde dann je nach den Verhältnissen der Zirkulation analog wie heute das Gold in die Bank fließen oder von Privaten aufgeschatzt werden, wenn der Umfang der Zirkulation abnähme, und wieder in die Zirkulation zurückfließen, wenn ihr Umfang sich erweiterte. In der Zirkulation verbliebe immer das jeweils gebrauchte Zirkulationsminimum, während die Schwankungen der Zirkulation durch ein Mehr oder Minder von Banknoten befriedigt würden. Ein solches Staatspapiergeld hätte also Wertbeständigkeit."7

7 „Finanzkapital", S. 43 und 44. Die Ausführungen dieses Aufsatzes sind nur Folgerungen aus den in meinem Buche entwickelten Gesetzen.
Bei der Lektüre der „Allgemeinen Volkswirtschaftslehre" von Wilhelm *Lexis* (Teubner, 1910) kann ich übrigens mit Befriedigung konstatieren, daß auch dieser bedeutende Vertreter einer „metallistischen", wie Knapp, oder der goldfetischistischen Geldtheorie, wie ich lieber sagen würde, unter dem Eindruck der neueren Erfahrungen in seinen bisherigen Ansichten stark erschüttert zu sein scheint. Seite 113 gibt Lexis die theoretische Möglichkeit einer reinen Papierwährung zu, die er in ganz gleicher Weise konstruiert, wie ich es im „Finanzkapital" getan habe. Und das tut derselbe Lexis, der noch vor wenigen Jahren in der Einführung kleiner Notenabschnitte beinahe schon den Beginn einer Geldverschlechterung gesehen hatte.
Und kurz vorher erklärt Lexis: „Die früher herrschende Meinung, daß das Zwangspapiergeld immer von dem Metallwert abhängig bleibe, den es ursprünglich repräsentierte, ist durch die Erfahrung widerlegt worden. Dieses Papiergeld löst sich von seiner ursprünglichen Metallbasis gänzlich los, es kann nicht nur unter sie herabsinken, sondern sich auch über sie *emporheben*. In Österreich war 1892 der Kurs des Papierguldens gegen Mark 168 bis 170 Pfennig, während der Wert des in einem Silbergulden enthaltenen Silbers 130 bis 140 Pfennig betrug. Als Münze aber stand der Silbergulden im inneren Verkehr dem Papiergulden gleich, da er diesen in allen Zahlungen ersetzen konnte. Er lehnte sich also seinerseits an den zum Hauptgeld gewordenen Papiergulden, während nach der älteren Anschauung das Umgekehrte stattfinden sollte. Ebenso stand in Rußland zur Zeit des Überganges zur Goldwährung der Papierrubel beträchtlich höher im Kurse, als es dem Wert des in einem Silberrubel erhaltenen Silbers entsprach."
Wenn aber Lexis daraufhin dem Papiergeld den Charakter eines selbständigen Wertmaßes verleihen will, so läßt er die Hauptsache völlig unerklärt, wie denn ein an sich Wertloses Wert erhält. Denn die staatliche Anordnung, daß die Schulden in Papier zu zahlen sind, könnte höchstens plausibel machen, daß Papiergeld zu irgendwelchem Kurse umgesetzt wird, bis die eingegangenen Verpflichtungen gelöst sind; sie kann aber nie und nimmer erklären, daß das Papiergeld jederzeit ein bestimmtes und oft lange konstantes Austauschverhältnis gegen Waren hat. In Wirklichkeit ist Papiergeld oder Metallgeld bei gesperrter Währung nie selbständiges Wertmaß, sondern sein Kurs wird bestimmt durch den gesellschaftlichen Zirkulationswert. Zu dessen begrifflicher Erfassung ist allerdings die objektive Werttheorie, die Marxische, unerläßlich.
Um Mißverständnissen vorzubeugen, sei betont, daß *historisch* die metallische Währung vorausgehen muß, ehe Papierwährung möglich ist. Erst muß im Prozeß des

Genau so hat heute die Goldmünze Wertbeständigkeit. Nur daß das Gold im Gegensatz zum Papier Eigenwert hat. Dieser Eigenwert wäre aber ohne die Geldverwendung ein anderer, niederer und mit den Produktionskosten stets schwankender. Wertbeständig bleibt er durch denselben staatlich eingeführten Mechanismus, wie es bei reiner Papierwährung der Fall wäre. Nur daß bei Einführung einer Papierwährung der gesellschaftliche Zirkulationswert unmittelbar das Austauschverhältnis des Papiergeldes bestimmen könnte. Bei der Goldwährung war dieses Austauschverhältnis bereits historisch gegeben, und der gesellschaftliche Zirkulationswert bestimmt bei diesem gegebenen und stabil bleibenden Verhältnis die Menge des stets in Zirkulation befindlichen wirklichen Goldes, den Stand der Verwendung des Kreditgeldes usw. als gleich vorausgesetzt.

Das ist also die Wirkung der ,,unbeschränkten Nachfrage" nach Gold. Sie bewirkt in der Tat die *Stabilisierung des Austauschverhältnisses der Goldmünze* und *damit* des Goldes in Barren, solange die stete Umwandlung von Gold in Münze gesetzlich garantiert ist. Damit haben wir aber auch seit der allgemeinen Einführung der modernen Goldwährungssysteme in der Tat ein *fixes Wertmaß*, nach dem die Ökonomen so lange gesucht, und das sie noch immer nicht erkannt haben, als sie es schon lange hatten.

(In: Die Neue Zeit, 30. Jg., 1. Bd., Nr. 22 vom 1. März 1912, S. 773–782).

unmittelbaren Warenaustausches eine Ware Geldware geworden sein, damit durch gesellschaftliche Konvention oder staatliches Gesetz aus der Geldware die Münze wird. Und neben dem Metallgeld muß sich schon aus dem Zirkulationsbedürfnis selbst der Umlauf von (privaten) Geldzeichen herausgebildet haben, damit der Staat die Möglichkeit hat, das Metallgeld durch seine Geldzeichen zu ersetzen und ihnen unter Umständen Zwangskurs zu verleihen. Ist dies aber einmal geschehen, dann ändert sich damit auch der Wertmaßstab. Ebenso erfordert auch die staatliche Regelung der Metallgeldzirkulation eine *spezielle Modifikation in der Anwendung des Wertgesetzes,* die zu einem *speziellen Preisgesetz des Goldes* als Geldmetall führt. Ebensowenig wie etwa der Produktionspreis bedeutet dieses spezielle Preisgesetz eine Aufhebung des Wertgesetzes. Vielmehr kann es nur auf dessen Grundlage begriffen und abgeleitet werden.

Mit gesammelter Kraft (1912)

„Der Artikel Hilferdings über den Parteitag ist sehr gut, aber zu optimistisch. Was den Revisionismus zermalmt, ist die innere und äußere Entwicklung Deutschlands, die ihm alle seine Illusionen zerstört", schreibt August Bebel am 8. Oktober 1912 an Karl Kautsky. Tatsächlich ist auch Hilferding in seinem Bericht über den Chemnitzer Parteitag vom 15. bis 21. September 1912 der Meinung, die wachsende Stärke des Proletariats gebe keinen Anlaß zu reformistischer Hoffnung auf Kompromißbereitschaft der Gegenseite, sondern vermehre, zumal unter den Bedingungen imperialistischer Politik, die Versuche, die Organisationen der Arbeiter auszuschalten.

Nach der Niederlage in den „Hottentottenwahlen" 1907 rüstet die Partei 1911 zu einer großangelegten „Wahlschlacht" für die auf den 12. Januar 1912 festgelegten Reichstagswahlen. Die SPD erhält über 4 Millionen Stimmen und stellt mit 110 Abgeordneten die stärkste Fraktion im Reichstag. Um den „schwarz-blauen Block" aus Konservativen und Zentrum zu stürzen und einen befürchteten Angriff auf das Wahlrecht zu vereiteln, trifft die Partei für die folgende Stichwahl ein geheimes Abkommen mit der Fortschrittlichen Volkspartei, in dem sie eine begrenzte „Dämpfung" des Wahlkampfs zusagt und darauf verzichtet, die Kandidaten auf eine Ablehnung erhöhter Rüstungsabgaben festzulegen. Das angestrebte breite Bündnis von fortschrittlichem Bürgertum und Arbeitern gegen „Junkertum und Kaplanokratie" kommt jedoch nicht zustande.

Das Geheimabkommen wird auf dem Parteitag heftig kritisiert. Während Vertreter des revisionistisch-reformistischen Flügels in einem solchen Bündnis die einzige Chance sehen, daß auch langfristig sozialdemokratische Politik getrieben werden kann, ohne dabei auf eine sozialdemokratische Mehrheit hoffen zu müssen, ist den Linken das Scheitern dieser Bündnispolitik ein Beweis dafür, daß im Zeitalter des Imperialismus Massenaktionen an die Stelle der parlamentarischen Aktion treten müssen.

Auf dem Parteitag kommt es daher in der „Imperialismusdiskussion" zu einer breiten Debatte der künftigen Strategie der Partei. Die Geister scheiden sich an der Einschätzung der Triebkräfte des Imperialismus: führt er notwendigerweise zum Krieg oder lassen sich in ihm auch friedfertige Tendenzen erkennen?

Der linke Flügel geht davon aus, daß das Wettrüsten eine ökonomische Notwendigkeit des Imperialismus und die Forderung nach einer Rüstungsbe-

grenzung daher unsinnig sei. Karl Kautsky hingegen sieht in Militarismus, Aufrüstung und Krieg nur Tendenzen, nicht zwangsläufige Ergebnisse des Imperialismus. Die Politik der Sozialdemokratie könne daher versuchen, den Imperialismus „friedlich" zu machen.
Gegen die Forderung der Linken, die Anwendung des Massenstreiks für den Kriegsfall zu beschließen, vertreten die Mitglieder des Parteizentrums eine abwartende Strategie. Da sie die revolutionären Möglichkeiten einer Kriegssituation weniger hoch einschätzen als die Linke, genießt bei ihnen die Erhaltung des Deutschen Reichs als Grundlage eines künftigen Sozialismus Vorrang; daraus ergibt sich die Notwendigkeit von Landesverteidigung. Überdies müßten die sozialdemokratischen Organisationen erhalten bleiben, um die Macht übernehmen zu können. Daraus ergibt sich ein gewisses Wohlverhalten im Krisenfall.
Der Parteitag scheint mit einem Sieg der antimilitaristischen Kräfte zu enden. Gerhard Hildebrand, der für eine Unterstützung des Imperialismus durch die Sozialdemokratie eingetreten war, wird mit Billigung auch von Kautsky und Hilferding aus der Partei ausgeschlossen.
Hilferding teilt zwar die Auffassung der Radikalen, daß sich im Imperialismus die Wirksamkeit der parlamentarischen Aktion reduziere. Aber er meint auch, daß man den Tendenzen des Imperialismus die politische Aktion entgegensetzen könne. So hält er es anläßlich des Balkankriegs für realistisch, von der deutschen Regierung Neutralität und Nichteinmischung zu fordern (vgl. Der Balkankrieg und die Großmächte, in: Die Neue Zeit, 31. Jg., 1. Bd., Nr. 3 vom 18. Oktober 1912).

Der Chemnitzer Parteitag hat in reichem Maße alle Hoffnungen erfüllt, die die Partei auf ihre erste Heerschau nach dem großen Wahlsieg setzen konnte. Er ist zu einer Manifestation der Geschlossenheit und Einheit der deutschen Sozialdemokratie geworden, und seine Resultate sind in gleichem Maße eine Förderung der Erstarkung im Innern und der Angriffskraft nach außen.
Der Chemnitzer Parteitag steht damit in einem gewissen Gegensatz zu früheren Tagungen und erscheint als Abschluß einer bestimmten Entwicklungsstufe der Partei sowohl wie als Ausgangspunkt einer neuen Phase.
Seit Jahren haben unsere Parteitage vornehmlich inneren Auseinandersetzungen gedient und waren von jenem Gegensatz beherrscht, den wir uns als Kampf des Revisionismus und Radikalismus zu bezeichnen gewöhnt haben. Was aber dem Revisionismus seine Stärke gab, das war am wenigsten seine Ideologie. Der Revisionismus hat es nie zu einer geschlossenen Theorie der

gesellschaftlichen oder politischen Entwicklung gebracht. Er hatte sich damit begnügt, eine Reihe von bürgerlichen Kritiken gegen den wissenschaftlichen Sozialismus aufzunehmen und zu versuchen, sie innerhalb der Partei zur Geltung zu bringen. Er besaß nie eine einheitliche Auffassung, und die Ansichten seiner verschiedenen Vertreter waren so mannigfaltig wie die Vorurteile gegen den Marxismus. Daher ja auch die unüberwindbare Schwierigkeit einer Definition, einer sicheren Begriffsbestimmung des Revisionismus, eine Unmöglichkeit, auf die manche seiner Vertreter noch stolz sind. Und wie seine theoretische, so zerfloß auch seine praktische Stellungnahme in immer widerspruchsvollere Bahnen.

Was aber dieser Ideologie Macht und Einfluß verlieh, das waren ganz bestimmte reale Gegensätze, die die ökonomische Entwicklung wie in anderen Ländern so besonders in Deutschland hervorgebracht hatte. Als mit dem Jahre 1897 nach langer Depression eine außerordentliche Prosperität einsetzte, als Hochkonjunkturen eintraten, die die lebende Generation vorher nie erlebt hatte, da erfaßte ein jubelnder Optimismus die ganze bürgerliche Welt. Die Krisen seien auf immer überwunden, die rasch und ununterbrochen steigende Produktion schaffe ungeahnten Reichtum, an dem die Arbeiterschaft, von der die furchtbare Drohung der Arbeitslosigkeit endgültig genommen, in stets steigendem Maße teilnehmen werde; die Gewerkschaften, deren Erfolgsmöglichkeiten man früher unterschätzte, wurden nun zu einem Organ des sozialen Friedens umgedeutet, die im Verein mit den Kartellen zur Regelung der Produktion beitragen und den Arbeitern einen angemessenen Ertrag sichern würden. Die Klassengegensätze würden dadurch gemildert, an Stelle des Kampfes der Klassen könne ihre Kooperation treten, die zugleich politisch alle Widerstände gegen die Demokratisierung überwinden werde. Und damit all diese Segnungen, die der neu erstarkende Kapitalismus über die Menschheit bringen werde, um so reicher sich erfüllten, müsse das Reich des Kapitalismus immer weiter ausgedehnt werden, damit die Produktion immer ungestörter verlaufe. Der Weg zum sozialen Frieden erschien gebahnt. Demokratie und Kaisertum, Sozialpolitik und Imperialismus erschien allen politisch und nationalökonomischen Dilettanten als die erlösende Zauberformel.

Daß diese Ideologie auch in den Kreisen der Partei ihr Echo fand und sich in verschiedener Weise und verschiedener Stärke einzelner Köpfe bemächtigte, das war nichts Wunderbares. Daß sie aber eine Zeitlang einen Einfluß üben konnte, das verdankte sie einem gewissen latenten Gegensatz, der zwischen der politischen und gewerkschaftlichen Bewegung bestand. Der neue ökonomische Aufschwung gab in der Tat der Gewerkschaftsbewegung einen freieren Spielraum. Glänzende organisatorische Erfolge, starke materielle Errungenschaften durfte sie verzeichnen. Aber die organisatorische Entwicklung und Ausgestaltung mußte gewisse innere Widerstände überwinden, die aus einer traditionellen Beurteilung der Gewerkschaften flossen, welche der Wirklichkeit oft nicht mehr entsprach. Der Ausbau der Unterstützungseinrichtungen, der Fortschritt zur Zentralisation, die komplizierte Taktik der Tarifverträge, die Grenzen gewerkschaftlicher Erfolgsmöglichkeiten waren ständiger Kritik ausgesetzt, die zwar in den meisten Fällen durchaus nichts mit marxistischer Auffassung zu tun hatte, aber doch vor den Gewerkschaftsführern als Ausfluß des „Radikalismus" erschien. Umgekehrt wußte der „Revisionismus" jedes unmittelbare praktische Bedürfnis, ja jede augenblickliche Illusion — wie etwa die der Möglichkeit einer gewerkschaftlichen „Neutralität" — als Konsequenz seiner „theoretischen" Stellungnahme auszugeben. War der damals vorhandene Antagonismus zwischen Gewerkschaften und Partei eine der Wurzeln seines Einflusses, so wußten einige seiner Wortführer diesen Zwiespalt immer wieder geschickt auszunützen, um als die eigentlichen Vertreter und Stützen gewerkschaftlicher Interessen in der Partei aufzutreten.

Die andere Wurzel revisionistischen Einflusses aber lag in der Verschiedenheit der politischen Entwicklung im Reiche und Preußen einerseits, in den kleinen süddeutschen Staaten andererseits. Die politisch-parlamentarische Konstellation brachte hier die Verführung zu allerhand taktischen Experimenten mit sich, die die klare und scharfe Grenze zwischen proletarischer und bürgerlicher Politik oft zu verwischen drohte. Auch diesen Gegensatz wußte der Revisionismus auszunützen. Schließlich flossen im Revisionismus überhaupt alle opportunistischen Neigungen, alle Überschätzungen momentaner Erfolgsmöglichkeiten zusammen. Dazu kam die Ungeduld, die stetig wachsende reale Macht der Partei in den Massen und damit in der Gesellschaft umgemünzt zu sehen in unmittelbar parlamentarische und legislative Erfolge unter völliger Verkennung der im Grunde genommen so einfachen Tatsache, daß gerade die wachsende Macht der Partei den Zusammenschluß der Gegner verursacht und dem stärkeren Proletariat namentlich demokratische, also seine Macht unmittelbar stärker zum Ausdruck bringende Erfolge mehr erschwert als dem schwächeren, weniger gefürchteten und sozial einflußloseren.

Es braucht an dieser Stelle nicht ausführlich gezeigt zu werden, wie in diesem langen Streit innerhalb der Partei schließlich die Tatsachen entschieden haben. Wer spricht heute noch von der dauernden Überwindung der Krisen, von der Milderung der Klassengegensätze, von der Regelung der Produktion durch Kartelle und Gewerkschaften, von dem immer rascher steigenden Anteil der Arbeiterschaft an dem kapitalistischen Reichtum, heute, im Zeitalter wachsenden Steuerdrucks, steigender Teuerung, der politischen und ökonomischen Erschwerung der gewerkschaftlichen Kämpfe, im Zeitalter des Wettrüstens und ständiger Kriegsgefahr?

Der Gegensatz zwischen Partei und Gewerkschaften ist deshalb längst dem vollsten Einvernehmen gewichen, und die Überzeugung von der engen Zusammengehörigkeit, von dem unzerreißbaren Aufeinanderangewiesensein ist heute in allen Kreisen lebendiger als je. Mit der stets wachsenden Größe der Gewerkschaften wachsen ihre Kämpfe, wächst deren unmittelbare politische Bedeutung, wird die Größe der Arbeiterpartei zum unmittelbarsten gewerkschaftlichen Interesse. Und umgekehrt sind die wichtigsten politischen Massenaktionen gar nicht anders durchzuführen als mit einem gewerkschaftlich straff organisierten und geschulten Proletariat. Deshalb wird jede

Störung in diesem engen Verhältnis, komme sie woher sie wolle, immer mehr in allen Partei- und Gewerkschaftskreisen als unerträgliche Schädigung betrachtet.

Aber auch der Gegensatz zwischen süd- und norddeutscher Politik, der noch vor wenigen Jahren so bedrohlich schien, hat heute an Schärfe verloren, und wenn er auch noch nicht beseitigt ist, so findet doch auch der Opportunismus in Süddeutschland selbst steigenden Widerspruch und kann auf keine Erfolge hinweisen, die seiner Taktik neue Anhänger werben könnten. Es zeigt sich eben auch in Süddeutschland, daß die Reichspolitik, die von Preußen aus bestimmt ist, auch die der Einzelstaaten in steigendem Maße beherrscht, daß die Verschärfung der Klassengegensätze und der politischen Kämpfe auch für Süddeutschland immer mehr das Charakteristische wird.

Der Revisionismus aber mit all seinen verschiedenen Illusionen und Heilrezepten hat diese Entwicklung nicht überlebt und muß in die Grube fahren, bevor er endgültig definiert ist. Die letzten Jahre zeigen seine Selbstauflösung. Die einen seiner ehemaligen Bekenner sind immer mehr imperialistischen Ideologien verfallen und entfernen sich damit immer weiter von der Partei. Die Partei kämpft gegen die Teuerung, und sie befürworten agrarische Schutzzölle; die Partei bekämpft im Schutzzollsystem und der Kolonialpolitik die an Gewicht immer mehr zunehmenden Ursachen kriegerischer Verwicklungen, und sie geben den kritiklosesten Kolonialschwärmereien Raum; die Partei kämpft gegen den Militarismus, und der anderen Sorge gilt der Diskreditierung der Milzforderung; die Partei wird immer geschlossener und die Angriffe und Hetzereien jener immer hämischer. Und deshalb liegen sie heute auf dem „toten Gleis", an dem der Eilzug der Partei längst – Volldampf voraus – vorbeigebraust ist.

Die anderen aber, die die Unvereinbarkeit imperialistischer und sozialdemokratischer Anschauungen erkannt haben, müssen sich immer mehr von ihren früheren „Richtungsgenossen" trennen, sie treten zurück in Reih und Glied, und mögen auch nach wie vor die Anschauungen über taktische Fragen auseinandergehen, diese Differenzen haben aufgehört, eine Gefahr für die Einheit der Partei und ihre Schlagkraft zu bilden.

Aber bedeutet das Ende des Revisionismus nicht nur den Beginn einer neuen Gruppierung der Partei und hat nicht Chemnitz einen neuen „linken Flügel" entstehen sehen? In der Tat hat ja Otto Bauer gelegentlich von „marxistischen Zentrum" geschrieben, das nun von einem rechten und linken Flügel flankiert werde. Nun, wir meinen, daß Otto Bauer etwas zu schnell die „jüngste Richtung" der Ehre einer marxistischen Geschichtskonstruktion hat teilhaftig werden lassen. Wir müssen die Richtigkeit dieser Konstruktion schon deshalb bestreiten, weil wir Marxisten durchaus nicht ein „Zentrum" darstellen, an das sich ein linker „radikaler" Flügel anschließen kann. Wir Marxisten – und damit ist Freund Bauer sicher sehr einverstanden – geben eben durchaus nicht den Anspruch auf, den Marx und Engels für alle Zeit erhoben haben, als sie schrieben: „Die Kommunisten sind also praktisch der entschiedenste, immer weiter treibende Teil der Arbeiterparteien aller Länder; sie haben theoretisch vor der übrigen Masse des Proletariats die Einsicht

in die Bedingungen, den Gang und die allgemeinen Resultate der proletarischen Bewegung voraus." Und deshalb gibt es neben dem Marxismus keinen anderen vernünftigen Radikalismus, sondern wo er aufhört, beginnt eben die Konfusion.
In der Tat — und das hat Chemnitz auch denen gezeigt, die die vorausgegangene Diskussion in der „Neuen Zeit" nicht überzeugt hat — existiert die „neue Richtung" außerhalb der Konstruktion Bauers und den konformen Wünschen Pannekoeks vorläufig in der Partei nicht. Und die bisherigen Manifestationen lassen die Hoffnung recht aussichtsreich erscheinen, daß es so bleiben wird. Denn die Antwort, die Genosse Pannekoek in der „Leipziger Volkszeitung" auf die Darlegungen Kautskys veröffentlicht hat, müßte als vollständiger Rückzug bezeichnet werden, wenn man nicht der Ansicht sein dürfte, daß schon seine früheren taktischen Darlegungen eigentlich völlig resultatlos gewesen sind. Denn daß Massenaktionen, wenn sie gelingen, sehr nützlich, wenn sie mißlingen, zwar schädlich sind, aber noch nicht das Ende der proletarischen Bewegung bedeuten, ist eine Erkenntnis, gegen die man sich gewiß nicht sträuben muß. Was aber die Opposition gegen die Forderung der Rüstungseinschränkung anlangt — an eine vollständige Abrüstung denkt in der Partei kein Mensch —, so wäre es Zeit, daß dieses Mißverständnis endlich als solches erkannt werde. Genosse Lensch hat auf dem Parteitag ausdrücklich zugegeben, daß solche Vereinbarungen zwischen zwei Staaten im Bereich der Möglichkeit liegen, er hat in der „Neuen Zeit" gesagt, daß wir gegebenenfalls für ein solches Übereinkommen stimmen können. Und da soll die Forderung eines solchen Übereinkommens ein prinzipieller Verstoß sein oder dadurch dazu werden, daß wir es international fordern?
In der Tat — und damit kommen wir endlich zu den Verhandlungen des Parteitags selbst — hat gerade die Debatte über den Imperialismus, die ebenso wie das Referat selbst auf hohem Niveau stand, mit größter Deutlichkeit gezeigt, wie die neueste kapitalistische Entwicklung die Partei einig und in geschlossener Kampfbereitschaft findet. Gerade wir Marxisten dürfen mit Genugtuung darauf verweisen, daß der Partei für diese Frage gründlich vorgearbeitet war, und wir dürfen wohl die Behauptung, daß über das Wesen der Frage mangelnde Klarheit herrsche, in dieser Verallgemeinerung für einen Irrtum halten. Deshalb sehen wir auch einen entscheidenden Vorzug der angenommenen Resolution darin, daß sie in der Forderung der Rüstungseinschränkung auch auf dem Gebiet der auswärtigen Politik eine unmittelbar zu verfechtende, konkrete Forderung aufstellt, an die in der Agitation immer wieder angeknüpft werden kann, um gerade an dem Widerstand, den die herrschenden Schichten ihr trotz ihrer den Volksmassen einleuchtenden Nützlichkeit entgegensetzen, die eigentlichen Triebkräfte des Imperialismus zu entwickeln.
Wie in der Stellung zum Imperialismus, so war der Parteitag in der Frage der Wirtschaftspolitik einig, die die herrschende Teuerung wieder zu einem akuten Problem gemacht hat. Und indem er durch das Referat von Hué auf eine der wichtigsten Fragen der Sozialpolitik die Aufmerksamkeit der Öffentlichkeit lenkte, hat er mit starker propagandistischer Wirkung zu den

wichtigsten Problemen der Politik Stellung genommen.
Und diese nach außen wirkende Tätigkeit wurde aufs gründlichste ergänzt durch die eigentliche Parteiarbeit. Zunächst konnte da der Vorstand einen wohlverdienten Triumph feiern über die Angriffe, die man gegen ihn in der Göppinger Angelegenheit gerichtet hatte. Was hier von hoffentlich nachhaltiger Wirkung ist, das ist nicht die Beurteilung dieses Einzelfalles, sondern die Überzeugung, daß das berechtigte „demokratische Mißtrauen", von dem Bebel so gern spricht, nicht zu einer kritiklosen Voreingenommenheit führen darf, die alles als bare Münze nimmt, was gegen die selbstgewählten Vertrauensmänner unserer Organisationen von irgend einer Seite vorgebracht wird. So haben gerade diese Debatten, so unbedeutend im Grunde genommen ihr Ausgangspunkt war, doch das gute Resultat, das Verantwortlichkeitsgefühl auch in der Parteikritik zu vermehren und dadurch auch die innere Geschlossenheit zu stärken.
Und als eine Stärkung unserer Organisation wird sich hoffentlich auch in der Praxis die neue Institution des Parteiausschusses bewähren, die in der Tat geeignet zu sein scheint, die Parteileitung in engere Fühlung mit unseren Organisationen zu bringen, ohne doch ihr Verantwortlichkeitsgefühl und ihre Schlagfertigkeit zu mindern. Und eine weitere Festigung der Partei bedeutet auch der Beschluß über die Überflüssigkeit der „Sonderkonferenzen". Nicht die Untersagung erscheint uns hier als das Wesentliche, sondern der Geist, aus dem der Beschluß geboren ward und einmütig gefaßt werden konnte. Zeigt er doch, wie sich die inneren Parteiverhältnisse gebessert haben seit Magdeburg, wo manchem noch eine Absplitterung von der Partei im Bereich der Möglichkeit schien.
Eine interessante, wenn auch wesentlich retrospektive Debatte zeitigte das Referat Scheidemanns über die Reichstagswahl. Es ist weder möglich noch nötig, auf die Debatte hier nochmals einzugehen, und ihr Ausgang bietet nichts Überraschendes. Scheidemann hatte recht, wenn er sagte, eine außerordentliche Situation erfordere außerordentliche Mittel. Damit war die Abgrenzung gegen jene merkwürdigen Kompromißfanatiker deutlich gezogen, die am liebsten unter allen Umständen Kompromisse schließen möchten, auch wo gar kein wirklicher politischer Gewinn, sondern höchstens eine kleine Mandatsverschiebung zu erreichen ist. Hier war aber in der Tat eine besondere Situation gegeben, die Gestaltung der Majoritätsverhältnisse lag in unserer Hand. Gewiß ist dabei der Parteivorstand bereits bis zu einer äußersten Grenze gegangen, und sicher sind die Beschwerden der betroffenen Organisationen ernstester Beachtung wert. Aber es wäre eine Schädigung der Partei in ihrer propagandistischen Stellung, aber auch in ihrer parlamentarischen Abwehrkraft gewesen, hätte sie den Versuch unterlassen. Dies erkannte auch der Parteitag mit übergroßer Majorität an.
Den Abschluß des Parteitags bildete eine eigentümliche Debatte, deren Berichte man nicht ohne einige Verwunderung liest. Der Ausschluß Gerhard Hildebrands begegnete einer kleinen, aber heftigen Opposition, die bei Begründung ihres Standpunktes Argumente gebrauchte, die außerordentlich seltsam klingen. Denn sie laufen schließlich darauf hinaus, der Partei das

selbstverständliche Recht abzusprechen, selbst zu bestimmen, was ihre Anschauung und ihr Programm ist; sie führen zu der, wenn auch natürlich nicht im politischen Sinne, anarchistischen Anschauung, daß jeder einzelne frei und schrankenlos bestimmen könne, welche Ansichten er innerhalb der Sozialdemokratie und als ihr Angehöriger in ihrem Namen verfechten könne. Die Partei würde aufhören, eine verbindliche gemeinsame Anschauung zu haben, und würde eine bloße Organisationsgemeinschaft sein, die jeder nach Gutdünken benutzen könnte. Der „sozialdemokratischen Propaganda gegen die Sozialdemokratie", wie jüngst Genosse Wetzker diesen unsinnigen Zustand nannte, wäre Tür und Tor geöffnet. Daß von dieser Minorität auch der Charakter des Staates als Zwangsorganisation mit dem einer Partei verwechselt wurde, die auf dem freiwilligen Zusammenschluß gleich Denkender beruht, nimmt nach alledem kein Wunder. Der Parteitag tat das Selbstverständliche und nahm mit einer überwiegenden Majorität den Ausschlußantrag an, wobei uns nur die Erregung unverständlich bleibt, mit der dies Selbstverständliche getan wurde.
Gute Arbeit hat der Chemnitzer Parteitag geleistet, und seine Beschlüsse und Verhandlungen werden große Genugtuung in der Partei auslösen. Wir sind die letzten, die verkennen, wie notwendig die Auseinandersetzungen auf früheren Parteitagen gewesen sind, wieviel sie beigetragen haben zur kritischen Schulung und zur Selbständigkeit des politischen Denkens der deutschen Arbeiterklasse. Aber nichts wäre verderblicher als ein Streit, dem die sachlichen Unterlagen fehlen. Daß diese Gefahr nicht besteht, hat Chemnitz bewiesen. Nach den vielen Parteitagen inneren Kampfes hat er die Partei auf stolzerer Höhe gezeigt als je zuvor, in allen Fragen des täglichen Kampfes einig wie in ihrem letzten Ziel. Mit gesammelter Kraft geht die deutsche Sozialdemokratie den großen Kämpfen entgegen, die sie ihrem Siege näher bringen werden.

(In: Die Neue Zeit, 30. Jg., 2. Bd., Nr. 52 vom 27. September 1912, S. 1001–1006).

Arbeitsgemeinschaft der Klassen? (1915)

In einer Fraktionssitzung der sozialdemokratischen Reichstagsfraktion beschließt die Mehrheit am 3. August 1914, der Kriegskreditvorlage der Reichsregierung zuzustimmen. Nach Ausbruch des Krieges akzeptieren Parteimehrheit und Gewerkschaften den „Burgfrieden" mit der Regierung, zumal Reichskanzler Bethmann-Hollweg für die Zeit nach dem Krieg die Möglichkeit einer „neuen Orientierung" in der Innenpolitik andeutet. Die Gewerkschaften verzichten freiwillig auf das Streikrecht, und die angesichts allgemeiner Preissteigerung von der Regierung festgesetzten Höchstpreise für die wichtigsten Lebensmittel werden mancherorts als „Kriegssozialismus" gefeiert.
Der „Burgfrieden" wird auch innerhalb der Partei durchgesetzt: Opposition ist jetzt eine Gefahr für die nationale Einheit geworden. Karl Liebknecht wird bereits im Dezember 1914 aus der Partei ausgeschlossen.
Die „Vorwärts"-Redakteure Heinrich Cunow, Karl Leid, Paul John, Ernst Däumig, Heinrich Ströbel, Hans Weber, Alfred Scholz und Rudolf Hilferding verfassen am 4. August eine Erklärung (die während des Krieges nicht veröffentlicht wird), in der es heißt: Die Begründung der Fraktionsmehrheit für die Bewilligung öffne jeder weiteren Bewilligung Tür und Tor; die Zustimmung sei ein schwerer Schlag für die Internationale und bedeute eine „gewisse Mitverantwortlichkeit für den Krieg und die sich aus ihm ergebenden Folgen". Diese kritische Haltung vertritt das Blatt, das von Parteivorstand und Parteiausschuß wegen mangelnder vaterländischer Haltung getadelt wird und das von der Generalkommission der Gewerkschaften zu Mäßigung und Zurückhaltung aufgefordert wird, bis am 9. November 1916 Friedrich Stampfer vom Parteivorstand zum Chefredakteur berufen wird. Die alten Redakteure werden gekündigt oder scheiden freiwillig aus.
Durch die Ereignisse nach dem August 1914 verschärft sich Hilferdings Kritik am Vorrang der Sozialpolitik und am Reformgeist in Partei und Gewerkschaften. Und in dieser Zeit wird auch sein Plädoyer immer drängender, die Demokratie im Kampf der Arbeiterorganisationen in den Vordergrund zu stellen. Die Alternative laute „Machtpolitik und Imperialismus oder Demokratie und Sozialismus", „organisierter Kapitalismus" oder „demokratischer Sozialismus".
Er ist daher auch kein Freund der Imperialismustheorie Heinrich Cunows, der noch im August die „Vorwärts"-Erklärung mitunterzeichnete, aber spä-

testens im Oktober 1914 ein Befürworter des Krieges geworden ist. In seiner Schrift „Partei-Zusammenbruch" (März 1915) bezeichnete Cunow den Imperialismus als „eine in den inneren Lebensbedingungen und in der Kräftekonzentration des erstarkten Finanzkapitalismus wurzelnde Erscheinung", als eine für den Sozialismus notwendige Phase, die nicht übersprungen werden dürfe. Wer den Imperialismus verhindern wolle, betreibe Maschinenstürmerei. Kampf für Deutschlands Sieg im Weltkrieg sei somit Kampf für den Sozialismus.

Auch Hilferding hält den Imperialismus für „notwendig", aber nicht für „unabwendbar" (Historische Notwendigkeit und notwendige Politik, in: Der Kampf, 8. Jg., Nr. 5 vom 1. Mai 1915). Gegen Cunow sagt er, die Frage des Sozialismus sei „nicht eine Frage der abstrakten Expansionsmöglichkeiten des Kapitals", „sondern eine Frage der politischen Macht des Proletariats" (ebd., S. 211). „Zusammenbruchstheorien" lehnt Hilferding ebenso ab wie deterministische Thesen über den naturnotwendigen Gang der Geschichte hin zum Sozialismus. Die Revolution bleibt bei Hilferding stets ein politischer Akt.

Seit April 1915 ist Hilferding wieder als Mediziner in Wien tätig. Ab 1916 dient er der österreichischen Armee als Arzt in einem Seuchenlazarett. Erst wenige Tage vor der Novemberrevolution kehrt er nach Berlin zurück.

Wenn noch jemand der Meinung sein sollte, der Krieg hätte den alten Gegensätzen zwischen Opportunismus und Radikalismus innerhalb der Arbeiterbewegung den Boden entzogen, so könnten ihn die Tatsachen längst eines Besseren belehrt haben. Ist es doch in Wirklichkeit genau umgekehrt. Gerade in der letzten Zeit vor dem Krieg konnte es scheinen, als würde die Eindeutigkeit der sozialen und politischen Entwicklung diese Gegensätze, die stets, wenn auch unter wechselnden Formen in der Arbeiterbewegung aller Länder lebendig waren, immer mehr abstumpfen. Der Krieg hat diese Situation vom Grund aus geändert. Freilich nicht in dem Sinne, daß er dauernd die sozialen Gegensätze innerhalb der bestehenden Gesellschaft mildern wird – diese Illusionen wird die Zeit nach dem Krieg schon zerstören – wohl aber, indem der Krieg der opportunistischen Ideologie zu einem ungeahnten Siege verholfen hat, so daß die Arbeiterbewegung heute überall unter der Diktatur der Rechten innerhalb der Partei steht. Und es ist nur natürlich, daß die günstige Gelegenheit von diesen Politikern ausgenützt wird, die schon vor dem Krieg die Parteitaktik zu ändern bestrebt waren und eine Politik befürworteten, die in ihren Konsequenzen führen müßte zur Umwandlung einer grundsätzlich revolutionären Bewegung, deren Ziel die völlige Neugestaltung der Gesellschaft war, in eine reformistische, deren Aufgabe die Anpassung der Arbeiterbewegung an die kapitalistische Gesellschaft, die grundsätzliche Anerkennung der bestehenden Gewalten, insbesondere der heutigen Staatsmacht, kurz die Einordnung auch der Arbeiterklasse in die bestehende gesellschaftliche und staatliche Ordnung wäre. Wer diesen Gegensatz leugnet und vorgibt, daß die Politik während des Krieges nur eine vorübergehende Episode sei, die mit dem Krieg wieder überwunden würde, so daß der Rückkehr zur alten Taktik nichts im Wege stünde, täuscht sich selbst oder will andere über die Größe und Bedeutung des Gegensatzes täuschen. Denn die Stellung zum Krieg ist, da es sich eben dabei um eine Entscheidung von welthistorischer Wichtigkeit und Wirkung handelt, geradezu der Prüfstein für die geistige Widerstandskraft der sozialdemokratischen Überzeugung gegenüber der herrschenden Ideologie und das Maß für die geistige Selbständigkeit der Arbeiterklasse, die die Voraussetzung für ihre politische und soziale Emanzipation bildet. Dann aber ist der Sieg der opportunistischen Ideologie deshalb eine Gefahr für die Zukunft der Arbeiterbewegung, weil dadurch gewisse Tendenzen der kapitalistischen Entwicklung unterstützt werden, die der Verwirklichung des Sozialismus im Wege stehen.

I.

Die soziale Entwicklung hat sich in allem Wesentlichen in jenen Formen vollzogen, die der Seherblick des Genies schon im Kommunistischen Manifest vorausgeschaut, deren Notwendigkeit dann im „Kapital" bewiesen worden ist. Aber die sozialpsychologische Wirkung dieser Entwicklung auf das Verhalten der Arbeiterklasse konnte — eben weil es die subjektivistische, also nicht leicht eindeutig zu erkennende Widerspiegelung objektiver Tendenzen ist — nicht mit gleicher Schärfe erkannt werden. Marx sah und konnte zu seiner Zeit gar nichts anderes sehen, als vor allem die revolutionierenden Tendenzen des Kapitalismus. Was er unterschätzt hat (und wir Späteren noch lange mit ihm), das sind die Anpassungen, die gerade der Kampf der Arbeiterklasse, die sozialdemokratische und gewerkschaftliche Bewegung in der kapitalistischen Gesellschaft erzeugt haben. Die geistige, moralische und materielle Hebung, die die Arbeiterbewegung der unterdrückten, in tiefstem Elend dahinvegetierenden Klasse gebracht hat, die Erhebung des Arbeiters aus dem „sprechenden Werkzeug" zum Menschen hat den Kapitalismus für die Arbeiterschaft zugleich erträglicher, diesen selbst erst so recht existenzfähig gemacht. Sie hat die Arbeiterschaft als solche geistig und physisch gekräftigt, sie kampffähiger und selbstbewußter als je eine unterdrückte Klasse gemacht, aber zugleich den unmittelbaren revolutionären Antrieb, die völlige Unerträglichkeit einer lebensunwürdigen Existenz gemildert. Aus dem Kapitalismus des Kindermords und Hungertodes hat die Arbeiterbewegung in unablässigen politischen und gewerkschaftlichen Kämpfen einen Kapitalismus gemacht, dem die Verwirklichung seiner schlimmsten Verelendungstendenzen unmöglich wurde, und sie hat ihn so vor einer Revolution ver-

zweifelter (aber auch tiefstehender und unkultivierter) Massen bewahrt. Um es paradox zu sagen: die konterrevolutionären Wirkungen der Arbeiterbewegung haben die revolutionären Tendenzen des Kapitalismus geschwächt.
Die neueste Phase der hochkapitalistischen Entwicklung erzeugt aus sich heraus noch andere konservierende Tendenzen. Die rapide Entwicklung des Weltkapitalismus seit der Mitte der Neunzigerjahre des vorigen Jahrhunderts hat die Depressionsperioden verkürzt, die chronische Arbeitslosigkeit gemildert. Die entwickeltsten Länder des Kapitalismus — Deutschland und die Vereinigten Staaten — kennen seit dieser Zeit keine industrielle Reservearmee im alten Sinn, sie bedürfen für Landwirtschaft und Industrie fortwährend der Zufuhr fremder Arbeitskräfte, auf denen denn auch in erster Linie der Druck der Krisen lastet. Das Finanzkapital — die Beherrschung der monopolistisch organisierten Industrie durch die kleine Zahl der Großbanken — hat die Tendenz, die Anarchie der Produktion zu mildern und enthält Keime zu einer Umwandlung der anarchisch-kapitalistischen in eine organisiert-kapitalistische Wirtschaftsordnung. Die ungeheure Stärkung der Staatsmacht, die das Finanzkapital und seine Politik erzeugt hat, wirkt in derselben Richtung. An Stelle des Sieges des Sozialismus erscheint eine Gesellschaft zwar organisierter, aber herrschaftlich, nicht demokratisch organisierter Wirtschaft möglich, an deren Spitze die vereinigten Mächte der kapitalistischen Monopole und des Staates stünden, unter denen die arbeitenden Massen in hierarchischer Gliederung als Beamte der Produktion tätig wären. An Stelle der Überwindung der kapitalistischen Gesellschaft durch den Sozialismus träte die den unmittelbaren materiellen Bedürfnissen der Massen besser als bisher angepaßte Gesellschaft eines organisierten Kapitalismus.
Und die Kriegsereignisse können — wenn man von der demokratisch-proletarischen Gegenwirkung absieht — diese Tendenzen nur verstärken. Was man Kriegssozialismus nennt — und was in Wirklichkeit nur eine ungeheure Verstärkung des Kapitalismus durch die Macht seiner Organisierung ist — wirkt in dieser Richtung. Und die gleichfalls durch den Krieg in ihrer Macht und vor allem in ihrem Selbstbewußtsein ungeheuer gesteigerte Staatsgewalt wird schon aus finanziellen Gründen (Staatsmonopole!) diese Tendenzen fördern.
Und nun sehen wir in der Führung der Arbeiterklasse eine Ideologie erstehen, die gleichfalls eine solche Entwicklung fördern müßte. Es wird der Arbeiterklasse eine Gemeinsamkeit ihrer Interessen mit denen der herrschenden Schichten, insbesondere aber mit denen des Staates gepredigt. Es tritt — vor allem unter dem übermächtigen Eindruck der ungeheuren Stärke der Staatsmacht — der Gedanke des Gegensatzes zwischen imperialistischer Machtpolitik und demokratischer Umgestaltung der gesamten inneren und äußeren Politik zurück hinter der Hoffnung auf Befriedigung der unmittelbaren materiellen Interessen durch sozialreformerische Maßnahmen. Mit anderen Worten: der Kampf für die Demokratie tritt zurück und ihre Durchsetzung scheint wie die des Sozialismus selbst aufzuhören, ein unmittelbar praktisches Ziel proletarischer Politik zu sein. Und dies in einer Zeit, wo die grundlegende Bedeutung der Demokratie gegenüber der herrschenden

Machtpolitik als Bedingung des Friedens zwischen den Völkern nicht nur, sondern auch für die Aufrechterhaltung und Wiedererrichtung der Internationale augenscheinlicher hervortritt als je zuvor und die Frage der Demokratie um so brennender wird, als von ihrer Lösung unmittelbar die andere abhängt, ob die Zukunft dem organisierten Staatskapitalismus oder dem demokratischen Sozialismus gehören wird. Man stellt die Demokratie zurück und die Sozialpolitik in den Vordergrund, da man erwartet, daß diese Befriedigung unmittelbarer materieller Interessen des proletarischen täglichen Lebens auf geringeren Widerstand stoßen werde, da sie ja prinzipiell an dem Gefüge der heutigen Gesellschaft und den Machtverhältnissen der Klassen unmittelbar nichts ändert. Und kein Zweifel kann bestehen, daß diese Politik der Resignation oder einer falsch verstandenen Interessenharmonie auch in der deutschen Arbeiterklasse ihre Unterstützung findet.
Stehen aber die Dinge nun einmal so, dann ist die Auseinandersetzung mit dieser Politik die dringendste Aufgabe, die innerhalb der Partei zu leisten ist, und diejenigen erweisen der Arbeiterklasse einen schlechten Dienst, die die Austragung dieses ernstesten, historisch wichtigsten Konfliktes, der seit Beginn der Arbeiterbewegung aufgetreten ist, hindern und einschränken wollen oder die Diskussion von vornherein vergiften durch jene unsachlichen, bis zu Reichsverbandsmethoden sich verirrenden Verdächtigungen der Motive.
Dabei wäre es freilich unmarxistisch gedacht, wenn man sich etwa einbildete, nur durch theoretische Argumente oder durch Appell an die demokratische Überzeugung eine Entscheidung herbeiführen zu können. Wir wissen, wie die bürgerliche Demokratie und der Liberalismus in Deutschland nach der Befriedigung der materiellen Bedürfnisse der Bourgeoisie zugrunde gegangen ist. Wenn wir die Hoffnung hegen, daß es uns gelingen wird, die proletarische Demokratie vor einem ähnlichen Schicksal zu bewahren, so stützt sich diese Hoffnung nicht auf die Überlegenheit unserer Argumente, nicht auf die Leidenschaft unserer Überzeugung von der Notwendigkeit der Demokratie, die heute heißer als je in uns lodert, sondern vor allem in der Einsicht, daß gerade durch die Wirkungen des Krieges wieder Tendenzen (die wir momentan allerdings nicht aufzeigen dürfen) entstehen, die die Arbeiterklasse überzeugen werden, daß die prinzipielle Politik und Taktik, die wir vertreten, allein ihren wahren und dauernden Interessen entspricht.
Vertritt also der sozialistische Opportunismus, was immer sich seine mehr oder weniger konsequenten Vertreter einbilden mögen und ganz unabhängig von ihrem Bewußtsein, alle kapitalistisch-konservierenden Bestrebungen, alles, was auf Anpassung der Arbeiterklasse an den Kapitalismus und zur Anpassung des Kapitalismus an die unmittelbaren elementaren materiellen Interessen der Arbeiterschaft gerichtet ist, so fällt uns Marxisten wieder die Funktion zu, die Marx uns im Kommunistischen Manifest gestellt hat: gegenüber den momentanen Interessen des Proletariats die dauernden zu vertreten, das vorwärtstreibende Element der Arbeiterbewegung zu sein. Und wir zweifeln nicht daran, daß die Entscheidung der Massen schließlich für uns und damit für den demokratischen Sozialismus fallen wird, weil wir

nichts anderes vertreten — es wäre Heuchelei, nicht zu sagen, was unser Stolz und unser Trotz auch nach den niederdrückendsten Erfahrungen geblieben ist — als das theoretische Bewußtsein ihrer wahren Interessen, die Erkenntnis der geschichtlichen Notwendigkeit und der welthistorischen Sendung der Arbeiterklasse.

II.

Die Größe des Gegensatzes, der zwischen der opportunistischen und der prinzipiellen Auffassung der nächsten Aufgaben sowohl als des Geistes der proletarischen Politik überhaupt besteht, kommt uns so recht zum Bewußtsein, wenn wir jene eigentümliche literarische Erscheinung betrachten, in der zehn Professoren und zehn Sozialdemokraten über „Die Arbeiterschaft im neuen Deutschland" schreiben. Die Schrift ist so eine Art literarischer Vorbote der künftigen Kooperation der Klassen. Die Herausgeber, Dr. Friedrich *Thimme*, Bibliothekdirektor des preußischen Herrenhauses, und Genosse Karl *Legien*, Vorsitzender der Generalkommission der Gewerkschaften Deutschlands, sagen in ihrem Vorwort:

„Immer wieder ist in dieser Zeit der Wunsch ausgesprochen worden, daß es gelingen möge, die Einheit und Einigkeit des ganzen deutschen Volkes, die sich im Weltensturm so herrlich offenbart hat, aus der Kriegsnot hinüberzuretten in die Zeit des künftigen Friedens. Aber auch der Zweifel ist laut geworden, ob eine solche fortdauernde Einheit des Volkstums bei den vielfachen wirtschaftlichen und sozialen Gegensätzen, den Unterschieden der Klassen und der Parteien, vor allem auch der tiefen Kluft zwischen den bürgerlichen Klassen und der Sozialdemokratie überhaupt möglich sei. Über Hoffnung und Zweifel wird letzten Endes erst die Zukunft entscheiden können. Aber nichts kann wichtiger sein, als sich heute schon über die Möglichkeit und die Bedingungen einer geistigen Arbeitsgemeinschaft zwischen der bürgerlichen und sozialistischen Geisteswelt klar zu werden. Dieser Erkenntnis verdankt die vorliegende Schrift ihre Entstehung."

Freilich, von den Mitarbeitern hat keiner von dem anderen etwas gewußt.

„Es ist selbstverständlich, daß die einzelnen Mitarbeiter, die von den Aufsätzen der anderen durchweg keine Kenntnis hatten, nur für die eigenen Artikel verantwortlich sind; auch die beiden Herausgeber wollen und können nicht für alles einstehen, was von der einen oder anderen Seite gesagt ist. Sie haben, soweit es sich um Meinungen und Anschauungen in den Artikeln handelt, den Verfassern völlig freie Hand gelassen und nur darauf gehalten, daß die Polemik gegen andere Parteien oder einzelne Personen möglichst vermieden ist."

Nun wird man freilich diese Ablehnung der Verantwortung durchaus nicht wörtlich zu nehmen haben. Wenn Männer, deren Namen in der Arbeiterbewegung Klang haben, ein literarisches Unternehmen durch ihre Mitarbeiterschaft unterstützen und dadurch sicher für seine Verbreitung wirken, so tragen sie eben für das Ganze die Verantwortung und es ist ihr Privatleichtsinn, wenn sie sich vorher nicht vergewisserten, wofür sie ihre Unterstützung eingesetzt haben. Aber diese Verantwortung ist ja leicht zu tragen, denn die Herausgeber sind von dem Erfolg sehr befriedigt. Im ganzen, so sagt Herr Dr. Thimme und so sagt Genosse Legien im Vorwort, ,,ergibt doch, dem Eindruck wird sich niemand entziehen, die zum erstenmal in solchem Umfang versuchte Arbeitsgemeinschaft zwischen bürgerlichen und sozialistischen Schriftstellern ein solches Maß gegenseitigen Verständnisses, bei aller natürlichen Verschiedenheit der Auffassungen, daß die Hoffnungen auf ein gemeinsames, gedeihliches Zusammenwirken im und am neuen Deutschland nur neu belebt werden können".

Versuchen wir also gleichfalls zu solchem Verständnis zu gelangen. Die Deutschen haben bekanntlich ihre bürgerliche Revolution nicht wie die Engländer und die Franzosen in der Wirklichkeit, sondern in der Philosophie gemacht. Es entspricht also nur unserer ganzen bisherigen Geschichte, wenn jetzt der sozialistische Reformismus, nicht wie in Frankreich und England Minister in die Regierung sendet, sondern, zum Anfang wenigstens, mit Professoren zusammen ein Buch produziert. Daß es Professoren sind und nicht bürgerliche Politiker, vermindert freilich den Wert der Arbeitsgemeinschaft. Denn eigentlich sollte man meinen, daß Professoren ihre Leistungen in ihrer spezifischen Wissenschaft, unsere Genossen aber in der Politik zu vollbringen hätten, und jene Arbeitsgemeinschaft erschiene uns verständlicher, wenn nicht bürgerliche Gelehrte, sondern bürgerliche Politiker das gemeinsame Arbeitsgebiet abgesteckt hätten. Man wüßte eher, wie und wo, wenn statt der Professoren die Herren Heydebrand, Zedlitz, Spahn und Bassermann das sie mit der Sozialdemokratie Verbindende aufzeigten. Denn was immer die Ansichten der Gelehrten auf dem Gebiet der Politik auch sind, sie haben jedenfalls den Nachteil, daß sie in der harten Welt der politischen Tatsachen nicht allzu sehr ins Gewicht fallen. Dafür haben sie freilich den Vorzug eines Standpunktes, der über den gewöhnlicher Politiker ziemlich erhaben ist. ,,Man weiß es ja", sagte schon Börne, ,,wie himmlisch wohl es allen deutschen Gelehrten auf sehr hohem Standpunkt ist; denn dort oben in den Wolken gibt es keine Polizei." Und wenn auch die boshafte Begründung Börnes heute sicher nicht mehr zutrifft, die Polizei vielmehr längst zu dem hohen Standpunkt der Professoren sich erhoben hat, und somit allgegenwärtig geworden ist, so bliebe eine Arbeitsgemeinschaft, die nur die Zustimmung der Professoren fände, ganz in den Wolken, wenn die Professoren nicht doch und gerade in dem Hauptpunkt eine recht reale Politik vertreten würden; in diesem Punkt sind sie sicher die Wortführer auch der bürgerlichen Politik und deshalb verdient die Schrift politische Beachtung.

III.

Was ist nun dieser springende Punkt, was ist es, das als Gemeinsames sich durch alle Beiträge der bürgerlichen Gelehrten zieht? Was erfüllt sie mit jenem Glücksgefühl, von dem der Historiker an der Berliner Universität, Professor *Meinecke*, so begeistert spricht? Es ist der Glaube, daß die Sozialdemokratie, wie es Professor *Oncken* ausdrückt, die Erkenntnis nie wieder werde verlieren können, daß die Macht des deutschen Arbeiters gebunden sei an die Macht des deutschen Staates. In einer Verbindung der historischen autoritären Gewalten des Staates mit den Tendenzen und Bedürfnissen der breiten Massen lag gerade in Deutschland, meint *Oncken*, „aller Fortschritt der Klassen begriffen und der weiteren Verwirklichung dieses Problems wird auch die Zukunft gehören. Die Staatsidee wird dann auch in der Sozialdemokratie die antistaatliche Denkweise und die internationale Orientierung des reinen Marxismus überwinden".

Was das bedeutet, erkennt man am besten aus den Ausführungen des Berliner Staatsrechtslehrers *Anschütz*, der am konkretesten zu den politischen Problemen Stellung nimmt.

Der Staat der kapitalistischen Gesellschaft ist vor allem Herrschaftsorganisation nach innen, Machtorganisation nach außen. Das Ideal des demokratischen Sozialismus ist es, den Staat umzuwandeln in die Selbstverwaltung der klassenlosen, ihre Produktion mit Bewußtsein im Interesse und nach den Bedürfnissen aller ihrer Angehörigen regelnden Gesellschaft. Die Aufhebung des Klassengegensatzes beseitigt auch den kapitalistischen Interessenkonflikten entspringenden Gegensatz der Staaten und macht so auch die Machtorganisation überflüssig. Der Krieg hat diesen Gegensatz zwischen der herrschenden Machtpolitik, der er unmittelbar entsprungen, und der Politik der Demokratie als das eigentliche politische Problem den Völkern gestellt.

Und nun sehen wir zu, welche Stellung die Professoren zu diesem Problem einnehmen. Professor *Anschütz* schreibt gleich zu Beginn seines Aufsatzes „Gedanken über künftige Staatsreformen":

„Wer heute über die Zukunftsaufgaben unserer inneren Politik, über die Richtlinien und Zielpunkte deutscher Staatsreform nachdenkt, der muß beginnen mit dem unumwundenen Bekenntnis zu der obersten aller Staatsnotwendigkeiten, zu den Machtmitteln, die unser Vaterland braucht, um seine Unabhängigkeit und Stärke, um sein Ansehen und seine Bedeutung in der Welt aufrechtzuerhalten. Hierin wollen wir einig sein wie jetzt im Krieg, wollen wir einig bleiben allezeit auch nach dem Krieg. Hier wollen wir keine ‚Neuorientierung', sondern ein einfaches Festhalten an dem großen Grundgedanken: Das Vaterland über alles, ihm alle Macht und alle Mittel, die notwendig sind, um es zu erhalten, um es zu erhöhen. Wer dieses Bekenntnisses nicht fähig ist, dem können wir das Recht nicht zugestehen, über weiteres mitzureden, denn über Ausbau und Verbesserung eines Hauses kann man sich nur mit dem beratschlagen, der das Haus stehen lassen, nicht mit dem, der es einreißen, der es zerstören will.

Sprechen wir es mit aller Entschiedenheit und Entschlossenheit aus: Die Sorge für die stärkste aller staatlichen Gewalten, für die bewaffnete Macht, für Heer und Flotte muß auch weiterhin, sie muß und wird künftig mehr denn je im Mittelpunkt unseres inneren Staatsprogramms ste-

hen. Scheuen wir das Schlagwort nicht, daß jeder, der diese Gedanken mitdenkt, jetzt auf sich zukommen fühlt, bekennen wir uns frank und frei zu dem von unseren Feinden und — täuschen wir uns nicht! — auch von dem größten Teil der noch neutralen Welt tödlich gehaßten, verleumdeten, verlästerten *Militarismus*. Er gehört zu den gestaltenden Faktoren unseres Staatswesens, er ist uns eine Lebensnotwendigkeit in jedem Sinne. Halten wir an ihm fest! Und das Wort Militarismus, das in der weiten Welt (und nicht zumindest von denen, die noch militärischer sind als wir oder es doch sein möchten) als Schimpf- und Ekelwort über uns verbreitet wird, es sei uns ein Ehrenzeichen! ...
Wir müssen, zu Lande und zur See, militärisch stark bleiben und immer noch stärker werden, stärker als irgendein Volk von gleicher Größe ...
Die Wehrkraft unseres Volkes wird künftighin, aller Voraussicht nach, noch stärker angespannt werden als vor dem Krieg, sie wird angespannt werden müssen bis zur vollen Ausnutzung aller im Volk vorhandenen militärischen Kräfte und Fähigkeiten. Das bedeutet vor allem die volle, restlose Verwirklichung des Grundsatzes der allgemeinen Wehrpflicht, der bisher, aller Beschönigung zum Trotz, zu einem guten Teil nur auf dem Papier stand ... Mit der Verstärkung des Heeres wird die der Seestreitkräfte gleichen Schritt halten müssen. Bei dem jetzigen Flottengesetz kann es nicht bleiben; die Erfahrungen des Krieges erfordern ein neues Flottenprogramm ..."
Dieses begeisterte Bekenntnis zur herrschenden Machtpolitik, diese vorbehaltlose Bejahung imperialistischer Einstellung der Staatsmacht ist wie für Anschütz, so auch für die übrigen Professoren selbstverständliche Voraussetzung aller übrigen Reformtätigkeit und es ist charakteristisch, wie schon Herr Anschütz alle, die diese Voraussetzung, die bisher ja nicht die der Sozialdemokratie gewesen ist, nicht gelten lassen, als neue Reichsfeinde in Acht und Bann tun möchte, die über den Neubau nicht mitzureden hätten, als wackerer Ideologe der bereits einsetzenden Praxis, die braven Sozialdemokraten als Schöffen, Stadtverordnete, Reserveoffiziere, ja als Privatdozenten zu bestätigen, die schlimmen aber ins Gefängnis zu stecken.
Wir aber begnügen uns zunächst mit der Feststellung, daß die hier inaugurierte Arbeitsgemeinschaft von der einen Seite dahin aufgefaßt wird, daß an den prinzipiellen Grundlagen der herrschenden Politik nichts Wesentliches geändert werden soll und wollen nun sehen, was sonst an Reformen ins Auge gefaßt wird. Herr Anschütz entwirft ein ganzes Staatsprogramm, das den Partikularismus, besonders den preußischen, zurückdrängen und den Reichsgedanken stärken soll. Das Programm sieht so aus:
„Die Reichsleitung muß die einzige, muß *die* Reichsregierung werden. Eine im Kaiser gipfelnde, durch dessen Minister, den Reichskanzler und die Staatssekretäre (deren Verantwortlichkeit gegenüber dem Reichstag schärfer zu betonen und durch geeignete Einrichtungen auszubauen wäre) tätige Reichsregierung, auf welche die jetzt vom Bundesrat ausgeübten Regierungsgewalten übergehen. Der Bundesrat wird aus einem regierenden zu einem parlamentarischen Faktor, zu einem neben den

Reichstag tretenden – einflußreichen – Reichsoberhaus, welches zugleich die Funktionen eines Staatsrates versieht. Hierdurch wird der Kaiser wahrhaft erst zu dem, wozu ihm jetzt noch manches fehlt: zum monarchischen Oberhaupt des Reiches, des ganzen deutschen Volkes. Diese Erhöhung des Kaisertums liegt sicherlich im Sinne der überwiegenden Mehrheit des Volkes – ganz gewiß dann, wenn man, wie soeben gefordert, in der ministeriellen Organisation der kaiserlichen Regierung und ihrem Verhältnis zum Parlament die Grundsätze des Konstitutionalismus streng zur Geltung bringt . . . Ein deutsches Kaisertum, so echt monarchisch wie ehrlich konstitutionell, das sei das Ziel der Zukunft. Es ist der Traum unserer Väter, derer, die in den Jahren 1848 und 1849 der deutschen Einheit und Freiheit eine erste Bahn brachen, der Plan der Frankfurter Nationalversammlung: das Kaisertum auf demokratischer Grundlage und mit demokratischen Einrichtungen."
Zur Erreichung dieses Zieles ist auch die Reform des preußischen Wahlrechtes nötig. Das Ideal wäre die Ausdehnung des Reichstagswahlrechtes auf Preußen. Läßt es sich nicht auf einmal erreichen, so wird man sich, sagt Professor Anschütz, mit Teilreformen begnügen dürfen. Das erste und mindeste wäre die Einführung der direkten und geheimen Wahl. Dann käme „ein Plural- oder Mehrstimmenrecht (welches aber nicht lediglich als Bevorrechtung der Besitzenden auszugestalten wäre) oder schlimmstenfalls eine anderweite, demokratischere Abgrenzung der als solche beizubehaltenden Wählerabteilungen" in Betracht. Ein Übergewicht der Sozialdemokratie braucht nicht befürchtet werden. Denn: „Ist etwa der Wille des Abgeordnetenhauses in Preußen Gesetz und nicht vielmehr erst das, was auch noch die Zustimmung des Herrenhauses und der Staatsregierung gefunden hat?" Und in der Tat, selbst wenn der Plan eines anderen Professors verwirklicht, in die Herrenhäuser auch Arbeiter berufen würden, diese Kammern blieben sicher von allzu großem sozialdemokratischen Einfluß bewahrt.
Erhöhung des Kaisertums, Verwandlung des Einkammersystems in ein Zweikammersystem im Reich, Pluralwahlrecht in Preußen – es ist alles da, der besonnene Fortschritt kann beginnen, die Träume von 1848 in einiger Zeit in die wiederholt in Aussicht gestellte Erfüllung gehen – und zugleich ist die Grundlage für die Arbeitsgemeinschaft der Klassen gewonnen. Mein Herz, was willst du noch mehr?
Doch auch für das Mehr ist gesorgt. Unter den mitarbeitenden Professoren ist eine Anzahl jener Kathedersozialisten, die auch schon vor dem Krieg für Sozialreformen eingetreten sind. Sie sehen mit Recht in den Kriegserfahrungen einen neuen Beweis für die Nützlichkeit der Sozialreform gerade auch für die staatlichen Machtzwecke. Sie treten daher in ihren Aufsätzen für Fortführung und Ausbau der Sozialreform ein, wobei man freilich manches schärfer präzisiert wünschen könnte und namentlich die Forderung gesetzlicher Verkürzung der Arbeitszeit vermißt. Sie erwarten, daß die Haltung der Sozialdemokratie, und namentlich der Gewerkschaften, die Widerstände der Staatsgewalt gegen die Sozialpolitik und die Bewegungsfreiheit der Arbeiterverbände beseitigen werde. Einzelne von ihnen gehen noch einen Schritt

weiter und sehen in den Tendenzen zum Staatskapitalismus ein begrüßenswertes Kompromiß zwischen individualistisch-bürgerlichen und sozialistisch-proletarischen Prinzipien. Sie sehen mit Vertrauen der positiven Mitarbeit der Arbeiterschaft auf all diesen wirtschaftlichen Betätigungsfeldern entgegen und fordern dafür die Gleichberechtigung der Arbeiter in Politik und Verwaltung. *Jaffé* erblickt sogar in dieser rein wirtschaftlichen Betätigungsrichtung der Arbeiterklasse ein Moment, das sie von der angeblichen Überschätzung der politischen Tätigkeit abbringen werde, eine Auffassung, die deshalb uns sehr charakteristisch erscheint, weil sie zeigt, wie sehr die politischen Prinzipienfragen, deren Entscheidung uns die Hauptsache ist, für die bürgerlichen Verfasser mit dem Sieg der Staatsmacht, wie er sich während des Krieges gezeigt hat, eigentlich als schon entschieden gelten.
Im Grunde ist es die alte Lehre von dem sozialen Königtum der Hohenzollern, die uns hier in etwas unpersönlicherer Fassung entgegentritt, entkleidet der polemischen Form gegen die Sozialdemokratie, von der man jetzt nicht mehr die Ablehnung dieses Standpunktes erwartet. Nach Anerkennung der bestehenden Staatseinrichtungen eröffnet sich so zwischen Sozialdemokraten und Professoren auf dem Gebiete der Sozialreform die „Arbeitsgemeinschaft im neuen Deutschland". Und gewiß wird man dieses Eintreten der Professoren für politische Gleichberechtigung und soziale Reformen gerne begrüßen, wenn man auch ihren Einfluß auf die führenden kapitalistischen Schichten und deren politische Vertreter sicher nicht zu hoch einschätzen darf.

IV.

Wie steht es aber nun in diesem Buche mit der Vertretung der sozialdemokratischen Weltanschauung, für die ja zehn Mitarbeiter berufen waren? Davon zu sprechen ist Verlegenheit. Zehn Sozialisten und kein Wort von Sozialismus, zehn Demokraten und kein Wort von Demokratie! Oder nein, das Wort ist wohl manchmal gefallen, aber vom Geiste fehlt die Spur. Nicht daß etwa unsere Wortführer was gegen unser Programm oder unsere Parteianschauungen sagten. Die Forderungen, die wir an die staatliche Sozialpolitik oder an die Gemeinden zu stellen haben, werden ausführlich und mit gewohnter Fachkenntnis erörtert, die politische Gleichberechtigung in Reich und Staat als Erfüllung einer Selbstverständlichkeit behandelt. Darüber hinaus wird die Leistung, die die Sozialdemokratie für die Kriegführung vollbracht hat, ausführlich und mit Genugtuung geschildert. So schreibt Genosse *Noske:*

„Die deutsche Sozialdemokratie fügte sich nicht nur dem harten Muß. Total falsch ist die einmal aufgestellte Behauptung, sie habe, um die politischen Vereine, die Zeitungen, die Millionenwerte darstellen und Tausende von Angestellten beschäftigen, zu retten und um die gewerkschaftlichen Organisationen vor Nachteilen zu bewahren, mit innerem Widerstreben gute Miene zum bösen Spiel gemacht, als sie den Kriegsausgaben

zustimmte. Es wurde vielmehr aus ehrlichster Überzeugung jede Beeinträchtigung deutscher Interessen vermieden und mit restloser Hingabe von Kraft, Gut und Blut versucht, nach Möglichkeit Volk und Vaterland vor Schaden zu bewahren."
Und weiter:
„Aus fester Überzeugung hat der größte Teil der sozialdemokratischen Zeitungen sich entschieden die Betonung der Gerechtigkeit des von Deutschland geführten Kampfes, als unserem Volke aufgezwungen, zur Aufgabe gemacht. Mehr wie eine Million sozialdemokratischer Blätter gehen täglich ins Land hinaus. Viele tausend Exemplare gelangen in die Schützengräben und an die Kampffront. Eines besonders großen Vertrauens erfreut sich die sozialdemokratische Presse bei ihren Lesern. Befestigung des Zutrauens zur Sache unseres Vaterlandes, Weckung des Verständnisses für die unabwendbaren wirtschaftlichen Schäden, die der Krieg im Gefolge hat, die Beschwichtigung des jeden Tag von neuem keimenden Unwillens über die Teuerung, Erhaltung höchster Opferbereitschaft bei den Kämpfern ließen sich die meisten unserer Zeitungen angelegen sein. Auch wenn sie Entgleisungen bei der Beurteilung des Auslandes entgegentrat oder innerpolitische Maßnahmen forderte, beziehungsweise bekämpfte, erwies die sozialdemokratische Presse sich als einsichtsvolle Förderin der Sache Deutschlands."
Und über die Haltung der Gewerkschaften schreibt Noske:
„Ein ganz besonderes Maß von Hingabe an das Vaterland sowie verständnisvollstes Verhalten gegenüber der bedrängten Lage des gesamten Volkes durch Zurückstellung von Wünschen und Forderungen ihrer Mitglieder haben die deutschen Gewerkschaften bekundet. Als wirtschaftliche Kampfesorganisationen sind sie nach Überwindung riesigster Hindernisse, die Unternehmer, Regierungen und Behörden ihnen entgegentürmten, groß und stark geworden. Die beste Kampfregel war noch immer, jede sich darbietende günstige Gelegenheit zur Erringung eines Vorteils auszunützen. Aber unter wechselnden Verhältnissen während des Krieges haben auch die Gewerkschaften aufs strengste den Burgfrieden gewahrt. Die organisierten Arbeiter leisten angesichts der Notlage des Vaterlandes Verzicht darauf, aus ihrer Unentbehrlichkeit Vorteile zu erkämpfen, wozu sie sehr wohl imstande gewesen wären. Die Organisationen taten für das Vaterland erheblich mehr. Ihre großen Mittel verwendeten sie darauf, gärender Unzufriedenheit entgegenzuwirken, indem sie meist weit über die durch ihre Satzungen festgelegten Grenzen hinaus den brotlos gewordenen Mitgliedern durch Unterstützungen über die schwere Zeit der Arbeitslosigkeit hinweghalfen. Daß eine andere Haltung möglich gewesen wäre, lehren die zahlreichen Lohnbewegungen während des Krieges in England."
Ähnliche Ausführungen finden sich auch in den meisten anderen sozialdemokratischen Beiträgen.
Am weitesten im Sinne der Arbeitsgemeinschaft der Klassen sind wohl die Ausführungen *Winnigs* gehalten, wenn er schreibt:

„Die Masse des Volkes weiß und fühlt, daß das Schicksal der Nation und ihres organisatorischen Ausdrucks: des Staates auch ihr Schicksal ist. Sie bestaunt den Staat nicht mehr als eine über den Wassern schwebende Urgewalt, sondern sie erkennt die Abhängigkeit seines Wesens von den frei wirkenden Kräften des Volksganzen und strebt und ringt, ihm mehr und mehr ihr eigenes Wesen einzuhauchen. Sie fühlt sich wirtschaftlich, politisch und kulturell an dieser durch den Staat ausgedrückten Gemeinschaft beteiligt und an sie gebunden. Ihr wirtschaftliches Wohlergehen hängt ab vom Stande der nationalen Volkswirtschaft, die der Bewegungsfreiheit bedarf, um sich entwickeln zu können. Ihre gewerkschaftlichen Organisationen können nur dann Lohn und Arbeit günstig beeinflussen, wenn Handel und Wandel blühen. So ist die Masse der Arbeiterschaft an dem Schicksal der nationalen Volkswirtschaft und dadurch an der politischen Geltung der Staatsgemeinschaft interessiert und so fühlt sie sich bei der Abwehr der Gefahren, die dieser von außen drohen, mit der Gesamtheit des Volkes solidarisch verbunden."

Hier werden der Lehre von der Harmonie der Klassen, die die Haltung des alten englischen Tradeunionismus bestimmte, schon recht bedenkliche Konzessionen gemacht und es entspricht nur solchen Auffassungen, wenn die Internationale von Winnig nicht als die notwendige Voraussetzung und Ermöglichung proletarischer Klassenpolitik in jedem einzelnen Lande betrachtet wird, sondern als eine zweckmäßige Veranstaltung zur besseren Vertretung einzelner Forderungen, namentlich sozialpolitischer, deren internationale Durchführung geringerem Widerstand begegnet als die einzelstaatliche. Solche internationalen Beziehungen sind dann freilich prinzipiell nicht mehr verschieden von den internationalen Veranstaltungen der Agrarier oder Bimetallisten, und der Nachweis, daß die internationale Gesinnung des Proletariats und die nationale des Bürgertums keine Gegensätze sind, läßt sich dann leicht erbringen.

Aber das alles, wenn es sich auch von unserer eigenen Auffassung weit entfernt, ist für uns hier nicht das Entscheidende. Uns handelt es sich um etwas anderes. Wir haben gesehen, wie im Grunde die Arbeiten der Professoren alle mit einem enthusiastischen Bekenntnis zu den Grundlagen der herrschenden Machtpolitik enden. Und demgegenüber wäre wohl die Erwartung nicht zu unberechtigt gewesen, von den Vertretern unserer Weltanschauung ein gleich offenes Bekenntnis zum Sozialismus und zur Demokratie zu hören. Davon ist leider keine Rede. Von der großen Neugestaltung der Welt, zu der wir die Arbeiterklasse berufen glauben, die der Weltkrieg als unmittelbare Aufgabe ihrer Politik gestellt hat, wird nichts gesagt. Von den dem Sozialismus eigentümlichen Grundsätzen über die Beziehungen der Völker erfährt man eigentlich nur aus der Polemik, die Professor Meinecke in seiner Vertretung der Machtpolitik gegen unsere „pazifistischen" Grundforderungen führt. Man sage nicht, daß solche Ausführungen unseren Genossen im Banne des Burgfriedens unmöglich gewesen wären. Das gilt vielleicht für uns an dieser Stelle. Aber wenn in einer solchen Kundgebung unsere Vertreter nicht hätten reden können, so hätten sie ganz schweigen müssen. Daß sie aber hätten reden können, zeigen die Ausführungen der bürgerlichen Gelehrten, die gerade an die Grundprobleme ohne Scheu herantreten. In Wahrheit wäre freilich solches Reden mit dem Zweck des Buches schwer vereinbar gewesen. Will man Arbeitsgemeinschaft, dann freilich heißt es auf das grundsätzlich Scheidende verzichten. Und das Grundsätzliche, das wirklich die Klassen Trennende, das ist heute nicht Sozialreform und nicht die Bestätigung von Schöffen und Stadtverordneten, ja nicht einmal die preußische Wahlreform, sondern die Stellung zur Staatsmacht, die Frage: Machtpolitik und Imperialismus oder Demokratie und Sozialismus. Indem unsere Parteigenossen diese Frage beiseite gelassen haben, haben sie kampflos den bürgerlichen Professoren das politische Feld überlassen und es ist ihre Schuld, wenn am Schlusse des Buches – der Bürgerliche behält das letzte Wort! – Herr Thimme für die Zukunft die positive politische Haltung der Sozialdemokratie zum Staate verkünden kann.

Das dort Versäumte hier nachzuholen, zu zeigen, welche Konsequenzen der Sozialismus aus der großen Katastrophe zu ziehen habe, welche gewaltigen, weltumfassenden Aufgaben der Demokratie gestellt sein werden, will sie nicht auf lange Zeit hinaus auf jede Wirksamkeit verzichten, das ist uns leider hier versagt. Wir müssen uns begnügen, vor den Gefahren zu warnen, die der Partei und ihrem Wesen, wie wir es bisher kannten und liebten, erwachsen aus der politischen Bedürfnislosigkeit, aus der Resignation und dem Verzweifeln an unserer eigentlichen Aufgabe, die aus den Ausführungen der Sozialdemokraten zu uns sprechen. Und damit erschöpft sich auch für uns die Bedeutung des Buches. Diese geistige Arbeitsgemeinschaft wurde nur möglich, weil auf dem Gebiete, wo die Professoren tatsächlich den Standpunkt der bürgerlichen Welt einnehmen, auf dem Gebiete der Machtpolitik, sich die Sozialdemokraten ihnen überhaupt nicht stellten; auf anderen Gebieten, wie dem der Sozialpolitik begegnen sich zwar Sozialdemokraten und Professoren in manchem der Ziele (wenn auch nicht der Motive), aber da vertreten die Professoren leider nicht die maßgebenden bürgerlichen Schichten. Und so wird die Arbeitsgemeinschaft wohl ,,geistig" bleiben müssen, weil sie nicht real werden wird. Denn die Realität nach dem Kriege wird mit der des Krieges weniger Ähnlichkeit haben, als die ,,Realpolitiker" heute noch glauben mögen.

(In: Der Kampf, 8. Jg., Nr. 10, Oktober 1915, S. 321–329).

Europäer, nicht Mitteleuropäer! (1915)

Der nachfolgende Aufsatz trägt Hilferding heftige Kritik seines Freundes Karl Renner ein (Wirklichkeit oder Wahnidee?, in: Der Kampf, 9. Jg. 1916, Januar, Nr. 1). Hilferding argumentiere allzu gelehrt für die Politik. In der Tat begnügt sich Hilferding mit der wirtschaftspolitischen Zurückweisung der Mitteleuropa-Vision des Gründers des Nationalsozialen Vereins Friedrich Naumann.
Naumann meint mit seiner Idee eines „Mitteleuropa" zwischen Rußland auf der einen, und Frankreich und England auf der anderen Seite insbesondere den Zusammenschluß des Deutschen Reichs mit der österreich-ungarischen Doppelmonarchie: „Einheitsidee" statt Partikularismus. Diese Vision ist in der Arbeiterbewegung nicht unpopulär, sie gilt in vieler Hinsicht als Verwirklichung der demokratischen Ziele von 1848. Überdies argumentiert Naumann im Stile der Zeit: „Der Geist des Großbetriebes und der überstaatlichen Organisation hat die Politik erfaßt" (Mitteleuropa, S. 4).
Die großdeutsche Lösung herrscht auch in der österreichischen Sozialdemokratie noch bis mindestens 1907 vor. Otto Bauer und Karl Renner befürworten die Reichsidee als geographische und wirtschaftliche Notwendigkeit. Während Renner am mitteleuropäischen Projekt, das den Kriegszielvorstellungen des deutschen Imperialismus mehr als nahe lag, auch während des Weltkriegs festhält, vertritt Bauer 1917 das Nationalitätenprogramm der österreichischen Parteilinken. Insbesondere der tschechische Separatismus hat ihn zu einem Verfechter des Selbstbestimmungsrechts der Nationen gemacht. Die Bekämpfung separatistischer Bestrebungen sei geeignet, zu nationalistischer Hetze zu führen.
Auf diesen Hintergrund bezieht sich Hilferding in seiner Auseinandersetzung mit Naumann nicht. In seiner Antwort auf Renners Kritik daran (Phantasie oder Gelehrsamkeit?, in: Der Kampf, 9. Jg. 1916, Februar, Nr. 2) verdeutlicht er jedoch, warum er Zukunftsvorstellungen über die Zeit nach dem Kriege ablehnt. Ein Mitteleuropa via Zollverein bedeute „die Verstärkung der *Staatsmacht,* über die die Bourgeoisien verfügen, um mittels der Staatsgewalt den ökonomischen Kampf zu führen" — nämlich als Schutzzollpolitik auf vergrößerter Basis. Zollkrieg statt Freihandel könne jedoch nicht zur Herstellung eines dauerhaften Friedens führen. Es wäre überdies „nicht das erstemal in der deutschen Geschichte, daß die Regierungen aus den Ideen und Strebungen der Demokratie ein Werk formten, das die Verwirklichung demokratischer Ideale auf Jahrzehnte verhindert" (S. 63).

Daß der Krieg kein unabwendbares Naturereignis, sondern die Folge einer bestimmten kapitalistischen Wirtschafts- und Machtpolitik, die unmittelbare Fortsetzung der Politik des Schutzzolls, der gewaltsamen Kolonialexpansion und des Wettrüstens zu Wasser und zu Lande ist, kann nicht gut geleugnet werden. Man sollte also meinen, daß diejenigen, die vor dem Kriege diese Politik bekämpft und ihre Folgen vorausgesehen haben, aus dem Kriege eine nur allzu traurige und allzu nachdrückliche Bestätigung ihres Standpunktes ableiten dürfen und nach dem Kriege alle Anstrengungen daransetzen werden, um die Ursachen, die zur Katastrophe geführt haben, zu beseitigen.
Aber der Krieg ist ein gewaltiger Propagandist. In ihm erscheinen die augenblicklichen Machtverhältnisse in einer alles und namentlich das gewöhnliche Denken überwältigenden Wucht. Sie erscheinen als das einzig Reale, als die Wirklichkeit, der gegenüber alle anders gearteten politischen Bestrebungen zu Hirngespinsten sich verflüchtigen, die zu beachten nicht mehr lohne. Und als höchste Realpolitik erscheint, die Machtverhältnisse nach außen wie nach innen einfach zu akzeptieren. Diese Anerkennung der Grundlagen des augenblicklichen Herrschaftssystems nennen die dazu neigenden Sozialdemokraten „Umlernen", und es ist kein Zweifel, daß diese geistige Kapitulation sehr erheblich zur Befestigung des bestehenden Systems beitragen würde, falls es gelänge, die Gefolgschaft erheblicher Teile der Arbeiterklasse für diese Taktik zu erhalten. Daß der Krieg selbst neue Tendenzen auslöst oder schon vorhandene, aber bisher noch nicht offenbar gewordene unerwartet stärken kann, wird trotz aller geschichtlichen Erfahrung vergessen.
Andererseits hat der Krieg die letzten Widerstände gegen die imperialistische Politik im Lager des Bürgertums beseitigt, und seine politischen Wortführer unterscheiden sich höchstens noch in den Einzelheiten, in der Art und Weise, wie sie die Grundlagen für diese Politik verstärken und verbreitern wollen. Der Trost, der bei Beginn des Krieges der Menschheit über seine Schrecken hinweghelfen sollte, dies sei der letzte Krieg, ist bereits der Sorge um die Bereitschaft für den „nächsten Krieg" gewichen, dessen Ziele Herr Rohrbach, der unermüdliche Agitator des deutschen Imperialismus, ja bereits zur Diskussion gestellt hat.
Die Sorge um solche Bereitschaft ist auch der Grundgedanke eines neuen Buches von Naumann, das er „Mitteleuropa" nennt.[1]
War man bis zum Kriege und in seiner ersten Zeit der Ansicht, daß die Zusammenballung der Koalition gegen Deutschland und Österreich auf Verfolgung einer Politik beruhte, die eben, da sie zum Kriege führte, ihre Fehlerhaftigkeit bewiesen hatte, so nimmt Naumann dieses Ergebnis als unabänderlichen Ausgangspunkt seiner künftigen Politik. Der bewaffnete Friede führte zum Krieg, der Krieg wird — so meinen Naumann und viele mit ihm — wieder zum bewaffneten Frieden führen, der nur durch noch größeren Umfang und gesteigerte Intensität der Rüstungen sich von dem früheren unter-

---

1 „Mitteleuropa", von Friedrich Naumann, Berlin, bei Georg Reimer.

scheiden werde. „Man denke doch nicht", versichert Naumann, „daß am Schlusse dieses Krieges schon das lange Jubeljahr des *ewigen Friedens* beginnt! Ohne Zweifel zwar wird es viel allgemeine Friedensstimmung geben, denn Kriegsopfer und Kriegssteuern reden eine eindringliche Sprache, und wir alle werden dann noch mehr als vorher darauf bedacht sein, leichtfertige Kriegstreiber zur Ruhe zu verweisen und Verständigung der Völker zu suchen, aber anderseits wird der Krieg eine unglaubliche Anzahl ungelöster, neu entstandener und alter Probleme hinterlassen, wird Enttäuschungen und Hoffnungen geweckt haben, die sich in weiteren Rüstungen äußern. Alle Kriegsministerien, Generalstäbe und Admiralitäten werden über die Lehren des vergangenen Krieges nachdenken, die Technik wird auch wieder neue Waffen erfinden, die Grenzbefestigungen werden noch breiter und vor allem länger angelegt werden."

Naumann wirft nun nicht etwa die Frage auf, ob es denn keine andere Methode gäbe für die Lösung der vielen ungelösten wirtschaftlichen und politischen Probleme als den Krieg oder die beständige Kriegsdrohung, die der bewaffnete Friede bedeutet. Der Mann, der sich einst als Demokrat bezeichnet hat, obwohl er und seine nationalsozialen Freunde nie etwas anderes waren als die Schrittmacher der herrschenden Machtpolitik, mochten sie sich später welcher Partei immer anschließen, denkt gar nicht daran, daß es auch eine demokratische Regelung der Völkerbeziehungen geben könnte, die, gestützt auf die Erkenntnis von der internationalen Solidarität der arbeitenden Menschheit, die Völkerbeziehungen von Grund aus umgestalten und an Stelle der Gewalt die Rechtsorganisation der vereinigten und freien Völker setzen will. Zwar ist dies die entscheidende Grundfrage jeder künftigen Politik: denn ohne demokratische auswärtige Politik ist wahrhafte Demokratie auch im Innern unmöglich. Wo alle Energie der Nationen auf die kriegerische Bereitschaft eingestellt sein muß, wo alle Kraft auf die Herstellung eines möglichst gewaltigen Machtapparates konzentriert wird, der seiner Natur und seinem Zweck nach als Instrument des Staates und Werkzeug seiner herrschenden Schichten streng oligarchisch gegliedert sein muß, da ist kein Raum für wahrhafte Demokratie, für die Autonomie, das freie Selbstbestimmungsrecht der Nation; der Machtapparat nach außen bleibt zugleich Herrschaftsmittel im Innern, das Mitbestimmungsrecht der Nation stößt fortwährend an die Schranke der herrschenden Machtverhältnisse. Naumann aber hat für diese Probleme nichts übrig, er entscheidet sich für die Machtpolitik und fragt nur danach, wie die Macht des Deutschen Reiches gegenüber den anderen Mächten befestigt und vergrößert werden kann.

Die Antwort liegt auf der Hand. Es ist die Verewigung der augenblicklichen politisch-militärischen Situation. Das Bündnis der Zentralmächte soll zu einer dauernden „Schützengrabengemeinschaft" ausgestaltet werden, Mitteleuropa zu einer militärischen Einheit gegen England und Frankreich auf der einen, Rußland auf der anderen Seite organisiert werden. Das „dritte Reich" – kein Reich des Geistes – tritt waffenstark und machtgebietend in die kriegserneute Welt.

Dem obersten militärischen Zwecke ordnet Naumann alle anderen unter.

Um die Wehrgemeinschaft zwischen Deutschland und Österreich-Ungarn und dem übrigen, was gegebenenfalls noch darankommt, zu einer dauernden zu machen, sollen beide Staaten zu einer Wirtschaftsgemeinschaft werden. Der Schützengrabengemeinschaft entspricht wirtschaftlich die Schutzzollgemeinschaft. Eine Zwischenzollinie soll einzelne schwächere Industrien schützen und den Übergang erleichtern. Die kartellierten Industrien sollen ihren Besitzstand durch staatlich garantierte Syndikatsverträge wahren. Dem Auslande gegenüber aber soll Mitteleuropa eine Einheit bilden.

Der Militär- und Wirtschaftsverband bedarf gewisser gemeinsamer Organe zur Durchführung der die Gemeinschaft begründenden Staatsverträge. Diese Organe sind von den Regierungen ernannte Kommissionen von Beamten, ein mitteleuropäischer bürokratischer Regierungsapparat, dessen Beschlüsse der Zustimmung der einzelnen Regierungen und der Parlamente bedürfen.

Die Idee „Mitteleuropa" ist ein Angstprodukt. Sie ist aus der Besorgnis geboren, wie sich nach dem Kriege die wirtschaftlichen Beziehungen gestalten werden, wenn die Gegensätze zwischen den Großstaaten fortdauern sollten. Vor allem steht die Frage im Vordergrund, ob England sein bisheriges Freihandelssystem auch nach dem Kriege aufrechterhalten wird. Es ist dies so recht *die* Frage für die deutsche Wirtschaft.

Nun darf man wohl annehmen, daß der Krieg die Schutzzollströmung in England stärken wird. Aber damit ist noch lange nicht gesagt, daß der Sieg des Schutzzolls in England gewiß ist. Er wird wieder wie zur Zeit Chamberlains nicht nur auf den Widerstand der Handels- und Reederkreise sowie eines Teiles der Fertigfabrikation stoßen, sondern vor allem auf den der englischen Arbeiterklasse, die gegen eine weitere künstliche Verteuerung der durch den Krieg ohnedies außerordentlich gestiegenen Lebenskosten sich mit aller Macht zur Wehr setzen muß. Und gegen ihren Widerstand läßt sich in England die Änderung der Handelspolitik kaum durchsetzen. *Wenn es aber ein Mittel gibt, dem Schutzzoll in England den Sieg zu verschaffen, dann ist es die Bildung eines mitteleuropäischen Wirtschaftsgebiets,* die ihre Spitze vor allem gegen England richtet, die englische Industrie zu Gegenmaßregeln zwingt und eine Solidarität zwischen allen Klassen des englischen Volkes und allen Teilen des englischen Weltreiches erzeugen müßte. Nichts falscher und nichts gefährlicher als die Meinung, der englische Schutzzoll sei etwas Unvermeidbares. Der Glaube ist ja sehr verbreitet, daß der Krieg entsprungen sei aus dem Konkurrenzneid Englands, aus seinem Streben, die deutsche Industrie gewaltsam zu vernichten. Und doch ist es nur ein Aberglaube. „Eine Zeitlang", sagt Kautsky, „nach dem Zusammenbruch seines Industriemonopols in den Siebzigerjahren des vorigen Jahrhunderts, stagnierte die englische Industrie, indes die deutsche rasch aufblühte. Damals in den Achtziger- und namentlich in den Neunzigerjahren wurde die deutsche Industrie in England gefürchtet. Aber weder zum Schutze seines Industriemonopols noch später zur Abwehr der deutschen Industrie hat es je einen Krieg geführt oder geplant. In der Zeit seines Industriemonopols war es zum Freihandel übergegangen, und nicht einmal den hat es später aufgegeben, um

sich der deutschen Industrie zu erwehren, und jetzt soll es zu diesem Zweck einen Weltkrieg entfesselt haben, der es selbst verwüstet?!
Im letzten Jahrzehnt ist vielmehr die Furcht der Engländer vor der deutschen Industrie erheblich zurückgegangen, denn die englische Industrie hat die Periode ihrer Stagnation überwunden und wieder einen glänzenden Aufstieg genommen. Gleichzeitig aber entwickeln sich rapide Konkurrenzindustrien in allen Teilen der Welt, sogar in den englischen Kolonien. Die Vernichtung der deutschen Konkurrenz, selbst wenn sie möglich wäre, würde nichts weniger als die Vernichtung jeder Konkurrenz für England bedeuten. Sie käme den nicht englischen Industrien bei ihrem Absatz, zum Beispiel nach China oder Südamerika, noch mehr zugute als der englischen.
Alles das bewirkte, daß gerade ein Jahrzehnt vor dem Kriege die Furcht vor der deutschen industriellen Konkurrenz in England sehr stark zurückgegangen ist."
Aber man denke ja nicht, daß etwa der einfache Übergang Englands zum Schutzzoll die einzige Wirkung eines mitteleuropäischen Schutzzollbündnisses wäre. Das Problem liegt denn doch etwas komplizierter. Wenn Deutschland, Österreich und ein paar Kleinstaaten sich gegenseitig Zollprivilegien gewähren und gegen die übrige Welt geschlossen auftreten, was liegt dann näher, als *daß England, Frankreich, Rußland und Italien sich wirtschaftlich verständigen untereinander und gegen das „feindliche" Mitteleuropa?* Das wäre allerdings das beste Mittel, die unselige, durch eine falsche und schlechte Machtpolitik erzeugte Konstellation, die West- mit Osteuropa gegen die Zentralmächte vereint hat, auch für die Zukunft zu erhalten, einen Frieden zu schaffen, der nur die Fortsetzung des Krieges mit wirtschaftlichen Mitteln wäre. Was aber ein wirtschaftlicher Bund der Weltmächte bedeutete, braucht wohl nicht näher angeführt zu werden. Nur an das eine wollen wir noch erinnern, daß für die Handelspolitik jedes kapitalistisch vorgeschrittenen Staates Rußland das wichtigste Problem ist. Es ist zu erwarten, daß nach dem Kriege – von der Regierung mit allen Mitteln gefördert – die industrielle Entwicklung Rußlands ein noch beschleunigteres Tempo einschlagen wird als in den letzten Friedensjahren. Das bedeutet, da die russische Industrie weder den inneren Markt für Fertigfabrikate allein versorgen kann und noch weniger die Produktionsmittel für eine rasch sich ausdehnende neue Industrie zu liefern vermag, eine große Nachfrage nach Waren und Kapital! Und da sollen Deutschland und Österreich eine Wirtschaftspolitik machen, die dieses gewaltige, in stürmischer Entwicklung begriffene Wirtschaftsgebiet England, Frankreich und ihren Bundesgenossen reserviert, England die beste Gelegenheit gäbe, eine chemische und elektrische Industrie, die bisher neben der deutschen nicht recht vorankommen konnte, zu entwickeln und seine industrielle Entfaltung auf Kosten der deutschen und österreichischen zu steigern?
Wenn man also nicht wie Naumann „mitteleuropäisch" denkt, sondern vernünftig, so erkennt man, daß es für die künftige politische und wirtschaftliche Entwicklung der europäischen Menschheit kaum eine größere Gefahr geben kann als diese Wahnidee eines mitteleuropäischen Schutzzollbündnisses.

Die wirtschaftlichen Vorteile werden — und das gibt Naumann selbst halb und halb zu — weit überboten durch wirtschaftliche Nachteile. Nicht aus wirtschaftlichen, sondern aus machtpolitischen Interessen — um der deutschen Machtpolitik die militärische Kraft der mitteleuropäischen Bevölkerung dauernd zur Verfügung zu stellen — ist der Gedanke geboren. Politisch bedeutet er deshalb auch die Kampfstellung der Mittelmächte gegen das übrige Europa, bedeutet er, daß der bewaffnete Friede seine angenehme Ergänzung fände durch den *Zollkrieg in Permanenz*, daß die weltpolitische Spannung auch nach dem Kriege fortdauere.

Wie steht nun das handelspolitische Problem, wenn man die Frage nicht vom Standpunkt einer falschen und in neues Verderben führenden Machtpolitik, sondern wirtschaftspolitisch betrachtet. Von dem deutschen Gesamthandel, der 1913 in der Einfuhr 10 770 Millionen Mark, in der Ausfuhr 10 096 Millionen Mark umfaßte, betrug der Verkehr mit Österreich-Ungarn in der Einfuhr 1 104.8, in der Ausfuhr 827.3 Millionen Mark, also noch nicht den zehnten Teil. Dagegen betrug Deutschlands

	Einfuhr aus	Ausfuhr nach
	in Millionen Mark	
Belgien samt Kongostaat	355.3	553.6
Frankreich samt Kolonien	665.5	805.0
Großbritannien samt Kolonien (einschließlich Ägypten)	2 209.2	1 849.2
Italien	317.9	393.8
Rußland	1 469.8	977.5
Summe	5 017.7	4 579.1

Dazu kommt noch der Handel mit den Vereinigten Staaten mit 1 722.7 Millionen Mark Einfuhr und 724.2 Millionen Mark Ausfuhr, während der Handel mit Bulgarien (8.8 und 30.3 Millionen Mark) und der Türkei (74.1 und 98.9 Millionen Mark) nicht gerade allzusehr ins Gewicht fällt. Schon diese bloße Aufzählung der Gesamtzahlen zeigt, was eine eingehende Analyse der Einzelposten erst recht erhärten würde, welcher Wahnsinn es vom wirtschaftlichen Gesichtspunkt wäre, wenn Deutschland wegen einer problematischen Besserung seines österreichisch-ungarischen Wirtschaftsverkehrs seine Handelsbeziehungen mit der übrigen Welt — und die Vereinigten Staaten müßten im Moment einer handelspolitischen Differenzierung zugunsten Österreichs gleichfalls zu der Gegenseite gezählt werden — trüben lassen würde.

Aber wie steht die Frage vom österreichischen Standpunkt? Von seinem Gesamthandel im Jahre 1913 (Einfuhr 2 885 Millionen Mark, Ausfuhr 2 349

Millionen Mark) machte die Ausfuhr nach Deutschland 830 Millionen Mark, die Einfuhr von Deutschland 1 100 Millionen Mark aus. Erst in ziemlich weitem Abstand folgen die anderen Länder:

	Einfuhr aus	Ausfuhr nach
	in Millionen Kronen	
Britisches Reich	531.0	407.3
Frankreich und Kolonien	122.7	84.3
Rußland	202.4	103.3
Italien	169.0	215.6
Belgien und Kongo	42.6	27.4
Summe	1 067.7	837.9
Vereinigte Staaten	323.3	70.2

Die Beziehungen mit Deutschland sind also für Österreich tatsächlich die wichtigsten. Nur leider, daß die Entwicklung dieser Beziehungen gerade in Österreich nicht sehr günstig beurteilt wird. Die Einfuhr Österreichs nach Deutschland besteht der Hauptsache nach in Produkten der Land- und Forstwirtschaft, die deutsche Ausfuhr wesentlich aus Industrieprodukten. Über die Gestaltung des österreichisch-deutschen Handels gibt folgende Tabelle Aufschluß:

Jahr	Einfuhr aus Deutschland in Millionen Kronen	Ausfuhr nach Deutschland in Millionen Mark
1890	440 (1891)	583
1900	635	704
1905	804	752
1906	–	810
1907	993	813
1908	1 010	751
1909	1 081	754
1910	1 186	759
1911	1 282	739
1912	1 441	830
darunter Fabrikate	800	230

Philippovich, selbst ein Anhänger einer engeren österreichisch-deutschen Gemeinschaft, bemerkt zu dieser Tabelle[2]:

„Die Veränderung in der Handelsbilanz mit dem Jahre 1906, also nach Abschluß des geltenden Handelsvertrages mit Deutschland, tritt in dieser Übersicht deutlich hervor. Der Vertrag wurde von seiten Österreich-Ungarns noch unter dem Einfluß der Erfahrungen der Vergangenheit geschlossen, daß für unsere volkswirtschaftlichen Interessen vor allem Ermäßigungen agrarischer Zölle im Ausland wünschenswert sind. Dadurch wurde der Schutz der Industrien im Inland weniger stark verteidigt. Heute muß jeder, der Einblick nimmt in die Ein- und Ausfuhrzahlen, sich sagen, daß die Voraussetzungen für die Richtung der Handelspolitik nicht mehr in den Tatsachen begründet waren. Das Anwachsen des Konsums der landwirtschaftlichen Produkte im Inland durch die Vermehrung der Bevölkerung und Erhöhung der Kaufkraft wegen zunehmender Industrialisierung haben zweifellos in der Richtung gewirkt, daß die Erhöhung der Preise im Inland die Ausfuhr einschränkte. Aber es muß auch darauf aufmerksam gemacht werden, daß die Intensität der landwirtschaftlichen Produktion, das heißt die Erzielung hoher Erträge durch Verbesserung der Bebauungsmethoden, bei uns nicht in so großem Umfang eingetreten ist wie in Deutschland." Philippovich weist das im einzelnen nach und zeigt, wie unsere Ausfuhr von Bodenprodukten und Vieh zurückgegangen ist, während umgekehrt die deutsche Mehreinfuhr in den wichtigsten Industriezweigen rasch zugenommen hat. Philippovich zieht daraus die Schlußfolgerung: „Es ergibt sich, daß bei Erneuerung der handelspolitischen Beziehungen zwischen Österreich-Ungarn und Deutschland von unserer Seite dafür gesorgt werden muß, daß unserer aufstrebenden Industrie der nötige Schutz verbleibt, bis auch sie in der Lage ist, den freien Wettbewerb mit der deutschen auszuhalten." Und damit sind wir bei einem sehr wichtigen Punkt angelangt.

Das Zeitalter des Finanzkapitals hat äußerlich eine oft verblüffende Ähnlichkeit mit der Politik des Frühkapitalismus. Auch damals das Streben nach Monopolisierung sowohl einzelner Industrie- und Handelszweige im Innern als auch von möglichst großen Teilen des Weltmarktes, auch damals Schutzzoll- und Kolonialpolitik. Und wie damals diese Politik zu den unaufhörlichen Kämpfen der kapitalistisch sich entwickelnden Staaten um die Seeherrschaft und die Handelssuprematie geführt hat, so droht auch jetzt die neumerkantilistische Politik zu einem unaufhörlichen Ringen der Weltmächte um die Herrschaft zu führen, ein Kampf, in dem der gegenwärtige Krieg bei all seiner Furchtbarkeit und trotz aller erschöpfenden Opfer doch nur eine Episode wäre bis zum nächsten entscheidenden Gang. Die Entscheidung über die Wirtschaftspolitik bildet also heute mehr als je zugleich die Entscheidung über Krieg und Frieden, die Entscheidung über die Fortdauer der imperialistischen Rivalität oder den Beginn der Menschheitssolidarität.

---

2 Eugen v. Philippovich, „Ein Wirtschafts- und Zollverband zwischen Deutschland und Österreich-Ungarn", S. Hirzel, Leipzig.

Aber auch vom beschränkten materiellen Interesse der Arbeiterklasse aus — und es gibt trotz der neuesten Überzeugung der Vulgärmarxisten in der Tat noch Höheres als das unmittelbare Einkommeninteresse — ist die Frage des Freihandels heute wichtiger als je. Schon vor dem Kriege war das Problem der Teuerung immer brennender geworden. Der Krieg wird die Wirkung der weltwirtschaftlichen Tendenzen, die zur zunehmenden Teuerung der Lebenshaltung geführt haben, noch akut steigern. Der Verlust an Menschen, die Schädigung des Bodens, die Verminderung des Viehbestandes, die geringere Auswanderung nach den überseeischen Agrarländern und deren verlangsamte Erschließung wird das Preisniveau der agrarischen Produkte dauernd hoch halten, es sei denn, daß eine langandauernde industrielle Depression die Nachfrage nach landwirtschaftlichen Produkten vermindere, was aber ein noch rascheres Sinken des Arbeitseinkommens bedeutete. Gegenüber dieser Teuerung gibt es nur ein wirklich wirksames Mittel: die Beseitigung der Zölle, den Übergang zu einer freihändlerischen Politik.

Naumann freilich, der lieber deklamiert statt zu argumentieren und überreden will, wo er nicht überzeugen kann, geht auch darüber, wie über alle wirklichen Schwierigkeiten, leicht hinweg. Er, der ehemalige Freihändler, findet sich mit dem Schutzzoll so leicht ab wie als ehemaliger Demokrat mit der Machtpolitik. Für ihn ist die Frage eben mit dem Sieg der deutschen Schutzzollparteien entschieden. Anerkennung des Bestehenden ist ja für diese Art „Demokraten" der politischen Weisheit letzter Schluß. Für die Arbeiterklasse aber wird die Aufrechterhaltung des Schutzzollsystems nach dem Kriege noch viel unerträglicher sein als vorher.

Wäre nun aber ein deutsch-österreichischer Wirtschaftsverbund nicht vielleicht ein erster Schritt zu einer mehr freihändlerischen Zukunft? Da nun einmal die Annäherung mit den anderen Staaten schwer zu erreichen sei, bildete dann nicht der deutsch-österreichische Verband einen nachahmenswerten Anfang, wäre die Vereinigung beider getrennter Wirtschaftsgebiete nicht ein Fortschritt? Und wenn der neue Wirtschaftsbund in seiner Handelspolitik sich gemäßigt zeigte, würde dann nicht das Ausland sich mit der neuen Wirtschaftseinheit leicht abfinden können?

Es wäre nun aber eine Verkennung aller politischen Machtverhältnisse, sich einzubilden, daß „Mitteleuropa" anders denn als Hochschutzzollbund zustande kommen würde. Wir haben eben gesehen, daß der letzte Handelsvertrag trotz ziemlich hoher Industriezölle den österreichischen Industriellen keineswegs genügt. Um ihnen eine engere handelspolitische Gemeinschaft überhaupt nur diskutierbar zu machen, müssen die Projektmacher von vornherein eine Zwischenzollinie zwischen Deutschland und Österreich vorschlagen. Nun ist aber die hauptsächlichste industrielle Konkurrenz für Österreich die deutsche. Die Zwischenzölle könnten also nicht viel geringer sein als die geltenden Zölle, die ja den österreichischen Fabrikanten noch zu niedrig scheinen. So betrug der Zoll in Mark für 100 Kilo:

bei	Österreich-Ungarn	Deutschland
	Mark	Mark
Stabeisen	5.20	2.50
Blech	7.65	3.00 – 4.50
Draht	8.00 – 11.94	2.50 – 3.75
Werkzeuge	32.80 – 42.70	15.00 – 28
Lokomotiven	24.25	9.11
Dampfmaschinen und Motoren	15.30 – 85	3.50 – 11
Kammgarn	10.20 – 40.80	8.00 – 24
Teerfarben	15 % vom Wert	frei

Bei einer Reihe anderer Posten ist die Differenz zwar geringer, aber im ganzen sind die österreichischen Industriezölle meist viel höher als die deutschen.

Und nun bedenke man die handelspolitische Situation. In Deutschland hat der Bund der kartellierten Industrien mit den Agrariern die Position der Schutzzöllner zu einer außerordentlich starken gemacht, in Österreich und Ungarn sind die Agrarier allein schon übermächtig, die heute hochschutzzöllnerisch sind und die gesamte Industrie ist es gleichfalls. Die deutschen und österreichischen Schutzzollbestrebungen vereint würden einen Zollbund produzieren, der bei hohen Zwischenzöllen einen noch höheren gemeinsamen Tarif gegen das Ausland festsetzen würde als den bisherigen.

Dazu kommt noch ein anderes. Um eine gegenseitige Vorzugsbehandlung der mitteleuropäischen Staaten möglich zu machen, müßte die Meistbegünstigungsklausel in Wegfall kommen, die zwischen Deutschland und Frankreich durch den Frankfurter Frieden festgelegt worden war und in fast allen Handelsverträgen enthalten ist. Die Klausel verbietet bekanntlich, irgendwelche dritten Staaten besser als die vertragschließenden zu behandeln. Jede einem anderen Staate eingeräumte Begünstigung mußte daher ohne Gegenleistung allen anderen vertragschließenden Mächten zugestanden werden. Die Meistbegünstigungsklausel war daher ein wirksames Mittel, Zollermäßigungen zu verallgemeinern, die Absperrungstendenzen zu mildern. Ihr Wegfall vergrößert die Gefahr von Zollkonflikten, engt die Wirkung von Zollermäßigungen bedeutend ein und erschwert den Abschluß von Handelsverträgen.

Daß aber unsere Ausführungen nicht etwa theoretische Befürchtungen sind, beweisen die Beschlüsse, die im Juli dieses Jahres von Vertretern des Zentralverbandes deutscher Industrieller, des Bundes der Industriellen, des Bundes der Landwirte, der christlichen Bauernvereine, des Deutschen Bauernbundes und des Reichsdeutschen Mittelstandsverbandes gefaßt worden sind und vom Kriegsausschuß der deutschen Industrie im allgemeinen gutgeheißen wurden. Die Forderungen der Repräsentanten der deutschen Industrie und Landwirtschaft sind nun die folgenden:
   a) Erhöhung verschiedener landwirtschaftlicher Zölle;
   b) *Einschränkung der Meistbegünstigungsklausel* fast bis zur völligen Preisgabe derselben;

c) Festlegung einer gegenseitigen deutsch-österreichischen Vorzugsbehandlung durch Erklärung einer größeren Anzahl der gegenwärtigen beiderseitigen Vertragszölle als Vorzugszölle und Erhöhung dieser Vertragszölle gegenüber allen anderen Staaten.

Als hochschutzzöllnerischen Kampfverband wollen also die maßgebenden Träger der deutschen Wirtschaftspolitik die deutsch-österreichische Wirtschaftsgemeinschaft gründen und die Träger der österreichisch-ungarischen Wirtschaftspolitik sind womöglich noch hochschutzzöllnerischer als die deutschen. Daß das den Interessen der Arbeiterklasse, ihrer Friedenspolitik wie ihrer Wirtschaftspolitik aufs schärfste widerspricht, wird wohl von Sozialdemokraten schwer geleugnet werden können. Die deutsche Reichstagsfraktion und der Parteiausschuß haben auch bereits gegen diese Bestrebungen der Schutzzöllner Stellung genommen. In ihren bekannten Leitsätzen zur Friedensfrage wird gefordert:

Offene Tür, das heißt gleiches Recht für wirtschaftliche Betätigung in allen kolonialen Gebieten;

Aufnahme der Meistbegünstigungsklausel in die Friedensverträge mit allen kriegführenden Mächten;

Förderung der wirtschaftlichen Annäherung durch möglichste Beseitigung von Zoll- und Verkehrsschranken...

Nicht Abschluß und Kampfstellung gegen das bisher feindliche Ausland, nicht die Erhaltung einer politischen Konstellation, die doch fürwahr nicht den Interessen der Völker entspricht, sondern möglichste Annäherung auf wirtschaftlichem und politischem Gebiet muß die Parole der Sozialdemokratie sein. Damit stehen aber Pläne, wie sie Naumann entwirft, im schärfsten Widerspruch. Gewiß wünschen auch wir eine weitere Annäherung an Deutschland und wir sind sehr einverstanden, wenn unsere rückständige wirtschaftliche Gesetzgebung, wenn unsere sozialpolitischen Einrichtungen und die gesamte Verwaltung reformiert und der deutschen angenähert würde. Aber wir sind für einen Bund der Völker für ihre eigenen Interessen und nicht für Schöpfungen, die sie in den Dienst schädlicher Machtpolitik stellen wollen.

Noch eine Frage muß kurz berührt werden. Hegel hat bekanntlich die pessimistische Ansicht geäußert, aus der Geschichte könne man nur das eine lernen, daß man nichts aus ihr lerne. Die Ansicht ist zu optimistisch. Gewöhnlich entnimmt man der Geschichte falsche Analogien. So beruft sich auch Naumann auf das Beispiel des deutschen Zollvereines, des Vorläufers der politischen Einigung, und hofft, daß dem Deutsch-österreichischen Wirtschaftsverband bald andere Staaten sich angliedern werden. Wir sind anderer Meinung. Wie der Krieg im Innern eine sehr bedeutende Verschiebung der Einkommensverteilung zugunsten der agrarischen Schichten bedeutet, wie seine Folge eine dauernde Steigerung der Grundrente sein wird, so bedeutet er weltwirtschaftlich eine Stärkung der Agrarländer. Ihre handelspolitische Stellung wird durch den intensiven Bedarf der Industriestaaten nach ihren Erzeugnissen verbessert und der steigende Preis der Agrarprodukte wird ihren Wirtschaftsertrag vermehren. Das Streben aller agrarischen Länder ist aber stets, das Aufkommen einer eigenen Industrie zu fördern. Der Krieg, der die Bedeutung der Industrie für die militärische Organisation erst recht offenbart hat, wird diesem Streben noch vermehrten Anstoß geben und die Überschüsse der steigenden Grundrente wird diesen Ländern eine beschleunigte Industrialisierung ermöglichen. Daher werden sie sich noch mehr als bisher gegen eine überlegene ausländische Industrie zu schützen suchen. Und die überlegene Industrie ist auf dem Kontinent die deutsche. Sie ist überlegen nicht nur durch die bessere Schulung der Arbeiterschaft, durch die höhere technische und ökonomische Organisation, sondern auch durch den Standort im Westen, durch die Häfen an der Nordsee, den freien Zugang zur wichtigsten Welthandelsstraße, der allen östlicher gelegenen Staaten fehlt. Anschluß an Deutschland bedeutet für die anderen Staaten daher Verlangsamung der industriellen Entwicklung, längeres Verharren im agrarischen Zustand. Im deutschen Wirtschaftsgebiet, das der Zollverein begründete, war der industrielle Aufschwung der Aufschwung der *einen* Nation, und selbst in Deutschland betrachtete der agrarische Osten die immer glänzendere Entfaltung des Westens mit Mißgunst, bis die beständig steigenden Agrarpreise und die staatlich geförderten landwirtschaftlichen Industrien (Zucker, Spiritus) die Agrarier mit der Entwicklung aussöhnten und sie sich mit der Schwerindustrie im Schutzzollkampf harmonisch zusammenfanden. In „Mitteleuropa" aber würden sich Tschechen, Magyaren, Rumänen, Bulgaren, Polen durchaus nicht dabei beruhigen, daß die deutsche Industrie einen neuen Aufschwung nehmen würde, während die ihre zurückbliebe. Für ihre eigene agrarische Produktion brauchten sie ja keine Sorge tragen, da diese auch ohne Wirtschaftsbund Absatz zu steigenden Preisen fände. Die mitteleuropäischen Staaten müßten also auf hohen industriellen Zwischenzöllen ebenso bestehen, wie das die österreichischen und ungarischen Fabrikanten wollen. Das verringert einerseits den Wert des Bundes für Deutschland, erhöht anderseits die gemeinsame Zollmauer nach außen und wird schließlich bei jeder Erneuerung der Wirtschaftsverträge den Grund zu Konflikten abgeben. Weit entfernt also eine dauernde Stärkung zu sein, wird der Wirtschaftsbund in sich den Keim zu wirtschaftlichen Reibungen und Störungen tragen, die den Charakter nationaler Kämpfe annehmen werden. Und was das für die innere Stärke des Gebildes bedeuten würde, braucht nicht erst ausgeführt werden.

Damit wären die wesentlichsten Gesichtspunkte wohl erschöpft. Nur kurz erwähnen möchten wir, daß in einem solchen mitteleuropäischen Bund die wichtigsten Angelegenheiten, die Leitung der auswärtigen Politik, der militärischen Angelegenheiten, der Wirtschaftspolitik, dem unmittelbaren Einfluß der Parlamente entrückt wäre. Was das für die Macht des Parlamentarismus bedeutet, wissen Österreicher aus eigener schmerzlicher Erfahrung. Daß Naumann, der Nationale, auch von einer Einwirkung in nationalen Angelegenheiten ebensowenig wissen will, wie in verfassungsrechtlichen, ist ja bei der Unterordnung aller demokratischen und nationalen Fragen unter dem

Gesichtspunkt deutscher imperialistischer Machtpolitik nicht mehr verwunderlich. Daß es aber die Anziehungskraft des Gedankens nicht gerade erhöht, darüber werden sich die deutschen Imperialisten nicht allzusehr wundern dürfen.
Und das ist schließlich das Entscheidende: Mitteleuropa, wie es Naumann und andere sich vorstellen, ist nichts anderes als die Schaffung eines Gebildes, in dem alle Nationen die politischen und die wirtschaftlichen Hintersassen der deutschen würden, das deutsche Volk selbst aber das Instrument einer Politik, deren Inhalt die herrschenden Klassen Deutschlands bestimmen würden. Welche Folgen diese Politik notwendigerweise hätte, daß sie den politischen und wirtschaftlichen Zusammenschluß unserer Gegner von heute zum dauernden machen müßte, daß sie den ökonomischen wie den demokratischen Bestrebungen das größte Hindernis würde, haben wir bereits gezeigt. Was Naumann will, das ist die Verewigung des Schützengrabens. Wir aber wollen die Schützengräben auf ewig zuschütten. Wir wollen keine Trennung, sondern die Vereinigung der Völker. Wir wollen nicht Mitteleuropäer, wir wollen, wenn der entsetzliche europäische Bürgerkrieg zu Ende, endlich gute Europäer werden.

(In: Der Kampf, 8. Jg., Nr. 11–12, November–Dezember 1915, S. 357–365).

Klarheit! (1918)

Die erste russische Revolution 1905 hat Rudolf Hilferding noch begeistert gefeiert. Er erhoffte sich die „Revolution in Permanenz", den Anbruch einer neuen Zeit, die „Zeit der Erfüllung, die Vorarbeiten sind getan, die Kleinarbeit geleistet, wir dürfen hoffen zu ernten, nachdem wir lange genug den Acker bestellt und den Samen ausgestreut haben" (an Kautsky am 14. November 1905).

1917 ist Hilferding skeptischer. Das Herz sei zwar auf seiten der Bolschewiki, aber der Verstand wolle nicht mehr mit. Hilfe könne nur vom westeuropäischen Proletariat kommen, aber darauf sei wenig Aussicht (an Kautsky am 3. Dezember 1917). Zwar hält er sich und Kautsky für „sachlich äußerste Linke" (an Kautsky am 1. Juli 1916), aber seine Einschätzung der Kräfte der Arbeiterbewegung ist von Pessimismus bestimmt.

Im Januar 1917 schließt der Parteiausschuß die um die Sozialdemokratische Arbeitsgemeinschaft und die Linke gruppierte Opposition aus der Partei aus. Sie gründet daraufhin vom 6. bis 8. April in Gotha die Unabhängige Sozialdemokratische Partei Deutschlands (USPD). Ihr gehören auch Karl Kautsky, Hugo Haase, Wilhelm Dittmann und Georg Ledebour an.

Hilferding, der stets der Meinung gewesen ist, eine formelle Spaltung sei zu verhindern, sieht auch in der USPD nicht seine politische Heimat: „Es gibt heute kaum eine Fraktion im Sozialismus, mit der wir uns identifizieren können ... Und ich gestehe, mir ist es ziemlich gleich, ob nun die Unabhängigen den einen oder andern Fehler begehen, da ihre ganze Wirksamkeit ja vorläufig noch unter dem historisch und politisch wirksamen Niveau liegt – nicht durch ihre Schuld, und die ihrer ‚Führer', sondern durch die historische Beschaffenheit der deutschen Arbeiterklasse, die sich ja ändern wird. Aber von deren Änderung nicht viel zu erwarten oder zu machen ist." Die Begeisterung der Berliner und Leipziger für die Bolschewiki nimmt er nicht weiter ernst, denn „in *Deutschland* gibt es Gefahren nur von rechts und keine von links" (an Kautsky am 8. September 1918).

Hilferding ist erst im November wieder in Berlin. Seit Oktober 1918, nach dem Zusammenbruch der militärischen Diktatur des General Ludendorff, bildet die Reichstagsmehrheit der Fraktionen des Zentrums, der Fortschrittlichen Volkspartei und der Sozialdemokratie die Regierung unter Prinz Max von Baden. Diese Mehrheit hat sich bereits am 19. Juli 1917 auf eine gemeinsame Friedensresolution geeinigt, in der ein „Verständigungs-

frieden" angeboten wird. Seither arbeiten die Vertreter dieser Fraktionen in einem „Interfraktionellen Ausschuß" zusammen.
Am 9. November 1918 verkündet Prinz Max von Baden die Abdankung Wilhelms II. und überträgt Friedrich Ebert die Geschäfte des Reichskanzlers. Philipp Scheidemann ruft die freie Republik aus. Die Regierung wird aus sechs Volksbeauftragten gebildet: Ebert, Scheidemann und Otto Landsberg von den Mehrheitssozialdemokraten, Hugo Haase, Wilhelm Dittmann und Emil Barth von der USPD. Der Streit geht zunächst darum, ob man eine Regierung der überall spontan entstandenen Arbeiter- und Soldatenräte favorisiert oder die Wahlen zu einer Nationalversammlung abwartet. Die Mehrheitssozialisten votieren für das parlamentarische System. Auch Vertreter der Gewerkschaften fühlen sich durch eine Tätigkeit der Räte in den Betrieben in ihren hart erkämpften Positionen bedroht.
Hilferding, der der USPD beitritt und die Redaktion der Berliner „Freiheit" übernimmt, plädiert für eine *Verbindung* von Rätesystem und parlamentarischer Demokratie. Die Ablehnung der Demokratie entspringe Verhältnissen in einem rückständigen Land wie Rußland. In Deutschland hingegen seien die entscheidenden Industriezweige zur Vergesellschaftung reif und das Industrieproletariat habe ein hochentwickeltes Bewußtsein. Eine reine Diktatur der Räte laufe auf Bürgerkrieg hinaus. „Die Demokratie muß so verankert werden, daß eine Reaktion unmöglich wird" (Revolutionäres Vertrauen!, in: Freiheit, 1. Jg., Nr. 6 vom 18. November 1918). Die politische Aufgabe der Räte bestehe in der Stärkung und Sicherung der Demokratie (Ausbau des Rätesystems!, in: Freiheit Nr. 63 vom 5. Februar 1919), zumal gegen den „Verrat" der Mehrheitssozialdemokraten an den „Errungenschaften der Revolution".
In den Wahlen zur deutschen Nationalversammlung im Januar 1919 erhalten die Mehrheitssozialdemokraten 11 Millionen, die Unabhängigen zwei Millionen Stimmen. Die am 30. Dezember 1918 gegründete KPD lehnte eine Beteiligung an den Wahlen ab. Die von der Nationalversammlung am 12. Februar 1919 gebildete Regierung unter Scheidemann und Ebert versammelt — nach dem Austritt der unabhängigen Volksbeauftragten — sieben Mehrheitssozialisten und sieben bürgerliche Minister.

Worum handelt es sich?
Es geht zunächst um die *Behauptung der revolutionären Errungenschaften.* Viel ist erreicht. Doch noch sind viele Machtpositionen in der Hand der alten Mächte. Die Arbeiterklasse muß auf der Wacht sein, sie darf die Waffen nicht niederlegen, muß stets bereit sein, jedem Angriff Trotz zu bieten, jeden Anschlag abzuwehren.
Man unterschätze nicht die Gefahr, die der Revolution von den alten, herrschgewohnten, selbstbewußten Schichten droht. Sie verhalten sich jetzt ruhig, sie stellen sich alle, alle auf den Boden der neuen Verfassung. Aber sie stellen sich nur dahin, um den Boden unter den Füßen zu haben, von dem aus sie die neue Macht bekämpfen können. Sie halten sich zurück, weil sie auf die Ermüdung oder die Sorglosigkeit der Arbeiter warten, und sie bleiben reserviert, weil sie auf die Uneinigkeit des Proletariats hoffen. Aber in der Behauptung der Errungenschaften der Revolution sind *alle* Arbeiter einig und werden es bleiben.
Doch die revolutionären Errungenschaften lassen sich – und dies ist das zweite – nur behaupten durch *Fortführung der Revolution.* Sie fragen uns, woher wir uns das Recht anmaßen, Gesetze zu geben und die Verwaltung zu reformieren. So fragen jene, deren Recht, das uns so lange geknebelt hat, die Konterrevolution gewesen ist. Die siegreiche Gegenrevolution hat über uns das preußische Dreiklassenwahlrecht verhängt. Verfassungsbruch war es, durch den Bismarck den neupreußischen Militarismus hochzüchtete; die Gewalt der Sieger über Frankreich hat die deutsche „Verfassung" diktiert, durch die Preußen das Reich und die Junker Preußen beherrschten. Und der Zusammenbruch hat gezeigt, daß dieses System keinen Tag lang sich halten konnte, sobald die Gewalt zerschmettert war.
Unser Recht?
Es ist das Recht der Revolution. Jedes Blatt der Geschichte lehrt, daß die Revolution eine Quelle der Rechtschöpfung ist, daß sie die Grundlage schafft, auf der sich der neue Rechtszustand aufbaut.
So ist's immer gewesen, so ist es jetzt. Unser Recht ist so unbezweifelbar wie alles bisherige Recht, und der Zustand, den es geschaffen hat, heißt: *Diktatur des Proletariats.*
Widerspricht aber nicht die Diktatur unserer demokratischen Überzeugung? Die alten gestürzten Mächte, die Feinde der Demokratie, sollen da nicht mitreden. Sie sind ja nicht sachverständig. Mögen sie lernen!
Die sozialistische Revolution in Deutschland war die Revolution der ungeheuren Mehrheit im Interesse der ungeheuren Mehrheit. Die Diktatur ist Demokratie, ist Mehrheitswille, Mehrheitsregierung, und wir haben keinen Zweifel, daß die Nationalversammlung sie bestätigen wird.
Aber zum Zusammentritt der Nationalversammlung bedarf es Zeit. Auf 40 Millionen wird die Zahl der Wähler geschätzt. Sie müssen registriert werden. Um wählen zu können, müssen die Grenzen des Reichs festgelegt sein. Um den wahren Ausdruck des Volkswillens zu gewinnen, muß Zeit gegeben sein, das deutsche Volk, das belogene, betrogene, verratene, aufzuklären über das Geschehene und es seine neuen Aufgaben erkennen zu lassen.

Wir aber können nicht warten.
Warten hieße, das Feld unseren Gegnern überlassen, die Revolution zum Stillstand bringen, alles Errungene gefährden. Wir müssen weiter! Zunächst müssen alle Machtpositionen, die unseren Gegnern verblieben sind, geräumt und von uns besetzt werden. Die Mitarbeit der alten Bürokratie ist unentbehrlich für die technische Verwaltung, die ungestört bleiben muß. Wo aber die Verwaltung Macht bedeutet, da gehört sie in unsere Hand! Für die Beherrschung Preußens durch den junkerlichen Landrat ist die Zeit vorbei. Wir fordern, daß alles vorbereitet werde, um der demokratischen Selbstverwaltung Raum zu geben. Die *Neuwahl der Gemeindeverwaltungen,* deren Autonomie gesichert werden muß, sowie die Erneuerung aller Selbstverwaltungskörper ist eine dringende Notwendigkeit. Wir wollen und brauchen keinen Moment auf unser Recht in den Gemeinden zu verzichten: in ihnen, besonders in den großen Städten und Industriezentren, muß *unsere* Macht fest verankert werden. Die sozialistischen Gemeindevertretungen werden denn auch in der Lage sein, gewisse private Betriebszweige zu kommunalisieren, in Gemeineigentum umzuwandeln.
Und wie hier, so gilt es überall im Reich und in den Staaten, alle politischen Machtstellungen uns zu sichern und so jeden Versuch einer Gegenrevolution von vornherein unmöglich zu machen. Insbesondere gilt es, auch hier dafür zu sorgen, daß nicht politische Vertreter des Reiches oder der Staaten ihre Stellung im Innern oder außen zu gegenrevolutionären Umtrieben mißbrauchen.
Fortführung der Revolution, Stärkung der Arbeitermacht kann aber nur zur Vorbereitung und Anbahnung der *sozialistischen Gesellschaft* dienen.
Alle diejenigen irren sich, die meinen, daß es sich dabei um unreife Versuche oder gar um unernste Beruhigungsmaßnahmen handeln könne. Wir haben die feste Überzeugung, daß die *Stunde des Sozialismus gekommen* ist, daß das, wofür wir unsere Arbeit, unser Hirn und Herz hergegeben haben, vor der Verwirklichung steht. In diesem Glauben fördern wir das Werk.
Wir wissen, die Aufgabe ist ungeheuer schwer. Es ist unser tragisches Verhängnis, daß wir in dem Zeitpunkt zur Macht gelangen, wo die Wirtschaft durch den Krieg ruiniert und gelähmt ist. Aber die Schwierigkeiten *müssen* überwunden werden. Sie können überwunden werden, wenn klug und energisch vorgegangen wird. Die zur Sozialisierung reifen Produktionszweige müssen festgestellt, die Sozialisierungsmaßnahmen auf anderen Wirtschaftsgebieten festgesetzt werden. Die anderen Produktionszweige werden dann die Friedensarbeit so intensiv als möglich aufnehmen müssen. Wir brauchen die Wiederbelebung und Intentifizierung der gesamten Wirtschaft. Wiederaufnahme des Exports, um die Rohstoffe dem Ausland bezahlen zu können und unsere Valuta zu festigen. Denn weitere Geldentwertung bedeutet verschärfte Teuerung. Wir aber brauchen Abbau der Preise. Also Sozialisierung so weit irgend möglich, eine Sozialisierung, die durch die Vergesellschaftung der Rohstoffindustrien uns einen großen Teil der ökonomischen Verfügungsmacht gibt; aber Sicherheit der Produktion für jene Industrien, die, sei es durch Zersplitterung, sei es durch ihre Abhängigkeit vom auswärtigen Han-

del, *für den Augenblick* für die Vergesellschaftung nicht in Betracht kommen.

Soweit schließlich die Regierung für die Fortführung ihrer Arbeiten Mittel zur Verfügung haben muß, müssen diese angefordert werden, sollen die Finanzen nicht noch mehr in Unordnung kommen.

Wir haben nur einen Teil der dringendsten Aufgaben genannt. Aber die Regierung darf sich nicht länger in Schweigen hüllen; sie muß in kurzer Zeit mit einem Aktionsprogramm und mit entsprechenden Taten öffentlich hervortreten. Dann wird sie das Mißtrauen bannen, das manche Schichten der revolutionären Kämpfer noch erfüllt.

Dann braucht uns auch die Frage der *Nationalversammlung* nicht in Aufregung und Zwiespalt zu versetzen. Es muß offen gesagt werden, daß uns die Haltung eines Teils der journalistischen Vertretung der sogenannten *Mehrheitssozialisten* mit steigender Unruhe erfüllt. Wir vermissen die Einsicht, daß *sozialistische* Aufgabe und Pflicht jetzt ist, die Revolution fortzuführen und sozialistische Prinzipien zu verwirklichen. Wir sehen sie wieder wie in den vier bitteren Kriegsjahren Seite an Seite mit den bürgerlichen Parteien. Sie wollen nichts anderes sehen als: Wahlen, Wahlen und wieder Wahlen! Für sie scheint es keine andere Arbeit für die sozialistische Regierung zu geben, als die Abfassung der Wählerliste.

Wir sind anderer Meinung.

Auch wir wollen keine „Diktatur" der Arbeiter- und Soldatenräte für immer. Wir halten den Zusammentritt der Nationalversammlung für unvermeidlich. Die Abhängigkeit vom Ausland, in die uns der Krieg der einstmals Herrschenden gebracht hat, erfordert sie. Sie ist auch notwendig, weil ein Widerstand gegen ihre Einberufung die *proletarische* Einheitsfront gefährden würde, die allerdings durchaus etwas anderes ist als die einheitliche Front mit den Mehrheitssozialisten, die deren Haltung unmöglich macht. In ganz Süddeutschland sind die konstituierenden Versammlungen bereits einberufen, ein großer Teil auch der Arbeiter steht hinter der Forderung. Ihre Ablehnung würde in die Reihen der Revolutionäre Uneinigkeit tragen, die vermieden werden kann.

Sie kann vermieden werden, weil die Nationalversammlung, wenn unterdes die Revolution durch die Initiative ihrer führenden Körperschaften weitergeführt wird, bei den fortgeschrittenen deutschen Verhältnissen nicht ein Hindernis, sondern ein *Werkzeug des Sozialismus* sein wird.

Wir halten die Gegenüberstellung von bürgerlicher und sozialistischer Demokratie nicht für richtig. Tun die Vertreter der Arbeiterklasse ihre Pflicht, führen sie die demokratischen und sozialistischen Maßnahmen aus, handeln sie großzügig, energisch und kühn, dann ist uns um das Ergebnis der Volksabstimmung nicht bange, dann brauchen wir uns am allerwenigsten vor dem Ausgang zu ängstigen. Haben wir unter den schlimmsten Verhältnissen, machtlos und unterdrückt, mehr als ein Drittel des Volkes unter der roten Fahne gesammelt, dann werden wir, frei und mächtig, selbstbewußt und siegesfroh, doch der Mehrheit des deutschen Volkes gewiß sein können. Dann aber handelt es sich nicht darum, abzudanken, die Diktatur des Proletariats preiszugeben und dem Bürgertum die Macht auszuliefern. Sondern dann wird die *eine* Form der Diktatur des Proletariats, die durch die Räte ausgeübt wird, ersetzt durch die andere, gefestigtere, durch die Volksabstimmung bestätigte. Die sozialistische Regierung, die die Mehrheit des Volkes und seiner Vertretung hinter sich hat, was ist sie denn sonst als die *Diktatur des Proletariats?*

Deshalb ist der Kampf um die Nationalversammlung, so verständlich er vom Standpunkt des Bürgertums ist, dessen letzte Hoffnung die Wahlen sind, unverständig vom sozialistischen Standpunkt. Für uns heißt das Problem heute nicht: Nationalversammlung, sondern *Fortführung der Revolution!*

Und da möchten wir keinen Zweifel lassen: Wir Unabhängigen Sozialdemokraten halten an dieser Forderung mit der gleichen Entschiedenheit und Unerschütterlichkeit fest wie vorher an der Feindschaft gegen die Kriegspolitik und den Imperialismus. Hier gibt es für uns *kein Kompromiß*. Nur auf dieser Basis ist die Zusammenarbeit in der Regierung möglich und von dieser Grundlage werden wir uns nicht abdrängen lassen. In dem Moment, wo wir sähen, daß für diese Arbeit kein Raum ist, daß von den sozialistischen Prinzipien, die allein unsere Tätigkeit bestimmen, abgewichen wird, hätte unsere Mitarbeit ein Ende.

Wir vertrauen aber auf die Reife und Einsicht der Arbeiterklasse, die verstehen muß, alle ihre Vertreter in den Dienst der Sache zu stellen. Und ihre Sache ist jetzt allein: *die Fortführung der Revolution!*

(In: Freiheit, Nr. 15 vom 23. November 1918).

Sozialisierung des Wirtschaftslebens (1918)

Die Regierung beruft für den 16. bis zum 21. Dezember 1918 einen Allgemeinen Kongreß der Arbeiter- und Soldatenräte ein, um die Frage „Rätesystem oder Nationalversammlung" zu klären. Die MSPD erhält in den Delegiertenwahlen die überwältigende Mehrheit; der Spartakusbund ist nur gering vertreten, weder Karl Liebknecht noch Rosa Luxemburg erhalten ein Mandat. Die Mehrheit des Kongresses stimmt am 18. Dezember dem sozialdemokratischen Antrag zu, bis zu den Wahlen zur Nationalversammlung die gesetzgebende und vollziehende Gewalt dem Rat der Volksbeauftragten zu übertragen. Der vom Kongreß gewählte Zentralrat der Arbeiter- und Soldatenräte soll lediglich das Recht auf parlamentarische Überwachung erhalten.

Die Entmachtung der Räte stößt nur bei der linken Opposition von Spartakusbund und Teilen der USPD auf Widerstand. Die Gewerkschaften hingegen haben sich bereits am 15. November 1918 im „Stinnes-Legien-Abkommen" für eine Zentralarbeitsgemeinschaft mit Vertretern der Arbeitgeberverbände entschlossen, die für eine ordnungsgemäße Demobilisierung, für die Aufrechterhaltung der Wirtschaft und die Regelung der Lohn- und Arbeitsverhältnisse zuständig sein soll. Die alten Fabrikausschüsse sollen nunmehr als Betriebsräte in Gemeinschaft mit den Betriebsleitern die Betriebsdemokratie durchführen. Über paritätische Mitverwaltung geht dieser Vorschlag nicht hinaus, von einer politischen Funktion der Räte ist keine Rede, und einige Vertreter der Gewerkschaften halten auch eine Sozialisierung, so sie überhaupt gewünscht wird, für die Aufgabe der staatlichen Gesetzgebung, also der politischen Partei.

Die Debatten sind von der Frage der politischen Macht bestimmt, „Sozialisierung" gilt weitgehend als theoretisches Problem. Auf dem Kongreß versucht die MSPD-Führung zunächst, die Debatte über diesen Tagesordnungspunkt zu vertagen. In ihrer Resolution soll der Kongreß die Regierung beauftragen, „mit der Sozialisierung aller hierzu reifen Industrien unverzüglich zu beginnen". Ein Zusatzantrag Hilferdings, „insbesondere des Bergbaus" einzufügen, gibt dieser allgemeinen Forderung eine etwas konkretere Wende.

Hilferding nimmt zur Frage der Sozialisierung eine Mittelposition ein. Mit den Gewerkschaften ist er darin einig, daß eine Übernahme der Betriebsleitung durch einen Arbeiterrat nicht tunlich sei, denn Sozialismus bedeute

Neuorganisation der Wirtschaft und diese bedürfe einer zentralen Leitung. Die Gesamtheit müsse sich maßgebliche Kontrollrechte über die Betriebsführung sichern. Jedoch: „Als Träger der sozialpolitischen Aufgaben, als Kontrollinstanzen für die Betriebsführung und als Hilfsorgane bei der Durchführung der Sozialisierung müssen die Arbeiterräte bestehen bleiben" (Ausbau des Rätesystems!, in: Freiheit, Nr. 63 vom 5. Februar 1919). Andererseits wendet er sich — später verstärkt (siehe Nr. 9) — gegen reine Verstaatlichung.

Anders als im „Finanzkapital" lehnt Hilferding eine unmittelbare Verstaatlichung der Banken ab, da man sie angesichts der darniederliegenden Wirtschaft noch für die Bereitstellung von Zirkulationskredit benötige. Für die Sozialisierung brauche es Zeit, unmittelbare Interessen an materiellem Wohlstand müßten von der Arbeiterklasse hintangestellt werden.

Der Rätekongreß gibt sich mit diesen Vorstellungen zufrieden und beauftragt eine Expertenkommission herauszufinden, welche Betriebe zur Sozialisierung „reif" seien.

Im ersten Bericht dieser Kommission von Professoren und Fachleuten über „Allgemeine Grundsätze für die Sozialisierungsarbeit" vom 7. Januar 1919 heißt es: „Die Einsicht in die Größe ihrer Aufgabe verbietet der Kommission, dem populären Verlangen (nach sofortiger Sozialisierung) nachzugeben; die Kommission hat sich von Anfang an auf den Standpunkt gestellt und hält an ihm fest, daß nur gründliches methodisches Durcharbeiten der einzelnen Probleme zum Ziel führen kann."

Die Sozialisierungskommission über den Kohlenbergbau erstattet am 15. Februar 1919 ein Mehrheits- und ein Minderheitsgutachten. Hilferding unterstützt das Mehrheitsgutachten, das von einem Ende der Kapitalherrschaft und der freien Konkurrenz ausgeht. Auch eine „allseitige Organisation des Kapitals unter Führung der Allgemeinheit zum Staatskapitalismus, zum Staatskartell" würde jedoch das kapitalistische System verstärken. Eine dritte Möglichkeit sei die Sozialisierung: Demokratie in den Betrieben, Ausschaltung des Kapitals und Selbstverwaltung des Kohlenbergbaus. Anfang April 1919 stellt die Kommission ihre Arbeit ein, da sie vom Reichswirtschaftsamt obstruiert würde.

Genossen und Kameraden, es sind jetzt 70 Jahre her, daß Karl Marx seinen Weckruf an das Proletariat richtete: „Proletarier, ihr habt nichts zu verlieren als eure Ketten, ihr habt eine Welt zu gewinnen." Parteigenossen, jetzt ist die Stunde gekommen, wo wir diese Welt gewinnen können. Aber wir müssen auch sagen, daß die Welt nicht die ist, die wir erhofft und erwartet haben. Es ist ein tiefes und tragisches Verhängnis, daß wir zur Macht kommen in dem Augenblick, wo das Erbe, daß wir anzutreten haben, verwüstet und ruiniert ist. Besitzlos wie das Proletariat während der ganzen kapitalistischen Ära gewesen ist, besitzlos tritt es auch in die neue Zeit ein, und dieser Umstand, Genossen, daß wir eine Wirtschaft übernehmen müssen, die ausgeblutet ist wie das deutsche Volk, die der Rohstoffe ermangelt, deren Produktion so gut wie ruiniert ist, deren Arbeiterschaft geschwächt ist durch Unterernährung und verkrüppelt durch den Krieg, dieser Umstand macht die Aufgabe der Sozialisierung zu einer so ungemein schwierigen. Das Problem der Vergesellschaftung der Produktionsmittel ist dann auch schwierig, wenn wir in einem Zeitpunkt zur Macht gekommen wären, wo die Wirtschaft in voller Blüte gewesen wäre. Diese Schwierigkeiten türmen sich aber ins Ungeheure zu einer Zeit, wo das wichtigste Problem das ist, daß wir diese Wirtschaft überhaupt wieder in Gang bringen. Das bedeutet natürlich nicht, daß unsere Aufgabe unlösbar geworden ist; aber es bedeutet sehr wohl, daß die Zeit, die wir brauchen, um sie auszuführen, dadurch verlängert wird.

Parteigenossen! Wenn wir uns klarmachen, daß wir es mit einer Wirtschaft zu tun haben, in der der Produktionsapparat ruiniert ist, die der Rohstoffe ermangelt, dann ist es sicher, daß unsere erste Aufgabe ist, diese Wirtschaft wieder in Gang zu setzen.

Wir brauchen vor allen Dingen Rohstoffe. Wenn wir aber Rohstoffe brauchen, müssen wir sie bezahlen, und bezahlen können wir sie nur mit unseren Waren. Wir brauchen deshalb vor allen Dingen die Wiederaufnahme der Exportindustrie.

Wir brauchen ferner, um unsere Ernährungsverhältnisse nicht in Unordnung zu bringen, die stetige, möglichst intensive landwirtschaftliche Produktion.

Das bedeutet aber, daß wir zunächst auf zwei Gebieten dafür sorgen müssen, daß keine Störungen erfolgen, daß die bisherige Wirtschaftsorganisation, mit der wir es zu tun haben, sofort wieder in Gang gesetzt werden kann. Das bedeutet also, daß wir gewisse Gebiete der Wirtschaft im gegenwärtigen Augenblick von vornherein von der Sozialisierung ausnehmen müssen; dahin gehört die bäuerliche Produktion in der Landwirtschaft, jene Exportindustrien, die wir brauchen, um den auswärtigen Handel wiederaufnehmen und Rohstoffe vom Ausland hereinbringen zu können. Die Sozialisierung wird sich dagegen auf alle Gebiete erstrecken müssen, wo bereits durch die kapitalistische Konzentration, durch Kartelle und Trusts der organisierten sozialistischen Wirtschaft vorgearbeitet ist. Es sind die Gebiete, in denen sich zugleich kapitalistische Herrschaftsverhältnisse ausgebildet haben, die es zunächst zu brechen gilt.

Wenn wir von Sozialisierung sprechen, so müssen wir uns darüber klar sein, was wir darunter verstehen. Ich verstehe nicht darunter Übernahme der Betriebe durch die Arbeiterschaft unmittelbar. Das würde zu einer Reihe von Betriebsassoziationen führen, daß also die Arbeiter eines Betriebes untereinander eine Genossenschaft bilden, aber an dem Charakter der kapitalistischen Gesellschaft nichts ändern.

Die Idee der Produktivassoziation ist ja in Deutschland alt, hat aber, in Deutschland wenigstens, vollständig abgewirtschaftet; sowohl theoretisch wie historisch ist nachgewiesen, daß die Produktivassoziationen kein Mittel sind, um die Verfügung der Gemeinschaft über ihre Produktionsmittel herbeizuführen. Nichtsdestoweniger taucht dieser Gedanke wiederum in einigen Köpfen auf. Er ist bei den Syndikalisten der einzelnen Nationen, namentlich bei den Franzosen, ja nie vollständig verschwunden. Wir sehen aber auch, daß er heute wieder bei uns auftaucht und sich vor allen Dingen dahin herausbildet, als ob es möglich wäre, daß nun sofort die einzelnen Betriebe der Arbeiterschaft übergeben werden können, daß dies also die Sozialisierung wäre.

Ein solches Vorgehen ist unmöglich, weil die Vorteile einer organisierten Wirtschaft auf diese Weise nicht zu erlangen wären. Wir würden vielmehr die ganze Anarchie der kapitalistischen Produktionsweise fortbestehen lassen und damit die wesentlichen Vorteile der organisierten Sozialisierung nicht erreichen. So vorzugehen, ist aber auch deshalb ganz unmöglich, weil es gegenüber der Arbeiterschaft zu den größten Ungleichheiten und Ungerechtigkeiten führen würde. Es würde bedeuten, daß die Arbeiter eines blühenden Betriebes, der eine große Rentabilität hat, auch vielleicht in der gegenwärtigen Zeit voll beschäftigt ist, außerordentlich gegenüber einer Arbeiterschaft im Vorteil wäre, die etwa in einem Betrieb stände, dem die Rohstoffe mangeln, dessen Rentabilität gering ist oder ganz fehlt. Wir würden so dazu kommen, die Lage der Arbeiterschaft selbst sehr ungleichmäßig zu gestalten. Sozialisierung kann also nicht heißen Übergabe der Betriebe an die Arbeiterschaft, sondern Sozialisierung kann nur bedeuten, daß die gesamte Produktion allmählich in die Verfügungsgewalt der Gemeinschaft übergeführt wird.

Wenn wir Sozialisierung so auffassen, so sehen wir sofort, daß es einer gewissen Zeit bedarf, bis ganze Industriezweige so organisiert werden, daß nunmehr die Gemeinschaft selbst sie übernehmen kann. Und hier entsteht zunächst die Frage, um welche Industriezweige es sich hier zunächst handeln kann.

Diese Frage muß nach zwei Gesichtspunkten beantwortet werden. Einmal, ob diese Betriebszweige dafür reif sind. Und reif sind sie, wenn sie erstens Artikel des Massenbedarfs herstellen, wenn die Produktion gleichmäßig ist und wenn der Absatz infolge des Massenbedarfs verhältnismäßig gesichert ist. Sie sind ferner reif für die Sozialisierung, wenn bereits die technische und ökonomische Konzentration in diesen Betriebszweigen so weit gediehen ist, daß es im ganzen und großen bloß darauf ankommt, daß an Stelle des Privatmonopols eben die Verfügungsgewalt der Gemeinschaft gesetzt wird. Drittens müssen es Produktionszweige sein, in erster Linie, die von großer ökonomischer Bedeutung sind wegen der Art der Gebrauchswerte, wegen

der Art der Güter, die in ihnen produziert werden. Alle diese Vorbedingungen sind in erster Linie bei der Produktion der industriellen Rohstoffe im Bergbau gegeben. Es kann keinem Zweifel unterliegen, daß der Kohlenbergbau, der Eisenbergbau, die ersten Stufen der Eisenverarbeitung, sowie eine Reihe anderer Gebiete im Bergbau, wie des Kalis, bereits diesen Bedingungen entsprechen, daß es aber vor allem darauf ankommen wird, anzusetzen und den Anfang zu machen.
Wenn wir hier anfangen, so bedeutet das zweierlei. Es bedeutet einmal, daß die Gesellschaft in den Besitz der wichtigsten industriellen Rohstoffe kommt. Wer die Struktur des deutschen Kapitalismus kennt, weiß, daß gerade die Verfügung über Kohle und Eisen den konzentrierten Großkapitalismus in Deutschland so außerordentlich mächtig macht. Was für den amerikanischen Kapitalismus die Beherrschung des Eisenbahnwesens gewesen ist, das bedeutet für den deutschen Kapitalismus die Herrschaft über Kohle und Eisen. Wenn wir auf diesem Gebiete vorwärts gehen, wenn es gelingt, das Verfügungsrecht der Gesellschaft über Kohle und Eisen zu gewinnen, dann nehmen wir dem deutschen Kapitalismus seine bedeutendste ökonomische Machtposition und bekommen damit die Verfügungsgewalt über einen großen Teil der Industrie in die Hand.
Aber noch mehr. Auf der Beherrschung von Kohle und Eisen beruht ja nicht nur die Macht des industriellen Kapitalismus in Deutschland, sondern darauf beruht auch zum großen Teil die Macht unserer Großbanken. Die Verbindung zwischen industriellem Kapital und Bankkapital, die sich in Deutschland immer enger gestaltet hat, die erst bewirkt hat, daß in einer Anzahl von Großbanken alle Fäden der ökonomischen Herrschaft zusammenlaufen, diese Verbindung wird dadurch gelöst, die Macht der Großbanken über die Industrie wird auf diese Weise in einem hohen Grade erschüttert. Wir treffen mit der Übernahme von Kohle und Eisen und eines Teils der schweren Industrie nicht nur die Macht des industriellen Kapitalismus, sondern auch die Macht des Bankkapitalismus.
Wenn wir auf diese Weise die Verfügungsgewalt über die industriellen Rohstoffe haben, dann können wir naturgemäß weitergehen. Es wird sich dann darum handeln, die einzelnen Industriezweige nacheinander auf ihre Eignung für die Sozialisierung zu untersuchen. Es kommen hier für die einzelnen Industriezweige auch verschiedene Maßnahmen der Sozialisierung in Betracht. Während wir auf einzelnen Gebieten sofort die ganze Produktion und den ganzen Absatz übernehmen können, werden wir auf anderen Gebieten unterscheiden und verschiedene Mittel anwenden müssen, um den Zweck, die Verfügungsgewalt der Gesellschaft über ihre Produktion, zu erreichen.
Wir werden zunächst einmal unterscheiden müssen jene Industriezweige, die allein geeignet sind, zentralisiert vom Reich aus übernommen und geleitet zu werden. Bergbau, Eisenbahnwesen, Verkehrswesen sind Gebiete, die zweckmäßig nur von einer wirtschaftlichen Zentralstelle aus übernommen und verwaltet werden können. Bei einer Reihe anderer Gebiete können kleinere Gesellschaftskörper, die Länder, die Selbstverwaltungskreise, die Kommunen

Träger der Sozialisierung sein. Ich denke hier an Industriezweige, die die Konsummittel liefern. Die Bäckerei kann ohne weiteres kommunalisiert, von den Kommunen übernommen werden, die Kraftverteilung kann ebenfalls, sei es von einer Reichszentrale aus, sei es von den Bundesstaaten, geleitet werden.

Das Gebiet, welches Träger der Sozialisierung sein kann, ist also verschieden. Ebenso verschieden können aber auch die Mittel der Sozialisierung sein. Wir können in einem Fall die Produktion vollständig übernehmen, im andern zunächst teilweise, soweit es sich um Artikel des Massenbedarfs handelt. Z.B. wird es möglich sein, in der Schuhindustrie die Artikel des Massenbedarfs für Rechnung der Gesellschaft herstellen zu lassen, während wir die Erzeugung von Luxusschuhen und die Erzeugung für den Export unter Umständen vorläufig noch nicht zu übernehmen brauchen.

In anderen Fällen wird es sich empfehlen, die ersten Stufen der Produktion zu übernehmen, während man die Weiterverarbeitung zunächst frei läßt.

Wieder in anderen Fällen kann es sich darum handeln, durch ein Handelsmonopol den Absatz vollständig in der Hand zu behalten und dadurch die Preisgestaltung und die Produktionsrichtung des Industriezweiges entscheidend zu gestalten, zunächst aber die technische Erzeugung in der bisherigen Organisationsform weiterbestehen zu lassen.

Es entsteht nun die Frage, welche anderen Gebiete außer denen der rein industriellen Produktion übernommen werden können. Die interessanteste Frage ist dabei die Frage der Banken. In Rußland hat man die Banken ohne weiteres übernommen und die Sozialisierung gerade mit den Banken begonnen. Dieses Experiment ist in der Vorstellung gemacht worden, daß die Macht der Banken gegenüber der Industrie sehr groß ist, und daß man die Verfügungsgewalt über die gesamte Industrie bis zu einem hohen Grade mit einem Schlage erhält, wenn man die Banken übernimmt.

Man hat sich auf die Ausführungen berufen, die ich gerade über diesen Punkt im „Finanzkapital" gemacht habe. Die Idee liegt ja sehr nahe, und wenn wir die Wirtschaft in blühendem Zustande übernommen hätten, dann wäre vielleicht dieser Weg auch der geeignete. Jetzt aber ist die Situation die, daß wir zur Wiederaufnahme der Industrie — und wir können nicht mit einem Schlage die ganze Industrie sozialistisch organisieren — den Kredit brauchen, den die Banken gewähren. Die Kreditfrage ist sehr schwerwiegend und dadurch sehr kompliziert, daß ein großer Teil des umlaufenden Kapitals der Industrie festgelegt und festgeritten ist in Kriegsanleihen. Infolgedessen ist die Tätigkeit der Banken hier unentbehrlich, und wir werden die Sozialisierung nicht beim Bankwesen beginnen können, sondern sie direkt bei der Produktion beginnen müssen. Das Endresultat bleibt das gleiche.

Ich habe schon darauf hingewiesen, daß wir, wenn wir den Kohlenbergbau und die Eisenverarbeitung übernommen haben, damit die Herrschaft der Banken über die Industrie in hohem Maße erschüttert haben. Was dann von der Banktätigkeit übrigbleibt, ist im wesentlichen die Gewährung von Zirkulationskredit an die noch privat bleibende Industrie, und gerade für diese Funktion können wir sie in der Übergangszeit schwer entbehren.

Das besagt nicht, daß wir nicht auf andern Gebieten der Banktätigkeit anders verfahren können. Ich denke hier vor allem an zwei Zweige, an die Hypothekenbanken und an die Versicherungsbanken und Versicherungsgesellschaften. Es kann keinem Zweifel unterliegen, daß die Versicherung ein Zweig ist, der ohne weiteres vom Reich übernommen werden kann, daß wir hier ohne weiteres von einer Stelle aus die wichtigen Zweige der Versicherung, die Lebensversicherung, die Feuerversicherung werden leiten können. Das ist aus zwei Gründen wichtig, aus sozialen Gründen, weil wir damit eine ganze Reihe von schwachen Existenzen unterstützen können, und aus wirtschaftlichen Gründen, weil wir auf diese Weise einen großen Teil von Mitteln, die heute dem Kapitalismus zur Verfügung stehen, für die Zwecke der ganzen Gesellschaft gewinnen können. Hier liegt ein Problem vor, das verhältnismäßig außerordentlich einfach ist und das meiner Überzeugung nach in kürzester Zeit gelöst sein wird.

Ebenso wichtig ist es, die Hypothekenbanken zu übernehmen, weniger wegen der finanziellen Ergebnisse, um die es sich hier handelt, als wegen des Einflusses, den wir dadurch sowohl auf den städtischen, als auch bis zu einem gewissen Grade auf den ländlichen Grundstücksmarkt nehmen können.

Es ergibt sich dann die weitere Frage – und das ist ein Problem, das sowohl sehr wichtig ist, als auch gerade Ihr Interesse in Anspruch nehmen wird –, nämlich auf welche Weise sollen wir sozialisieren, sollen wir konfiszieren oder sollen wir entschädigen?

Parteigenossen, Sie alle kennen das berühmte Wort, der Expropriateur wird expropriiert. Der Gedanke der Konfiskation ist der naheliegendere. Trotzdem bin ich der Überzeugung, daß der Gedanke der einfachen Konfiskation nicht der richtige wäre. Ich habe bereits ausgeführt, daß wir nicht in der Lage sind aus zwingenden wirtschaftlichen Gründen und nach dem ganzen Stand der Wirtschaft, die gesamte Produktion mit einem Schlage sozialistisch zu organisieren. Wenn das aber nicht der Fall ist, so würden durch eine Konfiskation eine Menge Ungleichmäßigkeiten entstehen; die einen Kapitalisten würden expropriiert werden, die andern würden privat weiter arbeiten; ferner: so konzentriert der Besitz auch in den Händen einer verhältnismäßig geringen Anzahl ist, so ist doch mittlerer und kleinerer Besitz in sehr zahlreichen Händen zersplittert. Es ergeben sich bei einer einfachen Konfiskation daraus eine ungeheure Menge von Schwierigkeiten, ferner aber auch die Möglichkeit, daß der große Besitz auf irgendeine Weise seinen wirklichen Besitz verbirgt, ihn künstlich zersplittert, um so der Konfiskation zu entgehen.

Es ist deshalb notwendig, den Akt der Sozialisierung zu teilen, um ihn gleichmäßig zu gestalten und um Störungen in der Wirtschaft zu vermeiden.

Im ersten Akt wird durch die Sozialisierung selbst die ökonomische Position des Kapitals von der Gesellschaft übernommen. Die Gesellschaft erhält die Verfügung über die Produktionsmittel, der Kapitalist wird dafür entschädigt. Die Entschädigungsgrundsätze selbst werden individuell verschieden gestaltet sein nach den einzelnen Industriezweigen. Es ist aber ganz klar, daß wir die Entschädigungsfrage vom sozialistischen Standpunkte aus ganz anders ansehen, als sie etwa bei früheren Verstaatlichungsaktionen angesehen worden ist. Vor allem werden wir auch nicht vergessen, daß die Lage des Kapitalismus seit der Revolution ganz anders geworden ist, weil das Machtverhältnis zwischen der Arbeiterschaft und den Kapitalisten sich vollständig geändert hat und damit auch das Verhältnis, in dem das Ergebnis der Produktion verteilt wird. Die Profitrate ist gesunken, die Lohnrate ist gestiegen, und das ist natürlich eine Frage, die bei der Entschädigung in allererster Linie wird berücksichtigt werden müssen. Wir werden ebensowenig vergessen, daß wir Betriebe übernehmen, deren Produktionsapparat durch äußerste Ausnutzung während der letzten Kriegszeit heruntergearbeitet ist, und wir werden selbstverständlich bei der Entschädigung nicht etwa die Friedensergebnisse zugrunde legen, sondern wir werden alle diese Momente berücksichtigen müssen. Aber wir wollen entschädigen, um gleichmäßig verfahren zu können, und ich stelle mir die Entschädigung so vor, daß sie in staatlicher Rente erfolgt. Also die Besitzer bekommen in Staatsrente den Wert ihres Besitzes. Das ist der eine Akt, damit ist die ökonomische Macht des Kapitals auf die Gesellschaft übertragen.

Dann gibt es einen zweiten Akt. Dieser zweite Akt wird eingeleitet durch die Steuergesetzgebung. Wir sind dann imstande, ganz gleichmäßig alle Besitzenden, ob jetzt ihr Betrieb sofort sozialisiert wird oder ob sie zunächst als Privatbetrieb weiter arbeiten, durch die Besteuerung für die Lasten der Allgemeinheit heranzuziehen. Wir können durch eine ausgiebige Besitzbesteuerung alles das erreichen, was wir durch eine Konfiskation nur unvollständig und ungleichmäßig erreichen würden. Es ist selbstverständlich, daß eine solche sozialistische Besitzbesteuerung sich von ganz anderen Gesichtspunkten leiten läßt, als etwa die bürgerliche Steuergesetzgebung. Für uns kommt nicht allein das fiskalische Interesse in Betracht, sondern daß wir auf diese Weise eine sozialistische Gesellschaft begründen wollen, in der die Vermögensunterschiede ausgeglichen werden müssen, in der der Unterschied von Arm und Reich, wie er in der gegenwärtigen Gesellschaft besteht, verschwinden muß. Infolgedessen ist die Grundlage einer sozialistischen Besteuerung, daß sie nicht nur von dem Gesichtspunkte ausgeht: Was bringt die Steuer ein? sondern: Wie wirkt die Steuer auf die Besitzverteilung? Wie wirkt sie in der Richtung, daß die Vermögensunterschiede allmählich verschwinden. Die Frage: Konfiskation oder Entschädigung ist daher keine Prinzipienfrage, sondern sie ist bloß eine taktische Frage, wie man besser fährt, um das Resultat der Vergesellschaftung der Produktionsmittel, der Ausgleichung der Vermögensunterschiede zu erzielen. Wenn ich von Entschädigung spreche, so bedeutet das selbstverständlich nicht, daß nun alles und jedes entschädigt werden muß. Es gibt eine Reihe von Rechten, die ohne weiteres ohne Entschädigung auf die Gesellschaft übertragen werden können. Ich denke hier z.B. an die Bergbauregale, an das historische Recht gewisser Herren, Abgaben vom Kohleneigentum, von Eisenbergwerken usw. zu erheben, wie es etwa der Prinz von Arenberg und der Fürst Pleß besitzen. Diese Regalrechte können natürlich ohne weiteres annulliert werden, ohne jede Entschädigung. Noch größere Bedeutung hat es, daß das Bergbaurecht vom Staate Privatgesellschaften, Privateigentümern verliehen worden ist. Es bestehen eine Menge solcher Rechte, ohne daß der Bergbau wirklich betrieben worden ist. Dieses Recht ist nur dazu benutzt worden, um diesen Gesellschaften ein Monopol, das Verfügungsrecht über die Schätze, die der Nation zustehen, zu gewähren. Diese Rechte können nach meiner Meinung ebenfalls ohne weiteres, ohne jede Entschädigung annulliert werden.

So viel zunächst über das Gebiet der Industrie, über die Entschädigungsfrage und über die Mittel der Sozialisierung.

Ich möchte nur noch kurz streifen, daß wir uns auf dem Gebiet der landwirtschaftlichen Erzeugung auf den Standpunkt stellen müssen, daß in die bäuerlichen Besitz- und Betriebsverhältnisse nicht eingegriffen werden muß. Der Einfluß, den wir gewinnen wollen, wird auf andere Weise zu erreichen sein. Wir werden ihn einmal erreichen, wenn wir den Absatz des Getreides durch ein Getreidehandelsmonopol, wie es heute tatsächlich bis zu einem gewissen Grade besteht, in der Hand behalten, und wenn wir, im Besitz der Hypothekenbanken, auf die landwirtschaftliche Krediterteilung Einfluß ausüben können. Wir werden im übrigen die Landwirtschaft fördern durch eine ganze Reihe von Maßnahmen, die dazu dienen werden, die Intensität und die Produktivität gerade des bäuerlichen Betriebes zu steigern. Wir werden den landwirtschaftlichen Unterricht fördern. Wir werden, im Besitz der Kaliproduktion, der Landwirtschaft billige Düngemittel zur Verfügung stellen. Wir werden durch Förderung des Genossenschaftswesens den Sozialisierungsgedanken allmählich auch der landwirtschaftlichen Bevölkerung nahebringen. Wir werden dadurch, daß wir der landwirtschaftlichen Bevölkerung die notwendigen Maschinen zur Verfügung stellen, die Intensität und die Schnelligkeit des Betriebes steigern können usw. So viel über die bäuerlichen Betriebe der Landwirtschaft.

Dagegen bin ich der Ansicht, daß wir den Großgrundbesitz durchaus von der Gesellschaft aus übernehmen müssen. Namentlich die großen Latifundien, die extensiv bewirtschaftet werden, sind ein geeignetes Objekt für die Sozialisierung, ebenso wie die großen Forsten und Wälder. Auch auf dem Gebiet der Landwirtschaft werden wir eine Reihe von durchgreifenden Maßnahmen treffen können, Maßnahmen, die dazu dienen werden, das Nationaleigentum an Grund und Boden wenigstens zu einem großen Teile sicherzustellen. Es wird dann zweierlei in Betracht kommen. Wir brauchen die Verfügung über Grund und Boden einmal deshalb, weil wir den heimkehrenden Kriegern versprochen haben, ihnen Grund und Boden zur Siedelung zur Verfügung zu stellen, und dieses Versprechen muß erfüllt werden. Wir brauchen den Grund und Boden aber auch deshalb, um von gesellschaftswegen landwirtschaftliche Musterbetriebe einrichten zu können und um dann mit der Zeit zu einer möglichst gesteigerten Produktivität zu kommen. Es handelt sich hier dann weiter um die Frage, in welcher Art und Weise die Landwirtschaft in solchen Musterbetrieben fortgeführt werden soll. Ich bin da der Ansicht, daß wir durchaus nicht etwa den Großbetrieb vollständig auflösen können in Kleinbetriebe; denn es kann keinem Zweifel unterliegen, daß für gewisse

Produktionszweige der Großbetrieb der technisch überlegene ist, und ich meine, wenn erst der Großbetrieb in wirklich rationeller Weise mit einer intelligenten und gutentlohnten und infolgedessen auch arbeitsfreudigen Arbeiterschaft geführt wird, dann wird sich herausstellen, daß die technische Überlegenheit des Großbetriebes über den Kleinbetrieb tatsächlich so bedeutend ist, daß die Zerschlagung des Großbetriebes eine indiskutable Idee wäre. Auch hier werden wir eine Reihe von außerordentlich wichtigen Problemen zu lösen haben.

Wenn wir uns die Summe der Probleme, die ich hier absichtlich nur ganz kurz angedeutet habe, und die verschieden sind je nach den einzelnen Industriezweigen und auch verschieden gelöst werden müssen nach den einzelnen Industriezweigen, vor Augen halten, so werden Sie mir zustimmen müssen, wenn ich sage, daß für die Sozialisierung Zeit notwendig ist. Die politische Revolution ist ein verhältnismäßig kurze Zeit dauernder Akt.

Ganz anders ist es aber mit der Ersetzung einer Wirtschaftsform durch die andere. Die kapitalistische Form hat bis zu ihrem Ende, wovon wir jetzt wohl sprechen dürfen, Reste früherer Wirtschaftsformen in sich getragen: feudale Reste, kleinbürgerliche Reste bis zur letzten Stunde. Wirtschaftsformen verschwinden nicht an einem Tage oder in einem Monat, sondern die Verdrängung der einen Form durch die andere bedarf sehr langer Zeit. (Sehr richtig!) Für die sozialistische Wirtschaft kann man vielleicht deswegen mit geringeren Zeiträumen rechnen, weil ja ihre Aufrichtung das gemeinsame, bewußte Werk der gesamten Gesellschaft ist – bewußtes Werk, das natürlich rascher vor sich gehen kann als etwa die Durchsetzung der kapitalistischen Wirtschaft, die der privaten Initiative, dem bewußten Walten ökonomischer Gesetze überlassen werden wird. Trotzdem ist es ganz klar, daß die sozialistische Gesellschaft nur errichtet werden kann in einem organischen Aufbau, der verhältnismäßig geraumer Zeit bedarf. Es wäre eine ganz verkehrte Vorstellung – und vor der muß gewarnt werden –, daß das nun willkürlich beschleunigt werden kann, daß es etwa anginge, daß Betriebe einzelnen Arbeiterkategorien übergeben werden und dadurch etwas geleistet werden kann. Es handelt sich nicht um die Übergabe von Vermögen, sondern es handelt sich um die Neuorganisation ganzer Industriezweige. Es bedarf also der Zeit. Aber ich meine: das Proletariat kann auch diese Zeit gewähren.

Parteigenossen, wie hat sich denn die ökonomische Lage des Proletariats nach der Revolution gestaltet? Sie alle kennen die Auffassung, daß in der Übergangswirtschaft mit aller Energie wird gearbeitet werden müssen, daß möglichst viele Überstunden gemacht werden sollten, und daß ein Abbau der Löhne erfolgen solle. Es ist klar, daß diese kapitalistischen Pläne auf den stärksten Widerstand der Arbeiterklasse gestoßen wären. Aber diese Streiks hätten kolossale Opfer erfordert, und ihr Ergebnis wäre zweifelhaft gewesen, weil die alte Staatsmacht schützend hinter dem Kapital gestanden hat und weil die Übergangswirtschaft eine Zeit der Krise, der Arbeitslosigkeit ist, die unter den alten Verhältnissen die Widerstandskraft des Proletariats außerordentlich verringert hat. Die Revolution hat gerade an der ökonomischen Lage der Arbeiterschaft Bedeutendes geändert. Sie kann keine Wunder wirken. Wir sind verarmt; die Herstellung der Güter ist verringert; was zur Verteilung kommen kann, ist sehr viel weniger als in der Friedenswirtschaft. Aber der Verteilungsmaßstab ist durch die Revolution, durch die Änderung der Machtverhältnisse zwischen Kapital und Arbeit doch sehr verschoben worden. Wir haben keinen Abbau der Löhne, sondern eine Steigerung der Löhne, und wir haben keine Verlängerung der Arbeitszeit, sondern den Achtstundentag. Ich meine, das ist eine Situation, in der das Proletariat sehr wohl die notwendige Wartezeit, ohne die nichts Gründliches geleistet werden kann, gewähren kann. Es muß sie gewähren, soll nicht das ganze Werk verpfuscht werden.

Parteigenossen! Hier ist wiederholt das Wort zitiert worden: die Revolution darf sich nicht auflösen in eine Lohnbewegung; und ich möchte diese Worte unterstreichen. Sie darf sich nicht auflösen in eine Lohnbewegung, und sie darf sich nicht auflösen in eine Anarchie, in eine ungeordnete und produktionsstörende Bewegung, weil dadurch jede Neuorganisation unmöglich würde. (Sehr richtig!) Parteigenossen, der Sozialismus ist nicht nur eine Messer- und Gabelfrage, und nicht nur das Streben, die Armut und das Elend aus der Welt zu schaffen. Es ist schon etwas ungeheuer Großes, wenn es gelingen wird, dem gesamten Volke die notwendige Existenz zu sichern, wenn es gelingen wird, daß unsere Jugend nicht mehr unterernährt und nicht mehr überarbeitet aufwächst, wenn es gelingt, eine Jugend heranwachsen zu lassen, die aller Geistesschätze, die die Kultur bieten kann, teilhaftig wird.

Aber Sozialismus will, glaube ich, noch etwas Höheres. Es handelt sich auch darum, daß das ganze materielle Denken, das bisher die Menschheit erfüllt hat, endlich in den Hintergrund tritt (Sehr gut!), daß die Millionen der Menschheit nicht mehr immer an Essen und Trinken denken, daß die Sorge um Essen und Trinken nicht mehr in erster Linie steht, sondern zurückgedrängt wird und verschwindet; es handelt sich darum, daß ein neuer Geist die Menschheit erfaßt, wo man nicht mehr daran denkt: wie wohne, esse, trinke ich heute, und habe ich morgen noch die Möglichkeit zu wohnen, zu essen, zu trinken; sondern wo es sich darum handelt, daß die ganze Menschheit mit den großen Problemen sich beschäftigt, daß das Tierische, das uns allen noch aus der Periode der Klassenherrschaft und der Ausbeutung des Menschen durch den Menschen anhaftet, ersetzt wird durch das Geistige, durch das Ideale.

Parteigenossen, wenn Sie einen solchen Zustand vorbereiten wollen, dann müssen Sie sich schon heute von diesem Geiste erfüllen lassen. Dann dürfen Sie sich nicht fragen: was bringt die Revolution an Lohn. Dann dürfen Sie nicht sagen: heute habe ich besser gegessen als gestern und deswegen bin ich heute zufrieden; aber wenn ich morgen nicht wieder besser zu essen habe, dann bin ich morgen wieder unzufrieden. Sie müssen sich sagen: das Proletariat hat alles, was es erreicht hat, in schwerster Arbeit erreichen müssen. Aber, Parteigenossen, keine Arbeit wird schwerer sein als die Arbeit nach dem Siege der Revolution. (Sehr wahr!) Wir gehen besitzlos aus der kapitalistischen Gesellschaft hervor, wie wir besitzlos in sie eingetreten sind. Da gilt es nun zu arbeiten und die Zähne zusammenzubeißen – aber in dem

Bewußtsein, daß diese Arbeit nicht mehr eine Arbeit für Fremde ist, keine Arbeit für die Ausbeuter, sondern daß es Arbeit für uns selbst ist. (Sehr richtig! und Bravo!)
Parteigenossen! Wenn Sie heute in den Betrieben stehen, dann müssen Sie sich immer vor Augen halten, daß Sie die Treuhänder, die Verwahrer dieser Betriebe für uns sind. Alle diese Betriebe gehören nicht Ihnen und noch viel weniger den Kapitalisten; sie gehören der neuen sozialistischen Gesellschaft, und Sie müssen dafür sorgen, daß diese Betriebe in so gutem Zustande als möglich in die sozialistische Gesellschaft übergeführt werden können. Denn wir können nur sozialisieren, wenn etwas zum Sozialisieren da ist, wenn gearbeitet wird, und wenn diese Arbeit Früchte trägt. Deswegen möchte ich Sie bitten, stets daran zu denken, daß wir die neue Gesellschaft nicht in einem Tage und nicht in einem Monat erringen können, sondern daß sie allmählich, aber in energischer, fortschreitender Arbeit aufgebaut werden muß. Wenn wir erst angefangen haben, dann schließt sich an den Anfang ganz von selbst immer Neues an. Wenn wir die Eisenbahnen haben, so werden wir die Lokomotiven für die Bahnen bauen und die Eisenschienen für die Bahnen herstellen: wenn wir Kohle und Eisen haben, werden wir eine Menge weiterverarbeitender Industrien angliedern können; wenn wir einen Industriezweig haben, gliedern sich von selbst andere Industriezweige wieder an ihn an: der Kreis der sozialistischen Produktion wächst beständig.
Infolgedessen hat das Proletariat die Pflicht, in der gegenwärtigen Zeit zwar mit aller Energie darauf zu bestehen, daß die sozialistische Arbeit in Angriff genommen und durchgeführt wird ohne jede Rücksicht auf irgendwelche Privatinteressen, ohne Ängstlichkeit, ohne Zaudern. Aber es muß diese Arbeit auch unterstützen, indem es in den Betrieben und indem es politisch mitarbeitet und unsere Arbeit sichert. Diese Arbeit wird gesichert, wenn es gelingt, uns in den Wahlen zur Nationalversammlung eine sozialistische Mehrheit zu verschaffen. Parteigenossen, das ist außerordentlich wichtig! Um ruhig fortarbeiten zu können, brauchen wir die Stetigkeit der sozialistischen Regierung, und diese ist nur zu haben, wenn die Mehrheit des Volkes hinter uns steht. (Sehr richtig!) Wir haben die feste Überzeugung, daß diese Mehrheit zu gewinnen ist, und dann kann die Arbeit, die wir leisten, einen stetigen Fortgang nehmen und rascher zustande gebracht werden.
In diesem Sinne, Parteigenossen, möchte ich Sie bitten, auf die Genossen draußen einzuwirken. Alle Sozialisten müssen sich darin einig sein, daß die Sozialisierung, die Vergesellschaftung der Produktionsmittel fortgeführt wird, alle Sozialisten müssen sich darin einig sein, daß die Ausbeutung der Menschen durch die Menschen aufhören muß. Diese Arbeit ist aber nur zu leisten, wenn die Arbeiter selbst sich bewußt werden: es handelt sich nicht in erster Linie um materielle Forderungen, um ihre persönliche Besserstellung, sondern um die Durchsetzung des größten Ideals, das der Menschheit gestellt ist. Es handelt sich darum, daß alles Materielle in den Hintergrund treten muß und daß neuer Geist die Menschheit erfüllt, daß die Menschheit aufhört, die Reste des Tierischen mit sich herumzuschleppen, daß sie anfängt, ganz Mensch zu sein, das heißt, vor allem ganz Geist zu sein, zu leben

nicht für die eigenen persönlichen Interessen, sondern zu leben für das Ganze, für die Allgemeinheit. (Lebhafter Beifall und Händeklatschen.)

(Referat auf dem Allgemeinen Kongreß der Arbeiter- und Soldatenräte Deutschlands, gehalten am 18. Dezember 1918, Stenogr. Bericht, Sp. 312–321).

Die politischen und ökonomischen Machtverhältnisse und die Sozialisierung (1920)

Die USPD, die sich bei den Wahlen zur Nationalversammlung im Januar 1919 noch mit 7,6 % der Stimmen begnügen mußte (MSPD: 37,9 %), erhält nach den Januarkämpfen in Berlin, von Freikorpsverbänden unter Leitung Gustav Noskes niedergeschlagen, nach der Ermordung des bayerischen Ministerpräsident Kurt Eisner (USPD) am 21. Februar und nach der Niederschlagung der Münchener Räterepublik im Mai 1919 verstärkten Zulauf durch die anwachsende Protestbewegung gegen die Regierung.
Auf den Kapp-Putsch am 13. März 1920 antwortet die Arbeiterschaft Deutschlands mit einem Generalstreik, unterstützt und organisiert vom ADGB, von der USPD und der KPD. Eine Fortsetzung der „Weimarer Koalition" aus Zentrum und Mehrheitssozialdemokratie wird unmöglich.
Carl Legien schlägt am 17. März 1920 der USPD und der MSPD die Neubildung einer Arbeiterregierung vor, die die Unterstützung der Gewerkschaften genießen soll. Zunächst lehnt die Zentralleitung der USPD ab, entsendet dann jedoch Wilhelm Koenen und Hilferding zu Besprechungen, nach denen sie ein positives Votum abgeben. Dennoch wird der Plan Legiens weiterhin abgelehnt. Dabei mag mitspielen, daß die Anhänger des Rätesystems von einer von den Gewerkschaften getragenen Arbeiterregierung die Liquidierung der wiederauflebenden Rätebewegung zu fürchten haben.
In den Reichstagswahlen am 6. Juni 1920 verliert die SPD fast die Hälfte der Wählerstimmen im Vergleich zu 1919, die USPD erhöht ihren Anteil auf 17,9 %. Die MSPD kann die Regierungsgewalt nicht halten. Daraufhin bildet der Zentrumsabgeordnete Fehrenbach ein rein bürgerliches Kabinett.
Hilferding, der einer unter dem Druck der Arbeiterschaft von der Regierung am 15. Mai 1920 einberufenen Sozialisierungskommission angehört, entwickelt sich angesichts der Inflation immer mehr zum Kritiker einer Sozialisierung, die das Interesse der unmittelbaren Produzenten, der Arbeiter, in den Vordergrund stellt und das der Konsumenten vernachlässigt. Er spricht von einem Übergang von der Sozialpolitik zur Produktionspolitik, von einer „Systemänderung der Wirtschaft" hin zu einer planmäßig und zentral organisierten Bedarfsdeckung — allerdings demokratisch organisiert, d.h. ohne die Kapitalisten. Er ist zunehmend vom englischen „Gildensozialismus" beeinflußt, nach dem die Gewerkschaften zwar Träger der Sozialisierung sind,

in der Gebietsorganisation jedoch auch der Staat, das allgemeine Interesse vertreten ist. Damit soll „Syndikalismus", worunter die Dominierung der Konsumenten durch die Produzenten verstanden wird, vermieden werden (siehe auch Hilferdings Einleitung in: George Douglas Howard Cole, Selbstverwaltung in der Industrie, Berlin 1921).

Die zweite Sozialisierungskommission ist von der Uneinigkeit zwischen Hilferding und Rathenau bestimmt. Rathenau ist für den Verbleib des Unternehmertums in den Betrieben, Hilferding hingegen lehnt „Selbstverwaltung der Industrie" und die paritätische Vertretung von Arbeitern und Unternenmern mittlerweile strikt ab. „Wir können uns theoretisch entscheiden für weitere Aufrechterhaltung der kapitalistischen Organisation mit einzelnen Verbesserungen, oder aber wir müssen sie ersetzen durch eine ganz andere Organisationsform, die nach ganz anderen wirtschaftlichen Prinzipien geleitet wird, die ganz andere wirtschaftliche Motivationen schafft. Das ist aber nur dann möglich, wenn wir die Kapitalisten nicht paritätisch an der Leitung beteiligen, sondern wenn wir den Kapitalisten als Besitzer ausschalten und die tüchtigen Unternehmer als Angestellte, als Leiter der sozialistischen Wirtschaft gewinnen" (Verhandlungen der Sozialisierungskommission über den Kohlenbergbau im Jahre 1920, Berlin 1920, S. 403).

Ebenso aber lehnt er Verstaatlichung oder Planwirtschaft ab, wie etwa Rudolf Wissells Modell einer „Deutschen Gemeinwirtschaft", in der nicht die Sozialisierung, sondern der Einfluß auf Preisgestaltung und Gewinnverteilung an erster Stelle steht, da man die kapitalistischen Preisgesetze nicht für eine einzelne Industrie oder Branche aufheben könne.

Auch die Arbeit der zweiten Sozialisierungskommission bleibt von der Reichsregierung unberücksichtigt.

Werte Genossen und Genossinnen! Wenn ich über die ökonomische und politische Machtverteilung zu sprechen habe, so muß ich zunächst jene Entwicklung ganz kurz beleuchten, die die deutsche Arbeiterbewegung, als Gesamtheit aufgefaßt, seit dem 9. November zu durchlaufen gehabt hat.

Wir hatten am 9. November den völligen Zusammenbruch des alten Systems und die Übernahme aller Macht in die Hand der deutschen Arbeiterklasse. Wir haben heute uns gegenüber eine bürgerliche Regierung, und wir verzeichnen die Wiederbefestigung der bürgerlichen Herrschaft.

Wenn wir uns fragen, wie es zu dieser Entwicklung gekommen ist, so müssen wir einiges sagen, was vielleicht nicht jedem angenehm zu hören sein wird.

Wir müssen das aber konstatieren, um für die Zukunft, die uns vor schwere und entscheidende Probleme stellen wird, gerüstet zu sein. Ich will selbstverständlich hier nicht politische Ausführungen im einzelnen machen, und ich will nicht etwa die Person dieses oder jenes Führers angreifen. Ich sehe die tiefere Ursache der Entwicklung darin, daß der Zusammenbruch die deutsche Arbeiterklasse in einem Moment getroffen hat, wo sie auf die Übernahme der Macht nicht vorbereitet war. Sie war *materiell* nicht darauf vorbereitet, denn der Krieg hatte die ökonomische Macht der Arbeiterklasse geschwächt, und die Arbeiterorganisationen während des Kriegs- und Belagerungszustandes ihrer Selbständigkeit beraubt. Und sie war *geistig* deswegen nicht darauf vorbereitet, weil die Arbeiterbewegung in Deutschland, wie in Westeuropa, in der Prosperität vor dem Kriege eine starke Neigung zu einer rein sozialreformistischen Politik gehabt hat. Die außerordentlich starke Prosperität des Kapitalismus seit 1895 hatte es bewirkt, daß eine ganz allmähliche, aber merkliche Besserung der Lebenshaltung breiter Arbeiterschichten eingetreten war, und daß der Kampf der Arbeiter hauptsächlich gerichtet war auf die ständige Verbesserung ihrer persönlichen Lebenshaltung. Das eigentlich sozialistische und revolutionäre Ziel war in den Hintergrund getreten. Das ist eine Entwicklung, die vielen von uns in ihrer vollen Schärfe erst zum Bewußtsein gekommen ist nach dem Ausbruch des Krieges, in den Perioden, wo die Arbeiterbewegung eine Zeitlang unter dem Druck der Ereignisse auch ihre geistige Selbständigkeit bis zu einem hohen Grade eingebüßt hatte. Der Zusammenbruch traf die Arbeiterbewegung gerade in einem Moment, wo die Emanzipation von den alten Anschauungen, von der alten Kampfesweise noch nicht eingetreten war. Die Arbeiterklasse war nicht darauf gefaßt, die Ausübung der politischen Macht in jener energischen Weise durchzuführen, wie es notwendig gewesen wäre.

Wir hatten am 9. November die politische Macht allein. Ein großer Teil der Arbeiterklasse aber stand auf dem Standpunkt, daß diese Macht, die wir allein besaßen, nicht auch allein ausgeübt werden könne, und setzte praktisch die Koalition mit den bürgerlichen Parteien fort, die während des Krieges begonnen hatte. An diesem Umstande scheiterte auch naturgemäß die ökonomische Politik der Arbeiterklasse. Während es notwendig gewesen wäre, den Besitz der politischen Macht sofort dadurch zu festigen, daß man sich in den Besitz der entscheidenden ökonomischen Machtpositionen des Kapitals gesetzt hätte durch den sofortigen Beginn der Sozialisierung der wichtigsten Industrien, wurde dieses Hauptproblem proletarischer Politik in den Hintergrund gestellt und die entscheidenden Schritte damals unterlassen. Nicht nur durch Schuld einzelner Führer, das betone ich immer wieder, sondern vor allem deswegen, weil der Arbeiterklasse zu einem großen Teil der Sozialismus noch ein viel zu fernes Ideal war, weil sie die revolutionäre Macht, die sie besaß, zunächst in der Weise auszuüben suchte, daß sie unmittelbar eine Verbesserung der materiellen Existenz zu erringen versuchte. Das ist natürlich kein Vorwurf. Nichts begreiflicher, als daß nach der Beendigung des Krieges, nach der langen Niederhaltung der Arbeiterklasse, die Arbeiter vor allem daran dachten, ihre gedrückte Lebenshaltung zu bessern.

Aber konstatiert muß werden, daß dadurch, daß sie diese Besserung innerhalb der kapitalistischen Gesellschaft durch Lohnerhöhung und Streikbewegung anstrebten, daß dadurch die Revolution in Gefahr geriet, in Lohnbewegungen aufgelöst zu werden, und dadurch die Konzentration der revolutionären Kraft auf die Umänderung des Gesellschaftssystems selbst verringert wurde. So kam es, daß in dieser ersten Periode der Revolution die Sozialisierung selbst keine Fortschritte machte. Diejenigen Politiker innerhalb der Arbeiterklasse, die an der Koalition mit den bürgerlichen Parteien festhielten, erklärten uns, Sozialismus könne gegenwärtig nicht durchgeführt werden. ,,Schulden können nicht sozialisiert" werden. Vergebens haben die anderen eingewandt, daß das eine vollständige Verkennung des Problems sei. Es handele sich nicht darum, eine angeblich bankerotte Wirtschaft zu sozialisieren, sondern gerade nach dem Zusammenbruch der kapitalistischen Wirtschaft handele es sich darum, die politische Macht auszunützen, um den vorhandenen, damals im wesentlichen noch intakten Produktionsapparat Deutschlands mit der lebendigen Arbeitskraft der deutschen Arbeiterklasse in Verbindung zu bringen und so sich der ökonomischen Macht zu bemächtigen. Das ist nicht geschehen, und statt dessen kam es zu jenen Kämpfen innerhalb der Arbeiterklasse, die noch in Ihrer aller Erinnerung sind und über die ich hier nicht sprechen werde. Aber wir müssen uns darüber klar sein, daß dieser Kampf innerhalb der Arbeiterklasse geführt worden ist, nicht um konkrete politische Probleme, nicht um wirkliche ökonomische Machterweiterungen, sondern zum Teil geführt worden ist infolge verschiedener, formelhafter Auffassung der politischen Entwicklung. Diese Kämpfe haben die Macht des Proletariats gerade in dieser entscheidenden Periode gelähmt und so es bewirkt, daß das Bürgertum wiederum seine Herrschaft befestigen konnte. Diese Kämpfe innerhalb der Arbeiterklasse haben jene politische Niederlage vorbereitet, die heute das Proletariat von der Herrschaft ausgeschlossen hat.

Noch schlimmer ist das Bild, wenn wir uns die *ökonomische Entwicklung* ansehen. Wissell hat Ihnen ein Bild von der allgemeinen ökonomischen Lage Deutschlands entworfen. Ich habe die Aufgabe, ganz kurz zu skizzieren, wie innerhalb dieses allgemeinen Elends sich nun die ökonomische Klassenlage des Proletariats auf der einen, des Kapitals auf der anderen Seite gestaltete.

In der ersten Periode, in den ersten Monaten der Revolution war eine Verbesserung der Lage der arbeitenden Klasse zu verzeichnen. Die Arbeitszeit wurde verkürzt, die Löhne gingen in die Höhe. Diese Bewegung hat aber nicht lange gedauert. Deutschland war schon vor dem Kriege ein Land niedriger Arbeitslöhne. Heute können wir konstatieren, daß die deutsche Arbeiterklasse die schlechtestbezahlte der Welt ist im Vergleich mit allen anderen industriell entwickelten Staaten. Dieser ökonomische Niedergang ist wesentlich verursacht worden durch die Entwicklung unserer Geldverhältnisse, durch die sogenannte *Inflation.* Zu Beginn der Revolution wurde von einem Teil der Politiker der Arbeiterklasse verlangt, daß sofort, um die durch den Kriegsverlust entstandenen großen Ausgaben zu decken, Steuergesetze gemacht werden, daß sofort, ohne erst auf den Zusammentritt der Nationalversammlung zu warten, direkte Einkommens-, Vermögens- und Erbschaftssteuern oktroyiert werden. Es ist nichts geschehen, und es dauerte viel zu lange Zeit, bis nach eineinhalb Jahren endlich die Nationalversammlung auch nur die wichtigsten Steuergesetze verabschiedet hatte, und es dauert bis zum heutigen Tage, daß die Besitzsteuern auch wirklich eingehoben werden. (Sehr wahr!) Sie wissen alle, daß von den direkten Steuern im wesentlichen nur die Arbeitseinkommen mit 10 oder 15 Prozent besteuert werden, während ein großer Teil der anderen Steuern noch nicht zur Erhebung gekommen ist. Die Regierung hat in der Weise gewirtschaftet, daß sie immer neue Noten ausgegeben hat. Von einem Geldumlauf von 4 Milliarden zu Beginn des Krieges, Gold und Noten zusammengerechnet, sind wir heute auf einen Papiergeldumlauf von 72 Milliarden angelangt. Das bedeutet, daß allmonatlich Milliarden von Banknoten in die Zirkulation, in den Geldverkehr gepreßt werden. In normalen Zeiten wurden Banknoten nur ausgegeben gegen Warenwechsel, d.h. gegen Scheine, die bewiesen, daß bei Ausgabe des Geldes vorher neue Ware produziert war. Infolgedessen wurden Noten nur in demselben Maße ausgegeben, wie die Produktion tatsächlich voranging. Heute werden Noten ausgegeben, ohne daß neue Waren produziert werden, vielmehr hat sich der Warenvorrat kolossal verringert. Die Regierung gibt Noten aus, ohne daß sie vorher die Steuern erhoben hat. Sie bestreitet ihre kolossal gewachsenen Ausgaben also nicht mehr aus dem durch die Steuern auf sie übertragenen Teil des gesellschaftlichen, nicht proletarischen Einkommens, sondern durch Papierdruck. Werden aber monatlich Milliarden neuer Noten in den Verkehr gesetzt, so bedeutet das, daß monatlich für Milliarden neue Kaufkraft geschaffen wird, und das hat zur weiteren Folge, daß die *Preise ständig steigen* müssen. Es ist eine Illusion, zu glauben, daß ein Preisabbau in irgendwelchem erheblichen Maße früher möglich ist, bevor nicht der Notenpresse Einhalt getan ist, bevor nicht die Ausgabe neuer Noten aufhört. Erst dann beginnt sich das Problem des Preisabbaues überhaupt zu stellen.

Es sind also infolge dieser Notenvermehrung die Warenpreise unaufhörlich gestiegen; gleichbedeutend damit ist, daß die Kaufkraft des Geldes außerordentlich gefallen ist. Es muß konstatiert werden, daß es der Kraft der deutschen Arbeiterbewegung und ihrer Gewerkschaften nicht gelungen ist, in annähernd gleichem Verhältnis mit der rapiden Preisentwicklung die Löhne zu erhöhen. Nach offiziellen Angaben sind vom Ausbruch des Krieges bis zum Februar 1920 die Preise in folgender Weise gestiegen, wenn man die Preise bei Kriegsbeginn gleich 100 setzt: die Kosten des Ernährungsbedarfs in Berlin betrugen im Februar 1920 800 bis 900 Mark gegenüber 100 Mark bei Kriegsbeginn. Von dieser Steigerung sind nur die Mieten ausgeschlossen, die nur auf 120 heraufgegangen sind. Andere Preise haben sich in folgender Weise gestaltet: Baumwollgewebe sind von 100 auf 5000 gestiegen, Steinkohle von 100 auf 1035, Stahlblöcke auf 2620; gegenüber diesen Preisen haben sich die Löhne seit Kriegsbeginn erhöht auf 570. 570 die Löhne, 900 der Ernährungsbedarf, der nackte Ernährungsbedarf, abgesehen von der kolossalen Preissteigerung in Schuhen, Textilien und allen übrigen Gegenstän-

den des Lebensbedarfs. Das bedeutet also an sich eine *Verelendung der Arbeiterklasse,* eine absolute Verschlechterung ihrer Lebenshaltung. Es bedeutet aber zugleich die *letzte Ursache der Krise,* der deutschen Krise, die ihre ganz besonderen Formen, ihren ganz besonderen Inhalt hat und die darin begründet ist, daß eben die Kaufkraft der breiten arbeitenden Massen in einer solchen Weise hinter der Preissteigerung zurückgeblieben ist, daß die Waren heute keinen Absatz mehr finden können, daß zur selben Zeit, wo der stärkste Bedarf nach allen Waren vorhanden ist, die Produktion eingeschränkt wird und eine erneute Arbeitslosigkeit, ein erneutes Absinken der Einkommen, eine erneute Verstärkung der Krise produziert wird.
Während wir gesehen haben, daß die Löhne so stark zurückgeblieben sind hinter den Preisen, muß weiter gesagt werden, daß diese Löhne von dem größten Teil der Arbeiterklasse gar nicht mehr eingenommen werden, weil der eine Teil der Arbeiterklasse arbeitslos ist, während der andere Teil nur vier oder drei Tage in der Woche Arbeit hat. Die wirkliche Verminderung des Einkommens der Arbeiterklasse ist noch bedeutend größer, als es die genannten Ziffern erraten lassen und das zu einer Zeit, wo die Löhne der anderen Industriestaaten weitaus die deutschen übertreffen. Wissell hat das schon angeführt. Ich las neulich, daß die größtenteils ungelernten englischen Transportarbeiter einen Minimallohn von 16 Schilling, also 160 Mark täglich durchgesetzt haben. Für Arbeiter aus der Papierindustrie, Maschinisten und Heizer schwankt in England das Wocheneinkommen zwischen 600 und 800 Mark, es ist also das Vielfache der deutschen Löhne. Dasselbe läßt sich von Frankreich berichten. Auch dort sind die Löhne sechs- bis siebenmal so hoch wie die deutschen; und auch, wenn man den Unterschied der Ernährungskosten in Deutschland und im Auslande genau berücksichtigt, bleibt das Resultat dasselbe. Wir beziehen nur einen Bruchteil dessen, was man heute als Weltmarktlohn bezeichnen könnte. Es ist also nicht zu viel gesagt, wenn man konstatiert, daß die Periode seit Ausbruch der Revolution nach einem kurzen Aufstieg für die deutsche Arbeiterklasse eine *Periode wachsender Verelendung* gewesen ist.
Wie steht es auf der anderen Seite mit der *Kapitalistenklasse?* Kein Zweifel, daß viele Schichten, die sich früher zur besitzenden Klasse gerechnet haben, manche Schichten der hochqualifizierten Arbeiter, Beamten des sogenannten Mittelstandes und der von Renteneinkommen Lebenden, durch die Kriegsentwicklung und die nachfolgende Entwicklung bis zu einem hohen Maße proletarisiert sind. Aber die Kapitalistenklasse als solche hat an ihrer ökonomischen Macht durch diese Entwicklung nichts Wesentliches eingebüßt. Dieselbe Entwicklung, welche die Löhne immer niedriger gebracht hat, hat auf der andern Seite naturgemäß die Profite ständig erhöht. Liest man die Abschlüsse so mancher Industriezweige für die Periode 1919/20, so ist man auch als Kenner des Wirtschaftslebens geradezu erstaunt, um welche Riesengewinne es sich handelt. So sehr auch durch außerordentliche Abschreibungen, durch Reserveausschüttungen, alle möglichen Methoden die Bilanzen frisiert werden, läßt sich immer wieder konstatieren, daß Profitraten von 100, 120 Prozent in der deutschen Industrie gar nichts Seltenes ge-

worden sind. Zugleich damit hat aber eine außerordentliche *innere Festigung des Kapitalismus* stattgefunden. Der Kapitalismus, wie er aus dem Kriege und aus der Revolution in Deutschland hervorgeht, ist konzentrierter, zusammengeballter, zusammengefaßter, als er je vorher war. Im Kriege hat eine Entwicklung eingesetzt, die ganz an amerikanische Verhältnisse erinnert, indem diese Kapitalmassen in immer höherem Maße nicht mehr kommandiert werden von großen anonymen Gesellschaften, von den Aktiengesellschaften und den großen Banken, sondern innerhalb dieses Kapitalismus setzt sich auch eine immer schärfer betonte persönliche Herrschaft einzelner ganz großer Kapitalmagnaten durch. Die Kapitalistenklasse mag der Zahl ihrer Personen nach abgenommen haben, aber die Macht dieser Klasse hat durch diese ganze Entwicklung bis heute keine wesentlich entscheidende Verminderung erfahren. Wir müssen uns über die Verhältnisse klar sein, weil, wenn wir die ganze Wahrheit in ihrer Nüchternheit erkennen, uns die Aufgaben klar sein werden, die wir zu erfüllen haben.
Soviel über die Entwicklung der Machtverhältnisse der Klassen. Nun noch ein paar Streiflichter über die ökonomische Situation, soweit sie unmittelbar mit unserem Thema Sozialisierung im Zusammenhang steht. Ich habe bereits hingewiesen auf die kolossale Inflation, die fortschreitende Geldentwertung, die ihre vornehmste Ursache hat in der *Zerrüttung unseres Staatshaushalts*. Nur einige Ziffern zur Beleuchtung dieser Verhältnisse. Das Jahr 1919 hat mit einem Defizit von 60 bis 70 Milliarden abgeschlossen. Das Jahr 1920 weist ein sogenanntes ordentliches Budget aus mit Ausgaben von 40 Milliarden Mark, denen Einnahmen in ähnlicher Höhe gegenüberstehen sollen. Wie es wirklich damit werden wird, das weiß mit Sicherheit heute noch niemand zu behaupten. Aber nehmen wir an, daß das Budget mit 40 Milliarden bilanziert. Daneben aber gibt es ein außerordentliches Budget, das ein Defizit aufweist von nicht weniger als 49 Milliarden Mark. Und dann gibt es noch ein weiteres Defizit von 18,5 Milliarden Mark, das Defizit in den Reichsbetrieben, der Reichseisenbahn und der Post, so daß wir im Jahre 1920 ein rechnungsmäßiges Defizit von über 67 Milliarden zu erwarten haben. Sie werden verstehen, daß unter diesen Umständen die Schuldensumme angestiegen ist vorläufig auf 286 Milliarden Mark, daß neben diesen 286 Milliarden für 131 weitere Milliarden Deckung gesucht wird, um die auslandsdeutschen Wiedergutmachungskosten usw. zu ersetzen, und daß neben diesen etwa 400 Milliarden Mark für weitere Milliarden, die an die Entente zu vergüten sind, weitere Deckung gesucht wird.
Unsere Staatswirtschaft befindet sich also in völliger Zerrüttung. Nun ist der Zusammenhang zwischen Staatswirtschaft und Volkswirtschaft zwar nicht so beschaffen, daß der Zusammenbruch der Staatswirtschaft schon den Zusammenbruch der Volkswirtschaft bedeuten müßte, aber immerhin sind die Beziehungen zwischen Staatswirtschaft und Volkswirtschaft so eng, daß wir unter dieser fortschreitenden Defizitwirtschaft aufs schwerste leiden. Wissell hat schon ganz richtig darauf hingewiesen, wie die fortschreitende Geldentwertung die Deckung unseres industriellen Bedarfs an Rohstoffen, unseres Lebensmittelbedarfs immer weiter erschwert und uns infolgedessen aus die-

sem katastrophalen Zyklus nicht herauskommen läßt. Daher müssen wir uns klarmachen, daß die *bisherigen Methoden der bürgerlichen Steuer- und Wirtschaftspolitik nicht zureichen,* um in dieser katastrophalen Krise über den Berg zu kommen, ohne die Massen des Proletariats immer weiter zu verelenden, ohne immer größere Opfer von den Arbeitenden zu verlangen.
Unsere Wirtschaft kann nur gesunden durch *Produktionssteigerung.* Aber die Produktionssteigerung hat innerhalb der kapitalistischen Wirtschaft auf Grund der Bedingungen, die der Kapitalismus nach dem Zusammenbruch ökonomisch vorgefunden hat, nicht zur Produktionssteigerung geführt, sondern zu der Produzierung einer ungeheuren Krise, nicht zur Produktionsvermehrung, sondern zur Produktionseinschränkung, nicht zur Mehrarbeit, sondern zur Arbeitslosigkeit. Wir kommen aus diesem Massenelend, aus diesem fehlerhaften Zyklus, der zu immer neuen Krisen führt, nur heraus, indem wir die Produktionssteigerung zu erzielen suchen durch eine vollständige *Systemänderung der Wirtschaft,* indem wir die Wirtschaft nicht mehr abhängig machen von dem Privatwillen einzelner, nicht mehr von dem allein heute die Wirtschaft beherrschenden Motiv der Profitsteigerung, sondern indem wir die Wirtschaft planmäßig einrichten und zentral organisieren auf die notwendige Bedarfsdeckung aller Gesellschaftsmitglieder, das heißt also, daß wir an Stelle der kapitalistischen Wirtschaft eine *sozialistische* setzen.
Was verstehen wir unter einer sozialistischen Wirtschaft? Wir verstehen darunter nicht eine kapitalistische Wirtschaft, die bloß durch einige Regelungen ihrer ärgsten Wirkungen vielleicht beraubt ist. Genossen, wir müssen uns über dies Problem klar werden, denn wir sind in Gefahr, unseren ganzen künftigen Kampf zu erschweren, wenn wir uns nicht darüber verständigen, welches das Ziel unserer nächsten Kämpfe sein muß. Die kapitalistische Entwicklung hat, infolge ihrer immanenten, ihr innewohnenden Gesetze zu immer größerer Organisierung der Produktion geführt, die kapitalistische Konkurrenz hat dazu geführt, daß die Großbetriebe über den Kleinbetrieb in der Industrie den Sieg davongetragen haben, daß die Produktion im wesentlichen in den hauptsächlichsten Industriezweigen in einer Anzahl von größten Betrieben zusammengefaßt ist, daß die Produktion in den kleinen Betrieben daneben keine entscheidende Rolle mehr spielt. Das war die erste Stufenleiter. Auf der zweiten Stufenleiter haben sich die großen Unternehmungen untereinander verständigt über Einschränkung und Ausschaltung der Konkurrenz zur Herstellung der kapitalistischen Monopole in den Kartellen und Trusts. Die Kartelle und Trusts haben innerhalb ihrer Organisation wiederum eine neue Zusammenfassung der Kapitalien, eine stärkere Konzentration bewirkt. Auf einer dritten Stufenleiter haben wir eine immer stärkere Verbindung der großen monopolisierten, zu Kartellen und Trusts vereinigten Industrien mit den großen Banken, dem Finanzkapital. Schon vor dem Kriege war es so, daß die hauptsächlichsten Zweige der deutschen Wirtschaft kontrolliert worden sind von den großen deutschen Banken, die das freie Kapital in der ganzen kapitalistischen Gesellschaft an sich gezogen und es den hauptsächlichsten Industriezweigen zur Verfügung gestellt haben.

Diese Organisationstendenzen innerhalb des Kapitalismus können zweifellos noch außerordentlich verstärkt werden. Die Frage aber, um die es sich für uns handelt, die von der Arbeiterklasse zu beantworten ist, ist nicht die Frage nach einer organisierten Wirtschaft überhaupt, sondern ist die Frage, ob diese Wirtschaft kapitalistisch hierarchisch organisiert sein soll oder demokratisch sozialistisch. Man könnte sich vorstellen, daß mit dem Fortgang dieser Organisationstendenzen auch der Kapitalismus dazu käme, die Konkurrenz weiter einzuschränken, die Anarchie der Produktion zu verringern, die Arbeitslosigkeit allmählich durch verschiedene Methoden einzuschränken, daß also die Arbeiter in einem gewissen Verhältnis von unteren Beamten zu den großen Leitern und Führern der Produktion kämen. Das wäre eine Art organisierter, hierarchisch aufgebauter Kapitalismus. Wir als Arbeiterklasse haben zu entscheiden, ob wir uns mit einer solchen Organisation der Produktion begnügen können oder ob wir nicht vielmehr verlangen sollen und müssen, daß diese Organisation der Produktion ausgenutzt wird von der großen Masse der wirklich produzierenden Kopf- und Handarbeiter, ausgeübt wird nicht im Interesse einzelner Kapitalmagnaten, sondern im Interesse der Gesamtheit der gleichberechtigten Gesellschaftsmitglieder. Wenn das letztere die Forderung der Arbeiterklasse sein muß, so kann Sozialismus nicht bedeuten ein Zusammenarbeiten mit den Kapitalisten in irgendwelchen gemeinsamen Organisationsformen, sondern er kann nur bedeuten *die Ausschaltung des Kapitalisten aus der Produktion*, die Ausschaltung des Kapitalisten als Besitzenden. Es ist meiner Meinung nach möglich, die eben geschilderten Organisationstendenzen von oben her durch irgendwelche Organe mit den Kapitalisten zusammen einigermaßen zu befördern und zu beschleunigen. Ich weiß nicht, ob das eine Aufgabe ist, die heute, so verlockend sie klingt, in erster Linie eine Aufgabe der Arbeiterklasse sein kann. Ich bezweifle das schon deswegen, weil wir nur beobachten können, daß gerade der Druck der Lage das Kapital ohnedies zu immer stärkerer Konzentration und in der Folge dazu zwingt, jene überflüssigen Kosten der Produktion, die Produktion der rückständigen Betriebe, die Anwendung veralteter Organisationsmethoden allmählich auszuschalten. Aber wie immer dem sein mag, wir dürfen uns darüber nicht täuschen, daß alle solche Organisationsformen mit dem Kapital zusammen *kein Sozialismus* sind und die Arbeiterklasse nicht vorwärts bringen können, und zwar aus zwei Gründen: Der erste Grund ist ein ökonomischer. Es ist eine Utopie zu meinen, daß wir den Kapitalismus zwar beibehalten können, die Kapitalisten als Leiter der Produktion behalten, aber auf der anderen Seite in der Lage wären, durch Verordnungen von oben oder durch irgendwelche Organisationen die kapitalistischen Preisgesetze auszuschalten. Solange der Sozialismus nicht in der ganzen Welt verwirklicht ist, solange die deutsche Wirtschaft im Getriebe der Weltwirtschaft steht, so lange werden auch die kapitalistischen Preisgesetze ihre Geltung behalten, und es ist eine Utopie – und eine gefährliche Utopie, weil sie auf falsche Wege führt –, zu meinen, daß man durch irgendwelche Organisationsformen die kapitalistischen Preisgesetze für irgendeine einzelne Industrie oder ein einzelnes Gebiet aufheben kann. Was wir aufheben können, ist die Verfügung der Kapitalisten über die Produktion, ist der kapitalistische Profit in dieser Produktion. Das können wir durch die Ausschaltung der Kapitalisten und durch die Sozialisierung der Produktionszweige. Wir können aber nicht für den einzelnen Produktionszweig die kapitalistischen Preisgesetze ausschalten. – Zweitens: Diese kapitalistischen Preisgesetze sind ja nicht willkürlich. Innerhalb einer kapitalistischen Gesellschaft bestimmen die Preise, wie produziert wird, in welchem Umfange produziert wird, ob ein Produktionszweig vermehrt oder vermindert wird, welche Güter produziert werden, welche Produktion eingeschränkt wird usw. Die ganze Proportionalität innerhalb der kapitalistischen Wirtschaft hängt von der kapitalistischen Preisgestaltung ab. Diese Proportionalität wird immer wieder gestört durch die periodischen Krisen. Aber innerhalb der kapitalistischen Gesellschaft gibt es keine andere Herstellungsmöglichkeit der Proportionalität als die, die durch die Herrschaft der Preisgesetze gegeben ist. Wenn Sie den Versuch machen, durch Aufhebung dieser Preisgesetze für einzelne Produktionszweige, die einen Produkte billiger abzugeben, die anderen teurer, so mag das zunächst vielleicht für einen einzelnen Zweig der Volkswirtschaft vom Produzenten- oder Konsumentenstandpunkt aus ganz vernünftig sein, so z. B. wenn Sie den Preis der Kohle niedrig halten. Aber man vergißt, daß dadurch sehr weitgehende ökonomische Wirkungen ausgeübt werden, die man innerhalb des Kapitalismus gar nicht beherrschen kann. Denn dadurch, daß Sie die einzelnen Preisgesetze beeinflussen, haben Sie noch lange nicht die Verfügung über die Produktion, die Sie erst bekommen, wenn Sie die Produktionszweige wirklich sozialistisch umgestaltet haben. Wenn Sie die Kohlen sehr billig machen, so mag das sehr nützlich sein für die Konsumenten der Kohle im Hausbrand, es mag auch meinethalben sehr nützlich sein für die Produktion der landwirtschaftlichen Maschinen, aber Sie machen die Kohlen dadurch zugleich billig für eine ganze Reihe Luxusindustrien. Wenn Sie meinen, daß Sie innerhalb des Kapitalismus die Organisation so weit durchführen können, daß Sie die ganze Wirtschaft „planmäßig" organisieren, so bekommen Sie dadurch einen so ungeheuren bürokratischen Apparat, eine solche Belastung der Produktion, daß die Produktivität dadurch nicht vermehrt, sondern nur vermindert wird. Nationalökonomisch ist es eine durchaus rationelle Idee, an Stelle des kapitalistischen Verteilungs- und Produktionssystems ein sozialistisches zu setzen. Es ist aber meiner Meinung nach undurchführbar, den Kapitalismus beizubehalten und die aus ihm entspringenden Gesetze durch juristische Verfügungen oder auch durch Verfügungen sogenannter Selbstverwaltungskörper aufheben zu wollen. (Sehr richtig!) Das ist der nationalökonomische Grund.

Und nun der machtpolitische oder sozialpolitische. Alle diese Selbstverwaltungskörper beruhen auf dem Prinzip der sogenannten Parität. Dies Prinzip erinnert mich immer an das Wort von Lassalle von der verdammten Bedürfnislosigkeit der Arbeiterklasse. (Sehr gut!) Lassalle hat es damals in materiellen Sinne gemeint, aber es gilt auch auf geistigem Gebiet. Was heißt denn Parität? Wo steht denn geschrieben, daß ein Unternehmer, der 1000 Arbeiter beschäftigt, in der Produktionspolitik genau denselben Einfluß haben soll wie die 1000 Arbeiter. (Sehr gut!) Wo steht geschrieben, daß eine kleine Anzahl Kapitalmagnaten die Herrschaft über die Produktion in gleichen Teilen teilen soll mit der ungeheuren Masse der Produzenten? Das ist doch der Sinn der Parität. Die Wirklichkeit dieser Parität ist doch noch viel schlimmer. Wir haben auf der einen Seite eine einheitliche kapitalistische Front. Das Interesse der Kapitalisten ist ein durchaus eindeutiges, ein klares Herrschaftsinteresse, und wir können immer wieder bei allen Selbstverwaltungskörpern, die auf die sogenannte Parität gegründet sind, sehen, wie diese Kapitalistenfront auch tatsächlich einheitlich eingehalten wird. Auf der anderen Seite wird die Front der Arbeiter immer wieder durchbrochen. Wir haben den kapitalistischen Interessen gegenüber durchaus nicht etwa ein einheitliches sozialistisches Arbeiterinteresse. Neben den freien Gewerkschaften haben wir die Hirsch-Dunckerschen und die christlichen Gewerkschaftern vertreten, die in sehr wichtigen prinzipiellen und entscheidenden Fragen nicht gemeinsame Sache machen mit ihren sozialistischen Arbeitsgenossen, sondern sehr häufig den Ausschlag geben zugunsten des Kapitals. Daneben haben wir auch andere Organisationen, die durchaus nicht etwa erfüllt sind von einem klaren und gesicherten sozialistischen Klassenbewußtsein. Parität heißt also in Wirklichkeit Majorität des Kapitals in all diesen Organisationen, und infolgedessen bedeuten all diese Organisationen in Wirklichkeit eine *Befestigung der Herrschaftsstellung des Kapitals,* nicht eine Verminderung. (Sehr richtig!) Wenn wir also vom Sozialismus sprechen, so scheiden für uns all diese verschiedenen Formen von Planwirtschaft, von Teilsozialisierung aus, und wir verstehen unter Sozialisierung nur solche Organisation der Volkswirtschaft, in denen der Kapitalist als solcher ausgeschaltet wird.

Unter dieser Voraussetzung wollen wir nun an die Beantwortung der Frage gehen, *welche Bedingungen die Sozialisierung zu erfüllen* haben wird. Ich dachte, es sei überflüssig, hier zu sagen, daß die Frage des Sozialismus eine Machtfrage ist. Ich möchte sagen, daß auch die gelehrtesten Doktoren des Sozialismus sich darüber keinen Moment im Zweifel sind. Sozialismus ist eine Machtfrage. (Sehr richtig!) Aber diese Macht ist in doppelter Hinsicht zu verstehen, und auch das ist keine Doktorfrage. Es ist erstens einmal die Frage der Macht zwischen der Arbeiterklasse und der Kapitalistenklasse, und zweitens die Frage, über welche ökonomischen Machtmittel, über welchen ökonomischen Fundus, über welche ökonomischen Energiequellen der Sozialismus resp. die Arbeiterklasse verfügt, in dem Moment, in dem sie zur Macht kommt. Wenn eine Arbeiterklasse in einem agrarischen Lande zur Macht kommt und die Bauernschaft aus ihrem Klasseninteresse heraus die Industriearbeiterschaft in ihrer Machtergreifung unterstützt, dann mag für diese Industriearbeiterschaft unter Umständen — ich will das nicht näher untersuchen — die Frage des Sozialismus und der Sozialisierung verhältnismäßig einfacher liegen und sie mag danach das Tempo und die Methoden dieser Sozialisierung wählen. Für Deutschland und für ganz Westeuropa ist gar kein Zweifel, daß die Sozialisierung die Bedingung erfüllen muß, daß der *Fortgang der Produktion gesichert* sein muß. Wir haben vor dem Kriege für

11 Milliarden Mark (in Gold) Waren aus dem Auslande bezogen und mußten diese Waren im wesentlichen mit anderen Waren bezahlen. Wir sind heute mehr als je darauf angewiesen, unsere industriellen Rohstoffe, unsere Nahrungsmittel, die Futtermittel für die Erhaltung unseres Viehes usw. aus dem Ausland zu beziehen. Diese industriellen Rohstoffe können wir nur bekommen, wenn wir sie mit Waren bezahlen, und deshalb darf unsere Produktion nicht in erheblichem Maße durch die Sozialisierung eingeschränkt werden. Aber noch ein anderes. Wenn der Austausch zwischen Stadt und Land erfolgen soll, ohne den unsere Millionenstädte keinen Tag existieren können, dann muß der Bauer die Gewißheit haben, daß er für sein Getreide, für sein Vieh usw. auch etwas Wirkliches erhält. Es mag in Rußland eine Zeitlang möglich gewesen sein, der Bauernschaft für das Getreide entwertete Papierrubel zu geben. Heute beginnt die Sache bereits in Rußland zu stocken. In Deutschland, bei der sehr klaren ökonomischen Einsicht unserer Bauernschaft, ist es ganz gewiß, daß die Bauernschaft die ganzen Lieferungen sofort einstellen würde, daß sie die Produktion außerordentlich einschränken würde, wenn wir ihr nichts anderes zu geben hätten, als entwertetes Papiergeld. Wir müssen sie bezahlen in Waren, und schon deshalb muß die Sozialisierung in den westeuropäischen Ländern die Bedingung erfüllen, daß der Fortgang der Produktion nicht wesentlich gestört werden darf. Wir müssen daher solche Methoden und ein solches Tempo in der Sozialisierung wählen, wie es mit dieser Grundbedingung im Einklang steht.

In engem Zusammenhang damit steht natürlich, daß unsere Sozialisierungsmethoden solche sein müssen, die zu einer *Steigerung der Produktion* führen. Es wird in neuester Zeit von manchen Kommunisten häufig gesagt: Sozialisierung ist gleichbedeutend mit Einschränkung der Produktion und mit Vermehrung des Elends. Es wird uns die Lehre gepredigt, wir sollten den Arbeitern sagen, sie müßten erst durch einen Ozean von Leiden hindurchgehen, bevor wir die wirkliche sozialistische Gesellschaft durchgesetzt haben. Genossen, mir wird niemand nachsagen können, daß ich ein Demagoge oder ein Schönfärber wäre. Ich habe von Anfang an gesagt, daß der Sozialismus an die Arbeiterschaft außerordentlich hohe geistige und moralische Anforderungen stellt. Wer einmal in einem Walzwerk war, eine Zeitlang auch nur dabeigestanden hat, wie diese schweren glühenden Eisenblöcke durch die Walzen gezogen werden, wie der Arbeiter mit der Zange dies glühende Zeug erfassen muß und wieder hinausschleudern, wer zugesehen hat, welche entsetzliche Anstrengung das bedeutet, oder wenn jemand am Hochofen gestanden hat, wenn das Loch durchgestoßen wird und die zischende Gischt herauskommt und gesehen hat, wie sehr die Arbeiter unter dieser Hitze, unter der Schwere dieser Arbeit zu leiden haben, der hat erst ein Gefühl dafür, was es bedeutet, wenn wir der Arbeiterklasse sagen und von ihr verlangen: Ihr erobert die politische Macht, Ihr werdet aus einem Objekt der Gesetzgebung zu ihrem Herrn, aber Ihr dürft Euch trotz alledem nicht etwa mit dem Herrenbewußtsein erfüllen, daß Ihr Euch nun nicht zu quälen und zu arbeiten braucht, Ihr seid die Herren dieser Arbeit, aber die Arbeit bleibt, Ihr müßt diesen ganzen schweren Arbeitsprozeß fortsetzen, oder wir alle sind verloren. Und das ist auch klar: wenn wir auch noch so große Bewunderung haben für den Stoizismus, für die Geduld, mit dem die russische Arbeiterklasse ihr Elend erträgt, so müssen wir uns klar sein, daß die große Masse der westeuropäischen Arbeiter, die vorher eine viel höhere Lebenshaltung gewohnt waren, dieses Elend einfach nicht ertragen mögen und daß unter dem Widerstand dieser Schicht die sozialistische Herrschaft zusammenbrechen müßte. Wir müssen also sozialisieren in einer Form, die keinen Produktionsrückgang bringt, sondern eine Produktionssteigerung. (Sehr richtig!) Ich bin aber überzeugt, daß eine organisch aufbauende Methode der Sozialisierung diese Produktionssteigerung bewirken kann. Sie kann sie vor allem deswegen bewirken, weil ja das Interesse der Arbeiterschaft an der Arbeit ein ganz anderes wird. Die kapitalistische Produktion ist in sehr vieler Beziehung eine außerordentlich verschwenderische Organisation, sie hat ihre schweren organisatorischen Mängel. Aber mit nichts mehr wird Verschwendung getrieben als mit der menschlichen Arbeitskraft. Man hat gesagt, Sklavenarbeit ist die schlechteste Arbeit. Aber die Lohnarbeit ist in psychologischer Beziehung der Sklavenarbeit noch immer sehr verwandt. Auch hier fehlt das lebhafte Interesse des Arbeiters an seinem Werk, auch hier fehlt der innige Zusammenhang, den der Arbeiter haben muß mit dem Erfolg seiner Arbeit. Das Interesse des Arbeiters an dem Gedeihen des Unternehmens, diesen Zusammenhang des Arbeiters mit dem Werk, kann man nicht schaffen innerhalb der kapitalistischen Unternehmung. Den kann man nur schaffen, wenn der Arbeiter weiß, daß dieser Betrieb ihm als Mitglied einer sozialistischen Gesellschaft gehört und daß alles, was er leistet, in letzter Instanz ihm als Mitglied dieser Gesellschaft zugute kommt. Ich erwarte neben der Verbesserung der Organisation von dieser größeren Interessiertheit der Arbeiter eine sehr bedeutende Intensivierung der Arbeit und in der Folge auch eine Produktionssteigerung.

Weiter müssen wir uns darüber klar sein, daß wir die Sozialisierung nur durchführen können mit *Hilfe der qualifizierten Arbeiter,* der leitenden Arbeiter, der Organisatoren, der Techniker. Ich betrachte es als eins der wertvollsten Ergebnisse der sozialen Entwicklung in Westeuropa, daß es uns gelingt, in immer höherem Maße gerade diese hochqualifizierten Arbeitskräfte, die Ingenieure, die kaufmännischen Leiter usw. zunächst in die gewerkschaftliche Bewegung und in immer höherem Maße in die sozialistische Bewegung hineinzubekommen. Das ist eine vielversprechende Hoffnung, weil ja dadurch eine ganze Reihe jener Schwierigkeiten überwunden werden, die gerade dem russischen Proletariat in der Sozialisierung fast unüberwindbare Hemmnisse bereitet haben. Es ist für uns eine Lebensfrage, daß das Verhältnis zwischen Kopf- und Handarbeitern ein immer innigeres wird, daß das Verhältnis zwischen den gewerkschaftlichen Großorganisationen dieser beiden ein immer gemeinschaftlicheres wird, daß sie sich immer mehr bewußt werden, daß, wenn sie zusammenarbeiten, ihnen wirklich die Welt gehören kann, weil gegen diese Verbindung von Hand- und Kopfarbeit überhaupt keine andere Macht aufkommen kann.

Wenn wir uns nun fragen nach der *Form der Sozialisierung,* so werden wir zunächst darauf antworten, daß wir uns die Sozialisierung nicht denken als Fiskalisierung, als Bürokratisierung der Produktion. Wir lehnen die Bürokratisierung ab und wollen die sozialisierten Produktionszweige verwaltet wissen von Selbstverwaltungskörpern der Industrie, von Industrieparlamenten, aber nicht nach Art der heutigen paritätischen Selbstverwaltungskörper, sondern von Parlamenten, in denen Sitz und Stimme haben nur diejenigen, die wirklich unmittelbar mit der Industrie etwas zu tun haben, also die leitenden Kräfte der Industrie, die Angestellten, die Arbeiter und dann die Konsumenten der betreffenden Industrie und daneben Vertreter der allgemeinen Interessen, die von der zentralen Wirtschaftsinstanz zu ernennen sind. Diese einzelnen Industrieparlamente sollen dann zusammengefaßt werden in einem obersten Wirtschaftsparlament, das dann die Richtlinien für die gesamte Produktion geben kann. Wir erwarten, daß in einer so organisierten sozialisierten Industrie der Wettbewerb nicht ausstirbt. Mit dieser Frage des Wettbewerbs, der Initiative der Unternehmer, wird gerade in der jünsten Zeit wieder ein kolossaler Mißbrauch getrieben. Es wird so dargestellt, als ob jeder Kapitalist vollständig unentbehrlich in der Produktion ist, daß, wenn wir irgendeinen Kapitalisten ausschalten würden, damit schon die Produktion zugrunde ginge. Das ist subjektiv und objektiv falsch. Objektiv deswegen, weil ja die ganze industrielle Entwicklung nicht das Werk einzelner Kapitalisten, einzelner Techniker ist, sondern weil die ungeheure Steigerung der Produktion hervorgerufen worden ist durch jene Änderungen in der Produktionstechnik, die sich ergeben haben, als allmählich aus dem Individualbetrieb die arbeitsteilige Korporation, die Manufaktur, der Fabrikbetrieb wurde. Dadurch, daß die Arbeit nicht mehr vereinzelt war, sondern daß der Arbeitsprozeß ein gesellschaftlicher wurde, entstanden erst jene Probleme, die den Techniker beschäftigten und ihn befähigten, all jene Erfindungen zu machen, die für die Steigerung der Produktion entscheidend wurden. Die Gesellschaftlichkeit des Arbeitsprozesses bleibt ja erhalten, gesteigert wird aber ganz außerordentlich das Interesse eines jeden Arbeiters an einer möglichst guten Ausgestaltung dieses gesellschaftlichen Arbeitsprozesses, weil die Erfindungen, die Fortschritte, die er macht, ihm selbst zugute kommen, weil er nicht mehr fürchten muß, daß irgendeine Verbesserung des Arbeitsprozesses, die er angibt, irgendeine Verrichtung, die er vornimmt, und die zur Intensivierung der Arbeit führt, ihm nun vom Unternehmer genommen und von diesem als sein Mehrwert angeeignet wird. Die objektiven Bedingungen für die Entwicklung der Technik sind in einer sozialistischen Gesellschaft besser als in einer kapitalistischen.

Aber ist es denn *subjektiv* so, daß die Unternehmer es sind, die heute tatsächlich die große Initiative entwickeln, die die Produktion vorwärts treiben? Wir wissen, wenn wir die großen konzentriertesten Produktionszweige ansehen, daß es da vielleicht hin und wieder einmal einen Großkapitalisten gibt, der zugleich auch große Initiative entwickelt. Aber einmal sind diese Unternehmerpersönlichkeiten, die zugleich Kapitalbesitzer und Initiatoren sind, verhältnismäßig selten. Ich kenne im deutschen Kohlenbergbau ganze drei oder vier Leute dieser Art. Dann aber sind es meist Männer, die diese

Initiative hauptsächlich auf dem kaufmännisch organisatorischen Gebiet entwickeln, im Konkurrenzkampf. Eine sozialistische Gesellschaft erfordert andere Fähigkeiten, vornehmlich technische Fähigkeiten, und die technischen Leiter der Produktion sind heute schon im kapitalistischen Betrieb zum allergrößten Teil auf Lohn gesetzte *Angestellte*. Der Lohn mag sehr hoch sein, und wir haben in einer sozialistischen Gesellschaft namentlich in der Übergangszeit gar keinen Grund, diese Löhne zu ermäßigen. Sozialismus bedeutet ja überhaupt nicht irgendeine mechanische Gleichheit. Sozialismus bedeutet nur *Gleichheit des Ausgangspunktes*, bedeutet nur, daß jeder in gleicher Weise von der Gesellschaft die Fähigkeit erhält, all seine Tugenden, all seine Eigenschaften in möglichst umfassender Art zu entfalten. Also Gleichheit des Ausgangspunktes bedeutet Sozialismus, aber nicht Gleichheit der Einkommen, die völlige Nivellierung. In der Übergangszeit, wo wir mit der kapitalistischen Psychologie noch zu rechnen haben, wird es gar keine Schwierigkeiten haben, unter deutschen Verhältnissen die geeigneten Leiter der Produktion auch durch einen Anreiz hoher Entlohnung zu gewinnen und für den sozialistischen Betrieb festzuhalten. Diese technischen Leiter, die heute schon zum allergrößten Teil Angestellte sind, werden in einer sozialisierten Industrie genauso zur Verfügung stehen wie in der kapitalistischen. Der *Wettbewerb* aber wird innerhalb dieser sozialisierten Industrie erhalten sein in verschiedenster Weise. Stellen wir uns heute einen sozialisierten Kohlenbergbau vor, so ist es ganz klar, daß diese sozialisierte Industrie in den Mittelpunkt der öffentlichen Kritik gerückt sein wird, daß Freunde und Gegner sich fortwährend mit ihr beschäftigen würden, daß ihre Leistungen fort und fort nachgeprüft und ununterbrochen kritisiert werden würden und daß auf diese Weise schon dafür gesorgt wird, daß da keine Bürokratisierung eintritt. Innerhalb dieser sozialisierten Industrie haben wir es uns nicht so vorzustellen, daß es nur eine Leitung gibt. Es gibt eine ganze Anzahl von Betrieben, deren Betriebsergebnisse man miteinander vergleichen wird. Man wird sehen, daß dieser Betrieb besser, der andere schlechter arbeitet. Man wird nach den Ursachen forschen, wird den tüchtigen Leiter durch Prämien, durch höheres Einkommen entschädigen, den schlechten eventuell entfernen können. Also der Wettbewerb innerhalb der Industrie bleibt auch in einer sozialisierten Industrie erhalten und wird dort dieselben Funktionen erfüllen, die man ganz fälschlicherweise allein dem *kapitalistischen* Wettbewerb zuschreibt.

Wenn wir uns nun nach dieser Untersuchung der Bedingungen und der Form der Sozialisierung ganz kurz, weil es schon oft behandelt worden ist, der Frage nach dem *Inhalt der Sozialisierung* zuwenden, so wiederhole ich, daß hier für uns vor allem der Standpunkt maßgebend ist, daß der Sozialismus eine Machtfrage ist und daß es daher das erste Ziel unseres Kampfes sein muß, uns in den Besitz der bisherigen kapitalistischen Machtpositionen zu setzen und diese zu überführen in die Verfügungsgewalt der Gesellschaft. Es handelt sich also zunächst um die Sozialisierung der wichtigsten Rohstoffe, also des Bergbaus, Kohle, Kali. Es handelt sich dann um die Sozialisierung der Kraftgewinnung, also der Elektrizität und der Wasserkräfte. Bei der engen Verbindung, die heute zwischen Kohle und Groß-Eisenindustrie vorhanden ist, um die Sozialisierung der Groß-Eisenindustrie. Wenn wir diese Schlüsselindustrien in der Hand haben, dann haben wir auch die Herrschaft über die ganze übrige verarbeitende Industrie, dann können wir durch die Zuteilung der Kohle, durch eine spezifische Kohlenpolitik, durch die Verteilung der Elektrizität, durch die Zuteilung der Eisenprodukte auch die gesamten übrigen Industrien beherrschen, ihre Gewinne unter Umständen herabdrücken, dafür sorgen, daß auch in der Übergangszeit, so lange dort noch privatkapitalistische Produktion ist, der Unternehmergewinn nicht einen Leitungs- und Aufsichtslohn übersteigt. Und wir haben es dann auch vollständig in der Hand, im großen Maßstabe wirkliche Produktionspolitik, wirkliche Leitung der Volkswirtschaft im Interesse der Bedarfsdeckung zu treiben. Dieselbe Machtposition bedeutet auf agrarischem Gebiet die Verfügung über den Großgrundbesitz und die Forsten. Die Sozialisierung des Großgrundbesitzes und der Forsten ist eine Forderung, die schon im machtpolitischen Interesse einer sozialistischen Gesellschaft erfüllt werden muß, ganz abgesehen davon, daß wir auf dem Standpunkt stehen, daß unter den deutschen und westeuropäischen Verhältnissen die Zerschlagung des Großgrundbesitzes ein technischer Rückschritt wäre (Sehr richtig!) und daher von uns abzulehnen ist. Wir wollen keine Expropriation der Bauern, wir wollen die Bauern durch eine bestimmte Agrarpolitik, durch die Förderung des Genossenschaftswesens usw. für uns gewinnen oder wenigstens neutralisieren, aber wir wollen keinen Rückschritt in der agrarischen Produktion, wie ihn die Zerschlagung des Großgrundbesitzes, die uns neuerdings empfohlen wird, bedeuten würde.

Die eben genannten Industriezweige sind nicht nur vom machtpolitischen Gesichtspunkt einer sozialistischen Gesellschaft die für die Sozialisierung zunächst die Betracht kommenden, sondern sie sind zugleich die, in denen die Tendenz der ökonomischen Konzentration ihren Höhepunkt erreicht hat, wo also auch technisch-ökonomisch die Vorbedingungen für die Sozialisierung am ehesten gegeben sind. Aber wenn wir das Gebiet der Sozialisierung abstecken, so hat es in den genannten Industrien seine Grenze durchaus nicht erreicht. Es gibt eine ganze Reihe *Konsummittelindustrien,* die für die Sozialisierung schon deshalb in Betracht kommen, weil eine sozialistische Gesellschaft so früh wie möglich in die Lage versetzt werden muß, den durchschnittlichen Massenbedarf ihrer Mitglieder auf den wichtigsten Konsumgebieten zu decken. Es ist durchaus möglich, daß die *Schuh- und Textilindustrie,* soweit sie den Massenbedarf für das Inland betrifft, in einer Reihe von technisch leistungsfähigen Betrieben zusammengefaßt und unter sozialistische Kontrolle und Organisation gestellt wird. Das ist schon deswegen entscheidend, weil die Beschäftigung in diesen Industriezweigen zugleich eine große Masse von Arbeitslosen aufsaugen würde. Außerdem sind das gerade Industriezweige, die heute zersplittert sind, wo die Konkurrenzkosten, die Reklamekosten, kurz alle Unkosten der kapitalistischen Produktion eine große Rolle spielen, wo also durch Zusammenfassung und Organisation,

durch Vereinfachung des Absatzes, durch Sozialisierung des Absatzes sehr erhebliche Ersparnisse gemacht werden können.
Entscheidend ist hier besonders eine Industrie, das ist das *Baugewerbe*. Wenn es einen Beweis gibt für die Unfähigkeit der heutigen Organisation der Wirtschaft, so sind es die traurigen skandalösen Zustände im Baugewerbe. Wir haben kolossale Wohnungsnot und daneben ungeheure Arbeitslosigkeit der Bauarbeiter. Wir haben eine schwere wirtschaftliche Krise und wir wissen, daß jede Belebung des Baugewerbes die Belebung großer entscheidender Industrien nach sich ziehen würde. Trotzdem ist auf dem Gebiet des Baugewerbes so gut wie nichts geschehen. Hier ist ein Gebiet, wo das Proletariat, wenn es zur Macht kommt, sofort entscheidend eingreifen könnte und müßte. Wir brauchen die *Kommunalisierung des städtischen Grund und Bodens*. Wir brauchen eine ganz energische kommunale *Wohnungspolitik*, eine Politik des kommunalen Wohnungsaufbaues. Diese Politik der Kommunen muß aber gestützt sein durch die *Sozialisierung der Bauhilfsstoff-Industrien*. Wenn wir heute dem Baugewerbe große Zuschüsse aus staatlichen oder kommunalen Mitteln zur Verfügung stellen würden, so wäre die nächste Folge eine Verteuerung des Grund und Bodens und des Wohnungsbaues. Die Zementpreise würden rasch in die Höhe gehen, alle Bauhilfsstoffe würden im Preise steigen, weil die Produktion hinter dem Bedarf zurückgeblieben ist und infolgedessen all diese Zuschüsse aufgesogen würden von den Kapitalisten in den Gewerben, die dem Wohnungsbau und der Wohnungsausstattung dienen. Wenn wir heute zu einer rationellen Wohnungspolitik kommen wollen, so ist es gar nicht anders möglich als durch die Sozialisierung. Auf der einen Seite Kommunalisierung des städtischen Grund und Bodens, auf der andern Seite die Sozialisierung insbesondere der Zementindustrie und der übrigen Hilfsstoffindustrien des Baugewerbes. Es ist sehr interessant, daß die *Bauarbeitergewerkschaft* von sich aus zu ganz ähnlichen Vorschlägen gekommen ist, daß sie eine Sozialisierungsaktion und -organisation in die Wege geleitet hat, damit endlich auf diesem Gebiet überhaupt ein Schritt vorwärts getan werden kann, wobei ich mich allerdings nicht mit allen Einzelheiten dieser Vorschläge identifizieren kann.
Damit komme ich auf das Gebiet, das für unsere Tagung von allergrößter Bedeutung ist. Sie haben alle gelesen, daß wir in nächster Zeit in der Frage der Sozialisierung wahrscheinlich vor eine große Entscheidung gestellt werden. Noch in dieser Woche wird sich der Reichswirtschaftsrat mit den Vorschlägen zu beschäftigen haben, die die Sozialisierungskommission über den Bergbau gemacht hat. Zwei Vorschläge liegen vor, beide haben die gleiche Stimmenzahl bekommen. Das ist gleichgültig für das Problem selbst. In der Sozialisierungskommission werden ja nur Gutachten erstattet, die Körperschaft hat keine Exekutive, sie ist eine Studienkommission. Allerdings bin ich noch der altväterlichen Meinung, daß Studien nichts Schädliches sind. Wenn man manche Polemiken der letzten Zeit liest, müßte man beinahe meinen, daß die eingehende Beschäftigung mit den Sozialisierungsmöglichkeiten in den einzelnen Industrien, wie sie die Aufgabe der Sozialisierungskommission ist, unter der Würde eines Sozialisten wäre. (Sehr gut!) Ich bin nicht dieser

Meinung, sondern ich meine, daß gerade die Einzeluntersuchungen außerordentlich wertvolles Material für das Verständnis und für die Propaganda einer wirklich sozialistischen Auffassung zutage fördern. (Sehr richtig!) Also die Sozialisierungskommission hat zwei Vorschläge erstattet.
Der eine Vorschlag geht auf eine *Vollsozialisierung im Bergbau*. Er verlangt, daß der Kapitalist als solcher aus dem Kohlenbergbau verschwindet und daß die Leitung des Kohlenbergbaues übertragen wird einem Kohlenparlament, in dem die Leiter der Betriebe, die Arbeiter, die Angestellten, die Kohlenkonsumenten und Vertreter der Allgemeinheit vorhanden sind. Dieses Kohlenparlament wählt aus sich heraus ein fünfköpfiges Direktorium. Dies Direktorium ist die eigentliche Exekutive, ihm liegt die Verwaltung unter ständiger Kontrolle des Kohlenparlaments ob. Es bestimmt die Betriebsdirektoren im Einvernehmen mit den Betriebs-, Zechen- und Revierräten, die alle vorgesehen sind, die Fördermengen usw., die Erweiterung der Produktion durch Abteufen neuer Schächte usw. Die allgemeine Kohlenpolitik leitet das Kohlenparlament. Ein System von Räten, von Arbeiterräten, das in den einzelnen Zechen beginnt und bis zum Bergwerksbezirk aufsteigt, sorgt dafür, daß die Arbeiter in möglichst großem Ausmaß eine wirksame Produktionskontrolle ausüben können.
Diesem Vorschlag auf Vollsozialisierung steht ein zweiter Vorschlag gegenüber. Dieser gibt die oberste Leitung ebenfalls dem Kohlenrat, unterscheidet sich aber wesentlich von dem ersten Vorschlag dadurch, daß der Unternehmer, der *Kapitalist als solcher erhalten* bleibt. Kapitalisten und Arbeiter des Kohlenbergbaues sind in dem Kohlenrat paritätisch vertreten neben Konsumentenvertretern und Vertretern der Allgemeinheit. Dieser Kohlenrat übernimmt die Kohlenproduktion zu den buchmäßig festgestellten Selbstkosten. Aus dem Ertrag werden Prämien verteilt an Arbeiter, Angestellte usw. Das sieht auch der andere Vorschlag vor. Außerdem wird davon bestritten die Verzinsung des im Kohlenbergbau angelegten Kapitals, und dann werden auch Prämien verteilt an die Kapitalisten, je nach dem Betriebsergebnis, je nachdem das Betriebsergebnis dazu geführt hat, daß die Selbstkosten verbilligt sind oder die Produktion gesteigert werden konnte usw. Es ist im zweiten Vorschlag vorgesehen, daß Rücklagen gemacht werden aus den Gewinnen der Kohlenproduktion und aus dieser Rücklage wird eine Tilgungsquote bereitgestellt, so daß nach Ablauf einer vom Gesetz zu bemessenden Zeit der Übergang der Werke in den Besitz des Kohlenrats, also der Gemeinschaft, erfolgen könnte.
Zunächst stehen sich diese beiden Vorschläge der Sozialisierungskommission gegenüber. Über den Vorschlag der Vollsozialisierung hier des längeren zu sprechen, würde ich für überflüssig halten. Mir erscheint das geradezu als eine *Mindestforderung*. Ich werde später noch darauf zurückkommen, daß ja unser eigentliches Ziel nie eine Einzelsozialisierung sein kann, sondern daß wir die Sozialisierung der gesamten Produktion erstreben. Aber wenn uns die Machtverhältnisse schon zwingen, diese Sozialisierung Schritt für Schritt vorzunehmen, wenn wir zunächst den Kampf um die Einzelsozialisierung aufnehmen müssen, dann erscheint es mir als Mindestmaß, daß wir wenig-

stens in dem betreffenden Produktionszweig eine wirkliche Sozialisierung erreichen und nicht wiederum eine solche paritätische Organisation, die nach dem, was ich vorher ausgeführt habe, im wesentlichen doch immer wieder bedeutet, daß die Stellung des Kapitalisten erhalten bleibt. (Sehr richtig!) Ich bin um so mehr dieser Ansicht, weil ich meine, daß der Vorschlag II, der den Kapitalisten in seiner Stellung erhält, ein auch technisch außerordentlich unpraktischer Vorschlag ist. Die Kapitalisten bleiben zunächst drinnen. Es wird aber im Gesetz bestimmt, daß sie einmal aus den Überschüssen ausgekauft werden. Da ist nur zweierlei möglich. Entweder die Kapitalisten glauben an das Gesetz, und sie glauben, daß es durchgeführt wird, dann werden sie zunächst einmal alles aufbieten, was in ihrer Macht steht und in der Macht der Kapitalistenklasse, um gegen dieses Gesetz Sturm zu laufen. Nehmen wir an, daß die Tilgungsquote vielleicht so bemessen wird, daß in dreißig Jahren die Kapitalisten ausgekauft werden, so würde das bedeuten, daß wir einen *dreißigjährigen Krieg* zu führen hätten, um die Sozialisierung des Kohlenbergbaues zu ermöglichen. (Sehr gut!) Das ist ein unmöglicher Zustand, und das bringt in diese Industrie eine furchtbare Unruhe hinein. Wenn aber die Kapitalisten wirklich glauben, daß das Gesetz zu ihrem Auskauf führen wird, dann werden wir gerade die energischen Unternehmer, auf deren Initiative der größte Wert gelegt wird, nicht lange in der Kohlenindustrie behalten, von der sie wissen, daß ihre Herrlichkeit darin bald ein Ende hat; dann werden sie ihre Gewinne benutzen, um in andere Industrien zu gehen, und uns wird der kapitalistische „Powel" zurückbleiben. Die kapitalistischen Nachteile des Vorschlages bleiben dann voll erhalten, aber die angeblichen Vorteile der kapitalistischen Wirtschaftsweise treten gar nicht ein, weil auf Grund dieses Gesetzes wirklich starke Privatunternehmer, die unbeschränkte Bewegungsfreiheit haben wollen, sich durch dieses Gesetz ebensowenig festhalten lassen, wie in einer wirklich sozialisierten Wirtschaft, solange daneben die bewegungsfreien kapitalistischen Industrien vorhanden sind. Dieses Gesetz bringt also gar keine Vorteile, auf der anderen Seite wird aber die Herrschaftsstellung des Kapitalisten erhalten. Er behält die Leitung der Produktion. Seine Herrschaft im Betrieb wird zwar eingeschränkt, die Gewinnchancen werden beschnitten. Wie weit das technisch durchführbar ist gegen den Widerstand der Kapitalisten, steht noch dahin, aber ich will es annehmen – es wird eine gewisse Produktionspolitik möglich sein, man wird gewisse Dinge, Vermehrung der Produktion, Anwendung neuer technischer Methoden usw. vielleicht etwas rascher durchsetzen; aber es bleibt die kapitalistische Herrschaftsstellung, und es geht verloren, was für mich die Hauptsache ist, daß die Arbeiter das Bewußtsein haben, daß es jetzt *ihr* Betrieb ist, daß sie infolgedessen sich in ganz anderer Weise um diesen Betrieb kümmern, daß ihre Produktionskontrolle in ganz anderer Weise wirksam werden kann. Es geht also gerade das, was ich als Vorteile des sozialistischen Betriebs ansehe, vollständig verloren, und es geht verloren, ohne irgendeinen Vorteil auf der anderen Seite. Es ist gar nicht richtig, daß dieser Vorschlag weniger Widerstand findet oder leichter zu verwirklichen ist. Wenn man sich die gesamte Haltung der kapitalistischen

Presse in der letzten Zeit angesehen hat, so wird ein wütender Kampf schon jetzt gegen die Sozialisierung geführt und ganz ohne Unterschied, ob Vorschlag I oder Vorschlag II. Deswegen ohne Unterschied, weil die Kapitalisten ganz genau wissen, daß der Vorschlag II in Wirklichkeit doch unhaltbar ist, daß er zu fortwährenden Konflikten führen würde, und weil sie fürchten, daß, wenn erst einmal der Anfang gemacht ist, die Fortsetzung nicht lange auf sich warten lassen wird. Infolgedessen ist ihr Widerstand gegen den einen Vorschlag beinahe so groß wie gegen den anderen, und wir werden beinahe dieselbe Energie im Kampfe aufwenden müssen, ob wir zur Vollsozialisierung oder zu diesem Zwitterding kommen wollen. Da muß ich sagen, wenn die nötige Kampfesstimmung in der Arbeiterklasse, die außerordentlich notwendig ist, erzeugt werden soll, dann doch nicht für einen Vorschlag, der den Kapitalisten zunächst für dreißig Jahre, vielleicht für immer erhält, sondern dann kann diese ganze Kampfesstimmung nur benutzt werden für den *Vollsozialismus.* Denn wirklich kämpfen wird die Arbeiterschaft nur in dem Bewußtsein, daß dieser Kampf den ersten Schritt zur Sozialisierung gilt und daß die übrigen nachkommen werden.

In diesem Kampf, den wir in nächster Zeit zu führen haben werden und der ein entscheidender sein wird für die ganze Zukunft des Sozialismus in Deutschland, haben die *Gewerkschaften* eine außerordentlich hohe Aufgabe zu erfüllen. Genossen! Geben wir uns keinen Illusionen hin. Das sind Kämpfe, wo die politische Macht der Arbeiterklasse nicht allein ausschlaggebend ist, wo es auf die realen Kräfte in der Gesellschaft ankommt, also auf die ökonomische Macht, auf die Gewerkschaften und die *Betriebsräte.* Wir dürfen uns nicht einbilden, daß der Kampf leicht sein, daß er mit einer parlamentarischen Entscheidung zu erledigen sein wird. Hier wird der Widerstand nur überwunden werden können, wenn der ernste Machtwille der Arbeiterklasse sich unter Umständen auch in seiner ganzen Schwere zu äußern vermag.

Und nun sehen wir, wenn wir uns die Aufgaben der Gewerkschaften betrachten, daß wir am Beginn einer Entwicklung stehen, von der ich hoffe, daß sie im beschleunigten Tempo weitergehen wird. Wenn der Zusammenbruch einen großen Vorteil für die Arbeiterbewegung gehabt hat, so ist es der, daß eine ganze Reihe sozialpolitischer und politischer Gegenwartsforderungen durch die Dekrete vom 10. und 11. November erfüllt worden sind. Die Gegenwartsforderungen der Arbeiterklasse sind heute nicht mehr das, was sie in erster Linie in Anspruch nehmen kann. Immer mehr kann in den Vordergrund der gesamten Arbeiterpolitik treten der Kampf um unser Endziel, den Sozialismus. Wir sehen, daß das auch den Trägern der ökonomischen Organisationen, den Gewerkschaften zum Bewußtsein kommt. Es ist außerordentlich interessant, daß die Bewegungen ganz unabhängig voneinander in den verschiedensten europäischen Ländern aufspringen. Wir sehen in England, daß die Gewerkschaften, die dort mehr als in jedem anderen Lande rein reformistisch, rein auf den Tageskampf eingestellt waren, die über Lohn- und Arbeitszeitverbesserung und Tarifabschlüsse nie hinausgegangen waren, daß diese Gewerkschaften in ihrem ganzen geistigen Wesen eine ko-

lossale Änderung erfahren haben. Es ist ungeheuer wichtig, daß in der englischen Arbeiterbewegung immer mehr die Erkenntnis durchbricht, daß die Beschränkung auf den Kampf *innerhalb* der kapitalistischen Gesellschaft zu eng ist, und daß gerade die Gewerkschaften Träger sein müssen des Kampfes *gegen* den Kapitalismus, zur Überwindung des Kapitalismus und zum Neuaufbau der Gesellschaft. Aus der englischen Mentalität, aus der englischen Arbeiterbewegung heraus hat sich ganz kurz vor dem Kriege, aber sprunghaft anwachsend im Kriege, eine sehr eigentümliche sozialistische Ideologie herausgebildet, der *Gildensozialismus*. Der Gildensozialismus faßt unmittelbar die Gesellschaft als Träger der Sozialisierung auf. Der Produktionszweig soll von der Gewerkschaft geführt und verwaltet werden, aber diese Gewerkschaft muß sich umstellen. Sie muß erstens in sich aufnehmen und vereinigen neben den Handarbeitern die geistigen Arbeiter, und sie muß aus einem Berufsverband zur Industrieorganisation werden. (Sehr richtig!)
Sie sehen also, dieselben Gedankengänge, die hier in Deutschland an Kraft gewinnen, treten in der englischen Gewerkschaftsbewegung immer deutlicher und schärfer hervor. Das waren zunächst Gedanken, die vom französischen Syndikalismus übernommen worden sind; aber die Engländer haben sie umgewandelt und sind dazu gekommen, daß in dieser Gilde, deren Kern die Gewerkschaft zu bilden hat, auch vertreten sein muß das allgemeine Interesse, also der sozialistisch demokratisierte *Staat* oder, wie sie sagen, die territoriale, die Gebietsorganisation neben der Berufsorganisation. Sie sind weiter dazu gekommen, daß auch die *Konsumenten* in zusammengefaßter Weise ebenfalls in dieser Gilde vertreten sein müssen. Sie sehen, sie kommen zu derselben Dreiteilung, die wir in der Sozialisierungskommission und die seinerzeit *Otto Bauer* in seiner Schrift „Der Weg zum Sozialismus" in Österreich vertreten hat, die Selbstverwaltung der Industrie durch die Produzenten, unter Mitwirkung und Kontrolle von Vertretern der Allgemeinheit und der Konsumenten. Unabhängig voneinander sprießt überall dieselbe Auffassung, derselbe Geist auf. Für die englische Arbeiterbewegung bedeutet das aber eine ungeheure Revolutionierung, weil damit die englischen Gewerkschaften selbst unmittelbar zu Trägern des Sozialisierungsgedankens geworden sind. Nun waren ja unsere Gewerkschaften vor dem Kriege theoretisch mehr oder weniger, wie es in den Parteitagsbeschlüssen hieß, vom sozialistischen Geist erfüllt. Aber ich habe schon gesagt, daß die gesamte Arbeiterbewegung vor dem Kriege, real betrachtet, außerordentlich reformistisch und auf die Tagesfragen eingestellt war. Wenn wir heute weiterkommen wollen, dann muß diese Erfüllung mit sozialistischem Geist in den Gewerkschaften zur Realität werden. Auch hier haben wir eine Reihe von Fortschritten zu verzeichnen. Ich habe schon erwähnt, daß die Bauarbeitergewerkschaft, die in anderer Beziehung – die Genossen mögen wir das nicht übelnehmen – nicht gerade zu den revolutionären Gewerkschaften gehört, sich sehr intensiv und eingehend mit der Sozialisierung ihres Gewerbes befaßt. Ähnliches ist von den Holzarbeitern zu sagen. Die Bergarbeiter haben sich auf ihrem Verbandstage übereinstimmend für die volle Sozialisierung des Bergbaues ausgesprochen. Wichtig ist, daß die Gewerkschaften es verstehen müssen,

daß es auf sie in allererster Linie ankommen wird bei den Kämpfen, die wir durchzuführen haben. Bei diesen Kämpfen werden die Bergarbeiter, die die Sozialisierung verlangen, nicht allein gelassen werden dürfen, sondern die gesamte Macht der Arbeiterbewegung, vor allem die *gesamte Macht der Gewerkschaften, muß sich hinter die Bergarbeiter stellen*, damit wir diesen Kampf erfolgreich zu Ende führen können. (Sehr richtig!) Es ist in diesem Zusammenhang nicht meine Aufgabe, darüber zu sprechen, daß auch in der inneren Struktur, in den Organisationsformen der Gewerkschaften wahrscheinlich, je mehr sie sich als Träger der Sozialisierung fühlen werden, gewisse Umänderungen notwendig werden, wie sie in England von den Gildensozialisten vertreten werden.

Ebenso bedeutsam ist die Rolle der *Betriebsräte*. Ihre Rolle ist eine doppelte. Sie haben erstens eine Erziehungsaufgabe. Sie müssen dafür sorgen, daß Sie in die Geheimnisse der kapitalistischen Produktion eindringen, daß Sie über das Betriebsrätegesetz hinaus sich die notwendigen Bedingungen schaffen, um eine wirkliche Einsicht in die Produktion, in alle Geheimnisse des kapitalistischen Betriebes, eine wirkliche *Produktionskontrolle* erringen. Das ist also Erziehungsarbeit. Aber wir alle wissen, sozialistische Erziehungsarbeit bedeutet zugleich Kampf. Es hat einmal eine Periode gegeben, während des Ausnahmegesetzes in Österreich, da haben sich die damals vorhandenen zwei Fraktionen darüber gestritten, ob es heißen soll: „Durch Bildung zur Freiheit" — das waren die „Gemäßigten" — oder „Durch Freiheit zur Bildung!" — wie die Radikalen sagten. Wir haben seitdem gelernt, daß eine Synthese notwendig ist, daß wir Bildung nur erringen können im fortwährenden Kampf um die Freiheit, dadurch, daß wir die Arbeiterschaft vor immer neue Aufgaben stellen, daß sie im Kampfe diese Aufgaben löst und sich in der Lösung zugleich die notwendige Bildung zur Lösung neuer Aufgaben aneignet.

Das ist eine große Aufgabe der Betriebsräte, und sie haben auf der anderen Seite die Aufgabe, gerade, weil sie unmittelbar im Betriebe die gesamte Arbeiterschaft zusammenfassen, dafür zu sorgen, daß sie zusammengefaßt wird, nicht im Interesse des Betriebszweckes, wie es im Gesetze heißt. Das ist die große Gefahr, daß durch diese Zusammenfassung für den Kapitalisten, für den Betriebszweck, sie sich nun tatsächlich verleiten lassen könnten, unmittelbare kleinliche Betriebsinteressen im Einzelbetriebe mit durchsetzen zu wollen. Beispiele dafür sind vom Genossen Wissell ja schon angeführt worden. Es ist eine außerordentliche Gefahr, daß dadurch der Kampf der Arbeiterklasse von der Hauptsache abgelenkt wird, und daß dadurch ein Keil getrieben wird zwischen die einzelnen Arbeiterschichten und Berufe. Diese Gefahr muß um jeden Preis vermieden werden, und Sie können sie vermeiden, wenn Sie nicht den Betriebszweck im Auge haben, sondern wenn Sie im Auge haben den Zweck, für den Sie wirklich da sind, nämlich das *sozialistische Klasseninteresse* des Proletariats. Dem Betriebszweck müssen Sie entgegensetzen den Zweck, den Sozialismus zu erkämpfen. Nur wenn Sie die Betriebsräte und die Arbeiterschaft im Betrieb so schulen, daß sie dem sozia-

listischen Endziel unterordnen ihre beruflichen und betrieblichen Augenblicksinteressen, nur dann können Sie Ihre Aufgabe erfüllen.
Genossen und Genossinnen! Wenn ich zusammenfassen soll, so stehen wir vor der Situation, daß uns in nächster Zeit der Kampf bevorsteht, und für diesen Kampf brauchen wir die *Einheit des Proletariats*. (Beifall.) Darüber kann es gar keinen Zweifel geben (erneuter Beifall); diese Einheit des Proletariats ist aber nur zu erreichen, wenn wir das Proletariat um Kampfparolen sammeln, die wirklich seinen gesamten Klasseninteressen und seinem Bewußtsein entsprechen. Wir trennen das Proletariat, wenn wir Formeln angeben, die, mögen sie richtig oder falsch sein, nur dem Willen eines kleinen Teils des Proletariats entsprechen. Wir einen es, wenn wir es in eine konkrete Aktion führen, in den Kampf um ein konkretes Ziel, daß das gesamte Proletariat wollen muß, weil es sein Interesse ist, und das ist die Frage der Sozialisierung des Kohlenbergbaues. Deswegen stelle ich das in den Vordergrund. Wir wollen den Kampf um die Sozialisierung des Kohlenbergbaues führen, weil wir damit hoffen können, das gesamte Proletariat wieder einmal zu einigen in einer großen geschlossenen Aktion. Diese Parole ist einigend und aus zwei Gründen wird dieser Kampf entscheidend werden. Einmal, weil es ein wahrer Klassenkampf sein muß und wird, ganz unverhüllt: Auf der einen Seite das Proletariat, auf der anderen die Bourgeoisie. Wir wissen, daß die Bourgeoisie alle Kräfte einsetzen wird, um nicht zu unterliegen, es wird sich also um eine wirkliche Machtmessung zwischen den beiden Klassen handeln. Dafür können wir nur gerüstet sein, wenn wir *einig* in den Kampf hineingehen. Entscheidend ist der Kampf aber auch deshalb, weil wir wissen, wenn er siegreich durchgekämpft ist, setzt er uns in eine Machtposition, die uns dann niemand mehr entreißen kann, und von der aus wir weitere Positionen leichter erringen können. Wir denken nicht daran, uns zufriedenzugeben mit der Sozialisierung eines einzelnen Industriezweiges; dann wären wir keine Sozialisten! Aber wenn wir den Kampf für das wichtigste Gebiet durchgekämpft haben, dann werden die weiteren Kämpfe erleichtert; nicht zuletzt auch dadurch, daß das kämpfende Proletariat gesehen hat, was es vermag, wenn es einig ist.
Wenn wir uns mit diesem Kampfgeist erfüllen wollen, dann müssen wir uns sagen, daß wir diesen Kampf nicht führen, bloß um der materiellen Interessen eines Standes oder einer Klasse willen. Wir führen diesen Kampf in der Überzeugung, daß wir damit eine *neue Ära der Kultur* herbeiführen werden. Deswegen, weil dann diese elenden materiellen Tagessorgen, die heute das Denken der Massen erfüllen, zu erfüllen wären, endlich in den Hintergrund gedrängt werden, und weil wir dann als gleichberechtigte Mitglieder der Gesellschaft teilnehmen können an dem, was das Leben erst lebenswert macht, an den großen Schätzen der Kultur, die unsere Arbeit geschaffen hat, der Kunst und der Wissenschaft. Wir führen diesen Kampf nicht um eine augenblickliche Verbesserung der Lage, so elend und jämmerlich sie auch ist, sondern wir wollen diesen Kampf führen und große Opfer bringen deshalb, weil wir wissen, daß nach Überwindung des Kapitalismus erst jenes Reich der Freiheit beginnt, von dem Engels gesprochen hat. Wir sollen nicht nur

darüber klagen, wie elend es uns geht, sondern wir brauchen dazu auch Ihre Siegeszuversicht und jene Entschlossenheit, die uns erfüllen wird, wenn wir an das große Ziel denken, das diesen Kampf des Preises wert macht. Und deshalb dürfen wir nicht nur an die materiellen Sorgen und Dinge denken, sondern wir brauchen zu diesem Kampf auch das, was uns seit dem erbärmlichen 4. August immer mehr abhanden zu kommen droht, wir brauchen etwas *mehr Idealismus*. Und so lassen Sie mich schließen mit den schönen Worten, die ein englischer Gildensozialist Cole über die Gewerkschaftsbewegung geschrieben hat:

Eine Bewegung ist nur dann gefährlich, wenn sie *von einer Idee getragen wird*. Wenn es auch vorgekommen sein mag, daß Menschen mit hohen Idealen ihr Ziel nicht erreichen konnten, weil sie ihr Pulver nicht trocken hielten, so steht andererseits fest, daß keine noch so große Menge trockenen Pulvers ausreicht, um eine Revolution ohne tragende Idee zum Siege zu führen. *Konstruktiver Idealismus* ist nicht nur die tragende Kraft jedes Aufstandes, er ist auch das Bollwerk gegen die Reaktion. Sollen die Gewerkschaften die revolutionäre Macht der Zukunft werden (und ich füge hinzu, das gleiche gilt von den Betriebsräten), dann nur insofern, als sie von wirklichem Idealismus beseelt sind. Solange sie rein materialistisch bleiben, haben sie nicht die leiseste Aussicht, das kapitalistische System gegen ein besseres zu vertauschen. Die Sozialisten, die ihr Vertrauen auf die Arbeiterorganisationen setzen, wollen, daß die Gewerkschaften mehr bedeuten sollen, als für ihre Mitglieder bessere materielle Lebensbedingungen zu erstreben.

In diesem Geiste wünschte ich, daß alle Beratungen von Arbeiterorganisationen getragen sind. Wir haben die *konstruktive Idee des Sozialismus*, und wir wollen uns diese Idee nicht verkleinern und verwässern lassen. Wir wollen sie tragen bis zum Siege! (Lebhafter Beifall und Händeklatschen.)

(Referat, gehalten am 5. Oktober 1920. In: Protokoll der Verhandlungen des Ersten Reichskongresses der Betriebsräte Deutschlands, abgehalten vom 5.–7. Oktober 1920 zu Berlin, S. 116–139).

Revolutionäre Politik oder Machtillusionen? (1920)

Auf einer Konferenz der II. Internationale in Luzern vom 1. bis zum 9. August 1919 artikuliert Hilferding das Mißtrauen seiner Partei gegen den Anschluß an eine Internationale, die die Politik der MSPD toleriere, einer Partei, die gegen die Revolution wirke. Dennoch tritt er auf der Reichskonferenz der USPD in Berlin am 9. und 10. September 1919 für das Verbleiben der USPD in der II. Internationale ein, gegen eine sich verstärkende Strömung in der USPD, die den Anschluß an die im März 1919 in Moskau gegründete Kommunistische Internationale fordert. Auf dem außerordentlichen Parteitag der USPD in Leipzig vom 30. November bis zum 6. Dezember 1919 einigt man sich nach heftigen Debatten auf einen Kompromiß, in dem man sich für den Bruch mit der II. Internationale und für Verhandlungen mit der Kommunistischen Internationale ausspricht.
Zu Verhandlungen kommt es zunächst nicht. In einem Schreiben vom 5. Februar 1920 fordert das Exekutivkomitee der Kommunistischen Internationale (EKKI) die USPD auf, sich von „rechten" Elementen zu trennen und sich mit der KPD zusammenzuschließen. Auf dem II. Weltkongreß der Kommunistischen Internationale vom 23. Juli bis zum 7. August 1920 werden „21 Bedingungen" für die Aufnahme in die KI beschlossen, nach denen das Exekutivkomitee der zentralistisch organisierten Internationale fast uneingeschränkte Befugnisse erhält, in die Politik der nationalen Sektionen einzugreifen. Überdies wird die Verpflichtung ausgesprochen, einen illegalen neben dem legalen Parteiapparat aufzubauen, kommunistische Zellenbildung in den Gewerkschaften zu betreiben sowie alle Zentristen und kleinbürgerlichen Elemente auszuschließen.
Mitte Juli lehnt die USPD die im Schreiben des EKKI genannten Bedingungen ab — mit den Stimmen des „linken" Flügels. Ernst Däumig, Walter Stoecker, Wilhelm Dittmann und Artur Crispien werden zum Weltkongreß der KI entsandt, um wegen Zusammenschluß, nicht Anschluß zu verhandeln.
Drei Tage vor Beginn des Parteitags in Halle treten 22 Abgeordnete aus der Reichstagsfraktion der USPD aus und bilden die USPD-„Linke". Auf dem Parteitag selbst sind die Ablehner des Anschlusses an die KI in der Minderheit. Nach der viereinhalbstündigen Rede des Vertreters des EKKI Grigori Sinowjew und der Rede Hilferdings stimmt die Mehrheit für den sofortigen

Anschluß. Die Unterlegenen werden aufgefordert, das Lokal zu verlassen und führen eigene Verhandlungen an anderem Ort fort.
19 der rund 60 Tageszeitungen der USPD gehen nach Halle an die USPD-„Linken", von den im Juni gewählten 81 Reichstagsabgeordneten stoßen 22 zur „Linken". Anfang Dezember vereinigt sich die USPD-„Linke" mit der KPD. Vom 22. bis zum 27. Februar 1921 konstituiert sich in Wien die „Internationale Arbeitsgemeinschaft Sozialistischer Parteien" (IASP, auch „Zweieinhalbte Internationale" genannt).
1920 entsteht im Laufe des Jahres durch die Reparationsforderungen der Entente, den Devisenmangel und durch die wachsende Zerrüttung der Staatsfinanzen eine galoppierende Inflation. Die Regierung Fehrenbach scheitert an den astronomischen Reparationszahlungen, die die Entente auf der Londoner Konferenz im März 1921 fordert. Im Mai bildet der Zentrumsabgeordnete Wirth mit den Demokraten und der SPD eine neue Regierung, die sich zur Erfüllung des Londoner Ultimatums entschließt. Die „Erfüllungspolitik" mindert den Druck auf Deutschland jedoch keineswegs. Eine Serie politischer Morde — im August 1921 Matthias Erzberger, im Juli 1922 Walther Rathenau — verschärft die innenpolitische Lage.
Im Juli 1921 fordert die Parteileitung der USPD ihre Mitglieder auf, Arbeitsgemeinschaften mit der SPD zu bilden, um den sozialistischen Einfluß auf die Politik zu stärken. Da nach der Ermordung Rathenaus die drei linken Parteien und die Gewerkschaften am 24. Juni eine Einheitsfront „zum Schutze der Republik" gebildet haben, beschließen SPD und USPD am 14. Juli 1922, im Reichstag eine Arbeitsgemeinschaft zu gründen. Am 24. September 1922 vereinigen sich SPD und USPD in Nürnberg. Rudolf Hilferding wird als Beisitzer in den Parteivorstand gewählt.

Genossinnen und Genossen! Es ist sicher ein unwillkürliches Symbol, aber es bleibt ein Symbol, daß heute, da wir in weitere Verhandlungen eintreten, die Wandinschrift im Hintergrunde der Bühne fehlt: Proletarier aller Länder vereinigt Euch.
Ich fürchte, das ist ein böses Vorzeichen. Und ich bin in dieser Befürchtung bestärkt worden durch die Rede, die wir gestern angehört haben. Es war eine merkwürdige Rede, und wir haben mit großem Interesse die Technik und den Inhalt der Rede verfolgt. Wir haben uns gewundert, wie gut Genosse Sinowjew als Vertreter des internationalen Exekutivkomitees es verstanden hat, sehr ausführlich über viele Dinge zu reden, mit denen wir übereinstimmen. (Sehr richtig! rechts.) Unsere Übereinstimmung mit ihm wäre in

solchen Punkten noch größer gewesen, wenn er seine Angriffe an die richtige Adresse gerichtet hätte, wenn er dort, wo er gegen uns zu polemisieren glaubte, die Rechtssozialisten zum Gegenstand seiner Polemik gemacht hätte. (Sehr richtig!) Wir haben die Technik bewundert, mit der Sinowjew über alle die Fragen hinweggegangen ist, auf die es in erster Linie denen ankommt, die sich vor der Entscheidung über den Anschluß an die 3. Internationale zu einer vollständigen Klarheit hindurchgerungen haben wollen. Aber davon ist ja viel weniger die Rede gewesen, als über Dinge, die wir alle längst wissen. Ich habe die Empfindung, daß offene Türen eingerannt werden. Aber ich hatte allerdings auch die Empfindung, daß der Redner, der da sprach, viel zu klug ist, um nicht zu wissen, weshalb er so sprach. (Zustimmung rechts.) Er hat sich mit solcher Wucht gegen eine Tür gestemmt, die offen ist, damit die Leute auf den Gedanken kommen sollten, diese Tür sei verschlossen. (Beifall rechts, lebhafter Widerspruch links.) Diese Kraftanstrengung, die ganz überflüssig war, sollte nach außen hin imponieren.

Und wenn es noch eines Beweises bedurft hätte, wie der Vertreter des Exekutivkomitees sich rein von russischen Gedankengängen leiten läßt, so war es gerade diese Rede. Es ist außerordentlich bezeichnend gewesen, wie Sinowjew, gewiß unter dem ganz außerordentlichen Eindruck dieser kolossalen Ereignisse, die sich in seinem Vaterlande vollziehen, die ganze Welt gleichsam russisch konstruiert; wie er alle Parteiverhältnisse russisch gesehen hat.

Der Gegensatz in Deutschland ist von ihm reduziert worden auf einen Gegensatz zwischen Menschewismus und Bolschewismus. Ich glaube nicht, daß das Bild, das Sinowjew vom russischen Menschewismus entworfen hat, in allen Zügen ein richtiges Bild ist. Auch da ist vielleicht vieles zurechtgemacht worden für Zwecke der Polemik. Aber das Eine wissen wir, daß der Gegensatz in Deutschland, in Westeuropa, nichts zu tun hat mit dem Gegensatz zwischen Menschewismus und Bolschewismus, sondern daß hier Gegensätze ganz anderer Art vorhanden sind, daß uns das Problem bewegt: wie man die Grundsätze des wissenschaftlichen Sozialismus auf die konkrete, revolutionäre Situation in Deutschland und im übrigen Westeuropa anwenden kann. Es genügt nicht, wenn wir auch mit manchem einverstanden sind, was die russischen Genossen sagen, die aus Rußland gekomken sind, es genügt nicht, daß nun bestimmte Formeln und bestimmte Richtlinien gegeben werden, die wir auswendig zu lernen haben und wonach wir schon wissen würden, was zu tun ist.

Wenn die Politik so einfach wäre, so wäre es außerordentlich leicht, aber ich bin allerdings der Meinung, daß die Befreiung der Arbeiterklasse ihr eigenes Werk auch in dem Sinne sein muß, daß sie auch ihre eigene Denkarbeit sein muß, die nicht ersetzt werden kann von außen und nicht ersetzt werden kann dadurch, daß man Erfahrungen anderer Länder einfach auf die deutschen Verhältnisse anwendet. (Sehr richtig! rechts.) Wir müssen unsere politischen Probleme selbst lösen und diese Lösung können wir nicht von außen akzeptieren, so wichtig es ist, daß wir aus den Erfahrungen der russischen Revolution lernen, lernen, was zu machen ist und sehr auch lernen, wie es

nicht zu machen ist. Aber ebenso wichtig ist, daß wir diese Erfahrungen selbst verarbeiten, selbst anwenden in der eigenen Praxis. (Sehr richtig! und Widerspruch.)
Die Bemerkungen Sinowjews gegen den Menschewismus, den auch wir darstellen, waren auch etwas, was sehr deutlich zeigt, daß er auch von der Geschichte und Taktik unserer Partei gar keine Vorstellung hat. (Widerspruch links.) Sinowjew hat an uns die Frage gerichtet: Wie stellen wir uns zur Demokratie, wie stellen wir uns zur Weltrevolution und er hat hier ausgeführt, daß es unsere Auffassung sei, die Revolution in Deutschland sei vorbei, wir hätten den Gipfel bereits überschritten und er war so gütig, uns zuzugestehen, das dürfe man glauben, darüber werde einmal die Geschichte entscheiden. Aber solche Leute, die nicht an die Revolution glauben, die hätten in der dritten Internationale nichts zu tun.
Was ist unsere wirkliche Auffassung? Wir haben stets gesagt, der 9. November war in einem bestimmten Sinne des Wortes nicht eine wirkliche Revolution. Wir haben alles getan schon während des Krieges und dann bei Ausbruch der Revolution, um diese Revolution so umfassend und umwälzend zu gestalten, wie es nur irgend möglich gewesen ist. (Widerspruch links.) Aber dieser Zusammenbruch traf eine Arbeiterklasse, die durch die ganzen Ereignisse vor dem Kriege, durch die außerordentlich günstige ökonomische Konjunktur, die von 1895 bis zum Ausbruch des Krieges geherrscht hatte, entgegen unseren Bestrebungen durch die alte Partei immer mehr in eine gewisse sozial-reformerische Bahn gelenkt war und die deswegen bei Ausbruch des Krieges nicht in unserem Lager stand, sondern im Lager des Reformsozialismus. Wir konnten in diesem Moment nicht diejenigen ausschalten, die die Massen der Arbeiterklasse hinter sich hatten − und das muß berücksichtigt werden bei all unseren Aktionen −, aber wir haben damals bereits gesagt, der Zusammenbruch ist noch nicht die Revolution, das ist nicht ein Abschluß, sondern das ist der Anfang. Und wir haben den Anfang gesehen vor allem in der Revolutionierung der Arbeiterklasse, in dem, was Sinowjew geistige Orientierung nennt. Dieser Prozeß der Revolutionierung der Arbeiterklasse ist seit dem November fortgeschritten, wobei wir die Träger dieses Fortschrittes sind. (Sehr richtig!) Wir haben die Massen zu revolutionieren gesucht, wir, und nicht die Kommunisten. (Widerspruch links. Unruhe. Zurufe: Sehr wahr! rechts. Händeklatschen rechts.)
Es ist sehr bezeichnend, daß in dem Moment, wo ich unsere Partei in der ersten und aufopferungsvollsten Periode ihrer kurzen Geschichte verteidige, verteidige in ihrer historischen Haltung gegenüber den Illusionen und gegenüber den Putschisten, der falschen Taktik, die damals die Kommunisten eingeschlagen haben, Delegierte unseres Parteitages Stellung nehmen für die Kommunisten und gegen unsere Partei. (Sehr wahr! Händeklatschen.) Wir sind nie der Ansicht gewesen, daß dieser Revolutionierungsprozeß abgeschlossen ist. Wir sind nie der Ansicht gewesen, die Sie uns unterschieben, daß der Gipfel der deutschen Revolution bereits überschritten ist und wir warten mit Ruhe das Urteil der Geschichte über unsere Auffassung ab. Aber was wir allerdings meinen, ist das, daß in Deutschland diese revolutionäre

Entwicklung, die geistige Revolutionierung der Massen, nicht gefördert wird durch eine Zerreißung und Zersplitterung unserer Partei. (Sehr wahr! rechts, Widerspruch links.)
Parteigenossen! Dieser Prozeß der Revolutionierung der Massen kann nur vorangetrieben werden durch eine Politik, die die Massen nicht spaltet um irgendwelcher Formen willen, sondern die die Massen vor ganz konkrete und bestimmte Ziele stellt und sie im Kampf um diese Ziele vorwärts treibt. Sie vorwärts treibt, indem jeder Kampf, der wirklich um ein wichtiges Ziel des Proletariats geführt wird, ein Machtkampf ist. Jeder dieser Machtkämpfe führt die Massen an die Grenzen, innerhalb deren in der kapitalistischen Gesellschaft überhaupt ein Fortschritt, eine Machterweiterung des Proletariats möglich ist; nur, indem wir das Proletariat immer bis zu dieser Grenze vorantreiben, indem wir ihm zeigen, daß die Grenze überschritten werden muß, entwickelt sich im Anschluß daran jener große endgültige Kampf um die Eroberung der politischen Macht. Aber nicht, indem man das Proletariat am Kampfe hindert, indem man die einzelnen Ziele, die aufgestellt werden, als ungenügend, als schlecht, als unzureichend hinstellt. Das wissen wir natürlich, daß ein einzelnes Ziel nicht das gesamte ist. Das braucht man uns nicht zu sagen. Aber wenn man das Proletariat für diese einzelnen Ziele, die aus einer konkreten Klassenlage herauswachsen, nicht wirklich in den Kampf führt, dann hindert man es überhaupt am Kämpfen. Wenn man glaubt, daß der Kampf um die Eroberung der politischen Macht in der Weise sich vollziehen kann, daß man dem Proletariat sagt, wie es Stoecker hier getan hat, wir brauchen nicht die Sozialisierung des Bergbaues, wir brauchen keine Produktionskontrolle, das ist ja alles nicht zu erreichen, wir brauchen die Eroberung der politischen Macht – ja, wie wollen Sie denn die politische Macht erobern, wie wollen Sie diesen Kampf beginnen, ohne zunächst einmal den nächsten Weg, das nächste Ziel, den nächsten Markstein aufzurichten, um den dieser Kampf entbrennen kann? (Sehr wohl! rechts.) Wenn Sie einfach die Parole hinauswerfen: Übermorgen beginnt der Kampf um die politische Macht, dann wird dieser Kampf nie kommen, denn dann kommt die Zerrissenheit, dann kommt eben das, was wir die ganze Zeit in der revolutionären Arbeiterbewegung Deutschlands erleben mußten, auch mit der kommunistischen Partei, die gegenseitige Zerfleischung um Formeln, statt der Durchführung politischer Aktionen. (Sehr wahr! rechts. Zwischenrufe links.) Genossen! Wenn Sie mir so einfache Zwischenrufe machen, dann werde ich Ihnen so einfach antworten, und den „Faust" zitieren und sagen: Du gleichst dem Geist, den Du begreifst, nicht mir. (Sehr gut! Rechts Händeklatschen. Zwischenrufe links.)
Sinowjew sagte, daß wir keine Revolutionäre sind, weil wir an die Revolution nicht glauben und ich sage: Wer das behauptet, der versteht überhaupt noch nicht unsere Auffassung. Sie geht dahin, daß wir mitten in diesem Revolutionierungsprozeß sind, daß es die Aufgabe der Partei ist, diesen Revolutionierungsprozeß mit allen Mitteln zu fördern, die unter den heutigen Verhältnissen überhaupt anwendbar sind. Ebenso ist ganz falsch, was Sinowjew gesagt hat über unsere Auffassung der ökonomischen Bedingungen.

Sinowjew hat gesagt: Ist der Kapitalismus ökonomisch reif, um überwunden zu werden? Jeder Sozialist in Deutschland, der diesen Namen verdient, hat je eine andere Auffassung vertreten. (Sehr richtig!) Und wenn gesagt wird, daß diese Auffassung etwas Neues ist, so ist auch das ganz falsch. Sinowjew hat ganz richtig mein „Finanzkapital" zitiert, wo ich gesagt habe, daß heute schon die Konzentration des Kapitals so weit vorgeschritten ist, daß heute die Verbindung zwischen den kapitalistischen Monopolen, den Kartellen und Trusts und den Großbanken im kapitalistischen Wirtschaftsleben so weit gediehen ist, daß in der Tat die Berliner Großbanken den entscheidenden Teil der ganzen Produktion kontrollieren. Und daß, wenn eine Gesellschaft über diese Bank verfügt, dann bereits eine sozialistische Kontrolle der Produktion gegeben wäre. Die Auffassung, daß die ökonomischen Bedingungen in Deutschland reif sind für den Sozialismus, diese Auffassung ist mit aller Entschiedenheit und ununterbrochen von mir und meinen Freunden vertreten worden. (Sehr richtig! rechts.) Das will ich ausdrücklich noch einmal feststellen, auch gegen einige abweichende Meinungen, die Kautsky zeitweise vertreten hat.

Ich selbst habe seinerzeit in der „Freiheit" in einem Artikel gegen Kautsky erklärt, unsere Auffassung kann nicht sein, daß wir erst eine neue Prosperitätsepoche des Kapitalismus abwarten. Gewiß, eine Prosperitätsepoche würde in mancher Beziehung für das Proletariat und die Durchführung des Sozialismus bequem sein, würde aber die vorherige Wiederherstellung des Kapitalismus bedeuten. Wir alle wissen, daß eine solche Wiederherstellung des Kapitalismus, die psychische Verfassung der Arbeiterklasse nicht im revolutionären Sinne, sondern im reformistischen Sinne beeinflussen würde. Deswegen sind wir der Meinung, die Krise des Kapitalismus, die schwere ökonomische Zerrüttung, muß vom revolutionären Proletariat ausgenutzt werden, weil die sozialen, psychologischen Bedingungen für die Revolution während dieser Krise besser sind. Es ist einfach eine Verleumdung, wenn gesagt wird, daß wir in irgendeiner Weise an der Wiederherstellung des Kapitalismus gearbeitet haben. Ich weiß nicht, woher diese Verleumdung kommen sollte, wenn Sinowjew nicht wieder gewisse russische Vorstellungen im Kopfe gehabt hätte. (Zwischenrufe.) Die Russen haben allerdings große und wichtige Konzessionen dem Kapitalismus machen müssen, sie waren es, die mit dem ausländischen Kapital verhandelten und ihm ausgedehnte Konzessionen einräumen wollten. (Widerspruch.) Wenn es nicht zum Abschluß gekommen sein sollte, so lag der Widerstand am Kapital, dem die Verhältnisse nicht sicher genug gewesen sind. Aber sie waren es, die mit dem ausländischen Kapital verhandelten und verhandeln mußten. Ich mache ihnen daraus keinen Vorwurf. Es beweist das nur die Macht der ökonomischen Verhältnisse, die auch nicht einfach durch die Macht der politischen Gewalt aus der Welt geschafft werden kann. Aber wir in Deutschland haben nie an der Wiederherstellung des Kapitalismus gearbeitet. Wir haben alle Illusionen von der Planwirtschaft, alle Illusionen einer Arbeitsgemeinschaft zwischen Kapital und Unternehmertum, alle Illusionen der Bündnispolitik zwischen bürgerlichen politischen Parteien und uns immer auf das schärfste bekämpft und zurückgewiesen und haben der Arbeiterklasse gesagt, in dieser Krise gibt es für Euch nur eine Rettung gegen die fortschreitende Verelendung, und das ist der Kampf um den Sozialismus, das ist die Verwirklichung des Sozialismus. (Sehr wahr! rechts.) Wir haben das der Arbeiterklasse immer und immer an jeder einzelnen ökonomischen Erscheinung nachgewiesen und deshalb muß es zurückgewiesen werden, wenn uns hier gesagt wird, wir wollten den Kapitalismus wiederherstellen.

Nun hat Genosse Sinowjew gesagt, wenn die ökonomischen Bedingungen gegeben sind, und keiner von uns hat das bezweifelt — das war eine dieser offenen Türen, die eingerannt worden sind — (Sehr richtig! rechts), wenn diese ökonomischen Bedingungen gegeben sind, wie ist es dann mit den politischen Bedingungen? (Zurufe links: Geistige Orientierung!) Wenn wir in der Politik der deutschen Arbeiterklasse seit dem November nicht weitergekommen sind, so sind die Gründe dafür mannigfach. Ich habe den Hauptgrund dafür schon gesagt. Die Revolution hat ein Proletariat gefunden, das zu einem großen Teil in dem sozialreformistischen Lager gestanden hat. Uns ist es gelungen, durch unermüdliche Arbeit, durch den schärfsten Kampf und durch sehr viel Eifer einen Teil des Proletariats loszureißen vom sozialen Reformismus und ihn hinüberzuführen ins revolutionäre Lager. (Sehr wahr! rechts.) Aber, Parteigenossen, damit sind die politischen Bedingungen nur zum Teil erfüllt und wenn wir revolutionäre Politik machen wollen, dann müssen wir allerdings in Deutschland gegenüber einer Bourgeoisie, die straff organisiert, die gut bewaffnet und die gegenüber dem Proletariat vollständig geschlossen und einig ist — gegenüber einer solchen Bourgeoisie müssen wir eine geschlossene proletarische Front haben. (Sehr richtig!)

Die geschlossene proletarische Front läßt sich nicht herstellen durch irgendwelche künstlichen Parolen. Diese geschlossene Front bekommen wir immer dann, wenn wir wirklich kämpfen und ein Ziel aufstellen, das der ganzen Klasse entspricht und das so beschaffen ist, daß keine einzelne proletarische Gruppe, mag sie rechts oder links von uns stehen, sich diesem Kampfe entziehen kann. (Sehr richtig!) Diese Einheit der Aktion ist das wichtigste, denn aus dieser Einheit der Aktion folgt die geschlossene Front, aus der geschlossenen Front folgt die Verbreiterung des Kampffeldes, und aus der Verbreiterung des Kampffeldes folgt schließlich der Kampf um die Macht. (Sehr richtig! rechts.) Und was haben wir statt dessen erlebt? Wir haben immer wieder erlebt, daß wir, so oft wir in Aktionen eintreten wollen, überfallen worden sind von links und im Stich gelassen worden sind von rechts. (Sehr richtig! rechts.) Wir sind überfallen worden von links. Es ist ja gar keine Politik der Arbeiterklasse betrieben worden in Deutschland, sondern es ist eine Politik der Fraktionsinteressen innerhalb der Arbeiterschaft getrieben worden. (Sehr richtig! Händeklatschen rechts.) Eine Politik, bei der in Wirklichkeit die Arbeiterklasse geschädigt wurde, wo es keinen Sieg der Arbeiterklasse gegeben hat, sondern nur Niederlagen. Deswegen ist das wichtigste Gebot proletarischer Taktik in Deutschland, darüber zu wachen, daß keine weitere Zersetzung eintritt. Statt dessen müssen wir erleben, daß diese Zersetzung von einem Lande ins andere getragen wird.

Genossen! Ich werde erst später darauf zurückkommen, wie groß auch die „Toleranz" von Sinowjew sein kann. Ich muß hier zunächst sprechen über den intoleranten Teil seiner Rede. Wie liegen denn die Verhältnisse in Wirklichkeit? Sinowjew hat uns gesagt, es wird gar nicht lange dauern, und der Balkan wird eine Sowjet-Republik sein und Deutsch-Österreich, glaube ich, wird eine Räterepublik sein und vielleicht auch Deutschland. (Zuruf: Italien!) Man soll nicht prophezeien, Sinowjew sollte nicht prophezeien, die Spuren von Kurt Geyer könnten schrecken. Ich erinnere mich an einen Aufsatz, den ich, wenn ich mich nicht irre, im kommunistischen Heft der „Internationale" gelesen habe. Es war ein Bericht über den ersten Kongreß der dritten Internationale, und in diesem Bericht sagt der Verfasser, wenn diese Zeilen in Druck gehen würden, so wüßte er bestimmt, daß der Bericht nicht mehr gerichtet sei an eine Welt, in der es nur zwei Sowjetrepubliken gäbe, nämlich die russische und ungarische, sondern daß dieser Bericht gelesen werde in den Sowjetrepubliken Deutschösterreich, der Tschechoslowakei, Deutschland und, ich glaube, es werden noch ein paar Länder aufgeführt. (Hört, hört! rechts.) Der Verfasser dieser kühnen Prophezeiung mußte erleben, als der Bericht im Druck erschien, daß die ungarische Sowjetrepublik untergegangen war und eine gegenrevolutionäre Bewegung nicht nur in Ungarn, sondern in ganz Südwesteuropa eingesetzt hatte. Dieser Verfasser war der Genosse Sinowjew. (Hört, hört!)
Ich meine demgegenüber, eine proletarische Taktik, die sich nur auf die eine Möglichkeit einstellt, daß in zwei Wochen oder in zwei Monaten oder in drei Monaten oder in sechs Monaten die proletarische Diktatur verwirklicht, die Revolution vollzogen sei, eine solche proletarische Taktik ist ein Vabanque-Spiel, ein Hasardspiel, auf das sich keine Partei festlegen kann. (Sehr wahr! rechts.) Was wir brauchen, ist eine Taktik, die auf alle Eventualitäten gefaßt ist, die bereit ist, geistig, organisatorisch und politisch bereit, wenn die revolutionäre Situation eintritt, sie auszunutzen und das Proletariat zum Siege zu führen, die aber auch im Vertrauen auf die geschichtliche Entwicklung nicht vorzeitig losschlägt, denn das vorzeitige Losschlagen bedeutet, daß das Proletariat eine schwere Niederlage erleiden würde. (Zurufe von links: Ihr treibt sie doch!)
Damit wir aber eine solche Politik machen können, ist es notwendig, daß die proletarischen Parteien, daß die revolutionären Parteien, auf die es ankommt, sich gegenseitig nicht geradezu eine Schmutzkonkurrenz im Radikalismus machen. Das hindert die kommunistische Politik ebensosehr, wie die Politik der U.S.P. Das macht in Wirklichkeit das Proletariat zu Objekten der Politik der Bourgeoisie. (Sehr richtig! rechts.) Diese Politik der Zersetzung ist eine Politik, die nicht im Interesse der Revolution, sondern im Interesse der Konterrevolution gewesen ist. (Sehr richtig! rechts.)
Parteigenossen, machen wir uns einmal klar, was revolutionäre Politik bedeutet. Wieder spielen hier russische Vorstellungen eine überragende Rolle. In Rußland, wo es überhaupt keine nennenswerten Massenparteien vor der Revolution gegeben hat, keine nennenswerte politische Massenorganisation, da war es verhältnismäßig leicht, daß die Arbeitermassen nicht infolge irgend-

einer bestimmten Organisationsform, sondern infolge der Konsequenzen der revolutionären Ereignisse selbst, schließlich geschlossen in ein Parteilager übergegangen sind. Aber in Deutschland, in ganz Westeuropa liegen doch die Verhältnisse ganz anders. Wir haben seit Ausbruch des Krieges einen ununterbrochenen Kampf mit den Rechtssozialisten geführt. Wir haben seit der Revolution diesen Kampf unter politisch günstigen Verhältnissen führen können; denn die Politik der Rechtssozialisten, ihre Koalitionspolitik mit den Bürgerlichen, diese Politik der Lähmung der Arbeiterklasse zugunsten der Bourgeoisie, dann die ganze Noske-Infamie, das war das stärkste Argument für die Richtigkeit unserer Politik. Und trotzdem dieser Kampf mit aller Schärfe geführt worden ist, trotzdem ist auch heute noch die rechtssozialistische Partei vorhanden, ist sie auch heute noch eine starke Partei, auf die heute noch ein großer Teil des deutschen Proletariats hört und in ihrer Organisation steht. Und im letzten Jahre hat die revolutionäre Bewegung gegenüber den Rechtssozialisten einen verlangsamten Fortschritt genommen, und ich fürchte, daß in den letzten zwei Monaten von einem Fortschritt überhaupt nicht mehr die Rede sein kann. (Zwischenrufe links.)
Wenn es uns schon in Deutschland so schwer war, die Arbeiterschaft wirklich geschlossen in das revolutionäre Lager hinüberzuführen, wie sieht es dann in den anderen Ländern aus? Es wird uns immer so viel erzählt von der kommunistischen Internationale, in der alle Länder sitzen. In Wirklichkeit stimmt das absolut nicht. In Wirklichkeit ist die Position der sozialdemokratischen Parteien in vielen Ländern wenig erschüttert, außer, wo diese Parteien einig geblieben sind und wo schließlich der linke Flügel innerhalb der Partei den Sieg gewonnen hat, wie in Frankreich und Österreich. Aber wo das nicht der Fall ist – steht es anders, die Jungschweden z.B. sind geschlagen worden zugunsten der schwedischen Sozialdemokratie, die auf der äußersten Rechten selbst innerhalb der Reformsozialisten steht, und ebenso ist es in Dänemark. In England und Frankreich spielt die kommunistische Bewegung doch überhaupt keine Rolle. Wenn die Dinge so liegen, dann ist es doch wirklich eine Utopie, zu meinen, mit organisatorischen Mitteln, durch Gründung von neuen Parteien oder Aufstellung von Organisationsstatuten, die Arbeiterschaft im revolutionären Lager zu einigen. Das kann man nicht durch organisatorische Spielereien, das kann man nur durch die wirkliche Aktion, das kann man nur dadurch, daß die politische Partei das Proletariat wirklich im Kampf hinter sich sammelt. Aber nicht nur, daß die politischen Parteien zersetzt werden sollen, wir haben gestern an einer Stelle der Rede gehört, als Sinowjew sich plötzlich gehen ließ, wo wir alle das Gefühl hatten, jetzt kommt das wahre Gesicht zum Ausdruck, gehört, wie es mit der Gewerkschaftsbewegung gehalten werden soll. Sinowjew hat gesagt, die Amsterdamer Gewerkschaftsinternationale ist eine gelbe Internationale. (Sehr richtig! links.) Sie rufen sehr richtig. (Zuruf links: Jawohl! Zuruf rechts: Ihr seid ja Mitglieder!) Ich verstehe nur das eine nicht, wie z.B. Richard Müller, als die erste Zusammenkunft der Amsterdamer Internationale stattfand, sich dazu als Delegierter wählen ließ, (Sehr richtig! rechts) und ich verstehe weiter nicht, daß er sich delegieren ließ zum Internationalen Metallarbeiterkon-

greß, wo dieselben Führer wie in der Amsterdamer Internationale sitzen. In Wirklichkeit glaubt ja kein Mensch von Ihnen, daß die Amsterdamer Internationale eine gelbe Internationale ist. (Sehr richtig! Unruhe. Zwischenrufe.) Sie soll nur vernichtet werden, um dann mit den Gewerkschaften dasselbe machen zu können, wie mit der Partei, genau so, wie die Partei, sollen auch die Gewerkschaften gespalten werden. Es ist dieselbe Methode. Auch die Partei wird nicht vor die wirkliche politische Frage gestellt: Sollen wir die Unabhängige Sozialdemokratie bleiben oder sollen wir zur Kommunistischen Partei werden, mit all den Konsequenzen ihrer Revolutionsmacherei? Sondern man spaltet uns von außen über die Frage des Anschlusses an die dritte Internationale, den wir alle wollen. Genau so verfährt man mit den Gewerkschaften. Man sagt: Wir wollen die Gewerkschaften nicht spalten. Aber man stellt sie vor die Einzelfrage: Amsterdamer oder Moskauer Internationale. Man sagt: Geht in die Gewerkschaften hinein, aber bildet dort kommunistische Zellen. Genau dasselbe, was man mit der Partei getan hat, will man jetzt mit der Gewerkschaftsinternationale tun. Ihr seid ja selbst Mitglieder dieser Internationale, Ihr gehört ja selbst zu denen, die innerhalb der Internationale ununterbrochen den Kampf führen um die Revolutionierung dieser gewaltigen Organisationen. Wer hat den Kampf geführt gegen all diese Illusionen der Harmonieduselei? Wer hat den Kampf am besten organisiert, wer hat den Erfolg für sich gehabt? Das ist derselbe Dißmann (stürmischer Beifall und Händeklatschen rechts), das ist derselbe Dißmann, der heute ausgeschlossen werden soll! Derselbe Dißmann, auf den sich Radek in Moskau berufen hat als denjenigen, der die richtige Gewerkschaftspolitik in Deutschland treibt. (Beifall und Widerspruch, auch auf der Tribüne.)
Aber, Genossen, damit nicht genug. Diese gelbe Gewerkschaftsinternationale, die in Wirklichkeit die einzige Internationale ist, die aktionsfähig gewesen ist und die aktionsfähig sein konnte, weil sie nicht zerschlagen war. (Sehr richtig und Beifall rechts.) Sie ist aktionsfähig gewesen in Ungarn, und wenn der ungarische Boykott nicht so durchgeführt worden ist, wie wir es gewünscht hätten, so liegt das nicht an der Gewerkschaftlichen Internationale, sondern daran, weil in der Tschechoslowakei weite Arbeiterschichten noch nicht so organisiert sind, um der Parole der Internationale folgen zu können. Das ist aber nicht Schuld der Internationale, das liegt an der ökonomischen Rückständigkeit dieser Länder und der daraus folgenden Schwäche der Arbeiterorganisationen. Sinowjew hat uns gestern dafür gedankt, daß wir Rußland in seinem Kampfe unterstützen, daß wir den Boykott gegen die Munitionstransporte durchführen usw. Das ist ganz selbstverständlich unsere Pflicht. Aber, so weit dieser Boykott wirksam werden kann, kann er ja gar nicht allein geführt werden von der U.S.P., sondern er muß geführt werden von den Gewerkschaften. (Sehr richtig! rechts.) Und ich meine, wenn Genosse Sinowjew Dank aussprechen will, so müßte er den Dank, den er gestern uns abgestattet hat, den Männern abstatten, die er hier beschimpft hat. (Stürmischer Beifall rechts.)
Und wie beschimpft hat! Es war ein Blitz, der durch das Halbdunkel der Ausführungen des Genossen Sinowjew geleuchtet hat, als er den Satz prägte:

Diese Gewerkschaftliche Internationale ist gefährlicher noch als Orgesch und die weißgardistischen Mörder des Proletariats. (Große Unruhe und lebhafte Pfuirufe rechts.) Ich rede nicht davon, daß es geradezu unmenschlich ist, Männer, die, mögen sie irren, mögen sie eine andere politische Taktik für richtig halten, diese Leute mit den Mördern des Proletariats auf die gleiche Stufe zu stellen. (Erneute entrüstete Pfuirufe rechts.) Das verrät Mangel an sittlichem Empfinden, dem wir in dem Aufruf der dritten Internationale leider nur allzu häufig schon begegnet sind. (Erneuter stürmischer Beifall und Händeklatschen rechts, Unruhe links.) Es ist politische Falschmünzerei, diese Gewerkschaftliche Internationale auf eine Stufe zu stellen mit kapitalistischen Organisationen, es ist politische Falschmünzerei, weil Genosse Sinowjew keinen Augenblick daran glaubt. (Wiederholter Beifall rechts, heftiger Widerspruch und Zuruf links: Du bist der größte Falschmünzer! Große Unruhe und Pfuirufe rechts.) Wir alle wissen und Sinowjew muß es auch wissen (fortgesetzte stürmische Unterbrechung von allen Seiten und fortdauernder Lärm).

In Wirklichkeit — das muß auch offen ausgesprochen werden — weiß jeder von uns, daß diese Zersplitterung der politischen Parteien eine außerordentliche Gefahr für die Arbeiterbewegung in Deutschland bildet, weil sie die Macht der Bourgeoisie in Deutschland außerordentlich steigert. Und wenn die Bourgeoisie in Deutschland ihrer Macht gewisse Schranken auferlegen muß, so nur deswegen, weil sie weiß, daß sie an dem gewerkschaftlichen Widerstand scheitern würde, weil die Gewerkschaften einig, weil sie geschlossen sind. Und deshalb ist es unser Interesse als Partei, deshalb ist es unser Lebensinteresse als Arbeiterbewegung, die Gewerkschaften zu stützen und zu schützen vor diesen Spaltungsunternehmungen und dagegen zu protestieren, daß man sie der Arbeiterschaft als gelbe Organisationen hinstellt.

Und, Parteigenossen, das weiß ja auch bei anderen Gelegenheiten Sinowjew sehr wohl. Er hat gesagt — und darin stimme ich ihm vollständig zu —, daß es ein großer historischer Fortschritt war, daß in England die englischen Arbeiter sich bei der letzten Kriegskrise einen Aktionsrat gewählt haben. Ja, wer war dieser Aktionsrat? Das waren die Führer derselben Gewerkschaften, die Sinowjew als die Gelben beschimpft! Das waren dieselben Leute, mit denen wir in Amsterdam nicht mehr zusammenkommen sollen. Sinowjew hat aber gesagt: Der bedeutendste revolutionäre Fortschritt, ein Anfang der revolutionären Bewegung in England vielleicht, das ist die Einsetzung dieser „gelben" Gewerkschaftsführer als Aktionsrat. Ja, Sinowjew, einmal sehen Sie die Leute gelb, einmal rot — ich muß schon sagen: Ihr Auge ist sehr merkwürdig eingerichtet!

Aber weiter: Dieser Aktionsrat, so sagt Sinowjew, habe deswegen so große Bedeutung, weil er eine Art Sowjet gewesen sei. Genossen, mit einem Sowjet hat dieser Aktionsrat organisatorisch und im historischen Sinne des Wortes gar nichts zu tun, er war eine Zusammenfassung der gewerkschaftlichen und politischen Organisationen der Arbeiterklasse. Aber, so meint Genosse Sinowjew, man könne deswegen von Sowjet sprechen, weil das eine Art Nebenregierung gewesen ist, es war eine bestimmte Zeit lang in England

eine Doppelregierung und die Bourgeoisie fürchtete sich vor dieser Doppelregierung.
Ja, Genossen, wie war es denn in Deutschland? Sind uns denn die Klagen der Bourgeoisie neu über die Nebenregierung der Gewerkschaften? Haben wir nicht ununterbrochen in den Märztagen von unsrer gewerkschaftlichen Nebenregierung reden hören? Ist es denn nun ein Verbrechen, wenn diese Nebenregierung in Deutschland in ihrer Mitte unter sehr vielen anderen zufällig einen Legien hat, denselben Legien, der in London Appleton heißt und anderwärts anders? Es ist genau dasselbe, und wenn Sinowjew den englischen Aktionsrat als revolutionären Schritt nach vorwärts bezeichnen muß, so muß er ebenso unsere Taktik beim Kapp-Putsch als revolutionären Schritt nach vorwärts unter den damaligen Verhältnissen bezeichnen. Es geht nicht an, daß man die Sachlage bald so, bald so betrachten, man muß sie immer einheitlich betrachten, und da bin ich allerdings der Meinung, es ist ganz gleichgültig, wenn es sich um eine umfassende Konzentration der Arbeiterklasse auf ein bestimmtes Ziel, wenn es sich um einen revolutionären Schritt nach vorwärts, wenn es sich um eine reale Machterweiterung handelt, welche Leute diesen Schritt tun.
Parteigenossen! Wir sehen in Westeuropa allerdings – und auch da hat Genosse Sinowjew offene Türen eingerannt – eine fortschreitende revolutionäre Entwicklung, eine fortschreitende geistige Orientierung der Arbeiterschaft zum Radikalismus hin, sowohl in der Partei, wie auch in den Gewerkschaften, und es ist auch ganz richtig, daß diese Entwicklung in Italien bereits sehr fortgeschritten ist, wenigstens, was die geistige Orientierung anbelangt. Aber, Genossen, gerade das italienische Beispiel ist so außerordentlich charakteristisch für die Auffassungen, die Sinowjew hier vertreten hat. (Sehr wahr! rechts.) Genossen! Ich verstehe vollständig, wenn russische Genossen, die im Besitz der Staatsmacht sind und die damit eine wirksame, außerordentlich straffe und durchgreifende Gewalt haben, wenn diese Genossen zu einer starken Überschätzung von Machtverhältnissen kommen, auch dort, wo das Proletariat nichts weniger als im Besitz der Staatsmacht ist, wie in Italien. Da ist es doch außerordentlich charakteristisch: Das italienische Proletariat hat einen revolutionären Schritt nach vorwärts getan; es hat infolge einer Aussperrung die Fabriken besetzt und hat sie wochenlang besetzt gehalten. Schließlich fiel die Entscheidung, ob das Proletariat diesen Kampf noch weiter bis zur endgültigen Eroberung der politischen Macht führen konnte oder ob es eine Abschlagszahlung entgegennehmen müsse. Das Proletariat entschied sich für die Abschlagszahlung, und nun kommen die russischen Genossen, die fern vom Roß sind (Heiterkeit), die die italienischen Verhältnisse unmöglich überblicken können, und sagen: das ist eine Niederlage und an dieser Niederlage sind schuld die Verräter in den Gewerkschaften, die Verräter in der Partei, in der Partei, die der dritten Internationale doch bereits angeschlossen ist.
Ja, Parteigenossen, was ist denn das für eine Auffassung? Machen denn wirklich die Personen unabhängig und frei die Geschichte und glaubt jemand, daß diese Personen absichtlich einen konterrevolutionären Weg eingeschla-

gen haben, daß sie absichtlich die Revolution verraten haben? (Rufe links: Jawohl!) Ich sage, wer das meint, kennt weder die Personen noch die Verhältnisse. (Beifall rechts.) Und er kann sie auch nicht kennen, weil die italienischen Verhältnisse beurteilt werden müssen in erster Linie von den Genossen, die selbst in Italien in der Bewegung stehen, die selbst die Machtverhältnisse kennen und die infolgedessen allein befugt sind, darüber zu entscheiden, ob sie diesen Kampf weiterführen können oder nicht. Aber das ist das Charakteristische: Man glaubt in Moskau, daß diese Kämpfe entschieden werden können von dort aus, auf Grund irgendeiner höheren Einsicht, als die Genossen sie haben, die selbst in diesen Ländern tätig sind. Das ist das, was für uns etwas ganz Unmögliches darstellt, weil wir allerdings der Ansicht sind, über den Kampf des Proletariats in seinen einzelnen Phasen und in seinen einzelnen Stadien und im einzelnen konkreten Falle kann nur das Proletariat des einzelnen Landes selbst entscheiden, weil nur das Proletariat des einzelnen Landes selbst weiß, um was es sich handelt, weil es selbst bestimmen muß, welche Opfer es in diesem Kampfe zu bringen hat. (Beifall rechts.)

Nun, Genossen und Genossinnen, ich sage noch einmal, in Westeuropa sind viele Tendenzen für eine revolutionäre Entwicklung vorhanden, und wir haben die Pflicht, sie zu führen und zu fördern. Aber, Genossen, wie diese revolutionäre Entwicklung verläuft, das läßt sich nicht von außen her bestimmen, das hängt ab von den ökonomischen und sozialen Machtverhältnissen der Klassen in den einzelnen Ländern, und es ist eine Utopie, zu meinen, daß man das durch irgendeine Lösung, durch irgendeinen Befehl von außen her weitertreiben kann. Das ist unmöglich aus der inneren Entwicklung dieser Länder heraus.

Und nun, Genossen, gestatten Sie mir ein paar kurze Worte über die Entwicklung im Orient. Sinowjew hat gemeint, ich hätte diese außerordentlich wichtige Bewegung ganz falsch eingeschätzt und hätte nur Witze über die Mullahs von Khiwa gemacht. Das Gegenteil ist richtig. Ich habe auf der Reichskonferenz gesagt, es werde von uns eine neue theoretische Stellung verlangt. Ich habe weiter gesagt, ich würde auf die Theorie in den 15 Minuten, die mir zur Verfügung standen, nicht eingehen können, sondern ich würde von der Politik der Bolschewiki reden. Aber meiner Meinung nach sei eine solche theoretische Rechtfertigung auch gar nicht notwendig, denn das sei ja nicht die Sache, um die es sich beim Anschluß an die dritte Internationale handele. In diesem Zusammenhang habe ich gesagt: Ich bin neugierig, ob die Mullahs von Khiwa, die hier zitiert sind, wirklich theoretisch einwandfrei dastehen; ich bin neugierig, ob die asiatische Bewegung, die ihre große welthistorische Bedeutung hat, ob wir es wirklich dabei zu tun haben mit einer modernen sozialistischen marxistischen Bewegung. Das ist natürlich etwas ganz anderes, als was Sinowjew mich hat sagen lassen. Es ist mir gar nicht eingefallen, religiöse Vorurteile, die – wie Genosse Sinowjew uns gesagt hat – von der dritten Internationale zu schonen sind, zu verletzen. Ich habe aber ausdrücklich betont, daß diese Bewegung im Orient ihre außerordentlich große historische Bedeutung habe.

Genossen! Diese Bewegung ist nicht erst jetzt ausgelöst worden. Wir haben sie schon kommen sehen im Anschluß an die erste russische Revolution, an die jungtürkische, an die persische Revolution und was sich da vollzieht, ist ein Abschnitt in dem allgemeinen großen historischen Prozeß des Erwachens der geschichtslosen Nationen, um mit Engels zu reden, der angefangen hat im vorigen Jahrhundert mit dem Erwachen der slawischen Nationen, der Tschechen und Südslawen und der sich fortgesetzt hat über Rußland und der heute seinen Gang nimmt über das ganze Asien. Das ist eine ganz gewaltige Bewegung, deren historische Bedeutung niemand von uns verkennt. Aber, Genossen, wie hat sich diese Bewegung denn vollzogen, was ist der Kern dieser Bewegung? Der Kern dieser Bewegung ist eine bürgerlich-bäuerliche nationale Bewegung zur Bildung eines nationalen Einheitsstaates und zur Erringung der Unabhängigkeit dieses nationalen Einheitsstaates. Diese Bewegung vollzieht sich — das haben wir in der slawischen Bewegung kennengelernt — durchaus im nationalen Geiste, und es ist selbstverständlich, daß auch die asiatische Bewegung von diesem Geiste erfüllt ist. Ich habe also vollständig recht gehabt, wenn ich sagte, daß diese Bewegung mit Kommunismus oder Sozialismus nichts zu tun hat. Nun, Genossen, verkennt keiner von uns, daß es sich bei dieser Bewegung um einen großen historischen Fortschritt handelt und daß es die Pflicht der sozialistischen Parteien ist, aus den verschiedensten Gründen und auch aus sehr schwerwiegenden proletarischen Interessen heraus, diese Bewegung zu fördern, und niemandem von uns fällt es ein, der dritten Internationale einen Vorwurf daraus machen zu wollen, daß sie diese Bewegung an sich fördert. Was wir aber feststellen müssen, ist das, daß für Sozialisten die Förderung einer solchen Bewegung ihre bestimmten Grenzen in ihren sozialistischen Prinzipien findet. Es ist außerordentlich interessant gewesen, wie bei den Debatten auf dem Kongreß der kommunistischen Internationale, auch über die Nationalitäten- und die Orientfrage, gerade Vertreter von Indien und der Türkei aufgetreten sind, die Vertreter waren der beginnenden Arbeiterbewegung und der kleinen proletarischen Organisationsanfänge, die gesagt haben, daß die Thesen, die hier verkündet worden sind, ihnen ihr Weiterarbeiten unmöglich machen oder doch außerordentlich erschweren und daß sie deswegen diese Thesen ablehnen müßten (Hört, hört! rechts), und Serrati, der Vertreter der italienischen Partei, hat sich dem angeschlossen und hat gegen die Thesen gestimmt. Das ist ja auch ganz klar. Was die kommunistische Internationale im Orient macht, das ist ja keine sozialistische Politik (Sehr richtig! rechts) im bestimmten Sinne des Wortes, sondern das ist eine Machtpolitik der russischen Sowjetrepublik, es ist ein Kampf gegen England, es ist ein Machtkampf, bei dem sie sich natürlich verbünden muß mit den Mächtigen, und diese Mächtigen sind nicht die Arbeiter in ihren kleinen und zersplitterten Organisationen, sondern das sind eben die Vertreter dieser national-bürgerlichen Bewegung, und es ist sehr bezeichnend, daß Genosse Sinowjew kein Wort davon gesagt hat, daß das Bündnis mit Enver Pascha nicht besteht; die russische Sowjetrepublik muß sich aber, wenn sie eine reine Machtpolitik verfolgt, wenn sie keine prinzipiell sozialistische Politik mehr betreibt, sich mit den

Trägern dieser nationalistischen Bewegung verbünden, mögen ihre Träger ausschauen wie immer. Es ist aber sehr falsch, wenn man nun meint, uns sagen zu müssen, worum es sich da handelt. Wir wissen, diese Revolutionierung des Orients ist ein Prozeß, der vorangehen wird, aber wir glauben allerdings nicht, wie es so oft hier verkündet ist – nicht von Sinowjew, wohl aber durch die Telegraphenbüros, durch die „Rosta" und durch die „Rote Fahne" –, daß man in Moskau nur den Finger zu heben braucht und der heilige Krieg bricht aus. Nein, Genossen, das ist ein sehr langsamer Prozeß, der Jahrzehnte und vielleicht noch länger in Anspruch nehmen wird, dessen Folgen wir heute kaum überblicken können und der vielleicht bedeuten wird, daß sich das Zentrum der Weltgeschichte wahrscheinlich überhaupt weiter nach Osten hin verschieben wird. Aber wenn nun Sinowjew meint, uns damit etwas Neues sagen zu können, dann ist er im Irrtum.

Dann will ich noch kurz etwas sagen zu der Kolonialfrage. Sinowjew hat gemeint – er hat sich dabei auf Ledebour berufen – und hat natürlich anerkennen müssen – Ledebour habe in der Kolonialfrage seinen Mann gestanden. Aber die Auffassung, die Ledebour in der Kolonialfrage vertrat, das war auch unsere gemeinsame Auffassung. (Sehr richtig! rechts.) Wir waren es ja, die mit der allergrößten Energie in der alten Partei gegen alle Kolonial-Utopistereien und Illusionen gekämpft haben. Wir haben gegen sie gekämpft, indem wir sagten: Diese ganze Kolonialpolitik geht auf Kosten des Proletariats, und selbst wenn sie – was nicht der Fall ist – mancher proletarischen Schicht Vorteile zu bieten scheint, so werden diese Vorteile bezahlt werden müssen mit einer fortwährenden Steigerung der kapitalistischen Gegensätze, werden bezahlt werden müssen durch einen imperialistischen Weltkrieg. Das war unsere Auffassung, das haben wir vorausgesagt in den Kämpfen, die wir damals im sozialistischen Grundsatze in der alten Partei geführt haben. Gestatten Sie mir ein ganz kurzes Zitat. Einer dieser Genossen schreibt:

„Wann und wie immer das Proletariat die politische Macht erobern mag, es kann nur geschehen in einer Periode der kolossalsten Machtverschiebungen, die aus langen, erbitterten Kämpfen hervorgehen und die gesamte Menschheit aufs tiefste erschüttern. Die Revolutionen Europas und Nordamerikas können nicht ohne Rückwirkung bleiben auf die Staaten anderer Weltteile. Die Machtverschiebungen der Klassen müssen begleitet sein von Machtverschiebungen der Rassen und Staaten, wie es andererseits wahrscheinlich ist, daß die inneren Revolutionen ihren Anstoß bekommen durch äußere Revolutionen, Weltkriege.

In dieser Ära gewaltiger Umwälzungen müssen die Nationen, die heute in den höchst entwickelten Kolonien schon um ihre Freiheit kämpfen, rasch wachsen und die Kraft finden, sich von den Herrschaftsländern loszureißen, deren Staatsmacht ganz von inneren Zerklüftungen absorbiert wird. Ostindien, die Philippinen, Ägypten, die jetzt bereits so lebhafte nationale Bewegungen aufweisen, eine starke nationale städtische Intelligenz und die Anfänge eines industriellen Proletariats, werden gleichzeitig mit dem Proletariat Europas und Nordamerikas ihre Selbständigkeit erringen. Daran kann heute schon gar kein Zweifel mehr sein. Gleichzeitig

müssen aber auch die anderen kolonialen Besitzungen von diesen großen Kämpfen berührt, ja aufgewühlt werden. Wird Ägypten frei, so muß zunächst ganz Nordafrika und der Sudan, schließlich auch der Rest des schwarzen Weltteils in lebhafteste Bewegung geraten. Nach dem Vorbild und unter dem Einfluß Ägyptens müssen alle diese Besitzungen zur energischsten Unbotmäßigkeit gegen jede Fremdherrschaft angestachelt werden."
Das ist geschrieben 1907, und da kann man nicht sagen, daß Nationalitäten- und Kolonialpolitik, soweit sie wirklich auf sozialistischen Grundsätzen beruht, soweit sie nicht wie heute in Rußland opportunistische Machtpolitik des Augenblicks ist, für uns irgend etwas Neues bietet und daß wir das früher nicht vertreten hätten, solange wir in der zweiten Internationale gewesen sind. Genossen, das Zitat, das ich verlesen habe, stammt von 1907: es stammt aus der Schrift „Sozialismus und Kolonialpolitik" ... und der Verfasser heißt Karl Kautsky. Es handelt sich immer wieder bei allen Einwendungen und bei den theoretischen Darlegungen, die uns in Moskau verkündet worden sind, um solche Abweichungen vom sozialistischen Prinzip zugunsten einer Machtpolitik, die für Rußland, bei der augenblicklichen Situation, angemessen sein mag. Darüber haben wir nicht zu entscheiden, darüber mögen die russischen Proletarier selbst entscheiden, falls sie gefragt werden. Wir haben aber zu entscheiden, ob das für europäische Verhältnisse nicht zum großen Teil ganz unmöglich ist – und das gilt in allererster Linie auch für die Stellungnahme zur Agrarfrage.
Was die Russen in der Agrarfrage vertreten, ist ebenfalls der reine Machtstandpunkt, und sie vertreten diesen Standpunkt im Gegensatz zu ihrem eigenen früheren Agrarprogramm, sie vertreten ihn, indem sie das Agrarprogramm der Sozialrevolutionäre übernommen haben. (Sehr richtig! rechts.) Sie haben praktisch selbstverständlich auf dem Lande nicht den Kommunismus durchgeführt, sondern was sich da vollzogen hat, das war die große bäuerliche Revolution, die zur Herstellung des individuellen Eigentums auf dem Lande geführt hat. Wenn dem aber so ist, so komme man uns nicht mit der Zumutung, daß wir nun dieselbe Politik verfolgen sollen.
Ich kann mir vorstellen, daß in gewissen Kreisen, wie z. B. in Süditalien, politische Verhältnisse eintreten können, in denen die italienischen Genossen, die in den Besitz der Macht kommen, gewisse Großgrundbesitzaufteilungen vor sich gehen lassen. Aber in einem gewissen Teile von Europa spielt eine solche Politik als Machtpolitik überhaupt keine Rolle, und zwar deshalb nicht, weil auf diese Weise die Bauernschaft keineswegs zu neutralisieren ist. Wenn die Dinge so einfach lägen, dann wäre das wahrscheinlich längst gemacht worden. In der alten Partei in Deutschland bestand die stärkste Tendenz, eine solche Politik zu führen, und der Versuch ist z. B. in Bayern gemacht worden. Aber diese Politik ist in Deutschland ganz erfolglos, weil die Bauernschaft in Deutschland in einer ganz anderen Situation ist, weil sie keinen Landhunger kennt, wie die Russen und die süditalienischen Landarbeiter. Vor allem aber würde eine solche Politik einen ökonomischen Rückschritt bedeuten.

Nun, Genossen, gestatten Sie mir eine Bemerkung. Es ist außerordentlich interessant zu verfolgen, wie Sinowjew uns den Rat gegeben hat, ihr müßt euch doch mit den Bauern verständigen, man solle Bauernräte bilden. Nein, unser Genosse Wurm hat als Ernährungsminister bereits im Dezember 1918 alles daran gesetzt, um diese Organisation der Bauernräte Fuß fassen zu lassen. Also, das wurde von uns getan, die Versuche sind aber gescheitert. Aber Genossen, es ist sehr interessant, daß uns hier von Sinowjew gesagt wird, wir müssen uns mit den Bauern vereinigen, wir dürfen da nicht irgendwie auf prinzipielle Unterschiede achten. Von demselben Sinowjew wird aber verlangt, wir sollen die Arbeiterklasse wegen theoretischer Formeln zersplittern und uns mit den Bauern vereinigen. Das ist aber eine Politik, die keine Stärkung der proletarischen Position bedeutet. Denn in allen europäischen Ländern kommt es auf die Arbeiterschaft in den Städten und nicht auf die Bauernschaft auf dem Lande in erster Linie an. (Sehr richtig! Händeklatschen.)

Im Zusammenhang mit diesem Unterschied der Auffassungen der augenblicklichen opportunistischen Machtpolitik der Bolschewiki und unserer prinzipiellen Machtpolitik ein Wort über den Terror. Ich war außerordentlich gespannt, was Sinowjew über den Terror sagen würde, aber, wenn er irgendwo bei seiner Rede offene Türen eingerannt hat, so gerade in diesem Falle. Was hat er uns gesagt? Er erzählte uns: ursprünglich waren wir sehr gutmütige Leute, und wie seinerzeit General Kraßnow in Petersburg, bei dem Versuch, eine Armee gegen Petersburg zu sammeln, gefangengenommen worden sei, da habe Sinowjew, allerdings auf Veranlassung des noch gutmütigeren Martow, diesen General Kraßnow laufen lassen; dann aber – als der General üble Streiche machte – hatten sie sich gesagt, so geht es nicht mehr weiter, wir werden zum Terror greifen. Ich muß schon sagen, ich kene die russischen Generale nicht und ich weiß nicht, wie weit die russischen Genossen ein Recht hatten, so gutmütig zu sein. Nach dem aber, was uns Sinowjew erzählt hat, scheint mir dieses Verhalten merkwürdig zu sein – aber da kann ich nur sagen, wenn wir, Haase oder ich, oder Crispien oder Koenen oder Stoecker oder sonstwer in dieser Situation gewesen wären und den General Ludendorff gefangen hätten, nachdem er eine Armee gegen Berlin geführt hätte, keiner von uns wäre so gutmütig gewesen und hätte Ludendorff laufen lassen. (Lebhaftes Händeklatschen. Sehr richtig! Zurufe links. Klingel. Zurufe rechts: Erfurt!) Hat denn aber das irgend etwas mit Terror zu tun? Crispien hat mit aller Deutlichkeit gesagt, wenn unsere Gegner Gewalt anwenden, sei es, daß es bei der revolutionären Bewegung zum inneren Kriege kommt, sei es, daß während der Diktatur konterrevolutionäre Gewaltvorstöße erfolgen, dann muß das Proletariat diese Gewalt mit allen Mitteln niederschlagen. Niemand von uns ist es eingefallen, jemals einen anderen Standpunkt zu vertreten. Ich erinnere daran, daß in der berühmten Vorrede von Engels zum „Bürgerkrieg in Frankreich", seinem politischen Testament, gesagt ist, daß die Revolution das Erstgeburtsrecht jedes Volkes ist und daß es sich dieses Recht auf keinen Fall rauben lassen darf. Ebenso ist es selbstverständlich immer unsere Auffassung, daß die Dik-

tatur des Proletariats behauptet werden muß. Ein Wort über die Diktatur. Wir sind von Sinowjew gefragt worden, wie steht ihr zur Frage der Demokratie und der Diktatur? Diese Frage ist beantwortet worden im Leipziger Aktionsprogramm, aber diese Frage ist auch beantwortet worden durch unsere Stellungnahme, die freilich vollständig falsch dargestellt worden ist. Als wir am 9. November zur Macht kamen, wurde Deutschland der Verfassung nach als Sowjetrepublik konstituiert, und wir als Unabhängige Sozialdemokratie haben damals den Standpunkt vertreten, keine Wahl zur Nationalversammlung, sondern Aufrechterhaltung der Diktatur des Proletariats durch die Vertretung der politischen Arbeiterräte bis zur Durchführung bis zur Vertreibung der Bourgeoisie aus ihren wichtigsten Machtpositionen. Das war unser Standpunkt. Diesen Standpunkt haben auch Haase und seine Freunde in der Regierung vertreten. Auch Dittmann hat ihn vertreten, aber durchgeführt konnte er nicht werden. Und warum nicht? Weil neun Zehntel der Arbeiterräte auf dem Rätekongreß und weil fast die gesamte organisierte Arbeitermasse bis auf einen kleinen Teil gegen uns gestanden haben. Da haben wir genau dieselben Gedanken gehabt, genau dieselbe Taktik einschlagen wollen, die Lenin empfohlen und durchgeführt hat. Lenin hat seinerzeit gesagt, wenn wir die Sowjetrepublik nicht durchführen können und dazu sind wir jetzt zu schwach, dann müssen wir den Arbeitern sagen: Republik ist besser als Monarchie, und eine bürgerliche Republik mit einer Nationalversammlung ist besser als eine Republik ohne Nationalversammlung, und deswegen hat Lenin eine Republik gemacht, nach der er die sofortige Einberufung der Nationalversammlung verlangte. Und indem er diese Parole aufgestellt hat, die tatsächlich aus den damaligen Anschauungen des Proletariats erwachsen ist, weil die Mehrheit des Proletariats von der Nationalversammlung die Herstellung des Friedens erhoffte, nachdem er so das Proletariat zu einer Aktion gesammelt hatte, hat er das Proletariat schließlich in seiner politischen Partei gesammelt. Haase empfahl daher genau dasselbe der deutschen Arbeiterklasse, was Lenin tatsächlich in der Kerenski-Periode gemacht hatte, unter Berufung auf die Taktik der Bolschewiki. Da soll man nicht sagen, daß die, die damals für die Nationalversammlung eintraten, nicht „würdig" sind, Mitglieder der Dritten Internationale zu werden. Es war politische Einsicht, die uns so handeln ließ, aber auch dies ist vereitelt worden von den Kommunisten in dem linken Flügel, indem sie unsere Genossen nicht unterstützten, sondern indem sie unseren Genossen in den Rücken fielen und jede Aktion zu einer Unmöglichkeit machten. Es war eine Politik falscher Voraussetzungen. Sie glaubten, nur an der Formel Sowjetdiktatur festhalten zu brauchen, und dann werde die Revolution vorangehen. Und als man wiederum, unter ganz falscher Beurteilung der Machtverhältnisse, zum Angriff überging, als man in Berlin loszuschlagen versuchte, scheiterte das, und damit ist die revolutionäre Arbeiterbewegung in Deutschland zurückgeworfen worden, nicht etwa durch unsere Taktik, sondern durch die Taktik der Kommunisten und derjenigen, die damals wie heute der kommunistischen Taktik gefolgt sind.
Wenn wir für die Diktatur des Proletariats sind, so möchte ich sagen, daß

gerade die deutschen Verhältnisse es sind, die uns dazu bewegen, der Arbeiterschaft zu sagen, mit den demokratischen Mitteln kommt ihr nicht aus und zwar deswegen nicht, weil in Deutschland die Art der historischen Entwicklung eine Periode der Diktatur des Proletariats unumgänglich notwendig macht. Wenn wir uns nicht mit allen Mitteln behaupten würden, so würde uns die Bourgeoisie ohne weiteres mit allen ihren Mitteln stürzen. Deswegen brauchen wir eine Periode der Diktatur des Proletariats, denn es ist nicht möglich, aus einem Lande, das so reaktionär gewesen ist wie Deutschland, wo die reaktionäre Auffassung, der Glaube an die Allmacht der Gewalt so stark in den Köpfen des Bürgertums verankert ist, mit demokratischen Mitteln Fuß zu fassen. Da ist es notwendig, daß das Proletariat einmal in den Besitz der Macht gelangt, diese so lange behauptet, bis ihm die Macht sicher ist und es dieselbe wirtschaftlich und politisch so gefestigt hat, daß sie ihm niemand mehr entreißen kann, deswegen treten wir für die Diktatur des Proletariats ein, gestützt auf die Erkenntnis wieder einzig und allein der politischen und ökonomischen Machtverhältnisse Deutschlands und nicht infolge der russischen Lehre. Also deshalb, weil es nicht möglich ist im Nu aus dem kapitalistisch reaktionären Deutschland ein sozialistisches Gebilde zu machen.
Aber, Genossen, wir sagen allerdings auch, die Diktatur ist für uns ein Übergangsstadium zur sozialistischen Demokratie, und da können wir allerdings aus den russischen Erfahrungen lernen. Ich glaube, auch die russischen Genossen haben sich vorgestellt, daß die Diktatur des Proletariats wesentlich kürzer sein wird, als sie in der Tat ist, und wir sehen aus den russischen Erfahrungen, daß es nicht genügt, die Bourgeoisie ihres Besitzes zu berauben, daß es nicht genügt, einzelne Bourgeois aus ihren Machtpositionen zu verdrängen. Auch heute, wo in Rußland alles durchgeführt ist, kann der russische Bolschewismus nicht den Übergang zur sozialistischen Demokratie vollziehen. Es ist eben sehr notwendig, daß man wirklich die Volksmassen für sich gewinnt, um mit diesen Massen die sozialistische Demokratie aufrichten zu können. Dazu brauchen wir aber eine Politik, die nicht die Diktatur über diese Volksmassen ausübt, sondern brauchen eine Politik, die die Volksmassen gewinnt, indem sie sie selbst teilnehmen läßt an der Herrschaft und die sozialistischen Massen selbst zu Trägern der Bewegung macht, eine Politik also, die dahin führt, daß die Massen an dieser Herrschaft jenes lebendige Interesse zeigen, das notwendig ist, um von der Diktatur zur sozialistischen Demokratie zu kommen. (Sehr richtig!)
Deshalb meine ich, daß der Terror, von dem wir sprechen, im Gegensatz zu Sinowjew, der davon nicht gesprochen hat, nicht etwa damit erledigt ist, daß man sagt, wir wollten keine Gewalt anwenden. Das ist nicht richtig. Sondern wir verstehen unter Terror die Gewaltanwendung von seiten einer Regierung zur Abschreckung von Leuten, von denen man annimmt, daß sie vielleicht etwas tun werden, die aber bisher nichts verbrochen haben. Wir verstehen unter Terror nicht etwa die Verhaftung von Leuten, die tatsächlich gewaltsam gegen diese Regierung vorgehen, sondern die Verhaftung ihrer Geschwister, ihrer Mütter, ihrer Kinder, diese ganze häßliche Geiselpolitik. Das ver-

stehen wir unter Terror. Und namentlich gegen den Terror wenden wir uns, der angewandt wird, um in der Arbeiterklasse jede andere Meinungsäußerung zu unterbinden. Wir wenden uns dagegen, daß Wahlen zu den Sowjets, zu den Arbeiterräten, die eine menschewistische Majorität, oder auch nur eine erhebliche menschewistische Minorität besitzen, willkürlich für richtig erklärt werden. Wir wenden uns dagegen, daß Gewerkschaften, deren Vorstand menschewistisch zusammengesetzt ist, ihres Vorstandes beraubt und dieser eingesperrt wird, und von oben herab ein neuer Vorstand oktroyiert wird. Wir wenden uns gegen diese Methoden, und das verstehen wir darunter, wenn wir von Terror sprechen. Es ist eine Verschiebung, wenn man sagt, Gewalt und Terror seien dasselbe. (Zuruf rechts: Sehr wahr! Höhnische Erwiderung dieses Zurufes links: Sehr wahr!) Und nun sprechen wir einmal davon, was in Wirklichkeit uns auseinanderzureißen droht, oder bestimmt ist, uns auseinanderzureißen. Sprechen wir von den Bedingungen.

Genossen, es ist außerordentlich interessant, daß das, was wir als Folge der Bedingungen vorausgesagt haben, das Herabsinken der Partei zu einer Sekte, die Teilnahmslosigkeit der Masse, das Einreißen von Korruption in der Partei, Wort für Wort bestätigt worden ist, durch das, was Preobraschensky und selbst ein Sinowjew in letzter Zeit zur Kritik ihrer Partei sagen mußten, weil es nicht mehr zu verheimlichen ist. Aber das alles ist nichts Überraschendes. Es ist sehr interessant, daß das alles bereits im Jahre 1904 vorausgesagt worden ist in einer Auseinandersetzung mit Lenin, von einer Persönlichkeit, die man nicht als „reaktionären Organisationsbürokraten" — um mit Däumig zu sprechen — bezeichnen kann und dem man einige Kenntnisse westeuropäischer und russischer Verhältnisse nicht wird absprechen können. Der Verfasser wendet sich zunächst gegen Lenins „Überzentralismus in der Organisation", den er uns heute empfiehlt und den er bereits 1904 vertreten hat. Der Verfasser sagt weiter zur Charakteristik dieses Überzentralismus:

„Es genügt zu bemerken, daß zum Beispiel das Zentralkomitee nach dieser Auffassung die Befugnis hat, alle Teilkomitees der Partei zu organisieren, also auch die persönliche Zusammensetzung jeder einzelnen russischen Lokalorganisation von Genf und Lüttich bis Tomsk und Irkutsk zu bestimmen, ihr ein selbstgefertigtes Lokalstatut zu geben, sie durch einen Machtspruch ganz aufzulösen und von neuem zu erschaffen und schließlich auf diese Weise indirekt auch die Zusammensetzung der höchsten Parteiinstanz, des Parteitags, zu beeinflussen. Danach erscheint das Zentralkomitee als der eigentliche aktive Kern der Partei, alle übrigen Organisationen lediglich als seine ausführenden Werkzeuge."

Der Verfasser konstatiert, daß der Sozialdemokratie im allgemeinen ein stark zentralistischer Zug innewohnt. Eine ganz andere Frage sei jedoch die nach dem größeren oder geringeren Grade der Zentralisation und nach deren näheren Beschaffenheit. Viel wichtiger jedoch als die formalen Forderungen jeder Kampforganisation sind die spezifisch historischen Bedingungen des proletarischen Kampfes.

„Die sozialdemokratische Bewegung ist die erste in der Geschichte der Klassengesellschaften, die in allen ihren Momenten, im ganzen Verlauf

auf die Organisation und die selbständige direkte Aktion der Massen berechnet ist. In dieser Beziehung schafft die Sozialdemokratie einen ganz anderen Organisationstypus als die früheren sozialistischen Bewegungen, zum Beispiel die des jakobinisch-blanquistischen Typus."
Gerade den blanquistisch-jakobinischen Typus aber befürwortet Lenin.
„Der Blanquismus war weder auf die unmittelbare Massenaktion der Arbeiterklasse berechnet, noch brauchte er deshalb auch eine Massenorganisation. Im Gegenteil, da die breite Volksmasse erst im Moment der Revolution auf dem Kampfplatz erscheinen sollte, die vorläufige Aktion aber in der Vorbereitung eines revolutionären Handstreichs durch eine kleine Minderheit bestand, so war die scharfe Abgrenzung der mit dieser bestimmten Aktion betrauten Personen von der Volksmasse zum Gelingen ihrer Aufgabe direkt erforderlich. Sie war aber auch möglich und ausführbar, weil zwischen der konspiratorischen Tätigkeit einer blanquistischen Organisation und dem alltäglichen Leben der Volksmasse gar kein innerer Zusammenhang bestand.
Zugleich waren auch die Taktik und die näheren Aufgaben der Tätigkeit, da diese ohne Zusammenhang mit dem Boden des elementaren Klassenkampfes, aus freien Stücken, aus dem Handgelenk improvisiert wurden, im voraus bis ins Detail ausgearbeitet, als bestimmter Plan fixiert und vorgeschrieben. Deshalb verwandelten sich die tätigen Mitglieder der Organisation naturgemäß in reine Ausführungsorgane eines außerhalb ihres eigenen Tätigkeitsfeldes im voraus bestimmten Willens, in Werkzeuge eines Zentralkomitees. Damit war auch das zweite Moment des verschwörerischen Zentralismus gegeben: die absolute blinde Unterordnung der Einzelorgane der Partei unter ihre Zentralbehörde und die Erweiterung der entscheidenden Machtbefugnisse dieses letzteren bis an die äußerste Peripherie der Parteiorganisation.[1] Diese wächst historisch aus dem elementaren Klassenkampf heraus. Sie bewegt sich dabei in dem dialektischen Widerspruch, daß hier die proletarische Armee sich erst im Kampfe selbst rekrutiert und erst im Kampfe auch über die Aufgaben des Kampfes klar wird. Organisation, Aufklärung und Kampf sind hier nicht getrennte, mechanisch und auch zeitlich gesonderte Momente, wie bei einer blanquistischen Bewegung, sondern sie sind nur verschiedene Seiten desselben Prozesses. Einerseits gibt es – abgesehen von allgemeinen Grundsätzen des Kampfes – keine fertige im voraus festgesetzte detaillierte Kampftaktik, in die die sozialdemokratische Mitgliedschaft von einem Zentralkomitee eingedrillt werden könnte. Andererseits bedingt der die Organisation schaffende Prozeß des Kampfes ein beständiges Fluktuieren der Einflußsphäre der Sozialdemokratie.
Daraus ergibt sich schon, daß die sozialdemokratische Zentralisation nicht auf blindem Gehorsam, nicht auf der mechanischen Unterordnung

---

[1] In Hilferdings Referat fehlt hier der Satz: „Grundverschieden sind die Bedingungen der sozialdemokratischen Aktion" (vgl. Die Neue Zeit, 22. Jg. Bd. 2, S. 48).

der Parteikämpfer ihre Zentralgewalt basieren kann und daß andererseits zwischen dem bereits in feste Parteikadres organisierten Kern des klassenbewußten Proletariats und den vom Klassenkampf bereits ergriffenen, im Prozeß der Klassenaufklärung befindlichen umliegenden Schicht nie eine absolute Scheidewand aufgerichtet werden kann. Die Aufrichtung der Zentralisation in der Sozialdemokratie auf diesen zwei Grundsätzen — auf der blinden Unterordnung aller Parteiorganisationen mit ihrer Tätigkeit bis ins kleinste Detail unter eine Zentralgewalt, die allein für alle denkt, schafft und entscheidet, sowie auf der schroffen Abgrenzung des organisierten Kernes der Partei von dem ihn umgebenden revolutionären Milieu, wie sie von Lenin verfochten wird, erscheint uns deshalb als eine mechanische Übertragung der Organisationsprinzipien der blanquistischen Bewegung von Verschwörerzirkeln auf die sozialdemokratische Bewegung der Arbeitermassen. Und Lenin hat seinen Standpunkt vielleicht scharfsinniger gekennzeichnet, als es irgendeiner seiner Opponenten tun könnte, indem er seinen ‚revolutionären Sozialdemokraten' als den ‚mit der Organisation der klassenbewußten Arbeiter verbundenen Jakobiner' definierte. Tatsächlich ist die Sozialdemokratie aber nicht mit der Organisation der Arbeiterklassen verbunden, sondern sie ist die eigene Bewegung der Arbeiterklasse. Der sozialdemokratische Zentralismus muß also von wesentlich anderer Beschaffenheit sein als der blanquistische. Er kann nichts anderes als die gebieterische Zusammenfassung des Willens der aufgeklärten und kämpfenden Vorhut der Arbeiterschaft ihren einzelnen Gruppen und Individuen gegenüber sein, es ist dies sozusagen ein ‚Selbstzentralismus' der führenden Schicht des Proletariats, ihre Majoritätsherrschaft innerhalb ihrer eigenen Parteiorganisation."

Mit großer Schärfe wendet sich der Verfasser gegen das Schlagwort von der militärischen Disziplin. Er sagt:

„Doch ist es nichts als eine mißbräuchliche Anwendung des Schlagwortes, wenn man gleichmäßig als ‚Disziplin' zwei so entgegengesetzte Begriffe bezeichnet, wie die Willen- und Gedankenlosigkeit einer vielarmigen und vielbeinigen Fleischmasse, die nach dem Taktstock mechanische Bewegungen ausführt, und die freiwillige Koordinierung von bewußten politischen Handlungen einer gesellschaftlichen Schicht; wie den Kadavergehorsam einer beherrschten Klasse und die organisierte Rebellion einer um die Befreiung ringenden Klasse. Nicht durch die Anknüpfung an die ihm durch den kapitalistischen Staat eingeprägte Disziplin — mit der bloßen Übertragung des Taktstockes aus der Hand der Bourgeoisie in die eines sozialdemokratischen Zentralkomitees, sondern durch die Durchbrechung, Entwurzelung dieses sklavischen Disziplingeistes kann der Proletarier erst für die neue Disziplin — die freiwillige Selbstdisziplin der Sozialdemokratie erzogen werden."

Der Verfasser weist dann an der Hand der russischen und deutschen Geschichte nach, daß die wichtigsten und fruchtbarsten taktischen Wendungen des letzten Jahrzehnts nicht etwa von bestimmten Leitern der Bewegung geschweige von Leitern der Organisationen „erfunden" worden sind, sondern jedesmal das spontane Produkt der entfesselten Bewegung selbst waren. Im Anfang war stets die Tat. Die Initiative und bewußte Leitung der sozialdemokratischen Organisationen spielten eine äußerst geringe Rolle. Und der Verfasser kommt zum Schluß:

„Der von Lenin befürwortete Ultrazentralismus scheint uns aber in seinem ganzen Wesen nicht vom positiven schöpferischen, sondern vom sterilen Nachtwächtergeist getragen zu sein. Sein Gedankengang ist hauptsächlich auf die Kontrolle der Parteitätigkeit und nicht auf ihre Befruchtung, auf die Einengung und nicht auf die Entfaltung, auf die Schurigelung und nicht auf die Zusammenziehung der Bewegung zugeschnitten."

Und nun kommt eine sehr interessante Stelle, die namentlich diejenigen beherzigen sollten, die den Überzentralismus besonders als Notwendigkeit in einer revolutionären Zeit befürworten:

„Doppelt gewagt scheint ein solches Experiment gerade im gegebenen Moment für die russische Sozialdemokratie zu sein. Sie steht am Vorabend großer revolutionärer Kämpfe um die Niederwerfung des Absolutismus, vor oder vielmehr in einer Periode intensivster schöpferischer Aktivität auf dem Gebiet der Taktik und – was in revolutionären Epochen selbstverständlich ist – fieberhafter sprungweiser Erweiterungen und Verschiebungen ihrer Einflußsphäre. In solchen Zeiten gerade der Initiative des Parteigeistes Fußangeln anlegen und ihre ruckweise Expansionsfähigkeit mit Stacheldrahtzaun eindämmen zu wollen, hieße die Sozialdemokratie von vornherein für die großen Aufgaben des Moments in hohem Maße ungeeignet machen."

Schließlich bezeichnet der Verfasser den ganzen Grundgedanken der ultrazentralistischen Auffassung, der darin gipfelt, den Opportunismus durch ein Organisationsstatut von der Arbeiterbewegung fernzuhalten, als völlig verfehlt.

„Paragraphen regieren nur die Existenz von kleinen Sekten oder Privatgesellschaften, geschichtliche Strömungen haben sich noch immer über die spitzfindigsten Paragraphen hinwegzusetzen gewußt."

Zum Schluß des Artikels findet sich noch eine außerordentlich interessante psychologische Erklärung dieser Vorstellung. Es heißt nämlich:

„In diesem ängstlichen Bestreben eines Teils der russischen Sozialdemokraten, die so hoffnungsvoll und lebensfreudig aufstrebende russische Arbeiterbewegung durch die Vormundschaft eines allwissenden und allgegenwärtigen Zentralkomitees vor Fehltritten zu bewahren, scheint uns übrigens derselbe Subjektivismus mitzureden, der schon öfters dem sozialistischen Gedanken in Rußland einen Possen gespielt hat. Drollig sind fürwahr die Kapriolen, die das verehrte menschliche Subjekt der Geschichte in dem eigenen geschichtlichen Prozeß mitunter auszuführen beliebt. Das von dem russischen Absolutismus ekrasierte, zermalmte Ich nimmt dadurch Revanche, daß es sich selbst in seiner revolutionären Gedankenwelt auf den Thron setzt und sich für allmächtig erklärt – als ein Verschwörerkomitee im Namen eines nichtexistierenden ‚Volkswillens'." (Hört! hört! rechts.) „Das ‚Objekt' zeigt aber sich stärker, die Knute triumphiert bald, indem sie sich als der ‚legitime' Ausdruck des gegebenen Stadiums des geschichtlichen Prozesses erweist. Endlich erscheint auf der Bildfläche als ein noch legitimeres Kind des Geschichtsprozesses – die russische Arbeiterbewegung, die den schönsten Anlauf nimmt, zum erstenmal in der russischen Geschichte nun wirklich einmal einen Volkswillen zu schaffen. Jetzt aber stellt sich das ‚Ich' des russischen Revolutionärs schleunigst auf den Kopf und erklärt sich wieder einmal für den allmächtigen Lenker der Geschichte – diesmal in der höchsteigenen Majestät eines Zentralkomitees der sozialdemokratischen Arbeiterbewegung. Der kühne Akrobat übersieht dabei, daß das einzige Subjekt, dem jetzt diese Rolle des Lenkers zugefallen, das Massen-Ich der Arbeiterklasse ist, das sich partout darauf versteift, eigene Fehler machen und selbst historische Dialektik lernen zu dürfen. Und schließlich sagen wir doch unter uns offen heraus: Fehltritte, die eine wirkliche, revolutionäre Arbeiterbewegung begeht, sind geschichtlich unermeßlich fruchtbarer und wertvoller als die Unfehlbarkeit des allerbesten ‚Zentralkomitees'." (Beifall rechts. Lärm links.)

Und wer ist der Verfasser? Es ist niemand anders als Rosa Luxemburg, und Sie finden alle diese Ausführungen in ihrem Artikel „Organisationsfragen der russischen Sozialdemokratie" im 22. Jahrgang der „Neuen Zeit" aus dem Jahre 1904.

Man kann den großen Gegensatz nicht besser präzisieren zwischen der Machtillusion, zwischen dem Subjektivismus, der Überschätzung des Persönlichkeitsfaktors, der Überschätzung von Organisationsstatuten und man kann nicht besser die Objektivität der marxistischen Auffassung darstellen, als es Rosa Luxemburg hier getan hat. (Beifall rechts, Lärm links.) Ich glaube, wir haben das Recht, zu sagen, daß die Gründer der Kommunistischen Partei Deutschlands nicht die 21 Bedingungen unterschreiben würden. (Sehr richtig! rechts.) Wir überschätzen nicht die Rolle der Persönlichkeit, aber wenn es außerhalb Rußlands in der kommunistischen Bewegung heute auch nur eine Persönlichkeit gäbe von der Autorität, dem Mut und der geistigen Schärfe einer Rosa Luxemburg, dann hätte das russische Zentralkomitee diese Bedingungen nie verlautbart. (Stürmischer Beifall rechts, Zischen links.) Man braucht zu dem Inhalt dieser Bedingungen gar nichts weiter zu sagen. Wir lehnen sie ab, weil sie die deutsche Arbeiterbewegung zu einer Sektenbewegung verdammen, und weil wir der Überzeugung sind, daß ohne die selbständigste Teilnahme der gesamten Massen des Proletariats die revolutionäre Orientierung nie und nimmer unter den deutschen Verhältnissen zu machen ist, wie wir sie brauchen. Wo sind denn die Erfolge der Kommunistischen Partei, obwohl sie mit dem ungeheuerlichsten Apparat gearbeitet hat? Sie hat doch nichts vor sich gebracht, weil sie eben alles von oben bestimmen wollte, also gerade deshalb, weil sie die Teilnehmer von diesem wirklichen Mitbestimmungsrecht ausschließen wollte. Deshalb brauche ich hier nicht mehr viel darauf einzugehen. Ich will mich damit begnügen, auf den eigentlichen Sinn der Organisationsstatuten hinzuweisen. Ihr Sinn ist der, daß die europäische Arbeiterbewegung genauso wie die Bewegung des

Orients verwandelt werden soll aus einem Selbstzweck und aus einer wirklich selbständigen und autonomen Bewegung der westeuropäischen Arbeiter zu einem Instrument der Machtpolitik des Moskauer Exekutivkomitees. Und dieses Zentralkomitee der Exekutive ist gar nichts anderes als das Zentralkomitee der russischen Kommunistischen Partei. (Stürmischer Widerspruch links.) Alles was Sie uns erzählen von den Vertretern anderer Länder, kann uns nicht einen Augenblick täuschen, daß diese sogenannten Vertreter in Wirklichkeit in engster Abhängigkeit von den russischen Kommunisten stehen, und sie würden nicht Vertreter geworden sein, wenn sie nicht in dieser Abhängigkeit wären und darin verharrten. Wir sehen ja, wie jede selbständige Meinungsäußerung von Vertretern anderer Parteien aufgenommen wird: Wie die Vertreter von Schweden, von Italien behandelt werden, wenn sie Opposition machen, wie ihnen dann gesagt wird: Ihr müßt Euch ändern oder Ihr müßt Euch spalten! Weil wir die Selbständigkeit unserer Bewegung aufrechterhalten müssen, können wir die Bedingungen nicht annehmen, weil wir nicht, um mit Rosa Luxemburg zu reden, den Taktstock aus der Hand geben wollen, auch nicht einer noch so eng verbündeten Partei. Wir konnten das nicht tun, weil es sich um eine Politik handelt, die an das Proletariat die höchsten Anforderungen stellt, wo das Proletariat selbst entscheiden muß, ob es Kopf und Kragen riskieren will zur Durchführung dieser Politik.

Sinowjew hat jetzt etwas klarer, wenn auch nicht in voller Klarheit gesprochen: daß es eine Aufgabe des deutschen Proletariats sein wird, auch in der auswärtigen Politik überzugehen von der Defensive zur Offensive. Er hat gestern von den Kämpfen mit allen Mitteln und von der Defensive mit dem Bajonett gegen die Ententeregierungen gesprochen. Da wäre es ganz unmöglich, daß irgendein anderer als die Massen selbst, um deren Kopf und Kragen es geht, die Entscheidung treffen, dazu hat kein Führer das Recht, da müssen allein die Massen entscheiden. Und diese Massen können nur entscheiden, wenn die Fragen ihnen entwickelt werden, nicht von Führern, die wieder abhängig sind von einer anderen Stelle, nicht von einer Presse, die geknebelt ist, sondern in voller Meinungsäußerung, wenn alle Mitglieder in vollständiger Unabhängigkeit entscheiden können. Sie haben doch das Rätesystem vertreten, und wenn Sie uns nun diese Statuten aufoktroyieren, so bedeutet dies das Ende der Selbständigkeit der Partei, das Ende der Gewerkschaften und das Ende der Rätebewegung. (Lärm links.)

Wir waren am 9. November eine verschwindende Minderheit, und wir waren früher im Kriege noch weniger. Und wir haben damals den Rechtssozialisten gesagt: Ob Mehrheit oder Minderheit, in diesen Fragen ist es Pflicht des Sozialisten, seine Überzeugung zu verfechten. Und auf diesem Grund beharre ich noch heute. Ich erinnere an das Wort Schopenhauers, das er seinen Werken voransetzte: Magna vis veritatis et praevalebit, groß ist die Macht der Wahrheit und sie wird siegen! Und ich bin überzeugt von dieser Macht; die Wahrheit wird siegen! (Tosender Beifall rechts.)

Ich sage also, Genossen, wenn es sich um Krieg und Frieden Deutschlands handelt, ist nur das deutsche Proletariat berufen, darüber zu entscheiden.

Nun sagt die „Rote Fahne": Polen hat gesiegt über Rußland, weil das deutsche Proletariat seine Pflicht nicht erfüllt hat und nicht den Krieg gegen die Entente führt. Das stand in der „Roten Fahne", gestern stand es nun auch in der „Hamburger Volkszeitung". (Lärm links.) Ich will über die polnische Politik Rußlands nicht sprechen, obwohl es außerordentlich kennzeichnend ist, daß gegen den Rat sehr einsichtsvoller polnischer Kommunisten einige Mitglieder der dritten Internationale dort eine Politik gemacht haben, vor der die polnischen Kommunisten dringend gewarnt hatten. Aber sie hatten ja kein Mitbestimmungsrecht. Diese Politik ist von wenigen Männern in Moskau gemacht worden. (Lärm links, tosender Beifall rechts.) Ich will nicht darüber reden, daß diese Politik heute dazu geführt hat, daß ein Frieden unterzeichnet werden muß, dessen Inhalt wir alle anders erhofft haben, nicht darüber, ob diese Politik wirklich eine solche gewesen ist, gegen die sich keine Einwendungen erheben läßt. Ich will nicht darüber reden, ob nicht der geeignete Augenblick zum Friedensschluß verfehlt wurde, weil man sich Illusionen gemacht hat über Polen und Deutschland. Ich glaube, die Dinge kann nur beurteilen, der sie aus nächster Nähe kennt. Ich will darüber nicht weiter reden. Aber wenn man sich hier schon darüber getäuscht hat, in einem Lande, das so nahe liegt und bei Verhältnissen, die man genau kannte: wie mächtig muß da die Täuschung sein in Situationen, die sich nicht so deutlich entwickeln, wie hier.

Da ist nun gesagt worden: Der Krieg ist verlorengegangen durch die Schuld des deutschen Proletariats, und es ist klipp und klar gefordert worden in allen Versammlungen der Kommunistischen Partei: Wir sollen den Krieg mit Frankreich in der jetzigen Situation beginnen. Diese Meinung ist sogar in einer bestimmten interessanten Modifikation vertreten worden. Es ist gesagt worden – ich spreche von sehr maßgebenden Leuten –: Dieser Krieg muß schon von der bürgerlichen Regierung unternommen werden. Man muß die nationalen Strömungen benutzen, wenn die Franzosen das Ruhrgebiet besetzen. Man muß die bürgerliche Regierung vorantreiben, im Verlauf des Krieges wird man die bürgerliche Regierung stürzen. (Zuruf Adolph Hoffmann: Wer hat denn das gesagt? – Zuruf rechts: Das hat die ganze Kommunistische Partei gesagt! Fragt nur Sinowjew!) Das und nichts anderes ist der wirkliche Inhalt jener Organisationsbestimmungen. Es ist eben so: Daß wir nicht mehr selbst unsere Politik machen, daß wir nicht mehr selbst feststellen dürfen, was wir tun wollen auch in der Beurteilung von solchen Situationen, die wir nur allein beurteilen können – die wir nicht deshalb besser beurteilen, weil wir gescheiter oder weitsichtiger sind, sondern einfach deshalb, weil nur derjenige Politik machen kann, der das Kampffeld überblicken kann, weil er auf dem Kampffeld selber in erster Linie kämpft. (Zurufe links: Von der Redaktionsstube der „Freiheit"!)

Ich will mich auf das beschränken, was ich hier über die Bedingungen gesagt habe, und ich will mich nun dem Teile der Rede Sinowjews zuwenden, wo er sich am Schlusse über die Bedingungen ausließ. Es ist anzuerkennen, daß Sinowjew uns in dieser Rede nicht mehr „Konterrevolutionäre" genannt hat oder „Sozialverräter" oder „Schurken" oder „bewußte Gauner" usw.,

wie in dem hier verteilten Pamphlet. (Unruhe links.) Ich danke ihm für diese Zurückhaltung, die ihm sicher außerordentlich schwer geworden ist. (Lärm links.) Aber immerhin war dieser erste Teil der Rede doch noch halbwegs in der Linie der Politik, die das Exekutivkomitee und Sinowjew bis gestern abend befolgten. Sinowjew sagte uns: Die Bedingungen sind deshalb so scharf, weil sie ein Erkennungszeichen geworden sind, ein Erkennungszeichen, ob wir auch wirklich bewährte Kommunisten sind oder nicht. Unsere Ablehnung würde zugleich als Zeichen unserer Verworfenheit zu betrachten sein. Diese Bedingungen seien geschaffen aus der Pflicht des Mißtrauens heraus, und es sei notwendig, dieses Mißtrauen aufs schärfste zu betonen. Er meinte: Wir mußten die Bedingungen so scharf stellen, und wir konnten das auch, denn die Scheidung der Parteien, die Zerreißung der Parteien ist bei allen Parteien notwendig und gut. (Hört, hört! rechts.)
Ich weiß nicht, ob dieser Wunsch Sinowjews nicht bis zu einem gewissen Grade heute in Erfüllung gehen wird. Aber ich bin überzeugt, daß zum Schluß dieser Wunsch ganz anders ausfallen wird, als ihn die russischen Kommunisten sich heute glauben vorstellen zu können. Vorläufig sehen wir, daß auf diese Bedingungen zwar reagiert wird, aber recht sauer. Die Schweizerische Parteileitung hat die 21 Bedingungen abgelehnt, weil sie sie als unerfüllbar betrachtet. Es ist dieselbe Parteileitung, die den Anschluß an die dritte Internationale seinerzeit beschlossen hatte. Sie hatte vor Bekanntgabe dieser Bedingungen den bedingungslosen Anschluß empfohlen und sie ist erst durch eine Urabstimmung der Partei desavouiert worden. Dieselbe Parteileitung, die den bedingungslosen Anschluß gewollt hat, hat heute diese Bedingungen als unerfüllbar zurückgewiesen. Sie hat beschlossen, daß eine Revision dieser Bedingungen gefordert werden müsse und daß dazu ein Einvernehmen mit den anderen Parteien, die aus der zweiten Internationale ausgeschieden sind und sich der dritten Internationale anschließen wollen, zustande gebracht werde. Dieselbe Absage ist von der amerikanischen Partei gekommen, und der hervorragende Führer der Partei, Genosse Eugen Debs, der seit Jahren wegen seiner Feindschaft gegen den Krieg im Gefängnis sitzt, hat erklärt: er könne sich der dritten Internationale nicht anschließen, weil diese Bedingungen eine völlige Umänderung des Inhalts des Gedankens der Internationale bilden. Früher bildete die Internationale sich selbst aus den Organisationen der einzelnen Länder. Jetzt versucht die Internationale Sektionen in den einzelnen Ländern zu bilden. Die Unabhängige Arbeiterschaft in England hat erklärt: Sie kann sich den Bedingungen nicht anschließen; die norwegische Partei und die norwegischen Gewerkschaften, auf denen die Partei aufgebaut ist, setzen ebenfalls diesen Bedingungen steigenden Widerstand entgegen; die norwegischen Gewerkschaften sind jetzt in einer Diskussion, in der die hervorragendsten Führer erklären, sie könnten sich mit der dritten Internationale nicht einverstanden erklären. In Italien ist die Partei, wie bei uns, in einer Krisis begriffen. Die 21 Bedingungen stoßen auf große Opposition. Der rechte Flügel erklärt sie für unannehmbar, und es ist wahrscheinlich, daß die italienische Partei sich darüber spaltet.
Sinowjew hat diese Scheidung als nützlich und gut betrachtet. Aber plötz-

lich kam zum Schlusse seiner Rede eine merkwürdige Äußerung: Wir sollten doch ein neues Angebot machen, wir sollten doch sagen und es schriftlich formulieren, mit welchen Punkten wir nicht einverstanden sind, darüber ließe sich reden. (Zuruf von Crispien: Angst vor der eigenen Courage!) Vielleicht hat Sinowjew zu dem Zweck, die notwendige Stimmung für dieses Angebot zu schaffen, vorher darauf hingewiesen, daß die Bedingungen gar nicht so schlimm sind. Es stünde ja jedem Führer des rechten Flügels frei, mit einigen Ausnahmen vielleicht, in Moskau später um eine gnädige Aufnahme für seine Person zu ersuchen. Wir dürften in Moskau, auch wenn wir die Bedingungen abgelehnt haben, erklären: Unsere Ablehnung sei nicht grundsätzlich. Jetzt, wo die Mehrheit entschieden hat, bäten wir, in der Partei bleiben zu dürfen, nicht ausgeschlossen zu werden. Wir werden dann vielleicht sogar vertrauensvoll zugelassen werden. (Lachen rechts.) Sinowjew hat uns da psychologisch sehr falsch eingeschätzt und die westeuropäische Psychologie anders aufgefaßt, als sie wirklich ist. Ich bezweifle sehr, wenn er auch gewisse andere Erfahrungen in Rußland gemacht haben mag, daß solche Gnadengesuche eintreffen werden. Wir sind der Auffassung, daß derjenige, der über einen Vertrauensposten in unserer Partei zu entscheiden hat, nicht ein auswärtiger Genosse und nicht ein auswärtiges Komitee sein kann, sondern ich meine, daß über diese Vertrauensposten die Massen der Mitglieder zu entscheiden haben. (Lebhafter Beifall rechts und links.) Ich sehe, daß Sie uns zustimmen auch auf dieser Seite. Und wenn wir uns in Berlin auseinandersetzen werden, werden Sie ja sehen, ob ich dieser Auffassung nicht selber Rechnung trage. Ich bin jedenfalls nicht gewohnt, diese Auffassung aufzugeben, ohne daß mich die Gegenseite zu einer anderen Auffassung bekehrt. Hat denn niemand von Ihnen das Bewußtsein, wie unwürdig für jeden von unseren Parteigenossen eine solche Zumutung ist? Soll Ledebour sich bei einem Sinowjew bemühen, ob er in der deutschen Arbeiterbewegung einen Vertrauensposten bekleiden kann? (Lebhafter Beifall rechts, Unruhe links.) Das ist doch ein Unsinn! Ich glaube, er wird erklären, daß er auf solche Gnadenbezeugungen pfeift und ich kann Ihnen wohl sagen, Genossen: Wir pfeifen alle darauf. (Stürmischer Beifall rechts, Lärm links.)
Wenn Sinowjew hier die Grundlagen schaffen will für neue Verhandlungen und wenn er sagt: Diese Bedingungen sind aus Mißtrauen geschaffen worden, so werde ich ihm antworten: Wir wollen in der Internationale eine kameradschaftliche vertrauensvolle Zusammenfassung aller Kräfte der Arbeiterklasse in allen Ländern. (Stürmischer Beifall rechts.) Das ist unser fester Wille. Und nun werde ich Ihnen sagen, was der Sinn Ihres Angebotes ist. Jetzt wird plötzlich dieses Angebot gemacht. Monatelang diskutieren wir. Monate vorher waren unsere Genossen in Moskau und haben dort verhandelt. Es ist ja sehr interessant, daß Sinowjew plötzlich anders kann, und das ist deshalb interessant, weil es die Auffassung von Crispien und Dittmann bestätigt, wenn Däumig und Stoecker Solidarität geübt hätten, dann wären diese Bedingungen von Moskau unmöglich gewesen. (Lebhafter Beifall rechts, Murren links.)
Und nun frage ich Sinowjew: Worin besteht Ihre Legitimation, ein solches

Angebot zu machen? (Sehr richtig! rechts.) Sie sind Präsident der Exekutive. Hat das Exekutivkomitee Sie ermächtigt, diese Bedingungen abzuändern? (Hört! hört!) Hat das Exekutivkomitee das vielleicht in derselben Sitzung getan – ich nehme an, daß es die Sitzung vor Ihrer Abreise war –, worin Sie uns als „bewußte Gauner", als „Schurken", als „Verräter" bezeichneten? Ich frage Sinowjew: Von wem hat er den Auftrag, mit diesen „bewußten Gaunern", „Schurken" und „Verrätern" aufs neue zu verhandeln? (Zwischenrufe.) Ich habe diese Frage zu stellen. Meine persönliche Auffassung ist es, daß Sie diesen Entschluß erst gestern gefaßt haben, als Sie in der Atmosphäre einer westeuropäischen Partei einige Zeit geweilt haben. (Zurufe links: Wissenschaftlicher Schwätzer!) Soll ich annehmen, daß die Verhandlungen hier Sie überzeugt haben, daß wir doch nicht die Leute sind, als die Sie uns bezeichnen? (Sehr gut!) Ich glaube das nicht, und ich glaube das nicht, weil Sinowjew ja selbst etwas gesagt hat, was so außerordentlich charakteristisch ist für diese Methoden, mit vergifteten Waffen den Kampf innerhalb der Partei zu führen. (Sehr richtig! Widerspruch.) Er hat uns gesagt, seid doch nicht so empfindlich, das ist doch nur der Ton, das braucht man nicht so ernst zu nehmen. (Sehr richtig!) Ich glaube, daß Sinowjew es durchaus nicht ernst meint, wenn er uns „bewußte Gauner" nennt, es gar nicht ernst meint, wenn er uns „Schurken" und „Sozialverräter" nennt. (Zuruf: Die deutschen Arbeiter!) Aber Genossen, wenn er es nicht so ernst meint, wenn das nur ein Ton ist, ein schlecht gewählter Ton, dann umso schlimmer. (Sehr wahr!) Denn die Folgen sind verdammt ernst. Diese Folgen sehen wir hier, wo die Partei vor ihrer Spaltung steht. Diese Folgen sehen wir draußen, wir sehen sie darin, daß die Arbeiter nach dieser Methode systematisch aufgehetzt werden gegen alle Vertrauensmänner in der Partei. (Sehr richtig!) Was Sie heute gegen uns betreiben, werden morgen die kommunistischen Arbeiter gegen Sie betreiben. (Sehr richtig! Händeklatschen rechts.) Das sind schimpfliche und verderbliche Methoden, und deshalb sind diese Mittel zurückzuweisen, deshalb ist es ein Verbrechen, wenn der Arbeiterschaft Deutschlands solche Kampfesmittel zugemutet werden. (Bravo! Händeklatschen rechts.) Mit dieser Hetze gegen die Führer und Vertrauensmänner der Arbeiterschaft richten Sie nur maßloses Unheil an und öffnen allen Abenteurern und Scharlatanen der Politik eine offene Tür. (Händeklatschen rechts. Zuruf: Armer Hilferding!) Ich frage nun, haben wir uns an den Ton zu halten oder an das Angebot der Verhandlungen? Ich möchte dann noch eins ausdrücklich erklären. Wir möchten nicht jenes Spiel erleben, wie es in Frankreich mit den neuen Bedingungen und den 21 Punkten gewesen ist. (Sehr richtig!) Ich möchte hier ausdrücklich sagen, daß wir alle uns mit unseren Freunden von der französischen sozialistischen Partei in internationaler Solidarität verbunden fühlen und daß für uns genau dasselbe gilt, was Longuet da drüben erklärt hat. (Sehr richtig!) Wir nehmen keine Bedingungen an, die für uns etwa günstiger wären als für andere Parteien. (Sehr wahr!) Das verbietet uns unser Solidaritätsbewußtsein. (Sehr richtig!)
Aber weiter, was bedeutet das Angebot aus dem Munde Sinowjews? Er kann – er hat es wenigstens nicht gesagt – nicht sprechen im Namen des Exeku-

tivkomitees, wenn er aber namens der Exekutive spricht – diese Beschlüsse, diese Bedingungen sind ja vom Kongreß angenommen. (Sehr richtig!) Und sie können nur von einem künftigen Kongreß abgeändert werden, und nach den Erfahrungen, die wir gemacht haben mit der Verschärfung der Bedingungen im Kongreß, nach diesem „ungeheueren Einfluß", den der spanische Syndikalist Bordiga auf den Kongreß ausgeübt hat (Zuruf: Italienische!), so daß plötzlich Lenin eine so mächtige Unterstützung bekommen hat, die die Annahme des Punktes 21 bewirkte (Heiterkeit), ja, da sind wir vor gar keiner Überraschung sicher. Es können uns ja nach allen Zusicherungen des Exekutivkomitees und trotz der „ungeheuren Autorität" Sinowjews plötzlich andere Bedingungen auferlegt werden, und deshalb sage ich: Mißtrauen gegen Mißtrauen. Und wir haben in die Ehrlichkeit dieses Angebots nicht das geringste Vertrauen. (Sehr richtig! Händeklatschen rechts. Zwischenrufe links.) Wir haben kein Vertrauen, weil das Exekutivkomitee während dieser ganzen Periode der Diskussion über die Bedingungen alles getan hat, um die Situation zu verschärfen und alles getan hat, damit diese Situation so ernst, so schwer und so unrettbar für unsere Partei wird, daß die Spaltung eintreten muß. (Sehr wahr!) Wenn jetzt ein neues Angebot von dieser Seite kommt, so sage ich: Es ist nur ein Manöver, um die Spaltung unter günstigeren Bedingungen durchzusetzen. (Sehr richtig!)
Wir sollen verhandeln, unterdessen werden Sie diesen Parteitag erledigen. Ja, was werden Sie da nun tun? Das Angebot von Sinowjew desavouieren oder Ihre Resolution? Sie können nicht für die Resolution stimmen, die die 21 Punkte verlangt. Sinowjew ist ja ein Gegner der 21 Punkte. (Heiterkeit rechts. Unruhe.) Er ist bereit, über die 21 Bedingungen aufs neue zu verhandeln, folglich muß er in seiner kurzen Anwesenheit in Deutschland sich überzeugt haben, daß diese 21 Bedingungen nicht so aufrechtzuerhalten sind. (Sehr richtig!) Sie können also für Ihre Resolution nicht stimmen, denn dadurch vernichten Sie das Angebot, das von Sinowjew kommt. (Unruhe. Bewegung. Glocke des Vorsitzenden.) Ich rede nicht in Ihre Taktik hinein, das ist kein Geschäft für mich, das machen Sie allein schlechter. (Heiterkeit.) Wenn Sie die 21 Bedingungen nach wie vor aufrechterhalten, dann brauchen wir gar nicht darüber zu reden, dann desavouieren Sie ja Ihrerseits Sinowjew. Aber Sie müssen sich entscheiden, wer von beiden den anderen desavouiert. (Sehr gut! Zuruf links: Aber die Thesen und Grundsätze!) Es handelt sich eben, das will ich dem Zwischenrufer sagen, um die Bedingungen, über alles andere kann man reden. (Zuruf Hoffmann: Da gehen Sie aus dem Wege! Sehr richtig! – Genosse Hoffmann ruft: Da gehen sie aus dem Wege, aber „sie" klein geschrieben. – Zuruf: Stoecker! – Zuruf: Scheidemann!) Wenn Sie die Bedingungen annehmen, dann kann das Angebot Sinowjews weiter nichts bedeuten, als daß wir weiter verhandeln sollen, Sie aber unterdessen die Bedingungen annehmen, die neue Parteileitung wählen und daß Sie dann mit Hilfe der neuen Parteileitung uns hinauswerfen. Das heißt, Sie wollen einen nach dem anderen von uns auf kaltem Wege umbringen. (Händeklatschen rechts.) Sie wollen nur einen nach dem anderen aus der Partei herausbringen. (Zuruf Hoffmann: Das lohnt sich nicht!) Und wenn diese

Dinge erst soweit gebracht sind, dann werden Sie sehen, daß die große Masse der Arbeiterschaft schließlich uns folgen wird (Beifall rechts, Widerspruch links, lange Unruhe.) und Sie um die Frucht der ganzen Spaltung kommen werden.

Darum ist dieses Angebot nichts anderes als ein neues Spaltungsmanöver. Darum ist es nichts als eine neue Finte, um womöglich zwischen uns Uneinigkeit zu säen (Zuruf: Ist ja schon!), einen Teil von uns abzuspalten, um dadurch vielleicht im letzten Augenblick ein etwas besseres politisches Geschäft zu machen. Darin werden Sie sich täuschen. Das ist ein Plan, der von uns durchschaut wird und den wir zunichte machen werden (Sehr gut!) Wir werden ihn zunichte machen, indem wir Ihnen offen und ehrlich erklären, obwohl es ganz überflüssig ist, worum es sich im einzelnen handelt. Ich sage, es ist vollständig überflüssig, weil das ja alles bekannt, weil es jetzt immer wieder ausgesprochen ist, auch in unserer Resolution. Wir haben in der Resolution ausgesprochen, daß wir, die Unterzeichner der Resolution Ledebour und Genossen, daran festhalten, daß der Anschluß der Unabhängigen Sozialdemokratischen Partei Deutschlands zu erfolgen hat auf der Grundlage unseres Aktionsprogrammes unter der Wahrung der Autonomie der U.S.P.D. bei der Regelung ihrer inneren Angelegenheiten und bei der Bestimmung ihrer Taktik. Von diesen Grundsätzen ausgehend, erklären wir auf die Frage des Vertreters des Exekutivkomitees der dritten Internationale, welche Anschlußbedingungen für uns unannehmbar seien, was wir schon in unserer Resolution klar und deutlich gesagt haben:

Unannehmbar ist in den Aufnahmebedingungen insbesondere die verlangte Aufhebung der Selbständigkeit der angeschlossenen Bundesparteien.

Die geforderte Zertrümmerung der Gewerkschaftsinternationale sowie der diktierte Ausschluß ganzer Scharen von Parteigenossen, die solche Forderungen der Kommunistischen Internationale grundsätzlich ablehnen (§ 21). Die bedingungslose Unterordnung der Länderparteien unter eine internationale Zentralleitung ist unvereinbar mit der großen Verschiedenheit der wirtschaftlichen, kulturellen und politischen Verhältnisse der einzelnen Länder. Diese Unterordnung widerspricht auch dem Grundcharakter des proletarischen Klassenkampfes, der aus der dauernd von unbehindertem Meinungsaustausch getragenen Mitwirkung der Massen entscheidenden Antrieb erhalten muß. Die in § 10 der Aufnahmebedingungen geforderte Zertrümmerung der Gewerkschaftsinternationale vernichtet die Aktionskraft der gesamten proletarischen Emanzipationsbewegung.

Die Ausschlußforderung spaltet die Partei, lähmt ihre Aktionsfähigkeit und schädigt dadurch aufs schwerste die revolutionäre Bewegung. Wer die Bedingungen annimmt, verpflichtet sich laut § 17 außerdem zum Eintritt in die bereits bestehende Kommunistische Partei Deutschlands (Sektion der Kommunistischen dritten Internationale).

Das ist das, was wir den Vertretern des Exekutivkomitees zu erklären haben, und wir erklären das mit aller Deutlichkeit und mit aller Offenheit, obwohl wir ganz genau wissen, daß diese Erklärung nichts mehr ändert, daß die Absicht der Zertrümmerung der U.S.P. gefaßt war und daß diese Absicht

hier zur Durchführung kommt. (Sehr richtig! rechts und Zwischenrufe links.)
Es ist ja möglich, daß in diesem Moment Sinowjew persönlich vielleicht einsieht, daß diese Taktik, die er eingeschlagen hat, nicht den Erfolg gehabt hat und in westeuropäischen Parteien nie den Erfolg haben kann, den die russischen Genossen gewünscht und erwartet haben. Aber diese Einsicht kommt meiner Meinung nach zu spät. (Sehr wahr!) Dazu war Zeit während dieser ganzen langen und heftigen Diskussion, die von unserer Seite ja vom ersten Moment mit aller Klarheit, mit aller Deutlichkeit geführt worden ist. (Widerspruch links.) Ich bin der Auffassung, daß allerdings Sinowjew auch allen Grund hat, enttäuscht zu sein. Ich habe Ihnen gesagt, wie aus den westeuropäischen Arbeiterparteien die ablehnenden Antworten hageln, und dabei wird es bleiben, weil diese Bedingungen dem Wesen der westeuropäischen Arbeiterbewegungen widersprechen. Wir kommen nicht zu einer aktionsfähigen Internationale, wenn wir nicht mit den westeuropäischen Parteien so gut verbunden sind, wie mit denjenigen, die in der dritten Internationale vereinigt sind, wir kommen deswegen nicht dazu, weil wir international nicht aktionsfähig sind ohne die großen beiden Pfeiler der europäischen und internationalen Arbeiterbewegung, ohne das englische und das deutsche Proletariat. Man mag über russische Verhältnisse denken, wie man will, man mag die Möglichkeiten in der Machtentfaltung Rußlands und ihre Auswirkung beurteilen, wie man will, in Westeuropa, wo wir über die Staatsmacht noch nicht verfügen, sondern erst in den Kämpfen um die Eroberung der Staatsmacht drinnen stehen, da sind entscheidend die ökonomischen Verhältnisse und da entscheiden diejenigen Arbeiterbewegungen, die in den Ländern sich entwickelt haben, wo der Kapitalismus am weitesten vorgeschritten ist, da entscheiden die deutsche und englische Arbeiterbewegung.
Und wie sieht es damit aus? Die englische Arbeiterbewegung ist noch intakt, weil dort die „gelben" Gewerkschafter, wie Sinowjew verächtlich sagt, diese Gewerkschafter, die eine ungeheure Radikalisierung vollzogen haben, sowohl im eigenen Bewußtsein als im Bewußtsein der von ihnen geführten Massen, weil diese Gewerkschafter glücklicherweise in ungeschmälerter Autorität dastehen. Die deutsche Arbeiterbewegung, da sieht es trüber aus, und deswegen müssen wir um so mehr sorgen, daß derjenige Zweig der Organisation intakt bleibt, der noch nicht gespalten ist, daß die Gewerkschaftsbewegung nicht zerrissen wird. Aber wie sieht es mit den proletarischen Parteien aus? Wenn ich noch einmal hier diese Versammlung überschaue und auf beiden Seiten des Saales so viele Genossen sehe, mit denen wir zusammengestanden haben, mit denen wir sehr häufig uns in Differenzen befunden haben, mit denen wir uns im Interesse der Partei aber immer wieder verständigt haben (Sehr wahr!), dann frage ich mich: Überwältigt Sie nicht alle das Gefühl von etwas Unfaßbarem, von etwas Wahnsinnigem, das sich da vollzieht? (Sehr richtig! Zwischenrufe links.) Wir haben uns immer wieder verständigt, und wir haben uns verständigen können, weil wir uns zu bestimmten Aktionen verständigt haben. Wenn der Kampf aber einmal ent-

brennt um theoretische Formeln, um persönliche Auffassungen, dann allerdings gibt es keine Verständigung. Es ist das Verhängnis, es ist das infernalische Geschick gewesen, daß man in unserer Partei eine solche Formel gefunden hat, über die eine Verständigung allerdings kaum mehr möglich ist. Und da frage ich Sie eins: Wenn Sie offen sein wollen, dann werden Sie mir bestätigen, fast keiner von Ihnen hat vor drei Monaten daran gedacht, daß er in einer so kurzen Zeit dafür stimmen wird, daß Genossen nicht mehr in der Partei bleiben dürfen wie Ledebour oder Crispien. (Unruhe links. – Zwischenrufe: Erst prüfen!) Keiner von Ihnen ist auf die Idee gekommen, nie ist von irgendeinem Ihrer Wortführer verlangt worden, daß wir eine solche Organisationsform annehmen sollen, die uns jetzt von Moskau aufoktroyiert wurde. Da erinnere ich Sie, denken Sie einmal an den Parteitag in Leipzig, denken Sie an den stürmischen Beifall, den das Referat von Crispien über das Aktionsprogramm ausgelöst hat. Denken Sie daran, wie wir dort alle dann schließlich gerungen haben um die Einheit der Partei und wie wir dann von diesem Parteitage fortgegangen sind mit dem Bewußtsein: Es war eine schwere Aufgabe, aber sie ist gelöst worden, und die Partei kann diesen Parteitag verlassen, gestärkt zum neuen Kampf, gestärkt zum Kampf gegen die Bourgeoisie.
Und heute? Wenn wir von diesem Parteitag gehen müssen, ohne die Aufgabe, die uns gestellt ist, gelöst zu haben, so wird dieser Parteitag kein Parteitag der Stärkung sein, sondern von diesem Parteitag geht kein Sieger, nur eine Besiegte, die deutsche revolutionäre Arbeiterbewegung. (Sehr gut! Händeklatschen rechts.) Genossen! Revolutionäre proletarische Politik ist die Zusammenfassung des Proletariats, die Einheit der Aktion, und Sie (nach links) spalten das Proletariat, und Sie spielen damit die revolutionäre Sache in die Hände der Konterrevolutionäre. (Bravo! Händeklatschen rechts, Trampeln, langanhaltender Beifall.)

(Referat, gehalten am 15. Oktober 1920. In: Protokoll über die Verhandlungen des außerordentlichen Parteitages der USPD in Halle vom 12. bis 17. Oktober 1920, S. 179–204.)

Probleme der Zeit (1924)

Der Regierung Wirth folgt im November 1922 das Kabinett Cuno aus Vertretern der Deutschen Volkspartei und des konservativen Zentrumsflügels. Auf die Drosselung der Reparationszahlungen durch die Regierung reagieren Frankreich und Belgien mit der Besetzung des Ruhrgebiets am 11. Januar 1923. Die mit Mühe stabilisierte deutsche Währung bricht im April des Jahres zusammen.
Schwere Teuerungsunruhen und eine Streikbewegung, die sich am 11. August von Berlin aus über das Reich ausbreitet, zwingen die Regierung zum Rücktritt. Daraufhin bildet Gustav Stresemann am 13. August 1923 ein Kabinett aus SPD, Zentrum und Deutscher Volkspartei, in dem Rudolf Hilferding das Finanzressort übernimmt.
Sein Programm zur Stabilisierung der Reichsmark sieht eine drastische Steuerpolitik, eine Devisenzwangsanleihe, die Golddeckung der Reichsmark, Stillegung der Notenpresse und eine Reform der Reichsbank vor (Die Aufgaben der Reichsbank, in: Vorwärts vom 9. August 1923). Er besteht auf dem Primat der Reichspolitik und lehnt es ab, die Besitzenden zu Anteilseignern der Währungsbank zu machen.
Hilferding ist im Kabinett Stresemann isoliert, denn seine bürgerlichen Kabinettskollegen empfinden die Berufung eines Sozialdemokraten zum Minister als Provokation. Dem linken Flügel der eigenen Partei ist sein Pragmatismus suspekt, dem rechten Flügel seine frühere Zugehörigkeit zur USPD. Überdies geht er davon aus, daß eine Währungsreform durchschlagenden Erfolg nur dann versprechen könne, wenn die endgültige Höhe der deutschen Reparationen feststehe. Seine währungspolitischen Vorstellungen werden nur zum Teil verwirklicht, insbesondere die Forderung, das Geld auf eine in Goldmark festzusetzende Grundschuld aller Berufszweige (Rentenmark) zu basieren. Den Ruhm für diese Reform erntet jedoch nicht Hilferding. Als Gustav Stresemann Anfang Oktober 1923 eine Erhöhung der Arbeitszeit in Aussicht stellt, treten die Vertreter der SPD zurück — gegen den Widerstand Hilferdings, der einen allgemeinen Zusammenbruch und eine Diktatur von rechts befürchtet. Am 8./9. November putscht Adolf Hitler in München.
Hilferding zieht sich wieder auf seine theoretisch-politische Tätigkeit zurück. Ab 1. April 1924 gibt er „Die Gesellschaft" heraus, die an die Stelle der am 25. August 1923 zum letzten Mal erschienenen „Neuen Zeit" tritt. Die „Gesellschaft" sei allerdings keine „offizielle Parteimonatsschrift", schreibt

er am 5. Oktober 1925 an Max Quarck. „Ich bin umgekehrt bestrebt, alles Offizielle fernzuhalten."
In seinem Geleitwort „Probleme der Zeit" zieht er eine Bilanz der Ereignisse während der Revolutionszeit und formuliert zugleich die Eckwerte sozialdemokratischer Politik für die folgenden Jahre der „relativen Stabilisierung".
Der wirtschaftliche Zusammenbruch und seine pessimistische Einschätzung der „Reife" der deutschen Arbeiter führen ihn zu einem Denkmodell der Demokratisierung innerhalb des organisierten Kapitalismus. Am 19. Juli 1924 schreibt er an Kautsky, daß „ein Aufstieg der Arbeiter innerhalb der Betriebe und ihre Beteiligung an der Leitung notwendig wäre, bevor man zu umfassender Zentralisation und durchgreifender gesellschaftlicher Regelung gelangen kann. Denn bei dem jetzigen Zustand der Arbeiterschaft und ihren moralischen und intellektuellen Fähigkeiten ist sonst zu befürchten, daß durch das Sinken der Produktivität und durch Bequemlichkeit der Leitung die Vorteile der Vergesellschaftung um so mehr wettgemacht würden, als ein großer Teil dieser Vorteile durch die Kartelle und Trusts verwirklicht sind . . ." Man müsse heute „neben der früher hauptsächlich auf wirtschaftliche Dinge gerichteten Agitation die moralisch-geistigen Elemente stärker betonen".
An eine Umwälzung im sozialistischen Sinn glaubt Hilferding zu dieser Zeit nicht mehr, er ist resigniert, fühlt sich isoliert. Er komme, schreibt er an Kautsky am 19. Oktober 1924, über die Enttäuschung von 1914 nicht hinweg. Man müsse offensichtlich „die politisch-demokratische Auseinandersetzung zunächst nachgeholt haben, bevor die soziale sich vollziehen kann". Seine Aufgabe für die nächsten Jahre erblickt er darin, der deutschen Arbeiterschaft den „Eigenwert der Republik und Demokratie" zu Bewußtsein zu bringen.

Zehn Jahre seit Ausbruch des Krieges sind vorüber und noch immer hat die Welt weder ihr ökonomisches noch ihr politisches, noch ihr geistiges Gleichgewicht gefunden. In wildestem Fluß ist die geschichtliche Entwicklung, eine Sturm- und Drangperiode von unerhörter Ausdehnung und Intensität durchlebt die Menschheit.
Inmitten solchen Geschehens, das jeden zum Mithandeln aufruft, die Tatsachen festzustellen, die bewegenden Kräfte zu analysieren, den Tendenzen der Entwicklung nachzuspüren, ist die schwere Aufgabe, die jetzt der Sozialwissenschaft gestellt ist. Als die revolutionäre Bewegung des Jahres 1848

verebbt war, konnte sich Marx in die Studierstube zurückziehen. Damals folgte der revolutionären Unruhe eine stille Zeit, in der die Massen teilnahmslos dem wieder errichteten Absolutismus oder Bonapartismus ihr Geschick überließen. Für solche Restauration ist heute Tiefe und Ausbreitung der sozialen Gärung viel zu groß. Die Massen, durch den Krieg aufgerüttelt, bleiben in gesteigertem Kraftgefühl als Handelnde auf der Bühne der Geschichte. Die Rückkehr zu den alten Formen der Staats- und Volksbeherrschung ist unmöglich. Die Zeiteinteilung: Studium während des politischen Niederganges, Kampf und Handeln in der Zeit des Aufstiegs, ist nicht mehr möglich. Wir müssen beides zu vereinen lernen.

Versuchen wir die Entwicklung des letzten Jahrzehnts für eine erste Orientierung zu analysieren, so läßt sich die Untersuchung in drei Hauptrichtungen führen. Wir fragen nach den Änderungen in der Wirtschaft, der Umgestaltung in den inneren politischen Verhältnissen und damit nach der grundlegenden Beziehung zwischen Staat und Staatsvolk, schließlich nach der Neuordnung der Staatengliederung und ihrer Rückwirkung auf die Gestaltung der Außenpolitik.
In der Ökonomie bedeutet Kriegs- und Nachkriegszeit eine außerordentliche Steigerung der Konzentrationstendenzen des Kapitals. Die Kartell- und Trustentwicklung wird mächtig gefördert. Die Periode der freien Konkurrenz neigt sich dem Ende zu. Die großen Monopole werden zu den entscheidenden Beherrschern der Wirtschaft, immer enger wird die Verbindung mit den Banken, in denen das gesellschaftliche Kapital konzentriert und der Wirtschaft zur Verfügung gestellt wird. Die früher getrennten Formen des Industrie-, Handels- und Bankkapitals streben in der Form des Finanzkapitals zur Vereinheitlichung. Dies bedeutet den Übergang von dem Kapitalismus der freien Konkurrenz zum organisierten Kapitalismus. Die Vergesellschaftung des Arbeitsprozesses im Großbetrieb ist fortgeschritten zur Vergesellschaftung des Arbeitsprozesses ganzer Industriezweige und zur Vereinigung der vergesellschafteten Industriezweige untereinander. Damit wächst zugleich die bewußte Ordnung und Lenkung der Wirtschaft, die die immanente Anarchie des Kapitalismus der freien Konkurrenz auf kapitalistischer Basis zu überwinden strebt. Würde diese Tendenz sich ohne Hemmnis durchsetzen können, so wäre das Ergebnis eine zwar organisierte, aber eine in antagonistischer Form hierarchisch organisierte Wirtschaft.
Es ist der Versuch einer Regelung und Organisierung der gesellschaftlichen Produktivkräfte zugunsten der im Besitz der Produktionsmittel befindlichen Schichten. Diese würden den maßgebenden Einfluß auf Leitung der Produktion und Verteilung des gesellschaftlichen Produkts behaupten. Die Unstetigkeit kapitalistischer Produktionsverhältnisse würde vermindert, die Krisen oder wenigstens deren Rückwirkung auf die Arbeiter gemildert werden. Planmäßige Verteilung von neuen Investitionen durch die großen Trusts, eine gewisse Zurückhaltung von Neuanlage fixen Kapitals in der Zeit der Hochkonjunktur und Verlegung auf die Zeit verlangsamten Geschäftsganges, eine dem angepaßte Kreditregulierung durch die Großbanken, unterstützt

durch eine entsprechende Geldpolitik der Zentralbank, wären die Mittel einer solchen Politik. Es ist charakteristisch, daß diese Probleme, wenn auch noch nicht unter diesem prinzipiellen Gesichtspunkt, bereits die nationalökonomische Literatur Amerikas und Englands zu beschäftigen beginnen.
In einer solch hierarchisch organisierten kapitalistischen Volkswirtschaft wird das Arbeitsverhältnis gleichfalls modifiziert. Es erhält einen stetigeren Charakter, die Arbeitslosigkeit wird weniger drohend, ihre Folgen durch Versicherung gemildert. Die Arbeitsteilung und Arbeitsspezialisierung wird mit verstärkter Intensität zugleich mit fortschreitender Mechanisierung nach den Methoden der „wissenschaftlichen Betriebsorganisation" fortgeführt. Das Arbeiterheer wird gegliedert in verschieden abgestufte Schichten von Angestellten mit beamtenähnlichem Charakter. Sozialreform, vor allem als Versicherung gegen Alter, Invalidität und Arbeitslosigkeit, aber auch als Mittel, durch Beschränkung der Arbeitszeit einem relativ gut gelohnten Arbeiterheer den mechanisierten und zugleich außerordentlich intensiven Arbeitsprozeß erträglich zu machen, würde ihre konservative Wirkung bewähren und die Anpassung der Arbeiterschaft an dieses Wirtschaftssystem fördern.
Aber gerade die antagonistische, gegensätzliche Grundlage einer solchen Wirtschaftsorganisation erzwingt den Kampf. Je fortgeschrittener die Organisation, je bewußter die Regelung der Wirtschaft, desto unerträglicher wird der Masse der Produzenten die Usurpation der Wirtschaftsmacht und des gesellschaftlichen Produkts durch die Besitzer der konzentrierten Produktionsmittel. Der bewußt geregelte Charakter der Wirtschaft gerät mit der „zufällig", aus der früheren Epoche des unorganisierten Kapitalismus überkommenen gegensätzlichen Eigentumsgrundlage in offenbaren, nicht mehr zu verhüllenden Widerspruch. Er wird beseitigt durch die Umwandlung der hierarchisch organisierten in die demokratisch organisierte Wirtschaft. Die bewußte gesellschaftliche Regelung der Wirtschaft durch die Wenigen und für deren Machtzwecke wird zur Regelung durch die Masse der Produzenten. So stellt der Kapitalismus, gerade wenn er zu seiner höchsten Stufe einer von neuem organisierten Wirtschaft gelangt, das Problem der Wirtschaftsdemokratie. Wenn Engels sein und Marxens Lebenswerk als den Fortschritt des Sozialismus von der Utopie zur Wissenschaft bezeichnete, so handelt es sich jetzt um die Anwendung der Sozialwissenschaft auf die soziale Organisation. Es wäre der Übergang vom wissenschaftlichen zum konstruktiven Sozialismus. Es ist klar, daß die Herstellung der Wirtschaftsdemokratie ein ungeheuer kompliziertes Problem ist, dessen Bewältigung sich nur in einem langdauernden historischen Prozeß vollziehen kann, in dem die fortschreitende Organisation der Wirtschaft durch das konzentrierte Kapital zugleich immer mehr der demokratischen Kontrolle unterworfen wird. Denn wenn auch der Übergang der politischen Macht von einer Klasse auf eine andere in einem relativ kurzen Akt, also revolutionär, sich vollziehen kann, so geht die Ausgestaltung der Ökonomie stets nur in andauernder organischer Entwicklung, also evolutionär, vor sich.
Während dieser Entwicklung erwirbt sich die Produzentenschaft erst die Fähigkeit und das Verantwortungsbewußtsein, das sie zur steigenden Anteil-

nahme an der Leitung der Produktion befähigt. Die psychologische Umwandlung ist notwendige Voraussetzung der Wirtschaftsdemokratie. Sie erfordert neben der Schulung, die aus dem Kampf selbst entspringt, zugleich die entsprechende bewußte Erziehungsarbeit. Die Probleme der Pädagogik erscheinen jetzt in ihrer grundlegenden Bedeutung für die gesellschaftliche Umgestaltung.
Demokratie bedeutet auch in der Politik weder die Herrschaft noch die Gleichberechtigung aller in dem Sinne, daß allen gleiche Funktionen übertragen werden könnten und alle zu allem gleich tauglich wären. Demokratie ist nur ein Ausleseprinzip, die für die moderne Gesellschaft allein geeignete Selektion, bei der der Ausgangspunkt für alle gleich ist. Politische Gleichheit bei sozialer Ungleichheit stellt den großen immanenten Widerspruch der modernen Gesellschaftsorganisation überhaupt dar. Die soziale Differenzierung schließt aber nicht nur den Besitzunterschied in sich, sondern zugleich auch Differenz in Bildung und Wissen und in der Bildungsmöglichkeit. Die Wirtschaftsdemokratie würde die Verschiedenheit der Funktionen innerhalb des Produktionsprozesses ebensowenig aufheben, wie die verschiedene natürliche Eignung der einzelnen zu deren Erfüllung. Aber sie postuliert die Gleichheit des Ausgangspunktes für jeden, zu allen Funktionen, auch zu den höchsten, je nach seinen Fähigkeiten gelangen zu können. Das zeigt, welch hervorragende Bedeutung das Erziehungsproblem – Erziehung im umfassenden Sinne genommen – für die Durchsetzung der Wirtschaftsdemokratie gewinnen muß. Es ist kein Zufall, daß alle großen Sozialisten zugleich ein großes pädagogisches Interesse hatten. Das Wort, das einst von den Intellektuellen der Fabian-Society geprägt wurde, we must educate our rulers, wir müssen unsere Herrscher erziehen, muß ohne seinen etwas autoritären Nebensinn verwirklicht werden: wir müssen uns zu Herrschern über den Produktionsprozeß der Gesellschaft erziehen. Das notwendige Korrelat der politischen Demokratie, Bedingung und Erfolgsbürgschaft des Gebrauchs und des Besitzes politischer Macht, ist die Eroberung der Bildung, des Wissens, der Kultur, über die die Gesellschaft verfügt. In einer Zeit, in der der Kampf um die materiellen Interessen, das Ringen um den Anteil am Produktionsertrag aus historischem Zwang einen so großen Raum einnimmt, ist es notwendig, denen, die noch immer die Hintersassen unserer Kultur sind, und erst recht denen, die Bildung als Privileg behaupten wollen, die Notwendigkeit zu zeigen, den Kampf um die Gleichheit der Bildungsmöglichkeit zu führen. Und so sicher auch der Nachweis zu führen ist, daß Art und Ausbreitung von Bildung abhängig ist von der sozialen Entwicklung und den Kämpfen der Klassen, gegenüber den Interessenkämpfen, die nur allzusehr den Raum der Politik erfüllen, brauchen wir diesen Kampf schon um des ideellen Aufschwungs willen, den wir alle ersehnen.
Zugleich erfüllen wir damit eine unmittelbare praktische Aufgabe. Es ist bezeichnend, daß alle wissenschaftliche und technische Aufmerksamkeit, die der Verbesserung des Arbeitsprozesses zugewandt war, wesentlich der Entwicklung des Werkzeugs, der Maschine und des Apparates galt. Erst in den letzten Jahren wird die Arbeit des Arbeiters selbst studiert, die Bewegungen

auf ihre Anpassung an die bestimmte Arbeitsfunktion analysiert, die psychische und physische Eignung erforscht; auch hier vollzieht sich der Übergang von dem so lange gerade auf diesem Gebiet festgehaltenen Traditionalismus zur rationalen Verfahrungsweise. Resultat ist weitere Arbeitszerlegung, Steigerung der Intensität, aber auch Vereinseitigung und Verödung der Arbeit. All dies droht sich einseitig zu vollziehen im Interesse der Steigerung der Produktionskraft ohne Rücksicht auf den lebendigen Menschen. Die Gegenwirkung kann nicht in der romantischen Reaktion der Auflösung der Fabrik, der Hemmung der Produktivität und der Hinderung der Mechanisierung bestehen, sondern nur in der Gegenwirkung, die die Anteilnahme an der Kultur für den Arbeiter in sich schließt. Auch dies setzt eine ganz andere Bildungsmöglichkeit voraus, aber auch eine Verkürzung der Arbeit, die die gesteigerte Produktivität erlaubt, wie andererseits wechselwirkend die Verkürzung der Arbeitszeit, hoher Arbeitslohn und gehobenes Kulturniveau wieder Bedingungen gesteigerter Produktivität darstellen.

Stellt der organisierte Kapitalismus das Problem der Wirtschaftsdemokratie in seiner ganzen komplizierten Bedeutung, so schafft er zugleich eine andere geistige Haltung der Arbeiterklasse. Er differenziert mit seinem Fortschreiten und seiner Befestigung die Funktionen, aber er vereinheitlicht zugleich das Interesse dieser in alle Stufen von ungelernten, angelernten und gelernten Arbeitern und Angestellten aller Art zerfallenden Masse gegenüber den Beherrschern des Produktionsprozesses. Wie in der Politik das auf Geburtsrecht basierte Privileg der Herrschaft des Königs und der Aristokratie der politischen Gleichheit den Platz räumt, so bekämpft die Masse der Produzenten, auf die auch immer mehr von dem Eigentum sich loslösende Funktionen der Leitung des Produktionsprozesses übergehen, das erbliche Eigentumprivileg, sofern es Herrschaft über die Produktion und Aneignung gesellschaftlicher Macht bedeutet.

So vollzieht sich eine Änderung der Sozialpsychologie der Produzenten. Der Sozialismus war ursprünglich, auch in seiner entwickelten Form, von außen als Postulat an die um unmittelbare Verbesserung ihrer materiellen und geistigen Lage ringenden Arbeitermassen gebracht worden. Es war kein willkürliches Ziel, das der Arbeiterbewegung gesetzt wurde. Es entsprang der Erkenntnis, daß Sozialismus auf der höchsten Stufe kapitalistischer Entwicklung das Ziel der Arbeiterbewegung werden müsse. Die Vorwegnahme der Erkenntnis ist ja die Voraussetzung des geschichtlichen Erfolges jeder sozialen Prophetie, um den Ausdruck Max Webers zu gebrauchen. Aber es war Postulat an die Arbeiterbewegung, nicht Forderung der Arbeiter selbst. „Auch die Philosophie wird eine Macht, wenn sie die Massen ergreift." Das Wort des jungen Marx wurde durch ihn verwirklicht. Aber in dieser Verwirklichung erfuhr die „Philosophie", der Sozialismus, eine eigentümliche Abwandlung. Der Sozialismus gab einer noch unentwickelten und wenig organisierten Arbeiterbewegung Richtung und Ziel. Das soziale Ideal rüttelte die Gedrückten und Elenden auf, es begeisterte die Massen in den täglichen Kämpfen um Lohnerhöhung und Arbeitszeitverkürzung, um Koalitionsrecht und politische Freiheiten. Es lehrte die Arbeiter, sich nicht als bloße

Interessenvertreter zu fühlen, sondern als die Kämpfer für eine klassen- und herrschaftslose, auf Solidarität und Freiheit gegründete Gemeinschaft. Aber je breiter die Arbeiterbewegung wurde, je mehr die Massen selbst und unmittelbar nach ihren jeweiligen Bedürfnissen ihre sozialen und politischen Kämpfe gestalteten, desto mehr bestimmten diese drängenden Bedürfnisse des Tages die geistige Haltung der Arbeiter, desto mehr wurde die gewerkschaftliche Interessenvertretung, die Sozialreform, die Anpassung an den Kapitalismus statt dessen Überwindung, zum Inhalt ihres Strebens.

Die ,,Philosophie" war damit zur Ideologie geworden. Die geschichtliche Idee ist die Bewußtheit des geschichtlich relevanten Handelns, das heißt das Handeln ist durch das Streben nach Verwirklichung der Idee unmittelbar determiniert. Die Idee wird zur Ideologie, sobald das Handeln durch andere Zwecke unmittelbar bestimmt wird, die nur mittelbar auch zuletzt in der Richtung der Verwirklichung der Idee liegen, sei es real, sei es schließlich nur mehr in der gläubigen Phantasie des Handelnden. So war auch der Marxismus zur Ideologie geworden, wie während des Zusammenbruchs nach dem Krieg die Tatsachen gezeigt haben. Die Arbeiterschaft nützte ihre Machtstellung nicht zur Verwirklichung des Sozialismus, sondern zur Verbesserung ihrer Lage, zur Erweiterung der Sozialreform und der politischen Demokratie.

Der organisierte Kapitalismus stellt nun mit dem Problem der Wirtschaftsdemokratie die Produzenten geistig vor eine andere Situation. Der kapitalistischen Wirtschaftsorganisation stehen jetzt die Produzentenorganisationen gegenüber. Die Aufstiegsmöglichkeit ihrer Mitglieder innerhalb der bürokratisch organisierten Wirtschaft wird zum Inhalt ihrer Politik zugleich mit dem Streben, die Wirtschaftsorganisation selbst zu beeinflussen und demokratisch umzuwandeln. Fabriksdemokratie, Stärkung der Stellung der Betriebsräte, Produktionskontrolle in allen Nuancen des umfassenden Wortes bis zur schließlichen Erringung der Wirtschaftsdemokratie wird zum Inhalt der Politik der Arbeiterorganisationen. Die Gewerkschaften hören damit auf, nur Organe der Sozialpolitik zu sein und werden Träger einer demokratischen Produktionspolitik. Damit hört aber der Sozialismus auf, Wissenschaft und zugleich politische und soziale Ideologie zu sein, abstrakte Vorstellung für den um Anpassung an den Kapitalismus durch Verbesserung der Lebenshaltung kämpfenden Arbeiter zu sein; er wird unmittelbar zu verwirklichender Inhalt seines Kampfes um den Einfluß auf die geregelte und organisierte Wirtschaft. Damit wird aber für die Gewerkschaften der Arbeiter und noch mehr der Angestellten die Qualifikation ihrer Mitglieder zu einer bedeutungsvollen Frage. Geht auch die Entwicklungsrichtung immer mehr auf Bildung der Massenorganisationen, der Industrieverbände, so führt der Kampf um die Wirtschaftsdemokratie zu neuer Differenzierung innerhalb der Massen, zur Steigerung des Persönlichkeitswerts innerhalb der Organisation und damit zu einem neuen Geist des Wettbewerbs um den sozialen Aufstieg.

War die Bedeutung der Organisation schon vor dem Kriege beständig im Zunehmen begriffen, so haben der Krieg und seine Folgen diese Entwicklung

außerordentlich beschleunigt und gesteigert. Die Kartelle und Trusts sind Machtzentren, die Herrschaftsbefugnisse ausüben, bedeutsamer oft für die Unterworfenen als die staatlichen Hoheitsrechte. Sie erfüllen das formale Recht mit materiellem Inhalt, durchbrechen die Rechtsgleichheit, schaffen neue Abhängigkeitsverhältnisse und greifen schließlich von der Wirtschaft über auf die Politik des Staates, um seine Machtorganisation in den Dienst ihrer Zwecke zu stellen. Die Spitzen der Wirtschaftshierarchie stoßen an die auf demokratischer Grundlage errichtete politische Organisation. Sie suchen die Außen-, Wirtschafts- und Sozialpolitik der Staaten, die Zusammensetzung der Regierung und der Verwaltung, die politischen Parteien entscheidend zu beeinflussen, die Wirtschaftsmacht unmittelbar in politische Macht umzusetzen. So wird das Verhältnis des Staates zu den großen Monopolen aufgerollt. Wie ist eine staatliche Kartellpolitik möglich? Wie kann vom Staate aus das Problem der Wirtschaftsdemokratie behandelt werden? War das bisherige Privatrecht wesentlich eine formale Ordnung auf Basis der Rechtsgleichheit, so haben die Monopole durch den materiellen Inhalt ihrer Ordnungen neue Abhängigkeitsverhältnisse und Zwangssysteme geschaffen, denen gegenüber das bisherige Recht versagt. Welche wirtschaftspolitischen Mittel, welche juristische Neuordnung des Handelsrechts, des Aktienrechts, der Kartellgesetzgebung sind notwendig, um inhaltlich und nicht bloß formal das Recht des Staates gegenüber den Monopolen zu wahren? Scheinbar Einzelfragen, sind sie untergeordnet der grundlegenden Entscheidung zwischen hierarchischer und demokratischer Organisation der Wirtschaft.
Auf der anderen Seite sind im und nach dem Kriege die Arbeiterorganisationen an Zahl der Mitglieder und an sozialer Bedeutung außerordentlich gewachsen, sind die Schichten der Angestellten und Techniker, der öffentlichen und privaten Beamten erst voll von der Organisation erfaßt worden. Der Krieg, in dem die Materialversorgung je länger je mehr entscheidend wurde, war nicht durchzuführen ohne die Gewerkschaften. Überall verhandelte die Regierung mit den Organisationen über die Arbeitsbedingungen, über ihre Mitwirkung bei der Umstellung oder der Rationierung der Industrie. In England besonders war die Kriegswirtschaft nur zu organisieren, wenn die Zustimmung der Gewerkschaften zum Verzicht auf ihre alten Regeln, zur Verwendung ungelernter und Frauenarbeit erlangt wurde. Macht und Ansehen der Gewerkschaften stieg und ebenso das Selbstbewußtsein der Arbeiter, die ihre Macht kennenlernten. Der Wille wurde geweckt, die Macht des Staates über die Wirtschaft, die während des Krieges so unbegrenzt schien, nach dem Kriege für die Arbeiterklasse auszunützen. So war auch hier psychologisch alles erreicht, um die Wirtschaftsmacht unmittelbar in politische umzusetzen.
Die soziale Bedeutung der Organisationen, die sich an den Polen der entwickelten kapitalistischen Gesellschaft in steter Spannung gegeneinander entwickeln, ist noch erhöht durch die Eigentumsrevolution, die die Geldentwertung in so vielen Ländern bedeutet. Es war der größte Expropriationsprozeß in der an Expropriationen reichen Geschichte des Kapitalismus. Er hat in verschieden starkem Grade die städtischen Mittelschichten ge-

schwächt, zum Teil vernichtet, die Rentenverpflichtungen der Wirtschaft verringert oder annulliert. Ein politisch und sozial vermittelndes, konservativ gerichtetes, zugleich kulturwichtiges Element ist so aus der bisherigen sozialen Struktur zu einem großen Teil eliminiert worden.

Ganz anders als in der Industrie hat sich die Entwicklung in der Landwirtschaft vollzogen. So groß auch die Rolle der Gewalt bei Entstehung und Entwicklung des Kapitalismus ist, so sind für die Verteilung des industriellen Eigentums, für die Entwicklung zum Großbetrieb, für die immer stärkere betriebliche und ökonomische Konzentration die immanenten ökonomischen Gesetze kapitalistischer Produktion und Verteilung entscheidend. Ganz anders in der Landwirtschaft. Die ältesten Formen der Besiedelung und Besitznahme des Landes sind teilweise noch heute in der Besitzverteilung zu erkennen, und entscheidende Änderungen gehen fast stets auf die Gewalt kriegerischer Eroberung oder revolutionärer Umwälzung, in geringerem Grade auf staatliche Reform zurück. Die rein ökonomischen Faktoren wirken auf die technische und kommerzielle Umgestaltung des Betriebes ein, aber nur langsam und sekundär auf Eigentumsänderung oder Betriebsgröße. Krieg und Nachkriegszeit bedeuten für Amerika, West- und Mitteleuropa eine ökonomische Befestigung der überkommenen agrarischen Struktur. Der Krieg und die ersten Nachkriegsjahre sind Hochkonjunkturzeit für die Landwirtschaft, die Geldentwertung bedeutet Verringerung oder Vernichtung ihrer Schuldenlast. Die Agrarkrise, die sich schon 1920 in den Vereinigten Staaten und England herausbildet, hat ihre spezifische Ursache in der vorhergehenden raschen Erweiterung der Agrarproduktion, die aber sehr im Gegensatz zur Krise der achtziger Jahre des vorigen Jahrhunderts überwiegend zu steigenden Produktions- und steigenden Frachtkosten erfolgt war. Sie wird verschärft und verbreitert durch das Mißverhältnis zwischen den Preisen der Industrie- und denen der Agrarprodukte, ein Mißverhältnis, das nur der Ausdruck des vorübergehend gestörten Gleichgewichts der Weltproduktion und -zirkulation überhaupt ist.

Aber das säkulare Ereignis ist die Agrarrevolution im Osten und Südosten Europas, die zur Vernichtung oder starken Verringerung des Großgrundeigentums geführt hat, in einem ähnlichen Prozeß, wie ihn die Französische Revolution in ihrem Lande vollendet hatte. So entsteht im Osten auf dem Lande eine breite Masse bäuerlicher Mittel- und Kleinbesitzer, während in der übrigen Welt diese Schicht ökonomisch gekräftigt aus dem Kriege hervorgeht. Dies bedeutet eine Gegentendenz zur städtisch-industriellen Entwicklung, denn diese Massen sind sozial-konservativ und geneigt, ähnliche Tendenzen auch bei den Kämpfen innerhalb der industriellen Bevölkerung zu unterstützen. Zugleich werden die ländlichen Massen immer mehr von den landwirtschaftlichen Organisationen erfaßt, durch die Marktverflechtung aus ihrer einstigen Isoliertheit gerissen; ihre materiellen und kulturellen Bedürfnisse werden gesteigert, sie werden städtischen Einflüssen und städtischer Denkungsweise zugänglicher. Das Verhältnis zu der ländlichen Produzentenmasse wird zugleich für die weitere Entwicklung im Kampfe um

die Wirtschaftspolitik von steigender Bedeutung. Das agrarpolitische Problem ist im ganzen Umfang aufgerollt.
Während und nach dem Kriege sind die Produktivkräfte außerordentlich gewachsen. Die Ausdehnung war nicht gleichmäßig; vermehrt wurden vor allem die Wirtschaftszweige, die für die Kriegführung nötig waren: die Rohstoffgewinnung im weitesten Umfang, die Metallproduktion und -verarbeitung, die chemische Industrie, die Schiffahrt, während die Konsumtionsmittelindustrien, soweit sie nicht dem Heeresbedarf dienten, zurückblieben. Diese Disproportionalität ist eine der Ursachen der Weltkrise. Aber Ausdehnung der Produktionskapazität bedeutet zuletzt nach Überwindung der Krise Steigerung der Produktion und neue Hochkonjunktur. Die Agrarrevolution bedeutet zugleich Ausdehnung des Marktes für Industrieprodukte. Als Resultat der Kriegsperiode erscheint so die kapitalistische Ökonomie materiell erweitert und qualitativ verändert auf dem Wege zur organisierten Wirtschaft.

In politischer Richtung endet der Krieg mit der Ausdehnung und Befestigung der demokratischen Staatsform in den entscheidenden Ländern. Wie in der Ökonomie, so steigert der Krieg auch in der Politik nur die Intensität einer schon vorhandenen Entwicklungstendenz. Mit der entscheidenden Stellung, die seit der industriellen Revolution des 19. Jahrhunderts die besitzlosen Massen im Produktionsprozeß einnehmen, mit ihrer Organisation und kulturellen Erhebung, die die wesentliche Leistung der Arbeiterbewegung des letzten Drittels des vorigen Jahrhunderts ist, wird der Sieg der Demokratie notwendig. Der Krieg, der die Arbeiter gegeneinander in die Schützengräben wirft, steigert zugleich innerhalb des Staates real und ideell die Stellung der Arbeiterklasse. Erreicht im Kriege der Staat als Machtorganisation seine größte Stärke, so ist er zugleich in ganz anderem Maße als in den Kriegen vorher in engster Abhängigkeit von der Produktion, von deren Umstellung und Anspannung der kriegerische Erfolg in höchstem Maße bedingt ist. Der Staat – welche Stellung er bisher auch zu den Arbeiterorganisationen eingenommen hat – wird zu Verhandlungen mit den Produzenten gedrängt. Denn Zwang ist zur Erreichung des Zieles kaum wirksam; der Staat bedarf der freiwilligen Mitwirkung der Produzentenorganisationen. Namentlich die Gewerkschaften, die infolge der bisherigen politischen und sozialen Entwicklung dem Staate weit ferner stehen, müssen umworben, dem Staatszweck gewonnen werden, soll die Produktion von gefährlichen Strömungen bewahrt werden, die Arbeiter ihre ganze Energie hergeben.
Ein Vorgang von außerordentlicher und sozialpsychologischer Bedeutung und Wirkung! Die Produzentenorganisationen fühlen sich als die eigentlichen Träger des Staates, ihre Bürokratie insbesondere als für den Staat unentbehrliche Organe, als gleichberechtigt der Staatsbürokratie, aber noch wichtiger als diese, die den Produktionsproblemen ohne ihre Hilfe nicht gewachsen ist. Aus der Staatsferne rücken so die Arbeiter gerade während des Krieges in Staatsnähe, erfüllt mit einer außerordentlichen Stärkung ihres Macht-

bewußtseins und ihrer politischen Bedeutung. Zugleich verschiebt sich das Verhältnis zwischen Wirtschaftsorganisation und politischen Parteien. Dieselben Umstände, die im Kriege die Produzentenorganisationen emporhoben, drückten infolge der unvermeidlichen Steigerung der Staatsmacht und der in ihr vereinheitlichten Zusammenfassung der Politik — Burgfriede, union sacrée — die politischen Parteien. Die Produzentenorganisationen, neben denen nur die Heeresleitungen reale und bedeutsame Funktionen auszuüben schienen, begannen immer mehr sich als die Träger der Politik zu fühlen, im Gegensatz zu den scheinbar überflüssigen politischen Parteien. Die Kriegswirtschaft selbst, die, durchgeführt durch die Staatsmacht und durch deren staatlichen Zwang, doch durch jene organisiert und aus Vereinbarungen mit ihnen entstanden war, mußte diese Auffassung noch befestigen. So erwuchsen jene Vorstellungen von der unmittelbaren Berufung der Produzentenorganisationen zur Politik. In der Arbeitsgemeinschaft sollten Unternehmer- und Arbeiterorganisationen in gemeinsamem Zusammenwirken die Grundlagen der Sozial- und Wirtschaftspolitik festlegen, die Regierung und Parlament auszuführen hätten. Klassenmäßig gefärbt lag dieselbe Ideologie zugrunde den verschiedenartigen Empfehlungen berufsständiger Parlamente ebenso, wie der Räte-Ideologie und den gildensozialistischen Gedankengängen; in beiden lebten zugleich alte syndikalistische Vorstellungen wieder auf. Dabei tritt wieder einmal der so häufige Funktionswechsel der Ideologie zutage: in Rußland hatte sich das Rätesystem ursprünglich als Ersatz für die völlig fehlenden Arbeiterorganisationen spontan herausgebildet, um schließlich zu einem rein politischen Herrschaftsinstrument einer oligarchisch organisierten Partei zu werden. In Deutschland dachte man daraus das Mittel zu machen, um die gespaltenen Arbeiterparteien und die durch die Kriegspolitik in ihrer Autorität erschütterten Gewerkschaften in der neuen Organisation zusammenzufassen zur Alleinherrschaft über Staat und Wirtschaft, während Rätegedanken im englischen Gildensozialismus zu einer neuen Form einer dem Staatssozialismus abgeneigten Wirtschaftsdemokratie umgedeutet wurden.

Es sind Denkrichtungen, die die Probleme von Staat und Wirtschaft, von politischer Partei und Interessenverbände aufwerfen und zugleich die bisherige Staatssouveränität in Zweifel ziehen, zugunsten einer Mitsouveränität der Wirtschaftsverbände.

Gegen Ende des Krieges ändert sich dies Verhältnis von Politik und Wirtschaft. Die Entscheidung über Zeitpunkt und Art des Kriegsausgangs, über Waffenstillstand und Friedensvertrag geben der zivilen Verwaltung und den Parteien ihre Bedeutung wieder. Die Macht keiner Klasse reicht aus, ihre Alleinherrschaft dauernd zu errichten oder die Machtverteilung der Klassen vor dem Kriege wiederherzustellen. Das gesteigerte Machtbewußtsein der Massen verhilft im Zusammenbruch der besiegten Staaten der Demokratie als einzig möglicher Daseinsform des Staates zum Durchbruch und stärkt sie in den wichtigsten Siegerstaaten.

In Deutschland hatte sich sozialistische Politik in einem halbabsolutistischen, undemokratischen Staate entwickelt, hatte sich die Praxis der größ-

ten demokratischen Partei gleichsam im politisch luftverdünnten Raum herausgebildet. Die Massen standen einem starren, unnachgiebigen, parlamentarisch gerade in allen entscheidenden Dingen kaum beeinflußbaren System gegenüber. Nicht Änderung, die kaum möglich schien, sondern Beseitigung dieser Staatsform, die zugleich der Staat an sich schien, mußte so naturgemäß sich als politisches Endziel ergeben. Und diese Identifizierung zwischen Staatsform und Staat lag um so näher, da die herrschende Staatstheorie den Staat unabhängig von seiner Form, absolutiert, ihn zu einer Art metaphysischen Wesens mystifiziert hatte, das im Grunde von allem Wechsel der Politik unberührt blieb: der Staat war im Gegensatz zu der historisch wechselnden Gesellschaftsform etwas ewig Seiendes, im Wesen unveränderlich. Und dieser Staat erschien der deutschen Arbeiterbewegung als Hemmung und Hindernis auf all ihren Wegen. Die Kritik an der Staatsform mußte so dazu führen, den Staat selbst zu negieren.
Dazu kam eine andere Erwägung. Der Staat ist Herrschaftsorganisation. Die Zwecke, denen die Staatsmacht dienstbar gemacht wird, werden bestimmt durch die den Staat beherrschende Klasse. Das Ziel des Sozialismus ist aber kein politisches, sondern das soziale der andersartigen Organisation der Wirtschaft. Dazu ist Politik nur Mittel. Der Staat als politische Organisation wird so selbst zum Mittel herabgesetzt, das nach Erreichung des sozialen Zieles nicht nur in einer bestimmten Form, sondern überhaupt irgendwie überflüssig wird.
Die Praxis der Arbeiterbewegung suchte unter dem Einfluß von Marx die Arbeiterklasse als politische Partei zu konstituieren; sie war überall die schärfste Bekämpferin der liberalen Staatsdoktrin und forderte Erweiterung der Staatsintervention auf die Wirtschaft. Die politische Aktivierung und Erziehung, damit aber die Anteilnahme der Massen an der Gestaltung der Staatspolitik, war ihr Werk. Die Theorie erschien trotzdem nicht als Widerspruch gegen die Praxis, da das „Absterben" des Staates erst nach Vollendung der sozialen Umgestaltung vor sich gehen sollte.
Erst nach dem Kriege hat die deutsche und ein großer Teil der europäischen Arbeiterbewegung das große Erlebnis der Demokratie erfahren. Es mußte infolge der Plötzlichkeit des Umschwungs um so stärker werden. Die Arbeiterschaft betrachtet die Republik als ihr Werk, sie ist Träger dieser Staatsform, die ohne ihre leidenschaftliche Unterstützung und Verteidigung unmöglich wäre. Das starre politische System von ehedem ist nun plastisch geworden, ihrer Einwirkung zugänglich. Zugleich mit der Steigerung des Machtbewußtseins ist der Arbeiterklasse die Möglichkeit gegeben, diese Macht auszuüben. Nicht der demokratische Staat kann ihr jetzt als Hindernis erscheinen, sondern soziale und davon abhängige geistige Einflüsse. Die Einstellung zum Staate ist daher auch eine andere. Das Bedürfnis nach einer umfassenden Staatstheorie ist geweckt.
Es wird gesteigert durch die sozialen Verschiebungen. Der Staat erscheint nicht mehr als fast die einzige bewußte gesellschaftliche Organisation der voneinander unabhängigen, vereinzelten Bürger, sondern diese sind jetzt in den Wirtschafts- und Interessenorganisationen zusammengefaßt, nicht mehr

staatsunmittelbar, sondern organisationshörig. Staatliche Rechtsform und reale Organisationsmacht stehen in Spannung gegeneinander. Das Machtzentrum des Staates erscheint eingeschränkt und bedroht durch die wirtschaftlichen Machtanhäufungen. Das Problem der Demokratie ist neu gestellt. Naturrechtliche Fiktionen, die noch immer fortleben, sind völlig unzulänglich geworden. Eine eingehende Funktionslehre des demokratischen Staates tut not, die den Zusammenhang und die Beziehungen zwischen allen politisch bestimmenden Faktoren analysiert und so mit dem Wesentlichen in der Politik das Wesen des Staates klarlegt.

Zu der Neugestaltung der ökonomischen und der innerpolitischen Beziehungen gesellt sich als drittes die Veränderung der Beziehungen der Staaten untereinander. Als imperialistischer Machtentscheid hat der Krieg zugunsten der angelsächsischen Welt geendet; der Schwerpunkt der europäischen Politik ist nach Westen gerückt. Politische Suprematie bedeutet aber zugleich geistige; der geistige und politische Habitus der Angelsachsen wird in Zukunft von größerem Einfluß sein als je. Das geistige Erbgut Englands ist aber ein anderes als das Deutschlands oder Frankreichs. Auch von da aus werden neue sozialpsychologische Wirkungen ausgehen.
Derselbe Kapitalismus, der in West- und Mitteleuropa den modernen Imperialismus erzeugt hat, hat im Osten Europas, in Asien und Nordafrika, in bisher geschichtslosen, fast rein bäuerlichen Nationen, die Klassen und Schichten der kapitalistischen Gesellschaft erzeugt, sie zum nationalen Befreiungskampf und dem Streben nach eigener nationaler Staatlichkeit gereift und sie in die kriegerische Auseinandersetzung der großen imperialistischen Staaten hineingeschleudert. In Krieg und Revolution sind so neue Nationalstaaten entstanden, ist in noch unterworfenen Kolonialländern, in Italien und Ägypten, der Kampf um nationale Freiheit erstarkt. Umfang und Inhalt der Politik haben neue Ausdehnung erfahren; aus europäisch-nordamerikanischer Politik ist Weltpolitik geworden.
Handelt es sich aber nur um quantitative Steigerung, um Vervielfachung schon bisher vorhandener politischer Probleme und mannigfaltigere Komplizierung oder ist qualitative Änderung der internationalen Beziehungen möglich? Faßt man die imperialistische Politik in ihrer historischen Bedingtheit als kapitalistische Expansionspolitik auf, die einer ganz bestimmten Phase der kapitalistischen und der durch diese bedingten staatlichen Politik entspringt, so entsteht die Frage, ob der Ausgang des Krieges nicht solcher Politik ein Ende gemacht oder sie nicht wenigstens entscheidend verändert hat. Imperialismus bedeutet das Streben der Großstaaten, die monopolistisch-organisatorischen Tendenzen ihrer Kapitalismen auf den Weltmarkt zugunsten der monopolistischen Vorherrschaft der eigenen Volkswirtschaft zu übertragen. Das Wechselspiel zwischen dem Erstarken der Wirtschaft und der auf Grund dieser Wirtschaftsentwicklung möglichen Steigerung der Machtmittel des Staates, die dieser gegen die anderen Staaten in den Dienst der Expansion seiner Volkswirtschaft stellte, mußte schließlich zur kriegerischen Machtentscheidung führen oder hätte zum mindesten in diesem Sta-

dium der Machtpolitik die Vermeidung des Krieges zum unwahrscheinlichen Glücksfall machen müssen. Aber der Krieg setzt stets ein gewisses Gleichgewicht der Kräfte voraus, das jeder Gruppe den Sieg als möglich erscheinen läßt. Die ungeheure Machtverschiebung nach dem Kriege wirkt gewaltsamer Revision des Kriegsausgangs ebenso entgegen, wie die wirtschaftliche Ungleichheit der Staaten und die ungeheure ökonomische Verderbnis, die ein Krieg bedeutet. Das Interesse der angelsächsischen Reiche, besonders des englischen, geht, viel mehr als nach neuer territorialer Expansion, nach Behauptung und Organisierung des Errungenen, um so mehr, da kriegerische und darauf folgende revolutionäre Erschütterungen die nationale Erhebung der Kolonialvölker und ihre Losreißung vom Mutterlande fördern. Mit diesen Interessen und Machtkonstellationen steht das Interesse der demokratischen, zu größerem Einfluß innerhalb des Staates gelangten Massen in Einklang. Bedeutet das die Umformung kapitalistischen Expansionsstrebens in der Richtung gemeinsamer Sicherung und Ausnutzung des Weltmarktes statt gewaltsamer Eroberung einzelner Teile? Führt dies zu einer Schwächung der kriegerischen Tendenzen und wird eine Politik möglich, die man als realistischen Pazifismus bezeichnen könnte? Bedeutet wirklich Kapitalismus Krieg, so daß nur mit seiner völligen Überwindung der Friede gesichert wäre, oder lassen sich nicht durch eine konsequente Politik, die die einzelstaatliche Souveränität zugunsten einer überstaatlichen Organisation einschränkt, neue Formen politischer Weltordnung schaffen? Ist nicht auch hier evolutionärer Entwicklung viel weiterer Spielraum gegeben, als bisher angenommen ward? Internationalität nicht als bloße Gesinnung und noch weniger in Negativität gegen das Nationale, sondern als politisch-praktische Aufgabe steht dann in Frage.

Wir haben versucht, den neuen sozialen Erfahrungskomplexen nachzuforschen und einzelne Probleme aufzuzeigen, die sich der Betrachtung aufdrängen. Wir sind uns der Unvollständigkeit des Versuches wohl bewußt: wir wollten nur einzelne Saiten anschlagen, in der Hoffnung, daß der Inhalt der Zeitschrift in ständigem Streben nach wissenschaftlicher Erfassung des ungeheuren Reichtums sozialen Lebens die Probleme vervollständigen, ihre Lösung untersuchen und so an dem Entstehen eines neuen sozialen Weltbildes mitschaffen werde. Freilich setzt unsere Arbeit die Neubelebung der Geisteswissenschaft voraus. Allzulange ist sie, nicht zuletzt in Deutschland, in Historismus erstarrt, dem neu erweckten Interesse an ihrer Methodologie ist die Bereicherung des Inhalts nicht in gleichem Maße gefolgt. Jetzt aber sind der neuen Probleme, der neuen Erfahrungen und der neuen Lösungsmöglichkeiten so viele, daß die Zeit nicht dem Historismus, sondern der wissenschaftlichen Durchdringung der Gegenwart gehört. Die Wissenschaft, sagt Ernst Mach, „entsteht immer durch einen Anpassungsprozeß der Gedanken an ein bestimmtes Erfahrungsgebiet. Das Resultat des Prozesses sind die Gedankenelemente, welche das ganze Gebiet darzustellen vermögen. Das Resultat fällt natürlich verschieden aus. Erweitert sich das Erfahrungsgebiet oder vereinigen sich mehrere bisher getrennte Gebiete, so reichen die überkommenen geläufigen Gedankenelemente für das weitere Gebiet nicht mehr aus. Im Kampfe der erworbenen Gewohnheit mit dem Streben nach Anpassung entstehen die Probleme, welche mit der vollendeten Anpassung verschwinden, um anderen, die einstweilen auftauchten, Platz zu machen." Und an anderer Stelle der „Analyse der Empfindungen" heißt es: „Die Wissenschaften können sich sowohl durch den Stoff unterscheiden, als auch durch die Art der Behandlung dieses Stoffes. Alle Wissenschaft geht aber darauf aus, Tatsachen in Gedanken darzustellen, entweder zu praktischen Zwecken oder zur Beseitigung des intellektuellen Unbehagens." Nie vielleicht hat sich unser soziales Erfahrungsgebiet schneller erweitert und deshalb reichen die überkommenen Gedankenelemente nicht mehr aus. Daher das „intellektuelle Unbehagen", das zur Signatur unserer Zeit geworden ist.

Aber es handelt sich nicht nur um das intellektuelle Unbehagen im Sinne Machs, um die geistige Haltung der Träger der Wissenschaft, die sich um die Lösung neuer Probleme mühen, für die es das Vehikel des Fortschritts darstellt. Der Zustand der Geisteswissenschaft steigert für weite Kreise – besonders auch für die Jugend – das intellektuelle Unbehagen zur intellektuellen Krise, zur Rebellion gegen den Intellekt und gegen die Wissenschaft. Auf dem Wege einer neuen Religiosität oder in gefühlsbetonter Romantik, die sich bewußt von der Realität abkehrt, sucht man nach einer Lösung. Die Krise wird noch gesteigert durch eine philosophische Strömung, die durch ihre intuitive Erkenntnis Lösungen verspricht, die die Wissenschaft versagt.

Die psychologische Erklärung dieser Geisteshaltung mag unschwer in den Kriegswirkungen zu finden sein. Denn zu den Opfern des Krieges gehören nicht zuletzt auch gerade die bedeutsamsten politischen und sozialen Ideen und Ideale. Um die Anteilnahme der Massen an der Kriegführung lebendig zu erhalten, mußten alle die Massen bewegenden, ihr Sehnen erfüllenden Ideen in den Kriegsdienst eingestellt werden – das erfolgreiche Werk der Propaganda. Im Osten bei den geschichtslosen Nationen entsprach bei den meisten von ihnen der Kriegsausgang auch in der Tat den sie bewegenden Ideen der nationalen Befreiung und demokratischer Selbstbestimmung. Die Gewalt erschien ihnen im Dienst der Idee zu stehen. Ganz anders im Westen, wo der Krieg um den imperialistischen Machtentscheid geführt wurde, der Friedensschluß alle Ideen vergewaltigte, ganz besonders in dem Gefühl der Besiegten. Die Ideen waren hier der Gewalt unterworfen worden, schnöde verraten, sobald die Gewalt ihr materielles, ideenloses Ziel erreicht hatte. Daher die Verzweiflung an der Idee und darüber hinaus an der ganzen geistigen Entwicklung und an dem Ideengebäude, daß das 19. Jahrhundert aufgeführt hatte.

Aber die psychologische Erklärung, ausreichend oder nicht, ändert nichts an der Tatsache der Existenz einer geistigen Krise, die darin besteht, daß die Wissenschaft selbst, ihre Grenzen und ihre Bedeutung, für weite Kreise problematisch geworden ist. Das erkenntnis-theoretische Problem ist damit der Zeit wieder gestellt, die Philosophie tritt mit neuen Ansprüchen auf und sucht den Prozeß, den sie in der zweiten Hälfte des 19. Jahrhunderts verloren zu haben schien, zur Revision zu bringen.

Müssen wir erst sagen, daß unsere Zeitschrift in solcher Zeit nicht mit dem Anspruch auftreten kann noch will, ein fertiges System der Erkenntnis aus dem neuen ungeheuren Erfahrungskomplex heimzubringen? Erst aus dem Ringen um soziale Erkenntnis, für die die Zeitschrift eine Freistatt sein soll, wird sich einheitliche Auffassung, wird sich die Überlegenheit bestimmter Forschungsmethoden ergeben können, soweit solche Einheitlichkeit in der Sozialwissenschaft, in deren theoretische Erkenntnis die praktische Stellungnahme der kämpfenden sozialen Klassen hineingetragen wird, möglich ist.

Vernichtend und alles zermalmend war die Zeit, aber auch neue, gewaltige Kräfte entbindend. Verändert schauen wir eine veränderte Welt. Auch für uns ist das Wort des jungen Marx gesprochen: Es gilt, die Welt nicht nur anzuschauen, sondern zu verändern. Aber wir stehen in einer Zeit, in der die realen Änderungen schneller vor sich gegangen sind als die wissenschaftliche Erkenntnis. Deshalb: Anschauen und verändern!

(In: Die Gesellschaft, 1. Jg. 1924, 1. Band, S. 1–17)

Realistischer Pazifismus (1924)

Hilferdings theoretische und politische Denkgebäude sind stets von einigen Grundannahmen über die Rolle des Staates bestimmt gewesen. Im „Finanzkapital" konstatiert er die zunehmende Organisation der Zirkulation und die zunehmende Konzentration und Zentralisation des Kapitals, die er perspektivisch verlängert sieht zu einem „Generalkartell". Diese „bewußt geregelte Gesellschaft in antagonistischer Form" („Finanzkapital", 2. Auflage Wien 1920, S. 314) ist reif für den Sozialismus. Es genüge fast — politische gegenläufige Tendenzen einmal außer acht gelassen — , „wenn die Gesellschaft durch ihr bewußtes Vollzugsorgan, den vom Proletarier eroberten Staat, sich des Finanzkapitals bemächtigt" (a.a.O., S. 507).
Bis 1920 fürchtet er allerdings eher die unterdrückende Funktion eines unter der Ägide des Staates stehenden organisierten Kapitalismus, plädiert er gegen Verstaatlichung und für eine Demokratisierung „von unten". Erst in der zweiten Sozialisierungskommission neigt Hilferding wieder zu einer Stärkung des „Organs der Allgemeinheit".
Seit 1922, womöglich auch angesichts seiner Erfahrungen mit der Übernahme eines Teils der Regierungsverantwortung im Spätsommer 1923, verstärkt sich die — sicherlich mit einer gewissen Resignation einhergehende — Überzeugung Hilferdings, man müsse schon in der Gegenwart im Staat das „politische Instrument zum Aufbau des Sozialismus" sehen (siehe seinen folgenden Aufsatz „Realistischer Pazifismus"). Von einem Kritiker der staatstragenden Funktion der Sozialdemokratie während der Anfangsjahre der Weimarer Republik entwickelt er sich zu ihrem stärksten Befürworter.
In seinem Referat auf dem Parteitag zu Halle (vom 11. bis 14. Juni 1924) „Für die soziale Republik" plädiert er für den bedingungslosen Kampf um die Republik und für die Übernahme der Staatsgewalt durch die SPD — nicht mit Hilfe einer Einigung mit den Kommunisten, sondern über die Erringung der Reichstagsmajorität durch die Eroberung von „Grenzschichten". Auch eine Koalitionspolitik der Sozialdemokratie verteidigt er nun vehement.
Die Gedanken, die Hilferding in seinem nachfolgenden, Ende 1924 in der „Gesellschaft" erschienenen Aufsatz entwickelt, gehen auf eine Analyse der „neuen Weltpolitik" von Anfang 1922 zurück. Die Konferenz von Washington (November 1921 bis Februar 1922), auf der ein Flottenabkommen zwischen USA, Großbritannien, Japan, Frankreich, Italien sowie ein Pazifikab-

kommen zwischen den USA, Großbritannien, Japan und Frankreich beschlossen wird, lasse ein Bündnis zwischen England und den USA erkennen. Der letzte Krieg habe diese zwei Machtzentren übriggelassen, die von annähernd gleicher Stärke seien, so daß „ein Krieg zwischen beiden das Verderben beider, ihre Interessengemeinschaft die Übermacht beider bedeutet". Die neue Weltpolitik habe sich zu kapitalistischer Expansion mit friedlichen Mitteln entschlossen. „Das aber heißt schnellste Revolutionierung der Welt. . . . Was die russische Revolution begonnen, die Bolschewiki zu fördern trachteten, das Erwachen des Ostens — die neue Weltpolitik des Kapitalismus wird es in beschleunigtem Tempo, mit ungleich wirksameren Mitteln, auf größter Stufenleiter vollenden" — als „Revolutionär wider Willen".
Das müsse freilich auch die Politik des Proletariats verändern: „Die kommunistische Einbildung, die jeden Tag auf den neuen Krieg ,hofft', an dem die Weltrevolution sich neu entzünden würde, ist fürwahr töricht und pervers. Töricht: denn sie vergißt die furchtbare Lehre der jüngsten Zeit. Gerade das war ja das tragische Geschick des Sozialismus, daß er im Gefolge des Krieges und der Niederlage vorübergehend zur Macht kam, als subjektiv der Geist der Arbeiterklasse durch nationalistisch-militaristischen Einfluß verdorben und objektiv die Möglichkeiten des Sozialismus durch die Verwüstungen des Krieges außerordentlich eingeschränkt waren. Pervers: denn welch abscheulicher Gedanke, daß der Sieg des Sozialismus, das heißt der Sieg wahrer Humanität und Kultur, nur aus der furchtbaren Barbarei und den unvorstellbaren Greueln eines neuen Krieges erwachsen könnte! Wenn man freilich den Sieg des Sozialismus nicht von der fortschreitenden Erkenntnis, sondern von der akuten Verelendung erwartet, dann muß man die Augen vor der neuen, sich anbahnenden Periode ängstlich schließen" (Die neue Weltpolitik, in: Die Freiheit, 4. Jg., 1. Januar 1922).
Den Begriff „realistischer Pazifismus" verwendet Hilferding zum ersten Mal zur gleichen Zeit, in seinem Aufsatz: „Die Weltpolitik, das Reparationssystem und die Konferenz von Genua", in: Schmollers Jahrbuch, 46. Jg. 1922.
Pazifismus ist also nicht mehr allein Sache des Proletariats und des Sozialismus. Es gilt daher, diese Tendenzen innerhalb des Kapitalismus zu unterstützen und zu festigen.

Kriegsausgang und innere Staatenentwicklung haben die politischen und ökonomischen Triebkräfte der auswärtigen Politik und damit die subjektiven und objektiven Bedingungen zur Lösung des Friedensproblems wesentlich geändert.

Erörtern wir zunächst die objektive Veränderung der außenpolitischen Verhältnisse, der Machtverhältnisse der Staaten. Denn von den Staaten als den Trägern des politischen Willens müssen wir zunächst ausgehen. Dagegen muß es irreführen, wenn man von willkürlich gebildeten Begriffen ausgeht, z.B. von „Europa", das nie ein politisches Gebilde war und deshalb auch nie politische Wirksamkeit entfaltete. Europa ist keine politische Kategorie, sondern ein geographischer Terminus, eine Banalität, die nur gegenüber den üppig ins Kraut schießenden Elegien von „europäischer Krise" und „Untergang des Abendlandes" betont werden muß. Die amerikanische Entwicklung ist nur geographisch keine europäische. Im übrigen ist sie von Europäern in europäischer Art durchgeführt. Je mehr der koloniale Charakter dieser Entwicklung schwindet, desto größer die politische und kulturelle Annäherung. Richtig ist nur, daß die Realität des Weltmarktes und der Weltwirtschaft über die europäischen Grenzen hinausgewachsen ist. Die Entwicklung des Weltmarkts und der Weltwirtschaft ist in den letzten Dezennien vor dem Kriege eine qualitativ andere geworden. Es hängt das vom europäischen Gesichtspunkt aus gesehen mit dem Übergang vom Warenexport zum Kapitalexport, mit der Entwicklung der außereuropäischen (aber auch der osteuropäischen) Gebiete von Absatzmärkten zu Anlagesphären des europäischen Kapitals zusammen, also mit der Verpflanzung kapitalistischer Produktionsweise in diese Gebiete. Der Krieg hat diese Tendenzen nicht erst geschaffen, wohl aber gesteigert und ihre politische Wirkung beschleunigt.[1]

Der Krieg hat — und dies ist seine welthistorische Bedeutung — drei Hauptresultate bewirkt: die Herstellung und Festigung der Hegemonie der angelsächsischen Welt — Englands und der Vereinigten Staaten — als der kapitalistisch fortgeschrittensten Mächte; die Durchsetzung der politischen Demokratie; schließlich das Erstarken des Nationalbewußtseins sowohl in Gestalt der Bildung neuer Nationalstaaten und der nationalen Emanzipationsbestrebungen bisher unterworfener Nationen als auch in dem stärkeren Nationalbewußtsein der Massen innerhalb der bisherigen Nationalstaaten.

Auch hier waren die Wirkungen schon in den Ursachen enthalten: die imperialistischen Gegensätze, einmal bis zur gewaltsamen Lösung gesteigert, mußten zur endgültigen Entscheidung über die Weltherrschaft forttreiben; die kapitalistische Durchdringung der Welt, die der west- und mitteleuropäischen Kapitalismus betrieb, mußte bei den Völkern Osteuropas, Asiens und des nördlichen Afrika den Beginn der modernen Klassengliederung

---

1 Zu den folgenden Ausführungen siehe auch Hilferding, Die Weltpolitik, das Reparationsproblem und die Konferenz von Genua, Schmollers Jahrbücher XLVI 3/4.

schaffen und zugleich das nationale Emanzipationsstreben wecken, ihre Befreiungskämpfe in den großen imperialistischen Weltkampf eingliedern und schließlich zu neuen Staatengründungen führen. Schließlich mußte der Krieg, der infolge der Entwicklung seiner eigenen Technik und der Anforderungen, die er an die Produktion stellte, zum umfassenden Volkskrieg werden mußte, eine Stärkung des Machtgefühls der Massen und damit die Durchsetzung der politischen Demokratie bewirken.

Die Vereinigten Staaten sind aus dem Kriege ökonomisch ungeheuer gestärkt hervorgegangen. Drei Jahre hindurch waren sie der größte Kriegslieferant der Welt. Unter dem Stachel der hohen Preise für Industrie- und Agrarprodukte wurde der Produktionsapparat sehr stark erweitert und eine große Handelsflotte geschaffen. Außerordentlich wuchs der Überschuß der Handels- und Zahlungsbilanz an. Aus dem größten Schuldner- wurde der größte Gläubigerstaat der Welt. In den 6 Jahren, vom 30. Juni 1914 bis 30. Juni 1920, betrug der Exportüberschuß 18 439 544 000 Dollar. Im Jahre 1921 betrug er 375, 1922 sank er auf 140, stieg aber 1923 wieder auf 338 Millionen Dollar. Infolge der Aktivität der Handels- und Zahlungsbilanz wuchs der Goldvorrat in den Vereinigten Staaten von 1 872 Millionen Dollar im Jahre 1914 auf 3 223 Millionen Dollar im Juni 1921. Von dem Goldvorrat der Welt verfügen heute die Vereinigten Staaten über mehr als die Hälfte.

Neben den Vereinigten Staaten ist das britische Weltreich der Sieger dieses Krieges. Die machtpolitische Bedrohung, der sich England durch die deutsche Flottenrüstung ausgesetzt glaubte, ist geschwunden. Im und nach dem Kriege ist der innere Zusammenhalt des Weltreichs enger geworden. Dies gilt unmittelbar für das Verhältnis Englands zu den englisch sprechenden Dominions; aber auch die indischen und ägyptischen Schwierigkeiten, die sich aus dem Druck der nationalen Bewegung ergeben, brauchen englischer Staatskunst keine unauflösbare Aufgabe zu stellen, und vielleicht erweisen sich die Methoden einer englischen Arbeiterregierung dank geschichtlicher Ironie für die Festigung des Weltreichs glücklicher als die englischer Imperialisten. Der Landweg nach Indien, die Verbindung Kap–Kairo ist gesichert; die strategischen und Handelsstraßen vor Bedrohung geschützt; neue Verbindungswege zu allen Teilen des Reiches sind möglich geworden; Flugzeug, drahtlose Telegraphie und Funkspruch nähern die Peripherie dem Zentrum, steigern den Wirkungsgrad und die Wirkungsmöglichkeit zentraler Regierung außerordentlich.

Gegenüber den beiden angelsächsischen Mächten ist Frankreich als stärkste Militärmacht des Kontinents aus dem Kriege hervorgegangen. Die Entwicklung der Unterseeboot- und der Luftwaffe macht es im Kriegsfall zu einem gefährlichen Gegner Englands, dessen Inselstellung durch die Entwicklung der modernen Kriegstechnik sehr viel von ihrer früheren Bedeutung verloren hat.

Der Krieg scheint so zunächst an Stelle der früheren Konfliktsmöglichkeiten nur neue, größere gesetzt zu haben; an Stelle des englisch-deutschen den englisch-amerikanischen, an Stelle des deutsch-französischen den französisch-englischen, und im Ungewissen bleibt die künftige Gestaltung der russischen Politik. Ungelöst zum Teil (oder durch neue Komplikationen noch gefahrdrohender) sind die Nationalitätenprobleme Osteuropas und Asiens geworden. Bleibt gegenüber diesen Spannungen nicht jede Friedenspolitik in das Reich der Utopie und Schwärmerei verwiesen? Und wenn den Siegern selbst der von ihnen erreichte Zustand keine Befriedigung gewährt, nur als neue Spannung empfunden wird, soll dann den Besiegten eine andere Hoffnung bleiben als aufs neue die Revision mit den Waffen zu versuchen? Und ist nicht das Wesen des Kapitalismus kriegerisch? Ist es nicht der Expansionsdrang des Kapitals, der zu den gewaltsamen Explosionen der kapitalistischen Machtstaaten im Kampf um die Beherrschung des Weltmarkts führt? Kann es also in der kapitalistischen Gesellschaft eine andere Friedenspolitik geben als den Kampf um den Sozialismus?

Zwei Mittel kennt die kapitalistische Wirtschaft, um ihr Ziel, die Produktion von Profit, auf dem Weg ständig erweiterter Konzentration des Kapitals zu erreichen: das Niederkonkurrieren des schwächeren Gegners im Kampf oder die Vereinigung der Starken zu einer Interessengemeinschaft. Je entwickelter die Stufenleiter kapitalistischer Produktion, je fortgeschrittener die Technik, je größer der Anteil des fixen Kapitals, je konzentrierter das Bankwesen und je enger seine Verbindung mit der Industrie, desto verwüstender wirkt der Konkurrenzkampf, desto schwerer seine Verluste für alle Beteiligten, desto ungewisser sein Ausgang, desto mehr tritt an die Stelle der Konkurrenz die Vereinbarung. Das Ziel – die Steigerung der Profitrate – ist dasselbe, aber die Methoden sind verschieden; die zweite ist die wirtschaftlichere und unendlich wirksamere.

Die Analogie ist gültig für die internationale Politik. Ihr Inhalt wird in letzter Instanz bestimmt durch die ökonomischen Interessen der die Staatspolitik gestaltenden Klassen, und der Expansionsdrang des Kapitals spielt letztlich eine bedeutsame Rolle. Aber diese allgemeine und verallgemeinernde Behauptung bedarf gar sehr konkreter Untersuchungen der jeweiligen Verhältnisse, um bestimmte politische Schlüsse zuzulassen. Denn Mittel und Wege der Expansion sind verschieden.

Der Drang nach Expansion hängt einmal ab von dem Verhältnis von landwirtschaftlicher und industrieller Produktion innerhalb der Staaten. Die Agrarwirtschaft, die bäuerliche zumal, kennt in modernen Zeiten kein gewaltsames Ausdehnungsstreben; sie steht der Stärkung der Staatsmacht, der Bürokratie, des Militarismus oft feindlich, meist indifferent gegenüber; das Verhalten der dänischen, aber auch das der französischen Bauernschaft bietet dafür Beispiele. Dies ändert sich, wenn es der Großgrundbesitzerschicht gelingt, die Führung der Agrarbevölkerung organisatorisch und intellektuell zu erlangen. Wo aus dieser Schicht sich die höhere Bürokratie und das Offizierkorps hauptsächlich rekrutiert, wird sie an der Ausdehnung der Staatsmacht interessiert und überwindet durch ihren Einfluß entgegenstehende Strebungen der ländlichen Bevölkerung. Verschieden ist aber auch der Expansionsdrang und die Art seiner Verwirklichung je nach der verschiedenen Rolle, die das Industrie-, das Handels- und das Bankkapital innerhalb der von den Staatsgrenzen umschlossenen Wirtschaft spielen.² Und diese verschiedenartigen wirtschaftlichen Tendenzen müssen sich erst politisch durchsetzen; denn erst nach Umsetzung ökonomischer Macht in Staatsmacht wird Wirtschaftsmacht wirksam. Diese Umsetzungsmöglichkeiten selbst sind wieder sehr mannigfaltig. Denn so gleichartig ökonomischer Abstraktion kapitalistische Wirtschaft erscheint, so mannigfaltig ist die konkrete Wirtschaftsgestaltung innerhalb der verschiedenen Staatsgrenzen; erst recht mannigfaltig die politische Gestaltung; sie hängt ab von der Art und der Zeit, in der der Kapitalismus – autochthon oder vom ausländischen Kapital getragen – sich innerhalb der Staatsgrenzen entwickelt, wie er die vorgefundene Staatsmacht übernommen und modifiziert oder sie völlig umgestaltet hat. Denn unbestimmbar – weil zu einem großen Teil Gewaltwirkung – gestaltet sich das historische Widerspiel zwischen der überkommenen Staatsmacht und kapitalistischer Wirtschaftsmacht. Man denke etwa an den Gegensatz englischer und französischer Entwicklung. In England die Unterwerfung der Staatsgewalt unter die Herrschaft des Industriekapitals in fast klassischer Vollendung; im Frankreich der Koalitionskriege, der Siege Napoleons, die Schaffung eines straff zentralisierten, bürokratisch-militärischen Staatsapparats, der auch in der Republik sich behauptet. Jeder Organisation, insbesondere aber einer Machtorganisation wie der des Staates, wohnt der Drang nach Behauptung und Mehrung ihrer Macht inne und gewinnt unter Umständen Eigengesetzlichkeit. Man versteht deshalb, welch große Bedeutung die Eigenart der Staatsmacht für die Außenpolitik gewinnt, selbst bei gleichen ökonomischen Tendenzen, die auf den Inhalt dieser Politik einwirken. Das Verhältnis von Wirtschaft und politischer Macht ist also zum Teil historisch bestimmt; die verschiedene Art ihrer gegenseitigen Abhängigkeit bestimmt aber die jeweilige konkrete Gestaltung der Staatspolitik.

Dazu kommt ein weiteres. Krieg ist eine Machtauseinandersetzung und hat daher zur allgemeinen Voraussetzung seines Entstehens eine bestimmte Lagerung der zwischenstaatlichen Machtverhältnisse. Stets schließt der Expansionsdrang der modernen Wirtschaft Interessengegensätze und Konfliktsmöglichkeiten in sich. Ob diese aber durch Krieg zum Ausdruck kommen, steht dahin. Dafür ist Bedingung, daß die wirtschaftlichen Gegensätze sich umsetzen in eine Machtpolitik des Staates, die die Macht anderer Staaten unmittelbar bedroht. Dabei müssen die Kräfteverhältnisse so gelagert sein, daß die einander entgegenstehenden Staaten oder Staatengruppen, jede für

---

2 Das gilt – wie für die Gegenwart – so für die Vergangenheit. „In der modernen englischen Geschichte erscheint der eigentliche Handelsstand und die Handelsstädte auch politisch reaktionär und im Bund mit der Grundaristokratie und Finanzaristokratie gegen das industrielle Kapital. Man vergleiche z. B. die politische Rolle von Liverpool gegenüber Manchester und Birmingham. Die vollständige Herrschaft des industriellen Kapitals ist erst seit der Aufhebung der Kornzölle usw. vom englischen Kaufmannskapital und von der Finanzaristokratie (moneyed interest) anerkannt." Marx, Kapital, III 1, S. 311 Anm.

sich, auf den Sieg rechnen können. Denn allzu große Verschiedenheit der Macht zwingt den Schwächeren zum Nachgeben und schließt den Krieg aus. Lassen sich nun in der Staatenpolitik seit dem Kriegsende Tendenzen feststellen, die einem neuen kriegerischen Zusammenprall entgegenwirken und reichen diese Tendenzen aus, um den Sieg einer dauernden Friedenspolitik wahrscheinlich zu machen?

Wie ist zunächst die Politik Englands bestimmt?

Für die Wirtschaftspolitik kapitalistischer Staaten ist, wie erwähnt, Art und Stärke der gegenseitigen Beziehungen von Handels-, Industrie- und Bankkapital vor allem bedeutsam. In England fehlt zunächst die Bauernmasse, hat der gewerbliche, selbständige Mittelstand und das städtische Rentnertum geringe Bedeutung; das industrielle Kapital hat deshalb unumschränkter als anderswo seit langem die beherrschende Stellung in der Wirtschaftspolitik inne. Deren Eigenart aber erklärt sich erst völlig aus dem für England charakteristischen Verhältnis zwischen Industrie und Banken und der Bedeutung, die diese für die englische Wirtschaft gewonnen haben.

Die englische kapitalistische Industrie hat sich im wesentlichen autochthon vom klein- und mittelkapitalistischen Privatbetrieb bis zum modernen Riesenbetrieb in den Formen der Aktiengesellschaft entwickelt. Sie bedurfte der Banken nicht so sehr als Finanzierungsinstitute, die erst das Kapital bei sich konzentrieren und es dann der Industrie zur Verfügung stellen, die sie mitgründen und zum Teil kontrollieren. Das unterscheidet das englische Verhältnis zwischen Banken und Industrie von dem in Ländern, wo, wie in Deutschland, die kapitalistische Industrie erst in einem späteren Zeitpunkt, dann aber auch sofort auf höherer betrieblicher Stufenleiter und mit weit größerer Kapitalausstattung der Einzelunternehmung, damit auch mit größerer Inanspruchnahme von Bankunterstützung, zur Entfaltung kommt. Die englischen Depositenbanken dienen so in größtem Umfang dem industriellen Zirkulationskredit. Sie stellen der Industrie vor allem Betriebskapital in Geldform, das ständig in Geldform zurückfließt, zur Verfügung, im Gegensatz zum deutschen, zum Teil auch dem amerikanischen Banksystem, das der Industrie auch Anlagekapital gibt.

Zugleich hat sich das englische Bankkapital während der lange bestehenden Monopolstellung in Welthandel und Seeschiffahrt zum Zentrum der Finanzierung des Welthandels und des Weltverkehrs entwickelt. Die Stellung der Londoner Börse als Weltmarkt für den internationalen Geld- und Wechselverkehr hängt mit dieser Bankenorganisation auf das engste zusammen und bildet einen integrierenden Bestandteil dieser Geld- und Kreditorganisation. Industrie-, Handels-, Schiffahrts-, Bank- und Börseninteressen decken sich in England unmittelbarer und vollkommener als anderswo. Und diese sind vor allem weltwirtschaftliche. Für die englischen Hauptindustrien spielt bei dem starken Exportinteresse der möglichst freie Zugang zu allen Absatzmärkten die entscheidende Rolle. Auch die Entwicklung nach dem Kriege, die stark zu einer monopolistischen Konzentration tendiert, hat daran nichts geändert. Denn diese Konzentration hat sich unter der Herrschaft des Freihandels durchgesetzt; die freie Konkurrenz des Geldmarkts hat zur Rationalisierung der Produktion und zur technischen Durchorganisierung gezwungen. Das Fehlen des Schutzzolls hat jene Richtung bisher nicht aufkommen lassen, die Stücke des Weltmarkts zu erobern sucht, um sie durch Ausschluß der Konkurrenz andersstaatlicher Industrien für die eigene zu monopolisieren. Ist so das industrielle Exportinteresse für die Wiederherstellung der Absatzmärkte, so ist für Handel und Schiffahrt wie für Banken und Börse die Wiederherstellung und Ausdehnung des Weltverkehrs die Lebensfrage. Daher die Bemühung der englischen Politik um den Neuaufbau des internationalen Handels-, Geld- und Kreditverkehrs. Gegenüber diesem grundlegenden Bedürfnis des englischen Gesamtkapitals treten die Interessen an der Einziehung der Zinsen aus den deutschen Reparationsverpflichtungen, aus der russischen Schuld, ja, sogar aus den Forderungen der Alliierten in die zweite Reihe.

Diese ökonomischen Tendenzen, die sich in England bei der Schwäche der bäuerlichen Bevölkerung und des städtischen Rentnertums reibungsloser als anderswo in politische Willensgestaltung umsetzen, werden verstärkt durch die machtpolitischen Interessen Englands. Der Krieg hat überall das Machtbewußtsein der Massen gestärkt, er hat in den bisher unterworfenen Völkern überall den Drang nach nationaler Freiheit und Selbstbestimmung geweckt. Das Erwachen der Völker Asiens und Nordafrikas schafft England in Indien und Ägypten die größten Schwierigkeiten. Seine Staatskunst mag hoffen, durch Gewährung von Autonomie und Selbstverwaltung der ungeheuren Schwierigkeiten Herr zu werden, den Zusammenhalt mit dem Mutterland in anderer Form aufrechtzuerhalten. Aber diese Staatskunst muß versagen, wenn sie sich gewaltsamen Ausbrüchen gegenübersieht, die mit revolutionärer Elementargewalt bisher passive Völker zur Rebellion treiben. Der Sieg Japans über Rußland, die russische, türkische, persische Revolution, die Insurgierungsversuche des Bolschewismus in der asiatischen Welt werden für England als schwere Erschütterung seiner Stellung in Indien und Ägypten fühlbar. England braucht Ruhe und Frieden, um seine inner-imperialen Probleme lösen zu können, nachdem der letzte Krieg seine machtpolitischen Ziele erfüllt hat. Deshalb war Englands Weltpolitik schon vor dem Kriege konservierend-evolutionär geworden. Die Konservativen bezahlten den Burenkrieg mit dem Verlust ihrer Herrschaft. Die englische Außenpolitik ist heute bewußt und entschlossen auf die möglichste Vermeidung aller inneren und äußeren Erschütterung gerichtet.

Wie haben nun diese Tendenzen seit dem Kriege gewirkt? Wie hat sich das Verhältnis zu den anderen Machtzentren gestaltet, zunächst zu seinem wichtigsten ökonomischen Konkurrenten, zu den Vereinigten Staaten? An Englands Seite – nicht zuletzt durch den mächtigen ideologischen Einfluß des gleichsprachigen Landes beeinflußt – sind die Vereinigten Staaten in den Krieg eingetreten, haben Englands Sieg im Kriege und im Rat von Versailles entschieden. Das Faktum beweist allein, wie falsch die Behauptung wäre, daß kapitalistische Konkurrenz allein schon zu staatlichem Gegensatz treiben müßte. Seitdem hat England bewußt alles darangesetzt, die Bundesge-

nossenschaft auch ohne politischen Vertrag zur dauernden zu gestalten, die Gegensätze und Konfliktsmöglichkeiten auf das ökonomische Gebiet zu isolieren und sie machtpolitisch auszuschalten.
Die erste Etappe dieses Zieles wird erreicht auf der Konferenz in Washington (Dezember 1921), wohl einer der weltpolitisch folgenreichsten Zusammenkünfte. Die Vereinigten Staaten und England setzten ihre Flotten auf gleiche Stärke herab, machten also die Chancen für einen Machtentscheid gleich und schalteten diesen eben dadurch aus. Unter ihrem vereinten Druck mußte sich Japan anschließen, die stärkste Seemacht des fernen Ostens. Ihr ungestümer Expansionsdrang wird von einem jugendlichen, in rascher Entwicklung begriffenen Kapitalismus getragen in einem relativ übervölkerten, auf starke Auswanderungsmöglichkeiten angewiesenen Lande mit einer von feudal-militaristischen Traditionen beherrschten Staatsmacht. Japans Flotte wurde auf die Hälfte der englischen oder amerikanischen herabgesetzt; sein Ausdehnungsstreben in China erfuhr bestimmte Begrenzung. Dem japanisch-amerikanischen Gegensatz, der im Streben nach der Beherrschung des Stillen Ozeans, nach der Vormachtstellung in China bereits nicht unbedenkliche Formen angenommen hatte, wurde durch Aufnahme Japans in die angelsächsische Interessengemeinschaft jedenfalls der akute Gegensatz genommen. Aber auch Frankreich, die stärkste Kontinentalmacht, die Rivalin Englands in Europa und Vorderasien, wurde zum Beitritt veranlaßt. Die Konkurrenz wird durch die Interessengemeinschaft überwunden; die Mächte garantieren sich gegenseitig ihren Besitzstand im fernen Osten, verpflichten sich alle Meinungsverschiedenheiten untereinander durch eine gemeinsame Konferenz zu ordnen und einander bei einer Bedrohung beizustehen. Über China, dem Herd gegenseitiger Rivalitäten, wurden keine Einzelheiten ausgemacht; es liegt aber in der Natur solcher Abmachungen, daß nach Klärung der politischen Verhältnisse, nach Beendigung der Wirren das Riesenreich dem vereinigten Kapitalismus der großen Mächte erschlossen werden soll.
Mit dieser Annäherung der angelsächsischen Reiche war ein entscheidender Schritt getan. Die Kooperation der angelsächsischen Welt in den Fragen des Pacific und des fernen Ostens war gesichert, die Befriedung und zugleich die friedliche Expansion in diesem Teil der Welt erreicht. Zugleich hat England die einzige große Niederlage, die seine Geschichte kennt, den Verlust der amerikanischen Kolonien, politisch bis zu einem hohen Grade wettgemacht.
Einen zweiten Schritt, um die Kooperation mit den Vereinigten Staaten enger zu gestalten, um zugleich die amerikanische Hilfe für die Wiederherstellung seines Kredits und für die Finanzierung des europäischen Wiederaufbaus zu erhalten, tat England mit der Aufnahme des Zinsendienstes für seine amerikanische Schuld durch das Mellon-Baldwin-Abkommen.
Der englischen Politik kommen gewisse Tendenzen der amerikanischen entgegen. Die eigenartige Entwicklung des amerikanischen Kapitalismus ist bekannt. Die Vergebungen der Staatsländereien, die fast kostenlose Aneignung der Kohlen- und Metallschätze, der Eisenbahnkonzessionen, die Petroleumquellen, die Land- und Aktienspekulationen sind die Grundlage für die „ur-

sprüngliche Akkumulation". Der spekulative Charakter fördert das Entstehen der individuellen Riesenvermögen. Die Beherrschung der Transportwege und der Rohstoffquellen stärkt die monopolistischen Tendenzen einer kapitalistischen Wirtschaft, die infolge des gewaltigen und in steter rascher Ausdehnung befindlichen inneren Marktes zur Produktion auf größter Stufenleiter strebt. Gegenüber der riesenhaften Entwicklung des Industriekapitals bleibt die Entwicklung des Handels- und Bankkapitals zunächst zurück. Erst in neuerer Zeit tritt neben die Namen der Astor, Gould, Vanderbilt, Rockefeller, Carnegie der Name Morgan. Die Politik steht uneingeschränkt im Dienst des Industriekapitals. Das Hochschutzzollsystem sorgt für die treibhausmäßige Entwicklung der Industrie, für ihre Kartellierung und Vertrustung, die durch die gesetzliche Scheinbekämpfung eher gefördert statt behindert wird. Der Schutzzoll, der für die Agrarprodukte in dem agrarischen Exportland unwirksam ist, erhöht die industrielle Profitrate und den Monopolprofit auf Kosten der Arbeiter und der Farmer. Trotzdem bleiben Gegenbewegungen der Arbeiterschaft und der Landbevölkerung aus oder verpuffen nach kurzem Aufflammen. Erst die Entwicklung demokratischer Massenbewegung nach dem Kriege läßt auch darin eine Wandlung erwarten.
Der Krieg und seine Wirkungen sind auch für die amerikanische Wirtschaftspolitik von entscheidender Bedeutung. Das Sinken der europäischen Kaufkraft bedeutet Absatzminderung für die amerikanischen Farmer und Baumwollpflanzer nicht minder, wie für die Produzenten von Kupfer, Blei und anderen Metallen. Es bedeutet überhaupt Erschwerung des Exports, für den die europäischen Absatzmärkte noch immer die wichtigsten sind; diese können auch nicht durch außereuropäische ersetzt werden, zumal deren Kaufkraft zu einem großen Teil abhängt von dem Absatz, den ihre Agrarprodukte und Rohstoffe auf den europäischen Märkten finden. Und mag auch die industrielle Exportmenge der amerikanischen Industrie im Vergleich mit der Produktion für den inneren Markt verhältnismäßig gering sein, so erfordert der Mechanismus der kapitalistischen Konkurrenz stets auch die Unterbringung der Spitzenbeträge. Denn ihre Unverkäuflichkeit bedeutet sofort Preisdruck auf dem inneren Markt, Produktionseinschränkung, eventuell Krise – ein Umstand, der ja überhaupt das starke Interesse des Industriekapitals an der Entwicklung des Exports erklärt.
Mit diesem Interesse des Industriekapitals verbündet sich aber das seit dem Kriege besonders erstarkte Bankkapital. Die Gläubigerstellung der Vereinigten Staaten, die sie im Kriege erlangt haben, die außerordentliche Aktivität ihrer Handels- und erst recht ihrer Zahlungsbilanz bewirken ein ununterbrochenes Einströmen von Geldkapital. Dieses strebt nach Verwertung; es findet diese nur zum Teil und nicht schnell genug auf dem inneren Markt, trotz seiner rapiden Expansion. Das Bankkapital muß danach streben, den Besitz an freiem Geldkapital, insbesondere auch an Gold, durch den Kredit der Verfügung des europäischen Kapitals zurückzugeben. Es muß Kapitalexport in Geldform machen, um seinen Warenexport sowohl in Form von Kapital- als in Form von Konsumgütern steigern zu können. Sowohl das

Industrie- als das Bankinteresse, aber auch das Farmerinteresse verlangt den Wideraufbau und damit die Finanzierung der außeramerikanischen, vor allem der europäischen Märkte, und das erfordert vor allem Friede und Rechtssicherheit, welch letztere Forderung sich vor allem an die Bolschewiki richtet, wie die erste an die französische Politik. Dazu kommt das gleichfalls seit dem Kriege erstarkte Interesse des amerikanischen Kapitals am Welthandel und an der Weltschiffahrt und an deren Finanzierung.

Das Maß, in dem es den Vereinigten Staaten gelingen wird, diese Finanzierung zu bewerkstelligen, entscheidet zugleich über ihren Anteil an der Herrschaft über den Geld- und Kreditmarkt der Welt. Die Konkurrenz zwischen dem amerikanischen und englischen Bankkapital bildet das spannendste Kapitel der neuesten ökonomischen Geschichte. England hat die größten Anstrengungen gemacht, um diese Herrschaft zu behaupten. Diesem Ziele diente vor allem die vorbildliche Steuer- und Finanzpolitik während und nach dem Kriege. In keinem anderen Lande ist ein so hoher Prozentsatz der Kriegsausgaben durch Steuern gedeckt worden. Die Zunahme der Schuld konnte auf 7 Milliarden Pfund Sterling beschränkt bleiben. Mit großen Opfern wurde der Sterlingkurs gestützt. Vom Januar 1916 bis März 1919 wurde eine Stabilisierungsaktion in New York durchgeführt. Es gelang, den Preis des Pfundes in New York auf 4,76 Dollar zu halten gegenüber der Parität von 4,86 $2/3$ Dollar. Dies wurde erreicht durch Goldabgabe, deren genauer Betrag nicht bekannt ist – im Jahre 1915 betrug der Goldabfluß zirka 60 Millionen Pfund Sterling – durch Verpfändung und Verkauf von Wertpapieren im Betrage von 623 Millionen Pfund Sterling und durch die Aufnahme von Anleihen, hauptsächlich in den Vereinigten Staaten. Nach Aufhören der Stützungsaktion sank der Wechselkurs. Der tiefste Stand wurde erreicht am 4. Februar 1920, wo das Pfund gleich 3,21 $3/4$ Dollar stand. Im Jahre 1921 wies das Budget bereits dank der drakonischen Steuerpolitik einen Überschuß von 230 Mill. Pfund Sterling auf, der zur Schuldentilgung diente. Der Wechselkurs begann unter Schwankungen zu steigen. Er erreichte seinen höchsten Stand am 21. Februar 1923 mit 4,72 $1/2$ Dollar, war also nur wenig von der Parität entfernt.

In den Vereinigten Staaten dauerte die Abneigung fort, unter den unsicheren politischen Verhältnissen Geld nach Europa in größerem Maßstab anzulegen; die außerordentliche Prosperität bewirkte starke Nachfrage nach Geldkapital auf dem inneren Markte; die Zinsrate in New York war verhältnismäßig hoch (4 $1/2$ Proz.). Die amerikanischen Banken waren zu einem energischen Angriff auf die englische Herrschaftsstellung noch nicht gerüstet und entschlossen.

Die Situation änderte sich im Laufe des Jahres 1923. Gegen die englische Deflationspolitik erhob sich Widerstand in den Reihen der britischen Industrie, getragen von der mächtigen Federation of British Industries; er fand einen gewissen Widerhall auch in den Reihen der Arbeiterschaft und in theoretischen Anschauungen, die vornehmlich von Keynes vertreten werden. Auch die Meinung der City zeigte sich schwankend. Die konservative Regierung Baldwin unterlag diesen Strömungen. Sie erklärte, keine Politik aktiver

Deflation treiben, auf keine Senkung des inneren Preisniveaus hinarbeiten und die weitere Entwicklung des amerikanischen Preisniveaus abwarten zu wollen. Zugleich wirkten ökonomische Momente — hohe amerikanische Zinssätze, die zur Anlage in Dollarwerten Veranlassung gaben — und politische Momente — die deutsch-französische Krise, die englischen Wahlen, der Sieg der Arbeiterpartei — ungünstig auf den Sterlingkurs. Seit April 1923 beginnt sein Sinken; am 19. November 1923 wird das Pfund mit 4,25 3/4 notiert, die tiefste Notierung dieses Jahres. Am 21. Januar 1924 erreicht das Pfund seinen Tiefpunkt mit 4,20 1/4 Dollar; die Furcht vor der kommenden Arbeiterregierung, die großen Streikbewegungen haben einen leisen Beginn der Flucht aus dem Pfund bewirkt. Aber mit großen Nachdruck tritt die City einer Bewegung entgegen, die sie als Schande empfindet. Rasch weicht die Panik; der Kurs steigt, verharrt längere Zeit um 4,30, bis die Aussicht auf Annahme des Dawes-Gutachtens ihn auf 4,50 und darüber steigen läßt. Schon am 18. Februar hatte MacDonald sich im Unterhaus zu den Grundsätzen des Cunliffe-Committee, das die Rückkehr zur Goldwährung empfohlen hatte, und damit zu einer Deflationspolitik bekannt, und wieder wird es eine hübsche Ironie der Weltgeschichte sein, wenn der Sozialist Snowden durchführt, was dem imperialistischen „Wirtschaftsführer" Baldwin mißlang.

Nicht geringer, aber im entgegengesetzten Sinn war die Veränderung der amerikanischen Bankpolitik. Ununterbrochen war der Goldzufluß — ein toter Schatz, der nach Verwertung drängte. Die Beschäftigung der Industrie ging (seit Mitte des Jahres) zurück, Geldkapital blieb unbeschäftigt, die Zinsraten sanken, die Federal-Reserve-Banken ermäßigten den Diskont am 30. April 1924 auf 4, am 11. Juni auf 3 1/2, am 8. August auf 3 Prozent. Das ist 1 Prozent unter dem Satz der Bank von England. Hier ist, berichtet der New Yorker Korrespondent des „Economist" vom 9. August, eine solch ungeheure Akkumulation von unbeschäftigtem Geldkapital, daß die Banken ungeduldig eine stärkere Nachfrage für Geschäftszwecke erwarten. Die Herabsetzung der Zinsrate habe nicht zu vermehrter Inanspruchnahme des Rediskontkredits bei den Federal-Reserve-Banken geführt. Ernste Sorge erfülle die Bankiers, ob sie bei Fortdauer der niedrigen Zinsraten überhaupt noch eine hinreichende Rentabilität für ihr Kapital erzielen könnten.

Diese Entwicklung hat die Abneigung, Europa zu finanzieren, gründlich beseitigt. Die amerikanische Bankwelt hat begriffen, daß sie Gold und Geld nach Europa bringen muß und zugleich eingesehen, daß dies das einzige Mittel ist, um Anteil an der Herrschaft über den Geldmarkt zu erhalten. Der Versuch hat um so bessere Aussichten, wenn er unternommen wird, solange das Pfund Sterling noch unterwertig und unkonvertibel ist, England also in seiner Kreditgewährung noch durch die Sorge beengt ist, seinen Wechselkurs durch Überspannung seiner Zahlungsbilanz nicht neuerlich zu schwächen. Als Verwalter der über 3 Milliarden Dollar Gold (etwas über drei Viertel des gesamten in den Vereinigten Staaten zu Geldzwecken zur Verfügung stehenden Goldes) erachtet es die Leitung der Federal-Reserve-Banken, wie sie selbst es in ihrem 10. Jahresbericht ausspricht, als Gebot der Klug-

heit, dafür zu sorgen, so viel von diesem Gold, als Europa zur Wiederherstellung seiner Währung brauchen wird, bereitzuhalten, ohne die Währungs- und ökonomische Situation der Vereinigten Staaten zu alterieren.
Den englisch-amerikanischen Tendenzen widerstrebte die Politik Frankreichs. Wieder ist es die Eigenart der sozialen Struktur des Landes, die diese Politik erklärt. Das zahlreiche Kleinbauerntum und städtische Rentnertum übt keinen so einheitlichen, eindeutigen und unmittelbaren Einfluß auf die Politik aus wie etwa die einheitliche englische Kapitalistenklasse. Der Zusammenhang ihrer Interessen mit der Politik des Staates und namentlich mit seiner Führung der auswärtigen Angelegenheiten kommt diesen Schichten nicht zum klaren Bewußtsein. Dies ist schon deshalb der Fall, weil die breite bäuerliche Masse der energischen und zielbewußten Führung durch eine herrschende Schicht entbehrt, wie sie in Deutschland durch das Junkertum gegeben ist. Dies bedeutet schon an sich eine stärkere Unabhängigkeit der Staatsmacht und stärkeres Hervortreten ihrer, aus ihrer Natur als Machtorganisation gegebenen Zielsetzungen.
Die französische Industrie war bisher, an der Entwicklung der englischen, deutschen, belgischen oder amerikanischen gemessen, überwiegend Mittelindustrie, zu einem großen Teil mehr binnenländisch als weltwirtschaftlich interessiert, an den Protektionismus durch eine starke Staatsmacht gewöhnt. Erst der Erwerb Elsaß-Lothringens hat die Schaffung einer bedeutsamen Schwerindustrie bewirkt.
Völlig anders ist auch die Stellung der französischen Bankwelt. Sie ist weniger eng als die englische, amerikanische oder deutsche mit der Industrie verbunden und weniger weltwirtschaftlich orientiert. Ihre Stellung beruht auf der breiten Rentnerschicht, deren Kapitalien sie konzentriert und verwaltet, für deren Anlagebedürfnisse sie einerseits sorgte, wie sie andererseits die gewaltigen Ersparnisse der französischen Volkswirtschaft für die großen Auslandsgeschäfte zur Verfügung stellte. Die französische haute finance hat den Machtapparat des Zarismus, die Wirtschaft und Eisenbahnen Rußlands finanziert. Ihre Domäne waren die großen Anleihen und kolonialen Gründungsgeschäfte. So war sie stets interessiert an der kolonialen Expansion, an der Stärkung der Staatsmacht, die die Sicherheit der Anlagen und der Zinsbezüge ihr und der Klasse der französischen Sparer garantiert, wenn nötig durch Anwendung der politischen Gewalt. So unterstützte die haute finance von jeher die Machtpolitik des französischen Staates; sie ist aber diejenige von den französischen Wirtschaftsschichten, die vermöge ihrer Geschlossenheit und ihres ökonomischen Schwergewichts ihren wirtschaftlichen Tendenzen starken politischen Nachdruck verleihen kann.
Sie war auch die Stütze des bloc national. Seine Politik erhoffte auf Grund des militärischen Übergewichts Frankreichs starke Ausdehnung kolonialer Macht und europäischen Einflusses, Ziele, die auch die haute finance als Erweiterung der Basis für ihre Finanzierungsaktionen erstreben mußte. Von dem politischen Einfluß Frankreichs erhoffte sie eine Stärkung ihres Einflusses in Polen, in der Tschechoslowakei, den Randstaaten gegenüber der englischen und amerikanischen Finanzierungskonkurrenz. Unmittelbarer

noch schien eine Solidarität zwischen Bankkapital und den bäuerlichen und städtischen Sparern in dem Verhältnis Frankreichs zu Deutschland und Rußland gegeben. Der Krieg hatte die französische Volkswirtschaft und die Staatsfinanzen auf das schwerste geschädigt; sollte das Rentnertum vor völliger Proletarisierung bewahrt, sollte die Volks- und Staatswirtschaft die Riesenlast des Machtapparats, die sich durch Anleihen an die Staaten der kleinen Entente für militärische Zwecke noch vergrößerte, tragen können, so mußten die Zahlungen aus Rußlands und Deutschlands Verpflichtungen eingetrieben werden; dazu erschien die starke Staatsmacht und rücksichtslose Machtpolitik das unerläßliche Mittel.

Die Problematik dieser Politik war eine doppelte: die französische Machtpolitik mußte je länger je mehr zu den ökonomischen und politischen Interessen Englands in erster, der Vereinigten Staaten in zweiter Linie in Widerspruch geraten, die die Befriedung der Welt und die Wiederherstellung der europäischen Konsumkraft forderten. Zum anderen aber litt die französische Politik an ihrer ökonomischen Schwäche. Rußlands Zahlungsfähigkeit war auf absehbare Zeit dahin; die Deutschlands wurde gerade durch die Art, wie Poincaré die Zahlungen einzutreiben suchte, ruiniert. Die französischen Finanzen verschlechterten sich, der Franc sank. Die französische Regierung mußte sich an die anglo-amerikanische Finanzwelt um Hilfe wenden, und zugleich – viel zu spät – die Steuern erhöhen. Morgans Stützungsaktion zeigte nur allzu deutlich das Übergewicht der angelsächsischen Finanzmacht; das Sinken des Franc, die Teuerung und der zunehmende Steuerdruck zerriß die Interessengemeinschaft der haute finance mit dem Bauerntum und Kleinbürgertum. Die Abkehr von der Politik des bloc national wurde möglich.

Zur Wirklichkeit wurde sie durch die Erstarkung der europäischen Demokratie.

Wir haben die allgemeinen Gründe dafür an anderer Stelle analysiert.[3] In diesem Zusammenhang kommt es darauf an, die Bedeutung der Demokratie für eine Politik des realistischen Pazifismus zu untersuchen. Man spricht so oft von „bürgerlicher" Demokratie. Gewiß, die Grundlagen für das Ideengebäude der modernen Demokratie sind von den Denkern des dritten Standes gelegt worden. In der geschichtlichen Wirklichkeit aber ist in den großen, kapitalistischen Staaten die Demokratie von der fortschreitenden Arbeiterbewegung erkämpft worden, und Lassalle hatte recht, als er die Idee des allgemeinen Wahlrechts, das er nur allzusehr mit Demokratie identifizierte, der Arbeiterklasse zurechnete. Die Verwirklichung der Demokratie beginnt erst in neuester Zeit. Erst kurz vor dem Krieg ist in England die Macht des House of Lords gebrochen, erst während des Krieges das Wahlrecht zum Unterhaus wirklich allgemein geworden. Zur Demokratie gehört aber nicht nur Gleichheit des Wahlrechts, Preß- und Versammlungsfreiheit; sie erfordert, um ihre Leistungen vollbringen zu können, die Selbstverwaltung, die außerhalb der

---

3 „Probleme der Zeit", Gesellschaft, 1. Jg. 1924, Heft 1. (Siehe hier, S. 166 ff.)

angelsächsischen Welt noch recht unvollständig sich entfaltet hat, und die das wichtigste Mittel ist, die Selbstherrlichkeit des bürokratischen Apparates zu beschränken und seine Unterordnung unter den demokratischen Staatswillen zu gewährleisten. Die Demokratie verlangt ebenso die Unterordnung des militärischen Willens unter den zivilen, also die Überwindung dessen, was im eigentlichen Sinne Militarismus heißt. Demokratie ist aber nur möglich, wenn ihre Träger vorhanden sind: politisch aktionsfähige, geschulte, verantwortungsbewußte, organisierte Massen. Denn ohne diese werden die demokratischen Institutionen allerdings zu bloßen Formen, die bonapartistisch oder oligarchisch mißbraucht werden. Statt über die Mängel der Demokratie zu klagen, ist deshalb Befreiung der Demokratie von ihren Mängeln die politische Aufgabe. Im Kampf um die Demokratie und vor allem durch die Betätigung in der Demokratie können erst ihre Träger funktionstüchtig werden. Denn die demokratische Selbstregierung weckt einerseits das Interesse an den gesellschaftlichen Problemen und stärkt das Klassenbewußtsein, schafft aber zugleich eine staatliche Organisation, in der die Klassengegensätze am ehesten ohne gewaltsame Eruption ausgetragen werden können. Denn zweierlei bewirkt die demokratische Verfassung: einmal werden die politischen Stärkeverhältnisse der Klassen ständig gemessen und diese Kenntnis der Kräfte bedeutet und erleichtert ihre Berücksichtigung; sodann setzen sich diese Kräfte unmittelbar um in die Bildung des Staatswillens, der in der Demokratie nur die Resultante des Willens der Staatsbürger ist, als solcher sich erst bildet, nicht als Wille einer von der Masse abgesonderten, anders bestimmten Herrschaftsorganisation ihr von außen entgegentritt. Dabei darf nicht übersehen werden, daß auf die politische Willensbildung all die sozialen Beziehungen und Abhängigkeiten einwirken, die aus der ökonomischen Organisation der Gesellschaft stammen. Aber deren Ausschaltung erfordert Änderung der ökonomischen Organisation und ist nicht als Mangel der politischen Verfassung zuzurechnen.

So stehen wir erst am Anfang der demokratischen Entwicklung. Ihr wesentliches Merkmal ist die Plastizität, Biegsamkeit oder Anschmiegsamkeit der demokratischen Staatsmacht an die wechselnden Kräfteverhältnisse der sozialen Klassen im Gegensatz zur relativen Starrheit anderer Regierungssysteme. Das bedeutet zugleich, daß, so sehr sich innerhalb der staatlichen Herrschaftsorganisation das Interesse der kapitalistischen Schichten noch durchsetzt, doch bei der Bildung des Staatswillens der politische Einfluß der breiten Massen immer stärker und im Gegensatz zu früher unmittelbarer einwirkt. Dies um so mehr, als zugleich mit der Änderung des politischen Systems die Stärke und das Machtbewußtsein vor allem der Arbeiterklasse gewachsen ist.

Wir haben gesehen, wie nach dem Kriege die Machtpolitik gerade der wichtigsten Staaten nicht im Sinne kriegerischer Auseinandersetzungen wirkt; wir haben feststellen können, daß auch innerhalb der Staaten starke kapitalistische Schichten vor allem an der Wiederherstellung der politischen Sicherheit und damit ihrer Betätigungsmöglichkeit interessiert sind. Mit diesem Interesse verbindet sich das der breiten Bauern- und Arbeitermassen, der

Träger der Demokratie. Angesichts dieser Konstellation kann unsere Losung nicht sein: der Kapitalismus ist der Krieg, der Sozialismus ist der Friede. Wir müssen die Situation, die vielleicht – nur ökonomisch gesehen – eine vorübergehende wäre, dazu benützen, um sie durch Verwendung der politischen Macht zu einer definitiven zu gestalten. Und wir können das, weil innerhalb der Demokratie der Staatswille in steigendem Maße beeinflußt werden kann durch den politischen Willen der organisierten Arbeiterbewegung.

Dazu kommen andere Erwägungen. Zu den historisch bedeutsamsten Erscheinungen unserer Zeit gehört der nationale Selbständigkeitsdrang der bisher unterworfenen Nationen Asiens und Nordafrikas. Soweit es sich nur gegen die bisherigen Herrschermächte richtet, handelt es sich um ein schwieriges, aber nicht unlösbares Problem der demokratischen Politik dieser Länder; es gilt, die nationale und politische Emanzipation in Bahnen zu lenken, die das Selbstbestimmungsrecht der Nationen in allmählicher Entwicklung verwirklicht. Zur Gefahr für den Frieden können aber diese Emanzipationstendenzen führen, wenn sie in den Dienst der Machtpolitik anderer Staaten gestellt werden. Wie das nationale Freiheitsbestreben der Balkanvölker von der zaristischen Politik für die eigenen Machtzwecke ausgebeutet wurde, so versucht auch die Außenpolitik der Bolschewiki die nationalen Gegensätze und Befreiungstendenzen für ihre Zwecke zu gebrauchen, die eine eigentümliche Mischung realistischen russischen Expansionsstrebens und weltrevolutionärer Romantik sind. Die Erfahrung des Krieges und die Zeit danach hat aber unwiderleglich gezeigt, daß plötzlicher Niedergang des Kapitalismus, gewaltsame Störung des Wirtschaftslebens nicht Stärkung, sondern Schwächung und Zurückwerfung der Arbeiterbewegung bedeutet.

So sehr die Demokratie und die Arbeiterbewegung das Selbstbestimmungsrecht der Nationen anerkennen muß, schon deshalb, weil die Herstellung der nationalen Freiheit und Autonomie auf die Dauer eine unerläßliche Bedingung dauernden Friedenszustandes bedeutet, so groß ist ihr Interesse an einer Entwicklung, die gewaltsame Eruptionen vermeidet. Denn die ökonomischen Rückschläge, die etwa mit gewaltsamen, politischen Katastrophen in Indien oder Ägypten verbunden wären, würde die Kampfkraft nicht nur der englischen, sondern der europäischen Arbeiterbewegung lähmen, den Fortschritt des Sozialismus nicht fördern, sondern hemmen. Sowohl gegenüber den partikularen Herrschafts- und Ausbeutungsinteressen kapitalistischer Cliquen als auch gegenüber den Machtinteressen der russischen Regierung vertritt – auch darin das Widerspiel des Bolschewismus – die vorsichtig entgegenkommende Politik der englischen Arbeiterpartei sowohl die dauernden Interessen der europäischen Arbeiterbewegung, als die der Erhaltung des Friedens.

Die kriegerischen Tendenzen, die das kapitalistische Expansionsstreben unter historisch ganz bestimmten Bedingungen staatlicher Machtverhältnisse, die in dieser Form durch den Krieg und sein Ergebnis grundlegend verändert sind, erzeugt hatte, werden noch weiter beschränkt durch die Änderung der Kriegstechnik selbst. Die Ungeheuerlichkeit der Zerstörungsmöglichkeiten ergibt sich nicht nur aus der Furchtbarkeit der Zerstörungsmittel an sich, sondern aus der Ausdehnung der Zerstörungsfläche; nicht nur wird der Unterschied zwischen Kombattanten und Nichtkombattanten verwischt; da der Krieg vor allem technischer, Industriekrieg ist, da jeder Arbeiter und Techniker in den Fabriken für den Kriegsausgang ebenso wichtig ist als der unmittelbar kämpfende Soldat, ergibt sich die Vernichtung der Produktionsstätten und der Produzenten als notwendige Bedingung der Kriegführung. Und so schnell die moderne Produktionsweise imstande ist, die Kriegsschäden zu heilen, solange der Produktionsapparat intakt ist, so ungeheuerlich wären die Folgen der Vernichtung dieses Apparates, die der nächste Krieg sicher bedeuten muß. Dazu kommt, daß diese neue Technik die Unsicherheit des Kriegsausgangs noch außerordentlich erhöht hat. Der letzte Krieg und seine Folgen haben die psychologischen Bedingungen geschaffen, um sowohl den Massen als auch den herrschenden Schichten die Überzeugung beizubringen, daß ein neuer Krieg ökonomisch und sozial ungeheuer verderblicher sein müßte als jeder Sieg. Statt der unbekümmerten Friedenszuversicht, die die Völker vor der Katastrophe beherrschte, sind diese heute trotz allem von Kriegsfurcht erfüllt und bereit, die Arbeit für Sicherung des Friedens ganz anders zu werten als vordem.

Die Zeit der Demokratisierung unterscheidet sich von der Ära des bürgerlichen Liberalismus vor allem darin, daß ihre wichtigsten Probleme Organisationsprobleme sind. Dies gilt auch für die demokratische Außenpolitik. Es handelt sich um Einschränkung der Souveränität der Einzelstaaten durch Schaffung überstaatlicher Organisation. Einschränkung der wirtschaftlichen Souveränität, damit nicht durch wirtschaftliche Absperrung der Staaten voneinander die monopolistischen Tendenzen des organisierten Kapitalismus, die zu gewaltsamen Eruptionen drängen, übermäßig durch staatliche Eingriffe gesteigert werden und gewaltsame Gegenwirkungen anderer Staaten provozieren. Einschränkung der politischen Souveränität, also Begrenzung der einzelstaatlichen Machtpolitik und ihrer Mittel durch obligatorisches Schiedsgericht und Abrüstung. Die Anfänge solcher Organisation stellt der Völkerbund dar und seine letzte Tagung zeigt die großen Möglichkeiten seiner Entwicklung, wenn die objektiven Möglichkeiten, die der Kriegsausgang durch seine Änderung der Machtverhältnisse und der Machtpolitik der Staaten geschaffen hat, energisch ausgenützt werden durch Regierungen, deren politischer Wille bestimmt wird durch den immer wachsenden Einfluß der Demokratie und des Sozialismus.

(In: Die Gesellschaft, 1. Jg. 1924, Band 2, S. 97–114)

Krieg, Abrüstung und Milizsystem (1926)

Der Regierung Gustav Stresemann gelingt es, mit Unterstützung Großbritanniens und der USA in den Jahren nach 1924 zu einer gütlichen Verständigung mit Frankreich zu gelangen. Sie wird durch die Annahme des Dawes-Plans zur Regelung der Reparationszahlungen und durch die Locarno-Verträge zur Sicherung der deutsch-französisch-belgischen Grenze erreicht. Deutschland tritt 1926 dem Völkerbund bei und gilt nun auch formell wieder als souveräne Großmacht. Die Regelung der Reparationsleistungen bindet es jedoch ökonomisch immer stärker an das amerikanische Kapital. Die Auslandsanleihen stützen die seit 1924 einsetzende Konjunktur, die Währung bleibt stabil.
Seit 1925 regiert mit Unterbrechungen ein Bürgerblock aus Deutschnationalen, Deutscher Volkspartei und Zentrum. Nach den Erfahrungen von 1923 hält sich die SPD jeglicher Koalition auf Reichsebene fern.
Hilferding findet durch die Entwicklung seine Thesen von 1924 (in seinem Artikel „Realistischer Pazifismus") bestätigt. Am 21. Mai 1923 haben sich Zweite Internationale und die Internationale Arbeitsgemeinschaft Sozialistischer Parteien in Hamburg zur Sozialistischen Arbeiter-Internationale (SAI) zusammengeschlossen. Die SAI fordert zur internationalen Friedenssicherung eine internationale Schiedsgerichtsbarkeit, etwa durch den Völkerbund, sowie kontrollierte allgemeine Abrüstung. Hilferding sieht die Aufgabe der Sozialistischen Internationale darin, ein konkretes Programm zur Organisation des Friedens auch unter der Herrschaft des Kapitalismus zu entwickeln. Daran müsse sich entscheiden, „ob der Völkerbund ein brauchbares Instrument sozialdemokratischer Außenpolitik werden kann". Für die internationale Friedenssicherung sei auch „die Einschränkung der Souveränität der einzelnen Staaten zugunsten der souveränen Gesamtheit der Nationen" in Kauf zu nehmen (Rede auf dem Kongreß der SAI in Marseille, Protokoll, S. 261).
Im nachfolgenden Aufsatz rechnet Hilferding mit der alten sozialistischen Forderung nach Ersatz der stehenden Heere durch das Milizsystem ab. Einmal habe sich der Unterschied zwischen beiden Modellen seit dem 1. Weltkrieg nivelliert, zum anderen aber könne gerade das Milizsystem militärische Ideologien und Stimmungen fördern: „Denn je volkstümlicher die Heeresverfassung, je verhüllter der Zwang, desto mehr ist die Armee Sache jedes einzelnen". Hilferdings Alternative ist allgemeine Abrüstung. Die mili-

tärischen Kräfte seien innerpolitisch auf eine Sicherheits- und Ordnungstruppe, international auf Kontingente des Völkerbundes zum Vorgehen gegen Friedensbrecher zu reduzieren.
Hilferding ist mit diesem Aufsatz der aktuellen Debatte in der SPD voraus. Die Sozialdemokratie hat sich der Wehrfrage nach 1919 zumeist entzogen. In der neuen Wehrmacht sind klassenbewußte Arbeiter kaum mehr vertreten, zumal die Klauseln des Versailler Vertrags ein langdienendes Berufsheer mit einer Stärke von 100 000 Mann vorschreiben. Aufgrund der allgemeinen Wehrpflicht war die Armee des Kaiserreichs sozialistischen Einflüssen noch zugänglicher als nun die Wehrmacht der Weimarer Republik.
Die neue Wehrmacht ist vielmehr zu einer Domäne konservativ-nationalistischer Anschauungen geworden. Die Vorstöße zu einer ,,Republikanisierung" des Heeres, die von der SPD immer wieder unternommen werden, bleiben halbherzig und erweisen sich, wie der Streit um den Bau des Panzerkreuzers A zeigt, im Jahre 1929 endgültig als verspätet.
Dazu schreibt Hilferding im Dezember 1928 an Hermann Müller: ,,Die ganze Krise geht zurück auf die völlige Unklarheit der Partei zur Wehrfrage. Im Grunde ist es die alte Vorkriegseinstellung zum Militarismus vermehrt durch die durch den Krieg verstärkte Feindschaft gegen alles, was nach Rüstung aussieht und durch das Mißtrauen gegen die Reichswehr." Im Unterschied zu der 1926 aufgezeichneten Strategie meint Hilferding nun: ,,Grundgedanke natürlich, nicht Kampf gegen, sondern um die Reichswehr mit den notwendigen Folgerungen für den Marine-Etat. Ich zweifle nicht, daß sie durchkommen, da die Mehrheit der Partei sicher nicht für die sofortige völlige Beseitigung der Reichswehr und der Marine zu haben ist."
Auf dem Magdeburger Parteitag vom 26. bis zum 31. Mai 1929 kommt es lediglich zur Annahme von ,,Richtlinien" zur Wehrfrage, auf ein Wehrprogramm hat man sich nicht einigen können.

Zögernd nur treten die im Völkerbund vertretenen Regierungen an das Problem der Abrüstung. Aber auch die Teilnahme der Völker selbst ist weniger groß, weniger leidenschaftlich, als es die überragende Bedeutung des Problems erforderte.
Das mag psychologische Gründe haben. Das Dawes-Abkommen und die Locarnoverträge haben nach den ununterbrochenen Bedrohungen und Aufregungen der Nachkriegsjahre eine gewisse Beruhigung und ein Gefühl relativer

Sicherheit gebracht. Die Schwierigkeiten, die sich in der März-Tagung des Völkerbundes bei einer an sich nicht allzu schwierigen Frage ergeben haben, haben in weiten Kreisen ein Gefühl skeptischer Resignation erzeugt, das eine Gefahr für die Völkerbundspolitik überhaupt werden kann. Denn Völkerbundspolitik kann nur gemacht werden, wenn die breiten demokratisch fühlenden und wollenden Volksmassen selbst Träger dieser Politik sind und ihre Richtung in steigendem Maße beeinflussen. Denn die Völkerbundspolitik ist nur die Resultante der Politik der Einzelstaaten, und von dem Einfluß, den Demokratie und Sozialismus auf deren Politik gewinnen, hängt das Schicksal des Völkerbundes selbst zuletzt ab. Die „Demokratisierung des Völkerbundes" ist ein Problem für sich; aber die Gestaltung seiner Politik hängt ab von dem Vormarsch der demokratischen Kräfte, vor allem der Arbeiterbewegung in den den Völkerbund bildenden Staaten.
Die psychologischen Hemmungen mögen mit der momentanen politischen Situation, aus der sie entsprungen sind, überwunden werden. Bedenklicher ist es, daß die konkreten Probleme der Abrüstung, die jetzt durch die Völkerbundskonferenz aufgerollt wurden, noch nicht durch ein einheitliches, durchgearbeitetes Programm der Sozialistischen Internationale – und es handelt sich um das grundlegende internationale Problem an sich – beantwortet sind. Deshalb begrüßen wir es, daß die Exekutive der Internationale in ihrer Apriltagung die Einsetzung einer besonderen Abrüstungskommission beschlossen hat. Die Internationale hat bisher bereits mit großem Nachdruck die allgemeine Abrüstung gefordert.[1] Jetzt geht sie dazu über, ein konkretes politisches *Aktionsprogramm* für die Abrüstungsarbeiten des Völkerbundes aufzustellen, die Methoden zu prüfen, durch die in einem sicher schwierigen und langwährenden Kampf die Abrüstung verwirklicht werden kann.
Daß dies nicht früher geschah und geschehen konnte, hat vor allem darin seinen Grund, daß auch für diese Frage der Weltkrieg und die durch ihn geschaffene innen- und außenpolitische Situation einen neuen tiefen Einschnitt bedeutet und meines Erachtens zu einer Neuprüfung und zu einer neuen Stellungnahme zwingt.
Es sind aber im wesentlichen zwei Problemreihen, um die es sich handelt; einmal die Stellungnahme zum Krieg, dann die zur Wehrverfassung.

Die Auffassung, daß Krieg und Kapitalismus untrennbar seien, daß erst die Überwindung des Kapitalismus den Krieg beseitigen könne, kann sich auf starke Argumente stützen. Die ökonomische Analyse zeigt die starken Konfliktsmöglichkeiten, die der Kapitalismus immer aufs neue schafft und die zum Machtentscheid drängen. Die historische Erfahrung findet die kapitalistische Epoche von immer neuen, immer ausgebreiteteren und für das nationale und soziale Schicksal immer bedeutsameren kriegerischen Entschei-

---

[1] Siehe in dem sehr lesenswerten Protokoll des zweiten Kongresses der Sozialistischen Internationale in Marseille den Abschnitt „Der Kampf gegen den Krieg" (S. 67), sowie die Schlußausführungen Hillquits (S. 279) gegen meine Rede.

dungen erfüllt. Kein Wunder, daß die Ausschaltung des Krieges als Mittel der Politik den Arbeiterparteien weniger als selbständige Aufgabe im unmittelbaren politischen Gegenwartskampf, denn als Resultat des Sieges der sozialen Revolution erscheinen mußte. Dies um so mehr, da der Einfluß der Arbeiterbewegung auf die auswärtige Politik gering, diese die alleinige Domäne der herrschenden Gruppen war. Aber so erklärlich, ja durch die ganze politische Stellung der Arbeiterparteien zwingend bedingt diese Haltung war, so ungünstig war sie der Entfaltung einer selbständigen, mit der wünschenswerten Aktivität vorgehenden proletarischen Friedensbewegung. Das Verhalten etwa zu den Haager Friedenskonferenzen war wenig einheitlich, mehr kritisch als positiv, und erst in den letzten Jahren vor dem Krieg machte diese Haltung − dank der Erkenntnis der wachsenden Kriegsgefahren und nicht zuletzt dank der von dieser Einsicht erfüllten leidenschaftlichen Bemühungen von Jaurès − einer stärkeren Betätigung der einzelnen Personen und der Sozialistischen Internationale Platz.

Der Krieg hat die Situation weiter geklärt. Die alte These: ,,Der Kapitalismus ist der Krieg, der Sozialismus ist der Friede" − ist in ihren beiden Teilen unhaltbar geworden.

,,Der Sozialismus ist der Friede." Aber widersprechen nicht die Erfahrungen, die wir mit der Außenpolitik des Bolschewismus gemacht haben und machen, dieser Behauptung aufs schärfste? Gewiß mag man einwenden, daß die Bolschewiki dem sozialistischen Geiste entfremdet, daß die objektiven Umstände ihrer Machtergreifung sie zu kriegerischer Haltung gezwungen haben. Aber die Unterwerfung Georgiens, die bolschewistische Politik in Asien mögen noch so sehr mit angeblich revolutionären Notwendigkeiten begründet werden, objektiv verwirklicht sich in ihnen das russische Expansionsstreben, das im Fall der ostchinesischen Eisenbahn auch vor der Kriegsdrohung nicht zurückschreckt, um koloniale Einflußsphären zu behaupten. Haben andererseits nicht die Kriegserfahrungen gezeigt, wie stark staatliches Machtstreben auch die Massen ergreifen kann, und dürfen wir nach 1914 darüber noch Illusionen hegen? Zudem hat der Krieg, einmal entbrannt, seine eigenen Gesetze. Die französischen Revolutionskriege begannen als aufgezwungener Abwehrkampf gegen die feudal-absolutistische Reaktion, erfüllten sich dann mit der Illusion, den geknechteten Völkern auf der Spitze der Bajonette die politische Freiheit zu bringen und endeten in den Eroberungskriegen Napoleons und der Auseinandersetzung Frankreichs und Englands um die Hegemonie.

Dann noch etwas anderes. Es ist das stärkste Interesse jeder sozialistischen Partei, wenn sie die Macht ergreift, ungestört von äußeren Einwirkungen und Drohungen an das Werk sozialer Neugestaltung gehen und nicht alle Energie an die Abwehr äußerer feindlicher Einwirkung setzen zu müssen. Gerade unter diesem Gesichtspunkt wird die Ausschaltung des Krieges zu einem unmittelbaren Interesse der Arbeiterpolitik. Es bleibt wahr, daß erst der Sozialismus nach seiner Neuordnung der Wirtschaftsverhältnisse die Antagonismen und Konfliktursachen vollständig beseitigt. Aber um seine Auf-

gabe leisten zu können, bedarf er des Friedens, und so bleibt die Bekämpfung des Krieges *selbständige* Aufgabe der Politik der Arbeiterbewegung.
Und wie steht es mit dem ersten Teil der alten These: ,,Der Kapitalismus ist der Krieg"? In dem Artikel ,,Realistischer Pazifismus"[2] ist der Nachweis versucht worden, daß infolge der völlig veränderten Wirtschafts- und Machtverhältnisse nach dem Kriege die Tendenz, an Stelle kriegerischen Austrags internationale Vereinbarungen zu setzen, gestärkt worden ist, und ich kann mich hier auf ein kurzes, wenn auch notgedrungen unvollständiges Resümee beschränken.
Die Politik des sich immer stärker organisierenden nationalen Kapitalismus ging auf möglichst monopolistische Beherrschung neuer Absatzmärkte und Anlagesphären. In den Dienst dieser Bestrebungen wurde die Staatsmacht gestellt; das Ziel war die Neuverteilung der kapitalistisch unterworfenen Welt durch neuen Machtentscheid. Diese Politik mußte zum Krieg treiben, da die politische Gegenwirkung zu schwach blieb. Der Krieg ist vorüber und hat zunächst einen neuen Machtentscheid zwischen den führenden kapitalistischen Staaten ökonomisch und politisch unmöglich gemacht.
Das dem Kapital immanente Streben nach Expansion und Erhöhung der Profitrate zwingt zu anderen Methoden. Daher das Bestreben, das ohnedies dem im nationalen Maßstab sich organisierenden Kapitalismus nahe liegt, durch internationale Organisation, internationale Kartellierung vor allem der Rohstoff- und Energiequellen seine Expansion zu sichern. Es ist kein Zufall, daß der deutsche Kapitalismus in diesem Streben nach Herstellung internationaler kapitalistischer Interessengemeinschaft die Führung zu nehmen scheint. Denn auch das Nachkriegs-Deutschland bleibt eines der stärksten ökonomischen Energiezentren; militärisch ist es aber entmachtet, und deshalb fühlt seine Kapitalistenklasse vielleicht stärker als jede andere die Notwendigkeit, die kapitalistischen Interessenkonflikte statt machtpolitisch unmittelbar durch wirtschaftliche Interessengemeinschaft beizulegen. Deshalb finden ja auch ,,paneuropäische" Ideologien oder Vorschläge zu ,,Europäischer Zollunion" gerade in deutschen Industriekreisen starke Beachtung, und man hat deshalb auch schon von einem ,,kapitalistischen Pazifismus" gesprochen.
In der Analyse kapitalistischer Politik wird — oft auch von marxistischer Seite — in zweierlei Hinsicht gefehlt. Einmal durch die Neigung, den Kapitalismus zu sehr statisch zu sehen und zu wenig dynamisch, in seinem ständigen Wandel. So verfällt man nur allzu leicht in den Fehler, Erscheinungen des Kapitalismus während bestimmter Entwicklungsphasen als seinem Wesen zugehörige, unabänderliche Gesetze anzusehen. Sodann übersieht man nur zu leicht, daß kapitalistisch-ökonomische Gesetze und Tendenzen, die ja zunächst nur Tendenzen der Kapitalistenklasse oder ihrer herrschenden Gruppe sind, sich durchaus noch nicht in politische Wirklichkeit umzusetzen brauchen. Der Kapitalismus entwickelt sich in ganz verschiedener politischer

---

2 ,,Die Gesellschaft", 1924, Band II, S. 97 ff. (Siehe hier, S. 182 ff.)

Umwelt, zwischen den Poren der feudalen Gesellschaft, auf der breiten bäuerlichen Unterlage asiatischer Despotien, unter dem absoluten Königtum, in konstitutionellen Monarchien, unter dem Zarismus und in der Sowjetrepublik, wie in den modernen demokratischen Republiken. So notwendig es für die wissenschaftliche Analyse ist, die ökonomischen Gesetze und Tendenzen rein darzustellen, so falsch wäre es für den Politiker, den untrennbaren Zusammenhang zwischen Ökonomie und Politik, ihre Einheit in der Realität, zu übersehen. Denn alle ökonomischen Verhältnisse sind menschliche, gesellschaftliche Verhältnisse, ökonomische Gesetze sind Gesetze menschlicher Verhaltungsweise, und die Ökonomie unterliegt daher ununterbrochen der ändernden menschlichen Einwirkung, der bewußten Gestaltung gesellschaftlicher Verhältnisse durch die Politik. Daher die ständige Wandlung des Kapitalismus in seiner historischen, konkreten Erscheinung, wenn auch seine Grundlage, die Aneignung der gesellschaftlichen Mehrarbeit durch die Besitzer der Produktionsmittel, dieselbe bleibt.

Nun ist aber die Kapitalistenklasse durchaus nicht Alleinträger der Politik der kapitalistischen Staaten. Denn der Staatswille ist die Resultante aus den verschiedenen Willensstrebungen der verschiedenen Klassen bzw. der politischen Parteien, und in dieser Resultante wird die bestimmende Komponente der Arbeiterpartei immer stärker. Wieder bedeutet auch dafür der Krieg eine entscheidende Wendung. Vor dem Krieg war die Politik der Arbeiterschaft wesentlich gerichtet auf Durchsetzung sozialpolitischer Forderungen und Erringung der politischen Rechte. Es waren mühsame, die gesamten politischen Energien der Arbeiterbewegung bindende Kämpfe, und nur allmählich reiften die Erfolge. Jetzt ist die gebundene Energie durch den Sieg der Demokratie zur lebendigen Energie geworden, bestrebt, den gesamten Inhalt der Staatspolitik in ihrer Richtung zu bewegen. Selbst wenn es wahr wäre, daß der Kapitalismus nur Konflikttendenzen ohne Gegentendenzen produziert, wahr, daß die Kapitalistenklasse stets und überall von Kriegsbestrebungen erfüllt wäre – und es ist sicher falsch –, selbst dann brauchten solche Möglichkeiten nicht zu kriegerischer Wirklichkeit zu werden. Denn das hängt von dem politischen Einfluß der anderen Klassen und vor allem von dem Einfluß der Arbeiterbewegung ab.

Ist dem aber so, so bedeutet das eine Erweiterung und Konkretisierung unserer Stellung zum Abrüstungsproblem, wie sie die Änderung der wirtschaftlichen und politischen Situation bedingt und ermöglicht. Es ist falsch, die Ausschaltung des Krieges unter der Herrschaft des Kapitalismus für unmöglich zu erklären, die Durchsetzung der Abrüstung vor dem Endsieg des Sozialismus als Illusion zu betrachten und uns damit zu begnügen, auf das Unzulängliche oder Heuchlerische bürgerlicher Abrüstungsvorschläge hinzuweisen nach der Art der Kommunisten, die nur in den von uns ausgetretenen Schuhen einhergehen können. Dabei vergessen wir durchaus nicht, daß der Kapitalismus stets auch neue Konfliktmöglichkeiten schafft – wäre es nicht so, dann bedürfte es überhaupt nicht des Kampfes gegen Kriegsgefahren; das macht aber gerade den Kampf gegen den Krieg zu einem notwendigen Bestandteil des proletarischen Klassenkampfes gegen den Kapitalismus.

Es handelt sich also um die Entwicklung einer *neuen Methode* in der Bekämpfung des Krieges oder positiv gewendet, um die Entwicklung der Methoden der sozialistischen Internationale wie aller einzelnen Arbeiterparteien zur Organisation des Friedens. Denn es handelt sich um ein Organisationsproblem von weitestem Ausmaß, wirtschaftlich, politisch, militärisch und ideologisch[3], und zu all diesen Problemen, deren Lösung zugleich darüber entscheidet, ob der Völkerbund ein brauchbares Instrument sozialdemokratischer Außenpolitik werden kann, zu dem wir ihn machen wollen, sind konkrete, realistische Antworten zu finden. Die Fragen der Neugestaltung des Völkerrechts, der wirtschaftlichen Zusammenarbeit und ihrer Kontrolle durch den Völkerbund, der Vereinheitlichung des Wirtschaftsrechts, der internationalen Gestaltung der Verwaltung der Kolonien und demokratischer Kolonialpolitik sind aufgeworfen. Und all diese Einzelprobleme münden schließlich in die Aufgabe der Verwirklichung eines dauernden Friedens zwischen den Nationen.

In unserem Zusammenhang haben wir es hier mit dem militärischen Problem zu tun und für die Sozialistische Internationale erhebt sich die Vorfrage nach der *Wehrverfassung*.

Die Anschauungen sozialistischer Militärpolitik gehen im wesentlichen auf Friedrich Engels zurück. Engels sah im Übergang zur allgemeinen Wehrpflicht einen Fortschritt zur Demokratie. Nicht etwa im Hinblick auf die indirekten Wirkungen, die der Aufenthalt der Landbewohner in den städtischen Garnisonen, die enge Berührung der verschiedenen Volksschichten untereinander, die organisatorische Schulung hervorrufen mögen. Engels rechnete vielmehr mit der Wirkung des raschen Vormarsches der Sozialdemokratie auf die Armee. In den kapitalistischen Großstaaten würden in zunehmendem Maße die Arbeiter die Masse des Heeres ausmachen und eine solche Armee werde immer weniger tauglich, ein Instrument des Angriffskrieges oder der Unterdrückung innerer revolutionärer Bewegungen zu bilden. Diese Entwicklung würde durch die Verkürzung der Dienstzeit beschleunigt, die den Einfluß der Offiziere auf die Mannschaft abschwäche und die Entstehung des „Kadavergehorsams" verhindere. Die Verkürzung der Dienstzeit bilde den Übergang zum Milizsystem, in dem die demokratischen Tendenzen der Wehrverfassung überwiegen, das den Angriffskrieg ausschließe und nur zur Verteidigung tauglich sei. Es sind die Gedanken, die dann von Bebel und besonders ausführlich und systematisch von Jaurès in „L'armée nouvelle" dargelegt und geistiger Besitzstand des kontinentalen Sozialismus geworden sind.[4]

3 Jean Jaurès, Die neue Armee. Jena, Eugen Diederichs, 1913.
4 Ich sagte darüber auf dem Kongreß in Marseille (Protokoll S. 261): „Der Geist, in dem wir diesen Kampf um den Frieden zu führen haben, ist der Geist der Überwindung der zwischenstaatlichen Anarchie. Es gilt der Konzeption der Bourgeoisie, ihrer Auffassung von der immerwährenden Rivalität, von dem immerwährenden Konkurrenzstreit der Nationen um die Macht, die Konzeption des Proletariats entgegenzu-

Fern stand diesen Fragen die englische Arbeiterbewegung. Ihr erschien der Militarismus, die Militärverfassung bis zum Kriege aus naheliegenden Gründen überhaupt nicht als Problem. Und seitdem hat sich daran nichts geändert. So lebhaft sich gerade die englische Arbeiterpartei mit allen Problemen sozialistischer und internationaler Politik beschäftigt, so leidenschaftlich sie gerade für die Bekämpfung des Krieges eintritt, sie akzeptiert offenbar die bestehende englische Wehrverfassung und ist jedenfalls weit davon entfernt, den Übergang zum Milizsystem zu fordern. Und doch bezeichnen viele kontinentale Sozialisten das englische System, das kleine „volksfremde" Söldnerheer, als die schlechteste, der Demokratie gefährlichste Wehrverfassung.
Ist das richtig? Die geschichtliche Erfahrung Englands bestätigt diese Behauptung keineswegs. In England hat der Militarismus, das Primat der Militär- über die Zivilgewalt oder doch deren starke Beeinflussung durch die Generalität, keine wesentliche Rolle gespielt; ein Versuch, den Gruppen der konservativen Partei vor dem Kriege einmal machten, um das Offizierkorps gegen die Home-Rule-Politik der liberalen Regierung aufzuputschen, scheiterte. Als Instrument gegen innere politische Bewegungen spielt das englische Heer schon wegen seiner Kleinheit keine entscheidende Rolle und erst recht nicht als geeignetes Instrument zu einem Angriffskrieg. Sicher ist dagegen, daß bei dem militärisch nicht erzogenen und nicht geschulten englischen Volk jede Art militärischer Ideologie schwächer ist als in den Ländern allgemeiner Wehrpflicht.
Wie steht es aber mit dem Milizsystem? Können wir auf Grund der Kriegserfahrungen jene Erwartungen aufrechterhalten, die wir vorher gehegt haben? Die Armeen der Kontinentalmächte nahmen im Verlauf des Krieges

setzen, den Geist der Solidarität, den Geist der Kooperation der Nationen. Es gilt hier im wesentlichen eine große *ideologische Revolution* durchzuführen, an Stelle des bürgerlichen Nationalitätsprinzips das proletarische Nationalitätsprinzip zu setzen. Wir wollen alles behalten, alles bewahren, alles weiterentwickeln, was in der Nation groß geworden ist an Kultur, an Geist, an Kunst, an Besitz der ganzen Menschheit. Aber wir wollen nicht bewahren, nicht erhalten, sondern aufs schärfste bekämpfen diesen mächtigen Überbau über den Nationen, der die Nationen gegenseitig in die Schützengräben treibt. An Stelle dieses feindlichen Prinzips wollen wir das Solidaritätsgefühl des Proletariats setzen, die Kooperation, die für uns das Ende aller jener Streitigkeiten, aller jener Antagonismen ist, die der Kapitalismus aufgeworfen hat. Diese Überwindung des bürgerlichen Nationalitätsprinzips bedeutet politisch die Einschränkung der Souveränität der einzelnen Staaten zugunsten der souveränen Gesamtheit der Nationen. Die Souveränität des einzelnen Staates muß sich in die Souveränität der Gesamtheit der Nationen einfügen und sich ihr unterordnen. Damit ist zugleich ausgesprochen, daß es dann für die einzelnen Staaten nicht mehr das Recht der Kriegserklärung geben kann. Dieses Recht muß den einzelnen Staaten genommen werden, es darf kein souveränes Recht geben, das in Wirklichkeit nur ein Frevel an der Menschheit ist. Es kann nur mehr die Notwehr der Gesamtheit gegen den einzelnen geben, der zum Friedensbrecher an der Gesamtheit wird."

immer mehr Milizcharakter an; der Berufsoffizier trat hinter dem Reserveoffizier zurück, in der französischen und österreichischen Armee noch stärker als in der deutschen; die Masse des Heeres bestand aus Arbeitern und Bauern, die in kurzer Ausbildungszeit das Notwendige gelernt hatten. Die englische und amerikanische Armee waren fast von Anfang an Milizarmeen. Und all diese Heere waren ausgezeichnete Instrumente der Kriegführung, nicht nur militärisch, sondern auch politisch bis zum Ende in der Hand der Leitung. Und wie steht es mit der Behauptung, die Milizarmee sei nur zur Verteidigung, nicht zum Angriff geeignet? War das amerikanische Heer nicht politisch und militärisch im Angriff? Und ist denn diese ganze Unterscheidung zwischen Angriffs- und Verteidigungskrieg für diesen Fragenkomplex verwendbar? Wenn ein großer Krieg ausgebrochen, fühlen sich alle Völker in Verteidigung und sind es auch, und unmittelbar vor Ausbruch des Krieges ist die Feststellung des Angreifers nur möglich nach Schaffung jener völkerrechtlichen Institutionen, die das Genfer Protokoll vorsah.

Dazu kommen andere Erwägungen. Die Entwicklung der Militärtechnik, die die Entwicklung der Militärverfassung entscheidend bestimmt, hat, wenn wir richtig sehen, ohnedies die Tendenz, die Unterschiede zwischen den stehenden Heeren mit allgemeiner Wehrpflicht und der Milizarmee zu verringern. Die technische Entwicklung steigert immer mehr die Bedeutung der großen Kriegsmaschinen, der Flugzeuge, Tanks, der Riesengeschütze, der Materialvorräte gegenüber dem Soldaten; auch hier überwiegt, ökonomisch ausgedrückt, der Anteil des konstanten Kapitals immer mehr den des variablen. Zugleich wächst die Bedeutung der industriellen militärischen Produktion gegenüber der Bedeutung des Heeres selbst. Die Anwendung der maschinellen und chemischen Kriegsmittel erfordert aber ein großes, beruflich geschultes Personal. Jede moderne Heeresverfassung, die größte militärische Leistungsfähigkeit erzielen will, wird also das Bestreben haben, möglichst starke Kadres von Berufsoffizieren und Unteroffizieren aufzustellen. Dies gilt sowohl für stehende wie für Milizarmeen. Diese Tendenz wird noch dadurch gesteigert, daß die ungeheure Ausdehnung der Schlachtfront sowohl in die Breite als in die Tiefe für die Leitung und Bewegung der Massen, für die Bewältigung des Nachschubs, des Nachrichtendienstes und so fort gleichfalls zahlreiche beruflich qualifizierte Kräfte fordert. Anderseits ging die Tendenz auch bei der alten Militärverfassung dahin, die allgemeine Wehrpflicht womöglich auf alle irgendwie militärtauglichen Personen auszudehnen und sie durch militärische Jugendausbildung zu unterbauen. Sollte diese Heranziehung finanziell und wirtschaftlich erträglich gemacht werden, so mußte man Verkürzung der Dienstpflicht zugestehen. Die Kriegserfahrungen haben zudem erwiesen, daß man tatsächlich mit einer viel kürzeren Dienstzeit das Auslangen finden kann. Die starke Herabsetzung der Dienstzeit würde aber die stehende Armee der mit starken Kadres versehenen Miliz bedeutend nähern. Bliebe die Frage der Zusammensetzung, politischen Erziehung und Ergänzung des Offizierkorps aus der Mannschaft – Fragen, an sich für die politische Beurteilung wichtig, aber lösbar für jede Heeresverfassung je nach der Stärke und dem Einfluß der politischen Parteien.

Nicht in der Kriegstüchtigkeit würde sich das Milizsystem von der stehenden Armee unterscheiden; die Kriegserfahrungen haben darin durchaus die Behauptungen von Bebel und Jaurès bestätigt. Der Unterschied würde nur in der geringeren Mobilisierungsdauer der stehenden Armeen, in der sofortigen Verwendbarkeit der dienenden Truppen zum Angriff gefunden werden können. Aber auch dieser Unterschied wird durch die Entwicklung des modernen Verkehrssystems verringert; er verliert jede Bedeutung bei Verallgemeinerung des Milizsystems und erst recht, wenn das Schiedsgerichtssystem zwingt, die Schiedssprüche abzuwarten.
Andererseits muß man sich darüber klar sein, daß das Milizsystem eher in größerem als in geringerem Maße in den Massen dieselben militärischen Ideologien und Stimmungen wachrufen und erhalten wird wie die Armeen der allgemeinen Wehrpflicht. In größerem Maße: denn je volkstümlicher die Heeresverfassung, je verhüllter der Zwang, desto mehr ist die Armee Sache jedes einzelnen, desto leichter wird militärisches Denken und Fühlen Eingang finden und die Erfahrungen von 1914 sollten uns davor bewahren, die politischen Gegenwirkungen gegen die militärische Ideologie zu überschätzen.

Ist aber wirklich die Milizforderung das geeignete Programm für die nationalen Arbeiterparteien und die Sozialistische Internationale? Die Parteien der kleinen Nationen werden, wie die dänische Sozialdemokratie, die Frage verneinen. Für sie ist die Abrüstung – die Reduzierung des stehenden Heeres auf eine Ordnungstruppe – möglich und erstrebenswert. Für Deutschland bedeutete der Übergang seines Milizsystems wegen der Stärkung der militärischen Ideologie innerpolitisch ebensowenig einen Fortschritt wie für England oder die Vereinigten Staaten. Erfahrungen mit dem Milizsystem als dauernder Institution kennt bisher nur die Schweiz. Jeder Bürger hat da auch sein Gewehr im Besitz. In einem Lande mit uralter demokratischer Tradition, mit starkem Überwiegen eines politisch demokratischen, aber sozialkonservativen Bauerntums, mit nicht allzu scharfen Klassengegensätzen und politischen Gegensätzen hat sich die Gefahr, daß innerpolitische Gegensätze mit den Waffen in der Hand ausgetragen werden, seit dem Sonderbundskrieg kaum mehr gezeigt. Anders aber können sich die Verhältnisse in Staaten mit akut gesteigerten sozialen und politischen Gegensätzen gestalten. Namentlich die Entwicklung nach dem Kriege hat ja gezeigt, wie infolge der Stärkung der Gewaltideologie die Neigung, innerpolitische Fragen mit bewaffneter Hand zum Austrag zu bringen, gewachsen ist. Ein Milizsystem, das jedem Bürger die Waffe in die Hand gibt – und gerade darin haben viele Sozialisten einen wesentlichen demokratischen Bestandteil des Systems erblickt – birgt so die Gefahr eines permanenten Bürgerkrieges in sich. Wer aber die politischen Entscheidungen durch die Mittel der Demokratie gefällt wissen, die Gewalt nur als letztes Abwehrmittel gegen Angriffe auf die Demokratie angewandt sehen will und das Eingreifen „freiwilliger Milizen" in die innerpolitischen Kämpfe weder für erstrebenswert noch auch im Gegensatz zu den Ausführungen Haubachs[5] für eine unvermeidliche Entwicklungserscheinung

betrachtet, wird der Einführung des Milizsystems und der allgemeinen Volksbewaffung kaum das Wort reden können.
Außenpolitisch steht die Frage nicht so einfach. Sicher ist die einseitige Abrüstung auf die Dauer unerträglich. Sie droht die davon betroffenen Nationen zum Objekt der Machtpolitik der anderen zu machen. Sie stärkt naturgemäß den Groll über die aufgezwungene einseitige Maßnahme und hält so Revanchegefühle wach. Sie verstärkt die Spannung zwischen den Nationen, denn sie ist eine ständige Verführung und Versuchung für militärstarke Staaten, auch ungerechtfertigte Ansprüche aufrechtzuerhalten oder durchzusetzen. Bloß vom militärischen Standpunkt aus wäre der Übergang zum Milizsystem für Deutschland die völlige Wiederherstellung seiner alten Machtposition, was vielleicht nur einige alte Offiziere bestreiten werden. Aber brächte sie uns international der Lösung des Problems — Ausschaltung des Krieges — näher?
Da das Milizsystem höchste militärische Leistungsfähigkeit gewährleistet, würden durch seine Verallgemeinerung im wesentlichen die militärisch-machtpolitischen Verhältnisse, wie sie vor dem Kriege bestanden, wiederhergestellt werden. Die durch Volkszahl und industrielle Entwicklung stärkeren Staaten würden wieder machtpolitisch dominieren, die Kleinstaaten würden entweder wieder zu Trabanten der Großen oder ihrer Politik ausgeliefert sein.[6] All die Spannungen, die aus der Verschiedenheit der Machtverhältnisse entstehen, würden wiederkehren und die internationale Politik wieder zum Feld reiner Machtbetätigung machen. Das Wettrüsten ginge weiter. Da die Menschen vollständig in die Heeresorganisation eingegliedert wären, würde das Bestreben um so stärker, die technischen Kriegsmittel zu vermehren.
So können wir in dem Milizsystem weder ein Mittel des innerpolitischen Fortschritts, noch auch der internationalen Befriedung erblicken und glauben nicht, daß es möglich ist, die Milizforderung als Programmpunkt der Arbeiterparteien oder der Sozialistischen Internationale aufrechtzuerhalten. Diese Vorfrage wird aber vor allem geklärt werden müssen, soll die Internationale zu einer einheitlichen Abrüstungspolitik gelangen. Diese Klärung ist um so notwendiger, da in vielen sozialistischen Parteien, und nicht zuletzt in der französischen Sozialdemokratie, die noch stark unter dem Einfluß der durch die damalige Situation bedingten und damals durchaus progressiven Anschauungen von Jaurès steht, der Milizgedanke vertreten wird. Es wird also vor allem Sache der einzelnen Arbeiterparteien sein, die Entscheidung über die grundsätzliche Stellung zur Wehrverfassung herbeizuführen.

5 *Haubach*, „Der Sozialismus und die Wehrfrage." „Die Gesellschaft" 1926, Februarheft.
6 Es ist charakteristisch, daß in der augenblicklichen Periode, in der kriegerische Verwicklungen in Europa weniger wahrscheinlich sind, der politische Einfluß der Kleinstaaten stärker fühlbar wird und im Völkerbund die Stätte findet, wo er geltend gemacht werden kann. Es ist dies ein bedeutsames Resultat der Völkerbundpolitik und zeigt zugleich die Wichtigkeit der Verstärkung des Einflusses der Völkerbundversammlung gegenüber dem Rat.

Müssen wir also in der Anschauung, die allgemeine Wehrpflicht insbesondere in ihrer Ausgestaltung im Milizsystem bedeute eine wahre Demokratisierung der militärischen Kräfte der Nation, als Illusion erkennen, so gelangen wir damit zur anderen Alternative, die zugleich eine *Politik des wirklichen Antimilitarismus* ist. Denn es handelt sich dann nicht mehr um Fragen der Militärverfassung, sondern um unmittelbaren Abbau der Militärkräfte.

Das Ziel kann dann nur sein, möglichste Reduzierung der militärischen Kräfte: unter innerpolitischem Gesichtspunkt die Beschränkung der Armeen auf eine Sicherheits- und Ordnungstruppe, unter internationaler Beschränkung auf die durch den Völkerbund festzustellende Stärke der Kontingente, die dem Völkerbund zum etwaigen Vorgehen gegen einen Friedensbrecher zur Verfügung stehen müssen. Gewiß wird dieses Endziel nicht rasch erreicht werden und seine Durchsetzung hängt von der politischen Stärke der Arbeiterparteien, vor allem in den Großstaaten ab. Aber man wird über das Ziel, das dem der Milizarmee entgegengesetzt ist, klar sein müssen, um sich über die Methode sozialistischer Abrüstungspolitik verständigen zu können.

Der Weg führt über jene Maßnahmen, die von der englischen Politik bei verschiedenen Gelegenheiten vorgeschlagen wurden: Einschränkung in der Beschaffung bestimmter Kriegsmittel und Beschränkung der Militärbudgets. Dahin gehört der Versuch, den Lord Haldane vor dem Kriege machte, durch Festsetzung eines bestimmten Stärkeverhältnisses zwischen der englischen und deutschen Flotte und Einlegung von Feierjahren für den Flottenbau wenigstens das gefährliche Wettrüsten zu beseitigen. Dahin die Vereinbarungen von Washington, die das Verhältnis der Großkampfschiffe der Vereinigten Staaten, Englands und Japans auf 10:10:5 festsetzen. In der gleichen Richtung liegen Vorschläge auf Verbot bestimmter Waffen oder Arten der Kriegführung, also Verbot des U-Boot-Krieges, des Gaskrieges und so fort. Ein allgemeineres Mittel zum Zweck der Vermeidung vor allem des Wettrüstens ist die Begrenzung der Militärausgaben oder die allgemeine prozentuale Herabsetzung der bisherigen Militärbudgets.

Man wende nicht ein, daß all diese Maßnahmen umgangen werden können. Auch das hängt wieder ganz von der Kontrolltätigkeit und Stärke der Arbeiterparteien ab und von der Möglichkeit, einem von den großen Demokratien wirksam geleiteten Völkerbund Kontrollmöglichkeiten zu geben. Jedenfalls haben diese Methoden den großen Vorzug, unabhängig von der bestehenden Militärverfassung wirksame Schritte zur Beseitigung des Wettrüstens und zur wirklichen Einschränkung der Rüstungen zu gestatten.

Mit diesen Andeutungen wollen wir uns begnügen, da wir vor allem die Probleme zeigen wollten, die unserer Meinung nach sich den Arbeiten der internationalen sozialistischen Abrüstungskommission stellen werden. Dabei sind wir uns bewußt, daß das Abrüstungsproblem zwar ein außerordentlich bedeutsames, aber doch nur ein Teilproblem der internationalen sozialistischen Friedenspolitik bildet. Zur Ausgestaltung der Völkerbund-Institutionen, zur Verwirklichung des internationalen Schiedsgerichtsverfahrens, zur Ächtung des Angreifers, kommen vor allem all die Bestrebungen, die jene ökonomischen Konflikte verringern und in ihren politischen Wirkungen einschränken, die die Kriegsgefahren und Kriegstendenzen schaffen. Die Bekämpfung des Protektionismus, die Arbeit für eine Wirtschaftspolitik des Völkerbundes, für eine internationale wirtschaftliche Kooperation der Nationen sind in ihrer Bedeutung für die Friedenspolitik mindestens so wichtig wie der Kampf für die Abrüstung.

Die Entscheidung über all diese Fragen hängt ab von dem politischen Vormarsch der Arbeiterbewegung in den einzelnen Staaten. Denn sie ist heute die Hauptträgerin wie der nationalen so der internationalen demokratischen Politik. Nichts falscher als die Meinung, die imperialistische Lösung der wirtschaftlichen und politischen Fragen sei die einzig mögliche, die einzige, die sich durchsetzen werde. Es gibt auch die *andere Alternative*, die Antwort der modernen Arbeiterbewegung. Überblickt man die internationale Politik seit dem Kriege, so findet man Unsicherheit und Schwanken. Die Wege der Machtpolitik, der Sonderbündnisse, der Geheimdiplomatie werden noch immer begangen. Daneben aber unter dem Druck der demokratischen Massen auch die neuen Wege, die zur internationalen Kooperation der Völker führen. Und der wirkliche Gegensatz, der sich in der internationalen Politik heute zeigt, ist weniger der unmittelbar ökonomische zwischen mehr oder weniger imperialistischen Regierungen, sondern der politische zwischen mehr oder minder demokratischen Regierungen. Die Bedrohungen des Friedens gehen heute vor allem von jenen Staaten aus, in denen die Demokratie zunächst besiegt oder noch nicht entwickelt ist und die politische Herrschaft unter verschiedenen vom Bolschewismus bis zum Faschismus reichenden Formen mehr oder weniger verhüllte Militärdiktatur ist. Es ist letztlich die Stärkung der Demokratie, der Vormarsch der Arbeiterbewegung, der all die verschiedenen Probleme der Verwirklichung des Friedens in die Einheit ihres Kampfes zusammenfassend die Ausschaltung des Krieges als Mittel des politischen Kampfes herbeiführen wird.

(In: Die Gesellschaft, 3. Jg. 1926, Band 1, S. 385–398)

Die Aufgaben der Sozialdemokratie in der Republik (1927)

Mit seinem Referat auf dem Parteitag der SPD vom 22. bis 27. Mai 1927 in Kiel setzt Hilferding zum ersten Mal offensiv die Richtlinien für eine Kursänderung der SPD. Seine Auffassungen und eine von ihm verfaßte programmatische Entschließung werden vom Parteitag angenommen. In ihr heißt es: „Der Kampf um die Behauptung der Republik und die Ausgestaltung der Demokratie, die Abwehr der sozialen Reaktion und die Erringung der Wirtschaftsdemokratie erfordert die Vereinigung aller Arbeitenden in *einer* politischen Partei, in der Sozialdemokratie." Unter diesem Anspruch müsse auch der nächste Wahlkampf geführt werden: „Es geht um die Stärkung der politischen und sozialen Machtstellung der Arbeiterklasse, um das Ziel, in der demokratischen Republik die sozialistische Arbeiterbewegung zur ausschlaggebenden politischen Macht zu erheben."

Vor allem aber deutet sich in dieser Entschließung an, daß Hilferding den Zeitpunkt für eine neuerliche Beteiligung der SPD an der Regierungsverantwortung gekommen sieht: „Die Beteiligung der Sozialdemokratie an der Reichsregierung hängt allein von der Prüfung der Frage ab, ob die Stärke der Sozialdemokratie im Volke und im Reichstag die Gewähr gibt, durch Teilnahme an der Regierung in einer gegebenen Situation bestimmte, im Interesse der Arbeiterbewegung gelegene Ziele zu erreichen oder reaktionäre Gefahren abzuwehren. Die Entscheidung über die Teilnahme an der Regierung ist eine taktische Frage..."

Damit ist der Spielraum für eine Koalitionspolitik eröffnet, die Hilferding bereits seit 1926 befürwortet hat. Hilferding gelingt es in seinem Referat, den Übergang von Oppositions- zu Koalitionspolitik, diese, wie er meint, rein „taktische Frage", durch Neuformulierung der These vom „organisierten Kapitalismus" zum Bestandteil der allgemeinen Tendenz der ökonomisch-politischen Entwicklung zu erklären und damit unangreifbar zu machen.

Der organisierte Kapitalismus sei bestimmt vom „prinzipiellen Ersatz des kapitalistischen Prinzips der freien Konkurrenz durch das sozialistische Prinzip planmäßiger Produktion". Diese planmäßige Wirtschaft unterliege in höherem Maße der Einwirkung des demokratischen Staates. Und immer mehr setze sich „das politische Prinzip der Arbeiterklasse" durch, „den Staat zu benutzen als Mittel zur Leitung und Beherrschung der Wirtschaft im allgemeinen Interesse".

Die Eigengesetzlichkeit der kapitalistischen Ökonomie scheint hier suspendiert. Die Trennung zwischen Politik und Ökonomie ist aufgehoben: auch der Lohn ist nicht mehr Gegenstand des rein ökonomischen Kampfes, denn mit dem Tarifvertragswesen sei die Höhe des Lohns vom Verhältnis der Klassenkräfte abhängig geworden, so daß es also ,,von der Stärke der parlamentarischen Vertretung der Arbeiterklasse" abhänge, wie der Lohn sich gestalte.

Mit seiner Theorie des organisierten Kapitalismus ist es Hilferding gelungen, der parlamentarischen Taktik der Sozialdemokratie eine neue Fundierung, ja eine neue Dignität zu geben. Ein Antrag von Toni Sender, Siegfrid Aufhäuser und anderen, nur durch Opposition sei der Klassenkampf gegen den Kapitalismus zu führen, wird auf dem Parteitag mit überwältigender Mehrheit abgelehnt.

Die Staatsauffassung, die Hilferding in Kiel vorträgt, sichert die künftige Koalitionspolitik der SPD ebenso geschickt ab: Der Staat sei Resultante aus den Interessen aller, entwickelt er bereits 1922. In Kiel heißt es, die Parteien seien notwendige Bestandteile des Staates, ihr Kampf spiegele den Kampf der Klassen. Sind jedoch alle Parteien notwendig, so müssen sie sich auch den Einfluß teilen -- damit erzielt Hilferding die theoretische Festschreibung der Gegenwart und ihrer Konstellationen zu einer Art ,,ewigen" Koalitionspolitik.

Das Angebot der Kieler Parteitagsresolution stößt auf Entgegenkommen im Regierungslager. Reichskanzler Gustav Stresemann kann seine außenpolitischen Ziele — definitive Regelung der Reparationszahlungen, völlige Wiederherstellung der Souveränität und gänzlicher Abmarsch der Entente-Truppen aus dem Rheinland — nicht durchführen, solange er Obstruktion von seiten der Deutschnationalen fürchten muß. Seit 1927 erstrebt er einen Ersatz der Bürgerblockregierung durch die ,,Große Koalition", also eine Einbeziehung der Sozialdemokratie.

In den Reichstagswahlen am 20. Mai 1928 kann die SPD mit 9,1 Millionen Stimmen eine Million mehr als 1924 auf sich vereinen. Die in Kiel genannten Bedingungen für eine Koalition scheinen erfüllt. Gegen die Stimmen der Linksopposition beschließt der Parteiausschuß, die SPD solle bei der Regierungsbildung die Führung übernehmen. Am 28. Juni 1928 stellt der Sozialdemokrat Hermann Müller ein Kabinett aus SPD, Deutscher Demokratischer Partei, Zentrum, Bayerischer Volkspartei und Deutscher Volkspartei zusammen. Stresemann bleibt Außenminister, Carl Severing ist für Inneres, Rudolf Hilferding für die Finanzen und Rudolf Wissell für das Arbeitsministerium zuständig.

Parteigenossinnen und -Genossen! Es ist sicherlich nie so schwierig gewesen, über die *künftige Entwicklung* der *ökonomischen Verhältnisse* ein Urteil abzugeben, als in der Zeit nach dem Kriege. Die ökonomische Gesetzmäßigkeit war ja durch die Gewalt vollständig unterbrochen. Trotzdem glaube ich, daß wir, wenn nicht alle Anzeichen trügen, zum ersten Male seit Ablauf des Krieges in eine allgemeine, weltwirtschaftliche Besserung der Konjunktur eingetreten sind, die sich vor allem auch auf Deutschland erstreckt. Ich hebe das aus zwei Gründen hervor: einmal, weil wir gar kein Interesse daran haben, das Spiel derjenigen zu unterstützen, die angeblich aus außenpolitischen Gründen die deutsche Wirtschaftslage immer schwarz in schwarz malen, ohne damit das Ausland irgendwie täuschen zu können, die aber diese Schwarzmalerei als Vorwand gebrauchen gegenüber den berechtigten Lohnforderungen der Arbeiterklasse, um immer wieder auf die angeblich schlechte Konjunktur hinweisen zu können. (Sehr wahr!) Ich sage das aber auch aus einem allgemeinen Grunde. Ich habe immer zu denen gehört, die eine *ökonomische* Zusammenbruchstheorie ablehnten, weil gerade Karl Marx den Nachweis erbracht hat, daß eine solche ökonomische Zusammenbruchstheorie falsch ist. Aber nach dem Kriege konnte eine *politische* Zusammenbruchstheorie konzipiert werden. Sie wurde hauptsächlich von den Bolschewiki vertreten, die meinten, daß wir vor einem unmittelbaren Zusammenbruch des kapitalistischen Systems stünden. Demgegenüber müssen wir konstatieren, daß auch ein solcher politischer Zusammenbruch nicht eingetreten ist. Wir als Sozialisten haben, getreu unserer alten Auffassung, durchaus keinen Grund, diese Konstatierung etwa zu bedauern. Wir sind von jeher der Meinung gewesen, daß der Sturz des kapitalistischen Systems nicht irgendwie fatalistisch zu erwarten ist, nicht aus inneren Gesetzen des Systems eintreten wird, sondern daß der Sturz des kapitalistischen Systems die bewußte Tat der Arbeiterklasse sein muß. (Sehr richtig!) Marxismus ist nie Fatalismus gewesen, sondern im Gegenteil höchster Aktivismus. (Lebh. Zustimmung.) Der Satz des Kommunistischen Manifests „Die Befreiung der Arbeiterklasse kann nur das Werk der Arbeiterklasse sein" hat Doppelbedeutung. Die Befreiung ist das Werk der *Arbeiterklasse* im Kampf gegen die Bourgeoisie, aber auch das *Werk* der Arbeiterklasse, die bewußte Tat einer Klasse, die sich ihrer Situation in der kapitalistischen Gesellschaft bewußt wird und aus der Analyse dieser Situation die Konsequenz zieht, daß es gilt, das ganze System zu ändern.

Sobald die ersten Anzeichen einer Besserung der Wirtschaft zu verzeichnen waren, hat der unbelehrbarste Teil der bürgerlichen Wissenschaft wieder einmal vom Ende des Marxismus gesprochen. Andere, Klügere, haben gemeint, einen neuen Höhenflug des kapitalistischen Geistes voraussagen zu können; demgegenüber hat z.B. Werner Sombart, der, wenn er die Methode anwendet, die er von Marx gelernt hat, noch immer Kluges zu sagen weiß, sich dahin ausgesprochen: das Höhenstadium des Kapitalismus ist überschritten; er ist in seine Spätperiode eingetreten. Es ist interessant, daß auch Privatwirtschaftslehrer, also Wissenschaftler, die dem kapitalistischen Getriebe am nächsten stehen, wie z.B. Prof. Geiler, von der Periode des Spätkapitalismus sprechen. Wenn wir uns aber fragen, wie die Situation in Wirklichkeit ist, so müssen wir diese Situation zunächst einmal viel konkreter anschauen und genauer charakterisieren, als es etwa mit dem Ausdruck „Spätkapitalismus" geschieht. Da ist das Entscheidende, daß wir augenblicklich in der Periode des Kapitalismus uns befinden, in der im wesentlichen die Ära der freien Konkurrenz, in der der Kapitalismus rein durch das Walten der blinden Marktgesetze beherrscht war, überwunden ist und wir zu einer kapitalistischen Organisation der Wirtschaft kommen, also von der *Wirtschaft des freien Spiels der Kräfte zur organisierten Wirtschaft.*

Die *organisierte Wirtschaft* zeichnet sich – um das mit einigen Schlagworten anzudeuten – *technisch* dadurch aus, daß neben dem Dampf, neben der Elektrizität immer mehr die *synthetische Chemie* in den Vordergrund rückt, die etwa nach einem halben Jahrhundert wissenschaftlicher Entwicklung für die fabrikatorisch-technische Anwendung reif geworden ist. Diese Anwendung der Chemie bedeutet prinzipiell etwas Neues. Sie macht die kapitalistische Wirtschaft unabhängig von den einzelnen Rohstoffvorkommen, indem sie prinzipiell darauf ausgeht, wichtige Rohstoffe aus anorganischen Stoffen, die überall massenhaft vorhanden sind, künstlich herzustellen. Ich erinnere an die Erzeugung der Öle aus Braun- und Steinkohle, die für industrielle und Kraftzwecke von Bedeutung sind. Es hat eine Menge sogenannter Geopolitiker, Sozialisten und Nichtsozialisten, gegeben, die uns bereits auseinandergesetzt haben, daß der neue Weltkrieg unbedingt kommen und ein Kampf um die Ölquellen sein werde. Wenn nun in Leuna und in Merseburg das Öl fabriziert wird, ist diese ganze geopolitische Richtung natürlich in tödliche Verlegenheit gesetzt. Zweitens geht die synthetische Chemie darauf aus, Rohstoffe in eine solche Form zu überführen, daß sie für industrielle Verwertung weitaus geeigneter sind, oder diesen Rohstoffen ganz neue Eigenschaften zu geben. Drittens geht die Entwicklung dahin, kostbare organische Stoffe aus billigen anorganischen Stoffen zu erzeugen. Ich erinnere an den kolossalen Aufschwung, den etwa die Kunstseide genommen hat, die in das bisherige Gebiet der Textilindustrie eingebrochen ist. An die Stelle der Seide, die die Maulbeerwürmer erzeugen müssen, ist nunmehr ein chemisches Verfahren getreten, bei dem ein seidenähnlicher Stoff aus sehr billigen, überall vorhandenen Rohstoffen erzeugt wird. Es handelt sich hier um eine prinzipiell neue Sache, die geeignet ist, mit einer kolossalen Explosivkraft die gesamte Grundlage unserer Technik in der kapitalistischen Produktion umzuwälzen.

Das Charakteristische ist nun zweitens, daß die kapitalistische Industrie, in der ein mit neuer Energie geladenes wissenschaftliches Verfahren wirksam wird, von vornherein das Bestreben hat, in *organisierter* Weise die neuen Möglichkeiten auszunutzen. Es ist bezeichnend, daß neu entstehende Industrien sich nicht nur wie schon in der unmittelbar vorhergehenden Periode von vornherein auf größter technischer Stufenleiter aufbauen, sondern sich zugleich organisieren, womöglich über die ganze Welt organisieren. Z.B. die

Kunstseidenindustrie ist nicht nur eine Monopolindustrie für Deutschland, sondern sie stellt im Grunde genommen einen einzigen internationalen kapitalistischen Konzern dar, der mit anderen Trustbildungen in Deutschland und in England eng verbunden ist und von da wiederum Verbindungen zu andern Konzernen zieht. Die *Kartell-* und *Trustentwicklung*, die sich in der Industrie vollzogen hat, ist so für neue Industrien überhaupt das erste Wort, mit dem sie in die Welt treten.
Eine dritte charakteristische Tatsache ist die *Internationalisierung* der kapitalistischen Industrie, das Bestreben, die nationalen Monopole, Kartelle und Truste international zusammenzufassen. Wer mit kapitalistischen Wirtschaftskreisen in Berührung kommt — und das ist sehr nützlich, weil es darauf ankommt, die Psychologie des Gegners zu erkennen —, ist erstaunt, mit welchem Eifer diese Kreise, die vor dem Kriege in ihrer Wirtschaftseinstellung national abgeschlossen waren, heute internationale Verbindungen suchen, die Beziehungen mit dem Ausland pflegen, und wie sehr der Drang nach internationaler Organisation lebendig wird. Während die Organisation der Arbeiterklasse sich zuerst entwickelte, die Gewerkschaften das erste organisierte Wirtschaftselement im Kapitalismus gewesen sind, haben die Unternehmer infolge ihres größeren Klassenbewußtseins und ihrer geringeren Zahl unsere Organisation eingeholt. Wir werden achtgeben müssen, daß das auf internationalem Gebiete nicht ebenfalls eintritt.
Gestatten Sie mir eine kleine Abschweifung! Wir haben die deutsche *Handelspolitik* vor allem bekämpft als unnötige Preiserhöhung für die *agrarische* Produktion. Aber das eigentlich Revolutionäre in der Handelspolitik der letzten Jahrzehnte vor dem Kriege ist der *industrielle* Schutzzoll gewesen, nicht als „Schutz der nationalen Arbeit", aber als der stärkste Antrieb für die Organisation der Industrie, als der stärkste Antrieb zur Kartellierung und Vertrustung. Diese machte es möglich, daß der Schutzzoll vollständig ausgenutzt werden konnte, daß der inländische Preis um den Betrag des Schutzzolles über den Weltmarktpreis erhöht werden konnte. Damit wurde der Schutzzoll geradezu zu einer Prämie für den Abschluß von Kartellen und Trusts.
Nun hätte man erwarten können, daß durch die Internationalisierung der *Kartelle,* durch die Ausschaltung der Konkurrenz zwischen den nationalen Wirtschaften, die Schutzzollbewegung abflauen würde. Das Gegenteil ist eingetreten, weil jetzt der Schutzzoll eine *neue Funktion* bekommt. Ist der deutsche Markt durch einen hohen Eisenzoll geschützt, so bedeutet das, daß der deutsche Stahlwerksverband bei den Verhandlungen mit den Franzosen von vornherein sagen kann: Unser Markt ist geschützt, den hat der Staat uns vorbehalten, infolgedessen gehört uns von vornherein die Quote im internationalen Stahlkartell, die auf den deutschen inländischen Absatz entfällt, und erst nachdem wir diese Quote erhalten haben, werden wir darüber reden, welche Ansprüche wir für die Quote auf dem Weltmarkt zu stellen haben.
Je höher der *Schutzzoll,* desto größer und gesicherter die Quote, die das nationale Monopol bei der internationalen Monopolisierung für sich in An-

spruch nimmt. Nun das Interessanteste für uns! Diese ganze Handelspolitik ist in Deutschland immer als Schutz der nationalen Arbeit gerechtfertigt worden. Jetzt bedeutet dieser Schutz der nationalen Arbeit zunächst Kartellschutz. Aber dieser Kartellschutz erleichtert den Abschluß internationaler Kartelle, so daß der deutsche Eisenzoll also ein Schutzzoll auch für das französische Eisenkartell ist, daß der Schutz der nationalen Arbeit zum stärksten Antrieb für den Abschluß internationaler Kartelle geworden ist, und daß die Deutschnationalen, die den Schutz der nationalen Arbeit immer wieder fordern, in Wirklichkeit damit einen Schutz der französischen, belgischen, polnischen, tschechischen Eisenindustrie fordern, weil die französische Eisenindustrie natürlich durch den Abschluß solcher Kartelle viel besser gefördert wird als durch einen Konkurrenzkampf auf dem internationalen Markt mit der vorgeschrittenen deutschen Industrie. Die Handelspolitik hat also eine doppelte Seite, die reaktionäre Seite der Preiserhöhung, der Auswucherung der Konsumenten, und die revolutionäre Seite der Steigerung der Organisationstendenzen in der kapitalistischen Gesellschaft.

Nun der vierte Punkt, der gewöhnlich nicht gesehen wird, der vorläufig erst in der Entwicklung angedeutet ist, der aber vielleicht der bedeutsamste ist. Wir haben heute alle das Gefühl, daß auch der Privatbetrieb, die Wirtschaftsführung des einzelnen Unternehmers, aufgehört hat, Privatsache dieses Unternehmers zu sein. Die Gesellschaft hat verstanden, daß es ihr Interesse ist, wenn die Produktivität in jedem einzelnen Betriebe gesteigert wird, wenn also der betreffende Wirtschaftsführer auch wirklich seine technische und organisatorische, produktionssteigernde Pflicht als Unternehmer erfüllt. Ich erinnere daran, daß Institutionen wie das Kuratorium für Wirtschaftlichkeit, wie überhaupt alle behördlich geförderten Rationalisierungsbestrebungen, die den Unternehmer bewegen sollen, die Leistungen der Betriebe zu erhöhen, nichts anderes bedeuten, als daß die Gesellschaft sagt: Führung des Unternehmens ist nicht mehr Privatsache des Unternehmers, sondern gesellschaftliche Angelegenheit. Das Wichtigste ist nun folgendes: Die Konzernbildung, das Zusammenfassen von immer mehr Betrieben in eine oberste Spitze bedeutet für die einzelnen Betriebe die Ausschaltung der freien Konkurrenz. Es ist kapitalistische Lehre gewesen, daß nur der Zwang der freien Konkurrenz die Wirtschaft fördern, die notwendigen technischen Erneuerungen und Fortschritte durchsetzen kann. Das Hauptargument gegen den Sozialismus ist immer gewesen: Ihr schaltet die private Initiative der freien Konkurrenz aus und wißt nichts an die Stelle zu setzen. Infolgedessen wird eure Wirtschaft nicht gehen, weil sie den Ehrgeiz und Eigennutz des Privateigentümers der Produktionsmittel nicht in Rechnung stellt. Nun ist es sehr interessant zu sehen, wie in der Entwicklung der modernen Betriebswissenschaft nach Methoden gesucht wird, um diese freie Konkurrenz des privaten Eigennutzes durch wissenschaftliche, planmäßige Methoden zu ersetzen. Es ist ganz klar: der Konzernleiter hat das größte Interesse, jederzeit feststellen zu können, ob in dem einzelnen Betrieb, der einen Teil seines Unternehmens bildet, aber nicht mit anderen gleichartigen Unternehmungen im selben Konzern konkurriert, der höchste Nutzeffekt erzielt wird. Es sind sehr feine

Methoden ausgearbeitet worden, um an die Stelle der Konkurrenz aus Eigennutz eine *wissenschaftliche Methode des Wettbewerbs* zu setzen. Damit haben wir Sozialisten zugleich das Prinzip unserer Wirtschaftsführung. Damit gibt der Kapitalismus selbst den Haupteinwand auf, den er gegen den Sozialismus erheben kann, und damit fällt der letzte psychologische Einwand gegen den Sozialismus. (Sehr richtig!) Organisierter Kapitalismus bedeutet also in Wirklichkeit den *prinzipiellen Ersatz des kapitalistischen Prinzips der freien Konkurrenz* durch das *sozialistische Prinzip planmäßiger Produktion.* Diese planmäßige, mit Bewußtsein geleitete Wirtschaft unterliegt in viel höherem Maße der Möglichkeit der *bewußten Einwirkung der Gesellschaft,* das heißt nichts anderes, als der Einwirkung durch die einzige bewußte und mit Zwangsgewalt ausgestattete Organisation der Gesellschaft, der Einwirkung durch den *Staat.*

Wenn das so ist, dann treten sich klar gegenüber auf der einen Seite die kapitalistische Organisation der Wirtschaft, auf der anderen Seite die Staatsorganisation, und das Problem ist, wie wir ihre gegenseitige Durchdringung gestalten wollen. Das heißt nichts anderes, als daß unserer Generation das Problem gestellt ist, mit Hilfe des Staates, mit Hilfe der bewußten gesellschaftlichen Regelung diese von den *Kapitalisten* organisierte und geleitete Wirtschaft in eine durch den *demokratischen Staat* geleitete Wirtschaft umzuwandeln. Daraus folgt, daß das Problem, das unserer Generation gestellt ist, nichts anderes sein kann als der Sozialismus. Wenn wir als Sozialdemokratie früher gekämpft haben um politische Rechte, um die Anfänge und Erweiterung der Sozialpolitik, so ist durch die ökonomische Entwicklung selbst das *Problem des Sozialismus* gestellt.

Es ist also kein Zweifel: die Formel, es handle sich jetzt für uns um den Gegensatz zwischen Sozialismus und Kapitalismus, ist richtig. Gestatten Sie mir aber dazu zwei Bemerkungen. Diese Formel ist ökonomisch und historisch richtig. Aber sie ist historisch richtig gewesen schon zu einer Zeit, wo wir noch um Sozialreform gekämpft haben, weil Sozialreform für uns nichts anderes gewesen ist als die Wegbereitung für den Sozialismus. Denn dadurch haben wir uns immer von der bürgerlichen Sozialreform unterschieden. Die Formel ist auch ökonomisch richtig. Aber erschöpft sie den *politischen* Gehalt unserer Zeit? Als Massenpartei sind wir immer in folgendem Dilemma: Wir müssen uns an die Massen wenden mit einer möglichst einfachen und verständlichen Formel, aber andererseits bringt jede solche allgemeine Formel die Gefahr mit sich, daß sie die Politik der Partei zu sehr bindet (Sehr wahr!), denn die Formel ist zu weit, unterliegt also allen möglichen Deutungen, und bei jedem Schritt kann eingewendet werden: dieser politische Schritt widerspricht der allgemeinen Formel.

Ich habe von der wachsenden Durchdringung von Wirtschaft und Staat, von ihrem gegenseitigen Verhältnis, das durch die Organisation der Wirtschaft immer enger wird, gesprochen. Ich erinnere daran, daß der Staatseinfluß auf die Wirtschaft selbst in der Periode der freien Konkurrenz in gewissen Dingen immer vorhanden war. Ich erinnere an die Herrschaft des Staates über den *Geldmarkt,* die in den letzten Tagen wieder sehr deutlich geworden ist durch die in der Geschichte der Börsenpaniken einzig dastehende Tatsache, daß eine kapitalistische Regierung künstlich eine Börsenpanik erzeugt hat. Ich erinnere an die Fragen der *Steuerpolitik*, der *Handelspolitik*. Hier habe ich allerdings die Empfindung, daß es notwendig ist, den Massen wieder zu sagen, welche Bedeutung die Handelspolitik hat. Wir haben ein außerordentliches Steigen der Getreidepreise in der letzten Zeit erlebt und man muß den Massen klar machen, daß der *Brotpreis* und *Fleischpreis* nicht allein ein ökonomischer, sondern ein *politischer Preis* ist (Sehr richtig!), der durch die politischen Machtverhältnisse bestimmt ist, und daß es dringend notwendig ist, wenn die Massen wünschen, daß hier etwas gebessert wird, daß sie auch selbst die Initiative ergreifen und eine Politik treiben und unterstützen, die diesen politischen Faktor aus dem ökonomischen Preise vermindern oder ausmerzen kann.

Aber, was wichtiger und neu ist, ist die Staatsregelung auf dem Gebiet, das unmittelbar das proletarische Schicksal angeht, nämlich auf dem Gebiet des *Arbeitsmarktes*. Wir haben dank der Revolution die Arbeitslosenversicherung. Diese bedeutet eine ganz bestimmte Regelung von Angebot und Nachfrage auf dem Arbeitsmarkt. Wir haben durch unser Tarifvertragswesen, durch die Schiedsgerichte heute eine *politische Lohnregelung* und eine politische Arbeitszeitregelung. Das persönliche Schicksal des Arbeiters wird bestimmt durch die Politik, die der Staat treibt. Wenn es gelungen ist, bei einer Arbeitslosigkeit von mehr als zwei Millionen im großen und ganzen für die Arbeiter den Reallohn zu halten, dann haben wir diese Sicherung des Reallohnes vor allem deswegen durchführen können, weil der politische Einfluß der Arbeiterklasse groß genug gewesen ist, um mit diesen Methoden der Arbeitslosenversicherung, des Schiedsgerichts und Tarifwesens wenigstens eine Senkung des Lohnes zu verhindern. Wir müssen es in jedes Arbeiterhirn einhämmern, daß der *Wochenlohn ein politischer Lohn* ist, daß es von der Stärke der parlamentarischen Vertretung der Arbeiterklasse, von der Stärke ihrer Organisation und den sozialen Machtverhältnissen außerhalb des Parlaments abhängt, wie der Lohn am Ende der Woche sich gestaltet. Namentlich den Arbeiterfrauen muß es gesagt werden: wenn ihr zur Wahl geht, entscheidet ihr gleichzeitig über Brot und Fleisch und die Höhe des Lohnes. Das ist natürlich etwas Neues in der kapitalistischen Wirtschaft, das ist ein Element von großer ökonomischer, sozialer und politischer Bedeutung. Der Professor *Cassel*, der merkwürdigerweise als internationaler Sachverständiger herumreisen kann, ein Petrefakt aus der Manchesterzeit des Kapitalismus, hat schon recht, wenn er sagt: das widerspricht dem Wesen des Kapitalismus – nämlich wie er ihn gelernt hat. Das ist tatsächlich unvereinbar mit dem Prinzip der freien Konkurrenz. Das ist nur möglich, weil wir eine organisierte Wirtschaft haben, die in immer steigendem Maße der bewußten Organisation durch die Gesellschaft, durch den Staat unterliegt.

Und damit komme ich zu unserer Stellung zum Staat. Ich möchte mich hier auf die beste Marxistin berufen, auf die Geschichte, und die ist auch diesmal in Übereinstimmung mit Karl Marx. Wie ist unsere Einstellung zum Staat *historisch* gewesen? Kein Zweifel, daß die Arbeiterbewegung, insbesondere die sozialistische, von Anfang an der Träger des Gedankens des Staatseinflusses auf die Wirtschaft gegen den Liberalismus gewesen ist! Kein Zweifel, daß wir – zuerst auf dem Gebiet der Sozialpolitik – immer wieder das Eingreifen des Staates und die Vermehrung der Staatsmacht gefordert haben, daß wir sie jetzt wieder fordern über das Gebiet der Sozialpolitik hinaus auf das Gebiet der Wirtschaftspolitik und der Wirtschaftsführung. Betriebs- und Wirtschaftsführung als Angelegenheiten der Gesellschaft zu betrachten, ist gerade das sozialistische Prinzip, und die Gesellschaft hat kein anderes Organ, durch das sie bewußt handeln kann, als den *Staat*. Also für die Gegenwart ist kein Zweifel über unsere Stellung zum Staat möglich. Aber wenn das historisch so ist, so haben wir uns immer gehütet, in die Konstruktionen der bürgerlichen und namentlich der deutschen Staatsphilosophie zu verfallen. Die marxistische Methode verlangt, daß wir bei all den gesellschaftlichen Erscheinungen den Fetischismus dieser Erscheinungen auflösen durch die Analyse der Realität. Die deutsche Staatsphilosophie hat den Staat absolutiert, vergottet; sie hat gelehrt: der Staat ist die Verwirklichung der Freiheit, der Sittlichkeit oder sonst eines metaphysischen Prinzips. Die deutsche Staatsphilosophie ist um so üppiger ins Kraut geschossen, je weniger Staatsgewalt wir hatten. Seit 1870 haben wir überhaupt erst etwas, was man Staat nennen kann, und unsere Staatsphilosophie stammt aus dem 18. und dem Beginn des 19. Jahrhunderts, ist also unbrauchbar für jede Erkenntnis. Marx hat sicher ein entscheidendes Merkmal des Staates angegeben, indem er sagte, daß der Staat nicht nur als politischer Körper zu betrachten ist, sondern auch nach seinem sozialen Inhalt, der darin besteht, daß die herrschenden Klassen mittels der Staatsgewalt ihre Herrschaft aufrechterhalten. Aber diese Staatsdefinition von Marx ist schon deswegen keine Staatstheorie, weil sie für alle Staatsformationen seit dem Beginn der Klassengesellschaft gilt und es darauf ankommt, die unterscheidenden Merkmale der Staatsentwicklung sich klar zu machen.

Die Engländer, die so lange schon einen Staat haben, haben sich nie um diese staatsphilosophischen Konstruktionen bemüht. Die englische staatsrechtliche Literatur schreibt überhaupt nicht über den Staat, sondern on government, über die Regierung. Für uns Sozialisten sollte es selbstverständlich sein, daß eine Organisation besteht aus den Mitgliedern, der Leitung und dem Apparat, das heißt also, daß der Staat nichts anderes ist, als die Regierung, die Verwaltungsmaschinerie und die Staatsbürger, die den Staat zusammensetzen – politisch gesehen. Das bedeutet in einem anderen Zusammenhange, daß das wesentliche Element jedes modernen Staates die *Parteien* sind, weil der einzelne seinen Willen nur durch das Medium der Partei zur Geltung bringen kann. Infolgedessen sind alle Parteien notwendige Bestandteile des Staates, genau wie die Regierung und die Verwaltung. Das bedeutet zugleich die Anerkennung der Grundlage der marxistischen Definition, weil der Parteikampf nichts anderes widerspiegelt, als den Kampf der Klassen untereinander, der Parteikampf also der Ausdruck der Klassengegensätze ist.

Wenn so der Kampf um den Staat den Inhalt hat, Einfluß auf die Leitung der Wirtschaft zu erhalten, dann erst wird uns die ganze Genialität einer Be-

merkung von Marx klar, auf die er solches Gewicht gelegt hat, daß er sie nicht nur im Kapital, sondern auch in der Inauguraladresse niedergelegt hat. Er spricht dort vom 10-Stundentag, und sagt zum Schluß: „Darum war das Zehnstundengesetz nicht nur ein großer praktischer Erfolg – es war der Sieg eines Prinzips. Zum ersten Male unterlag die politische Ökonomie der Bourgeoisie der politischen Ökonomie der Arbeiterklasse." Das bedeutet: immer mehr unterliegt die kapitalistische Gesellschaft dem zunehmenden Einfluß der Arbeiterklasse, immer mehr siegt das politische Prinzip der Arbeiterklasse, den Staat zu benutzen als Mittel zur Leitung und Beherrschung der Wirtschaft im allgemeinen Interesse. (Bravo!)
Daß das nicht nur eine theoretische Einsicht ist, die wir den Massen entgegenzutragen haben, das zeigt die Entwicklung der *Gewerkschaften*. Es ist charakteristisch, daß die Gewerkschaften immer mehr *politisiert* werden, nicht im parteipolitischen Sinne, sondern in ihrer ganzen Aufgabenstellung. In der Gesellschaft der freien Konkurrenz konnten sie nur den unmittelbaren Klassenkampf zwischen Unternehmern und Arbeitern führen um die Länge der Arbeitszeit und die Höhe des Lohnes. Jetzt stellen sich die Gewerkschaften selbst immer mehr andere Aufgaben, nicht mehr nur Beeinflussung des Staates auf sozialpolitischem Gebiet, sondern jetzt sind die beherrschenden Prinzipien in der gewerkschaftlichen Bewegung der Kampf um die *Betriebsdemokratie* und der Kampf um die *Wirtschaftsdemokratie*. Die Wirtschaftsdemokratie ist die Unterordnung der wirtschaftlichen Privatinteressen unter das gesellschaftliche Interesse; Betriebsdemokratie ist die Aufstiegmöglichkeit zur Leitung des Betriebes für den einzelnen je nach seinen Fähigkeiten. Aus der gewerkschaftlichen Entwicklung selbst ist im Zeitalter des organisierten Kapitalismus das sozialistische Ziel auf Brechung des Besitzprivilegs herausgewachsen, die Gewerkschaften müssen sich sozialistische Aufgaben stellen. Der ganze Kampf innerhalb der organisierten Arbeiterbewegung kann gar nicht anders geführt werden, als um die immer fortschreitende Durchsetzung des sozialistischen Prinzips.
Was mir aber besonders bedeutsam erscheint, ist, daß das nicht etwa das Ziel der freien Gewerkschaften allein ist. Denn dann könnte man sagen, sie stehen ohnedies mit der sozialistischen Ideenwelt in engem Zusammenhange. Nein, dieselben Tendenzen und Gedanken ringen sich immer wieder bei den *christlichen Gewerkschaften* durch. Die Führer können den christlichen Arbeitern noch so sehr erzählen, daß sie sich von uns durch eine Weltauffassung unterscheiden, in Wirklichkeit lebt dasselbe Klassenbewußtsein heute bei den christlichen Arbeitern, wie bei den sozialistischen Arbeitern. (Sehr gut!) Sie übersetzen es nur in eine andere Sprache, aber die Sprachverschiedenheit ist viel geringer als die zwischen Bayern und Sachsen. (Heiterkeit.) Das ist das neue Moment, das den Kampf um den Sozialismus verstärkt. Die politische Entwicklung in dem großen Kampf um die politische Emanzipation der Arbeiterklasse ging doch dahin, das Erbrecht, das Besitzprivileg, in der Politik zu brechen, zunächst das der Monarchen, dann das der Aristokratie, schließlich mußte in einem mühevollen Kampf der Arbeiterklasse gegen die Bourgeoisie das Besitzprivileg beim Wahlrecht fallen und

alle Wahlrechtsverfälschungen. Rein politisch ist das Besitzprivileg gebrochen. Der Arbeiter steht vor dem Widerspruch: politisch gibt es das Besitzprivileg nicht mehr, aber noch ökonomisch. Der Widerspruch ist so offenkundig, daß der ganze Inhalt seines Denkens dahin gehen muß, das *Besitzprivileg auch wirtschaftlich zu beseitigen*. Er hat als Staatsbürger die Macht, die Hand auf den politischen Hebel des Staates zu legen und dadurch auch das ökonomische Besitzprivileg zu beseitigen. Ich habe immer gefunden, daß die beste Definition des Wertes der Demokratie für den Klassenkampf von dem schärfsten und vielleicht auch klügsten unserer Gegner, dem letzten Führer der Konservativen im alten Reichstag, Freiherr von Heydebrandt, gegeben wurde, als er den Saal bei der Beratung der Erbschaftsteuer mit dem Satz überraschte: „Wir Konservativen werden es unter keinen Umständen dulden, daß das Portemonnaie der Besitzenden dem Reichstag des gleichen Wahlrechts ausgeliefert wird." Der Mann hat verstanden, worauf es in der Demokratie ankommt, und wir haben keinen Grund, weniger verständig zu sein.

Historisch betrachtet ist doch die *Demokratie* stets die *Sache des Proletariats* gewesen. Ich habe mich immer über die Behauptung gewundert, die auch jetzt in einigen Anträgen steht, daß die Demokratie Sache der Bourgeoisie gewesen sei. Das heißt die Geschichte der Demokratie nicht kennen und nach blasser Intellektuellen-Art die Geschichte der Demokratie aus den Schriften einiger Theoretiker herauslesen wollen. In Wirklichkeit gibt es keinen schärferen politischen Kampf als den des Proletariats um die Demokratie gegen das Bürgertum. (Sehr richtig!) Es heißt die ganze sozialistische Vergangenheit, seitdem Marx das berühmte Wort gesprochen hat: es gilt, die Arbeiterklasse zur politischen Partei zu erheben, verleugnen, wenn wir nicht einsehen wollen, daß dieser Kampf zu den Großtaten des proletarischen Klassenkampfes gehört, und daß es historisch falsch und irreführend ist, von „*bürgerlicher Demokratie*" zu reden. Die Demokratie ist *unsere* Sache gewesen. *Wir* haben sie dem Bürgertum in zähem Kampf abringen müssen. Ich erinnere an die Wahlrechtskämpfe. Wieviel proletarisches Blut ist für die Erringung des gleichen Wahlrechts geflossen! (Sehr richtig!)

Das Wort von der bürgerlichen Demokratie ist aber nicht nur historisch, sondern auch von dem Standpunkt der sozialen Analyse falsch. Demokratie bedeutet doch eine ganz andere Technik der Bildung des Staatswillens. Im Obrigkeitsstaat standen uns außer der bei den Wahlen zusammengefaßten und da ihren politischen Willen kundgebenden Staatsbürgerschaft bestimmte starke gesellschaftliche Organisationen gegenüber. Ich kann das nicht näher ausführen. Es genügt für uns Deutsche, schlagwortartig zu sagen: In Wirklichkeit war in allen entscheidenden Fragen der Wille des Reichstags eine Bagatelle gegenüber dem Willen der hohen Militärs, der hohen Bürokratie, des Monarchen. Jetzt ist die Bildung des Staatswillens nichts anderes als die Komponente aus dem politischen Willen der einzelnen. Es stehen dem Reichstag nicht mehr festabgegrenzte Organisationen der Herrschenden gegenüber, die Herrschenden müssen sich an den Staatsbürger wenden, und ihre Herrschaft im geistigen Ringen mit uns immer wieder bestätigen lassen

von einer Mehrheit. Wenn nicht, so ist *auf dem Boden der Demokratie* ihre Herrschaft zu Ende.
Was aber, wenn die Herrschenden die Demokratie nicht respektieren? Ist das für uns ein Problem? Ist es nicht selbstverständliche Auffassung, ich sage, nicht nur jedes Sozialdemokraten, sondern ich sage absichtlich: jedes Republikaners, daß in dem Augenblick des Versuchs der Zerstörung der Grundlage der Demokratie alle Mittel angewandt werden, um diese Grundlage zu sichern! (Sehr richtig!) Es handelt sich um die Frage der Anwendung der Gewalt. Nach den Erfahrungen, die wir 1918 in Deutschland gemacht haben, die wir insbesondere in Rußland erlebt haben, heißt Gewaltanwendung im Klassenkampf – ich spreche von wirklicher Gewaltanwendung, Hauen, Stechen, Schießen – nicht etwa ein vorübergehender Putsch, sondern ein langwährender sehr erbitterter und außerordentlich verlustreicher *Bürgerkrieg*. Wenn die Grundlage der Demokratie zerstört wird, sind wir in der *Defensive* und haben keine Wahl. Dann müssen wir alle Mittel anwenden. (Sehr richtig!) Aber kein Sozialist – ich sage das gerade vom sozialistischen Standpunkt – wird etwa sagen: Der Sozialismus freut mich nicht, wenn ich keine Gewalt anwenden kann, um ihn zu verwirklichen. Ich zitiere damit ein Wort von Otto Bauer. (Sehr gut!) Wir werden das nicht tun, weil wir wissen, daß es kein schwereres Hemmnis der Verwirklichung des Sozialismus gibt, als den Bürgerkrieg, und weil wir in einer ungeheuer schwierigen Situation als Sozialisten stehen, wenn die proletarische Staatsmacht aus einem Bürgerkrieg hervorgeht. (Sehr richtig!) Deswegen haben wir als Proletariat ein unbedingtes Interesse an der *Erhaltung der Demokratie*. Wir wollen sie verteidigen   das muß immer wieder gesagt werden –, und deshalb danken wir dem *Reichsbanner* für seine Arbeit. (Bravo! und Händeklatschen.) Wir hoffen, daß das Reichsbanner sich mit diesem republikanischen Bewußtsein erfüllt, daß kein Opfer gerade auch im Interesse der Arbeiterklasse zu groß wäre, um die Republik, die Demokratie zu erhalten. (Bravo! – Zuruf: Und die Partei?) Wenn Sie nicht verstanden haben, daß die *Erhaltung der Demokratie und Republik das wichtigste Interesse der Partei* ist, haben Sie nicht das ABC des politischen Denkens begriffen. (Bravo! und Händeklatschen.)
Nicht nur historisch ist die Demokratie Proletariersache, sie ist es auch *soziologisch*. Es ist wiederum eine ganz unhistorische Vorstellung, daß es etwas Gemeinsames zwischen antiker, frühitalienischer und unserer modernen Demokratie gibt. Die Demokratie existiert nur, wo starke, mit politischem Bewußtsein erfüllte proletarische Organisationen dahinterstehen; sonst geht sie zugrunde. Sehen Sie sich die südamerikanischen Staaten an! Famose Verfassungen, Demokratie in Ordnung, aber keine proletarische Organisation, Cliquenwirtschaft, Militärputsche usw., eine vollständige Verlodderung, weil Demokratie nur möglich ist, wenn eine starke, bewußte Arbeiterklasse dahintersteht. Dasselbe gilt im Osten. (Bravo!)
Ebenso falsch ist das Wort von der *formalen Demokratie*, weil es verkennen heißt den intimen Zusammenhang zwischen Politik und sozialer Wirkung der Politik. Demokratie bedeutet eine andere, entweder schon vollzogene oder der Möglichkeit nach andere politische Machtverteilung. Das bedeutet natür-

lich andere soziale Wirkungen, bedeutet, daß der Staatswille auch sozial anders geformt wird. Die Trennung von Politik und sozialer Wirkung läßt sich theoretisch, abstrakt in Schriften machen. In der politischen Wirklichkeit ist diese Trennung ganz falsch. Die politische Demokratie ist auch von diesem Standpunkt aus absolut Sache des Proletariats. Ganz falsch ist es also, zu sagen, daß die Demokratie formal ist. Sie ist von höchster *inhaltlicher* Bedeutung für jedes einzelne Arbeiterschicksal. (Sehr richtig!)
Nun laufen Leute in der Welt herum und schreien: Hütet Euch aber vor demokratischen Illusionen! Als Marx in seinen Jugendschriften – noch vor dem Kommunistischen Manifest – darauf hinwies, daß die politische Emanzipation nicht ausreicht, sondern die menschliche Emanzipation hinzukommen müsse, was wir heute als die soziale Emanzipation bezeichnen, war das damals gegenüber den 48er bürgerlichen Demokraten von der höchsten Bedeutung und eine sehr wichtige Erziehungsaufgabe, der sich damals Marx unterzog, um die in Gefolgschaft dieser Demokraten marschierenden Arbeiter vor Illusionen zu bewahren. Aber ist es nicht eine blasse Intellektuellen-Vorstellung, daß wir den Arbeiter, der tagtäglich in der Fabrik am eigenen Leibe acht und zehn Stunden lang verspürt, daß politische Emanzipation noch nicht gleichbedeutend mit sozialer Emanzipation ist, fortwährend vor Illusion vor der bürgerlichen Demokratie warnen müssen? Das ist doch eine intellektuelle Kinderei, mit der wir uns herumschlagen sollen. (Sehr richtig!)
Ich habe eine ganz andere Meinung. Die wirkliche Gefahr, die leider nicht nur Gefahr geblieben ist, ist die, daß es Proletarierschichten und Proletariate ganzer Länder gegeben hat, die die *Wichtigkeit der Freiheit, der Demokratie, nicht erkannt* haben. (Bravo! und Händeklatschen.) Wir haben uns immer mit Recht über das Bürgertum entrüstet, das seine liberalen Prinzipien aufgegeben hat. Ich bin in meiner Kritik vorsichtiger geworden, seitdem ich erlebt habe, wie in *Italien* dieser Mussolini zur Macht gelangte, weil das italienische Proletariat nicht wußte, welches Gut die Freiheit, die Demokratie ist. (Händeklatschen.)
Was im Süden gilt, gilt für den Osten doppelt und dreifach. (Sehr richtig!) Meine deprimierendsten Stunden in meinem Parteileben erlebte ich in dem Kampf, den ich in der Unabhängigen Sozialdemokratie gegen die Anhänger der 21 Moskauer Punkte führen mußte. (Sehr gut!) Viele Arbeiter haben nicht verstanden, was sie preisgaben, wenn sie sich diesen 21 diktatorischen Bedingungen nicht nur für das Staatsleben, sondern sogar für die eigene Partei unterordneten. (Sehr richtig!) Seitdem haben wir erfahren, was für ein Unglück der Bolschewismus gewesen ist. Darüber, ob der Bolschewismus reaktionär oder revolutionär gewirkt hat, wird später einmal die Geschichte zu urteilen haben. Ohne Zweifel ist es für uns Deutsche, für uns alle in Mitteleuropa ein sehr großes Unglück gewesen, daß der Sieg der Bolschewiki *vor* dem Sieg der demokratischen Revolution in Deutschland kam. (Sehr richtig!) Wenn wir damals *alle* an der Demokratie festgehalten hätten, hätten wir sehr viel rascher die Spaltung der Arbeiterklasse überwunden und ganz andere, größere Erfolge damals erreichen können, als es geschehen konnte, weil ein Teil der Arbeiterklasse gegen die eigene Front gekämpft hat unter

Verkennung der Wichtigkeit der politischen Rechte. (Bravo! und Händeklatschen.) Wenn Illusionen zu zerstören sind, so sind es heute nicht mehr diejenigen, die Marx 1848 zerstört hat. Das ist doch ein ganz lächerlicher Buchstabenglaube. Wir müssen die Illusionen zerstören, die *heute* gefährlich sind, und heute sind es diese antidemokratischen Illusionen. (Sehr richtig!) Lassen Sie mich jetzt untersuchen, wie die Frage von *Monarchie und Republik* steht. Ich habe mich über den Wortlaut der Resolution gewundert, in der gesagt wird, daß der Kampf für die Erhaltung der Republik, mit der sich die Bourgeoisie abgefunden habe, an Bedeutung zurücktritt. Würden die Arbeiter das glauben, das Reichsbanner in seinem Kampf ermüden, Sie würden sich wundern, wie stark die Monarchisten aufs neue vorstoßen würden. (Sehr richtig!) Es ist doch der Freibrief, den Sie den Monarchisten in Deutschland geben, wenn Sie sagen, daß der Kampf an Bedeutung verliert! (Händeklatschen.) Also so geht es nicht. Richtig ist, die Monarchisten haben eine schwere Niederlage erlitten, ihr Anhang in den Massen geht zurück. Die monarchistische Treue ist keine Heringsware, die man auf zwei Jahre einpökeln kann, monarchistische Ergebenheit kann nicht wie eine Aktie behandelt werden, die man bei einer Bank „in Kost" gibt, und die man nach zwei Jahren zurückfordern kann, wenn der Kurs günstiger ist. Aber wenn das richtig ist, und wenn es auch richtig ist, daß der akute Kampf gegen die Republik heute nicht mehr so gefährlich ist, was folgt daraus? Folgt daraus nicht, was von größter Wichtigkeit ist, daß gewisse Gegensätze um die Staatsform im bürgerlichen Lager zurücktreten, daß die *Vereinheitlichung der bürgerlichen Reaktion* leichter wird, und daß damit ein Weg frei wird, den ich von jeher für gefährlicher gehalten habe als den Weg zur Monarchie? Wir haben in Deutschland Glück gehabt, wir haben so viel Monarchen, und die Auswahl ist sehr schwer. (Heiterkeit.) Aber wenn es nicht mehr um Republik oder Monarchie geht, so kann sich doch die gesamte Reaktion in Deutschland um so leichter in dem Kampf *gegen die Demokratie und für den Faschismus* einigen. (Sehr richtig!) Das ist die Änderung. Die Deutschnationalen haben sich den Weg zum Faschismus leichter und freier gemacht, indem sie den Weg zur Monarchie beiseite gelassen haben. (Sehr richtig!) Die Gefahr, nicht für die Republik – das gebe ich zu –, nicht für die Staatsform, aber für den *wirklichen Inhalt und Umfang der Demokratie* ist außerordentlich gerade dadurch *vergrößert* worden, daß die Deutschnationalen ihre monarchistischen Ideen auf zwei Jahre eingepökelt haben. (Sehr richtig!) Infolgedessen brauchen wir uns über die Formel, es handle sich um Republik und Monarchie, nicht zu streiten. Wir müssen uns aber bewußt sein, daß, wenn wir die Republik nicht mehr verteidigen, wenn wir das Proletariat nicht mehr mit dem Bewußtsein des hohen Wertes der Republik fortgesetzt erfüllen, die *Republik sofort aufs neue gefährdet* wäre. Der Kampf Republik und Monarchie steht also augenblicklich in *dieser* Formulierung nicht im Vordergrund; aber er hat sich gewandelt zum Kampf: *Faschismus gegen Demokratei.* (Sehr richtig!) Wir würden den schlimmsten Fehler begehen, wenn wir dem Proletariat sagen würden: politisch brauchst du dich weniger zu sorgen, es kommen jetzt nur die materiellen Fragen in Betracht.

Diese Entwicklung zeigt uns auch die Gefahren, die die neue *Rechtsregierung* im Reich bedeutet. Das Zentrum ist sehr stolz, daß die Deutschnationalen die Richtlinien angenommen haben, daß Graf Westarp die Verlängerung des Republikschutzgesetzes beantragt und dafür gestimmt hat. Das ist vom parteipolitischen Standpunkt des Zentrums und sogar der Republikaner ein politischer Erfolg. Es ist eine Schwächung der Position der Deutschnationalen. Aber ich halte die Siege des Zentrums für trügerisch, weil es den Deutschnationalen nicht gerade um die Form der Monarchie geht, sondern um die *Wiedererlangung ihrer sozialen Herrschaft* über das deutsche Volk. (Sehr richtig!) Das ist die große Täuschung der Zentrumsarbeiter. Das Zentrum hat es wiederum meisterhaft verstanden, den Zentrumsarbeitern zu sagen: Was wollt Ihr, die Rechtsregierung ist glänzend, wir haben die Republik gesichert. Es gibt Parteigenossen, die dieselbe Auffassung vertreten. Nein, darauf kommt es den Deutschnationalen nicht an, und darauf kann es den Zentrumsarbeitern nicht ankommen. Worauf es beiden ankommt, ist der *soziale Inhalt* der Republik. Es besteht die große Gefahr, daß man mit solchen politischen Konzessionen die Zentrumsarbeiter über den reaktionären Inhalt dieser Regierung täuscht. (Sehr richtig!) Wir haben allen Grund, das aufzudecken. Denn in der Tat besteht die Gefahr, daß der schwarz-blaue Block der Vorkriegszeit sich unter Umständen für lange Zeit festsetzt. Ich glaube nicht, daß wir und die Zentrumsarbeiter daran politisch ein Interesse haben.

Eine zweite Täuschung des Zentrums muß von vornherein verhütet werden. Es handelt sich um den sogenannten *Kulturkampf.* Ich bestreite gar nicht, daß es eine große Zahl von Leuten gibt, die es durchaus ehrlich meinen, deren religiöse Überzeugung es ihnen nahelegt, auch den Staat dazu zu benutzen, diese religiöse Überzeugung zu stärken und der Jugend nahezubringen. Aber ich glaube, die Schichten der Wirtschaft und der Politik, die jetzt den Kulturkampf führen wollen, denen geht es wirklich nicht um die Religion, denen geht es darum, daß das Zentrum an die Seite der Deutschnationalen und der Deutschen Volkspartei gekettet bleibt, damit unterdessen Großkapital und Großgrundbesitz herrschen können. Diese Entfesselung des Kulturkampfes in Deutschland ist ein sozial-reaktionärer Anschlag. Für uns gibt es nur *eine* Methode, dem entgegenzutreten. Wir müssen den christlichen Arbeitern sagen: *Uns trennt nicht die Weltanschauung,* nicht eine religiöse Überzeugung. Der Kampf, den der Liberalismus gegen die Kirche geführt hat, war in den europäischen Ländern notwendig, wo eine starke einheitliche Kirchenherrschaft mit dem absoluten Königstum sich unmittelbar verbunden hatte. Es ist ohne weiteres aus der Entwicklung der Kirche in Frankreich zu verstehen, daß es eine Hauptaufgabe des französischen Liberalismus gewesen ist, diesen Kampf zu führen. In Ländern mit Kirchentrennung, mit verschiedenen Bekenntnissen, wo eine einheitliche Kirchenherrschaft von vornherein nicht bestand, liegen die Dinge anders, und ganz besonders in der heutigen Zeit, wo die Kirche eine Unmasse geistiger Beeinflussungsmittel besitzt, denen wir nur auf *gesellschaftlichem* Boden, nicht durch die Gesetzgebung entgegentreten können. Dieser Kampf der Geister wird überhaupt nicht von heute auf morgen entschieden, sondern einmal in einer freieren Gesellschaft, wo die Dinge nicht mehr verhüllt sind, wo die Herrschaftsverhältnisse nicht mehr von der Tradition geheiligt sind und jeder einzelne auf Grund einer ganz anderen wissenschaftlichen Ausbildung zu diesem Problem wird Stellung nehmen können.

Aber mit unseren sozialen Forderungen, mit unserem politischen Streben haben diese religiösen Gegensätze, diese Weltanschauungsfragen nicht das Geringste zu tun. (Sehr richtig!) Daß religiöse Überzeugungen allein durchaus kein Hindernis im Klassenkampf zu bedeuten brauchen, klingt uns Deutschen, überhaupt den kontinentalen Europäern, verwunderlich. Aber gehen Sie nach England! (Sehr richtig!) Hören Sie sich diese Sonntagsprediger an, und Sie werden erstaunt sein, wieviel Mitglieder der Arbeiterpartei, und sogar die radikalsten, darunter sind. Auf diese Erscheinung kann ich hier nicht näher eingehen, aber immer wieder muß den christlichen Arbeitern gesagt werden, unser Schulkampf, euer Schulkampf, ist in Wirklichkeit etwas ganz anderes. Er ist ein Teil unseres sozialen Befreiungskampfes.

Ich habe von der Bedeutung des Besitzprivilegs durch die politische Demokratie gesprochen. Wollen wir den Aufstieg der Arbeiter, wollen wir die Leitung der Wirtschaft durch Vertrauensmänner der Arbeiterklasse, so ist es klar, daß wir die Arbeiterklasse in einem ganz anderen Umfang mit *Wissen* und technischen Kenntnissen ausrüsten müssen, als was bis heute die Bourgeoisie der Arbeiterklasse gegeben hat. (Sehr richtig!) *Unser Schulkampf ist ein Stück des sozialen Befreiungskampfes.* Für uns ist es wichtig, daß wir eine Schule bekommen, die möglichst lange die Kinder aller Volksklassen umfaßt, eine Schule, die wirklich dem einzelnen Proletarier die Möglichkeit gibt, sich fortzubilden, sich für die ganz großen Aufgaben auszurüsten, die er in der Gesellschaft zu erfüllen hat und heute noch nicht erfüllen kann, weil er zu wenig weiß und kann. (Lebhafte Zustimmung.) Das ist die *Brechung des Bildungsprivilegs,* die nicht minder wichtig ist als die Brechung des Besitzprivilegs. (Sehr richtig!) Wir müssen die christlichen Arbeiter auffordern, mit uns für eine Schule zu kämpfen, die das Bildungsprivileg beseitigt und den Kindern der Arbeiterschaft die Möglichkeit gibt, nach ihren Fähigkeiten und nicht nach dem Geldbeutel des Papas beurteilt zu werden. (Bravo! und Händeklatschen.) Das ist unser *wahrer Kulturkampf.* Wir wollen nicht dulden, daß dieser Kampf – der Kampf der Arbeiterklasse ist ein fortwährender Kampf um höheren Anteil an der Kultur – durch sozialreaktionäre Zwecke verfälscht wird, daß Arbeiter gegen Arbeiter wegen privater Anschauungen gegeneinander gehetzt werden, die weder unsere sozialen noch unsere politischen Ziele berühren. (Bravo!)

Welche *Konsequenzen* ergeben sich aus dem Gesagten? Es ergibt sich für uns wieder eine große staatliche Aufgabe. Wir müssen aus dem Staat das beste politische Instrument machen, da er heute auch nach der neuen Verfassung rein politisch gesehen noch nicht ist. Wir müssen mit größerer Energie als je den Kampf um den *Einheitsstaat* führen. Der heutige Zustand ist ein Hohn sowohl auf den Gedanken des nationalen Einheitsstaates wie auf den des Föderativstaates. Das Prinzip des Föderativstaates ist die Gleichberechtigung

gleicher Teile, die zusammenwirken, um den Gesamtwillen des Staates schließlich zu erzeugen. Diese Gleichberechtigung haben wir nicht. *Preuß* hat einmal ganz richtig gesagt, daß der Zustand vor dem Kriege keineswegs etwa der eines Föderativstaates gewesen ist, sondern daß er nichts anderes war als ein preußischer Hegemoniestaat in föderalistischer Bekleidung. Nun hat man sich infolge einer Verkettung eigenartiger Umstände bei der Schaffung der neuen Verfassung geradezu einer Sünde sowohl gegen das Prinzip des Föderativstaates als insbesondere gegen das Prinzip der Demokratie schuldig gemacht, und zwar mit der *Entrechtung Preußens*. Ich sagte: das Prinzip des Föderativstaates ist die Gleichberechtigung gleicher Teile. Preußen umfaßt 3/5 des deutschen Volkes. Es ist im Reichsrat theoretisch mit 2/5 der Stimmen, mit 27 von 68 vertreten. Aber das wäre nicht das Entscheidende. Vor dem Kriege war die Sache doch so, daß in Wirklichkeit Deutschland von Preußen, vom preußischen Königshaus regiert wurde. Kein Reichsgesetz wurde vorgelegt, dem nicht vorher die preußische Regierung ihre Zustimmung gegeben hatte. Das Gewicht der preußischen Stimmen entschied absolut, und die kleineren Staaten wagten nie anders zu stimmen als Preußen. Heute aber ist Preußen ohne jeden staatsrechtlichen Zusammenhang mit der Reichsregierung. Die preußische Regierung hat auf die Reichsregierung keinen anderen staatspolitischen Einfluß als die bayrische; das einzige Organ, durch das sie wirken kann, ist der Reichsrat. Aber dieser ohnehin verminderte Einfluß Preußens wird durch die eigentümliche Art der Vertretung noch aufgehoben, indem in Preußen als einzigem Gliedstaat des Reiches die Provinzialvertretungen eingeführt worden sind. Wir erleben bei jeder wichtigen Abstimmung, daß die Stimmen der Provinzvertreter und die der preußischen Regierung gegeneinander abgegeben werden und sich gegenseitig aufheben. Das Ergebnis ist, daß Preußen bei den Abstimmungen im Reichsrat nur mit drei bis vier Stimmen zur Geltung kommt.
Aber damit nicht genug! Diese ganze Vertretung der Provinzen ist wiederum innerhalb Preußens eine praktische Entrechtung der Sozialdemokratie. Bei den letzten Wahlen in Preußen hat die Sozialdemokratie 25 Prozent der Stimmen bekommen. Die Vertretung der Sozialdemokratie im Reichsrat beträgt dagegen nur 7,5 Prozent. (Hört, hört!) Sie ist vollständig gleich der Vertretung der Demokraten. Wir bilden ein Viertel der Bevölkerung, haben aber im ganzen Reichsrat nur *eine* Stimme. Umgekehrt hat das Zentrum 17,5 Prozent der Stimmen erhalten, ist aber im Reichsrat mit 38,5 Prozent vertreten. Es hat also eine mehr als doppelte Vertretung, als sie ihm nach seiner Bedeutung in der Wählerschaft zukommen würde. Dieser Zustand bedeutet eine Entrechtung der preußischen Bevölkerung. Er widerspricht jedem Prinzip der Demokratie und ist auf die Dauer unerträglich. (Zustimmung.) Der jetzige Zustand bedeutet eine außerordentliche Verstärkung des Gewichts der *kleinen* Länder, und darunter wiederum des politisch rückständigen Landes, *Bayern*. Die ganze Art der deutschen Reichsgestaltung ist ja von jedem Standpunkte aus unerträglich. Ich erinnere daran, daß wir im Deutschen Reich 59 Minister, 42 Senatoren und, wenn ich nicht irre, gegen 2000 Abgeordnete halten, die mit 18 Parlamenten insgesamt jährlich 15

Millionen Mark kosten. Aber das wäre noch sehr billig, wenn man den Ministern, Senatoren und Abgeordneten dieses Geld dafür gäbe, daß sie *nichts* arbeiteten. Aber die Kerle arbeiten, und das bedeutet schon eine solche Verschwendung der Kraft, eine solche Summe von Reibungen und Ressortschwierigkeiten, daß unsere Verwaltung nicht nur die teuerste, sondern auch die reibungsvollste und vielleicht diejenige ist, die in den großen Nationalstaaten mit dem größten Aufwand den kleinsten Nutzeffekt erzielt. (Sehr wahr!) Darüber, was es für die Wirtschaft bedeutet, daß Deutschland nicht abgegrenzt ist nach Wirtschaftsbezirken, sondern nach der Größe des Landesverrats, den die Rheinbundfürsten im Interesse Napoleons begangen haben (Lebh. Zustimmung.), brauche ich nicht lange zu reden. Jeder Frankfurter ist sich bewußt, was für ein Blödsinn seine unmittelbare Landesgrenze ist. (Sehr richtig!) Die Auseinandersetzung zwischen *Preußen* und *Hamburg* ist doch für jeden national und wirtschaftlich Denkenden ein Trauerspiel, eine Unerträglichkeit. (Lebh. Zustimmung.) Ich war kurz nach dieser Auseinandersetzung auf einer Konferenz in London, und habe mir den Londoner Hafen angesehen. Der Londoner Hafen ist selbstverständlich ein absolut einheitliches Gebiet; Landesteile, die für die Erweiterung in Betracht kommen, unterstehen einer einzigen Hafenbehörde. Die Hafengemeinschaft ist ungefähr das, was bei uns einem Bundesstaat entsprechen würde, nur unmittelbar der Reichsgesetzgebung unterstellt. Das ist das einzig Vernünftige, ist aber bei uns nicht durchzuführen, solange wir die Partikularstaaten haben.

Alle diese Reibungen und wirtschaftlichen Zerreißungen sind jedoch lange noch nicht das Entscheidende. Wir können in Deutschland nicht zu einer wirklichen *Selbstverwaltung der Gemeinden* kommen, solange wir nicht die Einheitlichkeit des Reiches haben. In England ist die Sache so, daß die Selbstverwaltung der Gemeinden auch kontrolliert wird, aber doch nicht von 18 Souveränen, von Leuten, die weder wirtschaftlich noch politisch fähig sind, zu kontrollieren. Was soll Schaumburg-Lippe etwa in die Selbstverwaltung hineinkontrollieren? Was wir brauchen, ist allerdings eine Kontrolle der Selbstverwaltung – es gibt keine Selbstverwaltung ohne Kontrolle –, aber eine, die nach großen Gesichtspunkten einheitlich vom Reich ausgeht. (Sehr richtig!) Nur dann kommen wir zu einer wirklichen Selbstverwaltung, wenn die großen Städte wieder das werden, was sie in der Geschichte einmal gewesen sind, und als ihren Stolz betrachten, wenn sie *reichsunmittelbar* werden und endlich aufhören, länderhörig zu sein.

Alles das sind Verwaltungsgesichtspunkte. Aber nur in Deutschland existiert die Trennung der politischen und kulturellen Aufgaben, die die Reichspolitik im wesentlichen auf eine Reihe materieller Aufgaben, auf die Sozialpolitik, die Steuerpolitik, die Handelspolitik beschränkt, aber die eigentlichen Kulturaufgaben, die Fragen der Schule, der Hebung der Kultur usw., den Ländern überweist. Alle Kulturaufgaben, die der Politik erst für viele ihren Reiz geben, sind nicht Reichssache, sondern auf die Länder verteilt. Eine *einheitliche* politische Bewegung für eine große Kulturfrage ist so lange nicht denkbar, solange wir sie nicht als Reichsbewegung gleichzeitig mit dem ganzen Elan eines politischen Reichstagswahlkampfes führen können. (Sehr

richtig!) Es findet also eine Materialisierung der Reichspolitik statt, die das ganze politische Verhalten unseres Volkes beeinträchtigt. Es handelt sich also bei dieser Länderzersplitterung einerseits um eine Verringerung der Stoßkraft unseres ganzen politischen Kampfes, andererseits darum, daß wir, die wir die großen Aufgaben des Staates erkannt haben, natürlich wollen müssen, daß diese Staatsgewalt auch imstande ist, ihre Aufgaben zu erfüllen. Wir sind also Vertreter einer *starken Reichsgewalt*, und diese starke Reichsgwalt kann nicht existieren, solange sie nicht die Verwaltung hat. Schon aus diesem Grunde ist die Trennung in Länder, ist diese Zersplitterung Deutschlands nicht erträglich und infolgedessen gehört die Forderung des Einheitsstaates zu einer unserer wichtigsten Forderungen. (Zustimmung.)
Unsere Hamburger Genossen haben den sehr guten Antrag 172 eingebracht, den ich anzunehmen bitte. In diesem Antrag wird die Einsetzung einer Kommission verlangt, die die besten Wege zu prüfen haben wird, die zum Einheitsstaat führen. Drei Dinge stehen im Vordergrund der Diskussion. Die Frage *Groß-Preußen*, die Frage, ob es möglich ist, zum Einheitsstaat auf dem Wege der *Reichsländer* zu kommen, und schließlich die Frage, ob wir einen *direkten Weg* wählen müssen, ob eine Neuordnung Deutschlands vom Reich aus vorzunehmen ist. Aber schon jetzt möchte ich Otto Braun durchaus zustimmen, wenn er in seiner Schrift „Deutscher Einheitsstaat oder Föderativsystem?" sagt: „Das Reich muß alle Möglichkeiten, die ihm die Reichsverfassung auf legislativem wie administrativem Gebiete gibt, restlos ausschöpfen, um zum Einheitsstaat zu kommen." Ich glaube, daß dieser Kampf um den Einheitsstaat einer der wichtigsten politischen Kämpfe ist, weil er unsere politische Stoßkraft erhöhen wird. (Sehr wahr!)
Wenn dem so ist, wird der Kampf um den Einheitsstaat etwa gedeckt durch die Formel: Kapitalismus oder Sozialismus? Wenn wir durch den Eintritt in eine Regierungskoalition – ich rede nicht davon als einer Notwendigkeit, aber als einer Möglichkeit – etwa den Einheitsstaat in Deutschland verwirklichen könnten, sollten wir dann sagen: nein, unter keinen Umständen? Das ist eine ganz unmögliche Stellungnahme, und schon das beweist, daß man mit der Formel „Kapitalismus oder Sozialismus" politisch in sehr vielen Situationen gar nichts wird anfangen können. (Zustimmung.)

Die zweite Konsequenz! Wenn die Wirtschaft immer organisierter und der Einfluß des Staates auf die Wirtschaft immer bedeutsamer wird, ist es ganz klar, daß es das Interesse der Arbeiterschaft sein muß, immer größere Möglichkeiten zu haben, sich in der *Kommunal- und Länderverwaltung* zu betätigen. (Sehr richtig!) Länder sind Verwaltungen und keine staatlichen Hoheitsgebiete. Ich glaube, daß selbst die Gründe, die man von der einen oder anderen Seite gegen eine Koalitionsregierung im Reich vorbringen kann, für die Teilnahme an diesen Verwaltungen keineswegs ohne weiteres zutreffen können. (Sehr gut!) Ich erinnere mich an einen Artikel von Dittmann aus der Zeit, als wir in der „Freiheit" einmal über diese Frage diskutierten, in dem Dittmann mit großer Schärfe darauf hinwies, daß von vornherein ein Koalitionsregierungsproblem im Reich ganz anders zu beurteilen ist, als et-

wa das Problem der Teilnahme an Länderverwaltungen oder, wie es noch immer heißt: an Länderregierungen.
Ich halte es infolgedessen auch nicht für richtig, und zwar habe ich dabei einen konkreten Fall im Auge, wenn etwa bei Bildung von sogen. Länderregierungen plötzlich Forderungen auftauchen, die in Wirklichkeit nur die Reichsregierung angehen. (Zustimmung.) Damit sage ich etwas, was in der ganzen Welt gilt. Für uns war es ja nie ein Problem, im Magistrat einer Kommune vertreten zu sein, auch wenn wir keine Majorität hatten, und ich sehe nicht ein, wodurch sich die kommunale Vereinigung, die Thüringen oder Sachsen heißt, so wesentlich vom Berliner Magistrat unterscheiden sollte. (Sehr richtig!) In Österreich ist es auch nicht anders. In Wien, wo die Sozialdemokraten die Majorität haben, sitzen in der eigentlichen Stadtverwaltung neben der sozialistischen Mehrheit auch die christlich-sozialen Minderheitsvertreter. Und in den österreichischen Länderregierungen haben es sich die Österreicher unter Mitwirkung der Sozialdemokratie so eingerichtet, daß diese Regierungen nach dem Proportionalwahlsystem gewählt werden. Diese angeblichen Koalitionsfeinde haben verfassungsmäßig dafür gesorgt, daß sie in den Ländern wenigstens das Problem der Koalitionsregierung nicht haben. Wir haben das stärkste Interesse, schon wegen der Erziehung der Arbeiterklasse, ferner, weil es für uns wesentlich ist, wer im Reichsrat sitzt, in den Stadtverwaltungen und Länderregierungen vertreten zu sein. (Zustimmung.) Es ist eine Preisgabe von Machtpositionen, wenn von manchen Parteigenossen auf die Vertretung in den Länderregierungen oft so wenig Wert gelegt wird.
Das gilt für alle Länder mit Ausnahme *Preußens.* Bei Preußen steht die politische Bedeutung höher als die Verwaltungsbedeutung. Lassen Sie mich endlich etwas sagen, was zu sagen mir ein Bedürfnis ist. Die kommunale Arbeit unserer Genossen in Wien ist gewiß ein glänzendes Beispiel sozialistischer Kommunalpolitik. Aber ich möchte wünschen, daß man hier und da auch einmal etwas darüber erführe, daß schließlich auch der deutsche Sozialist in der Kommune gewisse Leistungen aufzuweisen hat. (Sehr wahr!) Ich verkenne nicht die Bedeutung des Mieterschutzes. Mit Recht werden die großen Verdienste der österreichischen Sozialdemokratie nicht nur, sondern auch der Männer wie Breitner, Seitz, Danneberg und Otto Bauer gerühmt; aber dürfen wir wirklich nicht sagen, was in Preußen geleistet worden ist? (Sehr gut!) daß, so wichtig der Mieterschutz ist, es doch eine ganz andere Sache gewesen ist, *Schützer der Republik,* Schützer der Demokratie zu sein. (Zustimmung.) Dank *Otto Braun* und dank namentlich *Karl Severing* ist es geschehen, daß die Wellen sowohl des Bolschewismus wie des Faschismus sich an Preußen gebrochen haben. (Lebh. Zustimmung.) Das war eine *welthistorische* Leistung. (Erneute lebhafte Zustimmung.) Die Geschichte wird einst erzählen, was dieser kleine Metallarbeiter aus Bielefeld für Mitteleuropa, ja für ganz Europa geleistet hat. (Stürmische Zustimmung.) Das muß einmal gesagt werden, weil es im Interesse der Sozialdemokratie, im Interesse des Proletariats notwendig ist, der dummen Legende entgegenzutreten, als hätten wir keine Führer, als hätten wir keine Männer. (Stürm. Bravo!) Muß man

sich denn nicht schämen – mir passiert das immer wieder –, wenn man mit einem Rechtsstehenden spricht, und dieser Mann sagt: ,,Ja, Ihr habt den Otto Braun; wir haben keinen solchen Mann", und wenn dann hier jemand auftritt und erklärt, eine solche Anerkennung sei hündische Liebedienerei! Das ist doch nicht auszuhalten! Wir müssen es lernen, solche Sachen zu sagen, und davon darf uns auch nicht die Angst abhalten: wie sage ich das meinem Funktionär! (Lebhafte Zustimmung.)
Nun lassen Sie mich noch eins ruhig sagen, gerade, weil ich der preußischen Politik ferner stehe. Wir hatten nach dem Weggang Severings schwere Sorgen, ob er in entsprechender Weise ersetzt werden könnte. Diese Sorgen sind heute verscheucht. Wir freuen uns, daß Severing einen Nachfolger bekommen hat, der seine Sache ausgezeichnet macht, und Sie werden Verständnis dafür haben, daß die preußischen Genossen sich Anträge verbitten müssen, die einen Mann auf so exponiertem Posten diffamieren wollen. (Lebh. Zustimmung.) So kann man einen Wahlkampf nicht führen und nicht an die Massen gehen, wenn man sich selbst gegenseitig herunterreißt. (Stürm. Zustimmung.) *Wien* ist eine stolze Feste im sozialdemokratischen Lager; aber *Preußen* ist eine stolze Feste im Lager der Republik, und unsere Aufgabe kann es nur sein, es zu einer stolzen Feste im Lager des Sozialismus zu machen. (Erneute stürm. Zustimmung.) Wenn man manche Anträge liest, könnte man meinen, die wichtigste Aufgabe des proletarischen Klassenkampfes in Deutschland sei der Sturz der preußischen Regierung. (Sehr wahr!) Nein, die wichtigste Aufgabe des Klassenkampfes in Deutschland ist der *Sturz der Rechtsregierung*. (Sehr richtig!)
Wie liegen denn nun die Dinge im Reich, wie steht hier das *Koalitionsproblem?* Zunächst etwas Negatives! Es ist eine Binsenwahrheit, scheint aber mitunter vergessen zu werden, daß in jedem Staat regiert werden muß. Wenn wir erklären, daß wir unter keinen Umständen mitregieren, unter keinen Umständen eine Regierung unterstützen, so wird eine Regierung von den Gegnern der Sozialdemokratie gebildet werden. (Zustimmung.) Das kann natürlich passieren. Ich glaube auch, im Laufe der Zuspitzung der politischen Kämpfe wird die Situation für eine Koalitionsregierung immer seltener werden, aber wir dürfen doch nicht den Leuten die Verantwortung dafür abnehmen, daß sie sich gegen die Arbeiterklasse vereinigen. (Sehr richtig!) Es hieße doch gerade das Zentrum entlasten, wenn wir erklären würden: unter keinen Umständen eine Koalitionsregierung im Reich! (Zustimmung.) Wir würden doch damit zugleich erklären, die Deutschnationalen müssen unter allen Umständen in der Regierung bleiben. (Erneute Zustimmung.) Ich muß gestehen: ich wüßte nicht, wie ich mit einer solchen Erklärung den politischen Kampf draußen in den Massen eigentlich führen soll. (Sehr gut!) Dieser Formelkram, mit dem wir uns immer wieder behängen wollen, ist ein Verhängnis; wir müssen endlich davon loskommen. Es ist früher, im Obrigkeitsstaat, ziemlich gleichgültig gewesen, wie die Resolution in dem einen oder anderen Wort oder Absatz gelautet haben mag, damals, als wir keinen politischen Einfluß hatten und keine politische Verantwortung übernehmen konnten. Heute, wo wir Politik treiben müssen, wo von uns die Gestaltung

des Staatswillens mit bestimmt wird – denn auch die Sozialdemokratie ist ein Teil des Staates, und wenn sie nicht wäre, bestände ein ganz anderer Staat und ein ganz anderer Staatswille –, von vornherein die Formel zu prägen, unter keinen Umständen die Verantwortung einer Regierung zu übernehmen, wäre das Falscheste, was wir überhaupt tun könnten, das hieße, das Spiel der Gegner spielen. (Lebhafte Zustimmung.) Darüber kommt eben kein Sozialdemokrat hinweg. Deswegen haben wir die sehr erfreuliche Erscheinung in der Partei, daß heute kein Mensch mehr aufsteht und sagt, er sei prinzipiell Gegner der Koalitionspolitik. Wenn es aber eine *taktische* Frage ist, dann können Sie nicht die Taktik für alle künftigen Fälle binden wollen, dann müssen Sie *freie Beweglichkeit* statuieren.

Wenn ich über Regierungsbildung im Reich spreche, so lassen Sie mich noch in möglichster Kürze eine Frage erörtern, die im Mittelpunkt des Interesses sowohl als auch im Mittelpunkt der Machtpolitik steht; ich meine die *Reichswehrfrage!* Unsere Stellung in bezug auf Militärfragen hat sich grundsätzlich geändert. Wir waren vor dem Kriege grundsätzliche Gegner der stehenden Armee und haben demgegenüber die Forderung der *Miliz* vertreten. Über diese Forderung der Miliz haben wir noch nicht endgültig entschieden. Wir haben den dringenden Wunsch, daß die Internationale, die für diese Frage eine Kommission eingesetzt hat, zunächst einmal diese Angelegenheit erörtert. Ich mache gar kein Hehl daraus, daß ich – und ich glaube, auch die große Mehrheit unseres Parteivorstandes – heute *Gegner des Milizsystems* bin. (Bravo!) Wir sind es, weil heute das Milizsystem – das französische Beispiel zeigt es deutlich – bei der ganz geänderten Technik des Militärwesens die stärkste Form militärischer Aufrüstung darstellt, die überhaupt denkbar ist. (Zustimmung.) Wenn das aber so ist, so ergibt sich daraus, daß unsere Stellung zur Reichswehr *keine prinzipiell ablehnende* sein kann (Sehr wahr!), daß die Reichswehr an sich ein Wehrsystem ist, mit dem wir uns unter Umständen abfinden können, vorausgesetzt, daß die *Abrüstung*, die heute eine einseitige ist, zu einer internationalen wird. (Sehr richtig!) Unsere Politik geht nicht dahin, die Reichswehr zu einer Miliz auszubauen, sondern wir sind der Meinung, daß die Stärkung der Demokratie, insbesondere die Machtentwicklung der Sozialdemokratie Bedingungen schaffen wird, in denen die *internationale Abrüstung* durchzusetzen sein wird. Es gilt also nicht, Kampf gegen die Reichswehr, sondern *Kampf um die Reichswehr*, um sie immer mehr zu einem zuverlässigen Instrument der Republik zu machen. (Sehr gut!) Das heißt aber: die Reichswehr muß im großen eine Einstellung zur Republik haben, wie sie die von Severing in Preußen geschaffene Schutzpolizei hat. (Sehr wahr!) Glauben Sie, daß das auf dem Wege der Gesetzgebung zu machen ist, oder glauben Sie, daß das eine Frage der Ausführung ist? Sind Sie der Meinung, daß, wenn an Stelle des Genossen Severing Herr Geßler oder Herr Abgeordneter Brüninghaus in der ganzen langen Zeit in Preußen regiert hätten, dann die Schutzpolizei heute ein verläßliches Instrument der Republik wäre? Die Frage der Reichswehr ist keine Frage, die *gesetzgeberisch* zu erledigen ist, sondern es wird sich darum handeln, die *Verwaltung* zu bekommen. (Sehr richtig!) Es wird darum gehen, daß der

Reichswehr*minister* diese Politik durchführt. Das ist wiederum eine der großen Aufgaben, deren Erfüllung nur möglich ist auf Grund einer freibeweglichen Taktik.

Dazu noch ein Wort! Wir werden in letzter Zeit mit Angriffen von sogen. radikalen *Pazifisten* überschüttet. Da wird uns erzählt, wir müßten die Dienstpflicht verweigern, wir müßten in den Generalstreik eintreten. Lassen Sie mich darüber ganz deutlich sein! Nach den Erfahrungen von 1914 – sie waren bitter genug für jeden einzelnen von uns – halte ich diese ganzen Erörterungen für ein müßiges Spiel der Phantasie! (Lebh. Zustimmung.) Wer einen Kriegsausbruch erlebt hat, weiß, welche entsetzliche Utopie es wäre, sich darauf zu verlassen, daß man mit individueller Tat, wie es die Dienstpflichtverweigerung wäre, irgend etwas ausrichten könnte, daß es möglich wäre, etwa einen Generalstreik zu organisieren, vielleicht in aller Ruhe mit Zirkularen des Parteivorstandes. (Heiterkeit.) Nein, wenn die Pazifisten etwas Vernünftiges wollen, dann sollen sie gefälligst unseren Kampf unterstützen. (Lebh. Zustimmung.) Unser Kampf geht dahin, nicht zu warten, bis der Krieg ausbricht, sondern eine Politik zu führen, die den Krieg unmöglich macht. (Erneute lebh. Zustimmung.) Das ist das Problem, und das bestimmt auch unsere Stellung zum Völkerbund. Der Völkerbund kann ein ganz ausgezeichnetes Mittel der Kriegsverhütung werden. Das hängt wieder davon ab, daß wir in den einzelnen Ländern an Macht zunehmen und die internationale Politik immer mehr beeinflussen können. Die Aufgabe sozialistischer Außenpolitik läßt sich kurz dahin zusammenfassen: Schiedsgerichte, Abrüstung und internationale Vereinbarungen durch den Völkerbund, Aufrichtung eines internationalen Rechts, das die Souveränität der einzelnen Glieder der Staatenfamilie einschränkt.

Nun *das Ergebnis!* Wenn die Situation so ist, wie ich sie geschildert habe, dann ist und bleibt unsere erste Aufgabe die, wie sie das Kommunistische Manifest formuliert hat: es gilt, die *Arbeiterklasse zur politischen Partei* zu erhöhen. Es gilt für uns, endlich den Zustand zu beseitigen, daß Tausende von Proletariern nicht in unserem Lager stehen. Wenn wir uns das *deutsche Parteisystem* ansehen, dann müssen wir erkennen, daß es nur möglich ist, weil so viel Schichten, die zu uns gehören, bei den letzten Wahlen bürgerlich gewählt haben. (Sehr wahr!) Nehmen Sie die *Deutschnationalen,* die arbeiterfeindlichste Partei vielleicht, die es in europäischen Großstädten gibt. Vor dem Kriege waren die Konservativen auf Ostelbien beschränkt. Es hat kaum eine große Industriestadt gegeben, wo Deutschnationale überhaupt kandidiert haben. Heute sind die Deutschnationalen die *stärkste bürgerliche Partei* in Hamburg, Leipzig und vielen andern Großstädten, weil Tausende von Proletariern, wirklichen Arbeitern, infolge der Verwirrung durch die Inflation und die Nachkriegserlebnisse für sie gestimmt haben. Diese loszulösen, ist eine wichtige Aufgabe. Nehmen Sie das *Zentrum!* Die ganze Macht des Zentrums beruht darauf, daß wir in Deutschland etwas haben, was wir sonst fast nirgends haben, wo eine starke Arbeiterbewegung existiert: *die Spaltung der Gewerkschaftsbewegung* in christliche und freie. Ich habe gezeigt, wie diese Spaltung längst überholt ist und keinen Sinn hat, wie sowohl die soziale Gesinnung und die Zielbesetzung bei beiden gleich sein muß. Wir müssen die christlichen Arbeiter immer wieder fragen: warum gibt es *keine Spaltung des Reichsverbandes* der deutschen Industrie, warum *keine Spaltung des Landbundes?* Ihr redet vom christlichen Solidaritätsempfinden. Worin unterscheidet sich denn die Politik der katholischen Thyssen, Klöckner usw. von der Politik der protestantischen Unternehmer? In gar nichts, höchstens darin, daß die Thyssen und Klöckner es manchmal leichter mit den Arbeitern haben, weil hier die politische Gemeinschaft die Kampfkraft der christlichen Arbeiter in solchen Unternehmungen abschwächt. Solange das Christentum nicht den *Unternehmer* überzeugt, Konzessionen im Klassenkampf zu machen – warum soll es dazu dienen, den Klassenkampf der Arbeiter abzuschwächen? Also es gilt, die *ganze* Arbeiterklasse als politische Partei zu konstituieren. Ich habe gezeigt, wie die ökonomische Entwicklung in der Richtung geht, daß sie immer mehr den Sozialismus als das unmittelbare Problem der Arbeiterklasse hinstellt. Ich habe gezeigt, wie die Wechselwirkung zwischen Staat und Wirtschaft immer enger werden muß, habe gezeigt, von welcher Bedeutung die Politik für das Arbeiterschicksal ist, also die Notwendigkeit für das Proletariat, die *Eroberung der Staatsmacht* zur Verwirklichung des Sozialismus endlich zu erreichen.

Wir kennen den Weg, wir kennen das Ziel! Unsere Aussichten sind gut, die deutschnationale Rechtsregierung und die Mitwirkung der andern Parteien bedeuten nichts anderes als die *Selbstentlarvung der Reaktion.* Es ist sehr nützlich, daß den Proletariern gezeigt wird, was es bedeutet, daß sie deutschnational und bürgerlich gewählt haben.

Diese Entlarvung der Reaktion ist begleitet von der *Selbstzerfleischung der Kommunisten.* An den Kommunisten erfüllt sich der Fluch von Halle. Damals habe ich den Leuten gesagt: Ihr werdet untergehen! Entweder werdet Ihr versuchen zu putschen, dann werdet Ihr das Proletariat in Abenteuer verlocken, die sinnlos sind, dann werden Menschenopfer fallen unerhört, ohne jede Wirkung außer der Stärkung der Reaktion. Sie haben geputscht, die Arbeiter sind gefallen, die Reaktion hat gesiegt. (Sehr wahr!) Oder aber, habe ich damals gesagt, Ihr werdet nicht putschen, Ihr werdet versuchen, parlamentarisch zu arbeiten. Was werdet Ihr dann machen können? Dann seid Ihr von vornherein nichts als ein Teil der sozialistischen Bewegung; höchstens daß Ihr ein paar andere Phrasen gebraucht, als wir sie zu reden gewohnt sind. Dann ist es ein *Verbrechen,* zu spalten, dann müßt Ihr *daran* zugrunde gehen!

Parteigenossen, *die Kommunisten gehen zugrunde* – es mag etwas länger oder etwas kürzer dauern. Ich verstehe, daß die Arbeitslosen, die jahrelang das Verhängnis der Arbeitslosigkeit ertragen haben, daß die vielen Verzweifelten, die in der Inflation ihr Geld verloren haben, daß die vielen Leute, die im Kriege jeden anderen Glauben als den an die Gewalt eingebüßt haben, vielleicht noch aus einem blinden Instinkt einen kommunistischen Wahlzettel in die Urnen werfen. Aber eine Bedeutung für die sozialistische Bewegung hat die Kommunistische Partei gar nicht, sie ist verloren! (Sehr richtig!)

Parteigenossen! *Ein großer Sieg* der Sozialdemokratie erscheint als möglich. Ich sage nochmals: wir kennen den Weg, wir kennen das Ziel. Wenn wir kämpfen unter dem Wahlspruch: *treu* dem sozialistischen Prinzip, *unbeirrbar* im Ziele der Eroberung der Staatsmacht, aber *freie Beweglichkeit* für unsere Taktik, dann wird aus der Möglichkeit des Sieges die Wirklichkeit des Sieges werden! (Stürmischer Beifall.)

(Referat, gehalten am 26. Mai 1927. In: Protokoll über die Verhandlungen des Sozialdemokratischen Parteitags in Kiel vom 22. bis 27. Mai 1927, S. 165–184)

Gesellschaftsmacht oder Privatmacht über die Wirtschaft (1931)

Die Mehrheit der sozialdemokratischen Führer beurteilt die Lage nach den Reichstagswahlen 1928 optimistisch: Die monarchistische und völkische Opposition ist zurückgedrängt, die Reichswehr bleibt ruhig, die Wirtschaftslage scheint stabil — die Bedingungen für eine sozialistische Politik sind fast noch günstiger als 1919, dem Jahr ihres potentiell größten Einflusses.
Die Große Koalition (aus SPD, Deutscher Demokratischer Partei, Zentrum, Bayerischer Volkspartei und Deutscher Volkspartei) hat 1928 zunächst begrenzte Ziele: die Ruhe aufrechtzuerhalten, die Republik zu sichern und der Arbeiterschaft ihren erworbenen Besitzstand zu erhalten. Stresemann kann seine außenpolitischen Ziele am 7. Juni 1929 mit der Unterzeichnung des Young-Plans verwirklichen.
Mit dem Börsenkrach im Herbst 1929 verändert sich die Lage schlagartig. Die Krise macht sich zunächst in einem Rückgang der Steuereinkünfte bemerkbar. Hilferding ist als Finanzminister zu einer Sanierung der Reichsfinanzen aufgerufen. Seine Pläne zum Budgetausgleich und zur Finanzreform stoßen in der Partei auf heftige Kritik, die sich bis 1928 mit Oppositionspolitik, mit der Sicherung des Budgetrechts des Parlaments und mit einer Favorisierung der direkten Steuern begnügte und kein eigenständiges Finanzprogramm entwickelte.
Hilferding gerät auch unter den Druck der Gegenseite. Nach einer Intervention des Reichsbankpräsidenten Schacht im Dezember 1929 tritt er zurück.
Im März 1930 zerbricht die Große Koalition unter Hermann Müller an der kompromißlosen Haltung der Gewerkschaften gegenüber einer Erhöhung der Beiträge zur Arbeitslosenversicherung. Heinrich Brüning bildet die neue Regierung mit Vertretern der Deutschen Volkspartei, des Zentrums, der Deutschnationalen Volkspartei und anderer. Nach der Ablehnung ihrer Haushaltsvorlage im Reichstag greift die Regierung zur Maßnahme der Notverordnung. Bis zu den nun notwendig gewordenen Neuwahlen im September 1930 verbleibt die SPD in Opposition zur Regierung; erst nach dem niederschmetternden Ergebnis der Wahlen — die NSDAP wird mit 18,3 % der Stimmen zur zweitstärksten Fraktion, die KPD gewinnt 2,5 %, die SPD verliert fast 5 % — entschließt sich die SPD-Führung ab Oktober 1930 zur Duldung des Präsidialkabinetts Brüning. Tolerierung sei allemal das kleinere Übel, wenn sie dazu diene, den Faschismus abzuwehren, die völlige Aus-

schaltung des Parlaments zu verhindern und die Gefahr eines Staatsstreichs abzuwehren.

Um „Schlimmeres zu verhüten" duldet auch der ADGB die Fortsetzung der Notverordnungspolitik im Jahre 1931. Während die Gewerkschaften für eine Stärkung der Massenkaufkraft durch Lohnstabilisierung, für Arbeitszeitverkürzung, Überstundenabbau und Erhaltung der Arbeitslosenversicherung plädieren, verkündet die Regierung am 5. Juni 1931 eine Notverordnung „Zur Sicherung von Wirtschaft und Finanzen", die Einsparungen bei der Arbeitslosenunterstützung und die Einführung einer Krisenlohnsteuer vorsieht.

In seiner Rede auf dem 3. AfA-Kongreß (Allgemeiner freier Angestelltenbund) in Leipzig am 6. Oktober 1931 stellt Hilferding noch einmal seine Einschätzung der Krisenursachen und sein finanzpolitisches Programm dar. Die Krise habe, als Nachwirkung des Krieges, politische Ursachen. Die Kreditkrise demonstriere die kapitalistische Anarchie und unterstreiche die Notwendigkeit der Planwirtschaft. Die Goldschätze seien zur Verfügung zu stellen, ein Verlassen des Goldstandards zu vermeiden, der Staatseinfluß auf die Bankpolitik zu verstärken. Wirksame Krisenpolitik könne nur international erfolgen.

Hilferding unterstützt den Deflationskurs Brünings, denn Inflation senke die Reallöhne, enteigne die Gläubiger und steigere das Staatsdefizit (Die Inflation, in: Vorwärts vom 4. Oktober 1931).

Analog zum Referat Hilferdings nimmt der AfA-Kongreß eine Entschließung an, in der eine „planmäßige Arbeitsverteilung" und „neue Wege der unmittelbaren Verbindung zwischen Konsumenten und Produzenten" gefordert werden. Die Krise mache „den Umbau der Wirtschaftsverfassung" in Richtung auf planwirtschaftliche Eingriffe notwendig. „Eine planmäßige Ordnung der Produktivkräfte, ihre Unterordnung unter die Gesellschaftsmacht des demokratischen Staates" sei „zur zwingenden Notwendigkeit" geworden.

Hilferdings Empfehlungen zur Behebung der wirtschaftlichen Notlage am Ende seines Referats bleiben vage. Zur gleichen Zeit schreibt er an Kautsky:

„Aber das Grundübel der Situation ist, daß wir den Leuten nicht ganz konkret sagen können, wie wir die Krise beseitigen, welche unmittelbar erfolgreichen Mittel wir anwenden würden. ... Die politische Lage wird so immer kritischer, da der Kampf um die Erhaltung der Demokratie allein den psychologischen Bedürfnissen weiter Massen nicht genügt" (am 2. Oktober 1931).

Als der ADGB im Frühjahr 1932 das Programm einer aktiven Konjunkturpolitik mit Hilfe von Arbeitsbeschaffungsmaßnahmen entwickelt, verhält sich die SPD zunächst abwartend. Weder die wirtschaftsdemokratische Vorstellung, es seien „Schritte zum Sozialismus" anzugeben noch die eine Zeitlang auch vom ADGB vertretenen These, nur der Sozialismus sei ein Ausweg aus der Krise, genügen der Forderung nach einem konkreten Antidepressionsprogramm. Diese Lücke soll durch die im Juni 1932 von den Vorständen des ADGB und des AfA-Bundes verabschiedeten „Richtlinien für den Umbau der Wirtschaft" geschlossen werden.
In einem Resolutionsentwurf Hilferdings zum Kongreß der SAI in Wien vom 25. Juli bis 1. August 1931 werden „großzügige Arbeitsbeschaffungspläne durch die öffentliche Hand zur Überwindung der Krise" gefordert. Doch die im AfA-Programm vorgesehenen Maßnahmen zur Geldschöpfung, durch die ein Arbeitsbeschaffungsprogramm finanziert werden soll, passen nicht in Hilferdings deflationistischen Kurs, da sie zur Ausweitung des Zahlungsmittelumlaufs führen würden. In den Fraktionssitzungen, auf denen die SPD ihren am 30./31. August 1932 vorgelegten Gesetzentwurf über planmäßige Arbeitsbeschaffung entwickelt, erweist sich Hilferding als hartnäckiger Gegner des gewerkschaftlichen Anti-Depressionsprogramms. Ebenso wie die Linken der 1931 abgespaltenen Sozialistischen Arbeiterpartei Deutschlands vertritt Hilferding die orthodox-marxistische Auffassung, eine staatliche Defizitfinanzierung widerspreche den gesetzmäßigen Grenzen der Wirtschaftspolitik im Kapitalismus.

Sehr geehrte Versammlung! Wir alle haben die Empfindung, in einem ungeheuren Schicksal Objekt, Zeugen, aber auch Gestalter zu sein. In der Lage, in der dieser Kongreß stattfindet, muß es deshalb unsere Aufgabe sein, uns zunächst einmal Rechenschaft zu geben über die historische Situation, in der wir stehen, um aus deren Analyse die Forderungen für die Gegenwart aufstellen zu können. Lassen Sie mich ganz kurz die *historische Entwicklung* kennzeichnen, die der Kapitalismus in der neueren Zeit genommen hat.
1870 war mit der Begründung des Deutschen Reiches die Periode der bürgerlichen Revolutionen und der bürgerlichen Kriege um die Errichtung der Nationalstaaten zu Ende. Die darauf folgende Periode ist zunächst gekennzeichnet durch eine ökonomische Stagnation, die nach einem kurzen Aufschwung einsetzt mit der großen überseeischen Agrarrevolution, die die gesamte europäische Landwirtschaft in eine akute Depression versetzt; sie wirkt auf die Industrie zurück und hat auch hier eine langjährige Depression

zur Folge, die erst in den neunziger Jahren zu Ende geht. Die Nationalstaaten sind gebildet, die Herrschaft der bürgerlichen Klassen ist stabilisiert, und immer stärker wird die Staatsmacht in den Dienst der ökonomischen Interessen des Kapitals gestellt.

Während dieser Periode der allmählich fortschreitenden Industrialisierung der europäischen Staaten vollzieht sich ein außerordentlicher *Strukturwandel im europäischen Kapitalismus.*

Epoche macht in dieser Entwicklung einmal das Entstehen der Aktiengesellschaften. Aktiengesellschaft bedeutet prinzipiell die Loslösung des Unternehmens von dem Privateigentum des Einzelkapitalisten. Weil die deutsche Industrie nach Begründung des Deutschen Reiches 1870 gegenüber der schon viel fortgeschritteneren englischen Industrie sich sofort auf der damals erreichbaren, höchsten technischen und organisatorischen Stufe aufbauen mußte, genügte das zersplitterte Kapital der Einzelkapitalisten nicht zum Aufbau dieser Großunternehmungen. Die Aktiengesellschaft gibt die Freiheit, an das freie Kapital der Gesamtheit, an das zur Zeit in der Gesellschaft vorhandene Geldkapital zu appellieren und macht so das Unternehmen unabhängig von dem Ausmaß des Privateigentums in den Händen der Einzelnen. Diese Unabhängigkeit macht es möglich, daß auch in einem Lande, das spät in die kapitalistische Entwicklung eintritt, das in diesem Zeitraum also noch stark unter Kapitalmangel leidet, die kapitalistische Unternehmung doch sofort auf der höchsten technischen und organisatorischen Stufenleiter, also voll konkurrenzfähig sich entwickeln kann. Die Aktiengesellschaft macht es zweitens möglich, daß jene Konzentrationstendenzen, die durch die Entwicklung der Technik gegeben werden und die zu immer stärkerer Kapitalzusammenballung führen, wieder unabhängig von dem Einzelvermögen durchgeführt werden können. So bedeutet die Entwicklung der Aktiengesellschaft eine außerordentliche Beschleunigung der dem Kapitalismus innewohnenden ökonomischen Konzentrationstendenzen.

Im Zusammenhang mit dieser ökonomischen Konzentration im allgemeinen und der spezifischen Form, die sie durch die Aktiengesellschaft erhält, steht dann auch die *Änderung im Kreditwesen.* Der einzelne kleine Bankier aus der Zeit der älteren ökonomischen Entwicklung ist zwar imstande, einem mittleren oder kleineren Industrieunternehmen den Betriebskredit zu geben, die Aktiengesellschaft aber macht von vornherein notwendig die großen Banken, die das gesamte freie Geldkapital aufnehmen, es sammeln, konzentrieren und dieses konzentrierte Kapital nun den Großunternehmungen zur Verfügung stellen können. Es wird zur Verfügung gestellt zunächst auf dem Kreditweg; dabei vollzieht sich die Entwicklung so, daß jetzt nicht nur unmittelbare Betriebskredite gegeben werden, also Kredite zum Ankauf von Rohstoffen oder zur Zahlung von Löhnen, Kredite, die nach einiger Zeit, nach Verkauf der Ware wieder zurückgezahlt werden können, sondern daß die *Kreditgebung erweitert* wird, indem jetzt *Anlagekredite* gegeben werden, die dazu dienen, neue Maschinen zu kaufen, neue Gebäude aufzuführen, kurz und gut, jenes *fixe Kapital* zu schaffen, jenen großen Stock von Produktionsmitteln dem Unternehmen zu sichern, das das moderne kapitalistische Großunternehmen braucht. Dieser Anlagekredit fließt nicht sofort beim Verkauf der Einzelware zurück, sondern erst nach einer längeren Umschlagszeit, wenn die Maschine allmählich verschleißt und mit diesem Verschleiß dann die Kosten der Maschinerie allmählich in das Unternehmen zurückfließen. Es sind also Kredite, die von vornherein *langfristig* sind, von vornherein das Interesse der Banken an dem Unternehmen außerordentlich steigern. Kredite, die im Grunde genommen schon eine Art *Beteiligung des Bankenkapitals an der Industrie* bedeuten, eine Beteiligung, deren Länge und Dauer davon abhängt, ob es möglich wird, diese Kredite bei günstiger Lage des Kapitalmarktes abzulösen, indem *neue Aktien* ausgegeben werden. Aber diese neuen Aktien werden ins Publikum gebracht wiederum durch die Vermittlung der Banken und vom Gang des Unternehmens, von der Verwendung der Kredite hängt es ab, erstens ob die Aktienemission überhaupt möglich ist und zweitens, ob eine solche Emission überhaupt Erfolg hat, ob die Aktien mit einem Überpreis an das Publikum abgegeben werden können, der zwischen Industrieunternehmen und den Banken aufgeteilt wird, der also einen erheblichen Teil des Emissionsgewinnes der Banken darstellt.

So wird das Verhältnis zwischen Banken und Industrie ein immer engeres und ein immer mehr dauerndes. Infolgedessen die Situation, daß sämtliche später in die kapitalistische Entwicklung eintretenden Länder, wie Deutschland, die Vereinigten Staaten, Tendenzen zeigen, die zu einer immer engeren Verbindung zwischen diesen Großbanken, die zugleich Finanzierungsbanken sind, und der Industrie führen.

Diese Verhältnisse erfahren eine weitere Verflechtung in dem Augenblick, in dem die ökonomische Konzentration so weit vorgeschritten ist, daß sich auch der *Charakter der kapitalistischen Konkurrenz ändert.* Das Wesen der kapitalistischen Konkurrenz in der Frühzeit des Kapitalismus bestand darin, daß ein Großkapitalist viele kleine totschlug. Das führte zu immer stärkerer technischer Konzentration, aber zugleich auch zu immer stärkerer Zentralisation des Eigentums. Wenn dieser Prozeß, namentlich in den hauptsächlichsten Produktionszweigen, eine Zeitlang vorangegangen ist, so bleibt in den entscheidenden Wirtschaftszweigen eine oft nicht allzu große Anzahl von Großunternehmungen, in deren Betriebsanlagen sehr viel Fixkapital, sehr viele langdauernde Produktionsmittel eingebaut sind. Der Konkurrenzkampf dieser Großen ist natürlich ein lange andauernder und ein viel verlustreicherer, als das Niederkonkurrieren von früheren Handwerkern und kleineren Einzelkapitalisten war. Das bedeutet aber, daß die *kapitalistische Konkurrenz,* das frühere Grundprinzip der ganzen kapitalistischen Produktionsweise, von seinen eigenen Vertretern nicht *mehr verwirklicht* wird. Da der Konkurrenzkampf so verlustreich wird, so entsteht die Frage, ob nicht an Stelle der kapitalistischen Konkurrenz die *Organisation des Produktionszweiges,* die Verständigung der bisher Konkurrierenden, treten kann. Und diese Verständigung erfolgt, wenn sich die einzelnen großen Unternehmungen über ihren Anteil am Markt einigen können, und diese Einigung erscheint in der Bildung der großkapitalistischen Monopole, in der Entstehung der Kartelle und Trusts. Die bisher Konkurrierenden schalten die Konkurrenz aus, um

gemeinsam zu festgesetzten Preisen, zu festgesetzten Lieferbedingungen in einem bestimmten Ausmaß ihrer Produktion den Markt zu versorgen. Diese Tendenz, die aus der kapitalistischen Konkurrenz von selbst entspringt, wenn sie einmal ein bestimmtes Stadium überschritten hat, wird nun außerordentlich gefördert durch das Interesse der *Banken.* Die Banken haben ja einer großen Anzahl von Unternehmungen ihre Kredite gegeben und sind daran interessiert, daß die alten Aktien einen entsprechenden Kurs haben, und daran, daß sie neue Aktien herausbringen können. Sie sind deshalb von vornherein Gegner eines gegenseitigen Niederkonkurrierens, das ihre Kunden unter Umständen in Gefahr bringt, ihre Kredite gefährdet und ihre Geschäftsmöglichkeiten unterbindet. So werden diese Tendenzen, die aus der kapitalistischen Industrie entspringen, durch die kapitalistischen Banken außerordentlich verstärkt. Sie sind es, die auf die Unternehmungen, denen sie große Kredite gegeben haben, die infolgedessen bis zu einem gewissen Grade von ihnen abhängen, unter Umständen den stärksten Druck ausüben, damit sie die Konkurrenz aufgeben und sich in Kartellen und Trusts organisieren.
Auf der einen Seite wächst so die *Bankenkonzentration,* weil die Banken gezwungen sind, über immer stärkere Kapitalkraft zu verfügen, wenn sie den Ansprüchen dieser Großunternehmungen gewachsen sein sollen. Wächst also der Einfluß der Banken, so wächst damit auf der anderen Seite zugleich die gegenseitige *Verflechtung zwischen Bankinteressen und Industrieinteressen.* So nähern wir uns einem Zustand, in dem das gesamte Geldkapital der Gesellschaft immer mehr bei den Banken gesammelt wird, die Banken die Verfügung über das Geldkapital haben, das zur Neuanlage der Gesellschaft zur Verfügung steht; sie sind es, die dieses Geldkapital der großen Industrie, vor allem der organisierten, kartellistisch und trustartig organisierten Industrie zur Verfügung stellen. Es ist das jene Entwicklung des Kapitals, die ich als *Finanzkapital* definiert habe, *Kapital in der Verfügung der Banken und in der Verwendung der Industrie.* Wir können diese Entwicklungsstufe auch als den Zustand des beginnenden *organisierten Kapitalismus* bezeichnen. Jetzt stehen sich nicht mehr eine Unzahl unabhängiger Privatkapitalisten in gegenseitiger Konkurrenz gegenüber, jetzt bleibt nicht mehr die ganze Wirtschaft den Konkurrenzgesetzen überlassen, sondern der Markt wird jetzt zu regulieren versucht von zusammengefaßten organisierten Kapitalmächten, die zwar noch partikular organisiert sind, jede immer noch unabhängig von den andern, die aber ganze Wirtschaftszweige beherrschen und bis zu einem gewissen Grade nach ihrem Willen lenken.
Diese Entwicklung wird außerordentlich gefördert — und das ist die revolutionäre Bedeutung des *Industrie*schutzzolles in dieser Periode — dadurch, daß der innere Markt durch den Schutzzoll dem nationalen Kapital reserviert wird und dadurch die Kartellbildung erleichtert wird. Sodann sind die marktbeherrschenden Kartelle imstande, den Inlandspreis ihrer Ware um den Zollbetrag über den Weltmarktpreis zu erhöhen, also Extraprofite zu erzielen, die sie dann zum Teil auch zur Erhöhung ihrer Konkurrenzfähigkeit auf dem Weltmarkt ausnützen können.

Was uns aber für unser Thema hauptsächlich interessiert, ist, daß diese Periode auch in ganz anderer Weise wie früher die enge *Verbindung* zwischen diesen immer mehr erstarkenden *Monopolorganisationen*, zwischen der *ökonomischen Macht des Finanzkapitals* und der *Staatsmacht steigerte.*
Die eben beschriebene Entwicklung, die infolge der technischen und ökonomischen Konzentration auch eine außerordentliche Steigerung der Produktivität und damit ein rasches Anwachsen der Kapitalakkumulation bedeutet, ist auch eine Epoche der raschen Expansion des Kapitalismus über die Welt hin. Die Schnelligkeit dieser Erschließung ist dadurch bedingt, daß die Handelsbeziehungen aufhören, reine Warenbeziehungen zu sein, und daß das Kapital immer mehr dazu übergeht, in den noch nicht entwickelten Ländern selbst den Kapitalismus aufzubauen. Das ökonomische Mittel ist der *Kapitalexport.* Die Bedeutung des Kapitalexports wollen wir uns an einem Beispiel klarmachen. Wenn früher Kanada z.B. imstande gewesen ist, auf Grund seiner Weizenproduktion für 10 Millionen Mark zu exportieren und dafür für 10 Millionen Mark Industrieprodukte zu kaufen, so bedeutet der Kapitalexport hier eine grundsätzliche Änderung. Die 10 Millionen werden jetzt Kanada nicht mehr zur Verfügung gestellt in Form von Waren. An die Stelle des unmittelbaren Warenaustausches tritt der Export deutschen, englischen, französischen, belgischen Kapitals in die überseeischen Länder. Da die Kanadier für 10 Millionen Überschuß an Getreide haben, ist es möglich, diese 10 Millionen zu betrachten als die Zinsen eines Kapitals von 200 Millionen, und die Kanadier erhalten von den europäischen Industriestaaten diese 200 Millionen zum Ausbau ihrer Häfen, zur Anlage von Eisenbahnen usw. Die Kaufkraft für europäische Industrieprodukte ist also gesteigert von 10 Millionen auf 200 Millionen, die ihnen als Kapital im Wege des Kapitalexports zur Verfügung gestellt werden.
Diese Frage des Kapitalexports wird nun entscheidend für die gesamte ökonomische und im weiteren Sinne für die auswärtige Politik der europäischen Industriestaaten. Bei dieser Bedeutung des Kapitalexports ist das Kapital interessiert an der Stärkung der Staatsmacht. Nur der starke Staat ist imstande, seine auswärtigen Kapitalanlagen in jeder Situation, gegen Staatsbankrott, gegen Angriffe vom Innern der Staaten her zu schützen, und nur die starke Staatsmacht ist imstande, dem heimischen Kapital die Konkurrenz auf den Absatzmärkten zu erleichtern. Ob z.B. Serbien vor dem Kriege bei Schneider-Creuzot oder bei Krupp Kanonen bestellte, war eine politische Frage. Das hing von dem politischen Einfluß ab, den Deutschland oder Frankreich auf Serbien hatte.
Der Kampf um die Anlage des Kapitals *treibt das Kapital zur immer stärkeren Beeinflussung der Staatsmacht,* drängt es dazu, diese Staatsmacht zu stärken, um die gestärkte Staatsmacht in seinem ökonomischen Interesse verwerten zu können. Die *Wirtschaftspolitik des Finanzkapitals* war aber nichts anderes als das, was wir *Imperialismus* nennen, war die Konkurrenz der Staatsmächte um die Anlagesphären des Kapitals. Es ist die Situation, in der das Kapital die Position des Liberalismus vollständig preisgibt. Während der Liberalismus glaubte, daß man die Wirtschaft ihren eigenen Gesetzen

überlassen müsse, daß die Staatsmacht sich möglichst von jeder wirtschaftlichen Betätigung freizuhalten habe, drängt jetzt umgekehrt das Kapital nach der Herrschaft über die Staatsmacht, um sie unmittelbar als Mittel für seine wirtschaftlichen Zwecke einzusetzen, dafür bereit, mit den reichen Mitteln, die der ökonomische Aufschwung seit der Mitte der neunziger Jahre bietet, die Macht des Staates fortgesetzt zu steigern. Diese im wirtschaftlichen Konkurrenzkampf befindlichen Staatsmächte führen schließlich die Situation herbei, die in letzter Instanz an die ultima ratio im Weltkrieg appellierte, um hier über die neue Verteilung der Welt, über die neue Verteilung der Absatzmärkte zu entscheiden.

Ich habe das alles angeführt, um Ihnen zu zeigen, wie vollständig fern von jeder historischen Einsicht die neueste Stellung unserer Unternehmerverbände ist, die nun plötzlich entdecken, daß die Staatsmacht sich um die Wirtschaft nicht zu kümmern habe. Solange die Staatsmacht Monopol der besitzenden Klassen gewesen ist, hatten die Unternehmer diesen Standpunkt völlig preisgegeben. Es ist der *zunehmende Einfluß der arbeitenden Massen auf die Staatsmacht,* der wenigstens das deutsche Unternehmertum plötzlich veranlaßt, einen ökonomischen Liberalismus zu entdecken, den es zur Zeit, wo es über die Macht verfügte, nie vertreten hat.

Es ist diese Änderung in dem Verhältnis von Staatsgewalt und Ökonomie, die aber auch entscheidend ist für die Betrachtung der heutigen Situation. Wir würden diese nicht verstehen, wenn wir sie nicht betrachteten als eine *historisch einzigartige,* die eben durch die ungeheure Gewalt, die der Imperialismus im Weltkriege ausgelöst hat, schließlich auch die ganze Ökonomie revolutioniert und die ganzen ökonomischen Verhältnisse grundlegend umgestürzt hat. Wir haben bis jetzt noch keine Wirtschaftsgeschichte des Krieges, obwohl das Material dafür sich bergeweise häuft. Trotzdem müssen wir versuchen, uns wenigstens über die Grundzüge der Umwälzung klar zu werden, die der Krieg bedeutet hat und die wir erst jetzt, so lange Jahre nach Ausgang des Krieges, in ihrer Folgebedeutung und Folgenschwere erfassen können. Das allerdings müssen wir zugeben, daß auch wir die Bedeutung des Krieges, all seine Konsequenzen, seine lange Nachwirkung nicht in allen Einzelheiten übersehen haben. Das ist begreiflich. Nach Beendigung des Krieges, nach der ersten Nachkriegskrise von 1921/22, schien es so, als würde eine ungeheure Prosperität die kapitalistische Welt sehr rasch von den Schäden befreien, die der Krieg gebracht hatte. Wir haben seitdem eine außerordentliche Steigerung der Produktivität der Arbeit und der Kapazität unserer Erzeugung gehabt, und die Meinung schien berechtigt, daß selbst die ungeheuren Kapital-, Vermögens- und Produktivverluste, die der Krieg bedeutet hat, dadurch kompensiert würden. Was aber bei dieser Betrachtung gefehlt hat, war, daß die Gewalt des Krieges so ungeheure Verschiebungen innerhalb der Industrien der einzelnen Länder, zwischen den einzelnen Ländern, in bezug auf die Absatzwege, in bezug auf die Währungsverhältnisse usw. erzeugt hat; daß die Liquidation dieser ungeheuren Verschiebungen in einer Weltkrise damals noch ausstand, daß diese *Weltkrise, die wir jetzt zu*

verzeichnen haben, also erst in Wirklichkeit *die grundsätzliche Liquidation des Krieges* ist.
Lassen Sie mich ganz kurz auf die bekannten Tatsachen noch einmal hinweisen. Der Krieg bedeutete zunächst eine vollständige *Umwälzung in der Agrarproduktion,* einmal dadurch, daß infolge der Kriegsverhältnisse die Agrarproduktion sich rasch ausweitete, was sich vor allem in den überseeischen Gebieten in einer sehr raschen Vermehrung der Anbauflächen zeigte. Zweitens bewirkten die hohen Preise die Möglichkeit, die Agrarproduktion zu intensivieren. Sie wissen, welche Bedeutung die Fortschritte der Chemie in dieser Periode gewannen. Sie stellte die notwendigen künstlichen Düngemittel zur Verfügung, um eine Steigerung des Hektarertrages zu bewirken – die künstlichen Düngemittel, die die nichtkriegführenden Länder schon während des Krieges einsetzten und die sich nach dem Kriege über ganz Europa rasch verbreiteten und eine beträchtliche Vermehrung der Agrarerzeugnisse bewirkten. Dazu kommen die technischen Änderungen, die namentlich in Übersee eine große Rolle spielen, wie die Einführung des Mähdreschers, Änderungen, die schließlich bewirkten, daß, während der Preis für Weizen in Deutschland sich auf über 200 Mark beläuft, der Preis für Weizen an der kanadischen Küste ca. 80 Mark, in den entfernteren Produktionsstätten des amerikanischen Westens, auch in Argentinien usw., sogar nur 50 Mark beträgt; Preise, die, wenn die Agrarproduktion auf die modernste maschinelle Weise dort betrieben wird, unter Umständen immer noch so sind, daß sie eine gewisse Rentabilität gewährleisten. Es sind also ungeheure Verschiebungen in der Agrarproduktion, die nur als Folge des Krieges verstanden werden können.
Aber auch die Entwicklung auf den ganzen übrigen Rohstoffmärkten ist eine ähnliche gewesen. Der Krieg erzeugte einen ungeheuren Bedarf. Er bewirkte eine außerordentlich rasche Steigerung nicht nur der Eisenindustrie in den kriegführenden Ländern, sondern auch eine Vermehrung der gesamten Metallproduktion in allen neutralen und nichtkriegführenden Ländern und führte so auch die Elemente einer künftigen Überproduktion auf allen wichtigen Rohstoffgebieten mit sich.
Das ist das eine Moment. Das zweite Moment ist die schnelle *Entwicklung der Technik* überhaupt, die durch den Krieg eine außerordentliche Anregung erfahren hat, und ihre Einführung in all den europäischen Industriestaaten, die während des Krieges und während der Inflation an ihrer Anwendung gehindert waren. Wir haben in Deutschland, wie in vielen anderen europäischen Staaten, die Erscheinung, daß die ganzen technischen Errungenschaften, die während des Krieges namentlich in den Vereinigten Staaten gemacht worden waren, erst etwa von 1924 an in zeitlicher Zusammendrängung eingeführt werden. Ich will auf diese technische Entwicklung nicht eingehen, aber noch hervorheben, daß sie nicht nur eine außerordentliche Steigerung der Produktivität mit sich bringt und ebenso eine ungeheure Fixierung von großen Kapitalmassen, sondern daß sie gleichzeitig auch während des Krieges in stärkstem Maße die Tendenz nach Ersparnissen entwickelte. Weil man im Kriege mit allen Rohstoffen haushalten mußte, war die Vermeidung

von Verlusten und die Verwertung von Abfällen eine außerordentliche Sorge der Technik. Ich erinnere an die großen Fortschritte, die die Heizungstechnik gemacht hat, und die in ihren Folgen auch eine große Änderung in den Absatzmöglichkeiten etwa der Steinkohle bedeutet. Zu dieser Anwendung der Technik kommt dann die rasche *Änderung in der Betriebsorganisation,* der wissenschaftlichen Einrichtung der Betriebe, die Tendenz, den Handarbeitsprozeß nicht mehr als einen rein empirischen, erfahrungsgemäßen stattfinden zu lassen, sondern ihn wissenschaftlich zu zergliedern, alle einzelnen Verrichtungen jedes einzelnen Arbeiters zu zerlegen, in ihren einzelnen Komponenten zu studieren und diese Teilprozesse entweder möglichst maschinell zu ersetzen, wo das aber nicht möglich ist, sie wenigstens zu vereinfachen und so in ihrer Wirksamkeit zu steigern. Diese *Rationalisierung,* also die Verbindung dieser wissenschaftlichen Betriebsorganisation mit den Fortschritten der Technik, bewirkte eine sehr rasch fortschreitende Freisetzung von Arbeitern und ist der Grund für die sogenannte *technische Arbeitslosigkeit,* die dieses Verfahren des Kapitalismus in größtem Ausmaß begleitet.

So viel über die Ursachen, die innerhalb der einzelnen Wirtschaften ganz allgemein gegeben sind. Aber für die weltwirtschaftliche Betrachtung waren von nicht geringerer Bedeutung die außerordentlichen Verschiebungen, die in dem *Verhältnis der einzelnen Länder* zueinander stattfanden. Krieg bedeutet stärksten Ansporn für alle Länder zur Industrialisierung. Ich brauche nur an die rasche industrielle Entwicklung in Japan zu erinnern, an die ungeheure Steigerung der Industrie in den Vereinigten Staaten, aber ebenso an die rasche Ausweitung der Textilindustrie, der Schuhindustrie und anderer Konsumindustrien in ganz Lateinamerika, um Ihnen sofort verständlich zu machen, wie das eine *Revolutionierung aller Absatzwege* für die europäische Industrie, wie das eine vollständige Verschiebung, eine vollständige Disproportionalität, eine vollständige Änderung der Verhältnisse in der internationalen Arbeitsteilung bedeutete. Dies mußte daher in den europäischen Industrieländern stärkste Hemmungen und stärkste Reibungen auslösen, die zu einer neuen Anpassung in der internationalen Arbeitsteilung schließlich führen werden. Zu alledem gesellte sich die Wirkung, die von der vollständigen Störung in den Geldverhältnissen ausging. *Die Währungswirren* bedeuteten, daß der Maßstab, der gleichbleibende Maßstab für den Preis im internationalen Verkehr fehlte, daß jene automatischen Regulierungen, die durch die kapitalistischen Preisgesetze bedingt sind, für die einzelnen Länder aufgehoben sind. Die Währungswirren an sich machen es also zu einem großen Grade erklärlich, daß die Umstellung der europäischen Industrie nach dem Kriege nicht in proportionaler, den neuen weltwirtschaftlichen Verhältnissen irgendwie angemessener Weise erfolgen konnte, sondern daß sie erfolgte unter zahllosen Fehlleitungen von Kapital, weil ja der gleiche Wertmesser fehlte, weil ja, solange diese Verhältnisse in den europäischen Industriestaaten dauerten, also etwa bis 1926, jedes Gebiet für sich bis zu einem gewissen Grade herausgerissen war aus der weltwirtschaftlichen Verflechtung und in der fortschreitenden Inflation einen immer größer werdenden

Schutzzoll genoß gegen das Vordringen der Produkte der andern. Die große Exportprämie, die eine fortschreitende Inflation für die verschiedenen Länder brachte, mußte zudem in den Kapitalisten die Vorstellung wecken, daß eine stetige Erweiterung der Produktion auch immer weiteren Absatz auf dem Weltmarkte finden würde. Dieser schon durch die Inflation gegebene Protektionismus ist dann in der Nachkriegsentwicklung noch außerordentlich gesteigert worden durch die Schaffung der zahllosen neuen Staaten mit ihren unendlich langen Grenzen und durch die bewußt hochschutzzöllnerische Politik, die von den europäischen, aber auch von überseeischen Ländern für die Aufrechterhaltung dieser überdimensionierten, durch den Krieg hervorgerufenen Industriezweige betrieben worden ist.

Wir sehen also, daß die Gewalten des Krieges eine ungeheure ökonomische Umwälzung erzeugt haben, eine Umwälzung, die zugleich die kapitalistischen Preisgesetze eine Zeitlang für die einzelnen Staaten außer Geltung gebracht hat. So sind im Krieg und in der Nachkriegszeit die Keime gelegt worden zu jenen ungeheuren Störungen der Produktionsverhältnisse, der Verhältnisse zwischen den einzelnen Industrien, der Verhältnisse der Industrieländer zueinander und der einzelnen Absatzgebiete zueinander, die schließlich irgendwann in einer großen Krise enden mußten.

Nun ist die ganze Entwicklung noch durch einen besonderen Vorgang ausgezeichnet: durch eine *Ausdehnung und durch eine Form der Kapitalübertragung,* des Kapitalexports, wie er vor dem Kriege in dieser Intensität, in dieser *Quantität* und *Qualität* unbekannt gewesen ist. Es ist ganz klar, daß die Verwüstungen des Krieges in einer kapitalistischen Wirtschaft sehr rasch auszumerzen versucht wurden, indem man das, was der Krieg an Kapital in den kriegführenden Ländern vernichtet hatte, zu ersetzen versuchte durch die Kapitalzufuhr aus den andern Ländern. Man hat in neuerer Zeit sehr häufig den Vorwurf erhoben, daß diese Kapitalübertragungen in ungenügendem Maße gemacht worden sind, und daß das zu der falschen Goldverteilung geführt habe, einer Ursache jener außerordentlich schweren Kreditkrise, der wir heute gegenüberstehen. Einer näheren Analyse halten solche Vorwürfe nicht stand. Ich möchte das an dem Beispiel der Vereinigten Staaten vor Augen führen, weil die Entwicklung, die die *Kapitalübertragung aus den Vereinigten Staaten* genommen hat, tatsächlich nicht nur für die europäische industrielle Entwicklung und für den raschen Wiederaufstieg der europäischen Produktion von Bedeutung gewesen ist, sondern weil darin auch ein bedeutsames Element der heutigen Krise zu finden ist. Im Jahre 1913 waren an europäischen Anlagen in den Vereinigten Staaten etwa 16 bis 20 Milliarden Reichsmark vorhanden. Die Amerikaner hatten im Ausland demgegenüber nur etwa 10 Milliarden angelegt und ihre Gesamtanlagen in Europa betrugen nicht ganz 1 $1/2$ Milliarden. Nach dem Kriege verfügten die Vereinigten Staaten über folgende Auslandsanlagen: die Schulden, die an die amerikanische Regierung zu zahlen sind, also die Kriegsschulden und Nachkriegsschulden und einige Anleihen, die die amerikanische Regierung direkt an kleinere europäische Regierungen gegeben hat, betragen etwa 25 Milliarden Reichsmark. Noch wichtiger sind aber die privaten Anlagen, die das amerikanische Kapital im Ausland gemacht hat. Während des Krieges haben die Vereinigten Staaten nicht nur den größten Teil ihrer Schuldtitel, also der 16 bis 20 Milliarden, die Europa an amerikanischen Werten besaß, zurückgekauft, sondern sie haben von 1916 an bis heute für etwa 65 Milliarden Mark Anlagen im Auslande gemacht. Von diesen 65 Milliarden entfallen etwa 27 Prozent auf Kanada, 44 Prozent auf Lateinamerika, 21 Prozent auf Europa und 8 Prozent auf Asien. Also abgesehen von den Reparationsverpflichtungen und Kriegsschulden, die Europa an Amerika zu zahlen hat, haben die Amerikaner heute etwa 12 bis 15 Milliarden in Europa angelegt, gegenüber 1 1/2 Milliarden, die sie 1913 in Europa angelegt hatten. Ich werde noch darauf zurückkommen, daß auch die *Art*, in der die Anlagen nach dem Kriege vorwiegend gemacht worden sind, ein Krisenfaktor gewesen ist. Ich möchte hier nur zunächst noch einmal auf die Frage eingehen, wie es gekommen ist, daß diese ungeheuere ökonomische Revolution, diese vollständige Verschiebung in den Produktionsbedingungen, die vollständige Verschiebung in den Kreditbedingungen und die neue Art der Verflechtung der kapitalistischen Weltwirtschaft untereinander — wieso das alles verhältnismäßig lange bestanden hat, ohne die schwere Krise zu erzeugen, in der wir heute stehen.

Wir müssen uns erinnern, daß in den Jahren von 1924 ab ein außerordentlich starker Bedarf, vor allem ein außerordentlich starker Konsumbedarf in allen Ländern, die durch den Krieg betroffen gewesen sind, vorhanden war, und diese sehr starke Konsumnachfrage hat natürlich zunächst die industrielle Produktion vorangehen lassen ohne wesentliche Erschütterungen. Dazu kam etwa nach 1924, nach der Stabilisierung der Währungen, der sehr starke *Investitionsbedarf* der europäischen Industriestaaten, die die Fortschritte der Technik und der Betriebsorganisation jetzt nachholen mußten. Wir wissen aus der ganzen Krisengeschichte, daß jeder Investitionsbedarf eine Hochkonjunktur erzeugt, die so lange dauert, wie die Investitionen voranschreiten und die neuen Fabriken der Einrichtung bedürfen. Die Konsumnachfrage in dem ersten Teil der Periode und die Investitionskonjunktur in deren zweitem Teil waren mit die Ursache für die lange Ausdehnung der Prosperität. Diese ganze Entwicklung war schließlich getragen nicht mehr von einem Kapitalismus der freien Konkurrenz, sondern von großen kapitalistischen Monopolorganisationen, von den großen Mächten des Finanzkapitals. In der Rohstoffproduktion, bei den Metallen, Kupfer, Zinn usw. waren mehr oder weniger manipulierte Preise vorherrschend. Alle diese Produkte wurden von Kartellen, Trusts usw. auf den Markt gebracht, die, solange die gute Konjunktur dauerte, solange namentlich die Verhältnisse auf den Kreditmärkten noch ungestört waren, imstande waren, unter Ausnutzung ihrer Kredite und unter Ausnutzung ihrer monopolistischen Stellung die Preise für die Rohstoffe außerordentlich hochzuhalten. Gerade diese Hochhaltung der Preise hat rückwirkend immer wieder eine Ausdehnung der Produktion bewirkt und auf diese Weise wiederum ein Element der Krise geschaffen.

Etwas Ähnliches haben wir in anderer Weise auf dem Gebiet der Agrarproduktion gehabt. Es ist das Charakteristische der fortschreitenden Demokratie, daß nicht nur die Macht der Arbeiterschaft wächst, sondern insbesondere auch der Einfluß der *Bauernmassen* auf die bürgerlichen Parteien und damit auf die Staatsmacht sich steigert. Die bäuerlichen Massen sind die große Reserve für die bürgerlichen Parteien, infolgedessen der Drang der bürgerlichen Parteien, vor allen Dingen die Bauern für ihre Politik zu gewinnen und daher die ganz universelle Erscheinung, die wir in der Nachkriegsperiode erleben, daß der Staat versucht, auf jede mögliche Weise den Bauern die Agrarpreise für ihre Produkte zu garantieren. Daher die ungeheuren Manipulationen, die z.B. der amerikanische Farm Board oder die kanadische Regierung, vor allem auch die latein-amerikanischen Regierungen gemacht haben, bei denen die gesamte Finanzkraft des Staates in den Dienst des Bestrebens gestellt worden ist, die Preise der Roh- und Agrarprodukte möglichst stabil, d.h. möglichst hochzuhalten, auch in einem Moment, in dem die Überproduktion bereits eklatant gewesen ist. Diese Macht der monopolistischen Preisbestrebungen ist es gewesen, die wiederum zu einer Verlängerung der Prosperität beigetragen und den Eintritt der Krise hinausgezögert hat.

Diese ganze Entwicklung mußte aber schließlich wegen der ungeheuren Störungen und Verschiebungen, die die Gewalt des Krieges in den ökonomischen Verhältnissen erzeugt hatte, zu jenen Störungen führen, die innerhalb des kapitalistischen Systems immer wieder als eine Überproduktion erscheinen. Denn wenn während der Prosperität z.B. die Automobilindustrie hohe Preise genießt und flotten Absatz hat, dann vollzieht sich die Entwicklung ja in der Weise, daß immer neue Kapitalanlagen in der Automobilindustrie gemacht worden sind; wenn ich mich recht erinnere, so ist etwa im Jahre 1924 das Verhältnis in der amerikanischen Automobilindustrie so gewesen, daß Ford damals mit seiner Produktion 50 Prozent des amerikanischen Absatzes decken konnte. Im Jahre 1927, also noch während der Hochkonjunktur, war das Verhältnis in der amerikanischen Automobilindustrie bereits so, daß Ford nur etwa ein Drittel des amerikanischen Absatzes decken konnte. Der übrige Absatz wurde von General Motors und andern bekannten amerikanischen Automobilfirmen gedeckt. Aber um Ford auf ein Drittel des Absatzes zu reduzieren, haben General Motors und die anderen amerikanischen Automobilfabriken fortwährend ihre Anlagen vermehrt, so daß, während Ford nur mehr ein Drittel des amerikanischen Absatzes in der Hochkonjunktur deckte, die Kapazität der amerikanischen Automobilindustrie während der Hochkonjunktur etwa 150 Prozent ihrer Absatzmöglichkeiten betrug und heute vielleicht 200 oder 250 Prozent. So ist plötzlich ein außerordentlicher Überschuß an Automobilen trotz gesunkener Preise vorhanden.

Die Agrarproduktion ist so gesteigert worden, daß wir, wenn wir den europäisch-amerikanischen Markt ins Auge fassen und von den Verhältnissen in Ostasien absehen, es augenblicklich nicht mehr mit einer relativen Überproduktion zu tun haben, sondern beinahe schon mit einer absoluten Überproduktion, insbesondere, wenn wir die Veränderungen in den Konsumgewohnheiten in der amerikanischen und europäischen Bevölkerung, vor allem hinsichtlich des Roggen- und Weizenkonsums betrachten. Sie werden demnach verstehen, daß, wenn so starke Mißverhältnisse der Produktionszweige zueinander eingetreten sind, dies an irgendeinem Punkt dazu führen mußte, daß in jenen Industrien und in denjenigen Produktionszweigen, die am stärksten ausgedehnt waren, der Absatz stockte, die Preise fielen und Einschränkungen in der Produktion folgen mußten. Wenn aber Einschränkungen in einer Reihe wichtiger Industrien eintreten, so bedeutet das, daß die Nachfrage dieser Industrien nach Produktionsmitteln vollständig aufhört, also stark rückwirkt auf die Produktionsmittelindustrien, die ihrerseits ebenfalls ihre Produktion einschränken müssen. Und eingeschränkte Produktion bedeutet Entlassung von Arbeitern, eingeschränkte Produktion bedeutet Drosselung der Nachfrage, und die Drosselung der Nachfrage wirkt wieder zurück auf die Konsummittelindustrien. So geht der Prozeß, einmal begonnen, auf die andern über und schließlich tritt eine allgemeine Absatzstockung ein.

Und nun trifft diese Krise, deren Größe nur aus der vorhergehenden Einwirkung der Gewalt des Krieges, der unmittelbaren politischen Gewalt erklärt werden kann, auf einen *neu organisierten Kapitalismus,* auf einen Kapitalismus, der im Zeichen des Finanzkapitals ungleich machtvoller ist, als in irgendeiner früheren Phase, aber auch ungleich empfindlicher. Denn die innige Verbindung zwischen Industrie und Kreditorganisation muß bei einer so schweren Störung der Industrie *auch unmittelbar die Kreditorganisation in Mitleidenschaft ziehen,* was dann zu einer Störung des ganzen Kreditmechanismus führt. Und zweitens trifft die Krise auf einen Kapitalismus, der in ganz großen Teilen ebenfalls infolge der Kriegsentwicklung aufgebaut ist auf fremdem Kapital. Sie trifft also einen Kapitalismus, in dem die Kreditorganisation auf das stärkste angespannt ist, wo jede Erschütterung im Gefüge des Kapitalismus die gegebenen Kredite als problematisch erscheinen läßt. Zugleich ist das Ausmaß der jederzeit zurückziehbaren, kurzfristigen Kredite größer als in irgendeiner früheren Phase des Kapitalismus.

Und nun beginnt der Sturz der Rohstoffpreise. Das bedeutet zunächst die Verringerung der Kaufkraft aller Rohstoffländer, also vor allem die ungeheure Verringerung der Kaufkraft von Südamerika, Australien, Kanada usw. Wie gesagt, ihre ganze Entwicklung ist begründet hauptsächlich auf amerikanisches und englisches Fremdkapital. Dieses Fremdkapital erscheint jetzt gefährdet. Zu der Krise der Produktion tritt in allen diesen Ländern die Rückwirkung auf die Finanzen. Alle diese Länder sehen sich plötzlich außerstande, ihre Finanzen in Ordnung zu halten. Alle diese Länder, die mit Mühe und Not ihre Währung in Ordnung gebracht haben, gehen über zu neuer Inflation und gefährden dadurch wiederum ihre Kreditfähigkeit, so daß das Mißtrauen außerordentlich rasch steigt. Die Kapitalrückziehungen beginnen, und es stellt sich im Verlauf der Kapitalrückziehungen sehr rasch heraus, daß diese Kredite in der Wirtschaft, in den Betrieben oder — am schlimmsten — beim Staate festgefroren sind und infolgedessen nicht zurückgezahlt werden können. Man muß diese australische und südamerikanische Entwicklung im Auge behalten, weil sie der erste Anstoß gewesen ist für das aufspringende Mißtrauen in den Vereinigten Staaten und England, aber auch für den Versuch der englischen und amerikanischen Banken, da sie die in Australien und Südamerika befindlichen Gelder nicht mehr als liquid betrachten konnten, ihre andern Anlagen zurückzuziehen, um auf diese Weise ihre Flüssigkeit zu vermehren und in der Krise besser gewappnet zu sein. Diese ersten Anfänge der Kreditkrise werden dann außerordentlich verschärft durch die Entwicklung in Europa. Wieder ist die europäische Entwicklung nicht zu verstehen als eine rein ökonomische. Sie muß zugleich verstanden werden als eine politische, weil der politische Zustand Europas, namentlich der sich verschärfende Gegensatz zwischen Deutschland und Frankreich seit dem Tode Stresemanns, bei der außerordentlichen Empfindlichkeit der Kreditorganisation erheblich dazu beigetragen hat, das Mißtrauen zu steigern und das Bedürfnis der Banken zu vermehren, ihre Guthaben zurückzuziehen und ihre Flüssigkeit zu vergrößern.

Es ist aber nicht die Quantität des Fremdkapitals, die hier in Betracht kommt, es ist auch die Qualität der Kredite, die gegeben worden sind. Wir haben vor dem Kriege die ständige Erscheinung des Kapitalexports, die ständige Ausdehnung der Anlagen des europäischen, des englischen und später des amerikanischen Kapitals gehabt, aber die Ausdehnung dieser Anlagen erfolgte – wenigstens für die Entwicklung des Eisenbahnwesens, des Verkehrswesens, überhaupt für die Entwicklung der Industrien – hauptsächlich und in der Regel in *langfristiger* Form. Es waren Anlagekredite, die auch in der Form gegeben wurden, wie sie für Anlagekredite allein angemessen ist: als in langen Jahren zu verzinsende und zu tilgende Anleihen. Das Kapital konnte also nicht plötzlich zurückgezogen werden. Die politische Unsicherheit nach dem Kriege hat diese Form der Anlage stark zurückgedrängt zugunsten der *kurzfristigen* Kredite, zugunsten von Anlagen, von denen die Kreditgeber zunächst annahmen, daß die Beträge jederzeit zurückziehbar seien. Weil man die Währungsverhältnisse und die Entwicklung der politischen Zustände Europas mit Sorge und Mißtrauen betrachten mußte, deshalb glaubte man sich zu sichern, wenn man diese Anlagen nicht für lange Frist, sondern jederzeit abziehbar gewährte. Man übersah dabei bloß, daß diese Anlagen tatsächlich gebraucht wurden und gebraucht werden mußten zum Wiederaufbau der Industrie, daß sie also, auch wenn sie formell kurzfristig gegeben worden waren, notwendigerweise zu einem großen Teil langfristig investiert, also ein für allemal in die Anlagen und Betriebe gesteckt werden mußten. Und gerade als die Gründe, die zu der kurzfristigen Übertragung geführt hatten, für die Kreditgeber stichhaltig wurden, und sie nun versuchten, um der Krise zu begegnen, die kurzfristigen Kredite zurückzuziehen, da rebellierte ihre ökonomische Natur gegen ihre juristische Form und es stellte sich heraus, daß die Kredite gar nicht kurzfristig verwandt worden waren, sondern langfristig.

Die Entwicklung näherte sich immer rascher dem Zentrum. Die Verhältnisse wurden immer problematischer. Die Krise wurde schließlich akut durch den Fall der Österreichischen Kreditanstalt, und von dort griff das Mißtrauen auf Deutschland über. Und nun war die Sache so: In den amerikanischen und englischen Banken war ein großer Teil von Werten enthalten, die in Südamerika und Australien festgelegt und nicht liquid zu machen waren, und dieselbe Situation konnte, so fürchteten die Banken, nunmehr in Deutschland eintreten. So begann die Kreditabziehung aus Deutschland, die durch die innere Situation in Deutschland bereits vorbereitet war. Sie erinnern sich, daß nach den Septemberwahlen bereits ein erster Run, eine erste Zurückziehung deutscher Guthaben begonnen hatte. Die Reichsbank verlor damals etwa eine Milliarde an Gold und Devisen, aber durch die Fernhaltung der Nationalsozialisten von der Regierung war es gelungen, das Mißtrauen zum Einhalt zu bringen. Jetzt begannen die Zurückziehungen von neuem und die Gefahr wurde offenbar, daß bei der Größe der kurzfristigen Verpflichtungen Deutschlands – etwa 10 bis 12 Milliarden – ein solcher Run nicht ausgehalten werden konnte. Unmittelbar bedroht waren aber die amerikanische und englische Finanz – infolgedessen der Eingriff des amerikanischen Präsidenten, sein Vorschlag, die Reparationszahlungen zunächst einmal einzustellen und damit der deutschen Zahlungsbilanz die notwendige Erleichterung zu schaffen, um die kurzfristigen und langfristigen auswärtigen Schulden verzinsen zu können. Die Situation war paradox. In keinem Moment waren die deutschen auswärtigen privaten Anleihen, was die Zinszahlung betrifft, so gesichert, wie in dem Augenblick, wo Hoover seinen Vorschlag veröffentlichte, daß die Reparationszahlungen eingestellt werden sollten. Dieser Vorschlag bedeutete, daß Deutschland etwa 1,6 Milliarden Zahlungen an das Ausland ersparte. Die übrigen Auslandsverpflichtungen, sowohl kurzfristige wie langfristige, belaufen sich im Jahre auf ungefähr 1 1/2 Milliarden Mark und diese waren überreichlich gedeckt durch den Überschuß, den die deutsche Handelsbilanz in dem laufenden Jahre aufweisen konnte. Die kurzfristigen Anlagen waren, wie gesagt, was ihre Verzinsung anbelangt, nie so sicher, aber jeder amerikanische und englische, jeder schweizerische und holländische Bankier wollte nicht nur seine Zinsen gesichert haben, sondern wollte vor allem wissen, ob sein Kapital sicher war. Die Bankiers wollten das Kapital an sich ziehen, um gegen die Erschütterungen der Krise im eigenen Lande gewappnet zu sein. Und namentlich als durch die Haltung der französischen Politik eine Verzögerung der Inkraftsetzung des Hooverplans eintrat, genügte diese Verzögerung von wenigen Wochen, um den Run auf Deutschland zu erneuern. Die deutsche Wirtschaft hat innerhalb kurzer Zeit 3 1/2 Milliarden an Gold und Devisen verloren, und damit wurde dann von den auswärtigen Gläubigern selbst die *deutsche Zahlungseinstellung* erzwungen.

Die deutsche Zahlungseinstellung bedeutete zunächst für Deutschland eine außerordentliche Verschärfung der Krise. Der Abzug von 3 1/2 bis 4 Milliarden Mark aus der deutschen Wirtschaft bedeutet eine Veränderung des Kreditvolumens, die rückwirkt auf die Finanzierung unseres Außenhandels, die rückwirkt unmittelbar auf Industrie und Gewerbe, und die infolgedessen die große Gefahr mit sich bringt, daß von der Kreditseite her unser Handel und unsere Industrie immer stärkere Einschränkungen erfahren.

In diesem Zusammenhang möchte ich noch kurz bei der Rückwirkung der deutschen Situation auf den Weltmarkt verweilen. Wir wissen aus dem Layton-Bericht, daß die kurzfristigen Verpflichtungen, die Deutschland nicht mehr erfüllen kann, deren Erfüllung zunächst auf sechs Monate vertagt war, etwa 7 1/2 Milliarden betragen, und wir wissen, daß der größte Teil dieser 7 1/2 Milliarden von den Vereinigten Staaten und namentlich von England herrührt. Die deutsche Kreditkrise mußte deshalb unmittelbar die schärfsten Rückwirkungen auf die amerikanische und englische Situation haben. England und Amerika sind aber ihrer finanziellen Stärke nach ganz verschieden. Der späte Eintritt der Vereinigten Staaten in den Krieg, die Lieferungen an die kriegführenden Länder zu höchsten Preisen, die Schuldenverpflichtungen dieser Länder an die Vereinigten Staaten, haben die amerikanische Zahlungsbilanz außerordentlich aktiv gemacht, haben bewirkt, daß das amerikanische Notenbanksystem heute etwa über 20 Milliarden Reichsmark in reinem Golde verfügt.

Die Engländer haben während dieser ganzen Zeit zwar ebenfalls eine sehr hohe aktive Zahlungsbilanz gehabt. Sie haben aber den Gesamtüberschuß dieser Zahlungsbilanz, und das sind in den Jahren 1928 bis 1930 Summen von etwa 8 bis 10 Milliarden gewesen, sie haben diese Summen, so weit sie nicht zur Investierung im eigenen Lande benötigt wurden, immer wieder sehr rasch im Auslande untergebracht. Sie haben ihr ganzes Weltfinanzierungsgeschäft aber mit einem Minimum an Gold betrieben, so daß der Goldschatz der Bank von England stets ein verhältnismäßig geringer − zwischen 3 bis 4 Milliarden − gewesen ist, gegenüber den ungeheuren Verpflichtungen, die die Engländer auf sich genommen haben. Dazu kommt, daß die Engländer in den europäischen und überseeischen Staaten zum Teil nicht nur mit eigenen Mitteln finanziert haben, sondern zum Teil mit Mitteln, die sie sich kurzfristig vor allem von Frankreich und von kleineren europäischen Staaten geliehen hatten. Das Einfrieren der deutschen kurzfristigen Verpflichtungen mußte infolgedessen in England eine ganz ähnliche Situation hervorrufen, wie sie in Deutschland selbst entstanden war. In dem Augenblick, wo Deutschland an England nicht mehr zahlen konnte, wurde die Position des englischen Finanzzentrums selbst problematisch, es begann die Zurückziehung namentlich der französischen, aber auch der übrigen kurzfristigen Guthaben aus England. Die Bank von England hat in der unglaublich kurzen Zeit von etwa drei Wochen nicht weniger als 200 Millionen Pfund, also rund 4 Milliarden Reichsmark, in Gold und Devisen verloren. Sie hat sie verloren, obwohl in Furcht vor der weiteren Rückwirkung die Amerikaner und Franzosen der Bank von England und der englischen Regierung nicht weniger als 2,6 Milliarden Mark zur Verfügung gestellt haben. Die Situation ist heute so, daß die Bank von England in Wirklichkeit nicht sehr viel mehr Gold besitzt, als sie den Amerikanern und Franzosen in Gold schuldet. Der Run auf England dauerte weiter, bis die Bank von England sich vor die Situation gestellt gesehen hat, nachdem neue Kredite zunächst nicht mehr, oder wenigstens nicht von amerikanischer Seite, zu erlangen waren, vor die die deutsche Reichsbank gestellt war: sie mußte ihre Zahlungen einstellen. Es ist, zum Teil absichtlich von England her und naiverweise im übrigen Europa, hinter dieser Zahlungseinstellung irgendein grandioser Plan vermutet worden. Wir haben aber den dokumentarischen Beweis, daß nicht

irgendein Plan dieser Zahlungseinstellung zugrunde liegt, sondern einfach die Zahlungsunfähigkeit. Am 8. September, an dem Tage, als MacDonald seine nationale Regierung dem Unterhaus vorstellte, sagte er in seiner Rede, nachdem er die Abstriche im Budget, die Verringerung der Arbeitslosenunterstützung, begründet hatte:
„Besser für uns alle, mit enger geschnalltem Gürtel in einer sicheren Lage dazustehen, als mit gelockertem Riemen in Ungewißheit zu verharren. Eure Pflicht ist es, an euren Plätzen auszuharren und uns auf unseren Bänken zu belassen, bis das Budget geordnet und die Welt wieder einmal von der Gewißheit erfüllt ist, daß das Pfund Sterling unangreifbar ist."
Zwölf Tage später war das Pfund Sterling nicht nur angegriffen, sondern es hatte ein Fünftel seines Wertes verloren . . .
Wir sehen also, daß diese Krise in ihrer Ausdehnung und Intensität aus der ungeheuren Revolution in den Produktions-, Absatz- und Kreditverhältnissen entspringt, die der Krieg erzeugt hat, und daß diese *Krise nun übergesprungen ist auf den ganzen Kreditorganismus der kapitalistischen Welt* und diesen Kreditorganismus fast überall zu zerstören droht. Das bedeutet aber natürlich *nicht nur eine momentane Verwirrung* in der Übertragung und Zurückziehung von Kapital, sondern es bedeutet *eine vollständige Verwirrung in den gesamten Verhältnissen von Handel und Industrie,* eine ungeheure Störung der Finanzierung des internationalen Handels und der nationalen Industrien, die Unmöglichkeit, ihnen die notwendigen Betriebs- und Anleihekredite zu geben. Das alles bedeutet zunächst eine ganz außerordentliche Verschärfung der Krise. Machen wir uns das ganz kurz klar zunächst an dem Beispiel von England selbst.
England ist von jeher in einer besonderen Situation gewesen. England hat immer ein großes Defizit in seiner Handelsbilanz aufzuweisen gehabt. Das war unbedenklich, denn England hat von jeher große Einnahmen aus der Schiffahrt, aus der Finanzierung des Welthandels, aus dem Versicherungswesen, aus den Zinsen seines Kapitalexports usw. gehabt. Man schätzte schon vor dem Kriege die englischen Kapitalanlagen im Ausland auf 80 bis 100 Milliarden Mark. Nun sah die englische Zahlungsbilanz im Jahre 1930 wie folgt aus: Sie zeigte einen Überschuß der Einfuhr über die Ausfuhr, also ein Defizit der Handelsbilanz von fast 8 Milliarden Mark. Dieses Defizit wurde gedeckt erstens durch die Zinsen aus den auswärtigen Kapitalanlagen, die etwa 4 Milliarden betrugen. Dann betrugen die Einnahmen aus der Schiffahrt mehr als 2 Millarden. Dazu kamen 2 Milliarden aus kurzfristigen Zinsen, Einnahmen aus Provisionen usw. Kurz und gut, dem Defizit der Handelsbilanz standen gegenüber alle diese Posten, die ich eben aufgeführt habe, mit einem Betrage von 8,6 Milliarden Mark, das heißt ein Überschuß von ungefähr 600 Millionen Mark noch im Jahre 1930. Der Überschuß von 1930 war aber schon außerordentlich durch die Krise zurückgegangen. Im Jahre 1929, auf dem Höhepunkt der guten Konjunktur, betrug der Überschuß 2 760 Millionen, also 2 Milliarden mehr, als er im Jahre 1930 betragen hatte. Für 1931 ist aber zu erwarten, daß dieser Überschuß sich in ein außerordentliches Defizit von vielleicht 2 Milliarden verwandelt. Die südamerikanischen

Staaten sind bankrott, die südamerikanische Wirtschaft ist bankrott. Die langfristigen Anlagen Englands in Lateinamerika, in den Eisenbahnen, in der Metallindustrie, in den Teeplantagen, in den Kautschukplantagen usw. sind alle statt Überschußunternehmungen Defizitunternehmungen geworden. Dazu kommt eine außerordentlich starke Verringerung der Einnahmen aus der Schiffahrt und aus den Emissionen und Provisionen der englischen Finanz, so daß, wie gesagt, England in diesem Jahr, wo das Mißtrauen des Kapitals so groß geworden ist, daß es seine Anlagen in Pfund Sterling zurückzieht, mit einem Defizit von ungefähr 2 Milliarden in seiner Zahlungsbilanz zu rechnen haben wird. Die Situation ist deshalb für England so gefährlich, weil diesen zum Teil langsam fließenden Einnahmen aus den langfristigen Anlagen Englands ganz große, jederzeit fällige kurzfristige Verpflichtungen von mehreren Milliarden Mark gegenüberstehen. Und die Situation Englands ist noch bedrohlicher, weil in England selbst die Kapitalflucht größte Dimensionen angenommen hat. Die englische Kapitalflucht würde sich äußern in dem Verkauf englischer Papiere ins Ausland, und zu dieser Bewegung käme außerdem noch unter Umständen der Rückstrom englischer Wertpapiere aus dem Besitz der Ausländer, die ihre Pfundwerte zwar mit Verlust, aber doch verkaufen würden, um sich vor weiteren Verlusten zu schützen. Das sind Bewegungen, die von englischen Fachzeitschriften natürlich in verschiedener Höhe geschätzt werden, aber eine nüchterne Schätzung sagt, daß hier Kapitalien in Bewegung gesetzt werden, die die Höhe von 15 bis 20 Milliarden Reichsmark erreichen könnten.

Überblickt man das englische Vorgehen, so ist zweierlei zu konstatieren. Es unterscheidet sich von dem deutschen Vorgehen in einem entscheidenden Punkt. Wir haben die kurzfristigen Anleihen zurückgezahlt, so lange wir konnten, so lange die Erschöpfung des Gold- und Devisenvorrats keine noch bedrohlichere Höhe erreicht hatte. Dann haben wir aber die Zahlungen ins Ausland praktisch eingestellt und haben schließlich mit unsern Gläubigern einen Vergleich auf Verschiebung dieser Zahlungen geschlossen. Es ist eine provisorische Lösung, es ist eine Lösung, die große Gefahren in sich hat und die Frage aufwirft: Was soll nach den sechs Monaten geschehen? Aber es war doch auf der andern Seite die Lösung, die es uns erlaubt hat, unsere Währung unerschüttert zu lassen. *Wir haben die Währung gehalten.* Die Engländer sind anders vorgegangen. Sie haben die Goldzahlung eingestellt, sie haben ihre Verpflichtungen nicht mehr in vollem Umfange erfüllt, sondern erfüllen sie in Pfund Sterling. Das Pfund Sterling hat aber heute keinen Goldwert, es hat heute nur drei Viertel bis vier Fünftel seines früheren Wertes, in denen die Verpflichtungen abgeschlossen worden sind. Das bedeutet zunächst eine in diesem Umfange sich vollziehende Expropriation jener Gläubiger, die ihre Pfundguthaben zurückziehen. Für England bedeutet es *Devalvation*, d.h. Herabsetzung des Geldwertes. Diese Geldentwertung ist nicht hervorgerufen durch jene Art von Inflation, wie sie während des Krieges gehandhabt wurde, indem man immer mehr Geldzeichen druckte und sie durch Bezahlung der Kriegslieferungen und der Gehälter in die Zirkulation preßte. Es ist eine Geldentwertung, hervorgerufen dadurch, daß England seine Verpflichtungen nicht mehr in Gold erfüllt. Es zahlt in Pfund nach außen. Da aber die Nachfrage nach Pfund auf den Märkten viel geringer ist als das Angebot, sinkt der Wert des Pfundes verglichen mit den anderen Währungen, ohne daß heute zu erkennen ist, wann England wieder zur Stabilität zurückkehren wird und ohne daß zu erkennen ist, bei welchem Punkt England seine Währung stabilisieren wird. Wie England diese Frage lösen wird, ist zweifelhaft; es ist vor allem zweifelhaft, ob England imstande sein wird, dies aus eigener Kraft zu tun.

Sicher ist, daß der Sturz des englischen Pfundes für England den Verlust der Stellung als Finanzzentrum bedeuten kann. Ich habe Ihnen gesagt, wie hoch die Einnahmen Englands aus der Vermittlung des Welthandels, aus der Schiffahrt usw. gewesen sind und wie hier Milliardenwerte jährlich auf dem Spiele stehen, die, wenn England seine Stellung als Finanzzentrum verliert, ein für allemal als jährliche Einnahmen verloren sind. Dazu kommen die auswärtigen Anlagen Englands, die Schulden, die das Ausland an England hat und deren Kapitalwert etwa 80 bis 100 Milliarden beträgt. Die Entwertung des englischen Pfundes bedeutet auch eine Entwertung eines Teils dieser Anlagen, und diese Entwertung übersteigt das, was die Engländer bei der Rückzahlung der kurzfristigen Schulden in dem geringerwertigen Gelde gegenüber der übrigen Welt gewinnen könnten.

Das Gesamtinteresse Englands scheint also dahin zu gehen, möglichst rasch zur Stabilität zu gelangen. Ja, ich möchte sogar weiter gehen: sein Gesamtinteresse scheint dahin zu gehen, das Pfund auf der alten Basis zu stabilisieren. Ob dieses Gesamtinteresse sich aber durchsetzen wird, ist außerordentlich fraglich. Bei der Devalvation und bei der späteren Festlegung des Pfundsatzes auf einer niedrigeren Basis sind starke englische Interessen ebenfalls beteiligt. Sie wissen, wie Geldentwertung wirkt. Sie bedeutet vor allem Steigen der Preise der Waren, aber das Steigen des Preises der Ware Arbeitskraft folgt immer erst später den andern Preissteigerungen nach. Lohnerhöhungen sind immer Fragen der sozialen Macht, Fragen der sozialen Kämpfe, und Lohnerhöhungen werden infolgedessen viel schwerer durchgesetzt, als Preiserhöhungen für Waren während der Geldentwertung. Die Stärke der englischen Gewerkschaften macht direkte Lohnsenkungen schwierig; durch die Geldentwertung hoffen die Unternehmer, nun ihr Ziel mit einem Schlag zu erreichen und bei Aufrechterhaltung des Nominallohns die Reallöhne zu senken; der Goldwert der Löhne, der für die Exportfähigkeit ausschlaggebend ist, ist sofort um 20 Prozent herabgesetzt. Infolgedessen das starke Interesse der englischen Industrie an einer Herabsetzung des Pfundwertes. Und ob dieses Interesse der Industrie sich nicht durchsetzt, ist eine Frage, die heute noch nicht abschließend beantwortet werden kann, um so mehr, da Teile der englischen Arbeiterschaft der Inflation nicht jene schroff ablehnende Stellung entgegensetzen, wie wir sie nach unseren Erfahrungen ihr entgegensetzen müssen.

Uns interessiert vor allem die Rückwirkung der englischen Krise auf die Situation der übrigen Länder. Ich habe schon gesagt, daß England in größtem Maßstab den Welthandel finanziert. Die Exporte und Importe, nicht etwa nach und von England, sondern auch z.B. die zwischen Kanada und Deutschland oder zwischen Frankreich und Argentinien usw., werden zu einem ganz großen Teil durch Pfundwechsel finanziert, werden finanziert durch englische Rembourskredite, durch Außenhandelskredite der englischen Banken. Diese ganze Exportfinanzierung ist heute in Verwirrung geraten. Heute ist es schwer möglich, mit Pfundwechseln Kontrakte etwa auf argentinische oder kanadische Getreidelieferungen nach Europa zu machen. Die englische Kreditkrisis bedeutet also Stockung in der Finanzierung des Welthandels, bedeutet Rückschlag auf alle Exportindustrien, bedeutet Schädigung aller Industriestaaten, soweit und in dem Maße, wie sie am Außenhandel beteiligt sind, bedeutet insbesondere Rückschlag auf Deutschlands Außenhandel, weil dieser viel stärker als vor dem Kriege wegen des deutschen Kapitalmangels hauptsächlich mit englischen Krediten finanziert worden ist.

Die Verwirrung, die von England kommt, wird nun außerordentlich gesteigert durch die Währungswirren, die im übrigen Europa eingetreten sind. Die Herabsetzung des Pfundes sollte nach englischer Meinung eine Steigerung des englischen Exports und eine Verringerung der englischen Einfuhr zur Folge haben. Da die *Einfuhrwaren* nun viel geringere Preise erlösen, würde die Einfuhr sinken. Anderseits würden die Engländer, wenn sie jetzt ihre Exporte in Pfund verkaufen – weil der Preis der Arbeitskraft zunächst derselbe bleibt, weil die Steigerung der inländischen Preise langsamer vorangeht, als das Sinken des Wechselkurses, als das Sinken des Pfundwertes im Auslande –, eine Exportprämie erlösen. Viele Länder aber, die mit England in enger Geschäftsverbindung stehen, vor allem die skandinavischen Länder, haben geglaubt, diesem englischen Vorsprung sofort entgegentreten zu müssen. Sie haben die Goldzahlung ebenfalls eingestellt und ihre Währung ähnlich entwerten lassen, wie das Pfund Sterling. Dänemark, dessen landwirtschaftliche Exporte hauptsächlich auf dem englischen Markt abgesetzt werden, hat infolgedessen bei seiner Einfuhr die Nachteile nicht mehr zu befürchten, die die Herabsetzung des Pfundes ihm sonst zufügen würde. Ähnliches gilt für eine ganze Anzahl europäischer Länder. Nur wenige Länder, wie Frankreich, Belgien, Holland, Italien, die Schweiz und schließlich Deutschland, haben heute ihren Goldstandard noch aufrechterhalten.

Dieses Währungswirrwarr ist das eine Hilfsmittel, mit dem sich die Länder gegen die englische Krise zu schützen suchen. Diejenigen Länder aber, die aus dem einen oder andern Grunde glauben, an der Währung festhalten zu müssen, denen die Inflation nicht als ein geeignetes Mittel erscheint, suchen auf indirektem Wege dem augenblicklichen englischen Exportvorsprung entgegenzuwirken. Da stehen zwei Maßnahmen zur Verfügung. Das eine ist die berühmte Kostensenkung, d.h. im kapitalistischen Sinne vor allem Lohndruck, und das zweite Mittel ist die eventuelle Erhöhung des Schutzzolles, Erhöhung vor allen Dingen des Schutzzolles gegenüber englischen Waren. Beide Mittel werden heute in ganz Europa von den kapitalistischen Vertretern verfochten. Wir haben also wiederum zu rechnen mit einem starken Angriff auf die Lohnhöhe, namentlich in den Zweigen, die unmittelbar vom

englischen Export bedroht sind, wie z. B. die Kohle, und wir haben zu rechnen mit einer neuen protektionistischen Welle. Ich erinnere daran, daß Italien eben seine Zölle um 15 Prozent heraufgesetzt hat und die Schweiz im Begriffe steht, den Handelsvertrag mit Deutschland zu kündigen, um Freiheit für eine Heraufsetzung der Zölle zu haben, daß Frankreich durch Einfuhrbeschränkungen und Zollerhöhungen ebenfalls seinen Inlandsmarkt stark abzusperren versucht, so daß wir sagen können, daß von der englischen Krise aus eine Welle des Protektionismus ausgegangen ist, die die Krise außerordentlich verschärft und gerade das Gegenteil von dem bewirkt, was zur Lösung der Krise notwendig wäre. Und dabei ist noch nicht abzusehen, welche weiteren Rückwirkungen das englische Vorgehen haben wird. Die Erschütterung des Kreditmechanismus namentlich bleibt ja nie beschränkt auf ein einzelnes Land und um wenigsten dann, wenn diese Erschütterung das Hauptzentrum der internationalen Finanz erfaßt hat.
Die nächsten Rückwirkungen haben wir zu erwarten auf die Vereinigten Staaten. Es ist außerordentlich charakteristisch, wie dieses Land mit seinem ungeheuren Goldschatz heute einem Run ausgesetzt ist. Das Mißtrauen hat dazu geführt, daß vom Publikum 1 1/2 bis 2 Milliarden Noten abgehoben und in seinen Taschen aufbewahrt worden sind. Die amerikanischen Notenbanken haben in zehn Tagen 1,2 Milliarden Gold verloren, und dieser Goldverlust, obwohl er mit Rücksicht auf den Gesamtbestand Amerikas an Gold verhältnismäßig gering ist, hat doch schon zu einer allgemeinen Beunruhigung geführt. Die Frage in Amerika ist heute mehr die: wie schützen wir unsern Goldvorrat?, als daß sie so gestellt würde: wie setzen wir unsern Goldvorrat ein, um die Krise zu beheben? Es ist heute nicht abzusehen, welche Störungen in den Vereinigten Staaten noch erfolgen werden.
Und dabei muß man sagen, daß alle diese aufeinanderfolgenden Verwirrungen: die Zurückziehungen aus Deutschland, die Zurückziehungen aus England und jetzt die Zurückziehungen aus den Vereinigten Staaten vom Standpunkt der *privatwirtschaftlichen* Bankenorganisation durchaus verständlich sind. Jede Bank wird in einer Krise versuchen, sich so flüssig zu halten, ihre Guthaben so weit zurückzuziehen, wie nur eben möglich, um sich möglichst viele Barreserven zu schaffen. Aber diese privatwirtschaftlich richtige Handlung sprengt den Kreditorganismus der kapitalistischen Wirtschaft, und in demselben Moment, in dem unsere Unternehmer behaupten, daß zu viel Sozialismus, zu viel Planmäßigkeit in der Wirtschaft bestehe und daß deshalb die Krise solche Schärfe annehme, müssen wir konstatieren, daß die *Kapitalisten nicht imstande sind, ihren eigenen Kreditorganismus auch nur im geringsten vor sinnlosen und von Privatinteressen diktierten Ansprüchen zu bewahren, obwohl sie ihn dadurch zum vollständigen Erliegen bringen.* Sie haben es nicht getan, obwohl sie das Mittel dazu in der Hand gehabt haben. Denn im Gegensatz zur Anarchie in der kapitalistischen Produktion und im Handel ist ja die Geldwirtschaft und infolgedessen auch rückwirkend die Kreditwirtschaft in allen großen kapitalistischen Ländern und zwar beinahe von Anfang an vom Staate geregelt, in planmäßiger Abhängigkeit von der Zentralbank. In den Zentralbanken hat der Kapitalismus, hat die kapitalistische

Wirtschaft ein gesellschaftliches Instrument, um wenigstens die schlimmsten Folgen eines solchen Wirrwarrs durch planmäßige Einwirkungen zu verhindern. Was wir hier zu konstatieren haben, ist eben, daß die kapitalistische Gesellschaft, obwohl sie dieses Instrument in der Hand hat, nicht imstande gewesen ist, es anzuwenden, und auch heute noch nicht dazu imstande ist. Es ist nicht das Zuviel an Planwirtschaft, sondern es ist das Nichterkennen von planmäßigen Möglichkeiten selbst dort, wo sie in ihren eigenen kapitalistischen Organisationen vorhanden sind, das bewirkt hat, daß wir heute zu einem Zusammenbruch der Kreditorganisationen gekommen sind, wie es sich kein sozialistischer Zusammenbruchstheoretiker je hätte vorstellen können!

Ich habe schon gesagt, daß die Notenbanken der Vereinigten Staaten und Frankreichs nicht durch bewußte Politik, aber durch die ganzen Verhältnisse, wie sie seit der Kriegszeit geformt waren, schließlich den größten Teil des Goldbestandes an sich gezogen haben. Die Amerikaner verfügen über 20 Milliarden, die Franzosen über 10 Milliarden in reinem Golde und noch über 5 bis 6 Milliarden in Devisen. Die Lage Frankreichs ist dabei verschieden von derjenigen Amerikas. Die Amerikaner sind in der Nachkriegszeit zu großen Gläubigern geworden. Die Franzosen waren am Kapitalexport in der Nachkriegszeit durch ihre eigenen Währungswirren bis 1926 gehindert, sie haben nach 1926 langfristige Anleihen nicht gegeben aus Angst vor der politischen Unsicherheit, aus Vorsicht der kleinen französischen Sparer, die an ihren russischen Milliarden die Gefährlichkeit auswärtiger Anlagen erkannt zu haben glaubten und die sich weigerten, in Länder, deren politische Konstellation ihnen nicht sicher genug erschien, langfristige Anleihen zu geben. Das hat zur Folge gehabt, daß die französische Finanz, soweit sie überhaupt Anleihen gegeben hat, sie nur kurzfristig gegeben hat und schließlich auch nur in Ländern, die, wie Amerika und England, finanziell außerordentlich stark und politisch gesichert erschienen. Die Folge ist, daß Frankreich, da es früher als alle andern die Guthaben aus England usw. zurückgezogen hat, heute die stärkste finanzielle Schlagkraft hat, stärker als Amerika. Aber diese finanzielle Schlagkraft ist bis jetzt gepaart mit dem absoluten Unwillen der französischen Sparer, von dieser Schlagkraft irgendeinen Gebrauch zu machen, und die französische Regierung hat bisher ebenfalls an dieser Politik nichts geändert. Und wenn wir uns nun fragen, welche Folgen diese *Politik der Goldthesaurierung* sowohl in den Vereinigten Staaten, als auch in Frankreich gehabt hat, so können wir nur sagen, daß *es diese Politik gewesen ist, die erst die Kreditkrise herbeigeführt hat.* Als Deutschland dem Run ausgesetzt war, hätte aller Wahrscheinlichkeit nach — und ich halte an dieser Überzeugung auch heute noch fest — ein rechtzeitig, also gleichzeitig mit dem Hooverplan, zur Verfügung gestellter ausreichender langfristiger Kredit von Amerika und Frankreich genügt, um den Run höchstwahrscheinlich aufzuhalten, weil alle Erfahrungen gezeigt haben, daß, wenn die Sparer sehen, daß sie bare Zahlungen erhalten, sie bald aufhören, sich zu fürchten und ihre Guthaben wiederbringen. Die Summe, die damals ausgereicht hätte, um Deutschland vor der Kreditkrise zu bewahren und damit die Rückwirkungen der deutschen Kreditkrise auf England zu verhindern, hätte vielleicht nachher verzehnfacht werden müssen, um die englische Kreditkrise nicht mehr eintreten zu lassen. Heute stehen die Dinge so, daß eine Lösung der englischen Krise und damit eine Lösung der deutschen Krise, die heute nur ein Bestandteil und nicht mehr der größte Bestandteil der Gesamtkrise ist, leicht wäre, wenn die *Vereinigten Staaten und Frankreich sich dazu verständen, ihre Goldschätze für die Behebung dieser Krise zur Verfügung zu stellen.* Dann könnte mit den deutschen und englischen Gläubigern eine ausreichend lange Vereinbarung getroffen werden. Eine solche Vereinbarung könnte dann mit Hilfe der amerikanischen und französischen Notenbanken, die die von den deutschen Gläubigern ausgestellten neuen Schuldscheine zum Teil wieder beleben würden, wenigstens teilweise den Gläubigern die Mobilisierung der Schuld ermöglichen. Diese Mobilisierung *kann* erfolgen, und das nötige Vertrauen *kann* geschaffen werden, wenn Frankreich und Amerika bereit sind, diese Abmachungen zu garantieren, wenn die amerikanischen und französischen Notenbanken bereit sind, die notwendigen Rediskontkredite, das heißt unter Umständen auch die notwendige Menge Gold zur Verfügung zu stellen, damit die erstarrten Kredite wieder flüssig gemacht werden. Aber das ist außerordentlich problematisch. Ich habe Ihnen gesagt, daß die Kapitalistenkreise in den Vereinigten Staaten schon jetzt außerordentlich beunruhigt sind über die Abziehung der Goldmengen, die in den letzten Tagen in den Vereinigten Staaten erfolgt sind. Wir wissen, daß die Bank von Frankreich bisher unter allen Umständen *eine* Politik verfolgt hat: Hütung ihres Goldschatzes! Und als die Franzosen ihren Franc stabilisierten, haben sie es vorgezogen, große Kredite in Amerika aufzunehmen, bevor sie es wagten, ihren eigenen Goldschatz einzusetzen. Ob also von dieser Seite, ob rasch genug eine Erleichterung und Lösung der Krise einsetzen wird, ist außerordentlich fraglich. Ob bei der Besprechung zwischen Laval und Hoover tatsächlich der Weg gefunden werden wird, um die Kreditkrise in Europa zu lösen und ihr Übergreifen auf die Vereinigten Staaten zu verhüten, die Frage kann man heute noch nicht beantworten. Möglich, daß auch das amerikanische Bankensystem erst zum Stillstand gebracht werden muß, bevor die Amerikaner wirklich wissen, worum es sich handelt.

Aber auch für die kapitalistische Welt ist schließlich eine andere Lösung außerordentlich schwer denkbar. Eine Heilung würde es auch nicht bedeuten, wenn man sagt: nachdem die Engländer den Goldstandard verlassen haben, nachdem der Goldstandard verlassen worden ist, müßten auch die andern Länder diesem Beispiel folgen. Ich habe schon gesagt, *die Inflation ist für uns kein Weg.* Wir wissen, die Inflation ist die schlimmste Art der Besteuerung, ist die perfideste Art der Lohnsenkung, und wir wissen, daß jede Inflation schließlich in einer schweren wirtschaftlichen Störung endet; daß am Ende der Inflation die Notwendigkeit steht, wiederum den Geldwert zu stabilisieren, und daß das nur kommen kann auf dem Wege einer echten Deflation, also auf dem Wege der Herbeiführung einer neuen Krise. Inflation ist kein Weg; aber sollen wir nicht mit den Engländern zusammen versuchen, von dem Goldstandard, der so viel Unglück angerichtet hat, loszukommen und zu einer neuen, sogenannten *wissenschaftlichen Währung* zu kommen? Ich habe absichtlich so nachdrücklich betont, wie stark die außerökonomischen Gewalten auf die Wirtschaft eingewirkt und welche ungeheuren Wirkungen in der Produktionssphäre sie herbeigeführt haben, und ich glaube, daß aus diesen Ausführungen das eine schließlich sich ergeben muß, daß jedenfalls *diese Krise ihre Ursache nicht in den Geldverhältnissen* hat. In den Vereinigten Staaten ist eine ganz außerordentliche Prosperität Jahre hindurch aufrechterhalten worden auf Grund eines allerdings großen Goldschatzes. Aber dieser starke Goldschatz hat in keiner Weise zu einer entsprechend stärkeren Vermehrung des Notenumlaufs geführt. Er hat nicht einmal dazu geführt, daß der Kredit in außergewöhnlicher Weise ausgedehnt worden ist. Aber was das Entscheidende ist: dieser große Goldschatz, der Notenumlauf und die verhältnismäßig liberale Kreditpolitik, die in Amerika in der ganzen Zeit betrieben worden ist, haben sich ja in keiner Weise beim Eintreten der Krise geändert. Die Dinge liegen heute in Amerika so: Die Amerikaner verfügen fast über die Hälfte des gesamten monetären Goldschatzes. Ihr Gold ist praktisch heute in gar keiner Weise eine Schranke für den Notenumlauf. Der Notenumlauf ist durch den Goldbestand überdeckt. Die Amerikaner können ihre Kredite jederzeit erweitern; sie haben seit Eintritt der Krise ihren Diskont auf 1 1/2 Prozent gesenkt. Tägliches Geld ist in Amerika fast unanbringlich geworden; langfristiges Geld ist außerordentlich billig, wenn es sicher ist. Der amerikanische Finanzminister war unlängst in der glücklichen Lage, 800 Millionen Dollar langfristiges Geld anzuleihen und hat dafür nicht ganz 3 Prozent zu zahlen brauchen. Also trotz größten Goldschatzes, trotz liberaler Kreditpolitik, trotz niedrigsten Diskontsatzes, trotz außerordentlich niedriger Zinssätze Fortdauer der schwersten Depression und die Unmöglichkeit der Krediterweiterung. Die Depression ist eingetreten nicht etwa aus Kreditverknappung. Ich erinnere daran, daß auch während stärkster Börsenspekulation, während des Höhepunktes der Prosperität der amerikanische Diskont nie über 6 Prozent gestanden hat, und diese waren nominell, weil jedes prosperierende Unternehmen in dieser Zeit Aktien mit hohem Agio auflegen konnte, so daß das Geld sehr billig zu beschaffen war. Also mit einer bloßen Kreditausweitung, mit einer bloßen Geldvermehrung ist hier absolut nichts zu machen.

Aber vor allem: Ist eine andere Währung als eine Goldwährung möglich? Gewiß, wir haben alle möglichen Arten von Papierwährung, und ich kann mir zur Not denken, daß eine solche Währung bis zu einem gewissen Grade stabil gehalten werden kann. Würde ein solcher angeblich stabiler Wert, wenn so etwas möglich wäre, den Eintritt von industriellen Krisen verhindern? Ich habe schon gesagt, daß die Störungen der Produktion ganz verschiedene Ursachen haben können. Gestatten Sie ganz kurz ein Beispiel. Wir wissen, daß Kautschuk auf 1/15 seines Wertes von seinem Höchststande von 1929 gesunken ist, das Eisen ist demgegenüber nur um 40 Prozent gesunken. Würde ich also einen stabilen Goldwert voraussetzen, so würde das immer noch nichts an der Tatsache ändern, daß, wenn heute eine Kautschukanlage

gemacht werden soll und der Besitzer das Eisen, das er dazu brauchen würde, kaufen müßte, er jetzt – da der Eisenpreis nur etwa um die Hälfte, der Kautschuk aber auf 1/15 seines Wertes gesunken ist –, er siebenmal so viel Kautschuk hergeben muß, um sich dieselbe Eisenmenge zu verschaffen. Die Preise der Produkte sind also nicht gleichmäßig zurückgegangen, sondern in ganz verschiedener Art und Weise, je nachdem die Überproduktion in den einzelnen Wirtschaftszweigen erfolgt ist; der stabilisierte Geldwert könnte an der Grundtatsache der Verschiebung der verschiedenen Produktionskapazitäten nichts ändern, er könnte nichts ändern an der Verschiebung der Preissenkungen zueinander und er könnte infolgedessen auch nichts daran ändern, daß der Kautschukbesitzer einfach nicht imstande ist, eine Neuanlage zu machen, weil für ihn der Eisenpreis das Siebenfache von dem beträgt, was er vor wenigen Jahren dafür gezahlt hat. Ähnlich liegt es, wenn auch nicht in diesem Ausmaß, bei den Preisen der agrarischen und der andern Rohprodukte zueinander und zu den Preisen der Industrieprodukte.
Wir können also die Heilung der Krise nicht erwarten vom Währungsweg; wir können die Heilung der Krise nur erwarten von der Abkehr von den Methoden, die zu dieser Krise geführt haben. Wir haben gesehen, wie die fortschreitende Erschütterung durch die Krise einmal zu einer allgemeinen Kaufkraftsenkung und infolgedessen zu einer allgemeinen Konsumbeschränkung geführt hat. Wir haben gesehen, wie die Kreditkrise und das Verlassen der Goldwährung zu einer schweren Erschütterung des internationalen Handels geführt haben, zu einer Neuaufrichtung des Protektionismus und zu einem erneuten Druck auf die Löhne, also wiederum zu einer Verschärfung der Krise. Demgegenüber müssen wir verlangen, daß *an Stelle dieser falschen Methoden die Kapitalisten, wenn sie innerhalb des kapitalistischen Systems bleiben wollen, wenigstens richtige kapitalistische Methoden anwenden*, d.h. eine international richtige Bankpolitik. International richtige Bankpolitik heißt, daß die französisch-amerikanischen Notenbanken als die einzigen, die heute noch als Notenbanken zählen, ihr *Gold nicht einsperren, sondern zur Verfügung stellen müssen* zur Lösung der englischen und deutschen Krise. Es bedeutet auch auf nationalem Gebiet eine Umkehr der Bankpolitik zu einer Bankpolitik, die es vermeidet, die Kredite einzuschränken und dadurch die Produktion zu schädigen. Es bedeutet ferner auf internationalem Gebiet eine *auswärtige Politik, die Sicherheit und Vertrauen erweckt.* Es bedeutet für uns in Deutschland die Herstellung eines vernünftigen Verhältnisses zu Frankreich. Wir haben jetzt andere Sorgen als Aufrüstung, andere Sorgen als die Bereinigung aller ausstehenden territorialen Fragen. Wir haben heute die Sorge, daß man in Europa wieder arbeiten kann. Und man wird in Europa nur wieder arbeiten können, wenn endlich politische Beruhigung eintritt. Wir müssen hier den Tatsachen sehr nüchtern ins Auge sehen. Noch vor einem Jahr mochte es den Illusionisten in Deutschland, die ja nicht nur bei den Wahlen stimmen, sondern auch manchmal im Auswärtigen Amt vertreten sind, scheinen, daß Deutschland, in Kooperation mit Italien, Ungarn und Rumänien, so etwas wie eine faschistische Liga gegen Frankreich auf die Beine stellen könnte. Diese Illusion ist inzwischen gründlich verflogen.

Italien ist nicht in solcher Lage, daß es sich eine Politik leisten könnte, die es in Gegensatz bringen würde zur stärksten Finanzmacht Europas. Und auch die Amerikaner wollen in Europa Vertrauen und Ruhe haben. Italien ist also nicht in einer Situation, die es ihm erlaubt, eine antifranzösische Politik zu treiben, und die andern kleinen Staaten, Ungarn usw., sind heute längst schon zu einer frankreichfreundlichen Politik übergegangen. Wenn wir die Situation heute betrachten, so müssen wir sagen, daß Frankreich machtpolitisch und finanzpolitisch von einer Stärke ist, wie es sie seit den Tagen Napoleons nicht mehr gehabt hat, nur daß diese französische Stellung heute viel stabiler erscheint als zu Zeiten Napoleons. Und aus dieser Tatsache müssen wir, die das nicht geschaffen haben und die das nicht ändern können, die außenpolitische Konsequenz ziehen und müssen uns bewußt sein, daß unsere dringendsten ökonomischen und wirtschaftlichen Notwendigkeiten verlangen, eine Außenpolitik zu treiben, die das Verhältnis zu Frankreich bereinigt und stabilisiert und damit Frankreich selbst in den Stand setzt, eine Politik zu treiben, die zur Lösung des ökonomischen Wirrwarrs führt.

Wir brauchen im Gegensatz zum Protektionismus eine deutsche *Handelspolitik*, die endlich die Konsequenz aus der ungeheuren ökonomischen Krise zieht und die nicht glaubt, etwa die deutschen Rohstoffpreise und die deutschen Getreide- und Brotpreise außer jeder Entwicklung mit dem Weltmarkt halten zu können. Und wir brauchen vor allen Dingen eine deutsche Handelspolitik, die sich mit Frankreich über die Führung der europäischen Handelspolitik verständigt. Es ist eine ungeheure Gefahr für die Welt, und ich weiß nicht, ob es nicht schon zu spät ist, sie zu beschwören: wenn England sich vom Freihandel abkehrt, so zieht das auch die Abkehr von Skandinavien, Holland und Belgien von ihrer jetzigen liberalen Handelspolitik nach sich. Das bedeutet, daß der größte Teil des Aktivums unserer Handelsbilanz, das wir zur Verzinsung der auswärtigen Kredite dringend brauchen, gefährdet ist, denn der Export an England und Holland allein bringt uns einen Überschuß von jährlich einer halben bis dreiviertel Milliarde. Geht England zum Schutzzoll über, so bedeutet das eine neue Verschärfung der Krise. England kann aber unter Umständen wenigstens von den ärgsten Überspannungen seines Protektionismus zurückgehalten werden, wenn endlich Englands Forderung, die es schon vor Monaten an die großen europäischen Staaten gestellt hat, befriedigt wird und wir England eine wirkliche Herabsetzung unserer Zölle anbieten und wenn wir die Herabsetzung dieser Zölle international bewirken − was wir können, sobald wir uns mit Frankreich über die internationale Handelspolitik verständigt haben.

Wir leben in einer merkwürdig widerspruchsvollen Situation. Die Krise hat ökonomisch sicher auf sehr vielen Gebieten den Zusammenfall der Monopole bewirkt. Die großen Beherrscher der Metalle sind heute nicht mehr imstande, die Preise zu manipulieren. Die großen Finanzkonzerne müssen vielfach aufgelöst werden. Aber alle diese Auflösungsbestrebungen erzeugen sofort wieder eine Tendenz zu neuen Konzentrationen, zu neuen Zusammenfassungen, zu neuen kapitalistischen Organisationen. Es ist nicht so, daß die

Banken nur bankrott machen. Große Bankenorganisationen werden, wo sie nicht von Staaten gestützt werden, von anderen Banken gestützt, und die Bankenkonzentration macht gerade in der Krise unaufhaltsame Fortschritte. Die Krise schwächt bis zu einem gewissen Grade sicher die Kampfkraft der Arbeiterschaft, schwächt in verschiedenen Ländern ihren politischen Einfluß, aber auf der andern Seite bewirkt das offensichtliche *Versagen des Kapitalismus,* der kapitalistischen Produktion in der Krise eine *Verstärkung derjenigen Tendenzen, die zur größeren Planmäßigkeit,* zur größeren Aufsicht, zur *Verstärkung des Staatseinflusses führen.* Wir haben während der Krise eines sehr deutlich in allen Ländern gesehen: Der Zusammenbruch einer Großbank ist nicht mehr möglich; jede Großbank, ob sie schon bankrott gemacht hat, ob sie bankrott machen wird oder ob sie diesen Bankrott gerade noch vermeidet, hat heute hinter sich die Staatsgarantie, nicht nur in Deutschland, sondern auch in dem faschistischen Italien, in dem individualistischen Frankreich und ebenso in den Vereinigten Staaten, ebenso in Dänemark, Schweden usw. *Die Banken* sind heute in Privatbesitz, sie *verwalten aber das Vermögen der Nation* und sie haben die Garantie der Nation, und deshalb ist es *unerträglich geworden, die Banken ganz der Willkür der privaten Wirtschaft zu überlassen.* Und deshalb ist es notwendig, die Bankenpolitik zu regulieren. Wir brauchen gerade im gegenwärtigen Augenblick eine solche Regelung, weil die Bankenpolitik in diesem Augenblick entscheidend ist für die Fortführung unserer ganzen Industrie. Eine zu engherzige Bankenpolitik, eine Bankenpolitik, die meint, sie müßte unter allen Umständen für das eine sorgen: für die Einhaltung einer starren Golddeckung, eine solche Bankenpolitik würde die Wirtschaft sehr rasch noch viel stärker schädigen, als es ohnedies der Fall ist. Wir brauchen eine Bankenpolitik, die sich bewußt ist, daß sie bis zu einem gewissen Grade diejenigen Kredite, die vom Ausland abgezogen worden sind, durch Erweiterung des deutschen Kreditvolumens ersetzen muß und innerhalb bestimmter Grenzen auch ersetzen kann. Schon deshalb ist es notwendig, daß der Staat in ganz anderer Weise als bisher Einfluß auf die Bankenpolitik gewinnt. Aber wir brauchen auch eine Bankenpolitik, die verhütet, daß die Banken, statt einigermaßen sich eine Übersicht über die Industrie, ihre Investitionen, über die Anlagepolitik zu verschaffen, aus gegenseitigen privatwirtschaftlichen Konkurrenzrücksichten noch die Fehlleitungen der Industrie steigern. Und deshalb ist es so wichtig, daß wir trotz der Krise, trotz des Vordrängens aller kapitalistischen Tendenzen in der Krise in Deutschland auf diesem Gebiet einen Schritt vorwärts getan haben. Ich gebe mich gar keinen Illusionen hin, ich weiß, daß das Ausmaß und daß die Art, in der die Bankenpolitik betrieben wird, im wesentlichen davon abhängen wird, welche Klassen entscheidenden Einfluß auf die Regierungsgewalt haben werden. Aber wir haben einen *Anfang* gemacht und haben ein wirksames Mittel, und es wird nur von der Erstarkung derjenigen sozialen Kräfte abhängen, die wirklich ein Interesse daran haben, daß die Bankenpolitik nicht mehr im privatwirtschaftlichen, sondern im gemeinwirtschaftlichen Sinne betrieben wird, daß von diesen Mitteln der ent-

sprechende und gute Gebrauch gemacht wird. Wir haben infolge der Mißbräuche, die die deutschen Kapitalisten und namentlich die großen Konzerne getrieben haben, einen Fortschritt erzielt auf dem Gebiet *des Aktienrechts.* Auch das ist erst ein Anfang, und wir werden mit aller Macht darum kämpfen müssen, daß wir auch auf dem eigentlichen Gebiet der Produktion die notwendige Erweiterung des staatlichen Einflusses erhalten, damit wir, insbesondere durch die Errichtung eines *Kartellamtes,* imstande sind, die großen monopolistischen Organisationen unmittelbar zu kontrollieren.
Aber auch das muß heute gesagt werden: Wenn wir von den Kapitalisten das Verständnis verlangen, daß sie eine vernünftige kapitalistische Politik treiben, wenn wir von unserer Seite kämpfen für eine vermehrte Kontrolle der Produktion, um eine vermehrte Kontrolle des gesamten kapitalistischen Wirtschaftsmechanismus, so wissen wir, daß auch das nur Teilwerk ist.

Sehr verehrte Versammlung! Es gibt Leute, die darüber streiten, ob das die letzte endgültige Krise des Kapitalismus ist, oder nur eine unter vielen Krisen. Ich glaube, Ihnen durch meine Ausführungen vielleicht gezeigt zu haben, daß das gar nicht die Frage ist, daß wir es jedenfalls mit einer einzigartigen, nur aus der ungeheuren Einwirkung der Gewalt des Krieges auf die Ökonomie wirkenden Krise zu tun haben. Aber auf der anderen Seite ist *die Frage, ob es die Krise oder eine Krise des Kapitalismus ist, für uns nicht das Entscheidende.* Für uns, für die Gewerkschaften, ist das Entscheidende, daß wir in jeder Phase alles daransetzen müssen, um die Privatmacht des Kapitals zu beschränken und die von der Demokratie geleitete, d.h. von den breiten Massen immer mehr beeinflußte und schließlich beherrschte Staatsmacht im Interesse der Gesamtheit einzusetzen. Wir kämpfen mit der gleichen Intensität für dieses Ziel in der guten Konjunktur, wo die gewerkschaftlichen Organisationen am mächtigsten sind, wo die Kampfkraft der arbeitenden Massen am stärksten ist, wie wir um dieses Ziel in den Zeiten schlechter Konjunktur und erst recht kämpfen in einer Situation, die so schicksalhaft und so schwer ist wie die Situation, in der wir stehen. Ob es die letzte Krise, ob es eine Krise des Kapitalismus ist, das ist keine ökonomische und keine mechanische Frage, denn der Kapitalismus stürzt nicht an seinen eigenen Widersprüchen, so ungeheuer die Spannungen sind, die die Widersprüche des Kapitalismus schaffen, sondern *er stürzt in letzter Instanz an dem Willen der Arbeiterklasse, an dem Willen der Gewerkschaften der Arbeiter und Angestellten.* (Zustimmung.) Das ist keine ökonomische, sondern eine politisch-psychologische Frage, eine Frage, die immer neu aufgeworfen wird in der guten Konjunktur, wo die Angriffslust und die Angriffskraft der Gewerkschaften am stärksten ist, und in der schlechten Konjunktur, wo dem Bewußtsein der Massen die Überzeugung sich aufdrängt, wie ungeheuer die wirtschaftliche Privatmacht versagt.
So steht die Frage, und wir an unserer Stelle können nichts tun, als diese Frage immer neu aufwerfen, mit immer vermehrter Intensität an den Folgen des Kapitalismus den Arbeitenden seine Früchte zeigen und sie fragen: Wie lange noch?

In diesem Kampf, und damit lassen Sie mich schließlich auf Ihre Tagung zurückkommen, fällt gerade den *Angestelltengewerkschaften eine besondere Rolle zu.* Der Kampf ist in Deutschland besonders schwer. Wenn wir nach andern Ländern, wenn wir nach England sehen, so sehen wir es am deutlichsten, daß die Arbeiterschaft dort nur vor das Problem gestellt ist, um die Staatsmacht zu kämpfen. In Deutschland kämpfen wir nicht nur um die Eroberung der Staatsmacht, sondern wir müssen die Demokratie erst wieder herstellen, um in der Demokratie die Staatsmacht zu erobern. Das ist das, was unsere Situation in Deutschland so ungeheuer kompliziert. Unser Kampf ist in jeder Phase, auch in jeder Phase, die scheinbar nur einer politischen Forderung gilt, nichts anderes als der Kampf um das sozialistische Endziel. Und gerade deshalb ist es Aufgabe der Angestellten, in diesem Kampf zu werben, und zu verstehen, daß die Neuordnung der Gesellschaft nur möglich ist durch Besitz der Staatsmacht, die der gesamten arbeitenden Bevölkerung die freie Entwicklungsmöglichkeit gibt. Und das kann nur die Demokratie.

Und dann noch etwas anderes. Jede Gesellschaftsrevolution in der ganzen Geschichte der Menschheit hat immer der Unterstützung derjenigen Schichten bedurft, welche auch die geistige Arbeit, die Funktionen der Organisation, die Funktionen der Leitung gehabt haben. Es ist ein Resultat der kapitalistischen Entwicklung, der fortschreitenden Zusammenballung der Produktion, daß die leitenden Funktionen immer mehr geteilt und spezialisiert werden. Die Aufrichtung der Hierarchie, einer Stufenleiter von leitenden Funktionen innerhalb der Produktion, innerhalb der Wirtschaft, ist auch deshalb ein besonders wichtiges Resultat, weil dadurch zugleich die Interessen dieser Funktionäre immer mehr abgelöst werden von den Interessen der Eigentümer. Dieses Auseinanderfallen von Eigentum und Führung der Produktion ist es, das anderseits wiederum diese Funktionäre der Produktion viel mehr jenen nähert, die als Arbeiter die Produktion ausüben. Der Unterschied beginnt von beiden Seiten her sich zu vermindern, einmal indem die Qualifikation der Arbeit eine immer größere wird, weil der arbeitende Mensch, je stärker wir eindringen in das Bildungsprivileg der herrschenden Klasse, immer stärker selbst teilnimmt an den geistigen Funktionen, an den Errungenschaften der Kultur, und auf der anderen Seite, indem die Funktionen der Leitung, die Ausübung der Leitung selbst durchsichtiger, einfacher und durch die Arbeitsteilung zugänglicher werden, wenn sie nicht zum Teil in den Büros mechanisiert werden. Das Entscheidende aber ist, daß die Arbeiterbewegung in ihrem Fortschreiten gerade dieser Funktionäre so dringend bedarf. Ich will nicht darüber sprechen, welche psychologischen Hindernisse heute einer noch schnelleren Vereinigung dieser Funktionäre der Produktion aller Art entgegenstehen. Ich verstehe sehr wohl, daß gerade in den Kreisen der Angestellten, die zum Teil den im Betrieb stehenden Arbeitern als Leitende und Anordnende gegenübertreten, noch Illusionen vorhanden sind über die Art ihrer Tätigkeit, über ihre Interessen, daß sie fürchten, in einer sozialistischen Gesellschaft unter Umständen in eine psychologisch vielleicht heruntergedrückte, statt in eine gehobene Stellung zu kommen. Ich glaube, wer so denkt, kennt nicht die Devise des Sozialismus. Das Wesen unserer Neuordnung besteht *nicht in einer Gleichmacherei,* in einer mechanischen Gleichsetzung der einzelnen Personen, sondern besteht umgekehrt in der Befreiung von den Schranken sowohl des Besitzprivilegs, als des Bildungsprivilegs. Es besteht nicht darin, den Wettbewerb auszuschalten, sondern besteht im Gegenteil in der Möglichkeit, *den persönlichen Wettbewerb zu entfalten,* dem einzelnen die gleiche Chance zu geben, gleichgültig, ob der Vater vermögend genug war, den Jungen ins Gymnasium zu schicken oder nicht. Es besteht darin, gerade jenen Wettbewerb zu fördern, der so notwendig ist, um zu großen Leistungen vorzudringen, den wir auch in unserer gewerkschaftlichen und in unserer politischen Bewegung haben, der uns alle erst befähigt zu dem, was jeder einzelne an seiner Stelle leisten kann. Gerade diesen Wettbewerb wollen wir erhöhen, und gerade an dieser Entfaltung wird sich das Grundwesen des leitenden Angestellten bewähren, das Grundwesen, das einerseits dadurch bestimmt ist, daß er heute losgelöst ist vom Besitz, weil er doch nicht Eigentümer wird, und anderseits, daß er weiß, daß er nicht für den fremden Einzelnen arbeitet, sondern daß er für die Gesamtheit arbeitet, deren wesentlicher unentbehrlicher Bestandteil er selber ist.

Wir stehen in einer ungeheuren Krise, und niemand von uns kann sagen, wie sie ausgehen wird. Aber *anders wie Hamlet, der entsetzt ist, daß die Welt aus den Fugen gerät, sind wir berufen, sie wieder neu zu errichten.* Und wir sagen trotz aller Not: Es gibt in der kapitalistischen Wirtschaft etwas, das immer stärker wird, das durch den Mechanismus des Kapitals immer mehr vermehrt wird, das immer mehr organisiert und immer mehr in seiner Kampffähigkeit gestärkt wird, und das sind die arbeitenden Massen, und die sind nicht verzweifelt; sie sind stolz darauf, daß sie berufen sind, die aus den Fugen geratene Welt wieder neu zu errichten. (Stürmischer, lang anhaltender Beifall.)

(Referat, gehalten am 6. Oktober 1931. In: 4. AfA-Gewerkschaftskongreß Leipzig vom 5. bis 7. Oktober 1931, Protokoll, S. 84–114)

Zwischen den Entscheidungen (1933)

„Das Deprimierendste ist eigentlich die gräßliche Unreife so breiter Schichten, die entsetzliche Primitivität, wie auf die materiellen Verhältnisse politisch reagiert wird", schreibt Hilferding am 15. April 1931 an Kautsky. „Die Arbeiterschaft kann man dabei nicht ausnehmen, denn die Kommunisten sind in ihrem geistigen und moralischen Status nicht viel anders als die Nationalsozialisten, und man muß damit rechnen, daß sie wenigstens so lang die ökonomische Krise dauert noch zunehmen werden." Daraus könne, schließt Hilferding, noch „für die Demokratie eine große Gefahr werden".

Für Hilferding sind NSDAP wie KPD gleichermaßen „Diktaturparteien". Seine aus der Politik der Kommunistischen Internationale (KI) gegenüber der USPD herrührende Abneigung gegen die KPD verstärkt sich, seit der VI. Weltkongreß der KI 1928 das Schlagwort vom „Sozialfaschismus" zur Kennzeichnung sozialdemokratischer Positionen einführt.

1932 wird in der KPD und SPD erneut über eine Einheitsfront diskutiert (wie auch in der „Gesellschaft"). Die Diskussionen vor der Reichspräsidentenwahl am 10. April 1932 dokumentieren indes die Unmöglichkeit einer Einigung. Reichspräsident Paul von Hindenburg akzeptiert Mitte Februar eine neuerliche Kandidatur, wenige Tage später proklamiert die NSDAP die Gegenkandidatur Hitlers. Die KPD nominiert ihren Parteivorsitzenden Ernst Thälmann als „roten Arbeiterkandidaten". Thälmann ist als Protagonist der Sozialfaschismustheorie kein Einheitskandidat für die SPD, die selbst keinen Kandidaten aufstellt. Sie fügt sich wieder in das „kleinere Übel" und gibt die Wahlparole aus: „Schlagt Hitler! Darum wählt Hindenburg!"

Am 30. Mai 1932 entzieht Reichspräsident Hindenburg Reichskanzler Brüning das Vertrauen; die Regierung tritt zurück. Zwei Tage später stellt Franz von Papen sein Kabinett der „nationalen Konzentration" vor. Am 20. Juli 1932 wird die preußische Regierung per Notverordnung abgesetzt und Preußen der kommissarischen Gewalt des Reichskanzlers Papen unterstellt. In den Reichstagswahlen am 31. Juli 1932 ist die NSDAP mit 37,8 % der Stimmen die stärkste Partei geworden.

Hilferding ist bis November 1932 der vehementeste Verteidiger der Tolerierungspolitik – auch angesichts der Entmachtung des Parlaments. Denn die Rechtsgruppen, schreibt er 1930, seien nicht staatstreu, die Mehrheit im Reichstag stehe vielmehr heute gegen das Parlament. Ohne den parlamentarischen Boden aber sei Sozialpolitik nicht möglich, „denn Sozialpolitik und Demokratie sind eins". Daher müsse die Sozialdemokratie selbst eine Regierung der rechten Mitte noch unterstützen (In der Gefahrenzone, in: Gesellschaft, 7. Jg. 1930, H. 10 [Oktober]).

Im Juli 1931 begründet er, warum die Sozialdemokratie auf die Einberufung des Reichstags und den Sturz der Regierung verzichten müsse: „Der Reichstag ist ein Parlament gegen den Parlamentarismus, seine Existenz eine Gefahr für die Demokratie, für die Arbeiterschaft, für die Außenpolitik. Mag man die Regierung für noch so schlecht halten, ließe man diesem Reichstag (. . .) freie Bahn, so wäre nur eine noch reaktionärere Regierung das unvermeidliche Resultat". Der Kampf gegen die Notverordnungspolitik könne nicht im Parlament geführt werden, sondern nur außerhalb, in den Massen selbst (In Krisennot, in: Gesellschaft, 8. Jg. 1931, H. 7).

Ob Hilferding damit mehr meint als eine *Agitation* in den Massen, muß in Frage gestellt werden. Denn obwohl innerhalb der Parteiführung, so durch Rudolf Breitscheid und Paul Hertz, im Laufe des Jahres 1932 immer stärker bezweifelt wird, daß eine Tolerierungspolitik zur Bekämpfung des Faschismus ausreiche, kann sich die SPD zu außerparlamentarischen Aktionen, die vor allem die Parteilinke fordert, nicht entschließen. Man könne, argumentiert Hilferding in einer Sitzung des Parteiausschusses vom 10. November 1932, nicht drohen „mit außerparlamentarischen Mitteln, über die wir nicht verfügen". Überdies weckt die Tatsache, daß die Stimmen für die NSDAP in den Reichstagswahlen vom 6. November 1932 um gut vier Prozent zurückgehen, in der SPD neue Hoffnung.

Der Aktionsraum ist beschränkt. Eine Einheitsfrontpolitik mit der KPD muß am Widerstand ehemaliger Mitglieder der USPD, voran Hilferding, scheitern. Die Hoffnung auf einen von den Gewerkschaften ausgerufenen Generalstreik zerschlägt sich spätestens nach den Verhandlungen Leiparts und Eggerts mit Reichswehrminister Schleicher über Zugeständnisse an die Interessen der Gewerkschaft durch eine künftige Regierung Schleicher am 28. November.

Noch am 13. Februar 1933 erklärt der stellvertretende ADGB-Vorsitzende Peter Grassmann angesichts der Kampfansage des Reichskanzlers Adolf Hitler an die organisierte Arbeiterschaft, der Generalstreik „sei eine furchtbare Waffe nicht nur für den Gegner", ihn veranlassen könne man nur, „wenn es sich um Leben und Sterben der Arbeiterklasse handelt" (Kampf dem Marxismus!?, Berlin 1933, S. 21).

Daß es um Leben und Sterben der Arbeiterklasse gehen könnte, glaubt auch in der SPD so recht niemand. Von Vertrauen in die naturnotwendige Entwicklung des Kapitalismus hin zum Sozialismus getragen, lautet die Parole: „Nach Hitler — wir".

In dem grandiosen Machtkampf, den seit Eintritt der Weltwirtschaftskrise Deutschlands Sozialdemokratie um ihre eigene Geltung, um die Erhaltung und Neueroberung der Demokratie im mittel- und osteuropäischen Raum, um die Niederringung der sozialen, politischen und geistigen Konterrevolution führt, sind im Jahre 1932 wichtige Vorentscheidungen gefallen, die die endgültige Lösung weitgehend beeinflussen. In dieses Jahr fällt der Kulminationspunkt des deutschen Faschismus, der am 13. August erreicht ist, dem Tage, an dem der Reichspräsident sich weigert, die Übergabe der Staatsmacht, die Hitler fordert, zu vollziehen und Hitler vor dem Oberbefehlshaber der Reichswehr kapituliert. Es ist die Peripetie im Drama — in diesem Jahre die zunächst entscheidende Wendung ...
Die Reichspräsidentenwahlen waren vorausgegangen. Sie hatten Hitler nicht die Macht gebracht. Aber der Erfolg war imposant und die politische Entscheidung offen. Denn Hitler wurde nur geschlagen, weil der Gegenkandidat Hindenburg war. Hindenburg — das war aber nicht die eindeutige politische Entscheidung für Republik und Demokratie, noch nicht einmal die Entscheidung gegen den Faschismus. Das Lager Hindenburgs war keine Einheit: nur die Sozialdemokratie und der größte Teil des Zentrums stimmten aus rein politischen Erwägungen, der Rest, der für die Verhinderung des faschistischen Sieges unerläßlich war, stimmte nach persönlichen Sentiments; es waren keine absoluten Gegner des Faschismus, und soweit politische Überlegungen mitwirkten, wollten diese Wähler nur nicht die Alleinherrschaft, wohl aber die von ihnen mitkontrollierte Beteiligung Hitlers an der Staatsmacht.
Die faschistische Bewegung hatte nicht den vollen Sieg erreicht, aber ihr Aufstieg war, wie die preußische Landtagswahl und die erste Reichstagswahl bewiesen, noch ungehemmt. Wichtig war aber ein anderes. Die Partei hatte offenbar alle Vorbereitungen getroffen, um im Falle der Wahl Hitlers zum Reichspräsidenten, den sozusagen demokratisch errungenen Sieg durch eine sofortige, gewaltsame, revolutionäre Aktion zu ergänzen, in der richtigen Erwägung, daß der faschistischen Machtergreifung die Machtbehauptung durch Vernichtung der gegnerischen Führer und Organisationen unmittelbar folgen müsse. Der „Marsch auf Rom" sollte gleichsam nachgeliefert werden, nachdem man durch die Spielregel der Demokratie den legalen Anspruch auf die Macht erlangt hätte. Da dem deutschen Faschismus bei der Stärke und Widerstandskraft der deutschen Arbeiterorganisationen das nicht gelungen war, was der italienische schon vor der Eroberung der Staatsmacht vollführen konnte: die Terrorisierung, Schwächung oder Vernichtung der feindli-

chen Organisationen, so war er zur Taktik der Legalität gezwungen, die dem Wesen des Faschismus widerspricht und ihn immer wieder zurückwirft — wie ja die Demokratie in modernen Staaten an sich ein Element größerer Stabilität und Sicherheit der Staatsform darstellt als jede andere Verfassung. Aber faschistische Legalität — dieser Widerspruch in sich — hört an dem Tage der Machtergreifung auf, und daher die Tendenz, den legalen Sieg durch einen gewaltsamen Coup zu vervollständigen.

Daß aber nach der Wahlniederlage nur ein paar irreguläre Terrorakte und Bombenattentate geschahen, die das tatsächliche Vorhaben enthüllten, ohne daß die Bewegung es wagte, sich die Staatsmacht revolutionär anzueignen, solange sie nicht auf dem legalen Weg ans Ziel gelangt war, enthüllte den tatsächlichen Machthabern eine Schwäche, die für die späteren Entscheidungen von fortwirkender Bedeutung wurde. Die Stärke der Staatsmacht auch gegenüber der Partei mit den stärksten und ausgebildetsten Kampfformationen war offenbar geworden.

Die Heterogenität, der innere Zwiespalt im „Lager Hindenburgs", in der so verschieden zusammengesetzten Zweckgemeinschaft zur Verhinderung der Wahl Hitlers und die Dynamik der faschistischen Bewegung selbst in ihrem unaufhaltsamen Vormarsch bestimmen die weiteren Etappen. Der faschisten-freundliche, sozial und politisch reaktionäre Teil der episodenhaften Hindenburgmehrheit drängt zur Verständigung mit Hitler, und die Inhaber der Staatsmacht, ihre unmittelbaren Exponenten, die schon unter Brüning bei der fortschreitenden Lähmung des Parlaments an Selbständigkeit außerordentlich gewonnen haben, stellen sich die bange Frage, wann sie ihre Macht an die aufsteigende Bewegung werden abtreten müssen. Kontrollierter Faschismus, Bündnis der konservativen und reaktionären Gewalten mit der Massenbewegung, die alle Elemente vereinigt, die sich in der Republik deklassiert fühlen, die durch die Wirtschaftskrise sich depossediert sahen, die von der Macht der Arbeiterklasse unter der demokratischen „Herrschaft der Zahl" sich bedroht glauben, wird das Ziel. Der Faschismus soll die Regierungsverantwortung gerade in der schweren Zeit der Wirtschaftskrise mittragen, sein Anwachsen als Volksbewegung dadurch gehemmt werden. Das Ministerium Brüning, das letzte, das ohne Konflikt mit dem Parlament noch bestehen kann, wird gestürzt, ein politisches Abenteuer beginnt, dessen Ausgang nicht vorauszusehen ist.

Hitler erstrebt den Alleinbesitz der Macht; das Ministerium Brüning ist das erste Hindernis, das beseitigt werden muß. Sein Nachfolger wird ein Übergang sein. Die Neuwahlen sollen auf dem legalen Weg die Macht der Partei zur ausschlaggebenden machen, die Aufhebung des Verbots der faschistischen Wehrverbände das revolutionäre Machtmittel ihr wiedergeben, die Vereinigung der preußischen Polizei- und Verwaltungsmacht mit der Reichsmacht die wichtigste Voraussetzung für das Funktionieren des totalen Staates schaffen. Unter diesen Bedingungen ist Hitler einverstanden. Er sagt die Unterstützung zu, und nur durch diese Zusage tritt die Regierung von Papen ins Leben. Der rein reaktionäre Flügel des konterrevolutionären Lagers ergreift allein die Staatsmacht. Herr Hitler hat sie ihm überlassen, um — den

Wahlsieg zu organisieren und seine Kampftruppen in aller Legalität verstärken zu können.
La légalité le tue – die Gesetzlichkeit tötet ihn.
Hitler verfügt über die stärkste Partei des Reichstags, über ein Drittel der Mandate. Mehr: der Reichstag ist durch seine drei Diktaturparteien, Nationalsozialisten, Deutschnationale und Kommunisten, arbeitsunfähig, das „System" ist vernichtet, die Verfassung kann nicht funktionieren, und Herr von Papen proklamiert den Tatbestand: die neue autoritäre Staatsführung wartet auf ihren faschistischen Partner.
Am 13. August steht Hitler vor Hindenburg, wie zehn Jahre früher Mussolini vor dem König. Der Deutsche spielt dasselbe Stück wie der Italiener: Abdankung der Staatsmacht in die Hände des Faschismus. Aus der italienischen Tragödie wird das deutsche Satyrspiel. Herr Hitler geht die Treppe des Palais hinunter – es ist der Absturz des Faschismus.
Hitler hatte selbst dem Ministerium Papen in den Sattel geholfen, seine Bewegung zum Piedestal gemacht, auf dem sich die alte Reaktion erheben konnte. Jetzt sollte diese vor ihm kapitulieren? Die herrschgewohnte Schicht der preußischen Junker, die Spitzen der Bürokratie, die Generalität sollten bedingungslos, ohne Zwang der plebejischen Massenbewegung das Feld räumen? Mussolini war nach Zerschlagung der gegnerischen Organisationen, nach dem Marsch auf Rom vor dem König erschienen. Und der König dankte in seine Hände ab, weil es die italienische Generalität verlangte. Aber die deutsche Staatsmacht war unerschüttert, nicht zuletzt dank der Taktik Hitlers selbst. Ohne die Revolution die Resultate der Revolution zu fordern – diese politische Konstruktion konnte nur im Gehirn eines deutschen Politikers entstehen.
Der geschlagene Hitler sucht sich aufs neue in die Legalität zu retten. Aber Legalität, das ist jetzt der Kampf gegen die Autorität, gegen die Diktatur, gegen den Nationalismus – es ist der Kampf gegen die faschistische, für die demokratische Ideologie. La légalité le tue. Bei der zweiten Reichstagswahl verliert Hitler zwei Millionen Stimmen, der Nimbus der Unaufhaltsamkeit ist zerstört, der Abstieg hat begonnen.
Die Regierung Papen ist die Regierung der Restauration. Sie ist es von Anfang an, und ihr Konflikt mit dem Nationalsozialismus verschärft noch diese Haltung. Sie ist im Reichstag völlig isoliert, aber ihre Stellung in der Gesellschaft ist stärker, als sie politisch zum Ausdruck kommt. Sie ist Exponentin der agrarischen Interessen und bringt durch die Steuergutscheine, den Abbau der Sozial- und Arbeitslosenrenten, die Durchlöcherung des Tarifvertrags einen großen Teil der Bourgeoisie hinter sich. Die hohe Bürokratie unterstützt eine Regierung, die durch den Kampf gegen das „Parteibuchbeamtentum" ihr bedrohtes Monopol auf die Verwaltung wieder herzustellen verspricht, und die Führung der Reichswehr wahrt durch sie ihre Stellung als entscheidender und beherrschender Faktor in einer erschütterten politischen Welt. Ihre Außen- und Wehrpolitik sichert ihr Sympathien, die bisher allein der nationalsozialistischen Haltung gegolten haben. Aber die Politik der Restauration zerstört rasch und gründlich die von ihr eben ge-

schaffenen Grundlagen der gesellschaftlichen Stellung, bevor diese sich noch in eine politische umsetzen kann. Die agrarische Diktatur, unter der sie steht, treibt den handelspolitischen Gegensatz zwischen Landwirtschaft und Industrie ins Unerträgliche; ihre Kampfansage gegen die Arbeiterschaft erzeugt eine rasch ansteigende Erregung und Erbitterung, die gefährlichen Umfang annimmt; ihre Machtpolitik will die Verfassungsreform zu einem ostelbischen Zentralismus gestalten, wie er in Deutschland nie erhört war, und ruft den Widerstand der Länderregierungen wach; ihre Finanzpolitik, namentlich die Unbekümmertheit, mit der sie die fortschreitende Zerrüttung der Kommunalfinanzen vor sich gehen läßt, weckt immer größere Besorgnisse; die gewagte Außenpolitik ist eine schlechte Vorbereitung für die Lösung der deutschen Wirtschaftsprobleme, die ohne internationale Zusammenarbeit nicht gefunden werden kann. Und bei alledem hat sich die innerpolitische Krise noch ins Ungeahnte verschärft, hat der Versuch der Heranziehung der „wertvollen, nationalen, aufbauwilligen Elemente" mit ihrer wilden Rebellion geendet, die sie zeitweilig bis an die Seite der Kommunisten heranbringt. Die „Wirtschaft braucht Ruhe", und Herr von Papen hat in seinem leichtsinnigen Dilettantismus alle Herdfeuer der Unruhe zu hellem Brand entfacht. Die zweite Reichstagswahl, deren volle politische Bedeutung erst später sich manifestiert, zeigt die völlige Isolierung der Regierung der Restauration. Sie sinkt in sich zusammen.
Die Art der Entstehung der Krise enthält die Bedingungen ihrer Lösung. Drei Möglichkeiten scheinen gegeben. Einmal die Rückkehr zur parlamentarischen Regierung. Der Reichspräsident fordert Hitler als präsumtiven Reichskanzler zur Bildung einer Mehrheitsregierung auf. Dieser Versuch wird nicht einmal ernstlich unternommen. Er scheitert nicht an den staatsrechtlich sicher unzulässigen Bedingungen des Reichspräsidenten, sondern an dem Wesen einer faschistischen Partei. Der Faschismus besteht aus einer Sammlung sozial, wirtschaftlich und sogar ideologisch ganz disparater Elemente zur Eroberung der Staatsmacht. In der Opposition sichert der Faschismus den verschiedenen Gruppen die Erfüllung ihrer entgegengesetzten Wünsche zu. In der Machtausübung muß er zwischen den entgegengesetzten Interessen entscheiden. Die soziale Differenziertheit muß die Einheit der Sammelpartei sprengen, wenn die einzelnen Gruppen auch nach der faschistischen Machtergreifung ihre Interessen politisch wirksam vertreten dürfen. Deshalb kann der Faschismus, zur Macht gekommen, die Macht nur behaupten als unumschränkte Diktatur. Als Faschist hat Hitler deshalb recht, wenn er die volle und unumschränkte Machtausübung fordert. Aber die Macht des deutschen Faschismus im Verhältnis zur Staatsmacht hat seit dem 13. August noch eine weitere Verringerung erfahren. Das Spiel vom 13. August wiederholt sich und Hitler ist wieder der Geschlagene. Er wird unter weit ungünstigeren Bedingungen nochmals auf die „Legalität" zurückgeworfen. Er muß die Rolle einer parlamentarischen Oppositionspartei weiterspielen. Das zwingt ihn an die Seite der Kommunisten. Gemeinschaft mit den Kommunisten, Ausnützung dieser parlamentarischen Mehrheit zum Sturz der autoritären Präsidialregierung ist aber für die faschistische Partei verderblich.

Sie kann das Parlament im Bunde mit den Kommunisten funktionsunfähig erhalten, aber sie erhält damit zugleich die Notwendigkeit der „Präsidialregierung", die sie außerparlamentarisch zu beseitigen zu schwach ist. Will sie aber das Parlament funktionsfähig machen, so muß sie sich – offen oder getarnt – einordnen in eine parlamentarische Mehrheit, muß die Verantwortung für Tolerierung oder Koalitionspolitik übernehmen, in der sicheren Voraussicht, daß die Gegensätze in ihren Reihen allmählich ihre Sprengwirkung entfalten. Es ist dieses Dilemma, das in dem Streit zwischen Gregor Strasser und Hitler zum Ausdruck kommt, dessen Wirkung bei allen Wahlen mit fast überraschender Stärke sich äußert.

Die zweite Möglichkeit war das Festhalten an der Regierung Papen. Es hätte den Versuch bedeutet, die Restauration auf einem Weg fortzusetzen, der zum offenen Verfassungsbruch hätte führen müssen, der ein Zusammenfließen der Volksmassen zu einer rebellisch-revolutionären Masse bewirkt, die Staatskrise aufs Äußerste zugespitzt hätte. Die Inhaber der Staatsmacht, die Generalität, die hohe Bürokratie schreckten davor zurück und setzten ihre Auffassung schließlich gegen den Repräsentanten der Staatsmacht, den Reichspräsidenten, durch, der in Verkennung der Situation bis zuletzt an Herrn von Papen festgehalten hatte. So ergab sich die Lösung der Krise durch die Bildung der Regierung Schleicher.

Der Sturz Papens ist ein Erfolg der gegen ihn gerichteten Volksbewegung. Kein Erfolg der Demokratie in dem Sinne, daß die politischen Parteien, die für die Verfassung eintreten, stark genug waren, um diese Regierung zu beseitigen. Wohl aber ein Erfolg der Demokratie, weil diese Regierung an dem Widerstand der breiten Massen, an dem völligen Fehlen jeder Massengrundlage zerbrach. Es war ein Sieg des Demos gegen den Absolutismus – nur daß dieser Sieg nicht verfolgt werden konnte wegen des Gegensatzes der Kräfte, der nur im Kampf gegen diese Regierung einen Moment lang überbrückt war.

Trotzdem: der Sturz Papens hat bewiesen, daß eine Regierung der Restauration in Deutschland nicht mehr möglich ist; sein Verschwinden hat zugleich die Politik Hugenbergs, der sich bereits vor seinem Sieg glaubte, um den Erfolg gebracht. Er hat vor allem gezeigt, daß auch die verselbständigte Staatsmacht keine Politik gegen das Volk machen kann, und in diesem Sinne war Papens Sturz ein Sieg der demokratischen Kräfte.

Das zeigt auch das Verhalten der Regierung Schleicher. Sie versucht gerade die eigentliche Restaurationspolitik zu liquidieren. Preisgabe der Verfassungsreform, der schlimmsten sozialpolitischen Maßnahmen, Beseitigung der Sondergerichte, Amnestie. Daß es zum Teil dieselben Personen sind, die für die Restaurationspolitik mitverantwortlich waren, macht die Änderung nur noch auffälliger und zeigt, daß sie in den objektiven Bedingungen, die zum Sturz Papens geführt haben, begründet ist.

Die Stellung der Regierung Schleicher weist in ihrer Stellung zum Reichstag eine gewisse Analogie zu den Obrigkeitsregierungen der kaiserlichen Zeit auf. Die Entschlüsse des Reichstags sind für das Schicksal dieser Regierung nicht das Entscheidende. Im Konfliktsfall ist der Reichstag der politisch schwächere Teil, gegen den sich die Regierungsgewalt zu behaupten suchen wird. Die Sozialdemokratie steht zu der Obrigkeitsregierung in Opposition. Der Gedanke einer parlamentarischen Tolerierung ist schon deshalb absurd, weil dazu alle Voraussetzungen fehlen. Kommunisten und Nationalsozialisten verfügen über die Mehrheit für Mißtrauensvoten und für Aufhebung von Notverordnungen. Tolerierung oder Mitarbeit ist keine Erwägung für die Sozialdemokratie, sondern für die Nationalsozialisten.

Aber mit der Opposition gegen die Präsidialregierung ist das politische Problem nicht erschöpft. Die Situation ist nicht so einfach wie zur Zeit, als das liberale Bürgertum seinen Kampf gegen den Absolutismus für das parlamentarische System gekämpft hat. Die Präsidialregierungen sind in Deutschland nur möglich, weil das Parlament durch die Diktaturparteien, die Nationalsozialisten, Deutschnationalen und Kommunisten, außer Funktion gesetzt ist. Der Kampf gegen die Präsidialregierung muß also verbunden sein mit dem Kampf um ein arbeitsfähiges Parlament, und das erfordert Kampf gegen die Diktaturparteien. Denn die Präsidialregierungen sind das Sekundäre, das Primäre ist die Lahmlegung des Parlaments.

Für die Sozialdemokratie handelt es sich dabei um eine grundsätzliche Auseinandersetzung mit den Kommunisten. Deshalb versagt jetzt die Einheitsfrontparole, die in den ersten Nachkriegsjahren zur Zeit der Übermacht der Sozialdemokratie und der unerschütterten Autorität der Gewerkschaften noch ihren Sinn haben konnte, aber jetzt nur Verwirrung stiften kann. Die Kommunisten suchen eine Einheit der Arbeiterbewegung auf unmittelbar revolutionärer Basis zur revolutionären Aktion der sofortigen Machtergreifung. Dazu brauchen sie die Unterordnung der Arbeiter unter die Führung der revolutionären Avantgarde, der kommunistischen Leitung. Die Einheit setzt also die Unterwerfung der sozialdemokratischen Massen unter ihre Führung, die Zerstörung der Sozialdemokratie, ihres Wesens, ihrer organisatorischen Selbständigkeit voraus. Wenn wir Sozialdemokraten von Einheit sprechen, so denken wir an die Einheit einer Arbeiterbewegung in ihrem Kampfe für die von ihr selbst, in demokratischer Selbstbestimmung jeweils gesetzten Ziele. Dieselben Worte bezeichnen ganz verschiedenen Inhalt. In der gegenwärtigen Situation aber sich auf pseudo-revolutionäre Aktionen einzulassen, hieße dem Faschismus zum sicheren Siege im Bunde mit der Staatsmacht verhelfen – ein Spiel, dem wir uns von Anfang an versagen müssen, denn es endete nicht in der Revolution, sondern in der Konterrevolution.

Die Aufgabe ist nicht leicht. Es widerstrebt dem Arbeiter, den Kampf gegen die eigenen Klassengenossen zu führen, und dies erst recht angesichts der faschistischen Gefahr, die nichts dringender erforderte als die Einheit der proletarischen Aktion. Aber die Erfüllung der Aufgabe ist unerläßlich, weil die Taktik der kommunistischen Führung zugleich die parlamentarische wie die außerparlamentarische Aktionskraft der Arbeiterklasse lähmt. Denn der immer erneute Versuch, die „Einheitsfront" zur Entlarvung der sozialdemokratischen Führung, zur Abtrennung der sozialdemokratischen Massen auszunutzen, die „echt revolutionäre Haltung" der Kommunisten mit dem

„Verrat der Sozialdemokraten" zu kontrastieren, verwandelt naturgemäß jede außerparlamentarische Aktion in ein putschistisches Abenteuer. Deshalb ist der grundsätzliche Kampf gegen die kommunistische Führung, das Ringen um den kommunistischen Arbeiter nur die andere Seite des Kampfes gegen die Präsidialregierung, des Kampfes um die Zurückeroberung der Demokratie, die, neu erobert und neu gesichert, erst wirklich der Kampfboden wird, auf dem die Arbeiterklasse ihre Ziele erreichen kann.

Unterdessen bleibt die politische Situation labil und ungewiß. Die Wirtschaftskrise stellt die Regierung Schleicher vor Probleme, bei deren Lösungsversuchen sie ebenso ihre Position verlieren kann wie ihre Vorgängerin, und die Gefahr, die schon bei der Regierung Papen gegeben war, kann auf's neue entstehen, die Rettung zu suchen in dem Abdanken in die Hände des Faschismus. Es ist ja überhaupt das Charakteristische der Zeit, daß zwischen dem Lauf der Wirtschaftskrise und dem Ablauf der rebellischen Auflehnung, die sie auf dem politischen Feld erzeugt hat, eine Art Wettlauf stattfindet und es im ungewissen bleibt, ob die Krise zu Ende geht, bevor die Rebellion ihren Weg genommen hat.

So stehen wir zwischen den Entscheidungen. Die faschistische Bewegung ist in Deutschland aus der Staatsmacht, deren Ergreifung so unmittelbar bevorzustehen schien, ferngehalten worden dank der Taktik der Sozialdemokratie, die durch ihre Tolerierungspolitik den Zusammenschluß des Bürgertums zu einer reaktionären Masse unter faschistischer Führung vermieden und den Eintritt der Faschisten in die Regierung während ihres Aufstiegs verhindert hat. Dieselbe Taktik hat das Zentrum in seiner Opposition gegen die Regierung der Restauration festgehalten und damit diese der Stütze der einzigen festgefügten bürgerlichen Partei beraubt. Die Nationalsozialisten aber sind in die Legalität gebannt, die ihnen nur die Wahl läßt, als dienendes Glied in einem Bürgerblock den beginnenden Abstieg zu beschleunigen oder ihm in einer Opposition erst recht nicht zu entgehen, die ihre ungeduldig auf Rettung wartenden Anhänger enttäuscht. Es ist dieser beginnende Abstieg, der die Gefahr des Kompromisses zwischen Hitler und Schleicher verringert, denn die absteigende Partei hat die Chance, die Alleinmacht durch die Verdrängung ihrer Regierungspartner doch noch zu erobern, in verschwindend geringerem Maße als die aufsteigende.

So sind die bisherigen Entscheidungen gegen den Faschismus und gegen die Restauration gefallen. Ihre endgültige Gestalt wird aber die politische Entwicklung erst von den wirtschaftlichen Ereignissen erfahren.

In: Die Gesellschaft, 10. Jg. 1933, H. 1, Januar 1933, S. 1–9

Revolutionärer Sozialismus (1934)

Am 30. Januar 1933 wird Hitler zum Reichskanzler ernannt. Die „Notverordnung zum Schutze von Volk und Staat" setzt zahlreiche Verfassungsrechte außer Kraft.
Obwohl der ADGB-Vorstand der Regierung Hitler die politische Neutralität der Gewerkschaften versichert und sich zum 1. Mai am nationalsozialistischen „Tag der nationalen Arbeit" beteiligt, werden am folgenden Tag die Gewerkschaftshäuser besetzt und ADGB-Funktionäre verhaftet.
Berliner und Saarbrückener Parteivorstandsmitglieder beschließen am 21. Mai, den Parteivorstand der SPD nach Prag zu verlegen und in Deutschland die illegale politische Arbeit zu organisieren. Die sozialdemokratische Reichstagsfraktion jedoch, die vier Tage zuvor der Regierungserklärung Hitlers zugestimmt hat, sowie einige der in Berlin verbliebenen Vorstandsmitglieder bestreiten den Anspruch der Prager Exilanten. Diese Auseinandersetzungen werden durch das Verbot der SPD als „landesverräterisch" am 22. Juni 1933 beendet.
Hilferding hat Deutschland bereits im März verlassen und lebt seitdem in Zürich. Er beteiligt sich mit wöchentlichen Wirtschaftsanalysen unter dem Pseudonym „Richard Kern" an dem von der Sopade — wie sich der Prager Vorstand jetzt nennt — seit dem 18. Juni 1933 in Karlsbad herausgegebenen „Neuen Vorwärts". Ab Oktober redigiert Rudolf Hilferding die Monatsschrift „Zeitschrift für Sozialismus" (die erste Nummer erscheint noch unter dem Namen „Sozialistische Revolution. Monatsschrift für die Probleme des Sozialismus"). „Die Notwendigkeit einer Zeitschrift", schreibt Hilferding in einem Exposé vom Juni 1933, ergebe sich „aus dem Bedürfnis, die taktischen Probleme der Partei und des Sozialismus überhaupt neu zur Erörterung zu stellen und unsere Auffassung des demokratischen Sozialismus zur Geltung zu bringen." „Rücksichtslos gegen die eigene Bewegung", lautet die Devise in Hilferdings Geleitwort „Die Zeit und die Aufgabe" (Sozialistische Revolution, 1. Jg., Nr. 1, Oktober 1933, S. 10).
In der Tat kommen in der Zeitschrift sowohl Vertreter der Sopade als auch der linken Opposition der Gruppen „Revolutionäre Sozialisten" und „Neu Beginnen" zu Wort. 1936 wird sie wegen finanzieller Schwierigkeiten eingestellt.
Zwar empfindet Hilferding deutlich das Versagen der eigenen Partei, aber er kann sich noch nicht zu einer Kritik der eigenen, jahrelang befolgten Taktik

durchringen. Die Konsequenzen aus der Niederlage, schreibt er am 14. April 1933 an Kautsky, seien weittragend und werden „manche unserer Grundanschauungen tangieren". „Wir haben den Willen der Arbeiterklasse, unter allen Umständen die Demokratie zu erhalten, das Politische, die Freiheit, über das Materielle zu stellen, wohl unterschätzt."
Die Sache könne lange dauern, denn erfahrungsgemäß sei Widerstand „gegen die Staatsmacht, die sich aller Organisationen bemächtigt hat", außerordentlich schwer. „Die Frage, um die es sich handelt, ist jetzt weniger das Schicksal Deutschlands als das der westlichen Demokratie."
Hilferding versucht daher, die SAI zu einer harten antifaschistischen Politik zu bewegen. In diesem Sinn spricht er sich gegen die Abrüstungskonventionen zwischen England, Frankreich, Italien und den USA aus — denn es gehe vielmehr darum, die Aufrüstung des aus dem Völkerbund ausgetretenen Hitler-Deutschlands zu verhindern (Die Internationale vor der Entscheidung, in: Der Kampf, 27. Jg., Febr. 1934, Nr. 2). Die Frage der Außenpolitik wird in den folgenden Jahren für Hilferding zum Prüfstein, an dem er die Politik der Arbeiterbewegung mißt. Denn die heutige Epoche stehe unter dem Primat der Außenpolitik, führt er in einem Bericht an die Exekutive der SAI vom 16. Januar 1939 aus. Außenpolitik aber sei Machtpolitik und könne nur von Regierungen geführt werden. Der Arbeiterbewegung jedoch sei die Vierzigstundenwoche wichtiger als der spanische Bürgerkrieg. „Hauptsache bleibt es", schreibt Hilferding, nach dessen Analyse die nationalsozialistische Wirtschafts- und Rüstungspolitik auf einen Krieg hintreiben, am 30. September 1935 an Kautsky, „den Krieg zu verhindern." Das sei aber weder mit einer Labour-Regierung in England noch mit dem Sieg der Volksfront in Frankreich vereinbar: Sozialistische Innenpolitik „tötet jede Außenpolitik". Man wünsche sich heute für beide Länder „stabile konservative Regierungen".

Seit Juni 1933 plant die Sopade ein Manifest, das die neue Politik der Partei propagieren soll. Das sogenannte Prager Manifest, das unter dem Titel „Kampf und Ziel des revolutionären Sozialismus" am 28. Januar 1934 im „Neuen Vorwärts" erscheint, ist das Produkt zweier Entwürfe: von Geyer, Stampfer und Rinner sowie von Hilferding. Für Reformismus, heißt es dort, sei heute kein Platz mehr. Die Niederwerfung des Nationalsozialismus sei nur auf revolutionärem Wege möglich. Erst nach der Sicherung der revolutionären Macht sei an den Aufbau eines freien Staatswesens zu denken. Nur die „totale Revolution" könne den „totalen Staat" überwinden. Dabei werde die Einigung der Arbeiterklasse „zum Zwang, den die Geschichte selbst auferlegt".

Von diesem revolutionären Pathos beginnt sich der „zentristische" Kreis der Sopade bald zu distanzieren, zumal sich der Nationalsozialismus stabiler zeigt, als man zunächst geglaubt hat. Auch Hilferding vertritt, wie der nachstehende Artikel zeigt, in dem er unter seinem Pseudonym „Richard Kern" das Prager Manifest kommentiert, nicht jede dieser Parolen. Ohne Zweifel müsse die Partei, schreibt er schon kurz nach der Emigration (am 14. Juni 1933) an Paul Hertz, deutlich machen, daß eine neue Epoche „des radikalen und revolutionären Widerstandes" begonnen habe, denn: „Sonst verlieren wir unsern Einfluß zugunsten der Kommunisten."

Hilferding macht 1933 eine radikale Wende: der Kampf um die Demokratie müsse heute notwendigerweise zur Revolution treiben. Doch in einer Hinsicht bleibt seine Haltung die alte: „Das ist die Stellung zur Demokratie und damit zum Kommunismus." In einem Brief an Paul Hertz (vom 29. Januar 1935) lehnt er jedes Zusammengehen mit „Mördern und Terroristen" wie „die Stalin und ihre Anbeter" ab. „Seitdem der Bolschewismus einen Sozialismus produziert hat, der auf Zwang und Unterdrückung und Terror beruht, ist für mich nur die eine Frage wichtig, Freiheit oder Knechtschaft." Es gibt, schreibt er weiter, „keinen ‚Urlaub von der Freiheit'. Die Diktatur ist kein Übergang und keine Erziehung . . ." Die politische und geistige Freiheit müsse in den Mittelpunkt gerückt werden, und das könne nur gegen die Kommunisten geschehen. „Mir ist es auch wurscht, ob irgendwo Arbeiter zusammengehen sollen oder nicht, denn ich bin kein Bediener der Arbeiter, sondern Vertreter einer Idee."

Konsequenterweise verhält er sich zu Einheitsfrontverhandlungen zwischen Sopade und KPD in den Jahren bis 1936 abwartend bis ablehnend. Das höchste, was er für möglich hält, ist ein „Nichtangriffspakt" (an Hertz am 28. Mai 1936 und 4. August 1936). Im Grunde aber sieht er in einer Einheitsfront „keine Schwächung, sondern eine Stärkung des Faschismus" (an Hertz am 21. Oktober 1936).

Hilferding ist zutiefst resigniert. Diese pessimistischen Stimmungen habe er, schreibt er an Kautsky (am 30. September 1935), seit 1914 und verstärkt seit 1917, seit der russischen Revolution. „Die Wahrheit ist, daß die Massen den Nazis (und nicht nur ‚Deutschland') sich anschlossen. Die *Arbeiter* und sicher am meisten haben versagt, jämmerlich gekniffen" (an Paul Hertz am 17. Januar 1935).

Paul Hertz, der die Entwicklung Hilferdings skeptisch verfolgt und der, so vermutet Hilferding in einem Brief an ihn vom 19. August 1937, ihn Dritten gegenüber als „liberalen Kapitalisten" tituliert hat, plädiert am 10. August 1938 während einer Vorstandssitzung gegen die Aufnahme Hilferdings in den Parteivorstand, denn dessen „Pessimismus an jeder Massenbewegung und an jeder illegalen Bewegung ist so groß, daß niemand eine Förderung dieser Arbeiten von ihm erwarten kann."

Der Vorstand der deutschen Sozialdemokratie veröffentlicht im Prager „Neuen Vorwärts" vom 28. Januar eine programmatische Kundgebung: Kampf und Ziel des revolutionären Sozialismus. Die Politik der Sozialdemokratischen Partei Deutschlands.
Das Dokument scheint uns von erheblicher Bedeutung sowohl wegen des Inhaltes als wegen der Methode, durch die dieser Inhalt gewonnen wird. Der Inhalt ist der radikale Bruch mit dem Reformismus, die Proklamierung der Machteroberung im revolutionären Kampf und die Behauptung und Festigung der Macht mit revolutionären Mitteln zum Ziel der sozialistischen Umgestaltung der Gesellschaft. Die Methode aber ist der Versuch, die Taktik und die Ziele des Kampfes nicht durch fertige, als richtig vorausgesetzte Formeln zu bestimmen, sondern sie aus der objektiven Situation, den objektiven Bedingungen, also aus der immer neu zu erarbeitenden marxistischen Analyse der Tatsachen zu gewinnen. Denn nur dann kann an die Stelle von subjektiven Meinungen, Wunschbildern und Zielsetzungen die Einsicht in die objektiven Notwendigkeiten der Art des Kampfes und seines Resultats treten. Weit entfernt von jedem Fatalismus, steigert gerade dieser Weg der Erkenntnis den revolutionären Willen, die Aktivität, indem die so gewonnene Einsicht das Bewußtsein der Kämpfer mit der Siegeszuversicht erfüllt, die das Wissen um die Richtigkeit des Weges verleiht.
Über diese Methode wollen wir hier zunächst einiges sagen.

I.

Der Versuch, die Dynamik der künftigen Entwicklung zu erkennen, stößt auf zweierlei Schwierigkeit. Die eine ist subjektiver Art: nicht wenige Marxisten unterliegen der Gefahr, das historische Geschehen, das durch überkommene Ideen, durch die verschiedenartig abgestuften Klassen- und Schichteninteressen der so mannigfach gegliederten modernen Gesellschaft außerordentlich kompliziert ist, schematisch zu vereinfachen. Oft wird ein einziges wirtschaftliches Moment allein hervorgehoben oder überhaupt das Wirtschaftliche allein betont und seine notwendige „Umsetzung im Kopfe", im Bewußtsein der so verschiedenartigen, von den mannigfachsten Ideen bewegten Schichten und Klassen vernachlässigt. Durch diese Überblendung des

Wirtschaftlichen werden dann wesentliche und für die *politische* Aktion entscheidende Partien des historischen Geschehens in allzu starke Schatten getaucht. Nun ändert der Faschismus gerade an den Fundamenten der kapitalistischen *Wirtschaft* nichts Wesentliches, so bedeutsam auch die Verschiebungen sind, die er durch die Unterdrückung der Arbeiterorganisationen, durch die stärkere Berücksichtigung bäuerlicher und Mittelstandsforderungen erzeugt. Die volle Wut und Wucht seiner Zerstörungskraft trifft das *Geistige*, den „Überbau". Die moderne Diktatur, die nur als totale oder gar nicht existieren kann, verneint in bewußter und gewollter Barbarei die Entwicklung, die die europäische Menschheit aus der mittelalterlichen Gebundenheit zur freien Entfaltung der Persönlichkeit, zur geistigen, moralischen und politischen Selbstbestimmung genommen hat. Und diese Entwicklung war am schwersten, aber gerade deshalb auch am bedeutsamsten in der modernen Arbeiterklasse – die kulturelle Großtat der Arbeiterbewegung. Die Faschisten suchen „den Geist zu töten, Ihr Brüder".

Um diese Sphäre geht es. So hat der Faschismus die Frage gestellt. Aber kann das die Fragestellung des Marxismus sein? Muß seine Antwort nicht einfach lauten: Stürzen wir den Kapitalismus, beseitigen wir die Klassen und damit die Klassenherrschaft, so ergibt sich die Freiheit von selbst, wie sich etwa nach den Vorstellungen eines primitiven naturwissenschaftlichen Materialismus das Denken als Abfallsprodukt aus den chemischen und physikalischen Änderungen im Gehirn ergibt. Auch uns geht es um Freiheit. Aber die ist nur durch den Sozialismus zu verwirklichen. Im Kapitalismus gibt es keine Freiheit oder nur „formale" Freiheit, Gleichheit vor dem Gesetz, aber nicht inhaltlich erfüllte Freiheit, Gleichheit der Lebensbedingungen und der Aufstiegsmöglichkeit.

Der Wert der Freiheit wird also bejaht, der Sozialismus ist auch für diese Auffassung Mittel, nicht Zweck – das Mittel, in Freiheit immer größere Anteilnahme des ganzen Volkes an den Gütern der Kultur zu ermöglichen, und keinem Marxisten braucht gesagt zu werden, daß nur der Sozialismus diesen Zustand verwirklichen wird.

Aber damit ist die entscheidende Frage nicht beantwortet, wie Mittel zum Zweck sich verhält. Soll oder muß man den Zweck – die Freiheit – natürlich nur vorübergehend suspendieren, um zuerst das Mittel – den Sozialismus – zu verwirklichen?

Zweierlei Bemerkungen drängen sich auf. Zunächst eine prinzipielle. Die marxistische Geschichtsauffassung führt den Gehalt der jeweils geschichtlich wirkenden Ideen auf die sozialen Verhältnisse und die aus diesen entspringenden Interessen letztlich zurück. Sie macht die historische Bedingtheit der Durchsetzbarkeit der Ideen zu ihrem Forschungsobjekt. Aber sie setzt damit in keiner Weise den Wert der Ideen herab. Daß die Ideen der Freiheit, der Gleichheit oder der Solidarität nur unter bestimmten sozialen Verhältnissen entstehen konnten, ändert nichts daran, daß sie, einmal entstanden, ihren eigenen Wert behaupten, für den Menschen zu leben und zu sterben bereit sind. Und alle Enthüllung, daß Ideen bei geänderter Interessen-

lage von ihren bisherigen Anhängern verraten worden sind, sagt über den Wert der Ideen als solcher nichts aus, sondern nur über die Bedingtheit ihrer Durchsetzung. Daß der Verrat bürgerlicher Schichten an der Freiheitsidee eine Tatsache ist, beweist nichts gegen die Freiheit. Es ist eine Entartung des Marxismus, wenn man die Ideen und damit den Kampf für die Ideen, grob gesagt, als Schwindel abtut oder sie, wissenschaftlich ausgedrückt, „relativiert". Dieser Gefahr sind gerade manche deutschen Marxisten nicht entgangen. Die starren, zugleich nüchternen, durchsichtigen Herrschaftsverhältnisse des Obrigkeitsstaates waren politischen und damit Ideenkämpfen ungünstig. Die Sozialdemokratie, zunächst gefesselt durch das Sozialistengesetz, in einen opfervollen Kleinkrieg mit der Polizeigewalt verstrickt, dann einer übermächtigen, von der großen Volksmehrheit bejahten Staatsmacht isoliert gegenüberstehend, war nicht imstande, große politische Massenkämpfe zu entfachen. Der Kampf um der Menschheit, um der Arbeiterklasse große Gegenstände blieb abstrakt; konkret war das gewerkschaftliche und parlamentarische Ringen um Verbesserung der Lebenshaltung und Sozialreform. Die Ideologie war radikal, sozialrevolutionär, die Praxis reformistisch – bis zur politischen Abstinenz. Es war ein Widerspruch, entsprungen aus der Übermacht des Gegners, aber psychologisch nicht als solcher empfunden, sondern überbrückt durch die Erwartung, daß die ökonomische Entwicklung mit der Erstarkung des Proletariats auch die Änderung der Machtverhältnisse herbeiführen werde, die die Eroberung der Staatsmacht ermöglichen sollte. Die Entscheidung erschien als bloße, unmittelbare Machtfrage, die Macht selbst ganz konkret als Militär, Polizei, Kapital.
Diese Vereinfachung wirkte auch auf das Bewußtsein zurück. Die primitive Gewalttheorie Bismarcks, die Blut- und Eisentheorie färbte ab – der Marxismus wurde in manchen deutschen Köpfen sozusagen zum Bismarcksismus. In der Praxis aber führte es zu einem Zurücktreten der Kampfbereitschaft für das „nur" Politische, für große Auseinandersetzungen, die doch das Endziel, den Sozialismus, nicht unmittelbar betrafen und zur Gefahr der Verwandlung der in ihren geistigen und politischen nicht minder, wie in ihren sozialen Zielen revolutionären Partei in eine Wirtschaftspartei der Arbeiterklasse in der vorgefundenen Gesellschaft.
Die russischen Verhältnisse haben dann in ganz anderer Situation, aber mit ähnlicher Wirkung zu dem Resultat geführt, jene stolze Tradition verächtlich zu machen, durch die die moderne Arbeiterklasse zur Erbin der großen Ideenentwicklung der Neuzeit geworden ist. Mit Marxismus nur den Kampf um die materiellen Grundlagen, nicht aber den Kampf um Ideen für vereinbar zu halten, ist also nur ein Mißverständnis.
Zum andern aber ist ja der Zusammenhang zwischen Sozialismus und politischer Freiheit durchaus nicht so eindeutig, wie er den Befürwortern einer Diktatur erscheinen mag. Gewiß, diese soll ein vorübergehender Zustand sein, eine „Erziehungsdiktatur", die nur so lange währen soll, bis die Feinde der neuen Staatsmacht und der neuen Gesellschaft zu nützlichen oder ungefährlichen Mitgliedern der Gemeinschaft erzogen sind. Aber *wer bürgt für die Erziehung der Diktatoren?* Wer dafür, daß die Diktatur bei den großen

Schwierigkeiten des Überganges nicht *umschlägt in eine Diktatur gegen die Arbeiterklasse?* Wer dafür, daß dann die Kraft vorhanden ist, gegen die diktatorische Staatsmacht die Freiheit zu erobern? Wer schließlich bürgt – und das ist die größte Gefahr – dafür, daß eine Arbeiterklasse, der die Freiheit während der großen wirklichen Kämpfe nicht als konkretes Ziel, sondern als entferntes Resultat der umorganisierten Wirtschaft erschienen ist, sich unter günstigen materiellen Bedingungen überhaupt für die Freiheit, die ihr als Gefährdung dieser neu errungenen Lage erscheinen könnte, auch wirklich einsetzen wird? Gegen das Beispiel des Bolschewismus läßt sich viel einwenden, aber Tatsache ist, daß auch im Innern der russischen Partei selbst die Diktatur bejaht, daß sich nicht einmal die Demokratie innerhalb der Partei, geschweige die sogenannte Arbeiterdemokratie durchgesetzt hat.

Wir könnten die Erörterung fortsetzen, aber wir fürchten, die Aussicht, den Gegner zu überzeugen, wäre nicht allzu groß. Die einen wie die andern werden fortfahren, ihre Forderung an die revolutionäre Bewegung heranzubringen. *Nach* dem Siege ist nach den einen unter demokratischer Verfassung, nach den andern durch die Diktatur der Sozialismus zu verwirklichen. Und dieser Streit, was nach dem Sieg zu geschehen habe, erscheint den Streitenden bedeutsam genug, um die deutsche Arbeiterbewegung gespalten zu erhalten und so den Weg zum Sieg auf das Äußerste zu erschweren.

II.

Um den Streit zu schlichten, müssen wir das Feld der subjektiven Erwägungen verlassen. Wir müssen die *objektiven Bedingungen* der Arbeiterbewegung in den faschistischen Herrschaftsgebieten zu erforschen trachten. Die Schwierigkeiten sind deshalb so groß, weil wir über die Dynamik einer solchen Entwicklung keine geschichtlichen Erfahrungen besitzen. Die Totalität der Staatsmacht, die schlechterdings alle anderen gesellschaftlichen Organisationen, sowohl die der Selbstverwaltung als die der Wirtschaft, restlos in die zentrale Staatsorganisation aufgenommen hat, ist eine erstmalige Erscheinung. Auf die Zeit der höchsten Organisationsentfaltung ist die Zeit der völligen Atomisierung der dem Faschismus unterworfenen Menschen gefolgt. Wie kann unter solchen Bedingungen sich eine Arbeiterbewegung entfalten, welche Methoden des Kampfes kann sie anwenden und welche Ziele ihres Kampfes *muß* sie sich setzen?

Man muß sich zunächst klar machen, daß der Sieg des Faschismus die deutsche – und ähnliches gilt von der italienischen – Arbeiterbewegung in eine *grundstürzend neue Position* gebracht hat. Ihre Kampfmethoden sind ihr durch ihre Gegner vorgeschrieben und der politische Kampf der deutschen Sozialisten ist von denen der sozialistischen Parteien in anderen Ländern ebenso verschieden wie die Diktatur Hitlers und Mussolinis von den Regierungsmethoden Frankreichs, Englands oder Dänemarks. Für irgendeinen Reformismus ist einfach kein Raum mehr, denn der Reformismus setzt zum mindesten legale Betätigungsmöglichkeiten voraus. Der deutsche

Kampf aber kann nur ein revolutionärer Kampf in der vollen, unmittelbaren, engeren Bedeutung des Wortes sein: Kampf mit allen Mitteln zu dem Ziel der revolutionären Machtergreifung und völliger Vernichtung des Faschismus. Diesem Ziel ist schlechthin alles und zu allen Zeiten — im Krieg und Frieden — untergeordnet, weil nur so allein die Freiheit der deutschen Arbeiter verwirklicht werden kann. Eine andere politische Bewegungsform kann es für die deutsche Arbeiterbewegung gar nicht geben und damit auch keine andere als *revolutionäre Gesinnung.*
Aber auch in der Wahl der Mittel sind wir nicht frei. In dem augenblicklichen Stadium ist die erste Aufgabe die Schaffung und Ausbreitung von illegalen Organisationszentren. Die Art der Organisation ist aber weitgehend vom Zwang der Gegner auferlegt. Die russische Sozialdemokratie spaltete sich einst in Menschewiki und Bolschewiki über die Frage der Organisationsform. Die Menschewiki verfochten als Ziel eine möglichst die Massen erfassende Organisation, die Bolschewiki die Schaffung von kleinen Zirkeln, die die revolutionäre Elite umfassen sollten. Alle Sozialdemokraten — besonders eindrucksvoll Rosa Luxemburg — vertraten die Massenorganisation, die in dem zerrütteten Staatsgefüge des Zarismus eine Möglichkeit war. Für uns existiert der Streit — wenigstens heute — nicht. Nicht nur die ungeheuer stärkere Staatsmacht und die Ungeheuerlichkeit ihrer Brutalität, sondern auch der augenblickliche Zustand der deutschen Gesellschaft, in dem jeder zweite Mensch ein Spitzel und freiwilliger Hilfspolizist des herrschenden Regimes ist, beschränkt die Möglichkeit der Organisation auf kleinste Gruppen, zwingt zu weitgehender Dezentralisation und zu vorsichtigstem, streng konspirativem Vorgehen. Erst die Erschütterung des faschistischen Systems durch die fortschreitende Enttäuschung der Massen wird die Möglichkeiten erweitern und den Organisationen Einflußmöglichkeiten auf die Massen verschaffen.
Das ist gewiß eine bittere Erkenntnis; denn sie zeigt die Enge der Betätigungsmöglichkeit nicht nur, sondern offenbar zugleich andere Schwierigkeiten und Gefahren. Diese kleinen konspirativen Zirkel fühlen sich — angesichts ihrer Opferbereitschaft und ihres Mutes mit hohem Recht — als eine *Elite*. Sie beanspruchen für die von ihnen gefundene Organisationsform leicht die alleinige Geltung, für ihre Konzeption erheben sie den Anspruch auf Führung. Soll trotz der unvermeidlichen Teilung der Arbeit in Deutschland selbst die Zersplitterung überwunden werden, so müssen diese Zentren im Ausland ihr einigendes Band erhalten.
Das ist die erste und augenblicklich wichtigste Funktion der revolutionären Leitung im Ausland. Sie muß die von ihr angeregten oder spontan sich bildenden Zentren mit allen verfügbaren Mitteln fördern, sie muß die Formen finden, die sich als lebensfähig erweisen und anderen widerraten, sie muß die gemachten Erfahrungen in ständiger engster Fühlung und Zusammenarbeit mit den Leitern der illegalen Arbeit in Deutschland für den revolutionären Kampf nutzbar machen.

III.

Die klare Erkenntnis der kompromißlosen revolutionären Situation und der durch sie geforderten Kampfmittel ist ein wichtiger Bestandteil der Prager Kundgebung. Wie aber stellt sich ihr die *Dynamik der Kämpfe* und die daraus abzuleitenden Ziele dar?
Die Diktatur hat die Arbeiter durch Unterdrückung ihrer Organisationen der Willkür des Kapitals ausgeliefert. Diese einseitige Verschiebung der Machtverhältnisse bedroht die Arbeiterschaft mit fortschreitender Verschlechterung der Lebenshaltung. Das zwingt die Massen zum Kampf für die Sicherung und Hebung ihrer materiellen Existenz. Aber jede Lohnbewegung ist verboten, jeder Streik wird zur politischen Rebellion. Aus dieser Situation wird mit Notwendigkeit die Forderung nach Wiederherstellung der Koalitionsfreiheit und der Schaffung sozialer Kampforganisationen der Arbeiter erwachsen. Ihre Koalitionsfreiheit ist nicht möglich ohne ihre Versammlungs-, Vereins- und Pressefreiheit. Aus den unabweisbaren Bedürfnissen der Arbeiterschaft ergibt sich so die *Forderung nach politischen Rechten,* entspringt der Kampf um ihre demokratische Bewegungsfreiheit. Ihre Erringung wird zur Notwendigkeit, um die Arbeiterbewegung als Massenbewegung wieder möglich zu machen. Jedes demokratische Recht wird aber zur Bedrohung der Diktatur. So erweitert sich der Kampf um die Demokratie zum Kampf um die völlige Niederringung der nationalsozialistischen Herrschaft, um die *Eroberung der Staatsmacht.*
Der Kampf um demokratische Rechte erscheint hier nicht als willkürliche Forderung, als Geltungsanspruch einer von vornherein vorhandenen Lehrmeinung. Er ergibt sich aus der Lage der Arbeiter, aus den Bedingungen der für sie notwendigen Kämpfe. *Der Kampf um die Demokratie ist zugleich in keinem Stadium Selbstzweck.* Er erweitert sich — wieder mit zwingender Notwendigkeit — zur Niederringung der faschistischen Macht, zur Eroberung der Staatsgewalt. Die so eroberte Demokratie ist nicht die Basis, der „beste Boden", auf dem die Klassenkämpfe zwischen Kapital und Arbeit, die politischen Kämpfe zwischen Sozialdemokratie und bürgerlichen Parteien nun wieder aufgenommen werden, etwa in der Form, in der sie vor dem Sieg des Faschismus in der Weimarer Republik geführt wurden. Der Sieg der Demokratie ist nur möglich, nachdem die nationalsozialistische Diktatur in schwerem Ringen niedergeworfen, die Gegner des Faschismus im Bürgerkrieg die Oberhand gewonnen haben. Diese Art der Eroberung der Macht bestimmt aber ihre Ausübung. Die Demokratie hat durch ihre Eroberung in einer siegreichen Revolution einen *völligen Funktionswechsel* erfahren. Die Staatsmacht geht auf eine starke revolutionäre Regierung über, die, getragen und kontrolliert von der siegreichen revolutionären Massenpartei, die Staatsmacht für die siegreiche Revolution zu sichern und den Staatsapparat in ein Herrschaftsinstrument der Volksmassen zu verwandeln hat.
Es ist eine merkwürdige Sache, daß die meisten Menschen die politischen Formen an sich, losgelöst von ihrem Werden, losgelöst von den gesellschaftlichen Umständen betrachten, aus denen sie erwachsen. Und doch ist es ei-

ne primitive Erfahrung, daß z.B. das gleiche Wahlrecht, in langen Kämpfen erobert, andere Wirkungen ausübt als dasselbe Wahlrecht, oktroyiert von einer befestigten, reaktionären Regierungsmacht. Und so werden jetzt viele von der Furcht geschüttelt, die Demokratie, die den Sieg des Faschismus nicht verhindert hat, könnte zum zweitenmal die Arbeiterschaft um die Frucht des Sieges bringen, falls sie zur Demokratie zurückkehrt.
Diese sehr einfache und deshalb manche überzeugende Betrachtung vergißt nur ganz den völligen Funktionswechsel, den die Demokratie durch eine siegreiche Revolution erfährt. Der politische Umschwung von 1918 vollzog sich am Abschluß einer konterrevolutionären Entwicklung. Nicht durch den organisierten revolutionären gewollten Kampf der Arbeiterklasse, sondern durch die Niederlage auf den Schlachtfeldern wurde das kaiserliche Regime beseitigt. ,,Die Sozialdemokratie übernahm ohne Widerstand die Staatsführung, in die sie sich von vornherein mit den bürgerlichen Parteien, mit der alten Bürokratie, ja mit dem reorganisierten staatlichen Apparat teilte. Daß sie den alten Staatsapparat fast unverändert übernahm, war der schwere historische Fehler, den die während des Krieges desorientierte deutsche Arbeiterbewegung beging." So heißt es in der Kundgebung.
Kann jemand sich vorstellen, daß die Wiederholung einer solchen Situation möglich ist? Hieße das nicht, die notwendige Dynamik einer echten Revolution völlig verkennen? Der aus dem Bürgerkrieg hervorgegangenen Revolutionsregierung sind ihre Aufgaben durch denselben geschichtlichen Zwang vorgeschrieben, der sie selbst zur Macht getragen hat: Zerstörung der feindlichen Staatsmacht, Aburteilung der Staatsverbrecher durch revolutionäre Gerichte, Reinigung der Bürokratie, der Justiz, des Militärs und Besetzung aller wichtigen Stellen durch Vertrauensmänner der Regierung, Sicherung der Revolution gegen die sozialen Träger der Reaktion, also entschädigungslose Enteignung des Großgrundbesitzes und der Schwerindustrie, Übernahme der Reichsbank und der Großbanken in Besitz und Verwaltung des Reichs – das wird das Minimalprogramm dieser Regierung sein, ihre ersten Maßnahmen, zu denen sie ihre Legitimation nicht von Wahlen zu erhalten braucht, weil ihre Existenz beweist, daß hinter ihr der Wille der großen Mehrheit des aktiven, kampfbereiten und kampffähigen Volkes steht, das den Sieg errungen hat.
Ist aber so die neue Staatsmacht gesichert, sind die Gegner niedergeworfen, ist der Staatsapparat, sind die wichtigsten wirtschaftlichen Stellungen fest in der Hand der Regierung, was für einen Inhalt soll dann die Diktatur haben? Sie birgt dann nur die Gefahr in sich, zur *Diktatur gegen die Arbeiterschaft* zu werden und einen Sozialismus zu schaffen, der vielleicht etwas materielle Verbesserung, aber sicher keine kulturelle Höherentwicklung bedeutete und sehr weit entfernt wäre von dem Ziel der ,,freien Assoziation" des Kommunistischen Manifests, von dem Ziel der Aufhebung des alten Gegensatzes zwischen Staat und Gesellschaft.

IV.

Es war hier nicht der Ort, eine eingehende und vollständige Analyse des Inhalts der Kundgebung zu geben. Wir hoffen, daß ihre Gedankenführung und ihre Zielsetzungen Anlaß zu eingehender Diskussion und Selbstbesinnung geben werden. Worauf es uns hier ankam, war vor allem das Augenmerk auf die Methode zu lenken, mit der nach den Resultaten geforscht wurde, die sicher im einzelnen der Kritik unterliegen oder der Ergänzung bedürfen. Aber die Methode halten wir für fruchtbar, weil sie allein imstande ist, uns alle, in welchem Lager der Arbeiterbewegung wir vor der Katastrophe gestanden haben, von unnützem, aus einer andern Situation übernommenen Formelkram zu befreien – die Vorbedingung nicht nur für neue Erkenntnis, sondern auch für erfolgreiches Handeln. Sind doch in Wirklichkeit für die deutsche Arbeiterbewegung alle Gründe zur Spaltung nichtig geworden. Die Bedingungen, unter denen der Kampf gegen den Faschismus geführt werden müsse, machen jeden Kämpfer zum gleichen sozialistischen Revolutionär und im Verlauf des Kampfes werden sich ihnen allen die gleichen Ziele formen. Die Einheit der Arbeiterklasse, die vielleicht den Lauf der Geschichte geändert hätte, wird jetzt der Geschichte ehernes Muß. Auch einer im Kampf geeinten Arbeiterklasse stellt der Sturz des Faschismus eine furchtbar schwere Aufgabe. Wer diese Einheit der revolutionären Aktion stört um seiner orthodoxen Forderungen willen, ist kein Revolutionär, sondern Helfershelfer des Faschismus.

(In: Zeitschrift für Sozialismus, 1. Jg., Nr. 5, Februar 1934, S. 145–152)

Staatskapitalismus oder totalitäre Staatswirtschaft? (1940)

Über Einheitsfrontpolitik, Programmatik und Praxis der Emigrationsarbeit und über persönliche Querelen spaltet sich die SPD in eine Vielzahl von Gruppen, eine Zersplitterung, die 1938 ihren Höhepunkt erreicht. Erst 1941 kommt es in London zum Zusammenschluß der Reste des Exilvorstands mit der Gruppe „Neu Beginnen", der „Sozialistischen Arbeiterpartei" und dem „Internationalen Sozialistischen Kampfbund" zur „Union deutscher Sozialistischer Organisationen" in Großbritannien.

Ende 1937 fordert die tschechische Regierung die Sopade auf, das Land zu verlassen, damit man nicht gezwungen sei, ihre Tätigkeit zu verbieten. Ebenso wie der Vorstand siedelt auch Hilferding im Frühjahr 1938 nach Paris über.

Die Moskauer Prozesse im Frühjahr 1938 und der Nichtangriffspakt zwischen Deutschland und der Sowjetunion im August 1939, der Beginn des zweiten Weltkriegs mit dem Einmarsch deutscher Truppen in Polen bestärken Hilferding in seiner Auffassung, es gebe nunmehr noch ein Drittes neben Kapitalismus und Sozialismus: die totalitäre Staatswirtschaft. Sie sieht er in der Sowjetunion ebenso wie im nationalsozialistischen Deutschland und im faschistischen Italien verwirklicht.

Zwar hat Hilferding stets die Notwendigkeit der politischen Aktion des Proletariats betont und jede ökonomische Zusammenbruchstheorie abgelehnt. Jetzt aber rechnet er vollständig mit dem „Primat der Ökonomie" ab. Die Freiheit, die Demokratie könne nicht als Abfallprodukt verstaatlichter Industrie erscheinen — so etwa kann man die Position Hilferdings in den Jahren nach 1933 zusammenfassen.

„Der größte Gegensatz heute ist nicht Sozialismus und Kapitalismus, ... sondern Freiheit oder Staatssklaverei", schreibt er an Paul Hertz am 5. März 1936. Der früher selbstverständliche Zusammenhang von Freiheit und Sozialismus sei zerrissen. Die Ereignisse in Italien, Deutschland und Rußland hätten gezeigt, „daß der Drang der Arbeiter selbst nach Freiheit nicht so stark ist, wie wir ihn uns einst vorgestellt hatten". Hilferding sieht seine gesamte politische Biographie in Frage gestellt: „Die Freiheit der Wissenschaft, die Entfaltung der Individualität, die Selbstbestimmung der Persönlichkeit, kurz alles was mich zum Sozialismus geführt hat, weil ich meinte, daß die Sicherung des Materiellen durch die gesellschaftliche Beherrschung der Wirtschaft die Vollendung der Freiheit bedeute, das ist für die heutige Arbeiterbewe-

gung kaum mehr ein wirklich lebendiger, sie unter allen Umständen wirklich in ihrem geschichtlichen Verhalten bestimmender Faktor."
Hilferding, der sich in keiner der existierenden Arbeiterparteien mehr beheimatet fühlt (an Hertz am 27. Mai 1935), sieht sich in dieser Periode weniger als Mann der Aktion, denn als Intellektueller. „Ich will die *Wahrheit* sagen, ganz einfach. Das Erkennen und das Aussprechen des Erkannten habe ich immer in meinem Leben als Funktion und Pflicht des Intellektuellen gerade in der Politik angesehen, als seine raison d'être" (an Stampfer am 28. August 1936).

Diese geistige Unabhängigkeit schlägt sich in einer unerbittlichen Abrechnung mit der eigenen Staatsauffassung nieder, mit dem Glauben, der Staat sei auch von der Arbeiterklasse — als Instrument zu gebrauchen.

Das wird in dem nachstehenden Artikel deutlich, der die letzte größere Veröffentlichung Hilferdings vor seinem Tod sein dürfte.

Seine Polemik gegen den englischen Sozialisten R. L. Worrall (und dessen Artikel in Left vom Dezember 1939) erscheint in der Nr. 8 vom 25. April 1940 des seit 1933 in Paris herausgegebenen „Sozialistischen Anzeigers" (Socialističeskij vestnik), einer Zeitschrift in russischer Sprache.

Hilferding wendet sich gegen die trotzkistische These, in der Sowjetunion herrsche Staatskapitalismus unter der Leitung der Bürokratie. Er hingegen spricht von einer „totalitären Staatswirtschaft", auf die sich Italien, Deutschland und die Sowjetunion gleichermaßen hinbewegten.

Diese Gedanken entwickelt er bereits am 5. November 1937 in einem Brief an Kautsky. Dort heißt es: „In der Tat sind Staatsorganisation und deren Interessen ein Faktor, der Selbständigkeit gewinnt und namentlich zu Diktaturzeiten den Herrschaftsinteressen die anderen gesellschaftlichen Interessen zu unterwerfen strebt . . ." Im nächsten Krieg, falls er komme, „werden diese spezifischen Gesetzlichkeiten *und Zufälle* der Politik des totalen Staates und die Entscheidungen des totalen Krieges von noch weit größerem Einfluß sein auf die nachfolgende konkrete historische Entwicklung als die Klassenbestrebungen." Die ungeheure Macht der totalen Staatsmacht stehe der totalen Ohnmacht der Klassen gegenüber.

Wozu ist der Marxismus verkommen! Ernst Mach bestimmte einmal den Fortschritt der wissenschaftlichen Forschung als „die Anpassung der Gedanken an die Fakten und die wechselseitige Anpassung der Gedanken". Aber der „Marxist" unserer Tage wählt einen anderen Weg. Ohnmächtig, die Fakten zu ändern, unfähig, sie richtig zu interpretieren – was auf jeden Fall die Voraussetzung für die Möglichkeit ihrer Veränderung darstellt –, bemüht er sich inständig, die Fakten an die wirklichen und vermeintlichen Gedanken von Marx anzupassen. Eine Methode der wissenschaftlichen Forschung, die sich bemüht, mit ihren Erkenntnismitteln neue Fakten zu erfassen, oder aber, wenn sich dies als unmöglich erweist, ihr Erkenntnissystem vervollkommnet, erneuert oder revolutioniert, indem sie ihre früheren Gedanken an die neuen anpaßt, pervertiert sich zur Scholastik; die Wissenschaft wird zur Religion, und die Erforscher der Wirklichkeit werden zu gläubigen Sektanten. Der Artikel von R.L. Worrall (in der englischen Zeitschrift *Left*[1]) ist ein abschreckendes Beispiel dieser Entwicklung.

„Mit Worten werden Dispute geführt, aus Worten Systeme geschaffen." Worrall macht vor allem die Entdeckung, daß das Privateigentum kein spezifisches Kennzeichen der kapitalistischen Produktion sei. Es war angeblich das Kennzeichen jeder „Zivilisation" – leider sagt man uns nicht, was die Zivilisation in Anwendung auf das Wirtschaftssystem sei – und kein spezifisches Kennzeichen der kapitalistischen Produktion, und sie sei nicht wesentlich für die kapitalistische Form der Produktion in allen Phasen ihrer Entwicklung. Und zur Begründung dieser Behauptung werden Zitate aus Marx angeführt und nicht nur aus dem Kommunistischen Manifest, nicht nur aus dem ersten, sondern sogar aus dem dritten Bande des „Kapitals", der – wie der Verfasser mit großem Stolz und voller Berechtigung hinzufügt – sich bei den heutigen „Marxisten" in völliger Vernachlässigung befindet.

Worrall begriff nicht nur, was Marx in diesem Zusammenhang sagen will. Der Gedanke an sich ist alt. „In der bürgerlichen Gesellschaft", lesen wir im Kommunistischen Manifest, „ist das Privateigentum für neun Zehntel der Mitglieder der Gesellschaft abgeschafft. Es existiert gerade deshalb, weil es für neun Zehntel nicht existiert." Diesen seinen Gedanken – die Umwandlung der Formen des Eigentums der „einfachen Warenproduktion" in ein kapitalistisches auf dem Wege der fortschreitenden Trennung der Produzenten von ihren Produktionsmitteln – entfaltete Marx in allen seinen ökonomischen Arbeiten, und er stellte diesen Prozeß auf verschiedenen Stufen seiner Entwicklung in der kapitalistischen Gesellschaft dar. Aber nirgends spricht er davon, daß das Privateigentum an Produktionsmitteln aufhöre, die Bedingung für die Existenz derjenigen Form der Wirtschaft zu sein, die man als die kapitalistische bezeichnen kann. Ja, Marx sagt dies auch in denselben Zitaten, die Worrall anführt. Marx sagt doch, daß „die in den Händen weniger konzentrierten Produktionsmittel" zum „Privateigentum der Kapitali-

---

[1] Anm. d. Üb.: In der Dezember-Ausgabe 1939.

sten" werden, und diese, die eine Art Vertrauenspersonen der bürgerlichen Gesellschaft seien, schaffen die Früchte dieser „Vormundschaft" *(opeka)* in ihre Tasche, was offensichtlich nur deshalb möglich ist, weil sie die Privateigentümer sind. Und wenn Marx danach sagt, daß in beiden Richtungen – sowohl auf dem Wege der Konzentration der Produktionsmittel, als auch auf dem Wege der Organisation der Arbeit als einer gesellschaftlichen Arbeit – „die kapitalistische Produktionsweise sowohl das Privateigentum, als auch die private Arbeit beseitigt, dies aber in widersprüchlicher Form" tut, so besteht dieser Widerspruch gerade darin, daß ungeachtet der fortschreitenden „Vergesellschaftung" der Produktionsmittel und der Arbeit das Privateigentum an Produktionsmitteln und die mit ihm zusammenhängende Verfügung über die Lohnarbeit weiter existieren.

Aber lassen wir Worrall und seine Marx-Zitate beiseite, um uns mit der modernen Wirklichkeit zu befassen. Die Bolschewiken vernichteten vor allem den früheren Staatsapparat. Vom „bürgerlichen Staat", von jener „im Wesen kapitalistischen Maschine", von der Engels im „Anti-Dühring" spricht, ist nichts übriggeblieben. So fehlt in Rußland seit der Zeit der bolschewistischen Revolution die erste Bedingung für den „Staatskapitalismus", wie Engels ihn als Möglichkeit konstatiert, und zwar fehlt die Herrschaft der Kapitalisten über den Staat. In diesem Falle entfällt die Konstruktion von Engels, und wir können uns nicht mehr auf sie beziehen. Die Bolschewiken vernichteten darüber hinaus das Privateigentum an den Produktionsmitteln, und nicht nur bei den Kapitalisten, sondern auch bei den Handwerkern und Bauern. Es gibt weder einen bürgerlichen Staat noch Kapitalisten, aber man spricht uns von *Staatskapitalismus!*
Der Begriff des „Staatskapitalismus" erträgt überhaupt keine ökonomische Analyse. Sobald der Staat zum alleinigen Besitzer aller Produktionsmittel wird, macht er das Funktionieren der kapitalistischen Wirtschaft unmöglich, beseitigt den Mechanismus selbst, der den ökonomischen Kreislauf in Bewegung bringt. Die kapitalistische Wirtschaft ist eine Marktwirtschaft. Der Preis, der sich als Ergebnis der Konkurrenz unter den kapitalistischen Eigentümern herausbildet – und nur als Ergebnis dieser Konkurrenz wird „letzten Endes" das Wertgesetz verwirklicht – bestimmt, was und in welcher Menge produziert wird, welcher Anteil des Einkommens akkumuliert wird und wie schließlich bei der beständigen Überwindung von Krisen die Proportionalität zwischen den verschiedenen Produktionszweigen bei einfacher und bei erweiterter Reproduktion hergestellt wird. In der kapitalistischen Wirtschaft herrschen die Gesetze des *Marktes,* deren Analyse von Marx geliefert wurde, und die *Autonomie* dieser Gesetze stellt das entscheidende Kennzeichen der kapitalistischen Produktionsweise dar. Aber die Staatswirtschaft beseitigt gerade die Autonomie der Gesetze der Ökonomik; sie ist keine Marktwirtschaft, sondern eine Konsumtionswirtschaft *(chozjajstvo na potreblenie).* Was und wie produziert wird, bestimmt sich nicht durch den Preis, sondern durch die staatliche Planungskommission, die den Charakter und die Ausmaße der Pro-

duktion festsetzt. Äußerlich existieren Preise und Arbeitslohn noch, aber ihre Funktion wandelt sich vollständig: sie bestimmen nicht mehr den Gang der Produktion, die von der zentralen Macht gesteuert wird, die ihrerseits selbst sowohl die Preise als auch die Höhe des Lohnes festsetzt. Preise und Lohn sind jetzt nur Mittel zur Verteilung, die für jeden seinen Anteil an der allgemeinen Summe dessen bestimmen, was die zentrale Macht der Gesellschaft zur Verfügung stellt. Dies ist jetzt eine technische Form der Verteilung, die einfacher als die direkte Vorschrift ist, wieviel jeder an den verschiedenen Produkten bekommen soll, die aufgehört haben, Waren zu sein. Die Preise wurden zu Zeichen der Verteilung, aber sie sind keine Regulatoren der Wirtschaft mehr. Bei der Bewahrung der Formen vollzog sich eine völlige Wandlung der Funktion.

Zusammen mit dem „belebenden Feuer der Konkurrenz" verlöscht auch das flammende Streben nach Profit, das das Motiv der kapitalistischen Produktion darstellt. Der Profit bezeichnet die individuelle Aneignung des Mehrprodukts und ist deshalb nur denkbar auf der Grundlage des Privateigentums. Aber, so wendet Worrall ein, betrachtet denn Marx nicht die Akkumulation als wesentliches Merkmal des Kapitalismus, und spielt nicht die Akkumulation die entscheidende Rolle in der russischen Wirtschaft? Handelt es sich also doch um Staatskapitalismus? Worrall sah nur ein kleines Detail und ausgerechnet dies, daß Marx von der Anhäufung des *Kapitals* spricht, von der Bildung ständig wachsender Massen von Produktionsmittel, welche den *Profit* hervorbringen, dessen Aneignung auch der Motor der kapitalistischen Produktion darstellt. Es handelt sich also um die Anhäufung des Wertes, der den Mehrwert schafft, d.h. es handelt sich um den spezifischen *kapitalistischen* Prozeß der Erweiterung der wirtschaftlichen Tätigkeit. Die Akkumulation aber der Produktionsmittel und der Produkte zu einem solchen Grad ist so wenig ein spezifisches Kennzeichen des Kapitalismus, daß es die entscheidende Rolle in allen Wirtschaftssystemen spielte, mit Ausnahme vielleicht der primitivsten Versuche zur Erlangung von Lebensmitteln. In der Verbrauchergesellschaft, in der Staatswirtschaft, geht keine Akkumulation von Werten vonstatten, sondern die Akkumulation der Konsumtionsgüter, der Produkte, über welche die Zentralmacht zur Befriedigung ihrer Verbraucher verfügen will. Jenes Faktum, daß die russische Staatswirtschaft akkumuliert, macht sie nicht zur kapitalistischen, weil sie kein Kapital akkumuliert. Das Argument Worralls ist auf einer groben Vermischung von Wert und Konsumtionsgut begründet. Dabei stellt er sich wirklich vor, daß die sozialistische Wirtschaft ohne Akkumulation auskommen könnte.

Aber wer ist das — und hier kommen wir endlich auf die Grundfrage —, diese Zentralmacht, die über die russische Wirtschaft herrscht? Trockij und Worrall antworten: „die Bürokratie". Aber während Trockij davon Abstand nimmt, die Bürokratie als Klasse anzusehen — eine Klasse wird bei Marx durch ihre Stellung im Prozeß der *Produktion* charakterisiert — macht Worrall eine wundersame Entdeckung. Die russische Bürokratie unterscheide sich nach ihrer Struktur, die er leider ohne nähere Erörterung läßt, „fundamental" von einer beliebigen Bourgeoisie, aber ihre Funktion sei dieselbe —

nämlich die Anhäufung des Kapitals. Wie bei völlig verschiedener Struktur die Funktion dieselbe bleiben könne, das ist ein Wunder, das sich nicht in der Natur ereignen kann, sondern offenbar nur in der menschlichen Gesellschaft möglich ist. Auf jeden Fall ist auf diese Weise der Beweis dafür gefunden, daß in Rußland die bürgerliche Klasse herrscht und also auch der Staatskapitalismus. Worrall bleibt ständig bei seiner Verwechslung des Kapitals mit den Produktionsmitteln, und eine andere Akkumulation als die kapitalistische kann er sich offensichtlich nicht vorstellen. Er begreift nicht, daß die Akkumulation, die Erweiterung der Produktion in jedem Wirtschaftssystem die Aufgabe der Führung der Produktion darstellt, daß sie im idealen sozialistischen System nur aus dem Mehrprodukt hervorgehen kann (das nur im kapitalistischen System die Form des Mehrwertes hat) und daß man auf diese Weise aus dem Faktum der Akkumulation den kapitalistischen Charakter der Wirtschaft keineswegs herleiten kann.

Aber „herrscht" wirklich die „Bürokratie" über die Wirtschaft und dadurch auch über die Menschen? Die Bürokratie stellt überall, und insbesondere im sowjetischen Rußland, eine sehr heterogene Masse dar. Zu ihr gehören nicht nur die Staatsbeamten im engeren Sinne des Wortes, vom winzigen Beamten bis zur Generalität und Stalin selbst, sondern auch die Leiter der Industrie aller Stufen und solche Beamte, wie die Post- und Eisenbahnbeamten. Und diese bunte Masse verwirklicht eine homogene Herrschaft? Wo ist denn ihre Vertretung, auf welche Weise faßt sie ihre Beschlüsse, über welche Organe verfügt sie? In Wirklichkeit ist die „Bürokratie" kein selbständiger Träger der Macht, und nach ihrer „Struktur" und nach ihrer „Funktion" ist sie nur ein Instrument in den Händen der wirklichen Machthaber. Sie ist hierarchisch organisiert und der Macht, die die Befehle erteilt, unterworfen – sie empfängt Anweisungen, erteilt aber keine. Jeder Beamte kann, wie Trockij richtig bemerkt, „seinem Vorgesetzten in der hierarchischen Leiter zum Opfer gebracht werden, um irgendeine Unzufriedenheit abzuschwächen". Und dies sollen die Herren der Produktion, dies soll das neue Surrogat für die Kapitalisten sein? Stalin hat mit Recht diese Legende Lügen gestraft, als er während der letzten Säuberung den Befehl erteilte, „unter anderem" auch vielen Tausenden von Industrieführern eine Kugel in den Hintern zu schießen.

Machthaber ist nicht die Bürokratie, sondern jener, der der Bürokratie die Anweisungen gibt. Der russischen Bürokratie gibt Stalin Anweisungen. Lenin und Trockij mit einer Gruppe von auserlesenen Anhängern, die niemals zu selbständigen Entscheidungen qua Partei *(partiej)* imstande war, sondern immer nur ein Instrument in der Hand der Führer darstellte wie später die faschistische und nationalsozialistische „Partei", brachten die Staatsmacht *(vlast')* in dem Augenblick in ihre Gewalt, als der alte Staatsapparat zusammengebrochen war. Sie gestalteten die Macht entsprechend den Bedürfnissen ihrer Herrschaft um, beseitigten die Demokratie und führten eine eigene Diktatur ein, die sie in der eigenen Ideologie, keineswegs aber in der Praxis, mit der „Diktatur des Proletariats" identifizierten. Sie schufen auf diese Weise den ersten *totalitären Staat,* bevor diese Bezeichnung erfunden worden war. Stalin setzte dieses Geschäft fort, er beseitigte vermittels des

Staatsapparates seine Rivalen und schuf seine unbegrenzte persönliche Diktatur. Dies ist die faktische Wirklichkeit, und es ist nicht nötig, sie zu maskieren, indem man die vermeintliche Herrschaft einer „Bürokratie" konstruiert, welche in der Tat ebenso der Staatsmacht unterworfen ist wie auch die übrige Masse des Volkes, obwohl sie in bescheidenem und nach Maßgabe der Stellung dosiertem Ausmaß ohne Garantie für den morgigen Tag und bei beständiger Bedrohung für das Leben auch irgendwelche Brotsamen vom Tisch des Herrn empfängt. Materiell stellt dies nicht einen irgendwie relevanten Teil des Sozialprodukts dar, wenn auch der psychologische Effekt einer solchen Differenzierung sehr groß sein kann.

Hieraus gehen die wesentlichen Folgen für die Wirtschaft des Landes hervor. Zum Wesen der totalitären Wirtschaft gehört auch dies, daß sie die Wirtschaft ihren Zielen unterwirft. Die Wirtschaft verliert ihre eigenen Gesetze, sie wird *gelenkt (stanovitsja upravljaemym)*. Nach Maßgabe dessen, wie diese Lenkung verwirklicht wird, wandelt sie die Marktwirtschaft in die Konsumtionswirtschaft um, wobei Charakter und Ausmaß der Bedürfnisse von der Staatsmacht bestimmt werden. Am Beispiel des deutschen und italienischen Staates kann man verfolgen, wie in einem totalitären Staate eine solche Lenkung, sobald sie erst begonnen ist, einen immer größeren Umfang annimmt und danach strebt, allumfassend zu werden, wie dies in Rußland von Anfang an der Fall war. Ungeachtet des großen Unterschiedes in den Ausgangspunkten nähern sich die Wirtschaftssysteme der totalitären Staaten einander an. Auch in Deutschland bestimmt die Staatsmacht, entsprechend dem Ziel der Bewahrung und der Festigung ihrer Macht, den Charakter der Produktion und der Akkumulation; die Preise verlieren ihre regulierende Funktion und werden zum Mittel der Distribution. Die Wirtschaft und zusammen mit ihr die Träger der Wirtschaftstätigkeit unterwerfen sich mehr oder weniger direkt dem Staate, werden zu Handlangern. Die Wirtschaft verliert ihren Vorrang, den sie in der bürgerlichen Gesellschaft hatte, was natürlich überhaupt nicht bedeutet, daß aus den Wirtschaftskreisen kein bedeutender Einfluß auf die Staatsmacht hervorgehe, sowohl in Deutschland als auch in Rußland. Doch dies sind Bedingungen, Grenzen und Voraussetzungen, die freilich nicht entscheidend für den *Inhalt* der Politik sind. Die Politik wird bestimmt von einem kleinen Kreise von Trägern der Macht. Ihr Interesse, ihre Vorstellungen von den Bedürfnissen der Erhaltung, der Nutzung und der Stärkung der eigenen Macht bestimmen ihre Politik, die sie als Gesetz der von ihnen unterworfenen Wirtschaft aufzwingen. Hierher rührt auch die Bedeutung, die in der Politik der subjektive Faktor gewonnen hat, „das Unvorhersehbare", „das Irrationale" der politischen Entwicklung.

Der Gläubige kennt nur Himmel und Erde; der marxistische Sektant kennt nur Kapitalismus und Sozialismus, nur Klassen, Bourgeoisie und Proletariat als entscheidende Kräfte. In seinem Kopfe findet der Gedanke keinen Platz, daß die moderne Staatsmacht, indem sie sich selbständig macht, ihre gewaltige Kraft nach eigenen Gesetzen entfaltet, die gesellschaftlichen Kräfte unterwirft und – über kurz oder lang – ihr zu dienen zwingt.

Deshalb wird das russische und überhaupt das totalitäre Herrschaftssystem nicht bestimmt vom Charakter der Wirtschaft. Umgekehrt, diese Wirtschaft wird bestimmt durch die Politik, wird von der Staatsmacht geprägt und den Zielen dieser Macht unterworfen. Die totalitäre Staatsmacht lebt von der Wirtschaft, aber sie existiert nicht für die Wirtschaft, nicht für die in der Wirtschaft herrschende Klasse wie der bürgerliche Staat, obwohl auch der letztere, wie dies jede Untersuchung der Außenpolitik beweist, von Zeit zu Zeit seine eigenen Ziele verfolgen kann. Die Analogie zum totalitären Staat kann man am ehesten finden in der Epoche des späten Römischen Reiches, in der Herrschaft der Prätorianer und ihrer Kaiser.

Natürlich kann man von einer sozialdemokratischen Position aus das bolschewistische Wirtschaftssystem schwerlich ein sozialistisches nennen. Denn in unserer Vorstellung ist der Sozialismus untrennbar verbunden mit der Demokratie. Die Vergesellschaftung der Produktionsmittel sollte nach unserer Theorie die Wirtschaft eines Landes aus der Verfügung einer Klasse nehmen und sie der demokratischen Selbstverwaltung der ganzen Gesellschaft übergeben. Und wir haben uns niemals vorgestellt, daß die politische Form dieser „gelenkten Wirtschaft", die die kapitalistische Produktion auf dem freien Markt ablösen sollte, ein uneingeschränkter Absolutismus sein könnte. Die Wechselbeziehung zwischen der ökonomischen Basis und dem politischen Überbau erschien uns als eine völlig bestimmte: gerade die sozialistische Gesellschaft sollte eine vollständige Verwirklichung der Demokratie mit sich bringen. Sogar diejenigen unter uns, die für die Übergangsperiode die strengste Anwendung der zentralisierten Staatsmacht für notwendig oder unausweichlich hielten, betrachteten diesen Zustand nur als einen zeitlich begrenzten, der nach der Unterdrückung des Widerstandes der besitzenden Klassen aufhört. Zusammen mit den Klassen sollte auch die *Klassenherrschaft* verschwinden, die wir als die allein mögliche Form politischen Herrschens überhaupt ansahen. „Der Staat stirbt ab" ...

Aber die Geschichte, die „beste Marxistin", lehrte uns ein anderes. Sie lehrt uns, daß sich die „Verwaltung der Dinge" entgegen den Erwartungen von Engels in eine unbegrenzte „Herrschaft über Menschen" umwandeln und dadurch nicht nur zur Emanzipation des Staates von der Wirtschaft, sondern auch zur Unterwerfung der Wirtschaft unter die Träger der Staatsmacht führen kann. Ist sie einmal in Abhängigkeit vom Staat geraten, dann sichert die Wirtschaft die Fortexistenz dieser Staatsform. Dieser Umstand, daß ein derartiges Ergebnis in einer unwiederholbaren Situation eingetreten ist, die vor allem durch den Krieg geschaffen wurde, macht die marxistische Analyse nicht unmöglich, aber sie bringt eine Veränderung in diese unsere allzu vereinfachten und schematischen Vorstellungen von der Wechselbeziehung zwischen Wirtschaft und Staat, zwischen Wirtschaft und Politik, die in einer völlig anderen Epoche entstanden waren. Die Umwandlung des Staates in eine selbständige Kraft erschwert außerordentlich die ökonomische Charakteristik einer solchen Gesellschaft, in welcher die Politik, d.h. der Staat, die entscheidende und bestimmende Rolle spielt.

Und deshalb ist der Streit darüber, ob das Wirtschaftssystem der Sowjetunion „kapitalistisch" oder „sozialistisch" sei, nach meiner Ansicht völlig gegenstandslos. Es ist weder dies noch jenes. Es stellt eine *totalitäre Staatswirtschaft* dar, d.h. ein System, dem sich auch immer mehr die Wirtschaft Deutschlands und Italiens annähert.

Anmerkung der Redaktion (des *Socialističeskij vestnik*):

Wir drucken den vom Genossen R. Hilferding, einem der renommiertesten marxistischen Ökonomen, eigens für den ,,Sozialistischen Anzeiger" verfaßten Artikel zu dem in der letzten Nummer durch den Artikel von Worrall aufgeworfenen Thema hier ab. In einer der nächsten Nummern[2] werden wir uns dem Problem der Wechselbeziehung zwischen wirtschaftlichen und anderen (sozialen, politischen) Elementen der sozialistischen Ordnung erneut zuwenden.

Die Redaktion

R. Gil'ferding, Gosudarstvennyi kapitalizm ili totalitarnoe gosudarstvennoe chozjajstvo? In: Socialističeskij vestnic, Paris, Nr. 8 (460) v. 25. April 1940, S. 118–120. Deutsch in: Armin Hetzer (Hrsg.), Dokumente der Arbeiterbewegung, Bremen 1977.

---

2 Anm. d. Üb.: Dieses Vorhaben wurde offensichtlich durch den deutschen Einmarsch nach Frankreich zunichte gemacht.

Das historische Problem (1940)

Das nachfolgende Manuskript „Das historische Problem" entsteht im September 1940 im französischen Arles und wird zu Lebzeiten Hilferdings nicht mehr veröffentlicht.
Im Mai erhalten Rudolf Hilferding und Rudolf Breitscheid, dessen Frau und dessen Sekretärin die Erlaubnis der französischen Regierung, Paris zu verlassen. Im Juni wird Frankreich von deutschen Truppen besetzt. Die Vichy-Regierung unter Pétain verpflichtet sich, Auslieferungsbegehren der deutschen Regierung nachzukommen. Auch Hilferding und Breitscheid stehen auf einer Liste derjenigen Personen, die nicht legal ausreisen dürfen. Im Juli ist die Gruppe in Marseille und erhält Anfang August Einreisevisen von der amerikanischen Regierung.
Kurz bevor sich Hilferding via Oran–Casablanca einschiffen will, ordnet der Präfekt von Bouches de Rhône an, beide deutschen Politiker hätten sich nach Arles (ins Hôtel du Forum) in Zwangsaufenthalt zu begeben.
Nach Intervention bekannter Persönlichkeiten — darunter auch Heinrich Brüning — erhält die Gruppe am 27. Januar 1941 in Marseille dennoch ihre Ausreisepapiere. Doch kurz vor der Abfahrt Hilferdings werden die Visen am 31. Januar 1941 zurückgezogen. Unter dem Vorwand, sie vor den Deutschen schützen zu wollen, bringt französische Polizei Hilferding und Breitscheid am 9. Februar nach Vichy. Am 10. Februar werden sie ausgeliefert. Hilferding stirbt am 12. Februar in Gestapo-Haft im Gefängnis La Santé in Paris — ob durch Mord oder Selbstmord, ist ungewiß. Breitscheid wird nach Berlin überführt und im Januar 1942 im KZ Sachsenhausen, ab Herbst 1942 in Buchenwald interniert. Er stirbt nach einem Luftangriff auf Buchenwald am 24. August 1944. (Diese Darstellung folgt einem Bericht wahrscheinlich Fritz Heines, in: Erich Matthias [Hrsg.], Mit dem Gesicht nach Deutschland, Düsseldorf 1968, S. 482 ff.).
Rose Hilferding, die erst nach dem Abtransport ihres Mannes in Arles eintrifft, kann das angefangene Manuskript und mehrere Hefte mit Exzerpten vor einer Beschlagnahmung durch Gestapo-Beamte retten. Ihr selbst gelingt die Flucht nach New York. Eine Abschrift von Manuskript und Exzerpten gelangt durch sie am 2. März 1950 an Benedikt Kautsky, der „Das historische Problem" 1954 erstmals veröffentlicht (Zeitschrift für Politik, N.F., 1. Jg., S. 293–324).

Die nachfolgende Fassung folgt enger als Kautskys Edition dem handschriftlichen Original, es wurden lediglich geringfügige grammatikalische Korrekturen angebracht sowie die Marx-Zitate berichtigt.
Das Manuskript, das unter so schwierigen Bedingungen entstanden ist, ist ohne Zweifel der Beginn einer sehr weitreichenden Revision der eigenen, über Jahre verfolgten Position Hilferdings. Den Plan zu einer „neue(n) Erwägung der Marxschen Perspektive" faßt Hilferding schon früh. Man müsse die Klassenanalyse neu überdenken, schreibt er am 2. September 1937 an Kautsky. Die „Klassenschichtungen" seien nicht nur aus den ökonomischen Tendenzen abzuleiten, sondern auch aus der „Rückwirkung der Politik auf die Konservierung von sozialen Schichten". Vor allem aber stelle sich die Frage, ob das Klassenbewußtsein „auch wirklich sich bilden muß".
Hilferdings Analyse bricht mit vielen gesichert geglaubten Vorstellungen der Vorkriegssozialdemokratie. Unter dem Primat der Politik, die mit Zufällen und Individuen zu rechnen hat und nicht nur mit „objekten Gesetzmäßigkeiten", wird die Psychologie zu einem wichtigen Instrument der Analyse. Die sozialistische Theorie ist gezwungen, sich den Menschen und damit auch ihren irrationalen Motiven zuzuwenden.

Arles, 29. IX. 40

Kaum eine Generation verfügt über eine solche historisch-politische Erfahrung wie die, die die Ereignisse seit der Jahrhundertwende mit politischem Bewußtsein und politischer Anteilnahme verfolgt hat. Denn die Geschehnisse, deren Zeuge sie ist, sind einzigartiger singulärer Natur; sie fallen aus dem Rahmen des Erwarteten, aus dem bisherigen Verlauf zu Erschließenden heraus. Sie lassen sich vielleicht vergleichen mit denen, die Zeugen des Untergangs der römischen Welt gewesen sind.
Es gibt im Ablauf der Geschichte solche Ereignisse, welche plötzlich auftreten, ihr einen neuen Ausgangspunkt, eine neue Richtung geben, ihre bisherige Gesetzmäßigkeit ändern und eine andersartige Entwicklung begründen. Die Eroberung des weströmischen Reiches durch die Germanen, das Vordringen der Mohammedaner an die Küsten des Mittelmeers setzen der ökonomischen, politischen und kulturellen Herrschaft Roms ein plötzliches Ende; die Entwicklungstendenzen, die dieser Herrschaftsorganisation immanent waren und den Geschichtsablauf bestimmten, sind plötzlich unwirksam; neue Tendenzen entstehen, Inhalt und Schauplatz des geschichtlichen Werdens werden anders und andersartig. — Es sind Ereignisse, die gesetzt werden durch kriegerische Gewalt von großem Ausmaß und langer Dauer. Auch wenn ihrer Entstehung andere Ursachen zugrunde liegen, so wird ihre geschichtliche Wirkung im Lauf der kriegerischen Ereignisse gestaltet, zu de-

nen sie den Anlaß geben. Die Entdeckung Amerikas und des Seewegs nach Indien erhalten ihre definitive historische Funktion in den Kriegen, die England um die Suprematie mit Spanien, den Niederlanden und Frankreich auskämpft.

Die Gewalt ist entscheidend. Und das Verhältnis ist keineswegs so, daß die Ökonomie Inhalt, Ziel und Ergebnis der Gewalt bestimmt; der Ausgang der Gewaltentscheidung bestimmt seinerseits die Ökonomie. Es war die germanische und mohammedanische Eroberung, die die Agrarisierung Europas, das Aufhören des Handels, den Verfall der Städte, das Feudalsystem und die Hörigkeit bedingte. In der agrarischen Besitzverteilung der Gegenwart sind die Einwirkungen der ursprünglichen Besiedlung, der Eroberung, der Kolonisierung deutlich erkennbar, und die Modifikationen sind weit mehr als durch wirtschaftliche Ursachen durch die Revolutionen und durch die Art, in der die Staatsmacht die Bauernbefreiung vollzogen hat, bedingt.

Die Gewalt aber ist blind, ihr Ergebnis nicht voraussehbar. Schon das bedingt, daß die Erkenntnis der Gesetzmäßigkeit in der Geschichte auf Schranken stößt, daß wir nicht von der Notwendigkeit sprechen können im Sinne von Marx, sondern nur von Chance, im Sinne von Max Weber.

In eine solche Phase, welche die bisherigen Grundlagen des geschichtlichen Lebens ändert, ist die Menschheit mit dem Krieg von 1914 eingetreten. Der Ausbruch selbst folgt der alten Gesetzmäßigkeit. Die Ursachen lassen sich analysieren, die kapitalistischen Entwicklungen, die zu zunehmenden Spannungen führen, lassen sich nachweisen; damit sind freilich erst die soziologischen Bedingungen gegeben, in denen die kriegerische Auseinandersetzung möglich, ihr Inhalt und ihr Ausmaß bestimmt wird. Denn die ökonomischen Verhältnisse bedürfen der Umsetzung ins Politische.

Diese Umsetzung ist ein Prozeß, in dem die unmittelbar wirtschaftlichen Interessen und Motive eine Umwandlung erfahren. Denn der politische Überbau der Gesellschaft ist eine Macht für sich, mit ihren eigenen Organen, eigenen Tendenzen und eigenen Interessen. Zugleich mit der Entwicklung der modernen Wirtschaft geht die Entwicklung der Staatsmacht. Man übersieht nur zu leicht das ständige Anwachsen dieser Macht über die Beschränkung, die dieser Macht sei es gegenüber der Wirtschaft, sei es gegenüber dem Recht der Person auferlegt wird. Aber die Einschränkung der willkürlichen Machtausübung darf nicht darüber täuschen, daß die Staatsmacht selbst seit der Überwindung der feudalen Staatsorganisation in ständiger Zunahme gewesen ist. Die Staatsmacht war auch in der Blütezeit des Liberalismus objektiv stärker als in der Zeit des Absolutismus; sie war gegenüber der Wirtschaft und der Einzelpersönlichkeit latent, aber ihr Potential war beständig gewachsen.

Das politische Problem der Nachkriegszeit besteht in der Änderung des Verhältnisses der Staatsmacht zur Gesellschaft. Das Mittel ist die Unterwerfung der Wirtschaft unter die Verfügungsgewalt des Staates. In dem Maß, in dem diese Unterwerfung sich vollzieht, wird der Staat zum totalitären Staat, und das Ausmaß dieser Unterwerfung wird zum Gradmesser der Totalität und bildet den Unterschied zwischen den einzelnen Totalstaaten.

Man hat die den Kriegen unmittelbar vorausgehende Wirtschaftspolitik als Neo-Merkantilismus bezeichnet, und in der Tat bietet sie in einer Anzahl von Ländern mit ihrer Akzentuierung der Schutzzollpolitik, der bewußten Anwendung der Staatsmacht zur Beschleunigung der kapitalistischen Akkumulation und Expansion eine Reihe von Analogien zum Merkantilismus. Aber im Merkantilismus wie im Neo-Merkantilismus wird die Wirtschaft nicht dem Staat unterworfen. Umgekehrt: der Staat wird zum Mittel für die Wirtschaft, respektive für die die Wirtschaft beherrschenden Gruppen, um gewisse Wirtschaftsinteressen und Wirtschaftstendenzen zu fördern oder durchzusetzen, die zugleich seine eigenen Bedürfnisse befriedigen. Die merkantilistische und neomerkantilistische Periode ist zugleich die der raschen Entwicklung und Erstarkung der Staatsmacht. Aber der Staat, weit entfernt, die Autonomie der Wirtschaftsentwicklung aufzuheben, fördert die Bedingungen ihrer Entfaltung. Die Leitung der Wirtschaft, die Verfügungsgewalt der Unternehmer bleibt frei, und die merkantilistische Periode endet mit der Zurückdrängung des Staates aus der Wirtschaftssphäre im Liberalismus.

Der totale Staat unterwirft die Wirtschaft seinen eigenen Bedürfnissen; er legt ihr nicht allgemeine Regeln auf, er schafft keinen Rahmen, innerhalb dessen sich die Wirtschaft und die Produktionsagenten frei und unabhängig bewegen können, ihren eigenen Motiven folgend, ihre eigenen Wirtschaftszwecke erfüllend. Er unterwirft alle Wirtschaftszwecke und alle Wirtschaftsangehörigen unmittelbar seinen Befehlen. An Stelle der Wirtschaftszwecke der einzelnen Produktionsagenten setzt er seinen Staatszweck. Es ist diese Substituierung der Zwecke, die den totalen Staat charakterisiert, und das politische Problem besteht darin, zu erforschen, wieso es gekommen und wohin es führt.

Die auf Warenproduktion beruhende Gesellschaft entbehrt der zentralen bewußten wirtschaftlichen Regelung. Was und wieviel, an welchem Standort und mit welchen Mitteln produziert wird, bestimmt der Markt und die ihn beherrschenden autonom erscheinenden ökonomischen Gesetze. Sie wirken als automatische Regelung, unabhängig von dem Willen der einzelnen wie der Gesamtheit, wenn auch alle Wirtschaftsakte selbst durch den Willen der einzelnen Produktionsagenten verwirklicht werden. Das gesellschaftliche Bewußtsein besteht nur in seiner politischen Form, als Bewußtsein der Staatsleitung. Wie immer dieses gebildet, beeinflußt, determiniert wird, es ist in jedem Moment einheitliches zweckgerichtetes Bewußtsein, das über die Organe, den stets gewachsenen Staatsapparat, verfügt, seinem Willen Geltung zu verschaffen.

Die Entwicklung seit 1914 ist charakterisiert durch rasche Entartung dieser Staatsmacht, durch die Verselbständigung der ihr innewohnenden Eigeninteressen und Tendenzen gegenüber der Gesellschaft, durch die Ausdehnung ihrer Befugnisse auf bisher ganz oder teilweise staatsfreie gesellschaftliche Gebiete bis zur Unterwerfung der bisher autonom geregelten Domäne der Wirtschaft und der Wirtschaftsagenten. Es ist die Unterordnung des bisher gesellschaftlich Unbewußten unter das Staatsbewußtsein, die Erhebung des Staatsbewußtseins zum die Gesellschaft beherrschenden. Es ist eine singuläre

Erscheinung in einer durch kriegerische Gewalteinwirkung entstandenen singulären Situation.

Das theoretische Problem

Die Unterordnung des gesamten, geschichtlich relevanten gesellschaftlichen Geschehens unter das Staatsbewußtsein, den bewußten Staatswillen, bedeutet die Aufhebung der bisher von staatlicher Einwirkung freien, durch autonome Gesetze regulierten, gesellschaftlichen Domäne. Die Selbstregulierung der Wirtschaft wird beseitigt. Mit dieser Wirtschaftsform und ihrer Autonomie unlösbar verbunden, weil auf ihr beruhend, sind die Rechte der Persönlichkeit, die freie Verfügung über die Produktionsmittel, über die Arbeitskraft, die freie Entfaltung der Persönlichkeit, die freie Ausübung der Wissenschaft, die Meinungsfreiheit. Indem der Staat die Autonomie der wirtschaftlichen Gesellschaftssphäre aufhebt, hebt er zugleich die persönlichen Rechte auf. Indem er die Personen sich unmittelbar unterwirft, wird er zum totalen Absolutismus zum Unterschied von dem europäischen Absolutismus, der den Feudalismus überwindet und die Autonomie der Wirtschaft nicht nur nicht aufhebt, sondern die Vorbedingungen ihrer vollen Entfaltung schaffen hilft und unter dessen Herrschaft trotz aller Rückschläge und Willkürakte sich die Rechte der Persönlichkeit durchsetzen und insbesondere die Freiheit der geistigen Produktion.

Die Beseitigung der Sphäre der Autonomie ändert vollkommen die Grundlage, auf der sich die gesellschaftlichen Beziehungen bisher gestaltet haben. Ihre funktionellen Abhängigkeiten werden völlig andere, und damit ändert sich die geschichtlich-gesellschaftliche Gesetzmäßigkeit, die den Ablauf der historischen Ereignisse bestimmt hat. Denn wie immer man den Grad der Einwirkung auch eingeschätzt haben mag, sicher ist, daß das Verhältnis der autonom regulierten Sphäre gesellschaftlichen Geschehens zu der der bewußten und gewollten politisch-staatlichen Aktion von entscheidendem Einfluß gewesen ist. Die Verabsolutierung und Verselbständigung der Staatsmacht modifiziert oder beseitigt jedenfalls die bisher wirksamen kausalen Zusammenhänge. Den Gegenstand der Untersuchung bildet nicht mehr das Verhältnis der Ökonomie – in ihrem weitesten Sinn – zur Politik, ihre gegenseitige Bedingtheit und ihr Aufeinanderwirken. Die Staatsmacht hat sich die Ökonomie unterworfen, bestimmt ihren Gang, ist ihr Herr geworden; sie bestimmt allein ihr Verhalten zu der ihr unterworfenen Wirtschaft, nicht die Wirtschaft ihrerseits den Staatswillen.

Der Hinweis nützt nichts, daß die Staatsmacht auch dann an das Ausmaß der vorhandenen Produktionskräfte, der sachlichen und menschlichen, gebunden bleibt. Denn hier handelt es sich jeweilig um technische Schranken, die natürlich in einem gegebenen Moment immer vorhanden, deren Überwindung unter Umständen einen Inhalt der Staatspolitik bilden mag. Das Wichtige ist vielmehr, daß die Autonomie, die sozial-ökonomische Selbständigkeit dieser wichtigen, ja bisher fundamentalen gesellschaftlichen Sphäre nicht mehr vorhanden ist, damit aber auch der gesetzmäßige Einfluß, den sie bisher auf die gesellschaftlich bewußte Sphäre, eben die staatliche, ausgeübt hat. An die Stelle der bisherigen geschichtswissenschaftlichen Fragestellung tritt eine neue infolge der durch die Staatsgewalt herbeigeführten Änderung des bisherigen gesellschaftlichen Kausalzusammenhangs, die Frage, was bestimmt nunmehr den Inhalt der Staatspolitik. Da die Träger der Staatspolitik bewußte und wollende Personen sind, was bestimmt ihren subjektiven Willen? An Stelle eines, wenigstens in bestimmten Grenzen objektiven Zusammenhangs, scheint sich so ein rein psychologisches Problem zu ergeben.

Wenn die Entwicklung der Philosophie die Befreiung des Geistes von den Schranken der Theologie bedeutet, die dem 18. Jahrhundert seinen hohen geisteswissenschaftlichen Rang gibt, so emanzipiert sich im neunzehnten Jahrhundert das wissenschaftliche Denken von den Verführungen und Versuchungen der philosophischen Spekulation. Man darf in der Tat über den erkenntniskritischen und methodologischen Leistungen des philosophischen Denkens, die so viel zur Klarheit des wissenschaftlichen beigetragen haben, nicht den Anspruch der Philosophie vergessen, in der Natur-, Staats- und Geschichtsphilosophie die wissenschaftliche Erkenntnis spekulativ vorwegzunehmen, an die Stelle der notwendigerweise stets unvollendeten, weil stets fortschreitenden, wissenschaftlichen Forschung das endgültige Resultat des philosophischen Systems zu setzen. Am radikalsten setzt der Fortschritt der Naturwissenschaft der Naturphilosophie ein Ende. Vielleicht noch entscheidender als die Ergebnisse der mechanischen Naturwissenschaft wird die Entstehung und Entwicklung der Biologie, die die Stellung, die der Mensch in dem bisherigen philosophischen Weltbild eingenommen hatte, grundlegend verlegt und zugleich den Entwicklungsgedanken, den sie seines philosophisch-spekulativen Charakters entkleidet, in der wissenschaftlich erkennbaren Realität entdeckt.

Noch blieb aber der Philosophie das für das Bewußtsein des Menschen im Mittelpunkt stehende Gebiet des gesellschaftlichen Zusammenhanges und der geschichtlichen Entwicklung vorbehalten. Ihren Höhepunkt hatte sie im System Hegels erreicht. Hegel sieht in der Geschichte die Verwirklichung des Weltgeistes. Er zeigt zugleich den Weg, den diese Verwirklichung einschlägt, die der Vernunft eigene, ihr allein gemäße Art, sich in der Welt der Erscheinungen zu realisieren. Diese Bewegungsform der Vernunft ist die Dialektik. Das einmal in der Natur wie in der Gesellschaft durch die Vernunft Gesetzte, Gegebene, die Thesis, wird im Fortschreiten der Vernunft, die ihren Widerspruch verwirklicht, zur Antithese, die selbst wieder in neuem Fortschreiten zur Synthese wird, in der die Elemente der bisher widersprechenden Glieder zu einer höheren Einheit vereinigt werden. Der ontologische Widerspruch, den die Vernunft fortschreitend in der Wirklichkeit realisiert, ist als Verfahrensweise der Vernunft zugleich ein logischer und als solcher dem Denken erkennbar; denn wir kennen das gesetzmäßige, notwendige, eindeutige Vorgehen der Vernunft: den dialektischen Prozeß, den sie vollzieht. Die metaphysische Voraussetzung – das Dasein des Weltgeistes – einmal angenommen, wird die Geschichte zu einer ständig fortschreitenden Entwicklung. Der Evolutionsgedanke wird für das Reich der Gesellschaft postuliert. Es ist zugleich eine gesetzmäßige Evolution; denn in der Verwirklichung der Vernunft ist zugleich der kausalmäßige Zusammenhang gegeben, die Folge erwächst aus der Ursache, wie sie der dialektische Prozeß notwendig setzt, und dieser Kausalzusammenhang ist erkennbar. Die geschichtliche Einsicht ist nicht nur Erkenntnis der Vergangenheit ex post, sie ist auch prinzipiell fähig der Erkenntnis der Zukunft und ist so Prophetie.

Die sich allmählich entwickelnde Gesellschafts- und Geschichtswissenschaft dringt, namentlich in England und Frankreich unabhängig von der Philosophie, zum Entwicklungsgedanken vor und fragt, über die bisherige Beschreibung hinausgehend, ihrerseits nach den Gesetzen der gesellschaftlichen Evolution, also nach dem sie bestimmenden Kausalzusammenhang. Sie sucht ihn in der Erfahrung, im Ablauf der historischen Ereignisse. Es ist die Auflösung und Überwindung der philosophischen Spekulation.

In diesen autonomen – das heißt, ihren eigenen wissenschaftlichen Methoden folgenden, unabhängig von der philosophischen Spekulation – Entwicklungsgang der Geschichtswissenschaft fällt, ihn vorwegnehmend und zugleich beschleunigend, die systematische und totale Überwindung der philosophischen Spekulation, der philosophischen Methode in ihrer Anwendung auf die Gesellschaft überhaupt. Gegenüber Hegels Metaphysik, die den wirklichen Hergang der gesellschaftlichen Evolution und ihre Gesetzmäßigkeit mystifiziert, setzt Marx die wissenschaftliche Forschungsmethode. Was bruchstück- und annäherungsweise in dem bisherigen Gange der Gesellschafts- und Geisteswissenschaft enthalten war, wird systematisch zusammengefaßt und in dieser Zusammenfassung dem System Hegels entgegengesetzt. Indem er sich an Hegel, dem damaligen Beherrscher des deutschen Geisteslebens, orientieren mußte, mußte die Auseinandersetzung zu einer umfassenden, radikalen werden. Die Hegelsche Systematik erzwang die Systematik der Negation.

Diese Negation ist nichts weniger als die Negation der Geschichtsphilosophie durch die Konstituierung der Geschichte, der Gesellschaftswissenschaft, deren Zweig sie ist, überhaupt als Wissenschaft. Dazu war notwendig, den Inhalt des wissenschaftlichen Erkennens zusammenfassend aufzuzeigen, und die Methode der Erforschung. Denn eben dies hatte Hegel durch sein System zu leisten geglaubt. Die Marxsche Geschichtsauffassung ist also ihrem Anspruch nach die Überwindung der philosophischen Spekulation durch die Wissenschaft; sie leistet dasselbe für die Gesellschaftswissenschaft, was die mechanische Naturwissenschaft und Biologie in der Überwindung der Naturphilosophie geleistet haben, die, soweit sie noch existiert, gegenüber den objektiven Ergebnissen der Forschung in die Rolle eines subjektiven Gedankenspiels zurückgedrängt ist.

Marx hat seine Geschichtsauffassung die materialistische Geschichtsauffassung genannt. Der unglückselige Name hat nicht wenig zu immer wiederkehrenden Mißverständnissen und unfruchtbaren Polemiken geführt. Die Bezeichnung ist allerdings erklärlich. Indem Marx die Philosophie Hegels aufhob, befand er sich selbst noch im Bannkreis dieser Philosophie; indem er sie „negierte", glaubte er, sich noch ihrer dialektischen Methode zu bedienen. Der idealistischen Spekulation stellte er deshalb seine materialistische Auffassung gegenüber, während es sich in Wirklichkeit um den Gegensatz der wissenschaftlichen Forschung zur philosophischen Spekulation handelt, wie Marx selbst immer wieder feststellt. Der Inhalt dieser Forschung deklariert die Marxsche Geschichtsauffassung als soziologische Geschichtsauffassung. Was das bedeutet, muß die nähere Analyse ergeben.

Die Marxsche Geschichtsauffassung

In dem Vorwort zu seiner Schrift „Zur Kritik der politischen Ökonomie" sagt Marx:
„Meine Untersuchung (des Systems Hegels) mündete in dem Ergebnis, daß Rechtsverhältnisse wie Staatsformen weder aus sich selbst zu begreifen sind noch aus der sogenannten allgemeinen Entwicklung des menschlichen Geistes, sondern vielmehr in den materiellen Lebensverhältnissen wurzeln ... In der gesellschaftlichen Produktion ihres Lebens gehen die Menschen bestimmte, notwendige, von ihrem Willen unabhängige Verhältnisse ein, Produktionsverhältnisse, die einer bestimmten Entwicklungsstufe ihrer materiellen Produktivkräfte entsprechen. Die Gesamtheit dieser Produktionsverhältnisse bildet die ökonomische Struktur der Gesellschaft, die reale Basis, worauf sich ein juristischer und politischer Überbau erhebt, und welcher bestimmte gesellschaftliche Bewußtseinsformen entsprechen. Die Produktionsweise des materiellen Lebens bedingt den sozialen, politischen und geistigen Lebensprozeß überhaupt. Es ist nicht das Bewußtsein der Menschen, das ihr Sein, sondern umgekehrt ihr gesellschaftliches Sein, das ihr Bewußtsein bestimmt. Auf einer gewissen Stufe ihrer Entwicklung geraten die materiellen Produktivkräfte der Gesellschaft in Widerspruch mit den vorhandenen Produktionsverhältnissen oder, was nur ein juristischer Ausdruck dafür ist, mit den Eigentumsverhältnissen, innerhalb deren sie sich bisher bewegt hatten. Aus Entwicklungsformen der Produktivkräfte schlagen diese Verhältnisse in Fesseln derselben um. Es tritt dann eine Epoche sozialer Revolution ein. Mit der Veränderung der ökonomischen Grundlage wälzt sich der ganze ungeheure Überbau langsamer oder rascher um. In der Betrachtung solcher Umwälzungen muß man stets unterscheiden zwischen der materiellen, naturwissenschaftlich treu zu konstatierenden Umwälzung in den ökonomischen Produktionsbedingungen und den juristischen, politischen, religiösen, künstlerischen oder philosophischen, kurz ideologischen Formen, worin sich die Menschen dieses Konflikts bewußt werden und ihn ausfechten. So wenig man das, was ein Individuum ist, nach dem beurteilt, was es sich selbst dünkt, ebensowenig kann man eine solche Umwälzungsepoche aus ihrem Bewußtsein beurteilen, sondern muß vielmehr dies Bewußtsein aus den Widersprüchen des materiellen Lebens, aus dem vorhandenen Konflikt zwischen gesellschaftlichen Produktivkräften und Produktionsverhältnissen erklären."

Es sei zunächst nochmals mit Nachdruck festgestellt, daß es sich bei dieser fälschlich materialistisch genannten Geschichtsauffassung nicht um die ontologische, metaphysische oder erkenntniskritische Frage des Verhältnisses von Geist und Materie handelt. Es handelt sich um eine Methode, um zur wissenschaftlichen Erkenntnis des geschichtlichen Geschehens zu gelangen.
Das Verhältnis der Geschichtswissenschaft zur Philosophie ist prinzipiell genau das gleiche wie das der Naturwissenschaft, der Biologie oder der Nationalökonomie. Es ist Sache der Erkenntniskritik, aus den jeweiligen Ergebnissen der Wissenschaft die Ergebnisse zu ziehen, etwa zu prüfen, welche Modifikationen die moderne Relativitätstheorie für Kategorien wie Zeit, Raum und Kausalität bedeuten mag, welches philosophische Weltbild, wenn das metaphysische Bedürfnis darauf nicht verzichten will, mit den Resultaten der Gesellschaftswissenschaft in Einklang bleibt. Aber wenn einst Theologie und philosophische Spekulation der wissenschaftlichen Forschung bestimmte Erkenntnisse als feststehend vorschreiben, bestimmte Erkenntniswege als allein zulässig oktroyieren wollten, so hat sich das Verhältnis umgekehrt. Die Wissenschaft formt autonom ihre Forschungsmethoden, und ihre Ergebnisse sind die Daten für die Erkenntniskritik. Andrerseits zieht die Marxsche Geschichts- und Gesellschaftsauffassung ebensowenig die Zustimmung zu einer bestimmten Erkenntniskritik oder zu einem bestimmten philosophischen System nach sich wie etwa die Biologie. Unvereinbar mit jeder Wissenschaft ist das durch Spekulation gesetzte Dogma. Aber welche Verarbeitung der wissenschaftlichen Resultate in der Erkenntniskritik die richtige, mit ihren eigenen Erkenntnissen und den von ihr selbst gefundenen Forschungsmethoden übereinstimmende ist, das ist eine selbständige, eben von der Erkenntniskritik zu lösende Aufgabe.
Die Erscheinung ist deshalb durchaus verständlich, daß der Marxist, wie der Naturwissenschaftler auch, sobald er zu erkenntniskritischen Problemen Stellung nimmt, dies nicht als Marxist, der nun seinerseits dogmatisch erkenntniskritische Resultate heranbringt, tun kann, sondern eben als Erkenntniskritiker. Das erklärt, warum der Marxismus ebensowenig als solcher eine bestimmte philosophische Anschauung postulieren kann, wieso in der Tat Marxisten, die sich mit diesen Problemen beschäftigen, ebensowenig philosophische Schlußfolgerungen auf Grund ihrer spezifischen wissenschaftlichen Einsicht a priori ziehen können wie andere Wissenschaftler. Es ist unmöglich, den Marxismus irgendeinem philosophischen System zuzurechnen.
Der Grundbegriff der Marxschen Geschichtsauffassung ist das Produktionsverhältnis. Es ist ein menschliches, gesellschaftliches Verhältnis. Es handelt sich nicht um die individuelle Beziehung zwischen einem Menschen und einem gewissen Quantum von Produktivkräften, nicht um das technische Verhalten des einzelnen in der Anwendung seiner Werkzeuge und in der Benutzung des Grunds und Bodens, sondern um das Verhältnis der Menschen zueinander, der, dadurch daß sie und wie sie produzieren, vergesellschafteten Menschen. Das Produktionsverhältnis ist also kein mechanisch-natürlicher

Zustand, sondern ein soziales Sein, das die denkenden, wollenden, handelnden Menschen „eingegangen" sind, oder, wie es vielleicht präziser heißen mag, in dem sie sich jeweils befinden. Weit entfernt, daß die „Produktivkräfte" in ihrem sinnlich-natürlichen Zustand das jeweilige Denken und Wollen mystisch erzeugen, ist es das gesellschaftliche Zusammenwirken der Menschen in der Erzeugung ihrer Bedürfnisse, das erst aus Holz, Steinen, Grund und Boden, kurz Naturprodukten, Produktivkräfte macht, in dem Ausmaß, das ihr gesellschaftliches Zusammenwirken jeweils ermöglicht.

Für das Produktionsverhältnis ist also der denkende, wollende und handelnde Mensch, der wirkliche Mensch mit seinen Bedürfnissen und Interessen, die Voraussetzung. Deshalb hat der junge Marx zuerst seine neue, Hegel entgegengesetzte Auffassung naturalistische oder humanistische nennen wollen. Denn der nachhegelschen Philosophie, die an der Aufklärung des Systems, aber noch in den Schranken des Systems selbst, arbeitet, ist gemeinsam das Bestreben, an Stelle der Entwicklung des Weltgeistes die Entwicklung des wirklichen Menschen zu setzen. Was aber Marx von dem Humanismus Feuerbachs und anderer unterscheidet, ist, daß er an Stelle eines abstrakten Menschen und den ihm zugeschriebenen Eigenschaften den wirklichen, historisch sich in bestimmten gesellschaftlichen Bedingungen entwickelnden Menschen setzt und nach der Gesetzmäßigkeit dieser gesellschaftlichen Bedingungen fragt. Naturalistisch und humanistisch wären zu enge Begriffe gewesen, während „materialistisch" in einem neu umschriebenen Sinn eine Art Synthese der beiden Begriffe hätte bezeichnen können.

Das Produktionsverhältnis ist also das Verhältnis der Menschen zueinander und zu den vorhandenen Produktivkräften. Als solches ist es stets zugleich ein Eigentumsverhältnis, „was nur ein juristischer Ausdruck dafür ist", also ein Rechtsverhältnis. Das Recht mag noch so primitiv sein, noch nicht kodifiziert, nur als konventionelles und Gewohnheitsrecht existieren, ohne Recht existiert kein gesellschaftliches, kein Produktionsverhältnis. Die „Produktivkräfte" produzieren also nicht das Recht oder Rechtsideen, wie etwa nach einem naturwissenschaftlichen Materialismus, der aber mehr als Popanz denn als Lehre existiert, gewisse materielle Verbindungen oder Schwingungen als Ideen erscheinen. Vielmehr werden die natürlichen Gegenstände erst Produktivkräfte in einem Produktionsverhältnis, das die Menschen eingehen in den von ihnen vorgefundenen, ihnen gegebenen natürlichen Bedingungen, die sie selbst durch ihr gesellschaftliches Verhalten ständig verändern. Das Produktionsverhältnis ist also immer zugleich ein Rechtsverhältnis, jeder ökonomischen Struktur ist ein bestimmtes Eigentums-, also Rechtsverhältnis immanent.

Ein Rechtsverhältnis ist aber immer auch ein Macht-, also ein politisches Verhältnis. Denn Recht setzt die Macht voraus, die ihm Geltung verschafft. Diese Macht mag rudimentär und beschränkt sein, traditionell und auf natürlichen, Blutsverwandtschaftsbeziehungen beruhend, wie sie der oder die Stammesältesten ausüben, aber sie ist zugleich mit dem Produktionsverhältnis gegeben, eines seiner notwendigen Bestandteile. Sie ist die das Produktionsverhältnis mit Bewußtsein regierende Gewalt, Staatsmacht, deren Aus-

dehnung und Ausübung selbst in der Natur des jeweiligen Produktionsverhältnisses wurzelt.[1]
Der Staat ist die mit Exekutivgewalt ausgestattete bewußte Organisation der Gesellschaft. Er ist also seinem Wesen nach Machtorganisation. Mit seiner Existenz sind zwei Probleme gegeben.
Ein Teil der gesellschaftlichen Vorgänge ist seiner direkten Befehlsgewalt unterworfen, bewußt geregelt. Ein anderer Teil bleibt außerhalb dieser direkten staatlichen Regelung. Er unterliegt eigenen, vom staatlichen Befehl nicht erfaßten und in diesem Sinne autonomen Gesetzen, wie etwa die Wirtschaft, aber auch das ganze Geistesleben im (typisch gedachten) liberalen Staat, wenn auch diese Autonomie sich jeweils nur im Rahmen des vom Staate fixierten und von ihm geschützten Rechts vollziehen kann. In jedem gesellschaftlichen Zustand ergibt sich die Frage einmal nach den autonomen Gesetzen der staatsfreien Sphäre, sodann nach der Struktur und den Eigeninteressen der Staatsmacht und schließlich nach der gegenseitigen Abhängigkeit, dem gegenseitigen Verhältnis dieser beiden Sphären, der bewußt geregelten staatlichen und der staatsfreien, autonomen gesellschaftlichen Sphäre. Es sind Fragen, die sich bei jedem Produktionsverhältnis, auch dem einfachsten, im Prinzip stellen. Der Kampf der staatsfreien Sphäre mit der Staatsmacht kann doppelten Inhalt haben: Kampf um Beeinflussung oder Beherrschung der Staatsmacht durch die führende und mächtigste Gruppe der staatsfreien Sphäre und Kampf gegen die Staatsmacht um Behauptung oder Erweiterung der staatsfreien Sphäre durch Einschränkung der Staatsmacht überhaupt.
Zweitens entwickelt sich der Staat zu einer eigenen Machtorganisation mit eigenen Organen. Als Machtorganisation gewinnt der Staat eine gewisse Selbständigkeit gegenüber der Gesellschaft oder deren Teilen und hat seine eigenen Interessen: Behauptung und Vermehrung seiner Macht nach innen und nach außen, Förderung jener Entwicklungstendenzen der autonomen Sphäre, die seinen eigenen Interessen gemäß sind, Hemmung der anderen. Aber zugleich unterliegt die Staatsmacht den Einflüssen, die von der staats-

---

1 Friedrich Engels hat auf Grund seiner prähistorischen Studien den Begriff des Staates auf die organisierte politische Macht in den Klassengesellschaften eingeschränkt. So wichtig der Unterschied zwischen Klassen- und klassenloser Gesellschaft ist, so ist nicht recht einzusehen, warum die in jeder Gesellschaft notwendigerweise vorhandene oberste organisierte politische Gewalt nicht als Staatsmacht bezeichnet werden sollte, es sei denn, man hege die geschichtlich nicht gerechtfertigte Vorstellung eines nicht juristisch geregelten, ohne gesellschaftliches Exekutivorgan funktionierenden Produktionsverhältnisses. Die Engelssche Vorstellung blieb aber lange Zeit maßgebend für den sozialistischen Sprachgebrauch namentlich in Deutschland. Es erschien abwegig, von einem „sozialistischen Staat", von einem „Volksstaat" zu sprechen, da nach Aufhebung der Klassen auch der „Staat" verschwände. Man sprach von einer sozialistischen Gesellschaft oder Gemeinschaft und ertrug mit einem gewissen Stolz den Vorwurf der Staatsfeindschaft, den die Gegner erhoben.

freien gesellschaftlichen Sphäre ausgehen. Die Staatsmacht ist so ein selbständiger Faktor von eigener Bedeutung, eigener Aktionsfähigkeit, andrerseits Produkt der Gesellschaft, deren Kräfte immer wieder ihr Verhalten zu bestimmen suchen. Aber es ist falsch, die Eigenbedeutung der Staatsmacht zu übersehen und sie nur als reines Exekutivorgan einer gesellschaftlichen Gruppe zu betrachten. Man darf nicht die Interessen der Staatsmacht mit den Interessen einer gesellschaftlichen Gruppe einfach gleichsetzen, zumindestens nicht in jedem gesellschaftlichen Zustand und nicht in vollem Umfang. Die Staatsmacht ist in wechselndem Maß und mit wechselnder Intensität ein selbständiger Faktor des historischen Geschehens.
Die Kämpfe der sozialen Gruppen und Klassen sind teils Kämpfe untereinander, die sich in der staatsfreien, gesellschaftlich nicht bewußt geregelten Sphäre abspielen (z.B. Kämpfe der Arbeiter- mit den Unternehmerorganisationen um den Anteil am Arbeitsertrag unter der rechtlichen Voraussetzung der Koalitionsfreiheit), teils Kämpfe der Klassen um den Anteil an der Staatsmacht. Von diesen Kämpfen wird die Staatsmacht selbst in ihren Machtinteressen unmittelbar betroffen, und sie greift dann je nach Lage dieser Interessen in den Kampf als wichtiger selbständiger Faktor ein. Diese staatlichen Interessen können zwar mit sozialen Gruppeninteressen zusammenfallen, dies braucht aber durchaus nicht in jedem Fall und in vollem Umfang der Fall zu sein. Das Resultat dieser Kämpfe kann, namentlich wenn sie zu einer Stärkung der Staatsmacht geführt haben, rückwirkend zu einer Änderung und Modifikation auch jener sozialen Gruppeninteressen führen, die die Staatsmacht vor Ausbruch dieser Kämpfe zu beherrschen schienen. Diese Konstellation wird am ehesten bei einem gewissen Gleichgewicht der Klassenkräfte eintreten.
Das „Produktionsverhältnis" ist also keineswegs eine einfache natürliche Sache, weder eine Summe von Naturgegenständen, die zur Produktion menschlicher Bedürfnisse dienlich sein können, noch auch das Verhältnis des Menschen zu diesen Gegenständen. Denn dieses bliebe ein rein technisches Verhältnis, das man sich zur Not abstrakt als Beziehung eines isolierten Menschen konstruieren könnte, das aber in der geschichtlichen Wirksamkeit sich nur in der Gesellschaft entwickeln konnte. Das Produktionsverhältnis ist vielmehr stets die Summe der Beziehungen der Menschen untereinander, die diese eingehen, in die sie gestellt sind, um ihre Bedürfnisse zur Erhaltung und Förderung ihres Lebens produzieren zu können. Es sind die Beziehungen der für und durch die Produktion in bestimmter, konkreter Art vergesellschafteten Menschen. Das Produktionsverhältnis, die ökonomische Struktur ist also keine Naturgegebenheit, sondern eine gesellschaftliche Erscheinung und als solche immer auch rechtliche und politische Beziehung, deren Inhalt durch die Bedürfnisse der Produktion bestimmt ist.
Ein Einwand gegen diese Auffassung ist naheliegend. Begehen wir nicht einen ähnlichen Fehler wie jene Metaphysiker, die, um den Dualismus zu vermeiden, dem Element, der Monade, aus der sie die Welt zusammengesetzt sein lassen, zugleich materielle und geistige Eigenschaften zuschreiben? Aber der Einwand übersieht gerade, daß es sich um kein metaphysisches Problem,

sondern um eine wissenschaftliche Fragestellung handelt. Ebenso wie für die Naturwissenschaft die Körperwelt einerseits und der Mensch mit seinem Erkenntnisvermögen Gegebenheiten sind, von denen sie ausgeht, so sind für die Geschichtswissenschaft der konkrete, denkende, wollende, handelnde, vergesellschaftete Mensch einerseits, die Bedingungen der Umwelt, unter denen er handeln muß, andererseits, die Gegebenheiten, die den Gegenstand ihrer Untersuchung bilden. Die Bedingungen der Umwelt sind doppelter Natur: einerseits die natürlichen Bedingungen — geographische Lage, Klima, Bodenbeschaffenheit, Rasse etc. —, andererseits die durch das soziale Verhältnis gesetzten Bedingungen, wie etwa Art und Umfang der Kooperation, Organisation der Arbeit (Arbeitsverfassung) etc. Das Problem ist, wie die natürlichen und die fundamentalen, d.h. zur Produktion des Lebens eingegangenen Produktionsverhältnisse auf den Willen, das Bewußtsein und das Handeln der Menschen einwirken. Es ist also die Frage nach der Determination des menschlichen Willens, soweit er geschichtlich relevant ist.
Die Lehre von der Determination des Willens gehört keineswegs zu einem bestimmten philosophischen System. Sie ist die denknotwendige Anwendung des Kausalitätsgesetzes. Sie hat also mit philosophischem Materialismus nichts zu tun. Die beste erkenntniskritische Begründung des Determinismus ist vielleicht heute noch Schopenhauers Abhandlung „Über die vierfache Wurzel des Satzes vom zureichenden Grunde", in der zugleich der Unterschied der „mechanischen" Kausalität und der Motivation klar umschrieben wird. Und Schopenhauer vertrat ein idealistisches und metaphysisch-spekulatives philosophisches System.
Ebensowenig hat die Lehre vom Determinismus des Willens irgend etwas mit Fatalismus zu tun. Denn sie leugnet so wenig den Willen, daß sie ihn vielmehr in seiner Aktion voraussetzen muß. Wenn ich von zwei Männern, die sich zu einem Wettlauf anschicken, alle körperlichen Eigenschaften, ihre Muskelkraft, die Kapazität ihrer Lungen und ihres Herzens, den Grad des Trainings etc. kenne, dann werde ich den Sieger im voraus bezeichnen können. Aber, natürlich, beide müssen laufen wollen! Beide müssen alle Energien einsetzen wollen. Wenn der eine aus irgendeinem Grunde, den ich nicht vorausgesehen habe — Mangel meiner Kenntnis, aber nicht Mangel eines „zureichenden Grundes"! — sich hinlegt statt zu laufen, dann hat meine Erkenntnis getrogen — deshalb, weil sie unvollständig war. Erkenntnis der Gründe des Handelns läßt für den Betrachter dieses Handeln als Notwendigkeit erscheinen. Aber diese Notwendigkeit wird zur Wirklichkeit eben nur durch das Handeln. Die Einsicht in die Notwendigkeit eines geschichtlichen Ablaufs setzt immer voraus, daß die Motive, die ich zu erkennen glaube, wirklich die Handlungen der Menschen in Bewegung setzen werden. Unterlassen die Menschen die Handlungen, vollziehen sie andere, so war meine Einsicht falsch und muß korrigiert werden, um die richtigen Motive zu finden.
Zu den Motiven geschichtlichen Handelns, also zu den Determinanten des geschichtlich relevanten Willens, gehört z.B. die Erkenntnis der wirklichen Interessen der miteinander ringenden sozialen Gruppen, die Erkenntnis des

zur Erreichung des Zieles einzuschlagenden Weges, der Mittel zur Verwirklichung usw. Die Verbreitung dieser Erkenntnis ist selbst ein unerläßliches Mittel der Willensbeeinflussung. Die Aufklärung und Zusammenfassung der für das Ziel zu gewinnenden Kräfte ist so ein notwendiger Bestandteil der geschichtlichen Verwirklichung, und deshalb ist die wirkliche oder vermeintliche Kenntnis der Willensdeterminanten, d.h. der für die geschichtlichen Handlungen wirksamen Motive, kein Hindernis, sondern vielmehr ein Ansporn für die Entfaltung aller Energie, um diese Motive zur Erkenntnis und damit zu erhöhter oder zur Wirksamkeit überhaupt zu bringen.

Willensdeterminanten und Fatalismus unterscheiden sich danach nicht etwa dem Grade nach, sie stehen in prinzipiellem Widerspruch. Fatalismus ist überhaupt kein dem kritischen Bewußtsein standhaltendes Verhalten. Er ist Quietismus, Untätigkeit, Verzicht auf Wollen und Handeln; er ist Resignation, entspringend sei es aus vermeintlichem oder wirklichem Unvermögen, Motive für das Handeln zu erkennen, oder aus der Überzeugung, daß das Handeln nutzlos sei, weil der zu erreichende Zweck – z.B. die Erhaltung des Lebens im Schützengraben während des Trommelfeuers – doch nicht durch das eigene Wollen erreicht werden kann. Der Determinismus sucht dagegen die Motive zu erkennen, die die Entfaltung der menschlichen Energie bestimmen und kommt zu seinem Resultat nur dadurch, daß er die Betätigung dieser Energie in seine Berechnung einsetzt.[2]

Aber so denknotwendig die Lehre von der Motivation des Willens als eines Spezialfalls der Anwendung des Kausalitätsgesetzes ist, es ändert nichts daran, daß im individuellen wie im gesellschaftlichen Bewußtsein die Lehre von der Willensfreiheit dominiert. Für das Individuum ist es zunächst eine psychologische Tatsache, daß dem Entschluß zum Handeln die Überlegung vorausgeht, die von dem bestimmten Gefühl der Entschluß- und Wahlfreiheit begleitet ist. Es ist die Zeit, wo die verschiedenen Motive, die sein Handeln bestimmen, in sein Bewußtsein eintreten, mit mehr oder weniger Klarheit erfaßt werden, die einen Motive eine Zeitlang hinter anderen zurücktreten, verschwinden, um wieder hervorzutreten. Dieses Stadium, in dem die Motive miteinander ringen, das Bewußtsein ihre Bedeutung abwägt, also dieses Stadium der Unentschiedenheit, des Zweifelns, das der Handlung vorausgeht, bis schließlich das entscheidende Motiv die Oberhand gewinnt, ist notwendigerweise von dem Gefühl der Wahl- und Entscheidungsfreiheit begleitet. Es sind meine Motive, zwischen denen ich wähle. Ich bin der Urheber meiner Taten. Keine nachträgliche wissenschaftliche oder erkenntnis-

---

[2] Es ist also nur erkenntniskritische Naivität, wenn Eduard Bernstein die Marxsche Geschichtsauffassung dahin interpretiert, es sei von ihrem Standpunkt die sozialistische Agitation zur Herbeiführung des Sozialismus ebenso überflüssig wie eine Propaganda für die Rotation der Erde um ihre Achse, oder wenn Werner Sombart meinte, man brauche doch auch für das Zustandekommen einer Mondfinsternis keine politische Partei zu gründen, nachdem man erkannt habe, daß das Ereignis durch gesetzmäßig wirkende Zwangsläufigkeit ohnehin absolut gesichert sei.

kritische Einsicht kann dieses Gefühl der Spontaneität meines Entschlusses aufheben (was übrigens auch gar nicht der Zweck dieser erkenntniskritischen Besinnung wäre), weil nur so, das heißt begleitet von der Wahl zwischen den divergenten, möglichen Motiven, das menschliche Handeln zustande kommt.
Für die Gesellschaft aber ist die Willensfreiheit eine notwendige Fiktion, auf der der gesellschaftliche Zusammenhang beruht. Denn ohne sie gäbe es nicht die Möglichkeit, das Individuum zur Verantwortung vor der Gesellschaft zu ziehen, es der gesellschaftlichen Regelung zu unterwerfen und es in dieser zu erhalten. Das Strafrecht (im weitesten Sinne), die konventionellen, durch die öffentliche Meinung gesetzten wie die kodifizierten Moralvorschriften, die Religionen, kurz alle gesellschaftlichen Ansprüche an das individuelle Verhalten setzen die Verantwortlichkeit, also die Wahlfreiheit, die Willensfreiheit des Individuums voraus. Das ändert nichts daran, daß für die wissenschaftliche Betrachtung umgekehrt alle diese Vorschriften und eventuell die Strafbestimmungen gegen ihre Verletzung als wichtige und oft ausschlaggebende Überlegungen in das individuelle Bewußtsein eingehen und seinen Willen mit Notwendigkeit determinieren.

*Die objektive Analyse des Produktionsverhältnisses
und ihre psychologische Verarbeitung*

Die geschichtswissenschaftliche Frage ist die Frage nach den Determinanten der geschichtlich relevanten Willensbildung. Es sind die Interessen, die den Willen determinieren. Mit jedem Produktionsverhältnis sind zugleich soziale Gruppierungen gegeben. Die Gruppen sind charakterisiert durch ihre Stellung im Produktionsprozeß. Die unmittelbaren konkreten Interessen, die im Produktionsverhältnis entstanden sind, bestimmen das Verhalten der Gruppen zueinander. In der Vertretung dieser Interessen, in dem Kampf um ihre Durchsetzung ergibt sich eine bestimmte, durch das soziale Interesse der Gruppe determinierte Haltung. Es ist das Bestreben der Gruppen, ihren Anteil an dem Sozialprodukt innerhalb des Produktionsverhältnisses oder durch dessen Umgestaltung zu erweitern. In der Vertretung dieser Interessen entwickeln die Gruppen die diesen Interessen entsprechenden Rechtsanschauungen, die Moral- und religiösen Vorstellungen, die Ideenwelt ihrer Gesellschaft.
Die im Produktionsverhältnis entstehenden, mit ihm gegebenen analogen Interessen vereinigen Individuen gleicher Lage zu sozialen Gruppen, die diese Interessen zur Geltung zu bringen suchen. Die Art, wie diese Interessen auf den Inhalt der Ideen einwirken, ist ein psychologisches Problem. Die Interessen, die die soziale Willensbildung determinieren, müssen zu Bewußtsein kommen, um das Handeln zu bestimmen. Sie sind das „im Menschenkopf umgesetzte Materielle", um den Marxschen Ausdruck zu gebrauchen, wenn man das Produktionsverhältnis, die Ökonomie der Gesellschaft als das „Materielle" bezeichnet, um es von dem Ideengebäude zu unterscheiden,

wobei aber daran festzuhalten ist, daß das Produktionsverhältnis, auch das einfachste, nicht etwas Körperhaftes, sondern menschliche, also stets auch geistig-menschliche Beziehung ist. Die durch die Interessen ausgelösten Bewußtseinsvorgänge wirken auf andere Bewußtseinsvorgänge ein oder lösen solche aus.

Eine durch Änderung im Produktionsverhältnis entstandene soziale Gruppe erhebt zur Durchsetzung ihrer Interessen bestimmte politische, juristische, moralische Forderungen im Gegensatz zu den bisherigen Anschauungen, den Anschauungen der bisher herrschenden sozialen Gruppen und den deren Interessen entsprechenden Ideen. Es entstehen die Ideenkonflikte, deren Austrag den Vordergrund der Geschichte erfüllt, wie sie im Vordergrund des Bewußtseins bleiben, während die Interessen, die den Ideenkampf ausgelöst haben, in den Hintergrund treten und oft ganz zurückgedrängt werden. Denn es liegt im Wesen der Kämpfe der sozialen Gruppen, daß eine jede ihr spezifisches Interesse als das Allgemeininteresse der Gesellschaft ausgibt, vielmehr es als solches auffaßt. Es entspricht dabei der Realität des historischen Prozesses, daß das vorgestellte Allgemeininteresse, das in der Klassengesellschaft immer eine Abstraktion ist, durch die Durchsetzung von Sonderinteressen verwirklicht wird. Die Sublimierung des Sonderinteresses zum Allgemeininteresse ermöglicht die Heranziehung anderer sozialer Gruppen und die Verbindung mit ihnen, damit eine Verstärkung ihrer Kampfkraft.[3] Sie ist aber zugleich nötig, um den Herrschaftsanspruch der sozialen Gruppe zu begründen, die Teilnahme oder Übernahme der politischen Gewalt. Denn diese Gruppe erhebt – und mit dem Fortschreiten der Gesellschaft immer mehr – den Anspruch, als Vertreterin des Allgemeininteresses zu gelten.

Dadurch ist aber jede soziale Gruppe genötigt, ihre Interessen und die ihnen entsprechenden Anschauungen als allgemeine, für die ganze Gesellschaft verpflichtende Idee, als allgemeine Staatsidee, als allgemeine Rechts- und Moralanschauung zu formulieren. Die Sonderinteressen werden verhüllt, indem sie sich in allgemeingültige Ideen hüllen. Das ist kein absichtliches oder zweckbewußtes Vorgehen, sondern die notwendige Transformation, die das Bewußtwerden der Interessen erfahren muß, um sie gesellschaftlich zur Geltung zu bringen. Aber dieser Transformationsvorgang ist nicht das Primäre; vielmehr muß hinter ihm der Einfluß der die sozialen Gruppen in ihren Kämpfen bestimmenden Interessen erkannt werden, um die geschichtliche Erklärung für die Ideenkämpfe zu finden.

Das damit gegebene psychologische Problem ist um so schwieriger, als die einmal entstandenen Ideen selbständige Kraft gewinnen, als Prinzipien für

---

3 Wohl alle großen politischen und sozialen Kämpfe sind von einer Koalition sozialer Gruppen (Klassen oder Klassenteile) durchgefochten worden. Das Zustandekommen solcher Koalitionen kann meistens als Bedingung des Erfolgs betrachtet werden. Bei solchen Koalitionen wird der Natur des Kampfes nach eine soziale Gruppe die Konstante bilden, während die unterstützenden Gruppen wechseln oder die Unterstützung versagen können. Siehe die Kämpfe um Sozialpolitik und politische Reform in England.

menschliches Verhalten wirken und als Determinanten für das geschichtlich relevante Wollen fungieren können. Sie können noch persistieren, wenn sich die ihnen zugrunde liegenden Sonderinteressen gewandelt haben, ohne daß diese Wandlung schon stark oder deutlich genug geworden wäre, um die Ideen entsprechend geändert zu haben. Sie entfalten zeitweilig selbständige Kraft, bis in einem neuen Konflikt, den geänderte Interessen hervorrufen, ihre Schwäche sich erweist, sie von ihren bisherigen Trägern „verraten" werden oder sie im Kampf mit neuen, durch neue und als neu empfundene Interessen entstandene, induzierte, Ideen erliegen.

Für die historische Untersuchung sind somit gegeben einerseits das Produktionsverhältnis, die ökonomische und soziale Struktur, die bestimmte soziale Gruppierungen und deren Interessenlage bedingt; zudem unter Umständen das Allgemeininteresse an der Aufrechterhaltung des Produktionsverhältnisses, das allen oder mehreren Gruppen gemeinsam sein kann, als Determinanten; andererseits die menschliche Psyche als das zu Determinierende, in der sich die Erkenntnis der Interessen und die dadurch herbeigeführte Willensbildung vollzieht. Bei dem Erkenntnisvermögen des Menschen ist zu unterscheiden zwischen der allgemeinen Natur des Erkennens, der Fähigkeit, allgemeine Ideen zu entwickeln, künstlerische Ziele zu verwirklichen etc., und dem geschichtlich jeweilig erreichten Erkenntnisstand, dem konkreten Besitzstand an Erkenntnissen, moralischen und religiösen Anschauungen, Rechtsüberzeugungen etc., auf die die durch die veränderte Interessenlage erzeugten neuen Ideen nun einwirken müssen, um sie zu modifizieren oder zu überwinden.

Dabei muß man beachten, daß im Prozeß der geistigen Entwicklung selbst eine Autonomie besteht. Ernst Mach hat in der „Geschichte der Mechanik" den wissenschaftlichen Erkenntnisprozeß als Anpassung der Gedanken an die Tatsachen und Anpassung der Gedanken aneinander bezeichnet. Das ist in Verbindung mit dem Prinzip der „Ökonomie des Denkens" in der Tat der Prozeß des methodischen Erkennens. Und ein analoger Prozeß beherrscht auch die Entwicklung der künstlerischen Anschauungen. Aber welchen unter der Unsumme von „Tatsachen" sich das Erkenntnisstreben einer Epoche zuwendet, darüber entscheidet in hohem Maße das soziale Bedürfnis, und ebenso darüber, ob die neu gefundene Erkenntnis geschichtliche Relevanz erhält. So blieben die Erkenntnisse der alexandrinischen Naturwissenschaftler in bezug auf Dampfspannung etc. ohne Wirkung auf die Produktionstechnik, weil die soziale Struktur des damaligen Produktionsverhältnisses eine solche Rückwirkung ausschloß.[4] Das gleiche gilt für die geschichtliche Relevanz der neuen Gedanken, die durch die „Anpassung der Gedanken aneinander" entstehen – ein kontinuierlicher Prozeß, der sich mit verschiedener Stärke je nach der Bedeutung und Bewegungsfreiheit der Intellektuellen einer Epoche vollzieht.

---

4 Siehe H. St. L. B. Moss, La Naissance du Moyen Age 395–814. Traduit de l'Anglais par M.R. Mourey, Payot, Paris 1937.

Die Anpassung der Gedanken aneinander spielt namentlich im theologischen und metaphysischen (philosophisch-spekulativen) Denken die größte Rolle – der Natur der Sache nach, da alle diese Gedanken im Gegensatz zu wissenschaftlichen Erkenntnissen nicht an den Tatsachen nachgeprüft und an deren Hand entschieden werden können, eine solche Beweisführung an sich auch der Natur des theologischen Denkens widersprechen würde. Daß aber die zahllosen Häresien z.B. im byzantinischen Reich, namentlich in Syrien, Ägypten und Kleinasien, ihre Unterstützung fanden, erklärt sich aus dem ökonomisch-kommerziellen und politischen Gegensatz, in dem diese Provinzen sich zu der byzantinischen Herrschaft befanden. In dieser häretischen Ideologie kam der soziale Gegensatz in einer allgemeinen, alle Partikularität der Interessen scheinbar überwindenden Form zum Ausdruck.

So erklärt sich die Ausbreitung und Bedeutung der verschiedenen Sekten im Zeitalter der Reformation namentlich in England durch den Antagonismus der verschiedenen sozialen Gruppen zueinander und zur Staatsmacht. Die Überwindung der Häresien selbst aber war das soziale Interesse bestimmter herrschender Gruppen, und sie wurde mittels der rücksichtslosen Anwendung der Staatsmacht durchgesetzt. Denn die katholische Kirche war für die Staatsführung von allergrößter Bedeutung. Zunächst war sie die einzige neben dem Staat bestehende, ihrer Tendenz nach über die Staatsgrenzen hinausgreifende und unbegrenzt expansive Organisation. Als solche war sie imstande, staatliche und halbstaatliche Funktionen dort auszuüben, wo die Staatsmacht selbst nicht dazu imstande war. Ihre Missionstätigkeit zog die barbarischen Völker in den Umkreis griechisch-römischer Zivilisation und damit verbunden war oft die politische Ausdehnung Roms oder Byzanz.[5]

Was aber dieser Organisation die außerordentliche Stärke und Durchschlagskraft verlieh, war, daß sie während des Verfalls des römischen Imperiums, namentlich im Okzident, immer stärker sozusagen das Monopol der Intellektuellen hatte. Sie war die Trägerin nicht nur der administrativen, juristischen, wissenschaftlichen und literarischen Tradition Roms, sondern auch die Bewahrerin seiner technischen und ökonomischen Erfahrungen. Die Verbreitung des Christentums bedeutete zugleich materielle Hebung der Massen und Vermittlung römischer Verwaltungskunst und staatlicher Organisation

---

5 Eine gewisse Analogie in abgeschwächter Form kann man noch heute in halbkolonialen Ländern finden. In den entfernteren Teilen Brasiliens reicht der Einfluß der Staatsmacht kaum über den Einfluß der festen Siedlungen hinaus. Weiter reichend ist der Einfluß der mächtigen und reichen Franziskaner- und Benediktiner-Orden sowohl auf das zivilisierte Gebiet als auf die noch fast staatsfremden Teile. Ihre Missionstätigkeit sucht die noch halbwilden Indianerstämme zu erfassen und sie dem Staat einzugliedern. Ihre Organe erreichen Bevölkerungsteile, die der Staat nicht erfaßt und dessen Funktionen sie übernehmen. Um die Zustimmung der Bevölkerungen zu gewissen Maßnahmen zu erhalten, z.B. zu hygienischen Assanierungen, Massenimpfungen usw., ist die Mitwirkung der Ordensleitungen fast unerläßlich.

für die Träger der Staatsmacht. Aber die Durchführung der Verwaltungs- und Staatsaufgaben war nur möglich durch geeignete Funktionäre. Über diese Intellektuellen verfügte die Kirche, nicht die Könige der Barbaren. Solange diese im offenen Gegensatz zur römischen Staats- und Verwaltungsorganisation standen, blieb auch der Gegensatz zur Kirche. Auch wenn die Germanen das Christentum annahmen, wurden sie Arianer, nicht Katholiken. Erst als das Bedürfnis der Fortentwicklung der barbarischen Staatsorganisation zwingend wurde, erfolgte der Übertritt der Barbarenkönige zum Katholizismus, und die Staatsmacht zwang die Aufgabe der „Häresie" zugleich ihrem Volke auf. „Cuius regio eius religio" ist in der Praxis viel älter als die Formulierung dieses Grundsatzes. Es war die Überlegenheit der Organisation, die diese vor allem in der Verfügung über die Intellektuellen der damaligen Epoche hatte, die den Sieg über das staatlich zersplitterte und der Intellektuellen entbehrende Arianertum davontrug.

Die Kirche als expansive Machtorganisation war Rivalin der Machtorganisation des Staates, und die Auseinandersetzung zwischen diesen Machtorganisationen konnte auf zweierlei Weise erfolgen. Die kirchliche Organisation konnte der staatlichen eingegliedert, ihr im Wesentlichen unterworfen werden. Das setzte eine starke zentralisierte Staatsmacht voraus. Diese war in historischer Kontinuität im oströmischen Reich gegeben und führte zum Cäsaropapismus.[6]

Ganz anders entwickelten sich im Laufe der barbarischen Eroberungen und der Begründung der germanischen Reiche die Verhältnisse im Westen. Das Fehlen einer einheitlichen starken zentralisierten Staatsmacht, die Rückständigkeit und Primitivität der politischen Organisation stärkte die Stellung der Kirche, ließ ihre Bundesgenossenschaft unentbehrlich erscheinen sowohl für die Organisation im Innern wie für die Unterstützung nach außen. Dem Staat gegenüber blieb die Kirche eine selbständige Macht, deren letzte Impulse von dem Oberhaupt in Rom und den Allgemeininteressen der kirchlichen Organisation bestimmt waren. Das hinderte eine starke Staatsmacht keineswegs, den Versuch der Eingliederung der Kirche in den Staat zu unternehmen, wie es Chlodwig nach seinem Übertritt zum Katholizismus eine Zeitlang gelang. Die Entwicklung des Feudalismus aber schwächte die staatliche Zentralgewalt, während sie die Macht der Kirche förderte.

Die Marxsche Geschichtsauffassung will also keineswegs erklären, wie aus Produktionsverhältnissen das Erkenntnisvermögen entsteht. Dieses ist vielmehr vorausgesetzt mit all seiner Fähigkeit, religiöse, moralische, ästhetische Ideen zu bilden, wissenschaftliche Forschung zu leisten usw. Aber die Richtung, der sich die Erkenntnis jeweils zuwendet, der stets wechselnde Inhalt der rechtlichen, religiösen, moralischen Anschauungen wird durch die Inter-

---

6 L'eglise était un département de l'Etat: l'Empereur était le chef de l'Eglise, le Patriarche son ministre pour la réligion (richtiger für die dem Staat eingegliederte kirchliche Organisation). Le souverain reçevait directement de Dieu son pouvoir (H. St. L. B. Moss, La Naissance du Moyen Age 395–814).

essen der sozialen Gruppen bestimmt, die aus den Produktionsverhältnissen entspringen. Daher die doppelte Aufgabe, einmal aus der Analyse der Produktionsverhältnisse die Interessenlage der gesellschaftlichen Gruppen objektiv zu erkennen, sodann die psychologische Einwirkung der festgestellten Interessen auf das Verhalten der gesellschaftlichen Schichten zu erforschen unter Berücksichtigung aller anderen psychischen Einflüsse, wie sie namentlich durch die bisher angesammelten und das Verhalten der Gesellschaftsgruppen bisher bestimmenden Ideen gegeben sind. Der Grad, in dem diese psychologische Analyse gelingt, das Maß, in dem die Verknüpfung der Interessenlage mit dem jeweiligen geschichtlichen Verhalten der sozialen Gruppen als Notwendigkeit, als wirkliche Determination (Motivation) des geschichtlich relevanten Willens nachgewiesen werden kann, entscheidet über den wissenschaftlichen Gehalt der geschichtlichen Darstellung; denn ihre Aufgabe ist es, die Kausalität des geschichtlichen Ablaufs aufzuzeigen in der dieser Kausalität entsprechenden spezifischen Natur der Determination des Willens.

Die psychologische Analyse unterliegt der Gefahr, Interessen, die bei der Untersuchung eines Produktionsverhältnisses objektiv festgestellt werden konnten, allzu direkt oder allzu ausschließlich als die geschichtlich wirksamen zu substituieren. Aber wirksam werden Interessen erst dann, wenn sie bewußt geworden; denn nur Bewußtseinsvorgänge können Determinanten des Willens, Motive menschlichen Handelns sein. Marx betont an der angeführten Stelle die notwendige Unterscheidung zwischen „der materiellen, naturwissenschaftlich treu zu konstatierenden Umwälzung in den ökonomischen Produktionsbedingungen" und „den juristischen, politischen, religiösen, künstlerischen und philosophischen, kurz, ideologischen Formen, worin sich die Menschen dieses Konflikts bewußt werden und ihn ausfechten". Aber eben diese Umsetzung muß restlos erklärt werden. Denn erst durch diese Umsetzung und im Maße, in dem sie gelingt, werden die objektiven Umwälzungen in den Produktionsverhältnissen zu Motiven des Handelns. Wenn Marx fortfährt: „Sowenig man das, was ein Individuum ist, nach dem beurteilt, was es sich selbst dünkt, ebensowenig kann man eine solche Umwälzungsepoche aus ihrem Bewußtsein beurteilen, sondern muß vielmehr dies Bewußtsein aus den Widersprüchen des materiellen Lebens, aus dem vorhandenen Konflikt zwischen gesellschaftlichen Produktivkräften und Produktionsverhältnissen erklären", so muß man sich dabei im klaren sein, daß die unmittelbaren Antriebe des Handelns Bewußtseinsvorgänge sind und daß ebenso wichtig wie die Darstellung der objektiv zu konstatierenden materiellen Änderung deren Umsetzung in Bewußtseinsvorgänge, in die dann wirksam werdenden Ideen ist. Sonst verabsolutiert man gewisse von dem Beobachter aufgefundene objektive Produktions- und ihnen entsprechende Interessenänderungen und gelangt zu willkürlichen Erklärungen, zu einer Art ökonomischem Mystizismus, wonach die ökonomischen Bedingungen sozusagen selbsttätig, hinter dem Bewußtsein der wirklichen Menschen, Geschichte machen.

Nach dem Weltkrieg haben z.B. Pazifisten, Isolationisten, kommunistische

Vulgärmarxisten usw. Feststellungen zu machen gesucht über die Ursachen des amerikanischen Kriegseintritts. Sie glaubten diese gefunden zu haben in den angeblichen Interessen Wallstreets an der Sicherung der an die Entente gegebenen Anleihen und den Interessen der Rüstungsindustrie. Es bleibt aber völlig unerklärlich, wieso diese Interessen imstande waren, die Politik der demokratischen, Wallstreet nicht allzu geneigten, Administration und vor allem die breiten, von Wallstreet und der Rüstungsindustrie in keiner Weise abhängigen Massen des amerikanischen Volkes zu bestimmen, die sich in Wirklichkeit von ihrer Gesinnung, ihrer Feindschaft gegen die Reaktion der Zentralmächte, kurz von der großen und damals noch ungebrochenen demokratischen Tradition leiten ließen. Und es wäre verfehlt und unrealistisch, diese große geistige Macht zu ignorieren zugunsten von Konstruktionen, deren Einfluß auf das Bewußtsein der Handelnden unbeweisbar ist und die deshalb ebenso geheimnisvoll und nur scheinbar plausibler sind als der Einfluß des „Weltjudentums" oder der Freimaurerei auf den Ablauf geschichtlicher Ereignisse.

Gegen die Möglichkeit der psychologischen Analyse ist seit einiger Zeit der Einwand erhoben worden, sie sei deshalb unmöglich, weil auf das menschliche Handeln nicht nur rationale, sondern auch irrationale Motive einwirken. Wäre der Einwand richtig, er richtete sich nicht nur gegen die historische, sondern gegen jede geisteswissenschaftliche und psychologische Erkenntnis überhaupt. Aber der Einwand übersieht, daß die angebliche Unmöglichkeit, die sogenannten irrationalen Einflüsse zu berücksichtigen, gar nicht besteht. Die menschliche Psyche ist eine Einheit, deren Funktionsweise wir aus eigener unmittelbarer Erfahrung kennen, mit mehr oder weniger Klarheit, mehr oder geringerer Erfahrung, je nach der Aufmerksamkeit, die wir der Verfolgung und Beobachtung psychischer Vorgänge schenken. Aber die Wirkungen von Instinkten, Emotionen, die Beeinflussung des Einzelverhaltens durch Eingliederung des einzelnen in Gruppen- und Massenverhalten ist nichts Geheimnisvolles, nichts Unbegreifbares, nichts, was nicht psychologisch verständlich zu machen wäre. Der Einwand mag höchstens besagen, daß es schwieriger ist, „irrationelle" Einflüsse von vorneherein zu erkennen, bevor ihre Wirkung sichtbar ist, als rationale. Aber das wäre bloß ein Einwand gegen psychologische Schlüsse auf zukünftiges menschliches Verhalten und nicht gegen die psychologische Analyse bereits vollzogener menschlicher Handlungen.[7]

---

[7] Selbstverständlich wird der wissenschaftliche Historiker die Ergebnisse der psychologischen Forschung zu berücksichtigen haben. Seine Stellung zur Psychologie wird dabei dieselbe sein wie die zur Erkenntniskritik, die wir früher gekennzeichnet haben. Er kann also zur Psychologie und ihren Ergebnissen nicht als Historiker oder als Marxist Stellung nehmen, sondern, wenn er anders dazu imstande ist, als Psycholog. Eine Verbindung zwischen Marx und Freud herstellen zu wollen, ist ebenso prinzipiell verfehlt wie eine solche zwischen Marx und Kant oder Bergson. Der Historiker mag gewisse Ergebnisse der Psychologie anwenden. Aber diese sind nur Hilfsmittel seiner Darstellung. Denn die Ergebnisse der Psychologie sind analytische

Klasse, Klassenkampf und Klassenbewußtsein

Marx hat seine Geschichtsauffassung nie systematisch entwickelt. Die Emanzipation von der Philosophie führte zugleich zur Ablehnung eines Systems nach Art Hegels, in dem nicht nur alles bisherige Wissen im Ergebnis enthalten, sondern auch das Wesen der künftigen Entwicklung vorgezeichnet sein sollte. Seine Geschichtsauffassung sollte eine Methode der Forschung sein, und wie bei jeder wissenschaftlichen Methode kann über ihren Wert in letzter Instanz nur die Anwendung entscheiden. Diese Anwendung erfordert, wie wir gesehen haben, zweierlei: die objektive Analyse des Produktionsverhältnisses und die Darstellung der Wirkung des so gefundenen Tatbestandes auf das geschichtlich relevante Handeln.

Die objektive Analyse, deren sich Marx zuwandte, ist im „Kapital" enthalten, die sozialpsychologische Schlußfolgerung wird für die kapitalistische Gesellschaft gezogen. Die Entwicklung der Produktionskräfte, die die kapitalistischen Konkurrenz-, Konzentrations- und Akkumulationsgesetze erzwingen, sprengt die kapitalistischen Eigentumsgesetze, die aus einem Mittel der Steigerung zu einem Mittel der Fesselung der Produktivkräfte werden. Die sozialen Gegensätze spitzen sich zu. Die im kapitalistischen Produktionsverhältnis entstandenen Klassen stehen sich in immer schärferem Kampf gegenüber. Die Lohnarbeiterklasse erkennt, daß ihre geistige und materielle Befreiung die Überwindung des Kapitalismus fordert. Durch die kapitalistischen Bewegungsgesetze selbst wächst ihre Zahl und ihre Bedeutung im Produktionsprozeß und damit zugleich ihr Klassenbewußtsein, das Bewußtsein ihrer historischen Aufgabe. Gegenüber den herrschenden Ideen der bürgerlichen Gesellschaft entwickelt die Arbeiterklasse ihre eigenen politischen, rechtlichen und moralischen Anschauungen. Der Gegensatz dieser Ideen, der aus der sozialen Lage und der Verschiedenheit der Interessen erwachsen ist, führt schließlich zur sozialen Revolution in dem Ringen um die politische Macht, die zur Umwandlung der Gesellschaftsordnung unentbehrlich ist.

Marx hat das Kapitel über die Klassen, das den Schluß des „Kapital" und das politisch und historisch relevante Resumé bilden sollte, nicht vollenden können. Er spricht von den drei großen Klassen der kapitalistischen Gesellschaft, den Grundbesitzern, deren Einkommen aus der Rente, den Kapitalisten, deren Einkommen aus dem Profit, und den Lohnarbeitern, deren Einkommen aus dem Arbeitslohn stammt. Aber auch aus allen anderen Formulierungen geht hervor, daß Marx die Klassen aus ihrer Stellung im unmittel-

---

Urteile, die klarstellen, was in der eigenen psychischen Erfahrung bereits enthalten ist. Die Psychologie, die der Historiker anwenden muß, die psychologische Aufgabe, die er zu leisten hat, hat große Verwandtschaft mit der Aufgabe des großen Künstlers, mit den sozialpsychologischen Analysen, die z.B. die Romane Zolas enthalten, oder der psychologischen Darstellung des Verhaltens der Kriegsteilnehmer bei Jules Romain („Verdun").

baren Produktionsprozeß entstehen läßt, sie nach den durch den Produktionsprozeß unmittelbar bestimmten Haupteinkommensarten unterscheidet und ihnen ein durch ihre Stellung im Produktionsprozeß bestimmtes Klassenbewußtsein zuschreibt.
Hier ergeben sich entscheidende Fragen: Neben den im Produktionsprozeß vorhandenen und durch ihn in ihrer Interessenlage bestimmten fundamentalen Klassen ergeben sich aus der Natur des Produktionsverhältnisses selbst noch andere soziale Gruppen, deren Funktion für das Produktionsverhältnis unentbehrlich und deren Aktion von entscheidender Bedeutung sein kann. Von großer prinzipieller Bedeutung ist die jedem Produktionsverhältnis unentbehrliche Bildung der Staatsmacht mit all ihren Organen, die unmittelbar ihrem Befehl unterstehen. Marx hat immer wieder auf die große Bedeutung der „Gewalt" bei Entstehung und Änderung der Produktionsverhältnisse hingewiesen, und das politische Ziel: die Eroberung der Staatsmacht durch die Arbeiterklasse zeigt, welch große Bedeutung er ihr zuschreibt. Aber er schreibt dieser Macht keine Selbständigkeit zu. Der Staat wird als Organisation der herrschenden Klasse aufgefaßt, ihre Interessen bestimmen den Inhalt der Staatspolitik.
Nun gibt es sicher Perioden in der Geschichte, in denen diese Auffassung in hohem Maß zutrifft. Das wird zumal der Fall sein, wenn eine Klasse mit ihren Interessen alle anderen sozialen Gruppen überragt, etwa im ersten Stadium der Eroberung der politischen Macht, bei Neubegründung oder Neuordnung des Produktionsverhältnisses und während der Zeit ihrer noch wenig bestrittenen Herrschaft. Während der klassischen Zeit des englischen Liberalismus bestimmen die Interessen des Bürgertums und speziell die des industriellen Kapitals in der Tat sehr weitgehend den Inhalt der englischen Staatspolitik. Aber das hindert nicht, daß jede Staatsorganisation auch ihre eigenen Interessen, Erhaltung und Förderung ihrer Macht, besitzt, Interessen, die nicht identisch sind und nicht immer zusammenfallen müssen mit denen der herrschenden Klasse. Es sind Interessen, die unter Umständen mit großem Nachdruck zur Geltung gebracht werden können, da die Staatsgewalt die mit Befehlsgewalt ausgerüstete gesellschaftliche Organisation ist und mit ihrem großen Apparat: Heer, Bürokratie, Justiz, Lehrern und Professoren, eventuell Kirche, über großen, unmittelbaren gesellschaftlichen Einfluß verfügt. Die Möglichkeit der selbständigen Geltendmachung der Staatsmacht-Interessen hängt jeweils von konkreten politischen Umständen ab; sie wird um so größer sein, je mehr in einer bestimmten Entwicklungsphase die Klassen oder sozialen Gruppen sich in ihren Bestrebungen und in der Ausübung der Kraft, die sie auf die politische Leitung ausüben können, neutralisieren, je mehr also jenes „Gleichgewicht der Klassenkräfte" herrscht, von dem Engels gesprochen hat.
Die Verselbständigung der Staatsmacht, ihr Bestreben, ihre spezifischen Interessen in der Gesellschaft durchzusetzen, wird dann am ehesten verwirklicht werden, wenn es sich um Erhaltung oder Stärkung ihrer eigenen Existenz handelt. Der Kampf gegen den Feudalismus um die Begründung des absoluten Königtums und damit des modernen Staates war ein Kampf der

Staatsmacht gegen die herrschende Klasse. Dieser Kampf wurde unterstützt durch das Bürgertum — oder richtiger von Teilen desselben —, das noch beherrschte Klasse war. Natürlich mußte ein bestimmter Grad ökonomischer — und das hieß zugleich bürgerlich-städtischer — Entwicklung erreicht sein; die gesellschaftlichen Produktivkräfte und damit die Reichtumsentwicklung außerhalb der feudalen Sphäre mußten eine gewisse Höhe erlangt haben, bevor das Ziel der Zentralisierung der Staatsmacht möglich wurde und deshalb aufgestellt werden konnte. Der bürgerliche Reichtum mußte imstande sein, die Mittel für die Schaffung und Erhaltung stehender Heere, der modernen Bürokratie, der Entwicklung der Verkehrswege zu liefern. Erst die Entwicklung dieser ökonomischen Grundlage machte die Schaffung des modernen Staates möglich. Aber geschaffen wurde er durch eine Staatsmacht und deren Interessen. Sie hatte dabei die Unterstützung jenes Teils des zum Teil neu entstandenen Bürgertums, d. h. des Industrie- und zum Teil des Handelskapitals, das an der Herstellung des zentralisierten Einheitsstaates, der Beseitigung der Zunft- und inländischen Zollschranken usw. stark und bewußt interessiert war, während das Zunftbürgertum und die den Feudalherren noch unterworfene Bauernschaft passiv blieben. Aber Beginner und Träger dieser politischen Entwicklung, die für die Änderung des bisherigen Produktionsverhältnisses und für die Begründung des modernen Kapitalismus entscheidend war, war die selbständige Potenz der Staatsmacht, der die Entwicklung der Ökonomie die Aktionsmöglichkeit gegeben hatte.

Die Schaffung des modernen Staates und damit der für die kapitalistische Entwicklung unentbehrlichen politischen und rechtlichen Voraussetzungen war also ermöglicht durch die Entwicklung des Produktionsverhältnisses. Aber es war weder Werk des Bürgertums noch seines Klassenkampfes. Es wäre ökonomischer Mystizismus zu behaupten, daß das Bürgertum allein den modernen Staat geschaffen hat, so sehr es ihn dann später in seinen Kämpfen zu seinem Staat gemacht hat. Daß diese Politik den Interessen des Bürgertums gedient hat, ist kein Beweis dafür, daß sie aus diesen Interessen entstanden ist — post hoc ist nicht propter hoc —, wenn diese auch mit den wirklich entscheidenden Interessen, nämlich denen der Staatsmacht, parallel gingen und mit ihnen verbunden waren. Die bürgerlichen Ideologen — Philosophen, Rechtslehrer und Kameralisten — unterstützten in diesem Stadium die absolute Staatsmacht, und das Monetarsystem in seiner primitiven Gestalt ist der Ausdruck der Verbundenheit des fortgeschrittensten Teils des Bürgertums mit dem Interesse der Staatsmacht. Die Formulierung der neuen Ideen war wichtig und unentbehrlich für die systematische Durchführung der Staatspolitik und für die Sublimierung der Staatsinteressen zum Allgemeininteresse. Aber die geschichtliche causa movens war das Machtinteresse der Staatsorganisation.

Die Verselbständigung des Staatsinteresses erfolgt mit besonderer Intensität in den außenpolitischen Krisen, wenn es sich sei es um Behauptung der Existenz, sei es um unmittelbare Machterweiterung handelt. Das Staatsinteresse erscheint dann unmittelbar als Allgemeininteresse aller sozialen Gruppen, deren Gegensätze leicht hinter der gemeinsamen Bedrohung zurücktreten und einer gemeinsamen Kooperation Platz machen.

Die Art der Ausübung der Staatsmacht ist schließlich auch bedingt durch die Art der Zusammensetzung seiner Organe und ihrer sozialen Rekrutierung. Diese selbst wieder ist bestimmt durch den historischen Prozeß der Entstehung des modernen Staates. Wo dieser wie in Preußen mit einem Kompromiß zwischen Königtum und Aristokratie endet, bleiben namentlich die leitenden Stellen in der Armee und in der Verwaltung der Aristokratie vorbehalten, die dadurch in gewandelter Form einen Teil ihrer politischen Macht konserviert, während in Westeuropa die Verbürgerlichung von Armee und Verwaltung viel konsequenter durchgeführt wurde. Verschiedenartig wie die Rekrutierung ist in verschiedenen Ländern auch die Stellung der Bürokratie, der Grad ihrer Selbständigkeit gegenüber politischen Einflüssen. In Preußen führt die Bürokratie einen zähen Kampf um den Schutz ihrer Stellung auch gegenüber der Regierung, der mit einem vollen Erfolg endet durch Erreichung eines Disziplinarstatuts, das das Avancement vor Eingriffen sichert und namentlich die Entlassung an Kautelen bindet, über die eine von der Bürokratie selbst ausgeübte Disziplinargerichtsbarkeit waltet, die die Inhaber fast unabsetzbar macht. Im kaiserlichen Deutschland wird die Regierung von den Spitzen der Bürokratie und Armee besetzt, die Bürokratie ist nicht beherrscht durch die Politik, sie bestimmt vielmehr in starkem Maß diese Politik. Dagegen ist in Westeuropa die Bürokratie viel unselbständiger gegenüber politischen Instanzen, den wirklich unmittelbar regierenden Parlamenten.

Die Verselbständigung der Staatsmacht kommt keineswegs in der jeweiligen politischen Verfassung zum adäquaten Ausdruck. Ihre Geltendmachung ist leichter in einer absoluten Monarchie als unter einer liberalen oder demokratischen Verfassung. Aber sie hängt unter allen Verfassungssystemen ab von dem Verhältnis der Klassen zur Staatsmacht und zueinander. Der Sinn des Kampfes um die parlamentarische Regierung war gerade der, die Staatsmacht ganz dem Einfluß der Gesellschaft, d.h. dem politischen Willen, der die Resultante der jeweiligen Klassenkämpfe ist, zu unterwerfen und damit ihre Selbständigkeit aufs äußerste zu beschränken, sie prinzipiell zu beseitigen. Infolge des „Gleichgewichts der Klassenkräfte", aber auch als Konsequenz der Verselbständigung der Staatsmacht während des Krieges, wurde in einem bestimmten Zeitpunkt die Staatsmacht unabhängiger denn je.

Die Art, wie sich das Bürgertum mit der Staatsmacht auseinandersetzte, der Grad, in dem es sie zu einem Organ seiner Interessen machen konnte, war in den verschiedenen Ländern erheblich verschieden und führte zu starken Differenzierungen in dem Verhältnis zu den Klassen. In Deutschland war die Staatsmacht viel unabhängiger, ihre Selbständigkeit und damit die Geltendmachung der reinen Machtinteressen viel stärker als in Westeuropa. Diese Verschiedenheit in der Stellung zu den Klassen wirkt zurück auf die Stellung der Bürokratie: In England wird von den Angehörigen des civil service strengste politische Neutralität erwartet; der Beamte ist als solcher nicht wählbar, er scheidet im Fall seiner Wahl aus dem Dienst. Die deutsche Bürokratie vertritt in fast all ihren Schichten eine eigene obrigkeitsstaatliche, autoritäre Ideologie, stellt einen in sich geschlossenen, durch ihr Statut vor äußeren Einflüssen geschützten Stand dar; wird der Beamte gewählt, so behält er das Amt und die Avancementaussichten. In Frankreich ist die Bürokratie sehr weitgehend politisiert, und dies gilt noch mehr für die Vereinigten Staaten mit ihrem bis in die letzte Zeit nur sehr wenig ausgebauten Berufsbeamtentum. Mit der modernen Entwicklung, mit der Übernahme neuer und besonders wirtschaftlicher und sozialpolitischer Aufgaben wächst mit der quantitativen auch die qualitative Bedeutung der Staatsorgane.

Da eine ausführliche Erörterung des Klassenbegriffs und eine Darstellung der Klassenentwicklung von Marx nicht gegeben ist, so ist auch eine Polemik zwecklos. Doch scheint so viel klar, daß die soziale Gruppierung einer Gesellschaft viel komplizierter sein kann als die durch die Klasseneinteilung gegebene, wenn diese sich auf die fundamentalen Klassen beschränkt. Die Einteilung der großen Klassen nach der Einkommensart ist ökonomisch richtig, aber sozial nicht ausreichend; das ist am einleuchtendsten bei den Grundrentenbeziehern; denn in dieser Klasse wären dann Bauern und Großgrundbesitzer zusammengefaßt trotz der unter Umständen außerordentlich starken Spannung zwischen diesen Gruppen; dasselbe gilt, wenn auch vielleicht in geringerem Maß, für die beiden anderen Klassen; der hochbezahlte Techniker und der Fabrikarbeiter sind ökonomisch beide Lohnarbeiter, aber ihre soziale Gruppierung kann sehr verschieden sein. Die nationalökonomisch qualitative Gleichheit der Einkommensart kann sozial schon je nach der quantitativen Höhe zu völlig verschiedener Stellung führen.

Neben den aus den drei, unmittelbar aus der Produktion entspringenden Einkommensarten gibt es die abgeleiteten Einkommen; Einkommen, die von den Beziehern von Rente, Profit oder Lohn auf andere übertragen werden. Nach Marx gehört dazu das Einkommen (Profit) aus dem kommerziellen und zinstragenden Kapital, aber auch der Lohn der von den Kommerziellen und Banken beschäftigten Arbeiter und Angestellten. Es ist klar, daß die Unterscheidung zwischen originären und abgeleiteten Einkommen zwar ökonomisch wichtig ist, aber für die soziale Interessenlage nicht allein wesentlich zu sein braucht. Dazu kommt die Existenz jener sozialen Gruppen, die man in ziemlich oberflächlicher Weise als „vorkapitalistische Klassen" bezeichnet hat, der Bauern und der Handwerker.

Die Beschränkung auf die fundamentalen Klassen, wenn sie auf das soziale Gebiet übertragen wird, bringt die Gefahr mit sich, erstens Interessengegensätze zu vernachlässigen, die innerhalb einer Klasse auftauchen und von großer politischer und geschichtlicher Bedeutung sein können, wie etwa die zwischen Handels-, Bank- und industriellem Kapital, zwischen Bauern und Großgrundbesitzern, zwischen den Arbeitern in den alten Manufakturen und den modernen Fabriken, etwa in England zur Zeit der industriellen Revolution. Zweitens soziale Gruppierungen nicht als selbständige Kräfte anzusehen, wie die Organe der Staatsmacht oder die Intellektuellen, deren Interessen unter die einer der fundamentalen Klassen subsumiert werden. Drittens soziale Gruppierungen zu vernachlässigen, die sozial zwischen den fundamentalen Klassen stehen wie die Bauern und die Mittelschichten, die unter sich selbst wieder differenziert sind. Die ökonomische Einteilung hat die Tendenz, die Interessen, die sozial wirksam sind, allzusehr den Interessen der ökonomisch fundamentalen Klassen zu subsumieren und genügt deshalb den Ansprüchen der historischen und der eventuellen politischen Analyse nicht. Deshalb ist es entsprechender, von sozialen Gruppen zu sprechen; Marx selbst hat in seinen historischen Schriften, wie in den ,,Klassenkämpfen in Frankreich" und im ,,18. Brumaire", ein Muster dieser Analyse gegeben.

Die schwierigste und bisher noch kaum behandelte Frage der Marxschen Geschichtsauffassung, der soziologischen Betrachtung von Geschichte und Politik überhaupt, die bisher kaum beachtet wurde, ist die des Verhältnisses von Klasseninteresse zum Klassenbewußtsein.

Durch das Produktionsverhältnis sind gegeben oder mit seiner Entwicklung entstehen bestimmte Interessen der Klassen oder der sozialen Gruppen. Es sind zunächst partikulare Interessen. Es hängt von ihrer konkreten Natur ab, ob ihre Befriedigung mit der Erhaltung der bisherigen Grundlagen des Produktionsverhältnisses vereinbar ist und sie in diesem auch finden können, wie etwa die der hörigen Bauern um Erleichterung und Begrenzung der Feudallasten, die der Handwerker um die Durchführung des Zunftzwangs, die der Arbeiter um Lohnerhöhung und Arbeitszeitverkürzung, oder ob sie zuletzt zur Umgestaltung des Produktionsverhältnisses führen, wie die Interessen des industriellen und kommerziellen Bürgertums.

Sowohl die Verteidigung der alten wie die Durchsetzung der neuen partikularen Interessen erfordert, daß sie nicht als partikulare, sondern als das Allgemeininteresse der Gesellschaft dargestellt werden. Das ergibt sich aus dem sozialen Zusammenhang selbst. Denn in diesen Kämpfen wenden sich die sozialen Gruppen an die Staatsmacht und fordern ihr Einschreiten, sei es zur Abwehr, sei es zur Durchsetzung der Forderungen. Die Staatsmacht gilt aber als Vertreterin des Allgemeininteresses. Das Recht, das durch sie gesetzt ist, erscheint nur so lange als Recht und nicht als Ausfluß einseitiger Gewalt, so lange es auch im Bewußtsein der Rechtsunterworfenen als Recht legitimiert ist. Ist dies nicht der Fall, erscheint die Staatsmacht nur als Organ der Herrschaft einer partikularen sozialen Gruppe, so wird ihr gegenüber von den Kämpfenden ihr Anspruch als das wirkliche Allgemeininteresse geltend gemacht und in dessen Namen ihre Modifikation oder ihre vollständige Änderung gefordert.

Das partikulare Interesse der sozialen Gruppe oder Klasse erfährt so eine Transformation in dem Bewußtsein, in das die Interessen als Determinanten ihres Verhaltens eingegangen waren; sie bleiben die wirklich bestimmenden Determinanten, aber mit dem Anspruch, nicht nur für den Willen der Gruppe, sondern für alle Gesellschaftsmitglieder Geltung zu besitzen. Die für die Gruppe notwendige soziale und politische Entwicklung soll zur für die Gesellschaft maßgebenden, zur allgemeinen werden. Die Idee, die sich die soziale Gruppe von der Gestaltung des Produktionsverhältnisses, d.h. von dem ihren Interessen entsprechenden sozialen und politischen Gesellschaftszustand macht, von der Änderung, die dieser erfahren muß, um diese Interessen

zu befriedigen, wird als allgemein, für die Gesellschaft überhaupt gültig proklamiert. Die Änderung des Produktionsverhältnisses verlangt Änderungen im juristischen Aufbau, in den Eigentumsverhältnissen oder anderen rechtlichen Regelungen der Wirtschaft, die von der Staatsmacht gefordert werden. Der Interessenkampf wird zum politischen Kampf, dessen Ziel die Beeinflussung oder Beherrschung der Staatsmacht ist. In diesem Kampf muß die von der partikularen Gruppe vertretene Idee die Fähigkeit gewinnen, als regulative Idee des Staates und damit der Gesellschaft überhaupt zu erscheinen. Dem bisherigen Ideenkomplex, der dem bisherigen sozialen Inhalt des Produktionsverhältnisses entsprach, muß ein neuer entgegengesetzt werden.
Wie weit diese Transformation geht und die Umwandlung der partikularen Interessen zum Allgemeininteresse gelingt, hängt von der Natur der Interessen selbst, von ihrer größeren oder geringeren Vereinbarkeit mit der Fortdauer des Produktionsverhältnisses in seiner bisherigen Grundlage ab, von der Stärke und Bedeutung der sozialen Gruppe in der Gesellschaft, unter Umständen auch von dem größeren oder geringeren Widerstand, den die bisherigen Beherrscher des Produktionsverhältnisses den Forderungen entgegensetzen.
Erst der Transformationsprozeß erhebt den Kampf der sozialen Gruppe zur allgemeinen prinzipiellen Auseinandersetzung um die Gestaltung der Gesellschaft, und sein Gelingen ist die Voraussetzung für jede größere Umwälzung des politischen und in weiterer Folge des Ideengebäudes der Gesellschaft. Das partikulare Interesse transformiert sich zur gesellschaftlich notwendigen Idee.
Der Transformationsvorgang bedeutet also die Sublimierung des partikularen zum Allgemein-Interesse und damit des ökonomischen und sozialen Anspruchs der Gruppe zu dem die ganze Gesellschaft erfassenden Herrschaftsanspruch. Erst dadurch wird das ursprüngliche, unmittelbar in jedem Angehörigen einer sozialen Gruppe lebendige Interessenbewußtsein – z.B. das Interesse des Bürgertums an der Beseitigung der Zunftschranken und anderen Produktionshemmungen oder der Arbeiter an Lohnerhöhungen – zum Klassenbewußtsein – z.B. des bürgerlichen, das die Ersetzung des absoluten Königtums und der vorkapitalistischen Wirtschaftsordnung, oder des proletarischen, das die Überwindung der kapitalistischen Gesellschaft fordert.
Erst die Transformation des partikularen Interessen- zum allgemeinen Klassen-Bewußtsein gibt die Kraft zum Kampf um die grundlegende Änderung des Produktionsverhältnisses, des sozialen und politischen Gesellschaftszustandes, zur Eroberung der politischen Macht und zur Herrschaftsausübung. Es ist aber eine Frage der konkreten geschichtlichen Umstände, ob diese Entwicklung zum allgemeinen Klassenbewußtsein erreicht wird.
Bei dem Transformationsvorgang sind also zwei Bestandteile zu unterscheiden, die zugleich zwei Phasen der sozialen Ideenentwicklung entsprechen. Zugrunde liegt das unmittelbare (materielle) Interesse der sozialen Gruppe, dessen Durchsetzung den Zweck der sozialen und politischen Aktion der Gruppe bildet und dem der Aufbau des neuen Ideengebäudes dienen soll.

Dieses wird, seinem Zweck entsprechend, ein umfassendes und vollständiges System der gesellschaftlichen Neuordnung sein, in dem das Interessenbewußtsein aufgeht. Das neue Ideensystem ist das Werk von Intellektuellen, und seine Ausarbeitung mag den eigentlichen politischen Kämpfen kürzere oder längere Zeit vorausgehen.[8] Es wird von dem Interessenkomplex und dem Erkenntnisstand, über den die Zeit verfügt, insofern abhängen, als diese seinen eigenen Ausgangspunkt bilden und die neuen Ideen in Abänderung, Ergänzung oder Widerlegung der alten formuliert werden.[9]
Das unmittelbare Interessenbewußtsein verbindet sich also mit einer Reihe von Ideen und wird so zu einem System von politischen, juristischen, moralischen, religiösen Anschauungen, das als Mittel zur Durchsetzung des Interesses der sozialen Gruppe oder Klasse dient, aber als Selbstzweck, als der wirkliche Inhalt ihres Strebens erscheint und auch als solcher empfunden wird, in ihr Bewußtsein aufgenommen ist. Durch diese Transformation wird das Klasseninteresse, das zunächst nur eine Interessiertheit an unmittelbar ökonomischen, in diesem Sinne materiellen Forderungen ist, und das ihm entsprechende Interessenbewußtsein zum Klassenbewußtsein.[10]
Durch die Transformation wird aber mit den unmittelbar gegebenen, eindeutigen, eindeutig objektiv zu konstatierenden und eindeutig empfundenen Interessen ein Ideenkomplex verbunden, dessen Bestandteile durchaus nicht so eindeutig sind. In der Errichtung des neuen Ideengebäudes bleibt der Eigenart seiner Urheber ein gewisser Spielraum. Ebenso bleibt der neue Ideenkomplex abhängig von dem Erkenntnisstand der Zeit, an deren Gedanken sich die neuen in irgendeiner Art anpassen, sie erweitern oder widerlegen, sich nach ihnen orientieren müssen – etwa wie Marx als Deutscher sich mit dem System Hegels glaubte auseinandersetzen zu müssen. Gerade weil

---

8 Deshalb können Ideensysteme, namentlich in ihren nicht unmittelbar politischen Teilen, eine Zeitlang auch politisch indifferent oder ungefährlich erscheinen, namentlich wenn sie, was bei der Ideenentwicklung oft der Fall, der politischen Zuspitzung der Kämpfe vorausgehen oder diese nicht voraussehen lassen. So ist die philosophische und künstlerische Entwicklung des französischen Bürgertums vom französischen Hof und Adel zum Teil begeistert aufgenommen worden, und der fremde „aufgeklärte Absolutismus" konnte sich die Protektion der Philosophen gerade wegen der Rückständigkeit seiner Länder um so eher leisten.
9 So vollzieht sich infolge des früheren Standes der geistigen Entwicklung die bürgerliche Revolution in England in religiöser Ideologie, im Gegensatz zur philosophischen und historischen Ideologie der Französischen Revolution. Welche Verschiedenheit der Ideologie bei analogem sozialem Inhalt, und welch weitgehende ideologische Folgen für die spätere englische und französische Geistesgeschichte!
10 Man könnte unter Umständen auch von zwei Phasen des Klassenbewußtseins sprechen. Aber einmal braucht sich das Interessenbewußtsein durchaus nicht immer zum Klassenbewußtsein zu entwickeln. Zweitens erhält erst das Klassenbewußtsein in dem von uns bestimmten Sinn die große Bedeutung für die politische und geschichtliche Entwicklung.

das neue Gesamtsystem Mittel zum Zweck ist, kann bei Auswahl der Mittel der Subjektivismus sich geltend machen; die Mittel mögen nicht voll dem Zweck entsprechen oder, was noch häufiger der Fall, das neue Gedankengebäude muß der Vollständigkeit, der Systematik und dem logischen Aufbau zufolge – Anpassung der Gedanken aneinander – Teile enthalten, die für die Erreichung des Zwecks unter Umständen überflüssig sein können.

Die Angehörigen der sozialen Gruppe oder Klasse, die Anhänger des neuen Ideenkomplexes werden, werden also mit verschiedener Intensität für die verschiedenen Bestandteile sich einsetzen, mit um so größerer, je unmittelbarer diese der Verwirklichung der materiellen Interessen dienen. Dies gilt erst recht von den Angehörigen sozialer Gruppen, die mit der Hauptgruppe zwar im Kampf verbunden, aber deren Interessen nicht in allen Punkten übereinstimmen. Andererseits wird das System als solches wegen seines Erkenntniswertes, wegen der Überzeugungskraft, die ihm kraft der in ihm enthaltenen neuen Einsichten innewohnt, wegen der Argumente, die es für das von ihm erkannte Allgemeininteresse anführt, von Angehörigen anderer Gruppen und namentlich von Teilen der Intellektuellen unter Umständen akzeptiert werden.

Im Kampf um die Verwirklichung des Systems vollzieht sich dann häufig eine Auslese zwischen den für die Erreichung der ökonomischen Zwecke unentbehrlichen und den anderen Bestandteilen des Systems, die nach Erreichung der ersteren preisgegeben werden. So führte z.B. das deutsche Bürgertum etwa nach dem Ende der „Befreiungskriege" den Kampf um seine ökonomische und politische Herrschaft gegen die bestehenden Regierungen im Zeichen des Liberalismus; nach der Herstellung des Norddeutschen Zollvereins und insbesondere nach der Verwirklichung aller seiner wesentlichen Wirtschaftsforderungen nach der Gründung des Bismarck-Reiches gab der größte Teil des Bürgertums den politischen und ideellen Inhalt des Liberalismus preis und schloß sein schwächliches Kompromiß mit der ihre Selbständigkeit behauptenden, durch die siegreichen Kriege gestärkten Staatsmacht und der mit ihr eng verbundenen Landaristokratie. Mit dem politischen Erwachen der Arbeiterklasse befestigte sich der Bund des Bürgertums mit der Staatsmacht immer mehr, eine Entwicklung, gefördert durch die neuen Schutzzollinteressen, die zunächst die Schwerindustrie mit dem Agrariertum verbanden und schließlich in der jüngsten imperialistischen Periode immer weitere Schichten in diesen Bund einbezogen. Der Transformationsvorgang scheint eine Art Rückentwicklung zum Interessenbewußtsein erfahren zu haben; aber dies ist für eine sozial so einflußreiche Klasse ein unbefriedigender Zustand, der nicht von Dauer sein kann. So wird der Ideenkomplex des Liberalismus allmählich ersetzt durch den des modernen Imperialismus, der gleichfalls den Anspruch erhebt, das Allgemeininteresse zu vertreten und die für die Gesellschaft gültige Idee zu sein.

Die Umwandlung des Interessen- in Klassenbewußtsein ist, wie schon bemerkt, eine Frage der konkreten, historischen Umstände. H. Pirenne kennzeichnet das Bürgertum des Hochmittelalters folgendermaßen: „Bref, à tous les égards, la bourgeoisie est une classe d'exception. Encore faut-il remarquer que c'est une classe sans esprit général de classe. Chaque ville forme, pour ainsi dire, une petite patrie repliée sur elle-même, jalouse de ses prérogatives et en opposition avec toutes ses voisines. Bien rarement la communauté du péril ou celui du but à atteindre a pu imposer à son particularisme municipal la nécessité d'ententes ou de ligues comme a été par exemple celle de la hanse allemande. En général, ce qui determine la politique urbaine, c'est le même egoisme sacré qui inspirera plus tard celle des Etats. Quand aux populations de la campagne, la bourgeoisie ne les considère que comme un objet d'exploitation. Loin de chercher à les faire participer à ses franchises, elle leur a toujours opiniâtrement refusé la jouissance. Et rien n'est plus opposé à cet égard à l'esprit des democraties modernes que l'exclusivisme avec lequel les villes mediévales n'ont cessé de defendre leurs privilèges, même et surtout aux époques où elles seront gouvernées par les gens de métier."[11]

Partikulares Interessenbewußtsein kann also persistieren ohne allgemeines Klassenbewußtsein zu werden.

Das Interessenbewußtsein kann auch in Konflikt geraten mit einem sich bildenden oder schon gebildeten Klassenbewußtsein, so wenn die Textilgewerkschaften in Lancashire der Ausdehnung des Schulzwangs auf Kinder über das zwölfte Lebensjahr hinaus opponieren oder die Gewerkschaften der englischen Dominions und der Vereinigten Staaten das Einwanderungsverbot fordern. Innerhalb der ökonomischen Klasse, die erst durch ihr Allgemeinbewußtsein aus einer ökonomisch bestimmten Schicht zu der sozialen und politischen Einheit wird, wie nach Renans berühmter Definition auch die Nation nicht bloße Rassen- oder Sprachgemeinschaft ist, sondern „une âme, un principe spirituel", können Gruppen in besonderer Lage sich gegenüber dem neuen Ideenkomplex feindlich oder indifferent verhalten, so daß die ökonomische Zugehörigkeit noch nicht über das wirkliche Verhalten zu entscheiden braucht. Solche Konflikte haben Marx und Engels im Sinn, wenn sie im „Kommunistischen Manifest" es als Aufgabe der Kommunisten, eben der Vertreter des Klassenbewußtseins in dem von uns hervorgehobenen allgemeinen Sinne, bezeichnen, gegenüber den besonderen und zeitlichen Interessen der Arbeiterklasse deren allgemeine und dauernde zu vertreten.

Der Transformationsprozeß ist stets ein historischer Prozeß von längerer Dauer. Das Interessenbewußtsein disponiert zu seiner Ausweitung zum Klassenbewußtsein, aber die Notwendigkeit der Verbindung der unmittelbaren Interessenforderungen mit dem neuen Gedankensystem, das die Änderung der bisherigen sozialen und politischen Struktur postuliert, erfordert eine Einsicht, die erst durch eine längere geistige Entwicklung, „Aufklärung", erreicht werden kann. Auch wenn der Transformationsprozeß in großem Umfang vollzogen wird, können größere oder geringere Teile der Klasse, be-

---

[11] Henri Pirenne, Le Mouvement économique et sociale. Histoire Générale publiée sous la direction de Gustave Giotz, Histoire du Moyen Age, Tome VIII, p. 53.

stimmte Gruppen innerhalb der Klasse, längere Zeit oder für die Dauer beim Interessenbewußtsein stehenbleiben. So hat das sozialistische Bewußtsein nirgends die Arbeiterklasse restlos erfaßt. Teile der Arbeiterklasse z.B. beschränkten sich auf die Vertretung ihrer unmittelbaren wirtschaftlichen, d.h. gewerkschaftlichen Interessen unter bewußtem Verzicht auf die politischen Folgerungen und erst recht auf die ideelle Umwälzung, die das Klassenbewußtsein stipulierte. Sie bildeten z.B. die christlichen Gewerkschaften, die den Klassenkampf, die Eroberung der politischen Macht zur radikalen Umgestaltung des kapitalistischen Produktionsverhältnisses ablehnten und dem sozialistischen Ziel die Idee eines Korporativstaates entgegensetzten.

Handschriftliche Aufzeichnungen in zwei Oktavheften. Sonderbestand im Instituut Voor Sociale Geschiedenis, Amsterdam.

Bibliographischer Hinweis

Die in den Texteinführungen zitierten Archivalien stammen aus folgenden Beständen:

Nachlaß Karl Kautsky, IISG Amsterdam: Nr. 1, 3, 7, 11, 15, 16, 17, 18, 19;

Nachlaß Paul Hertz, IISG Amsterdam: Nr. 17, 18;

Bestand SAI, IISG Amsterdam: Nr. 17;

Bestand Emigration (Sopade), Archiv der sozialen Demokratie, Bonn: Nr. 17;

Nachlaß Hermann Müller, Archiv der sozialen Demokratie, Bonn: Nr. 13;

Nachlaß Max Quarck, Archiv der sozialen Demokratie, Bonn: Nr. 11;

sowie aus folgenden Quelleneditionen:

Karl Kautsky jr. (Hrsg.), August Bebels Briefwechsel mit Karl Kautsky, Assen 1971: Nr. 4;

Mit dem Gesicht nach Deutschland. Eine Dokumentation über die sozialdemokratische Emigration. Aus dem Nachlaß von Friedrich Stampfer, herausgegeben von Erich Matthias, Düsseldorf 1968: Nr. 18, 19.

Personenregister

Adler, Max   8, 14, 43
Anschütz, Gerhard   70—72
Appleton, W. A.   144
Arensberg, Prinz von   103
Astor, Johannes Jacob   191
Aufhäuser, Siegfrid   213

Baden, Max Prinz von   90 f.
Baldwin, Stanley Earl   190, 192 f.
Barth, Emil   91
Bassermann, Ernst   69
Bauer, Otto   8, 44 f., 59 f., 77, 129, 223, 231
Bebel, August   25, 55, 205, 208, 329
Beltz, Matthias   12
Benvenuti, Nicola   12
Bergson, Henri   317
Bernstein, Eduard   310
Bethmann-Hollweg, Theobald von   63
Bismarck, Otto von   35 f., 39, 41, 282
Bordiga, Amadeo   162
Böhm-Bawerk, Eugen von   43
Börne, Ludwig   69
Bonaparte, s. Napoleon III.
Braun, Otto   230—232
Breitner   231
Breitscheid, Rudolf   269, 297
Brüning, Heinrich   237 f., 268, 271, 297
Brüninghaus   233
Bülow, Bernhard von   37, 41
Burckhardt, Jacob   29

Carnegie, Andrew   191
Cassel, Gustav   219
Cole, George Douglas Howard   110, 132
Crispien, Artur   133, 149, 160, 165
Cuno, Wilhelm   166
Cunow, Heinrich   63 f.

Däumig, Ernst   63, 133, 160
Danneberg, Robert   231
David, Eduard   25
Dawes, Charles G.   193, 199 f.
Debs, Eugen   159

Dietz, Conny   12
Dissmann, Robert   142
Dittmann, Wilhelm   90 f., 133, 150, 160, 230
Dühring, Eugen   291
Duncker, Franz Gustav   119

Ebert, Friedrich   91
Eggert, Wilhelm   269
Eisner, Kurt   109
Emil, Karl   25
Engels, Friedrich   14, 59, 131, 146, 149, 169, 205, 291, 295, 307, 319, 327
Enver Pascha   146
Erzberger, Matthias   134

Fehrenbach, Konstantin   109, 134
Feuerbach, Ludwig   306
Ford, Henry   249
Freud, Sigmund   317

Gelderen, I. van   44—46
Geßler, Otto   233
Geyer, Kurt   140, 278
Giotz, Gustave   327
Grassmann, Peter   269

Haase, Hugo   90 f., 149 f.
Haldane, Richard Burdon   210
Hamlet   267
Haubach, Theodor   208, 209
Hegel, Georg Wilhelm Friedrich   87, 302—304, 306, 318, 325
Heine, Fritz   297
Hertz, Paul   269, 279, 288 f., 329
Hetzer, Armin   296
Heydebrand von der Lasa, Ernst von   69, 222
Hildebrand, Gerhard   56, 61
Hilferding, Rose   297
Hillquit, Morris   201
Hindenburg, Paul von   268, 270—272
Hirsch, Max   119
Hitler, Adolf   10, 166, 268, 270—274, 276—278, 283

Hoffmann, Adolph 158, 162
Hoover, Herbert Clark 253, 259 f.
Hué, Otto 60
Hugenberg, Alfred 274

Jaffé, Edgar 73
Jaurès, Jean 22, 202, 205, 208 f.
John, Paul 63

Kant, Immanuel 317
Kapp, Wolfgang 109, 144
Karl V. 30
Kautsky, Benedikt 297 f.
Kautsky, Karl 13 f., 43 f., 55 f., 60, 80, 90, 138, 148, 167, 238, 268, 278 f., 289, 298, 329
Kautsky jr., Karl 329
Kerenskij, Aleksandr Fjodorowitsch 150
Kern, Richard 277, 279
Klöckner, P. 235
Knapp, Georg Friedrich 53
Koenen, Wilhelm 109, 149
Kolumbus, Christoph 29
Kraßnow, Peter Nikolajewitsch 149
Krupp, Friedrich Alfred 243

Lafontaine, Oskar 7
Landsberg, Otto 91
Lassalle, Ferdinand 118, 195
Laval, Pierre 260
Ledebour, Georg 90, 147, 160, 163, 165
Legien, Karl 68 f., 96, 109, 144
Leid, Karl 63
Leipart, Theodor 269
Lenin, Wladimir Iljitsch 150, 152–155, 162, 293
Lensch, Paul 60
Lexis, Wilhelm 51, 53
Liebknecht, Karl 19, 25, 63, 96
Longuet, Jean 161
Ludendorff, Erich 90, 149
Luxemburg, Rosa 96, 156 f., 284

MacDonald, James Ramsay 193, 254
Mach, Ernst 290, 313
Martow, Julius L. 149
Marx, Karl 43, 45, 59, 65, 67, 98, 168 f., 171, 177, 181, 187, 214, 219–221, 224 f., 290–292, 299, 303–306, 315 f., 317, 318 f., 322 f., 325, 327
Matthias, Erich 297, 329
Maurenbrecher, Max 25
Meinecke, Friedrich 70, 75
Mellon, A. William 190
Miquel, Johannes von 41
Monroe, James 36
Morgan, John Pierpont 191, 195
Moss, H. St. L. B. 313, 315
Mourey, M. R. 313
Müller, Hermann 200, 213, 237, 239
Müller, Richard 141
Mussolini, Benito 224, 272, 283

Napoleon I. 229, 263
Napoleon III. 19
Nasse, E. 51
Naumann, Friedrich 77–79, 81 f., 85, 87, 89
Noske, Gustav 25, 73 f., 109, 141

Oncken, Hermann 70

Pannekoek, Anton 60
Papen, Franz von 268, 272–274, 276
Parvus (i. e. Alexander Helphand) 26
Pétain, Philippe 297
Philippovich, Eugen von 84
Pirenne, Henri 326, 327
Pleß, Fürsten von 103
Poincaré, Raymond 195
Preobraschensky, Jewgenij 152

Quarck, Max 167, 329

Radek, Karl 142
Rathenau, Walther 110, 134
Renan, Ernest 327
Renner, Karl 8, 77
Richter, Eugen 40
Rinner, Erich 278
Rockefeller, John Davison 191
Rohrbach, Paul 78
Romain, Jules 318

Schacht, Hjalmar 237
Scheidemann, Philipp 61, 91, 162
Schippel, Max 25
Schleicher, Kurt von 269, 274, 276
Schmidt, Helmut 8

Scholz, Alfred 63
Schopenhauer, Arthur 309
Seitz, Karl 231
Sender, Toni 213
Serrati, Giacinto 146
Severing, Carl 213, 231–233
Sinowjew, Grigori 133 f., 136–145, 147, 149–152, 157–162, 164
Snowden, Philip 193
Sombart, Werner 28, 214, 310
Spahn, Martin 69
Stalin, Jossif 293
Stampfer, Friedrich 63, 278, 289, 239
Stern, Dietrich 12
Stinnes, Hugo 96
Stoecker, Walter 133, 137, 149, 160, 162
Strasser, Gregor 274
Stresemann, Gustav 166, 199, 213, 237, 251
Ströbel, Heinrich 63

Thälmann, Ernst 268

Thimme, Friedrich 68 f., 76
Thyssen, August 235
Tooke, Thomas 51
Trockij, Leo 289, 292 f.

Vanderbilt, Cornelius 191
Varga, Eugen 44–46

Weber, Hans 63
Weber, Max 171, 299
Westarp, Kuno Graf von 226
Wetzker, Heinrich 62
Wilhelm II. 91
Winnig, August 74 f.
Wirth, Joseph 134, 166
Wissell, Rudolf 110, 112, 114, 131, 213
Worrall, R.L. 289–293, 296
Wurm, Emanuel 149

Young, Owen D. 237

Zedlitz, Octavio Freiherr von 69
Zerwas, Hajo 12

Über die Herausgeberin

Cora Stephan, geboren 1951, studierte Politikwissenschaft, Volkswirtschaftslehre und Geschichte in Hamburg und Frankfurt und promovierte 1976 mit einer Arbeit über die deutsche Sozialdemokratie. Sie ist Lehrbeauftragte an der Johann-Wolfgang-Goethe-Universität und arbeitet als Publizistin.

Veröffentlichungen:

Geld- und Staatstheorie in Hilferdings Finanzkapital (1974), „Genossen, wir dürfen uns nicht von der Geduld hinreißen lassen!" Zur Theoriebildung in der deutschen Sozialdemokratie 1862−1878 (1977 und 1981), Die Lassalleanismus-Legende (1980), August Bebel. Schriften 1862−1913 (1981).

Aus rechtlichen Gründen ist der Verlag J. H. W. Dietz Nachf. gezwungen, folgende Erklärung des Lizenzgebers, die nicht der Meinung des Verlages entspricht, abzudrucken:

„Herr Dr. Peter Milford, Sohn Rudolf Hilferdings, der seine Zustimmung zum Abdruck der hier vorliegenden Hilferding-Texte gab, legt Wert auf die Feststellung, daß er die Ansichten und Urteile von Frau Dr. Stephan über Person und Charakter Rudolf Hilferdings sowie über dessen Tätigkeit als Politiker und Theoretiker in keiner Weise teilt. Sie sind den seinen vielfach diametral entgegengesetzt."

CIP - Kurztitelaufnahme der Deutschen Bibliothek

Hilferding, Rudolf:
Zwischen den Stühlen oder über die Unvereinbarkeit von Theorie und Praxis: Schriften Rudolf Hilferdings 1904–1940 / Cora Stephan (Hg.). – Berlin; Bonn: Dietz, 1982.
  (Internationale Bibliothek; Bd. 124)
  ISBN 3-8012-1124-X
NE: GT